KB190814

**복 있는 사람**

오직 여호와의 율법을 즐거워하여 그 율법을 주야로 묵상하는 자로다.

저는 시냇가에 심은 나무가 시절을 좇아 과실을 맺으며 그 잎사귀가 마르지 아니함 같으니

그 행사가 다 형통하리로다. (시편 1:2-3)

『히브리 성서를 열다』는 학문적 연구와 신앙적 읽기를 탁월하게 통합시킨 구약 입문서다. 이 책에는 구약성서 각 권의 핵심적인 신학적 주제와 중심 줄거리, 문학적 형식과 구조, 그것들이 갖는 정경적 의미가 요약되어 있다. 저자 엘런 데이비스는 역사적-비평적 관점에서 성서를 읽지만, 동시에 성서 각 권이 주제적, 신학적으로 응집성과 일관성을 견지하며 의미 있는 지혜와 통찰을 제공한다고 믿는다. 성서는 다성적(多聲的)이고 복합적이며 협업과 동역의 정신을 고취하는 말씀으로, 깊이 연구할수록 인간 이해를 풍요롭게 하고 나아가 유대인과 그리스도인 사이의 대화를 가능케 한다는 것이다. 따라서 성서 해석은 잠정적이고 개방적이며 여러 세대, 여러 문화에 속한 사람들의 장구한 협업이다. 이 책은 성서를 진지하게 읽고 연구하는 이들을 좁고도 교파 대립적인 관점을 넘어 개방적이고 사귐이 충만한 성서 해석으로 이끌 것이다. 이 책을 읽는 이들이 그 해방의 깊이와 넓이를 충분히 경험할 수 있기를 바란다.

**김회권, 숭실대학교 기독교학과 교수**

이 책은 내러티브 구약 개론서 또는 의미 중심의 구약 입문서라고 할 수 있다. 우리말로 읽을 수 있는 구약 입문서들이 서가의 한 면을 가득 채울 정도이지만, 이 책은 그중에서도 독특한 차별성을 가진다. 저자는 성서에 대한 역사적-비평적 연구 결과를 수용하면서도 최종 본문을 하나의 통일체로 다시 읽고 그 세계 안으로 독자들을 이끌기 때문이다. 저자는 서론에서 자신의 해석학적 입장을 자세히 논한 다음, 그 해석학을 토대로 구약의 내적 세계를 탐험한다. 그것은 마치 자동차를 모두 분해하여 부속품을 늘어놓고 연구한 후, 다시 조립한 자동차를 운전하며 그 운행 방식을 설명하는 것과 같다. 비평학을 넘어선 통전적이고 실천적인 해석학에 관심이 있는 이들은 물론, 구약성서를 온전히 이해하기 원하는 모든 그리스도인에게 일독을 권한다.

**김영봉, 와싱톤사귐의교회 담임목사**

이 책은 구약성서 또는 히브리 성서가 펼쳐 보이는 광대한 세계를 탐험하고 연구하여 얻은 신선하고 정갈한 수확물이며, 유대-기독교 신앙 공동체를 위한 선물이다. 여기에 실린 글들은 포괄적이면서 상세하고, 학문적이면서 문학적이며, 지성적이면서도 매력적인 통찰로 가득하다. 엘런 데이비스는 예리하고도 비판적인 안목으로 구약성서를 해석하지만, 그 결과는 풍부한 신학적 함의와 교회에 주는 깨우침, 목회적 울림으로 이어진다. 각각의 글은 고품격의 신학적 가치를 담은 비범한 통찰력으로 번뜩이며, 진술하는 문장은 유려하여 두고두고 곱씹을 만하다. 구약성서 각 권에 대한 포괄적 신학 안내서로 이보다 더 좋은 책은 없을 것이다. 깊은 학문성과 따스한 목회적 지혜를 함께 담은 수작(秀作)이다. 목회자와 설교자, 신학생뿐 아니라 성서를 사랑하는 모든 신자에게 즐거운 독서가 되리라 믿는다.

**류호준, 백석대학교 신학대학원 은퇴교수**

성서학의 20세기가 해체의 시대였다면, 21세기는 재구성의 시대다. 저자와 양식과 편집의 결을 따라 이리저리 찢겨진 성서의 상처들을 봉합하고 끊겼던 본문들에 다리를 놓는다. 최종 형태를 강조하는 접근 방식을 취한 엘런 데이비스의『히브리 성서를 열다』는 이 새로운 방향의 움직임 위에 서 있다. 저자의 작업은 신학교와 교회, 학문과 현장, 기독교와 유대교 사이의 막힌 담을 허문다. '성서', '조직', 실천' 등의 접두어를 달고 서로 분절된 채 존재하는 '신학들'의 현실에 대해, 본래 이들은 하나였으며 본질적으로 나눌 수 없는 것이라고 선언한다.

　이 책은 그때 그 시절의 이야기가 지금 여기의 나에게 어떤 의미가 있는지에 대한 정직하고 성실한 답변으로 채워져 있다. 해체의 시기를 충실히 겪은 저자의 재구성은 과거의 '거대 담론'으로 회귀하지 않는다. 성서 각 장이 지닌 하나님과 인간, 창조 세계에 대한 고유한 이해를 파악하고 이들이 서로 어떻게 보완하며 조화를 이루는지 세심하게 관찰한다. 저자가 재구성해 낸 성서는 한 송이 수국과 같다. 멀리서 보면 하나의 꽃으로 보이지만, 가까이 다가가면 저마다의 아름다움을 간직한 독립된 꽃잎들이다. 그러나 동시에 그 꽃잎들이 모여 있을 때 비로소 찬란한 아름다움을 창조한다.

**송민원**, 이스라엘 성서연구원 교수·더바이블 프로젝트 대표

이 책에서 엘런 데이비스는 해석자가 성서를 길들이려고 하는 학문적 관습을 넘어선다. 그녀가 제안하는 해석학은 잠정적이고, 끝이 열려 있고, 협력적이며, 유대인과 그리스도인이 각기 다른 전통의 프리즘을 통해 함께 성서를 읽을 수 있게 한다.

**월터 브루그만**

엘런 데이비스는 오랫동안 우리에게 성서를 읽는 방법을 가르쳐 주었다. 차근차근, 주의 깊게, 애정을 담아, 마음과 정신을 모두 열어 두고 말이다.『히브리 성서를 열다』는 문학적으로 통찰력 있고, 신학적으로 심오하며, 영적으로 고양되는 보물이다. 이 책은 우리가 성서라는 오래된 문헌을 새로운 눈으로 볼 수 있게 해주는 놀라운 지식으로 가득 차 있다. 읽고 다시 읽고, 소중히 간직할 아름다운 책이다.

**랍비 샤이 헬드**

이 책은 구약성서에 대한 신학적 읽기의 모범을 제공할 뿐 아니라, 깊이와 우아함을 겸비한 사람에 의해 그런 읽기가 행해질 때 어떤 힘을 발휘하는지 보여준다.

**스탠리 하우어워스**

쉽게 그러나 탁월하게, 자신 있게 그러나 문학적이고 예술적으로, 엘런 데이비스는 구약성서의 난해한 문제들을 해결해 나간다. 구약학의 최신 연구 성과를 접하는 동시에 믿음의 삶에 대한 풍성한 통찰을 즐기고 싶다면 지금 이 책을 읽기 바란다.

**플레밍 러틀리지**

히브리 성서를 열다

# Opening Israel's Scriptures
Ellen F. Davis

정경·신학·문학·역사로 읽는
구약성서

엘런 F. 데이비스 지음
노종문 옮김

# 히브리
# 성서를
# 열 다

복 있는 사람

히브리 성서를 열다

2025년 2월 10일 초판 1쇄 인쇄
2025년 2월 24일 초판 1쇄 발행

지은이 엘런 F. 데이비스
옮긴이 노종문
펴낸이 박종현

(주) 복 있는 사람
주소 서울특별시 마포구 연남동 246-21(성미산로23길 26-6)
전화 02-723-7183, 7734(영업·마케팅) 팩스 02-723-7184
이메일 hismessage@naver.com
등록 1998년 1월 19일 제1-2280호

ISBN 979-11-7083-241-6 93230

*Opening Israel's Scriptures*
by Ellen F. Davis

선생님이자 여행 동반자인
나의 학생들에게

# 차례

**일러두기**

- 이 책은 엘런 F. 데이비스의 *Opening Israel's Scriptures*(Oxford University Press, 2019)를 완역한 것이다. 이 책에서 다루는 다양한 주제는 저자가 35년간 신학대학원 학생들을 가르치며 제기된 질문들을 토대로 하고 있다.
- 저자는 이 책을 그리스도인과 유대인 모두를 위해 집필했으며, 유대인 독자를 배려해 구약성서를 '이스라엘의 성서' 또는 '히브리 성서'라고 부른다.
- 저자는 성서 본문을 인용할 때 항상 자신의 사역을 제시한다. 이 한국어판에서는 저자의 사역을 개역개정으로 대체했으며, 저자의 강조점을 담지 못하는 부분만 저자의 표현 그대로 옮겼다.

# 감사의 말

이 책을 끝맺기까지 많은 시간이 걸렸다. 도중에 학장을 맡아 긴 공백이 생기기도 했다. 이 책을 함께 구상하며 5년이 넘도록 인내로 기다려 준 옥스퍼드 대학교 출판사의 신시아 리드에게 고마움을 표현한다. 마리 조어스태드와 신시아 섀터크는 첫 초안을 읽어 준 독자이자 현명하고도 부드러운 조언자였다. 이들은 지적 동반자로서 나를 격려해 주고 유용한 편집 의견을 다수 제시했다. 이 두 사람이 없었다면 최종 원고는 존재하지 않았을 것이다. 남편 드웨인 휴브너는 논리가 약하거나 보다 명확한 표현이 필요한 부분을 아주 많은 시간을 들여 일러 주었다. 소중한 친구 캐럴 숀은 다른 급한 일을 처리하면서도 그녀의 시간과 탁월한 전문 편집 지식을 아낌없이 나누어 주었다. 이 모든 것은 갚을 수 없는 빚이다. 두 사람을 주신 하나님께 감사드린다. 2018년 오순절Pentecost/Shavuot에 최종 원고가 완성된 것은 의미 있는 일이라 생각한다. 유대교의 오순절은 시내산에서 토라를 받은 사건Matan Torah을 기념하는 절기다. 기독교는 이날을 교회의 탄생일로 기념한다. 어느 오순절에 성령은 예루살렘의 한 무리 경건한 유대인들에게 임하여 그들로 하여금 서로 소통하게 하셨다. 아마도 그들은 토라와 하나님의 일들에 관해 말했을 것이다. 그러므로 오순절

은 유대인과 그리스도인 모두에게 이스라엘의 성서와 그 이해 가능
성, 곧 우리 삶에서 끊임없이 성서의 새로운 의미와 빛을 발견할 수
있다는 가능성이 선물로 주어진 것을 축하하는 절기다. 이 책을 나의
학생들에게 바친다. 나와 함께 공부하며 보여준 그들의 열정은 지난
35년 동안 줄곧 기쁨의 원천이 되었다. 이들을 만나게 해주신 하나
님을 찬양한다.

# 서론

## 공평하게 다루기: 실제적이고 비평적인 성서 해석

고대 이스라엘의 성서에 대한 주석exegesis은 분명 그리스도인과 종교적으로 헌신적인 유대인의 정기적인 활동 가운데 가장 이상한 일일 것이다. 수천 년 전의 시대와 문화에서 나온 문서들에 대해 수많은 사려 깊은 사람들이 면밀하고도 지속적으로 관심을 기울인다니 말이다. 더욱 이상한 일은, 많은 이들이 이 낯선 고대 문서들을 자신의 삶에 직접적인 영향을 미치는 것으로 받아들이는 점, 곧 그 문서들을 성서로서 귀 기울이고 읽으려 한다는 점이다. 나는 히브리 성서/구약성서를 연구하고 가르치는 사람으로서 이러한 현상을 다양한 동료 또는 청중과 함께하는 여러 현장에서 반복적으로 목격해 왔다. 그럼에도 나는 여전히 그 현상을 기적이거나 최소한 심오한 신비라고 느낀다. 고대 이스라엘의 문서들을 우리 자신의 삶에 대한 신선한 통찰과 영감의 원천으로 경험하는 것은 지시하거나 보장할 수 있는 일이 아니며, 누가 함께하든(특히 교사나 설교자조차도) 통제할 수 있는 일이 아니다. 그럼에도 그것은 교회와 회당의 삶이 지속되기 위해 필요하며, 그들의 정체성과 공통된 이야기와 언어를 가진 공동체로서의 존재까지도 이 문서들이 오늘날의 삶에 관해/향해 말하는 바를 듣는 반복적인 경험에 의존하고 있다. 비록 예측할 수는 없지만 그 경험은 세대에서 세대로 이어지는 신앙 공동체 구성원들에 의한 정기적인 주석 실천에 달려 있다.

이 책의 목적은 오늘날 신학적 주석을 지속적으로 실천하는 모델을 제시하는 데 있다. 나는 이 책을 유대인과 그리스도인 모두를 위해 집필했으며, 설교 강단에서 주석을 수행하는 이들을 포함해 학문적 배경이나 회중적 배경에서 가르치고 공부하는 이들을 염두에 두었다. 이 책은 **실천신학적인** 작업이다. 즉 이 책은 성서 자체가 인간의 상황과 성향에 대해 실제적이고 정직하기를 멈추지 않으며, 하나님 체험이 어떻게 우리 존재를 정의하고 그 모습을 결정짓는지 흔들림 없이 주목한다는 나의 이해를 반영하고 있다. 여기에 실린 글들은 히브리 성서의 거의 모든 책에 대한 면밀한 읽기를 보여주며, 각책의 중요한 구절들을 집중적으로 조명한다. 이 책의 접근법은 성서에 대한 나의 또 다른 이해를 반영한다. 나는 성서 각 책이 정경에 고유한 기여를 하며, 성서의 다른 부분의 관점을 가져오고, 보완하고, 도전한다고 이해한다. 더 나아가 성서 정경이 그것을 권위 있게(내가 속한 성공회 전통에서는 이 용어를 명확히 정의하지 않는다) 여기는 이들에게 안내서로서 지니는 가치는, 대체로 개별 책들에(심지어 하나의 책 안에도) 나타나는 다양하고도 때로 상이한 관점들에 있다.

이 책은 또한 현대의 독자들을 위한 비평적 성서 해석 작업이다. 19세기 말까지는 자신이 실천적인 또는 신학적인 작업을 한다고 말하는 데 거리낌을 느끼는 성서 해석자가 드물었다. 그것이 당연하다고 전제되었기 때문이다. 실천적, 신학적인 작업은 성서를 읽거나 성서에 대해 글을 쓰는 핵심 이유였다. 그러나 지난 세기 동안 실천적 신학과 비평적 성서 해석은 몇 가지 주목할 만한 예외를 제외하고는 별개의 작업으로 추구되었다. 몇 세대에 걸쳐 학자들은 역사적-비평적 방법에만 배타적으로 집중하며 주어진 텍스트에서 **단 하나의** 정확한(그렇게 추정할 수 있는) 의미를 찾으려 했고, 그 의미는 역사적이고도 '과학적으로' 결정된다고 믿었다. 이러한 작업은 방대한 전문 정보와 기술에 의존했지만, 학자 길드guild는 고대의 상황과 의미를 명료화하는 것이 현대의 신앙 공동체에 어떤 유익을 줄지 고려하는 일에는 구성원들을 독려하지 않았다. 더욱이 근대 이전의 해석자들이 제기한 종류의 신학적 질문은 전문 성서학자의 작업에서 거의 또는 전혀 역할을 하지 못했다. 따라서 성서 해석은 점차 집단 내부의 과업이 되었고 외부인들, 곧 대다수 신자들과 다른 분야의 학자들에게는 잘 이해되지 못했고, 관심을 일으키지도 못했다. 물론 외부인들이 '전문가'에게 세심한 텍스트 해석 작업을 너무 가볍게 넘겨준 탓도 있을 것이다. 실제로 이는 역사 비평이 출현하기 오래전부터 일부 집단에서 발생했던 일이며, 거의 배타적인 지배를 위한 길은 이미 준비되어 있었을 것이다. (내가 속한 교단과 예전적 전통에서는 주석적 설교와 주석에 기초한 신학의 급격한 퇴보 현상은 17세기 중반까지 거슬러 올라갈 수도 있다!)[1] 20세기 마지막 사분기에 내가 신학 공부를 시작할 때는, '주석적 설교는 먹히지 않는다'라는 생각이 여전히 목회자들과 동료 신학생들 사이에서 흔했다. 대다수에게 주석은 교실에서 하는 실습이며 신학교 졸업과 함께 내버려지는 일이었다.

그러나 같은 시기에 성서학에서 새로운 발전이 시작되었고, 이는 성서학의 편협함과 학계 외부의 주석에 대한 심각한 무관심에 맞서는 데 도움을 주었다. 이제 많은 성서학자들과 설교자들은 로버트 알터Robert Alter, 월터 브루그만Walter Brueggemann, 브레바드 차일즈Brevard

Childs, 에버렛 폭스Everett Fox, 티크바 프라이머켄스키Tikva Frymer-Kensky, 제임스 쿠겔James Kugel, 존 레벤슨Jon Levenson, 캐럴 마이어스Carol Meyers, 제이콥 밀그롬Jacob Milgrom, 필리스 트리블Phyllis Trible, 레니타 윔즈Renita Weems 등의 학자들이 힘차게 열어 나간 길을 따르고 있다. 그들은 다양한 방식으로 히브리 성서/구약성서에 대한 문학적이고 언어적이며 문화적 감수성이 있는, 주석적으로 엄격하고 사회적으로 책임성이 있는, 따라서 신학적으로 유익한 읽기를 개척했다. 그들 중 일부는 해석사를 성서학과 통합시켰고, 독자들은 여러 세기에 걸친 유대인과 그리스도인의 통찰로부터 유익을 얻게 되었다. 이에 더해 우리는 오늘날 주석적 설교의 중요한 사례들을 많이 갖게 되었고, 신학적으로 풍부한 주석 저술의 전통이 부활한 것을 보게 되었다. 이 모든 활동의 결과는, 너무도 오랫동안 다양한 모습으로 일해 온 해석자들, 곧 번역가들, 신학자들, 역사신학자들, 성서학자들 그리고 회중과 함께 하는 설교자들과 교사들을 고립시켰던 학문 분야의 경계가 흐려지게 되었다는 것이다.

이러한 통합적인 작업은 비평 없는 성서 해석의 방향으로 이끌기는커녕, 성서학과 그 너머의 분야에서 좀 더 온전히 비평적인 대화가 일어나도록 문을 열어 주었다. 문학 작품의 비평적 해석의 구성 요소에 대한 한 폭넓은 관점에 따르면, 독자로서 우리는 두 가지 중요한 방식에서 공평한 태도를 취해야 한다. 첫째, 우리는 **본문을 공평하게 다루어야 한다**. 본문은 역사적 상황 속에서 생겨난 복합적인 작품으로, 구별할 수 있는 특징들과 제한된(종종 폭넓고 유연하지만) 확인 가능한 의미들을 지니고 있다. 둘째, 우리와 본문을 공유하고 있는 **다른 독자들을 공평하게 다루어야 한다**. 우리는 특정 본문과 그 가능한 의미들에 대해 이성적이면서도 종종 깊은 논쟁을 일으키는 대화에 그들을 참여시켜야 한다. 나의 해석 작업에서 나와 본문을 공유하는 독자들 가운데는 지식이 풍부하고 능숙한 해석자들, 유대인과 그리스도인, 세속주의자와 다양한 전통에 속한 이들, 나의 동시대인뿐 아니라 여러 세대 전에 살았던 이들도 포함된다. 교실에서 나는 주로 북미 남부의 그리스도인 신학생들과 함께 작업하며, 정기적으로 동아프리카의 그리스도인들과도 함께하고 있다. 또한 여러 해 동안 나는 신실한 유대인과 무슬림들의 동료 교수이자 연구 파트너로 일해 왔다. 이들 모두가 나의 본문 읽기 습관과 신학적 이해의 형성에 기여했다.

비평적 해석을 위한 전제는, 연구할 가치가 있는 모든 텍스트는 다양한 각도에서 읽혀야 하고, 그 결과 상당히 다른 해석이 나올 수 있다는 인식이다. 다중적 의미가 가능하고 또 정당하다는 인식은 포스트모던의 발명품이 아니다. 근대 이전의 독자들 대다수는 이를 당연한 전제로 여겼다.[2] 이 다중성을 진지하게 받아들이는 독자들은, 주어진 해석의 적절함을 그저 단언하는 데 그치지 않고 그것이 왜 타당한지, 그리고 그것이 어떻게 특정 시기의 특정 독자들에게 잠재적으로 유익하거나 해로울 수 있는지 보여줘야 할 의무를 부여받는다. 요약하면 비평적 해석은 본질적으로 텍스트의 복잡성에 대한 존중, 이성적 논증에 대한 존중, 우리 이전과 이후의 독자들을 포함한 다른 독자들에 대한 존중을 내포한다.

정직한 비평적 해석에는 적어도 다섯 가지 움직임이 있어야 한다.

1. 해석자가 텍스트에 접근하면서 가지고 오는 **전제와 사전 관심사**들을 명확히 제시하는 것. 성서 해석의 경우 이러한 것에는 해석자의 신앙 공동체가 직면한 문화적, 정치적, 사회적 도전뿐 아니

라 그 이웃들이 직면한 도전도 포함된다. 여기에는 해석자의 신
학적 이해 역시 포함되며, 그 이해는 부분적으로 그의 신앙 전통
이 여러 세기와 여러 천년에 걸쳐 지금 다루고 있는 본문과 다
른 본문들을 어떻게 읽었는지로부터 나온다.

2. 현재 문맥에서 해석과 가장 관련성이 있는 **문헌 자료**(주어진 본문
과 그것과 비교할 만한 다른 본문들이 지닌 특징)를 규명하는 것. 과
거와 현재의 다른 독자들의 해석과, 어떤 증거가 가장 관련성이
있는지에 대한 그들의 판단을 고려하는 것도 중요하다.

3. 본문이 기록된 배경이 될 수 있는 **사회적, 역사적 요소**를 규명하는
것. 많은 또는 대부분의 경우 이것은 문헌적 증거를 넘어서기 때
문에, 추측과 역사적 재구성이 포함된다는 점을 인정해야 한다.

4. 해석자가 문헌적, 역사적 자료에서 어떻게 추론과 결론을 끌어
내기로 결정했는지에 대한 **합리적 설명**을 제공하는 것. 이는 자
료에서 해석으로 넘어가는 해석학hermeneutics의 작업이다. 1항에
서 언급했듯 이 일에는 철학적이고도 (신앙 공동체 안에서의) 신
학적인 전제와 신념을 적용하는 것이 포함된다. 해석자는 이러
한 전제와 신념을 이해 또는 공유하지 못하거나 중시하지 않는
대화 상대편에게 그것을 명확히 표현할 준비를 해야 하고, 자신
의 이해가 이에 근거한 하나의 선택이며 더 나아가 선택일 **뿐임**
을 인정해야 한다.

5. **지속적 수정**에 열려 있는 것. 해석자 자신의 추가 작업, 타인의
도전, 변화하는 현대적 관심사의 풍경1항을 보라이 새로운 문제와
통찰을 드러낼 수 있다.

이 목록이 암시하듯 텍스트의 비평적 해석은 잠정적이며, 개방

적이고, 협력적인 작업이다. 이는 특히 성서와 관련해 더욱 그러한데, 성서의 1차적 주제는 하나님과의 관계에서 일어나는 인간의 경험이기 때문이다. 따라서 그것은 해석자에게 인간의 복잡성을 최고 수준으로 고려할 것을 요구한다. 그리고 이 인간의 복잡성은 그 자체로 여러 다양한 방식의 복잡성을 지닌 본문들을 통해 표현된다. 인간의 경험 자체가 고유한 경우는 드물지만 각 개인과 세대에게 그 경험은 새롭게 다가온다. 따라서 독자들은 성서 본문을 현재라는 새로운 상황에 적용하고자 끊임없이 힘을 기울여야 한다. 우리는 경험이 주는 압박과 그 압박이 생성하는 새로운 모습의 지식 아래 본문의 진실성을 시험해야 한다. 더 나아가 인간 인격과 성서 본문이라는 이중적 복잡성을 다룬다는 것은 구체적인 문학적 특징들(시적 힘, 진지한 유머, 감정적 강도, 영적 깊이 등 분석적 용어로 충분히 평가할 수 없는 요소들)과도 일관성 있게 대화하는 것을 의미한다. 이러한 비평적 작업은 느리고, 어렵고, 항상 어느 정도 불확실성이 존재한다. 이것은 지식과 경험이 다른 독자들, 곧 이전 세대의 독자들이나 다른 사회적 상황, 다른 대륙, 다른 해석 전통에 속한 독자들로부터 완전히 고립된 상태에서는 할 수 없는 작업이다.

신학적 주석은 기예art이다. 따라서 그것을 실행하는 스타일이나 동기는 깊은 수준까지 개인적인 것이지만 단순히 사적인 것만은 아니다. 이 책과 관련된 나의 접근법의 몇 가지 특징을 먼저 제시해 두는 게 좋을 것 같다. 첫째, 이 책은 내가 판단하기에 신학대학원 첫해에 히브리 성서/구약성서를 공부하는 수준에 준하는 질문들을 다룬다. 여기서 다루는 많은 질문들은 내가 약 35년간 첫 번째 신학 학위 과정에 있는 학생들(대다수는 그리스도인이었다)을 가르치면서 주목하게 되었다. 그들의 질문은 때로 기본적인 것이었지만 나에게 많은 깨달음을 주었으며, 특히 그들이 내가 전에는 고려해 보지 않았던 것을 '기본적'이라고 말할 때는 더욱 그러했다. 나는 내가 가르친 다른 내용보다도 신학교 1학년 학생들에게 받은 질문을 다시 생각해 볼 때 더 많은 것을 배운다.

둘째, 나는 전반적으로 성서 각 책이 문학적으로 온전히 통일된 신학적 진술이라는 데 초점을 맞추었다. 이러한 접근법은 20세기 마지막 몇십 년간 북미 성서학이 이룬 발전을 반영한다. 성서의 책들은 대부분 여러 기록자와 편집자들이 쓰고 다듬었기 때문에 목소리나 관점이 단일하지 않다. 그럼에도 각 책은 높은 수준의 다성적polyphonic 일관성을 드러낸다. 이렇게 한 책에 초점을 맞추는 것은 성서 해석의 흐름에서 흔히 나타나는 지나친 단순화를 조장하는 두 가지 경향과 어느 정도 대조된다. 한쪽 극단에서 해석자는 작은 단위(구절이나 단락)에 집중할 수 있다. 그 부분이 자신이 승인하거나 반대하려는 관점을 대표하는 것처럼 보이기 때문이다. 그러나 윌리엄 컨트리먼 William Countryman이 지적하듯이, "본문의 조각들은 더 강력한 현재의 목소리들에 대해 특별히 더 취약하며 쉽게 희생당할 수 있다."[3] 이것은 '증거 본문 제시하기'proof-texting라고 알려진 **부당한** 읽기의 한 형태다. 다른 극단의 해석자는 성서의 모든 부분을 포함하는 단일한 "거대 내러티브"를 찾아내려고 한다. 마치 그것이 가능하거나 바람직하기라도 한 것처럼 다양한 전통의 줄기와 관점을 단일성으로 축소해 버린다.[4] 복잡한 문학적 전체로서 각 책에 초점을 맞추는 것은 이와 같은 동질화가 적절한지 의문을 제기한다.

셋째, 이 책에 실린 글들 대다수는 성서의 한 책을 전체적으로 다루지만, 예외로 토라에 속한 책은 책당 두세 편에 걸쳐 더 길게 다룬다. 토라의 책들을 읽는 법을 제대로 배우는 것은 성서를 전체적으로 잘 읽는 데 매우 중요하기 때문이다. 반면에 서로 밀접하게 연관된 책들(예를 들어 잠언, 전도서)은 하나의 글에서 함께 다룬다. 글의 배열은 대체로 히브리 성서의 순서에 따랐다. 즉 토라, 전기와 후기 예언서, 성문서 순서다. 그러나 때로는 이 순서에서 벗어나 책들 사이의 정경 내적 대화를 조명하는 데 집중했다. (예를 들어 룻기 1:1에 나오는 내러티브의 연결을 반영한 개신교 정경의 순서처럼 룻기를 사사기 다음에 다룬다.) 마찬가지로 몇몇 장에는 함께 읽으면 유익한 책들(예를 들어 욥기, 아가서)을 모아 두었다. 주석처럼 한 책의 주요 단위를 모두 다루기보다, 일반적으로 책 안에서 발견되는 주요 문학 장르를 살펴보는 것을 목표로 삼았다. 장르는 성서의 중심적인 사고의 흐름들(여러 종류의 신적 논리theo-logic)을 파악할 때 없어서는 안 될 지침이다. 몇몇 책은 내가 다른 곳에서 최근에 또는 상세히 다루었기 때문에 (예를 들어 예레미야서, 잠언, 전도서), 여기서는 각 책에서 하나의 측면에만 초점을 맞춰 매우 간략하게 논한다. 효율적인 논의를 위해 열두 소예언서 중 일부는 생략하거나 다른 책들과 함께 간략하게 다룬다.

넷째, 정경은 하나의 대화이므로 다양한 기록자들의 독특한 목소리와 어휘를 새롭게 듣는 것이 중요하다. 그러므로 본문을 인용할 때 나는 거의 항상 나의 사역을 제시했다. 수년간 많은 학생들이 주석에 흥미를 가지게 된 이유로 나의 '실시간 번역'을 꼽았다. 번역은 올바르게만 이해한다면 주석적 논쟁의 좋은 출발점이며, 하나의 언어만 사용하는 북미인들은 (특히) 거의 인지하지 못할 해석의 차원이다. 여기에 제시되는 각 번역은 의미의 어떤 측면을 담은 제안으로 보아야 한다.

이 책을 쓰게 된 동기를 언급하며 결론을 지으려고 한다. 나로 하여금 항상 희망을 품고 성서로 돌아오도록 이끄는 것은 성서가 일깨워 주는 더 넓은 세계에 대한 감각이다. 그 세계는 우리가 일상적으로 인식하는 실재의 영역보다 훨씬 광대하다. 내가 속한 교단의 전통에서 이 광대함의 감각은, 안수식 때마다 예비 집사, 사제 또는 주교가 하는 고백에 나타난다. "거룩한 신구약성서는……구원에 필요한 모든 것을 담고 있나이다."[5] 이것은 엄청난 주장이며 다음과 같은 질문을 불러일으킨다. '구원'과 관련해 우리는 성서의 성격을 어떻게 생각해야 하는가?

흔히 '구원'으로 번역되는 히브리어는 '예슈아'*yeshu'ah*와 '테슈아'*teshu'ah*이며, 관련 동사의 어근이 지닌 핵심 의미는 '넓다' 또는 '넓어지게 하다'이다. 따라서 구원의 역동은 존재를 위해 드넓은 폭을 제공한다고 볼 수 있다.[6] 이 단어는 거의 항상 인간 존재를 위한 것이지만, 성서는 적어도 한 번 하나님이 인간과 함께 동물을 '구원하신다'라고 말한다.시 36:6 구원과 관련된 드넓음의 이미지는 '곤경'*tsar(ah)*이라는 일반적 명사와 대조되는데, 이 명사는 '제약받다'라는 의미의 어근 '차라르'*ts-r-r*에서 유래한다. 따라서 구원의 상태는 영어 표현 'in straits'의 두 의미'곤경에 처한', '좁은 수로 안에 있는'와 반대 상태에 있는 것이다. 히브리어의 이 대립하는 단어들이 암시하는 바는, 대중적인 종교적 지혜들과 달리 '하나님을 경외하는' 삶이 곧고 좁은 길을 걷는 것이 아니라는 점이다. 오히려 성서는 우리를 광대한 세계, 칼 바르트의 유명한 표현에 따르면 "성서 속의 새로운 세계"*die neue Welt in der Bibel*로 초대한다.[7] 성서가 주로 하는 일은 사물이 '실제로' 어떠한지 보여줌으로써 우리의 일상적 관념을 깨뜨리는 것이다. 우리가 우리 자신과 타인에게 부과하는 한계가 필요하다는 생각, 심지어 그것이 어쩔 수 없는 현실이라는 생각에 의문을 제기하고, 인간 존재의 협소한 조건이 대부분 잘못된 대상을 향한 두려움이나 욕망의 결과임을 보여주는 것이다. 그러나 이스라엘의 성서를 제대로 읽는 데 기초가 되는 이른바 건강한 욕망이 있다면, 그것은 궁극적으로 우리를 다른 존재 방식으로 이끌 수 있다. 나는 종종 강의를 시작할 때 성서에서 가장 긴 시를 지은, 토라를 공부하는 어느 사람의 말을 인용하곤 한다. 그는 새로운 세계에서 평생을 살고자 하는 욕망을 이렇게 표현한다.

내 눈을 열어서 주의 율법torah에서 놀라운 것을 보게 하소서.
나는 땅에서 나그네가 되었사오니
주의 계명들을 내게 숨기지 마소서.시 119:18-19

성서가 드러내는 바를 놀라움으로 받아들이려는 열망, 나의 인간적 한계를 인식하지만 토라를 깊이 연구함으로써 나의 진정한 필요가 충족되는 것을 발견하리라는 확신, 아마도 이러한 것들이 좋은 해석을 낳는 삶의 중요한 전제 조건이 될 것이다. 다음 구절에서 볼 수 있는 것처럼 말이다.

여호와여, 내가 주의 구원을 사모하였사오며
주의 율법을 즐거워하나이다.시 119:174

# 01

# 창세기

# "우리의 형상을 따라"

· 창세기 1:1-2:3 ·

창세기를 속도를 내어 읽기란 불가능할지도 모른다. 속도를 늦추게
하는 요소가 매우 많기 때문이다. 창세기에는 수수께끼 같은 문구,
계속 읽어 나가며 염두에 두어야만 할 낯선 개념, 반복적으로 나타나
는 문학적 패턴과 신학적 역학, 우리 머릿속에 무의식적으로 가지고
있는 주일학교식 그림과 전혀 다른 하나님 묘사, 또 성서 전체에서
가장 풍부한 인물 연구가 다수 등장한다. 따라서 이 책을 읽을 때는
여유를 가지고 천천히 읽어야 한다.

관계 개념은 시작 부분부터 전면으로 나오며 창세기 해석을 지
배한다. 여러 종들의 기원에 대한 역사적 진술로 이 부분을 읽는다면
실수하는 것이다. 이 본문을 창조론-진화론 논쟁을 위한 무기로 사
용하는 이들은 어느 진영이든 요점을 놓치게 된다. 이 본문은 상상력
넘치는 산문시로, 창조주와 인간 및 비인간 피조물 사이의 관계와 아
울러 피조물들 사이의 관계를 표현하며, 특히 복잡한 창조 질서 안에
서 인간의 역할이 무엇인지에 초점을 맞추고 있다.

'인간은 창조의 절정으로 나타나는가?' 이 질문은 현대 독자들
에게 새롭게 중요성을 띤다. 우리는 이제 인간이 이른바 자연 세계에
지질학적 변화를 초래할 만한 힘으로 전례 없는 영향을 미친다는 것

을 안다. 우리의 대답은 창세기 첫 번째 부분을 어떻게 읽는지에 따라, 심지어는 문단을 어떻게 나누는지에 따라서도 상당히 달라질 수 있다. 유대교의 종교적 관행은 안식일 준수에 중심이 있으며, 창조의 교향곡 일곱 번째 마지막 악장인 안식일을 거룩하게 하는 것2:1-3에 암시적인 우선순위를 둔다. 전체 본문이 7일 구조라는 것이 그런 이해를 뒷받침한다. 그러나 이 책의 장 구분은 몇 구절을 두 번째 장에 할당함으로써 드라마의 개막 장면에서 안식일을 암묵적으로 배제하고 있다.

장章의 구분은 기독교가 도입한 혁신으로, 성서 본문의 역사에서 상당히 늦은 13세기에 캔터베리 대주교 스티븐 랭턴Stephen Langton에 의해 이루어졌다. 랭턴은 이 지점에서 처음 두 장을 나눔으로써 창조 드라마의 정점이 여섯째 날의 사건들에 있다는 신학적 해석을 시도했다.

> 하나님이 이르시되 우리의 형상을 따라[1]
> 우리의 모양대로 우리가 사람을 만들고
> 그들로 바다의 물고기와 하늘의 새와
> 가축과 온 땅과
> 땅에 기는 모든 것을 다스리게 하자 하시고
> 하나님이 자기 형상
> 곧 하나님의 형상대로 사람을 창조하시되
> 남자와 여자를 창조하시고.1:26-27

랭턴의 이러한 구분은 임의적인 것이 아니었으며, 문학적 단위의 기본이 되는 7일 구조를 명백히 방해함에도 그러하다. 그는 이 구절들이 간접적으로 제기하는 질문에 초점을 맞추는 오래된 기독교 신학을 따라 본문을 읽었다. 2세기에 기독교 신학의 토대를 놓은 이레네우스로부터 모든 시대에 걸쳐, 신학자들은 인간이 "하나님의 형상" 안에서(또는 형상으로서) 창조되었다는 것이 무슨 의미인지에 대해 관심을 쏟아 왔다.[2] 성서의 이 표현은 강력하지만 수수께끼 같으며, 그 자체로는 아무것도 설명해 주지 않는다. 바로 그 이유 때문에 끝없이 주목을 받아 온 것 같다. 그러나 인간이 하나님의 형상이라는 개념에 기독교 신학자들이 쏟아부은 관심, 그리고 성서가 이곳은 물론 다른 곳에서도 그 점에 대해 거의 침묵을 지킨다는 사실의 불균형을 주목해야 한다. 여기서 겨우 세 번, 그리고 창세기 뒷부분에서 두 번 더 언급된 것5:1; 9:6 외에는, 시편 8편이 인간을 "하나님보다 조금 못[한]"시 8:5 존재로 묘사할 뿐이다. "하나님의 형상"은 인간의 지위를 나타내는 표현으로 성서에서 널리 사용되지 않는다.[3] 창세기 앞부분에서 세 번 언급되는 것은 아마도 인간 존재의 영구적 상태가 확립되었다기보다는, 고유하지만 구체화되지 않은 하나의 가능성을 나타낸다고 보아야 할 것이다.[4] 고대 청중이 이 개념을 어떻게 이해했을지에 대한 한 가지 단서는, 고대 이집트, 시리아, 메소포타미아의 왕들이 자신의 통치 영역 곳곳에 ("형상"이라고 부르던) 자신의 상을 세운 것은 일반적인 관행이었다는 점이다.참조. 단 3:1-18 이 문명들이 남긴 수많은 문헌은 왕과 때때로 사제까지 신의 "형상"이라고 언급하고 있다. 이 산문시의 저자는 수세기 동안 고대 세계 여러 문화권에서 지속되었고[5] 오늘날에도 어떤 형태로 지속되고 있는 이러한 관행을 알고 있었을 것이다. (2002년, 바그다드의 피르도스 광장에 세워진 거대한 사담 후세인 동상이 미군에 의해 1년 후 철거된 것을 보라.) 이에 대한 반응으로, 이 본문은 특권을 가진 소수가 아니라 모든 인간이, 남성과 여성이 똑같이 하나님의 형상으로 만들어졌다는 전례 없는 주장을 한다. 여성과 남성이 평등하며 존엄성을 공유한다는 주장은 다음 장에 나오는 "아담의 갈비뼈" 이야기2:18-25를 잘못 읽는 것을 막아 준다. 두 번째 인간 창조 이야기를 첫 번째 창조 이야기에 비추어 보면 더 정확하게 이해할 수 있다. 그것은 기원에 관한 진술이 아니며, 따라서 여자가 하나님의 사후적 생각에 따라 파생되었다는 암시도 아니고, 여자와 남자 사이 그리고 이들과 하나님 사이에 진정한 친밀함이 가능하다는 것을 풍부한 상상력으로 묘사한 것이다.

창조 이야기에서 현대 독자들에게 가장 큰 도전이 될 법한 부분이자 어떤 이들에게는 성서에서 가장 큰 불쾌감을 줄 수도 있는 부분이 바로 다음에 나온다. 즉 하나님이 다른 살아 있는 피조물들에 대한 지배권, "다스림의 권한"skilled mastery을 인간에게 부여한 것이다. 인간의 지배라는 언어, 특히 최종적 표현 방식은 주목을 끌려는 의도가 틀림없다.

> 하나님이 그들에게 복을 주시며 하나님이 그들에게 이르시되
> 생육하고 번성하여 땅에 충만하라, 땅을 정복하라,
> 바다의 물고기와 하늘의 새와
> 땅에 움직이는 모든 생물을 다스리라exercise skilled mastery 하시니라.1:28

이 구절은 비인간 세계에 대한 인간의 착취를 불경스럽게도 허락하는 근거로 주장되어 왔다.[6] 17세기 영국에서 어떤 사람들은 이를 자연 전체에 대한 인간의 완전한 통제를 지지하는 것으로 해석하기 시작했다. 유럽에서 자본주의 경제가 일어나던 시기에 등장한 이 새로운 해석 방식은 인간 지식과 기술 능력의 진보에 대한 비판적

성찰 없는 열정으로 뒷받침되었으며, 인간의 유익이라고 추정되는 것을 겨냥했다.[7]

인간을 향한 복과 위임은 하나님이 피조물들 사이에 어떤 관계를 의도하셨는지 드러낸다. 이 구절은 성서의 일관된 현실주의를 보여주는 핵심 예시이며, 인간이 비인간 피조물에 대해 행사하는 실제적 권력을 솔직하게 인정한다. 그 권력이 존재한다는 사실은 부인할 수 없다. 하나님이 이성적 사고와 물건을 집을 수 있는 엄지손가락 같은 뛰어난 도구를 공격성이 좀 덜한 피조물에게 주셨다면 좋았을 것이라고 어떤 이들은 생각할지도 모르지만 말이다. 그러나 성서의 하나님은 위험을 감수하시는 분이며, 첫 번째로 취한 가장 위험한 선택은 이 위험할 정도로 강력한 피조물을 창조하신 것이다. 그러나 다른 한편, 우리가 강력하지 않다면 어떻게 하나님의 형상이라는 역할을 감당할 수 있겠는가? 여기서 신학적 요점은, 우리가 하나님의 창조 의도에 대해 배운 바[1:26-27]가 이 복을 통해 부여된 허락과 책임에 대한 우리의 이해를 결정한다는 것이다. 두 가지를 함께 고려할 때 우리는 이렇게 물어야만 한다. '세계를 형성할 수 있는 강력한 권력을 어떻게 하나님의 형상으로 살라는 명령과 일관된 방식으로 행사할 수 있는가?' 인간에게 주어진 이 첫 번째 명령은 아무 제한 없이 파괴하고, 약탈하고, 죽이고, 소비할 수 있는 권한과는 거리가 멀다. 그것은 복과 경고를 동시에 담고 있다. 풍성한 열매를 맺는 관계에 대한 복은 명백한 것이며, 이것은 이어지는 구절들에 의해 강화된다. 첫 장의 남은 부분은 하나님이 의도하신 그 풍성함의 성격을 눈에 띄도록 자세하고 구체적으로 표현한다. 먹이 사슬이 설정되지만 "태초에" 그것은 채식주의의 사슬이었다. 모든 피조물에게 먹을 것이 충분했고 어느 것도 다른 것을 잡아먹을 필요가 없었다.[1:29-30]

이 명령에 내포된 경고는 미묘하며 숙고가 필요하다. 이 신적 명령의 가장 불편한 부분인 "(땅을) 정복하라"conquer it에서 그 경고를 찾을 수 있다. 거의 모든 영어 번역본이 이 구절의 언어를 조정하여 불쾌감을 완화시킨다. 일반적인 번역인 '복종시키라'subdue it 역시 경고를 완화하고 신학적 요점을 무디게 만든다. 이 단순한 히브리어 구문을 평이하게 번역해 보자. 성서적 표현에 익숙한 귀라면 이 이야기의 핵심적인 순간에 대한 복선을 듣게 된다. 즉 가나안 땅'에레츠 가나안'의 정복이다. 여기 창세기의 시작 부분에서 매우 흔한 히브리어 명사 '에레츠'땅'는 보다 넓은 의미로 우리가 지구라고 부르는 행성을 가리킨다.

이 두 가지 신적 의도(인간의 지구 정복과 이스라엘의 가나안 정복)를 나란히 놓고 보면, 두 경우 모두 인간 대리자는 하나님의 주권적 임재를 대표하고, 근본적으로 하나님의 것인 장소에서 하나님의 "유익"을 옹호하며, 인간과 다른 피조물과 땅 자체를 번영하게 하시려는 하나님의 의도를 실현해야 한다. 인간을 향한 하나님의 첫 번째 복은 이미 바다와 하늘의 피조물에게 선언된 복을 되풀이한다. "생육하고 번성하여……충만하라."1:22 그러므로 인간이 다스림의 권한을 행사하는 것은 앞선 복을 강화하려는 것이지 무효화하려는 것이 아니다. 그러나 그 뒤의 이야기를 읽어 보면(성서 이야기를 미리 읽는 것은 필수적이며 부정행위가 아니다), 우리는 곧 인간이 에레츠 지구 또는 에레츠 가나안/이스라엘에 대한 신적 의도를 실현하는 방식으로 사는 데 어려움을 겪고 자주 실패함을 보게 된다. 정복이라는 말에는 이러한 투쟁과 실패가 내포되어 있다. 이스라엘의 성서와 신약성서에 이 단어가 등장하는 곳마다 하나님의 의도에 반대하는 자들과의 투쟁이 나타난다. 충격적인 것은, 하나님께 맞서는 가장 뿌리 깊은 저항이 정복하라는 신적 사명을 부여받은 바로 그 인간에게서 나온다는 점이다. 여호수아서와 사사기는 이른바 가나안 정복과 관련된 이스라엘의 완고함을 긴 분량으로 기록하고 있지만, 이는 그 땅 안에서의 불순종이라는 기나긴 성서 이야기의 시작일 뿐이다. 이스라엘의 가나안 거주는 약간 변형된 실패에 지나지 않으며, 결국 바벨론 유배로 나아가게 된다.

바벨론 유배주전 586-538년는 성서 시대 동안 이스라엘이 겪은 가장 큰 트라우마이며, 오늘날 우리가 가지고 있는 성서 모든 곳에 그 상흔(고통스러운 기억과 어렵게 배운 교훈)을 남겼다. 창세기의 첫 장이 유배를 배경으로 구성되었다면(아마도 그럴 것이다), 이 첫 번째 에레츠 정복 명령으로부터 격려와 진지한 경고를 동시에 들어야 정당하다. 격려는 여전히 하나님이 유배된 백성을 위한 계획과 들을 귀 있는 자들을 위한 소명을 가지고 계신다는 것이다. 그리고 경고는 에레츠 지구에서의 인간 프로젝트가─에레츠 가나안의 정복처럼─그곳에서 하나님의 유익을 대변해야 할 집단 내부로부터 재앙처럼 무너질 수 있다는 것이다.

오늘날 행성사 가운데 인류세人類世, Anthropocene 시대를 사는 독자들에게 그 경고는, 우리가 창조주 하나님의 자비로운 주권의 대리자로서(로즈메리 류터의 생생한 표현처럼 "자연의 악당 코끼리"가 아니라)[8] 하나님의 복을 실현할 수 있도록 지구 정복에 대한 우리의 권력 행사 방식을 바꿔야 할 필요가 있다고 설득한다. 이러한 경고는 우리에게 "정글을 정원으로" 변화시키는 발걸음을 내딛고, 더 근본적으로는 "기존 생태 공동체의 통합성을 이해하고 그 공동체 안에서 우리의 자리를 조화롭게 구축하는 법을 배움으로써"[9] 우리의 지능을 사용하는 방식에 변화를 **받으라고** 도전한다. 이것은 이 시대와 모든 시대에 다른 피조물들 사이에서 이루어지는 인간의 지배, 곧 다스림의 권한 행사에 대한 훌륭한 실용적 정의다.

안식일 제정에서 우리는 하나님의 형상이 된다는 의미가 무엇인지 보여주는 또 다른 간접적인 표지를 발견한다.

하나님이 그가 하시던 일을 일곱째 날에 마치시니 그가 하시던 모든 일을 그치고 일곱째 날에 안식하시니라. 하나님이 그 일곱째 날을 복되게 하사 거룩하게 하셨으니 이는 하나님이 그 창조하시며 만드시던 모든 일을 마치시고 그날에 안식하셨음이니라. 2:2-3

창조가 완성되었음을 나타내는 신호는 시간의 성화다. 넷째 날에 창조된 해와 달은 시계와 달력의 시간을 표시하며, 오늘은 본질적으로 내일과 같다. 그러나 하나님의 복은 일곱째(성서에서 완성을 상징하는 숫자) 날을 신성한 공간으로 표시한다. 그것은 시간 안에서 구별되어 있는데, 마치 예루살렘 성전이 공간 안에서 구별되어 있는 것과 같다. 성전처럼 안식일도 오직 하나의 목적, 곧 인간을 하나님과의 친밀한 접촉으로 이끌기 위해 설계되었다. "안식일이 사람을 위하여 있는 것[이다]." 막 2:27

성서의 창조 이야기가 안식일에서 절정에 이르는 것은 우주 속 인간의 위치와 관련되어 우리에게 심오한 함의를 지닌다. 이것은 성서의 이야기를 바벨론 창조 서사시인 에누마 엘리쉬('높은 곳에는……'을 뜻함)와 비교할 때 명확해진다. 유배된 이스라엘 백성은 바벨론의 성대한 신년 축제에서 이 오래된 시가 낭송되는 것을 들었을 것이다(아마도 바벨론 주신인 마르둑의 신상이 그의 신성한 도시의 대로를 행진하는 동안 노래로 불렸을 것이다) 바벨론 서사시는 신들 사이의 큰 전쟁에 관해 이야기하는데, 그 전쟁은 원시 바다뱀 티아마트의 죽음과 해체로 끝난다. 바다의 여신인 티아마트의 몸은 길게 갈라져, 배 부분은 지면이 되고 위쪽 등가죽은 늘여져 하늘의 둥근 지붕이 된다. 패배한 신들은 승리한 장군 마르둑에게 배상하는 의미로 새 땅에 거대한 성전을 세우라는 명령을 받는다. 명령을 이행한 후 신들은 성전과 그 복잡한 제사들을 유지하다 보면 그들의 여가를 모조리 빼앗긴다는 것을 깨닫는다. 그래서 우주의 하찮은 일들을 처리할 새로운 종, 인간을 창조하기로 결정한다. 이야기는 신들이 마르둑을 향해 50번의 건배를 하며 이 영리한 발상을 자축하는 대연회로 끝맺는다.

바벨론 서사시에서 인간은 신들의 지상 영토의 노예, 곧 농노로 봉사하도록 창조되었다. 이것과 성서의 이야기를 비교해 보라. 성서는 인간이 하나님과의 닮음을 실현하기 위해 창조되었다고 말하며, 부분적으로 그것을 이루는 방법은 안식일의 거룩함을 인식하는 것이다. 우리 인간의 삶이 시작된 첫날은 쉬는 날이자 하나님과 함께하는 축제일이었다. 안식일을 지키라는 명령은 성서에서 가장 자주 반복되는 명령이다. 이스라엘은 매주 세상을 창조하는 수고를 마치고 '하나님이 쉬신 날'출 31:17을 기억하고 재현하라는 명령을 받는다. 안식일을 복되게 하신 것은 인간 피조물과 비실용적 관계를 원하시는 하나님의 욕구를 강력하게 표명한다. 바벨론 신화와는 대조적이며 아마도 저항의 의미를 지니는, 이스라엘의 새로운 종교적 통찰은 우리 인간이 순전히 우리와 동행하기를 기뻐하시는 하나님의 즐거움을 위해 존재한다는 것이다. 역사적으로 이스라엘 백성은 바벨론에서 잠시 농노 또는 노예로 지냈지만, 신학적으로 그들과 다른 인간들에게 부여된 지위는 바벨론의 것과 완전히 다르다. 처음부터 하나님은 우리를 친밀한 친구, 심지어 가족 같은 존재로 만들고자 하셨던 것 같다(이것은 출애굽기4:22, 호세아11:1, 이사야1:2, 말라기1:6, 그리고 예수와 바울에 의해 발전된 은유다). 안식일을 복되게 하고 거룩하게 한 것은 인간이 하나님의 자녀라는 의미가 무엇인지 보여주는 첫 번째 표지다. 부모가 자녀를 기뻐하듯 하나님은 아무런 까닭 없이 우리와 함께하기를 택하신다.

# 보완과 단절

· 창세기 2:4-11:32 ·

창세기의 내러티브가 펼쳐지면서 문학적으로 그리고 인간과 관련해 사태는 점점 복잡해진다. 문학적 복잡성은 독자들이 여러 플롯과 전통의 상호 작용에 주의를 기울이면서 여러 장에 걸쳐 이어지는 패턴을 식별해야 함을 의미한다. 인간에 관한 복잡성은, 인간이 하나님의 창조가 지닌 본래의 조화로움을 광범위하게 파괴하는 내용이 첫 번째로 등장하는 커다란 패턴에 포함된다는 점에 있다.

## 보완하는 자료들

20세기 동안 많은 성서학자들, 특히 개신교 전통의 학자들은 성서 본문을 그 구성에 기여한 이른바 자료의 관점에서 분석하는 데 몰두했다. 신학생 및 대학생들은 색연필을 들고 제시된 본문에서 J(야훼 자료), E(엘로힘 자료), D(신명기 자료), P(제사장 자료) 등 여러 자료를 구별해 표시하는 과제를 해내야 했다. 창조 이야기에 표시를 한다면 7일 간의 창조라는 큰 그림¹:¹⁻²:³은 P로, 그 뒤에 이어지는 지상 생물에 관한 "근접 장면"²:⁴⁻²⁵은 J로 구분되었다. 이 두 개의 주요 단락을 이어 붙인 경계선은 다른 신명神名, 엘로힘과 야훼의 사용과 이야기의 세부 사항의 차이로 꽤 쉽게 식별할 수 있다. 예를 들어, 우리는 지상의 식물과 동물이 인간 이전에 창조되었다고도 읽게 되고,1:11-12, 24-25 이후에 창조되었다고도 읽게 된다.2:8-9, 19 이곳을 비롯한 창세기와 **토라**의 다른 곳에 다양한 자료들이 존재한다는 가설은 현재 대다수의 비평적 독자들에게 받아들여지는 바다. 그러나 자료가 존재한다는 사실 자체보다 더 흥미롭고 깊은 질문이 있다. 즉 '최종 형태의 본문, 지금 우리가 읽는 이 본문에서 그와 같은 조합은 어떤 효과를 발휘하는가?' 예를 들어 첫 번째 창조 이야기만 있고 두 번째 이야기는 없거나 또는 그 반대일 경우 우리가 놓칠 통찰은 무엇인가? 이러한 질문의 유익은 본문의 내용을 고찰해야 한다는 점이다. 많은 색연필들이, 그리고 (더 안타깝게도) 많은 성서들이 이러한 해부 실습이 실제 본문 읽기를 대체하면서 생겨난 좌절감 때문에 쓰레기통에 던져졌다.

이전 세대의 일부 독자들이 성서 내러티브의 줄기들을 분리해 내는 데 지나치게 초점을 맞추다가 좌절감을 느꼈다면, 다른 많은 이들은 여전히 그런 줄기들이 (아마도) 존재한다는 것이 성서의 권위를 훼손하지 않을까 불안해한다. 이러한 불안은 대다수의 현대 북미 독자들과 2천 년 전 서아시아에서 활동했던 기자 및 이야기꾼들 사이의 문화적 거리에서 생겨났을 수도 있다. 나는 이 점에 대해 여러 해 전 나의 기독교 신학 교육의 동료이자 협력 파트너인 수단 교사들과 성서의 창조 이야기를 함께 공부하면서 분명하게 깨달았다. 그들 대다수는 현대 성서 비평에 노출된 경험이 거의 없었고, 따라서 다양한 자료라는 개념이 그들에게는 매우 의심스럽거나 심지어는 걸림돌이 될 것이라고 예상했다. 하지만 내가 틀렸다. 오히려 그것은 그들이 예상한 바였다. 그들은 아직도 구전 문화를 경험하고 있었고, 쉴룩, 딩카, 잔데, 누에르, 카크와, 바리, 모루 등 여러 부족들의 전통을 보

존하고 소중히 여기는 문화에 익숙했다. 나는 누에르 부족 동료에게
물었다. "당신 부족 전통에도 세상 창조 이야기가 있나요?" "물론이
죠." 나는 다른 사람에게도 물었다. "잔데 부족 이야기는 어떤가요?
누에르 부족 이야기와 같나요?" "물론 다릅니다."

이들 동아프리카 사람들은 수세기, 심지어 수천 년 전까지 거슬
러 올라가는 구전 전통에 익숙하므로 이스라엘에 기록이라는 것이
생기기 오래전부터 다양한 방식으로 이야기가 전해졌다는 것을 쉽
게 이해한다. 더욱이 그들의 전통 문화에서 스토리텔링은 모든 중요
한 문제를 탐구하고 핵심 지식을 전달하는 수단이다. 따라서 창조처
럼 토대가 되는 주제라면 여러 이야기가 생겨날 수밖에 없다. 수단
사람들은 성서의 창조 이야기에 차이점이 있다고 해서 난감해하지
않는다. 그들은 참된 이야기들, 곧 진정한 통찰을 제공하는 이야기들
은 그 차이점으로 서로를 보완할 수 있다는 것을 본능적으로 이해하
기 때문이다. 로버트 알터는 성서 내러티브 본문의 "복합 예술적" 특
성에 관해 다양한 전통의 요소들이 매끄럽지 않고 이음새가 두드러
지게 결합되어 "연속으로 배열된 관점들의 몽타주"를 형성한다고 말
한다.[1] 예를 들면 여성과 남성이 함께 창조된 그림은 각 사람이 하나
님의 형상으로 살아갈 온전한 잠재력을 지녔음을 보여주고,1:27 성별
구별과 그들 사이의 온전한 상호성에 대한 신적 의도를 강조하는 두
번째 창조 이야기2:7, 20-25는 그것을 보완해 준다.

오늘날 성서 독자들은 더 나은 해석자가 되기 위해 또 다른 스
토리텔링 전통인 랍비 유대교에 점점 관심을 기울이고 있다. 고대와
중세 랍비들은 종종 예리한 안목으로 복잡함 속에서 의미를 분별하
는 패턴을 포착해 냈다. 랍비들의 **미드라쉬**는 성서 본문을 확대하여
짧은 이야기로 들려주는 전통적 장르다. 다음의 예는 5세기 미드라

| 창세기 |

쉬 모음집에 있는 것으로, 두 가지 주요한 창조 이야기가 서로를 어떻게 보완하는지 탐구한다.

당신은 지혜로 하늘과 땅을 창조하신 거룩하신 분, 복되신 분을 본다.
랍비 아자랴가 레쉬 라키쉬의 이름으로 말했다.
첫째 날에 하나님은 하늘과 땅을 창조하셨다.
다섯 날이 남았다.
하나님은 하루는 위에 무언가를,
다음 날에는 아래에 무언가를 창조하셨다.
하나님은 둘째 날에 위에 궁창을 창조하셨고,
셋째 날에 아래에 "물은 한 군데 모이라"고 말씀하셨다.
넷째 날에 위에 "빛들이 있으라"고 말씀하셨고,
다섯째 날에 아래에 "물이 가득하게 하라"고 말씀하셨다.
여섯째 날만이 그 안에 무언가를 창조할 수 있도록 남겨졌다.
복되고 거룩하신 분께서 말씀하셨다.
"만약 내가 위에 무언가를 창조하면, 땅이 화날 것이다.
만약 내가 아래에 무언가를 창조하면, 하늘이 화날 것이다.
복되고 거룩하신 분께서 무엇을 행하셨는가?"
하나님은 아래에서 나온 것으로 사람을,
위에서 나온 것으로 영혼을 창조하셨다.
주님은 "지혜로 땅에 터를 놓으셨[도다]." 잠 3:19

— 창세기 2:4에 관한 미드라쉬 탄후마[2]

미드라쉬적 해석은 그 근본에서 상호텍스트적intertextual, 텍스트들의 상호

<sup></sup>관련성을 고려한다는 의미—옮긴이 읽기 방식이다. 여기서는 잠언에서 가져온 통찰(절정이 되는 문구로 인용된)이 하나님의 창조 사역을 탐구하는 출발점이 된다. 미드라쉬의 저자로 기록된 두 랍비는 자연스럽게 성서의 첫 장으로 돌아간다. 그들은 그 본문을 음악 작품처럼 읽으며, 창조의 첫 다섯 날 동안 지속된 긴장감 있는 균형을 추적한다. 이 균형은 여섯째 날에 붕괴될 위험에 처한다. 이것은 불편한 상황이다. 하늘과 땅은 반응 없는 물체가 아니라 하나님의 피조물이며, 본성적으로 그들의 창조주에게 반응한다. 따라서 실망하고 분노를 느낄 가능성이 있다. 인간의 창조는 이 긴장을 해소하지만, 그것이 어떻게 일어나는지 보여주기 위해 랍비들은 창세기 1장의 산문시를 넘어 창세기 2장의 보완적인 내러티브로 나아간다. 그 내러티브는 인간이 "아래에서 나온 것"(흙)으로, 그리고 "위에서 나온 것"(하나님의 숨)으로 창조되었다는 것을 자세히 기술한다.<sup>2:7</sup> 창조의 교향곡은 산문시와 내러티브가 결합되어 있지만 형식이 통일되지 않은 작품으로, 함께 읽을 때만 만족스러운 해결과 결론에 도달한다.

창세기의 첫 열한 장, 이른바 **원역사**는 하늘과 땅을 창조하신 하나님과의 관계 안에 있는 인간이 된다는 것이 무슨 의미인지를 간결하면서도 놀랍도록 충만한 그림으로 보여준다. 창세기 전체에 반복되어 나타나는 패턴을 이 장들에서 처음 보게 된다. 반복이 일어날 때마다 그 패턴은 점점 명확해지며, 이후에는 보다 완화된 모습으로 이스라엘 성서의 나머지 부분과 신약성서에까지 계속 나타난다. 그 기본 요소들은 다음과 같이 요약할 수 있다.

1. **하나님은 창조하시며,** 새로운 관계적 현실을 시작하신다. 먼저 세상 자체, 그다음에는 인간 가족, 그리고 아브라함의 씨 등등. 각

경우마다 새로운 실체의 번영은 수평적 차원과 수직적 차원이 복잡하게 조화를 이룬 모습으로 드러난다. 피조물들은 서로서로, 그리고 하나님과 조화롭게 상호 작용해야 한다. 더 나아가 인간은 그 조화를 유지해 나가는 파트너로 참여하게 된다. 이 부분에서 하나님은 위험을 감수하신다.

2. 그 이유는 어쩔 수 없이 **인간은 단절을 일으키기** 때문이다. 인간은 하나님이 세우신 관계적 현실을 깨뜨린다. 이는 원역사 안에서만 최소한 네 번 발생한다. 아담과 하와는 동산에서 금지된 나무 열매를 먹고, 가인은 아벨을 죽이며, 인간의 폭력은 지구를 '손상시켜' 홍수를 촉발하고, 바벨 사람들은 오만한 탑을 세운다.

3. **인간과 인간 이외의 것에 신적인 심판과 고난이 따라온다.** 이는 때때로 하나님의 '저주'로 이해되며 '땅'3:17; 4:11에서 시작된다. 고난은 단절을 직접 야기한 자들에게 국한되지 않는다. 그것은 인간 공동체를 넘어 확장되며, 종종 하늘과 땅을 포함한 창조 질서 안에서의 극단적인 반작용, 퇴화, 기능 장애로 나타난다.

4. **하나님은 인간을 향해 새로운 노력을 시작하신다.** 새로운 모습의 동반자 관계를 창조하시고 이를 통해 본래의 조화가 세상에 부분적으로 회복되게 하신다.

이것이 이스라엘의 성서와 기독교 신구약성서의 줄거리다. 심판과 고난 이후에 하나님의 새로운 계획이 나타나는 이러한 패턴은 희망적이다. 더욱이 갱신이 한 번씩 일어날 때마다 희망은 더욱 대담해진다. 하나님과 인간의 관계가 하나님의 선택이었음을 전에 발생한 단절들이 오히려 더 분명하게 드러내기 때문이다. 그 선택은 불리한 상황과 지속적인 위협에도 유지되고 있다.

# 단절의 역동

인간 생활에는 경계와 한계가 없을 수 없다. 심지어 '기쁨'이라는 뜻의 에덴동산에서도 인간은 한 가지 신적 금지 명령을 지켜야만 한다.

> 여호와 하나님이 그 사람에게 명하여 이르시되 동산 각종 나무의 열매는 네가 임의로 먹되 선악을 알게 하는 나무의 열매는 먹지 말라. 네가 먹는 날에는 반드시 죽으리라 하시니라.2:16-17

그 금지 명령은 뱀이 충동하는 질문을 던지기 전까지는 제약으로 다가오지 않은 것 같다.

> 하나님이 **참으로** 너희에게 동산 **모든** 나무의 열매를 먹지 말라 하시더냐. 여자가 뱀에게 말하되 동산 나무의 열매를 우리가 먹을 수 있으나 동산 중앙에 있는 나무의 열매는 하나님의 말씀에 너희는 먹지도 말고 만지지도 말라 너희가 죽을까 하노라 하셨느니라. 뱀이 여자에게 이르되 너희가 결코 죽지 아니하리라. 너희가 그것을 먹는 날에는 너희 눈이 밝아져 하나님(또는 신적 존재들)과 같이 되어 선악을 알 줄 하나님이 아심이니라.3:1-5

대중에게 알려진 전설과는 달리 뱀은 '사탄'이나 '사악한 뱀'the serpent, 신화적 뉘앙스로 뱀을 표현하는 말—옮긴이으로 불리지 않는다. 그것은 단순히 뱀nahash, snake일 뿐이며, 다섯째 날에 창조된 거대한 바다짐승들 tanninim, 1:21과도 구별된다. 하지만 이 이야기는 그것이 동산의 평범한 뱀이 아님을 분명히 한다(그것은 말을 하고 기어다니는 것 외에도 다른 이동

방식이 가능한 것 같다). 사실 이 이야기는 부분적으로는 **기원론**etiology 의 기능을 한다. 즉 뱀이 어떻게 배로 기어다니게 되었는지 상상력을 불러일으키는 '설명'이다.3:14 고대 근동에서는 다리와 날개가 있는 뱀serpent에 관한 이야기들이 전해 내려왔다. 아마도 이 말하는 뱀snake 이야기의 먼 배경에 그런 이미지가 어른거릴 수도 있다.³ 그러나 이 뱀은 교활하기는 해도3:1 특별하거나 놀라운 특징은 없어 보인다. 하와와 뱀의 대화는 일상적인 듯 보이는데, 이는 에덴동산과 같은 이상적인 상태에서조차 유혹이 인간 경험의 평범한 한 부분임을 암시한다. 따라서 기자는 그들의 대화 장면에서 속도를 늦추어, 이 최초의 인간들이 하나님으로부터 돌아서라는 유혹에 어떻게 굴복하는지 자세히 보여준다.

여자와 뱀의 대화를 창세기 1장에 비추어 읽으면, 뱀의 제안은 인간이 하나님의 형상으로서 행하는 의미를 극히 일부만 간접적으로 해석한 것임이 분명해진다. "너희가……하나님과 같이 되어……."3:5 이 형편없는 해석에서 우리는 성서 속 등장인물의 입에서 나오는 나쁜 신학과 첫 번째로 만난다. 그런데 하와는 신적 금지 명령을 잘못 전달했다. 하나님은 나무의 열매를 먹는 것만 금했을 뿐, 만지는 것은 금하지 않았다. 이 차이는 무의미하지 않다. 성서 내 러티브에서 한 인물이 다른 인물의 말을 직접 인용하는 경우는 매우 드물며, 이때는 인용이 정확한지 확인해야만 한다. 하와는 하나님이 설정하신 한계를 과도하게 표현한다. 이는 그녀가 불편함을 느끼고 있기 때문인가? 10대들을 보면 부모가 주의 깊게 설정한 제한을 과장해서 말하는 경우가 있다. 부모가 어떤 활동을 금지할 경우 아이들은 이렇게 불평한다. "우리 엄마아빠는 **아무것도** 못하게 해."

지난 시대 가장 뛰어난 성서 해석자 중 한 사람인 11세기의 랍비 라시Rashi는 이 이야기를 이와 같은 방식으로 해석한다. 문제의 구절에 대한 우리의 이해를 도와줄 다른 성서 본문들을 예리한 안목으로 바라보는 그는 다음과 같은 관찰을 제시한다.

그녀는 명령하신 말씀에 더했기 때문에 결국 빼는 쪽으로 이끌렸다("내가 너희에게 명령하는 이 모든 말을 너희는 지켜 행하고 그것에 가감하지 말지니라"신 13:1). 이에 대해 "너는 그의 말씀에 더하지 말라"잠 30:6고 말씀하셨다.⁴

잠언의 이 구절 전체가 관련성이 있다.

하나님의 말씀은 다 순전하며
하나님은 그를 의지하는 자의 방패시니라.
너는 그의 말씀에 더하지 말라.
그가 너를 책망하시겠고
너는 거짓말하는 자가 될까 두려우니라.잠 30:5-6

라시는 성서 어디를 읽든 전체에 비추어 읽는 전통적인 랍비의 관행을 따르는데, 현대적 용어로 말하면 상호텍스트적 방법이다. 그는 하나님의 말씀에 더하는 것이 역설적으로 빼는 것으로 이어짐을 신명기와 잠언으로부터 배운다. 하와의 과장은 그녀에게서 에덴의 기쁨을 일부 앗아 간다. 이에 더하여 독자들에게 주어진 이 교훈을 라시가 이인칭으로 성서 이야기에 적용할 때, 우리는 그 명령이 우리 자신의 해석 작업에 대해 말하는 바를 듣게 된다. 우리는 "거짓말하는 자가 되지" 않도록 부주의하게 더하지 말라는 경고를 받는다.

이 지점에서 성서의 화자는 이 대화의 중대한 성격을 강조하기 위해 보기 드문 움직임을 보인다. 일반적인 내러티브 관행에서는 외부적인 것, 곧 말과 행동만 제시하고 등장인물이 무엇을 생각하는지는 우리의 상상에 맡긴다. 하지만 여기서 화자는 여자의 머릿속으로 들어간다.

> **여자가 그 나무를 본즉 먹음직도 하고 보암직도 하고 지혜롭게 할 만큼 탐스럽기도 한 나무인지라.** 여자가 그 열매를 따먹고 자기와 함께 있는 남편에게도 주매 그도 먹은지라…….3:6

여러 자료를 결합하여 창조 이야기를 읽은 우리는, 여자가 보는 것과 자신에게 말하는 것 사이에 놓인 연결점과 중요한 차이를 볼 수 있다. 시작 구절은 그녀가 세상을 창조하시는 하나님을 (깨닫지 못한 채?) 흉내 내고 있다고 알려 준다. 그녀는 어떤 피조물을 보고 그것이 '좋다'(또는 '아름답다')고 판단하고 있다. 그러나 하나님이 하신 것과 비교해 보면, 그녀의 지각에 어떤 왜곡이 있음이 분명하다.

> 여호와 하나님이 그 땅에서 보기에 아름답고 먹기에 좋은 나무가 나게 하시니…….2:9

여자는 나무가 "지혜롭게 할 만큼 탐스럽기도 한 나무인지라……" 라고 한 발 더 나아가 판단을 한다. 이 부분은 더 강하게 번역할 수도 있다. 그것은 '탐내게 하는 것'히. *h-m-d*이다. 같은 단어가 십계명에서는 강렬하고 때로는 불법적인 끌림을 가리키는 데 사용된다.출 20:17: 신 5:21

여자의 추론은 순진해 보일 수도 있고, 심지어 고귀해 보일 수도 있지만 잘못임을 알고도 그 일을 행하도록 스스로를 납득시켜 본 적이 있는 우리는 그런 논리가 어떻게 작동하는지 안다. 그녀는 하나님이 설정한 한계를 위반해도 된다고 스스로 허락한다. 이러한 태도는 여자가 원하던 지혜를 얻는 방법에 관한 성서의 핵심 진술들에 정면 배치된다.

여호와를 경외하는 것이 지식의 근본이거늘…….잠 1:7

여호와를 경외하는 것이 지혜의 근본이요
거룩하신 자를 아는 것이 명철이니라.잠 9:10

그런 관점에서 볼 때 이 여자나 다른 어느 누구라도 하나님의 뜻에 겸손하고도 유연하게 순종하는 것("여호와를 경외함")을 떠나서는 자아와 세계에 대한 **책임 있는** 지식(성서가 이해하는 지혜)을 얻을 수 없다. 이 이야기는 에덴동산의 인간이 어떻게 그 지식을 얻어야 하는지에 대해 직설적으로 말해 주지는 않는다. 그들은 "바람이 불 때"3:8 하나님과 산책을 하면서 직접 배워야 했을 터다. 하지만 그들은 지름길을 택했고, 그들의 눈이 열렸을 때 얻은 것은 값싼 지식이었다. "자기들이 벗은 줄을 알고……."3:7 지혜는 나무에서 자라지 않는다.
하나님의 뜻을 위반한 첫 번째 사건은 먹는 것과 관련되며 이는 우연이 아닐 것이다. 인간 사회의 첫 번째 필요는 음식이다. 이 여자와 남자는 단순히 한 가족이 아니라 전체 인간 사회를 품고 있으며, 하나님이 설정하신 한계를 무시하고 그 열매를 먹기로 한 결정은 모든 미래 역사에 그늘을 드리운다. 수치와 비난이 처음으로 완전한 모습을 드러낸다. 남자와 여자는 하나님을 피해 숨는다. 여자는 뱀을

탓하고, 남자는 그녀의 행동과 그녀의 존재 자체를 하나님 탓으로 돌린다.3:8-12 완전한 상호성을 지니도록 창조된 여자와 남자는 이제 불평등한 권력 관계 안에서 공존한다.3:16 더 나아가 자연 질서 자체가 망가진다. 인간 삶의 근원이며 의존할 수 있는 바탕이던 땅은 '저주를 받는다.'3:17-18 남자와 여자의 1차적인 생산성과 창조성의 행위(농사와 출산)는 고통과 근심으로 가득해진다. 그 결과 남자와 여자는 우리에게 너무나 익숙한 부조화의 세계로 '추락'fall, 타락한다.

이 첫 번째 범죄 이야기에서 젠더gender, 사회적 성는 어느 정도로 중요성을 띠는가? 이 질문은 순전히 현대적 관심사를 반영한다는 의미를 넘어선다. 훗날 두 성서 저자는 여자가 남자보다 더 비난을 받아야 한다고 주장한다.

> 아담이 속은 것이 아니고 여자가 속아 죄에 빠졌음이라.딤전 2:14

> 여자에게 죄의 시작이 있었다.
> 그녀 때문에 우리는 모두 죽는다.집회서 25:24 5

여자에게 주된 죄의 책임이 있다는 이러한 견해는 후세에 예술가들에 의해 강화된다. 가장 유명한 사례는 미켈란젤로가 하와를 뱀과 결탁한 유혹하는 여인으로 묘사한 것이다. 그런데 조금 놀라운 것은 그 이야기가 이후 성서 안에서 별 주목을 받지 못한다는 점이다. 그리고 위의 두 사례를 제외하면 여자의 역할은 전혀 언급되지 않는다. 호세아는 이스라엘 사람들이 "아담처럼 언약을 어기고……"반역했다고 언급하며 지나간다.호 6:7 바울은 "한 사람으로 말미암아 죄가 세상에 들어오고……"라고 쓸 때 구체적으로 아담이라는 이름을 언급한다.롬 5:12 또 이와 관련하여 아담은 예수와 대조된다. "아담 안에서 모든 사람이 죽은 것 같이 그리스도 안에서 모든 사람이 삶을 얻으리라."고전 15:22 호세아와 바울은 여자를 의도적으로 면죄하는 것이 아니라, 창세기 자체가 강조하지 않는 젠더 구분을 삼간다. 여기서 젠더 구분이 관찰된다면, 그것은 아마도 이야기의 흐름(여자가 과일을 먼저 맛보고 남자에게 건넨 것)이 고대 관습에 부합한다는 점일 것이다. 이스라엘에서 여성은 음식을 준비하고 제공하는 일을 주로 담당했다.

## 심판과 갱신

창세기 세 번째 장에서 창조 질서 속으로 들어온 단절은 아벨의 살해4:1-16와 라멕의 폭력4:23-24으로 더욱 증폭된다. 인간이 계속해서 증가하여 땅을 채워 감에 따라,5:1-6:1 하나님은 창조 여섯째 날에 보시던 방식과는 대비되는 새로운 방식으로 세계를 보기 시작하신다.

여호와께서 사람의 죄악이 세상에 가득함과 그의 마음으로 생각하는 모든 계획이 항상 악할 뿐임을 보시고 땅 위에 사람 지으셨음을 한탄하사 마음에 근심하시고 이르시되 내가 창조한 사람을 내가 지면에서 쓸어버리되 사람으로부터 가축과 기는 것과 공중의 새까지 그리하리니 이는 내가 그것들을 지었음을 한탄함이니라 하시니라······그때에 **온 땅이 하나님 앞에 부패하여** 포악함이 땅에 가득한지라. 하나님이 보신즉 땅이 **부패하였으니** 이는 땅에서 **모든 혈육 있는 자의 행위가 부패함**이었더라. 하나님이 노아에게 이르시되 모든 혈육 있는 자의 포악함이 땅에 가득하므로 그 끝 날이 내 앞에 이르렀으니 **내가 그들을 땅과 함께 멸하**

여기에 특히 주목할 만한 두 가지 요점이 있다. 첫째, 인류와 물리적 환경 사이에 뚜렷한 분리가 없다는 점이다. 인간의 파괴적 행동은 즉시 그리고 전적으로 땅의 파괴로 나타난다. 이것은 인간의 상황에 대한 성서의 일관된 현실주의를 보여주는 한 사례다. 안타깝지만 우리 세대는 이 태도가 올바른지 여부를 판단할 수 있게 되었다. 둘째는 그와 관련된 것으로, 이 장면은 성서에서는 자주 나타나지만 우리의 이해와는 매우 다른 죄와 벌의 이해에 대한 통찰을 준다. 우리는 보통 죄와 벌이 서로 완전히 다르다고 생각한다. 하나님의 형벌이 아무리 정의로울지라도 그것은 인간의 죄와 분리된 외부적인 것이다. 그러나 여기서 '부패하다'sh-h-t, ruin라는 동사 어근이 네 번마지막 동사 '멸하다'도 포함—옮긴이 반복되는 것은 죄와 벌 사이의 관계를 달리 생각하도록 해준다. "모든 혈육 있는 자"(아마도 인간에게 초점을 맞춘 말일 것이다)의 부패한 행동을 통해 땅 자체가 부패한다. 그 사실은 하나님이 그들 모두를 멸하겠다ruin는 의도를 표명하기 **전부터** 완전히 확립된다. 따라서 하나님의 형벌은 외부에서 부과된 것이 아니라 내적으로 죄와 연결되어 있다. 하나님의 행동은 인간이 이미 저질러 놓은 파멸ruination을 완성하거나 가시화할 뿐이다.

인간의 주도로 진행된 파멸이 홍수로 실현되자마자, 하나님은 다시 인류를 포함한 세계를 회복시키려 새로운 노력을 시작하신다. 이제 이야기는 하나님의 생각과 마음속으로 우리를 초대한다. 다시 한번 내러티브에서는 매우 드문 장치가 등장하며, 그것은 이 절체절명의 순간에 하나님의 마음속 동기가 무엇인지 정확하게 보여준다.

여호와께서 [노아가 바친 제사의] 그 향기를 받으시고 그 중심에 이르
시되 내가 다시는 사람으로 말미암아 땅을 저주하지 아니하리니, 이는
사람의 마음이 계획하는 바가 어려서부터 악함이라. 내가 전에 행한 것
같이 모든 생물을 다시 멸하지 아니하리니

**땅이 있을 동안에는**

**심음과 거둠과**

**추위와 더위와**

**여름과 겨울과**

**낮과 밤이**

**쉬지 아니하리라.** 8:21-22

주의 깊은 독자들이라면 혼란스러울 것이다. 여기서 신적 관용
이 베풀어지는 이유는 앞에서 파괴적 홍수가 결정된 이유와 동일하
다! 즉 사람이 마음에 계획하는 바가 악하여 야훼의 마음을 근심하게
했는데,6:5-6 이제 야훼는 '자신의' 중심을 향해 말씀하신다. 마치 하
나님이 괴로워하는 자기 마음을 스스로 달래고, 이 실망스러운 피조
물에게 자비를 보이도록 설득하는 것처럼 보인다. 이것은 우리가 노
아의 제사에 기대했던 반응과는 거리가 멀다. 보기 힘든 순종적 인간
중 하나가 바친 제물의 향기를 맡으신 야훼는, "내가 다시는 사람 때
문에 비옥한 땅에 저주를 내리지 않을 것이다.……그 첫 번째 무리는
부패했지만, 이제 우리에게 좋은 것이 조금 남아 있다. 이제부터는 모
든 것이 잘될 것이다"라고 말씀했을 수도 있다. 그러나 오히려 하나
님의 이 말씀은 완전히 현실주의적이다. "인간이란 이렇다." 세상을
파괴시키기에 충분할 정도로 하나님을 고통스럽게 한 '악한 이유'가
이제는 하나님 스스로 완전한 파괴는 금하겠다고 맹세하게 만든다.

두 번째이자 더 오래된 고대 근동의 홍수 이야기는 이 점을 신학적으로 이해하는 데 도움을 준다. 아트라하시스 서사시The Atrahasis Epic는 주전 두 번째 천년기 초까지 연대가 거슬러 올라가는 메소포타미아 '원역사'의 초기 버전이다. 그 기본 줄거리는 다음과 같다.

- 세상을 창조한 직후 큰 신들은 작은 신들에게 운하 파기, 산 쌓기 등의 강제 노역을 부과한다. 작은 신들이 반란을 일으키자, 신들은 새로운 노동력으로서 인간을 창조하기로 결의한다. 그리고 그들은 흙과 죽은 신들의 살과 피로 인간을 만들어 필요한 일을 시킨다.
- 인간의 수가 증가함에 따라 인간이 만들어 내는 소음도 증가해 신들을 괴롭힌다. 신들은 전염병, 가뭄, 기근을 통해 인구를 줄이려고 한다. 그러나 거대한 깊음의 신 엔키가 반복적으로 인간에게 경고함으로써 인간은 구원받는다. 신들은 7일간 홍수를 일으키기로 결심한다. 엔키는 인간인 아트라하시스('매우 지혜로운 자'를 뜻함)에게 배를 만들라고 명령하고, 그의 가족과 다양한 동물과 새들은 구원을 받는다. 홍수는 나머지 인간을 쓸어버린다.
- 이제 제사에 쓸 제물이 없어진 신들은 배고픔과 목마름을 호소한다. 그들은 살아남은 소수의 인간을 발견하여 그들과 휴전 협정을 맺고, 그 표시로 하늘에 활(무지개)을 걸어 둔다. 그들은 다시는 땅을 파괴하지 않겠다고 맹세하고, 인간의 과잉 번식 '문제'에 대한 영구적 해결책으로서 불임, 영아 사망, 독신 여사제 제도 등을 마련한다.[6]

창세기 내러티브는 그보다 오래된 이야기에 맞서는 강력한 반대 본문으로 우뚝 서 있으며, 하나님의 의도와 그분이 인간에게 보이시는 반응에 대해 매우 다른 해석을 제공한다. 아트라하시스 서사시

의 실용적 관점과는 달리 창세기의 주장은 인간이 세상을 향한 하나
님의 본래 의도의 일부였다는 것이다. 하나님은 인간의 잘못된 행위
를 근심하시는 반면, 메소포타미아의 신들은 인간의 본성적인 (예상
치 못했지만) 번식 기능에 대해 내키는 대로 불쾌감을 표시한다. 반면
에 창세기에서 인간의 번식은 하나님의 명령이다.1:28 두 이야기의 마
지막 부분은 본질적 차이를 잘 예시한다. 아트라하시스 서사시에서
신들은 인간의 번식 억제를 포함한 휴전 협정을 맺지만, 성서 이야기
에서는 하나님이 지상에서 인간의 삶이 지속되게 하겠다는 결심을
새롭게 하신다.

> 하나님이 노아와 그 아들들에게 복을 주시며 그들에게 이르시되 생육
> 하고 번성하여 땅에 충만하라.9:1

창세기의 홍수 이야기는 단순한 휴전을 넘어서는 하나님의 매
우 중대한 조치로 마무리된다.

> 하나님이 노아와 그와 함께 한 아들들에게 말씀하여 이르시되 내가 내
> 언약을 너희와 너희 후손과 너희와 함께 한 모든 생물 곧 너희와 함께
> 한 새와 가축과 땅의 모든 생물에게 세우리니 방주에서 나온 모든 것
> 곧 땅의 모든 짐승에게니라. 내가 너희와 언약을 세우리니 다시는 모든
> 생물을 홍수로 멸하지 아니할 것이라. 땅을 멸할 홍수가 다시 있지 아
> 니하리라. 하나님이 이르시되 내가 나와 너희와 및 너희와 함께 하는
> 모든 생물 사이에 대대로 영원히 세우는 언약의 증거는 이것이니라. 내
> 가 내 무지개를 구름 속에 두었나니 이것이 나와 세상 사이의 언약의
> 증거니라.9:8-13

노아 언약은 하나님이 인간의 구체적이고도 결함 있는 본성을 현실로 기꺼이 받아들이신다는 지속적인 표지다. "사람의 마음이 계획하는 바가 어려서부터 악함이라." 구름 속에서 여러 색깔로 밝게 빛나는 활은 하나님이 우주의 고독한 지배라는 평화로운 선택지보다 관계를 선호하신다는 신호다. 성서 이야기가 계속됨에 따라 언약은 마치 바다를 막는 벽과 같다는 것이 분명해진다. 인간 악행의 파도로부터 계속 공격받는 이 벽은 매번 보강하고 수리를 해야만 한다. 원역사 뒤에 이어지는 조상들의 이야기는 하나님과 인간 사이의 언약 관계가 어떻게 더 발전해 가는지, 그것이 어떻게 구체적인 인간의 삶을 만지고 빚어 가는지 보여준다.

# 복과 함께 시작된 여정

· 창세기 12-50장 ·

성서의 신학은 창세기와 함께 시작하며, 복(축복)은 그 핵심 개념 중 하나다. 현대 서구인에게 축복은 재채기하는 사람에 대한 즉각적인 반응-Bless you!—옮긴이 정도로 여겨질지 모르나, 성서는 그것을 하나님과 인간/비인간 피조물 사이의 교류가 일어나는 주요 통로로 본다. 따라서 이스라엘의 최초 조상들의 이야기는 복의 복잡한 역학 관계에 들어가는 입문서와 같으며, 그것은 한편으로는 혼란스럽고 한편으로는 변혁적인 인간 삶의 이야기임이 드러난다.

## 다시 시작하기

복의 역학은 하나님이 아브라함을 부르심과 함께 전면에 처음 나타나지만, 창세기 첫 몇 장에서 발견되는 신적 복과 저주의 패턴을 배경으로 놓고 보아야 한다. **원역사**1-11장에는 다섯 가지 구체적인 복과 네 가지 저주가 나온다. 이러한 복과 저주는 앞에서 요약한 패턴의 일부를 이룬다. 하나님의 창조 계획은 인간의 행위에 의해 방해를 받고, 그 단절 뒤에는 신적 심판과 고난이 따른다. 원역사 속의 복과 저주는 홍수 전과 후, 두 시대로 나뉜다.

| 복 | 저주 |
|---|---|
| **"태초에"** <br> 1. 창 1:22(하나님이 바다와 하늘의 피조 물에게 복 주심) <br> 2. 창 1:28(하나님이 인간에게 복 주심) <br> 3. 창 2:3(하나님이 일곱째 날을 복되게 하심) | |
| | **조화로운 관계에 단절이 생김** <br> 1. 창 3:14(하나님이 뱀을 저주하심) <br> 2. 창 3:17(하나님이 땅을 저주하심) <br> 3. 창 4:11(하나님이 가인을 저주하심) |
| **새로운 시작(홍수 이후)** <br> 4. 창 9:1(하나님이 노아와 그 자녀에게 복 주심) <br> 5. 창 9:26(노아가 셈의 하나님 야훼를 축 복함) | |
| | 4. 창 9:25(노아가 함의 아들 가나안을 저 주함) |

성서는 복을 정의하지 않는다. 그러나 이 패턴에서 볼 수 있듯 하나님의 계획이 진행될 때마다 여러 번 복의 선언이 나타난다. 하나 님은 물고기, 새, 사람, 창조의 일곱째 날을 복되게 하시며, 이에 상 응하여 노아는 하나님을 축복한다. 복의 선언은 근본적으로 다른 존 재의 본질적 선함을 인정하는 행위이며, 자기 의지를 다른 이의 번영 을 위해 바치는 것이다. 반대로 창조된 질서의 모든 단절에는 저주가 동반된다. 비록 저주는 피조물의 존재를 무효로 하지는 않지만, 그 존재를 문제시하며 낙인찍는다. 이 세계사 첫 부분에 나오는 마지막

저주는 함의 아들 가나안을 향한 것이며, 이어서 함의 영토인 시날 평야에서 문제가 되는 탑의 건설이 이루어진다.11:1-9 이 시점에서 복은 저주에 5대 4로 앞서 있으며, 이는 아주 조금 희망적일 뿐이지만 새로운 단계로 나아가기에는 충분하다. 하나님은 완전히 새로운 일을 시작하신다. 아브라함과 사라를 함의 영토에서 불러내어 가나안 땅으로 가게 하신 것이다.

이야기의 새로운 부분은 또 하나의 신적 복과 저주의 선언으로 시작된다. 5중적인 아브라함의 복은 원역사의 다섯 가지 복과 수가 일치한다.

> 내가 너로 큰 민족을 이루고 네게 **복을 주어**bless 네 이름을 창대하게 하리니 너는 복이 될지라. 너를 **축복하는** 자에게는 내가 **복을 내리고** 너를 저주하는 자에게는 내가 **저주하리니** 땅adama의 모든 족속이 너로 말미암아 **복을 얻을 것이라.**12:2-3

이러한 아브라함의 5중 복에 나오는 표현은 독특하다. 다른 곳에서는 "땅의 모든 민족들",18:18: 22:18 "땅의 족속들",슥 14:17 "모든 나라의 족속들"시 22:27; 96:7 또는 "여러 나라 족속"겔 20:32이 언급된다. 그러나 "땅adama의 모든 족속"이라는 표현은 첫 인간이 흙adama으로부터 만들어졌다는 창조 이야기를 상기시킨다.2:7 아브라함은 땅의 족속들에게 "복이 되라!"는 명령을 받는다(히브리어 동사는 명령형이다). 이것은 새로운 창조의 순간이다. 마치 하나님이 창조 첫날에 피조물들에게 존재하라고 명령하셨던 것처럼, 이제 아브라함은 이전에 존재하지 않았던 것, 복의 구현, 곧 모든 족속이 공존하는 온 세상을 풍요롭게 할 통로가 **되라**는 명령을 받는다. 여기서 복이 특히 족속들과 땅adama의 관계를 상기시키는 것은, 성서 이야기가 창세기를 지나 계속되면서 더 분명해질 무언가를 암시한다. 즉 성서는 모든 생명이 의존해 살고 있는 비옥한 땅의 번영과 인간의 번영을 분리하지 않는다.

복이 되라는 명령이 아브라함에게 주어지자마자, 이야기는 그가 아직 자신의 가족 안에서조차 그 명령을 실행할 수 없다는 것을 보여주는 방향으로 전환된다. 기근을 피해 내려간 이집트에서 아브라함은 파라오가 그의 아름다운 아내 사라에게 관심을 보이자, 그녀를 자신의 누이라고 속여 넘겨줌으로써 자기를 보호한다.12:10-20 결과적으로 파라오의 온 집안이 그 속임수로 인해 재앙을 당했으며, 아마도 사라도 고통받았을 것이다. 아브라함은 자신의 후손, 언젠가 민족을 이루게 될 가족을 위해 그에게 약속된바 복이 되도록 성장해야만 한다. 마찬가지로 그는 땅의 다른 모든 족속에게 복을 전달할 수 있는 능력을 갖춘 자로 성장해야만 한다.

아브라함의 성장 과정은 그의 긴 이야기에서 계속 관찰되며, 특히 두 가지 중요한 이야기에서 두드러진다. 두 이야기에서 하나님의 말씀은 세상을 위한 복의 통로가 되어야 할 아브라함의 고유한 역할에 초점을 맞춘다. 첫 번째는 야훼가 소돔과 고모라를 그 백성의 끔찍한 행위 때문에 멸하기로 결정하신 사건이다.

여호와께서 이르시되 내가 하려는 것을 아브라함에게 숨기겠느냐. 아브라함은 강대한 나라가 되고 천하 만민은 그로 말미암아 복을 받게 될 것이 아니냐. 내가 그로 그 자식과 권속에게 명하여 여호와의 도를 지켜 의와 공도를 행하게 하려고 그를 택하였나니 이는 나 여호와가 아브라함에게 대하여 말한 일을 이루려 함이니라.18:17-19

지금까지 **반대**는커녕 하나님께 자기주장 한 번 해본 적이 없던 아브라함이 이제 그 멸망할 곳에 있을 가상의 의인들을 대신해 대담하게 하나님과 맞선다. 이것은 고대로부터 오늘날까지 중동의 시장에서 일어나는 흥정 문화를 아는 사람에게는 익숙한 장면이다. 사는 사람은 파는 사람이 부른 가격의 10분의 1을 지불하고, 파는 사람은 물건 가치의 다섯 배를 받으므로 모두가 만족한다. 뛰어난 흥정꾼인 아브라함은 하나님과 흥정하여 소돔을 멸하지 않는 조건으로 의인 오십에서 열 명까지 숫자를 줄인다.18:32 하지만 의인 열 명도 찾을 수 없어 소돔은 결국 멸망을 맞게 된다.

두 번째로 야훼가 복의 통로로서 아브라함의 역할을 상기시키는 장면은 혹독한 모리아산 이야기의 마지막 부분이다. 아브라함이 자기 아들을 결박하여 제단 위에 올려놓고 도축용 칼로 잡으려는 순간, 야훼의 임재를 나타내는 천사가 말한다.

> 그 아이에게 네 손을 대지 말라. 그에게 아무 일도 하지 말라. 네가 네 아들 네 독자까지도 내게 아끼지 아니하였으니 내가 이제야 네가 하나님을 경외하는 줄을 아노라……네가 이같이 행하여 네 아들 네 독자도 아끼지 아니하였은즉 내가 네게 큰 복을 주고 네 씨가 크게 번성하여 하늘의 별과 같고 바닷가의 모래와 같게 하리니 네 씨가 그 대적의 성문을 차지하리라. 또 네 씨로 말미암아 천하 만민이 복을 받으리니, 이는 네가 나의 말을 준행하였음이니라……22:12, 16-18

아브라함의 이 두 초상을 조화롭게 이해하기란 불가능해 보일 것이다. 첫 번째 초상은 하나님 앞에 대담하게 서서 소돔의 일면식 없는 죄인들을 위해 변론하고, 두 번째 초상은 야훼가 주셨으며, 장차 복을 이어 갈 약속의 아들이자 무죄한 소년의 죽음에 저항 한 번 없이 순종한다. 그러나 이 모순되는 듯한 두 이야기 사이의 접점이 바로 복이다. 두 이야기는 아브라함의 신실함을 양 측면에서 보여주며, 전체적으로는 그가 "복이 될" 자로서 충분한 자격이 있음을 나타낸다. 첫 번째 이야기에는 "땅의 모든 족속"의 복을 구하는 일에 대한 아브라함의 멈추지 않는 헌신이 드러난다. 그는 최악의 백성을 변호하며, 심지어 하나님께 "세상을 심판하시는 이가 정의를 행하실 것이 아니니이까"18:25라고 근본적인 반론을 한다. 두 번째 이야기는 야훼를 향한 아브라함의 멈추지 않는 헌신을 드러낸다. 그는 야훼의 요구가 전혀 말이 되지 않고, 그분과 함께 만들어 온 모든 것이 사라지는 듯 보일 때조차 조금도 주저하지 않는다.

역설적으로, 두 번째 이야기가 필요해지는 것은 첫 번째 이야기 때문이다. 만약 하나님께 도전하는 아브라함으로 이 두 언약 파트너의 이야기가 끝난다면, 우리는 세상이 운영되는 핵심 전략을 야훼가 아닌 아브라함이 세운다고 생각하게 될 것이다. '좋아, 이번에는 소돔에 의인 열 명이 없었어. 다음에는 두 명으로 줄일 거야.' 두 번째 이야기는 언약 관계의 극단적 순간을 다룬다. 많은 신자들이 결국은 마주치게 되는, 인간의 전략이 더 이상 통하지 않는 순간이다.

어떤 이들은 이삭을 제물로 바치는 이 괴로운 이야기의 의도가 "절대적이고 무조건적인 복종"을 종교적 미덕으로 추켜세우려는 데 있다고 이해한다.[1] 그러나 이 해석은 두 가지 이유로 만족스럽지 않다. 첫째로, 하나님이 "아브라함을 시험하시려고"22:1 했던 점이 구체적으로 언급되며, 더 큰 내러티브의 논리에서는 특별히 아브라함의 복종을 시험할 이유가 나타나지 않는다. 아브라함은 나이가 많았음에도 야훼의 부름에 따라 아무런 반항 없이 고향 하란을 떠난 사람이다. 둘째로, 만약 아브라함이 순전히 복종 자체를 위해 하나님의 명령에 따랐다면, 그의 의지는 대단히 위험한 것이다. 뉘른베르크 재판과 베트남의 미라이 학살에서 우리가 알게 된 것처럼, 절대적 복종은 도덕적으로 눈먼 행동, 비겁하고도 범죄적인 행동을 낳을 수 있다. 아브라함의 경우는 왜 다른가? 아브라함의 시험받을 수 있는 역량은 생각 없는 복종이 아니라 그와 반대되는 것, 곧 마음에서 우러나오는 신뢰에 있기 때문이다. 사실 하나님이 아브라함의 신뢰 역량을 의심할 만한 이유는 충분하다. 아브라함이 사라를 자신의 누이라고 속이고 강력한 통치자의 아내로 두 번이나 넘겨준 것은,12:10-20: 20:1-18 그가 하나님이 도우실 것을 믿지 않고 자신의 이익을 스스로 챙기고 있었음을 보여준다.

그럼에도 우리는 '이 시험은 하나님이 신뢰할 수 없는 분임을 보여주는가?' 하고 물어야만 한다. 어떤 신이 이토록 끔찍한 시험을 고안해 내는가? 가능한 답은 두 가지뿐이며 둘 다 까다롭다. 첫 번째는 하나님이 인간의 고통에서 즐거움을 찾는 가학적 신이라는 것이다. 하지만 이 답은 성서적으로 불가능하다. 만약 야훼가 사디스트라면, 성서의 나머지 부분은 모두 거짓이다. 따라서 이 이야기는 이스라엘의 성서에서 하나님의 성품을 보여주는 증거로는 결코 제시되지 않는다. 따라서 가능한 답은 하나만 남는다. 이러한 시험을 고안할 만한 신은 아브라함과의 관계에 내기를 건 신이다. 하나님은 그를 "알고 있다"고 말씀한다.18:19. 개역개정 "택하였나니"—옮긴이 이 표현은 깊은 친밀감을 암시하며, 다른 곳에서는 때로 성적 친밀함을 나타내기도 한다. 부부 관계의 친밀함이라는 은유는 아브라함과 하나님이 어떻게 모리아산에서조차 함께했는지를 생각하는 데 도움이 될 것이다. 마치 오랜 시간 깊은 친밀함을 지켜 온 부부가 인생 최악의 순간에도 함께하는 것과 같다. 부부 관계가 그렇듯 이 이야기의 핵심은 순종이 아니라 신뢰다. 아브라함의 파트너로서 하나님은 둘이 함께하는 일에 아브라함이 얼마나 헌신하고 있는지 알아야만 한다. 이제 세상을 복되게 하려는 하나님의 계획 전체가 아브라함에게 달려 있기 때문이다. 그들이 함께 시작한 전례 없는 과업의 중대성만이 이 가혹한 시험의 필요성을 설명할 수 있다.

이삭은 하나님과 아브라함의 연합이 낳은 아이이며, '후손'과 영원한 복의 약속을 품은 기적의 아이다. 기이하게도 그것이 바로 아브라함이 심지어 자기 아이에게 칼을 들이대면서까지 기꺼이 하나님의 요구를 따랐던 이유다. 모리아산의 끔찍한 침묵 속에서 아브라함은 자신과 하나님이 공유하는 아이의 생명을 두고, 하나님이 주신 그 생명을 두고 하나님을 전적으로 신뢰한다. 삶을 산산조각 내는 전혀 이해할 수 없는 상황 속에서 아브라함이 알았던 것은 오직 한 가지, 생명과 하나님과 함께하는 삶은 서로 같은 것이라는 점이다. 아브라함은 하나님과 함께하는 삶 대신에 생존, 심지어 자기 아이의 생존조차도 선택할 수 없었다. 더 나은 것이든 더 나쁜 것이든, 다른 선택을 하기에는 이미 아주 멀리 온 것이다.

성서의 거의 첫머리에 나오는 이 아브라함 이야기는 독자들에게 아주 많은 것을 요구한다. 아브라함의 후손이라고 생각하는 우리가 세계를 위한 복의 중재자가 된다는 의미가 무엇인지 이해하려면 역경을 겪어야 할지도 모른다. 우리는 두 가지 자세를 갖추어 하나님 앞에 나아와 두 가지 방식으로 기도해야 한다. 첫째로, 하나님으로부터 소외된 이들을 위해 대담하게 일어나 그들을 향한 하나님의 자비를 구하는 것이다. 둘째로, 어렵게 배운 신뢰 가운데 하나님께로 돌이키며, 하나님이 우리에게 요구하시는 것이 "전부보다 적지 않은"[2]

비용을 치르는 것이라 할지라도 필요함을 긍정하는 것이다.

## 희생과 변화

우리 시대의 대중적 견해와 달리 복은 단순히 하늘에서 내려와 어떤 선택받은 개인에게 주어지는 것이 아니다. 오히려 창세기는 인간이 하나님의 복을 한 세대에서 다음 세대로 전달하는 일에 능동적으로 참여한다는 것을 보여준다. 그런데 성서는 황금시대나 '최상의 기능을 하는' 가족으로 이야기가 시작하지 않는다는 특징이 있다. 오히려 창세기는 하나님이 이상적인 것과는 거리가 먼 인간의 성격과 경험 요소를 통해 복을 베푸신다고 말한다. 하나님은 고귀한 인물보다는 그분이 그 삶 속에서 행하시는 바에 따라 변화될 수 있는 사람을 선택하시는 듯하다. 복 또는 복의 실현은 선한 성품과 행위에 대한 보상이 아니다. 오히려 복 자체가 시간을 두고 성격을 변화시키고, 인간 존재를 존엄하게 만드는 고결한 행위를 끌어낸다. 그러나 여기서 보게 되겠지만 변화는 고통 없이 일어나지 않는다. 아브라함의 계보를 통해 전달되는 복과 씨름하는 남녀는 예외 없이 자신의 욕망과 복의 일부를, 의식적으로든 무의식적으로든 그들이 담지한 복을 위해 희생한다. 아브라함의 다음 세대 이야기 중에서 이 점이 가장 명백하게 나타나는 부분은 리브가와 그녀의 사랑하는 아들 야곱의 이야기다.

리브가는 이스라엘의 어머니 중 가장 세밀하게 묘사된다. 그녀가 창세기의 여성 중 자신만의 고유한 복을 받은 유일한 인물이라는 점은 우연이 아닐 것이다. 리브가가 복을 받은 시점은, 한 번도 만나 본 적 없는 남자와 결혼하기 위해 유프라테스 강변의 고향 하란을 떠나 서쪽 끝 가나안까지 먼 여행을 결심한 직후다. 관습과 달리 그녀는 단순히 결혼하도록 **넘겨진** 것이 아니다. 그녀의 부모는 아브라함의 종과 함께 떠나는 것에 대해 그녀의 뜻을 물어본다.

네가 이 사람과 함께 가려느냐. 그가 대답하되 가겠나이다.24:58

이 대답은 아브라함이 야훼로부터 "너는 가라"12:1는 말씀을 처음 들었을 때 했던 대답과 같을 것이다. 그후에 이어지는 리브가에 대한 축복은 특히 모리아산에서 아브라함을 축복한 천사의 말을 가깝게 반영하며, 적대감을 마주한 결실을 예고한다.

우리 누이여, 너는 천만인의 어머니가 될지어다.
네 씨로 그 원수의 성 문을 얻게 할지어다.24:60: 참조. 22:17

아브라함과 마찬가지로 리브가는 아이를 갖기까지 20년이라는 긴 세월을 기다린다.25:19. 26 마침내 아이가 생기고 그 임신 과정이 복잡하게 되자, 이 특별한 여인은 이전이나 이후의 다른 이들과 달리 주도적으로 야훼의 말씀을 구한다. 그녀가 받은 대답은 모호하기만 하다.

두 국민이 네 태중에 있구나. 두 민족이 네 복중에서부터 나누이리라.
이 족속이 저 족속보다 강하겠고 **큰 자가 어린 자를 섬기리라**…….25:23

이 말씀은 문법이 불분명하여 큰 자가 어린 자를 섬길 것인지 그 반대인지 알 수 없다. 따라서 두 아들은 아버지의 축복을 두고 경쟁하게 된다. 쌍둥이는 결국 서로 다른 관심사와 능력, 그리고 부모의 차별적 애정 때문에 '나뉠' 것이다.

그 아이들이 장성하매 에서는 익숙한 사냥꾼이었으므로 들사람이 되고 야곱은 조용한 사람이었으므로 장막에 거주하니 이삭은 에서가 사냥한 고기를 좋아하므로 그를 사랑하고 리브가는 야곱을 사랑하였더라. 25:27-28

'이쉬 탐'*ish tam*이라는 평범하지 않은 표현은 해석하기가 어렵다. 다른 곳에서 '탐'*tam*은 도덕적으로 완전한 성품을 지닌 '흠 없는' 인물을 가리킨다.시 37:37; 잠 29:10 등 하지만 이러한 표현이 야곱에게 얼마나 잘 어울리는지는 의문이다. 바로 다음 장면에서 그는 에서의 충동적인 성격과 허기를 이용해 장자의 권리를 팥죽 한 그릇과 맞바꾸게 만든다.25:29-34 에서는 들사람으로서 순간을 살아가는 자, 즉각적인 욕구와 만족에 집중하는 자다. 반면에 야곱은 사교적이며 천막에 거주하는 자다. 우리가 아마도 "일관성 있다"고 말할 그의 탁월성은 여러 해를 거치며 드러난다. 그는 복을 향한 관심을 잃어버리지 않고 그것을 기다리며 그것을 위해 분투한다.32장 훗날 그의 탁월성은 삶의 압박 아래서도 하나님께 쓰임받는 방식으로 살아가며 그의 가족과 민족의 삶을 지속시키는 것을 의미하게 된다.[3] 고독한 사냥꾼이자 방랑자 에서와는 달리 야곱은 처음부터 끝까지 공동체 속에 뿌리내리고 있었고, 이는 복의 전달자로서 그의 역할에서 중요한 부분을 차지한다.

이삭의 죽음이 다가오자, 이삭과 리브가는 각각 선호하는 아들에게 하나님과 부모의 축복이 향하게 하려고 한다. 이삭은 "그의 아들, 장자"27:1, 저자 사역—옮긴이를 불러 신선한 사냥감을 잡아 오도록 한다.

내가 즐기는 별미를 만들어 내게로 가져와서 먹게 하여 내가 죽기 전에 내 마음껏 네게 축복하게 하라. 이삭이 그의 아들 에서에게 말할 때에 리브가가 들었더니 에서가 사냥하여 오려고 들로 나가매.27:4-5

리브가는 "야곱, 그녀의 아들"27:6, 저자 사역—옮긴이에게 이삭이 한 말을 다시 전한다. 하지만 그녀는 한 가지 결정적인 부분을 추가해 무엇이 달린 문제인지 명확히 한다. "……[내가] 죽기 전에 **여호와 앞에서 네게 축복하게 하라.**"27:7 그리고 "**내 말을 따라**"라는 말과 함께 그녀는 자신의 '명령'을 내린다.27:8 이것은 이삭이 내린 명령을 모방하고 직접적으로 그것을 약화시키고 있다.

염소 떼에 가서 거기서 좋은 염소 새끼 두 마리를 내게로 가져오면 내가 그것으로 네 아버지를 위하여 그가 즐기시는 별미를 만들리니 네가 그것을 네 아버지께 가져다 드려서 그가 죽기 전에 네게 축복하기 위하여 잡수시게 하라.27:9-10

야곱은 반대한다. 털북숭이 형을 흉내 내는 계략이 얼마나 위험한지 그는 잘 알고 있다.

아버지께서 나를 만지실진대 내가 아버지의 눈에 속이는 자로 보일지라. 복은 고사하고 저주를 받을까 하나이다. 어머니가 그에게 이르되 내 아들아 너의 저주는 내게로 돌리리니 **내 말만 따르고** 가서 가져오라.27:12-13

리브가는 축복이 "그녀의 아들"에게 향하도록 자신이 그의 저주를 받고자 한다. 그것이 어떤 의미인지 리브가 자신은 알고 있는가? 실제로 리브가는 가장 사랑하는 아들, 장막에서 함께 살며 자신의 요리 기술과 교활함까지 배운 소년을 잃게 될 것이다. 속임수가 성공하고, 덜 사랑하는 아들 에서가 야곱을 죽이려 하자 리브가는 마지막 명령을 내린다.

내 아들아, **내 말을 따라** 일어나 하란으로 가서 내 오라버니 라반에게로 피신하여 네 형의 노가 풀리기까지 몇 날 동안 그와 함께 거주하라.27:43-44

"몇 날 동안"이라고 했지만 사실 다시는 야곱을 볼 수 없을 것이다. 젊은 시절 리브가는 아브라함과 같은 용기를 보였다. 이제 또 아브라함처럼 그녀는 복을 위해 사랑하는 자식을 기꺼이 놓아 보내야 한다. 이번에는 부모의 희생이 받아들여진다.

아브라함과 리브가에서 시작해 하나님의 복을 전달하려는 이들에게는 직접적 담지자이든 아니든 희생이 필연적이다. 그들은 개인적 욕망을 포기한다. 때로 그들은 거의 알아볼 수 없을 정도로 변화되기도 한다. 야곱이 바로 변화된 복의 담지자의 탁월한 예다. 그 점은 야곱이 하란에서 여러 해를 보낸 후 가나안으로 돌아가는 여정에서 가장 분명히 드러난다. 얍복강을 건널 때 야곱은 "어떤 사람"과 씨름하다 허벅지를 다치지만 복과 더불어 이스라엘'하나님과 싸우는자'이라는 새 이름을 얻어 낼 때까지 끈질기게 버틴다. "이는 네가 하나님과 및 사람들과 겨루어 이겼음이니라."32:28 이제 가나안으로 돌아가고 있는 이 야곱은 가나안을 떠났던 젊은이와 완전히 다른 사람이다. 영리하고 공격적인 야곱을 그리는 인상적 이야기들은 모두 얍복강 사건 이전을 말한다. 얍복강에서 그는 이전에 훔치려고 했던 그 복을 받게 된다. 그는 그때부터 절름발이가 됨과 동시에 고결한 사람이 된다. 그다음의 이야기는 발뒤꿈치를 잡는 자, 영리하고 자기 과시적인 자가 아니라, 이스라엘이라는 상징적 존재로 변화된 인물을 보여준다. 그는 자신의 가족을 지키는 책임 있는 모습을 보이고 이집트에서 그 가족은 민족을 이루게 되었다. 그의 평범한 인간적 열정, 그의 부모로서의 감정조차도 그들의 미래가 요구하는 바에 복종해야만 한다.

우리는 그의 딸 디나가 가나안 왕자 세겜에게 성폭력을 당한 사건에서 야곱이 얼마나 변했는지 보게 된다. 놀랍게도 야곱은 그 범죄에 반응하지 않는다. 그 문화에서 성적 침해는 여성을 더럽히는 일이자34:5, 7 가족의 명예를 훼손시키는 일이었다.34:31 젊은 시절의 야곱은 장인 라반의 부당한 대우에 강력하게 맞서 자신의 명예를 지켰다.29:25; 30:29-30; 31:36-42 그러나 이제 그는 침묵을 지키고,34:5 심지어 가나안 사람들의 통혼과 평화 조약 제안에 귀를 기울이기까지 한다.34:8-11 그 후에 그의 아들 시므온과 레위가 세겜 성읍의 모든 남자를 학살하자34:25-29 야곱은 그들을 꾸짖는다.

너희가 내게 화를 끼쳐 나로 하여금 이 땅의 주민 곧 가나안 족속과 브리스 족속에게 악취를 내게 하였도다. 나는 수가 적은즉 그들이 모여 나를 치고 나를 죽이리니 그러면 나와 내 집이 멸망하리라.34:30

야곱은 불명예를 당한 아버지가 아니라 갓 태어난 취약한 민족의 족장으로서 말하고 있다.

몇 년 후, 죽음을 앞둔 야곱은 자신의 아들들의 격렬한 분노를 저주한다.49:7 분노는 그가 "땅의 모든 족속"12:3을 위해 실현해야 할 복을 위태롭게 만드는 힘이다. 그는 그 복을 위해 복무하고 죽는다. 그는 자신이 가장 아끼는 아들인 요셉과 베냐민을 따라 마지못해 이 집트로 내려가 그 낯선 땅에서 죽음을 맞이한다. 그것은 고대 세계에서는 끔찍한 불행이었다. 하지만 그는 죽기 전에 파라오에게 복을 선언한다.47:7, 10 파라오가 이 복의 의미를 이해했든 못했든, 그것은 모든 민족의 번성을 바라시는 하나님의 뜻이 이루어지기 시작한다는 표시다.

## 요셉과 그의 형제들

복을 담지하는 다음 세대에도 성품의 심오한 변화가 필요하다는 점이 드러난다. 야곱의 큰아들 세 명은 폭력적인 또는 어리석은 행동으로 자격을 상실한다. 시므온과 레위는 그들의 누이가 당한 불명예에 대한 복수를 했기34:25-29 때문에, 장남 르우벤은 아버지의 첩과 동침했기35:22 때문이다. 따라서 복은 야곱의 네 번째 아들 유다에게로 넘어간다. 하지만 그의 과거 행동 역시 문제가 있었다. 그는 어린 요셉을 이스마엘 사람들에게 팔아넘기는 계획을 세운 자다.37:26-27 그 "참을 수 없는 꼬맹이 놈"4을 죽이려던 다른 형제들보다는 나았지만 결코 칭찬할 만한 일을 한 것은 아니다. 그 이야기 바로 다음에 요셉 이야기는 잠시 멈추고, 수년 후 유다가 며느리 다말의 행동을 통해 변화된 이야기가 나온다. 다말은 유다의 두 아들과 결혼했지만 두 남편을 모두 잃고 과부가 된 불운한 여인이다. 관습에 따라 다말은 죽은 남편의 형제와 결혼해야 했지만, 유다는 셋째이자 마지막 아들까지 잃을 위험을 무릅쓰고 싶지 않아 다말을 그녀의 아버지 집에 머무르게 한다. 그리고 다말은 창녀로 위장하여 시아버지를 속이고 그의 아이를 임신한다.

다말은 유다에게 자기 인식의 눈을 갖게 해줌으로써 복에 기여한다. 이것을 가리키는 신호는 핵심 단어인 '알아보다'$n$-$k$-$r$의 반복이다. 행음함으로 임신해 가족의 명예를 더럽힌 죄로 처형당하기 전, 다말은 자기를 임신시킨 남자에게서 받은 표식과 함께 메시지를 시아버지에게 보낸다. "이 물건 임자로 말미암아 임신하였나이다. 청하건대 **보소서**. 이 도장과 그 끈과 지팡이가 누구의 것이니이까."38:25 유다는 창녀라고 생각했던 여자에게 자신이 남겼던 표식을 "알아보고" 말한다. "그는 나보다 옳도다."38:26 유다와 그의 형제들은 요셉의 피 묻은 옷을 아버지 야곱에게 가져갈 때, 진실을 직면하게 하는 이 동일한 단어를 사용한다. "아들의 옷인가 **보소서**."37:32 이야기 속 등장인물보다 더 많은 것을 아는 독자들은 세 번째 장면도 떠올릴 것이다. 털북숭이 형에게 주어질 복을 가로채려고 위장한 젊은 야곱에게 늙고 눈먼 이삭은 "**분별하지 못하고**"27:23 축복했다. 다말은 젊은 날 야곱처럼 계략과 거짓의 사람이던 유다에게 자기 인식을 강요한다. 위장한 다말이 유다를 만난 장소가 '페타흐 에이나임'`눈을 열다`, 개역개정 "에나임 문"—옮긴이인 것은 우연이 아니다. 다말은 도덕적으로 눈먼 이들로 하여금 볼 수 있게 하는 본질상 예언자적 임무를 수행한다.[5]

요셉의 긴 이야기37-50장는 크게 보면 성품 변화의 이야기라고 할 수 있다. 비록 요셉이 아닌 유다가 조상의 복을 전달하는 주된 담지자이자 미래 왕들의 조상이지만, 가나안이 심각한 기근에 빠졌을 때 온 가족을 살리는 이는 야곱의 열한 번째 아들 요셉이다. 야곱과 마찬가지로 개인적 야망과 특별한 능력, 부모의 차별적 총애와 신적 은총이 결합하여 요셉은 "형통한 자"39:2; 참조. 39:3, 23가 된다. 하지만 젊은 요셉은 두 번의 끔찍한 몰락을 겪는다. 처음은 그를 질투한 형들에 의해 광야의 구덩이에 던져졌을 때고,37:24 이후에는 보디발의 아내를 추행한 혐의로 감옥'구덩이', 40:15에 던져졌을 때다. 고소당한 요셉은 자신이 무고한 피해자라고 말하지만,40:15 내러티브는 그의 주장에 의심의 그림자를 드리운다. 가나안에서 어린 요셉은 형들을 지배하는 꿈으로 형들을 자극해 그들의 증오심을 유발했고, 그를 감싸기만 하던 아버지까지 분노하게 만들었다.37:8-10 이 눈에 띄게 잘생긴 남성39:6이, 특별히 "그 집 사람들은 하나도 거기에 없었던"39:11 날 그 집에 일하러 가서 자신에게 푹 빠진 이집트 여인을 고의로 유혹한 것은 아닌가?

요셉이 이집트에 팔려 온 이후부터 화자는 야훼가 그와 함께하셨다고 강조한다.39:2-3, 21, 23 야훼는 요셉 때문에 보디발의 집에 복을 내리신다.39:5 하지만 하나님의 능력이 자신을 통해 나타남을 요셉이 인식하는 것은 감옥에서부터, 특히 꿈을 해석하면서부터다.40:8 이제 유명한 꿈 해석자가 된 요셉을 파라오가 감옥에서 불러냈을 때, 그는 파라오의 꿈이 하나님이 "속히 행하실"41:32; 참조. 41:16, 25, 28 일을 드러낸다고 강조한다. 하나님이 행하신 일에 대한 요셉의 가장 감동적인 증언, 동시에 그의 성품 변화를 보여주는 가장 강력한 표지는 약 9년 후 그의 형제들이 기근으로 황폐해진 가나안에서 이집트로 식량을 구하러 왔을 때 나타난다. 성숙해진 요셉을 그들이 알아보지 못한 것은 놀랄 일이 아니다. 그는 "치욕의 땅"41:52, 개역개정 "수고한 땅"—옮긴이이었던 곳에서 권력의 정점에 다가가고 있다. 요셉은 이집트의 모든 곡물 공급을 자신의 통제 아래 두었으며, 기근이 심해지자 농민들이 소유한 모든 땅과 그들의 노동력을 파라오를 위해 확보한다.47:20-21 그의 개인적 이야기는 그가 구덩이에 던져져 이집트로 노예로 팔려 간 날로

| 창세기 |

부터 크게 원을 그리며 원점으로 돌아온다.

요셉이 이집트 사람들을 노예로 삼은 것은 이스라엘이 이집트에서 노예가 되는 것과 직접 대칭된다. 이스라엘의 가장 중요한 조상 가운데 한 사람이 노예제와 강제 노동을 관리한다. 이것은 충격적인 이미지이며, 노예제가 만연했던 고대 세계에서 성서의 고집스럽고 불편한 현실주의를 보여주는 또 다른 요소다. 노예 해방자 모세의 이미지는 좀 더 설득력이 있다. 그러나 우리는 요셉의 이 불편한 초상을 간과해서는 안 된다. 그것은 권력의 집중이 항상 공동체에 해로우며, 권력을 쥔 자는 누구든 완전히 안전할 수 없음을 알려 주는가? 아니면 해학이 가미된 이미지를 사용해 사회적 약자 집단을 대표하는 인물이 강자들을 교묘하게 이겼음을 나타내는가? 이집트 사람들을 빚진 노예로 만든 요셉의 이미지는, 노예제를 지지하거나 영구적인 하층 계급을 유지하고자 하는 모든 이데올로기에 도전한다. 고대나 현대에 당연시되고 있는 지혜와는 대조적으로 그 시나리오는 거대한 사회적, 경제적 권력을 행사하는 자들과 그들에게 복종하는 자들 사이에 아무런 자연적, 인종적 차이가 없음을 보여준다. 그들의 위치는 전적으로 역사적 상황에 따라 달라진다. 적절한 시기에 권력의 균형은 바뀔 수 있고 바뀔 것이다. 우리 이야기의 맥락에서 그런 일은, "요셉을 알지 못하는 새 왕이 일어나"출 1:8 이집트를 다스릴 때 곧 일어나게 될 것이다.

하지만 이러한 배경 안에서 지금 우리는 비교할 수 없이 강력한 힘을 가진 남성이 그의 형제들에게 자신을 드러내는 장면을 보고 있다. 그는 가족을 위한 하나님의 더 큰 계획이 있었다고 울며 그들에게 말한다.

나는 당신들의 아우 요셉이니 당신들이 애굽에 판 자라. 당신들이 나를 이곳에 팔았다고 해서 근심하지 마소서. 한탄하지 마소서. 하나님이 생명을 구원하시려고 나를 당신들보다 먼저 보내셨나이다.······하나님이 큰 구원으로 당신들의 생명을 보존하고 당신들의 후손을 세상에 두시려고 나를 당신들보다 먼저 보내셨나니 그런즉 나를 이리로 보낸 이는 당신들이 아니요 하나님이시라. 하나님이 나를 바로에게 아버지로 삼으시고 그 온 집의 주로 삼으시며 애굽 온 땅의 통치자로 삼으셨나이다. 45:4-5, 7-8

야곱이 죽은 후 요셉과 그의 형제들 사이에 절정을 이루는 대화가 있기까지 17년이 더 필요할 것이다. 그때에 이르자 형제들은 두려워하던 보복의 시간이 마침내 도래했다고 여기며 용서를 빈다. 이에 요셉은 다시 한번 눈물을 흘리며 신학적인 발언을 한다.

두려워하지 마소서. 내가 하나님을 대신하리이까. 당신들은 나를 해하려 하였으나 하나님은 그것을 선으로 바꾸사 오늘과 같이 많은 백성의 생명을 구원하게 하시려 하셨나니 당신들은 두려워하지 마소서. 내가 당신들과 당신들의 자녀를 기르리이다 하고 그들을 간곡한 말로 위로하였더라. 50:19-21

요셉과 그의 형제들의 이 중대한 만남은, 창세기 초반부터 크게 두드러지던 형제간 경쟁과 신적 편애의 신비라는 주제를 마무리 짓는다. 하나님이 모든 사람에게 동등한 호의를 보이지 않으신다는 것은 성서에 지속적으로 나타나는 스캔들 가운데 하나다. 가인은 처음으로 이 쓰디쓴 사실을 발견한 사람이다. 잘 알려진 믿음과 달리 내러티브는 가인이 야훼께 부적합한 제물을 바쳤다고 말하지 않는다.[4:3-5] 그럼에도 야훼의 거부에 대한 가인의 폭력적인 반응은 무고한 형제 살해와 하나님으로부터의 소외, 영원한 유배, 방랑의 삶을 낳는다.[4:14] 창세기의 반대편 끝에 요셉이 있다. 문제 많은 가족사를 가진 또 다른 형제 요셉은 어떤 면에서 가인의 변형이다.[6] 그도 역시 편애 때문에, 이 경우에는 자신에 대한 야곱의 헌신 때문에 고통을 겪는다. 형제들의 질투와 요셉의 자만심은 거의 살인에 가까운 사건과, 자기 의지와 상관없이 고향을 떠나는 일로 이어진다. 이집트에서 요셉은 하나님의 호의를 입고 점차 그에 합당한 사람으로 성숙해 간다. 그는 완벽히 유죄인 형제들을 용서하고 그들과 이집트 국가 전체를 살린다. 이로써 요셉은 "땅의 모든 족속"[12:3]을 위한 아브라함의 복을 전달하는 중요한 인물임이 증명된다. 요셉의 변화는 창세기를 지배하는 패턴의 마지막 사례다. 하나님은 심각하게 손상된 관계를 통해 거듭 일하시며, 피조물들 사이의, 심지어 인간들 사이의 조화가 회복되는 새로운 가능성을 열어 주신다. 조엘 카민스키Joel Kaminsky는 통찰력 있게 말한다. "과거를 전부 지우는 일이나 새롭게 완전해진 인물이 화해에 반드시 필요한 것은 아니다. 화해는 과거의 방식과 다르게 관계를 맺고자 하는 헌신과 관련이 있다."[7]

창세기를 읽는 그리스도인들은 이 명시적으로 드러나는 성서의 첫 번째 용서 이야기와 신약성서의 신학 사이에 이어지는 중요한 관련성을 볼 수 있다. 존 레벤슨은 그의 깊이 있는 연구에서 요셉이 죽음의 위기를 겪은 후 가족의 삶이 지속되는 이야기는 "매우 현실적이고 치명적인 역경의 힘을 물리치는 이야기"라고 언급했으며, 이는 구약성서와 신약성서 양쪽에서 발견되는 죽은 자의 부활 모티브와 유사하다.[8] 이러한 빛에 비추어 보면, 요셉의 이야기는 부활과 죄 용서 사이의 관련성이 나타나는 첫 사례다. 그 관련성은 요한복음에서 더 명시적으로 (자세한 설명은 없지만) 그려진다. 부활한 예수는 문을 걸어 잠그고 있던 제자들에게 나타나 두 차례 "너희에게 평강이 있을지어다"라고 하시고, 그 후에 "너희가 누구의 죄든지 사하면 사하여질 것이요 누구의 죄든지 그대로 두면 그대로 있으리라"고 선언하신다. 요 20:19-23

# 02

# 출애굽기

# 이집트 탈출

· 출애굽기 1-15장 ·

출애굽기는 인간들, 구체적으로는 이스라엘 백성이 어떻게 하나님이 누구이신지 알고 그 궁극적 현실에 조화롭게 삶을 만들어 갈 것인지에 대해 처음부터 끝까지 초점을 맞춘다. 이 책은 두 가지 문학 장르로 전체가 거의 균등하게 나뉜다. 절반은 성서에서 가장 드라마틱한 내러티브이고, 나머지 절반은 율법으로서 법적 명령 및 광야에서 성막 건축을 위한 상세 지침으로 이루어져 있다. 현대 독자들에게 이러한 문학적 구조는 편집 실수처럼 보인다. 노예 해방이라는 위대한 이야기, 유대인과 그리스도인 모두의 자기 이해를 근본적으로 형성한 주된 내러티브는[1] (적어도 세실 B. 드밀과 드림웍스에 의해 우리의 상상력에 생생히 새겨진 부분은) 십계명20:1-17에서 정점을 이루고, 그 후에는 사소한 처방들로 신속히 퇴화한다. 대다수 독자들에게 가장 큰 도전은 이 두 부분, 곧 이야기와 계명이 이스라엘 백성으로 하여금 시내산에서부터 하나님이 전적으로 소유하신 백성이라는 소명19:3-6을 살아 내게 하는 방식에 관한 복합적인 진술로 어떻게 어우러져 가는지 알아내는 것이다.

북미인들, 특히 그리스도인들은 드림웍스의 「이집트 왕자」가 앞뒤를 잘라 버린 출애굽기만 알고 있다. 이 영화에서 출애굽 여정은

| 출애굽기 |

이스라엘 백성이 바다를 건너는 장면에서 절정을 이루고 시내산은 카메오로 등장할 뿐이다. 그러나 출애굽기에서 모세와 이스라엘 백성의 이집트 이야기는 전체의 절반도 되지 않으며 그 중심은 시내산의 하나님 현현이다. 이집트 '탈출'은 최고로 중요한 사건인 하나님과의 시내산 만남으로 이어지며, 성서의 나머지는 대부분 그 만남으로부터 펼쳐진다. 몇 년 전 나는 「이집트 왕자」를 보았는데, 이스라엘 백성이 시내산에 도착하는 장면에 이르자 바로 극장 안의 불이 켜졌다. 나는 사람들이 웃옷을 집어 드는 모습에 당황했다. 출애굽기를 아는 나로서는 당연히 중간 휴식 시간이라고 생각했던 것이다.

이와 대조적으로 시내산의 중심성은 전통적인 유대인의 출애굽기 읽기와 종교적 관습(이것을 삶을 통한 출애굽기 해석이다) 모두에서 암묵적으로 드러난다. 알려진 가장 오래된 성서 주석인 『랍비 이스마엘의 메킬타』*the Mekilta de-Rabbi Ishmael*는 2세기 랍비들의 출애굽기 연구를 모은 것이다. 다음에 제시하는 **미드라쉬**에서 랍비들은 출애굽기와 **토라** 전체의 구조에서 생기는 질문을 파고든다. 즉 내러티브와 율법, 출애굽 이야기와 시내산을 잇는 연결의 성격에 대해 숙고한다.

십계명이 토라의 시작 부분에 나오지 않은 이유는 무엇인가? [랍비들은] 비유를 제시한다. 이것을 무엇에 비교할 수 있는가? 다음과 비교해 보라. 한 왕이 어느 지방에 들어가서 사람들에게 말했다 "나를 너희 왕으로 모실 수 있겠느냐?" 하지만 사람들은 그에게 말했다. "우리를 위해 좋은 일을 한 것이 무엇이길래 우리를 다스리려 하느냐?" 그러자 그는 무엇을 했는가? 그는 그들을 위해 성벽을 쌓았고, 그들에게 물을 공급할 수로를 만들었고, 그들의 전투를 대신 싸웠다. 그런 다음에 그가 그들에게 물었다. "나를 너희 왕으로 모실 수 있겠느냐?" 그들은 그에게 말했다. "네, 네." 하나님도 그렇게 하셨다. 그는 이스라엘 백성을 이집트에서 이끌어 내셨고, 그들을 위해 바다를 가르셨고, 만나를 내리셨고, 우물을 내셨으며, 메추라기를 가져다주셨다. 그분은 아말렉과의 전투에서 그들을 위해 싸우셨다. 그런 다음 그분이 그들에게 말씀하셨다. "나는 너희의 왕이 되려 한다." 그들은 그에게 대답했다. "네, 네." (바호데쉬 5:5-11, 출 20:2에 관하여)[2]

장난기 넘치는 문체로 쓴 주석이지만, 여기서 랍비들은 내러티브와 율법의 관계에 대한 중요한 신학적 성찰을 하고 있다. 만약 계명들이 (랍비들이 주장하듯) 토라에서 가장 중요한 부분이라면, 왜 이 모든 내러티브 서문(창세기부터 출애굽기 일부까지 70장에 달하는)이 필요한가? 비유가 가리키는 대답은, 이스라엘을 포함해 어느 누구도 '왕'이 한 모든 좋은 일에 대한 사전 설명 없이는 계명을 따르고자 하는 동기가 생기지 않으리라는 것이다. 왕의 비유는 또한 하나님이 이스라엘에 대한 주권을 처음으로 주장하시는 장소가 시내산임을 명확히 제시한다. 창조 이야기까지 거슬러 올라가는 계명 이전의 모든 내러티브는, 시내산에서 계시된 하나님이 이스라엘이 받아들이고 신뢰할 수 있는 유일한 군주이심을 이해하도록 돕는다.

출애굽기 전체를 아우르는 주제는 이스라엘 백성이 어떻게 **야훼**를 그들의 하나님으로 '알게'(인식과 포용이라는 심층적 의미에서) 되는가이다. 그 일차적 주제는 두 가지 다른 주제로 확대된다. 첫째, 이스라엘이 민족으로 형성되고 "모든 민족 중에서" 선택한 야훼의 특별한 "소유"19:5로서 좌충우돌하며 자라는 과정, 그리고 둘째로 야훼를 알려고 하지 않는 파라오의 지속적인 거부다.

# 백성의 탄생

출애굽기 첫 부분에 나오는 족보1:1-4는 이스라엘 백성의 첫 형성이라는 주제를 다룬다. 성서에서 어떤 책을 읽더라도 시작과 끝 부분에 특별히 주목해야 한다. 대다수 사람들은 족보를 볼 때 그저 빈틈을 메운 참고 자료에 불과하며, 누군가 실수로 전화번호부 일부를 끼워 넣은 것처럼 생각하고 건너뛰려 할 것이다. 하지만 그런 경향은 성서를 기록하고 그 내용에 귀를 기울였던 고대인들과 달리 우리가 혈연 중심의 사회에 살지 않음을 보여줄 뿐이다. 나는 뉴질랜드에서 자기 부족이 그 섬나라에 스물두 세대 동안 살아왔다고 말하는 마오리족 시민을 만난 적이 있다. 그에게 조상의 계보를 아는지 묻자 그는 조금도 주저 없이 족보를 줄줄 읊었으며, 어떤 세대에서는 양친의 이름을 모두 언급하기도 했다. 가족이 개인의 정체성에 핵심적 역할을 하는 사회에서 족보란 역사 쓰기나 말하기의 가장 압축된 형태이며, 문화적 기억을 가꾸고 세대와 세기에 걸쳐 사건을 연결하는 편리한 방법이다.

　이 출애굽기의 족보에 앞서 원역사에도 세 개의 다른 족보가 등장한다.창 5:1-32; 10:1-32; 11:10-27 이 족보들은 출애굽기의 족보 해석에 도움이 되는 패턴을 드러낸다. 창세기의 족보들은 인류와 모든 피조물을 향한 하나님의 계획이 무너진 듯 보이는 사건 직후에 나타나며, 세계 역사가 어떻게 계속될지 가리켜 보인다. 첫 번째 족보는 아벨의 살해 이후에 나온다. 아담의 셋째 아들인 셋에서 시작하는 계보와 이제는 셋으로 대표되는 하나님의 형상창 5:1; 참조. 창 5:3이 노아까지 이어진다. 두 번째 족보는 "홍수 후에"창 10:32 나타나며, 황폐해진 땅에 인간이 다시 정착하는 모습을 묘사한다. 창세기에 나오는 세 번째

이자 마지막 족보는 바벨의 재앙 직후 몇 구절 뒤에서, 세계의 민족들이 다른 언어 집단으로 흩어진 상황에서 시작된다. 그 족보는 노아의 아들 셈의 계보를 추적하며, 아브라함과 그의 형제들, 그리고 조카 롯에서 끝난다. 족보라는 장르는 아브라함의 이야기에서 벌어질 드라마를 부각시키는데, 아브라함에게는 후손이 없기 때문이다. 자연스레 '이 이야기가 계속될 것인가?' 하는 질문이 일어난다. 그 암묵적 질문에 대한 답은 창세기 나머지 부분을 구성하는 조상들의 이야기라는 모습으로 나타난다. 그 조상들의 이야기 바로 다음에 나오는 출애굽기의 족보는 이렇게 시작한다. "[그리고] 야곱과 함께 각각 자기 가족을 데리고 애굽에 이른 이스라엘 아들들의 이름은 이러하니⋯⋯."1:1 접속사 "그리고"는 창세기에서 추적된 하나님 백성의 계보와 긴밀히 연결되어 있음을 강조한다.

창세기는 단절 이후에 족보가 나타나는 패턴을 설정하고 있다. 여기서 단절은 아브라함의 후손들이 하나님의 약속이 결부된 땅에서 이집트로 내려가는 일 자체다.창 12:7 그들을 이집트로 이주하게 한 기근은 가족의 생존 자체를 위협하며, 그런 가능성은 이 족보의 특별한 구조로 암시되고 있다. 창세기의 족보들이 각 세대에서 단 한 명씩만 조상의 이름을 나열하는 '수직적' 유형이라면, 이 '수평적' 족보는 한 세대 전체를 한눈에 보여준다. "야곱의 허리에서 나온 사람이 모두 칠십이요⋯⋯."1:5 그들의 이름이 빠르게 열거되고 헤아려진다는 사실은 그들이 취약하다는 것을 가리킨다. 따라서 이스라엘이 이집트에서 가족을 넘어 민족으로 엄청난 확장을 이루는 것은 더욱 놀랄 일이 된다.[3]

이스라엘 자손은 **생육하고 불어나 번성하고 매우 강하여** 온 땅에 가득하게 되었더라. 요셉을 알지 못하는 새 왕이 일어나 애굽을 다스리더니 그가 그 백성에게 이르되 이 백성 이스라엘 자손이 우리보다 많고 강하도다. 자, 우리가 그들에게 대하여 지혜롭게 하자. 두렵건대 그들이 더 **많게 되면** 전쟁이 일어날 히. '그녀들이 전쟁을 선언할' 때에 우리 대적과 합하여 우리와 싸우고 이 땅에서 나갈까 하노라 하고. 1:7-10

여기서 첫 세 개의 동사는 최초의 사람들에게 하나님이 내리신 명령참 1:28을 반향하며, 더 가깝게는 홍수 이후에 하나님이 노아 가족에게 내리신 명령을 반향한다.

너희는 생육하고 번성하며

땅에 가득하여 그 중에서 번성하라.참 9:7

여기서 추론되는 것은 전 인류를 향한 하나님의 원래 의도가 이스라엘 백성에 의해 미미한 수준에서 실현되고 있다는 점이다. 그러나 파라오는 이집트의 필수 노동력이 번성하는 것을 기뻐하기는커녕 두려워한다. 그의 걱정스러운 말에 나오는 '선언하다'라는 동사는 이례적으로 여성 복수형인데, 건강한 이스라엘 여인들의 자궁이 그의 눈에는 대량 살상 무기처럼 보였던 것이다.[4] 하나님의 의도와 파라오의 인식 사이의 이러한 불일치는 큰 긴장감을 일으키며 이집트에 머무는 이스라엘의 이야기를 지배하고 있다. 하나님의 시각으로 사물을 보지 않는 파라오는 세계를 위한 하나님의 계획에 맞서게 된다. 재앙 전투plague battle에서 드러나듯이, 그 반항은 파라오 자신의 마음을 포함한 창조 질서를 하나님이 주관하신다고 반복적으로 선언하는 계기를 제공한다.

한 나라의 탄생은 특별한 이스라엘 아기의 출생과 함께 진지하게 시작되며, 그 작은 이야기는 창조 이야기를 반향한다.

> 레위 가족 중 한 사람이 가서 레위 여자에게 장가들어 그 여자가 임신하여 아들을 낳으니 **그가 잘생긴 것을 보고** 석 달 동안 그를 숨겼으나 더 숨길 수 없게 되매 그를 위하여 갈대 **상자**를 가져다가 역청과 나무 진을 칠하고 아기를 거기 담아 나일강 가 갈대 사이에 두고. 2:1-3

"그가 잘생긴 것을 보고……." 모세의 어머니는 세상 창조의 첫 날들에 하나님이 피조물을 바라보신 것처럼 자신의 아이를 바라본다. 창 1:4, 10, 12, 18, 21, 25, 31 그리고 원역사를 반향하는 또 다른 언어적 표현이 나온다. 그녀는 하나님이 노아를 구하신 방법인 '상자'*tevah*, '방주'(이 단어는 이 두 이야기에만 나온다)를 이용해 아기가 물에 빠지지 않게 한다. 이러한 반향은 모세와 노아가 다른 부분에서도 어떻게 닮았는지 살피게 만든다. 구출된 모세는 다른 이들을 구출할 것이며, 그 구출 후에는 하나님과 언약을 맺을 것이다. 따라서 모세의 탄생 이야기는 창조에서 출발해 바다를 건너 시내산까지 광대한 역사의 스펙트럼을 조망하도록 우리의 상상력을 이끈다.

### 하나님의 자기 계시

출애굽기에서 모세와 파라오는 가장 생생하게 묘사된 두 등장인물로서, 하나님 앎이라는 중심 주제를 조명한다. 강력하고 서로 적대적인 이 두 인물은 각각 야훼의 자기 계시를 직면하며, 극단적으로 다른 반응을 보인다. 둘의 대비는 야훼와 그들의 첫 만남부터 즉각 드러난다.

모세에게는 첫 계시의 순간이 "광야 서쪽"3:1에서 일어난다. 히브리 노예를 학대하는 이집트 감독을 죽이고 파라오의 궁전에서 도망친 지 수십 년 후의 일이다. 목자로 살던 그는 장인의 양 떼를 이끌고 이름 모를 장소로 나갔다가 기이한 광경에 주목하게 된다. 특이하게도 화자는 그 만남의 순간에 모세 그리고 하나님이 무엇을 생각하는지 명확히 보여준다.

> 모세가 이르되 내가 돌이켜 가서 이 큰 광경을 보리라. 떨기나무가 어찌하여 타지 아니하는고 하니 그때에 여호와께서 그가 보려고 돌이켜 오는 것을 보신지라. 하나님이 떨기나무 가운데서 그를 불러 이르시되 모세야, 모세야, 하시매 그가 이르되 내가 여기 있나이다.3:3-4

다른 목자들은 불타는 떨기나무에 전혀 눈길을 주지 않고 지나쳤을지도 모른다. 하지만 그 광경을 좀 더 자세히 보기 위해 모세가 길을 벗어나자마자, 하나님은 다급히 그를 부르신다. "모세야, 모세야!"3:4 히브리어 문장에는 쉼표가 없으므로 이것은 두 번 연속해서 빠르게 부르는 것이다. 고대 랍비들은 이 순간의 하나님을, 무거운 짐을 지고 겨우 버티다가 근처의 누군가를 발견하고 "빨리 나 좀 도와줘!"라고 외치는 사람에 비유했다.5 불타는 떨기나무에서 도움을 요청하시는 하나님의 모습은 둘의 관계에 대한 상상력을 불러일으킨다. 하나님은 억압받는 이들의 고통, 인류의 고통을 함께 나누어 지자고 모세를 부르고 계신 것이다.

모세가 평소 하던 일에서 벗어나고자 하는 마음이 있었기에 야훼는 그에게 말씀했지만, 그럼에도 모세는 이스라엘을 이집트에서 이끌어 내는 임무를 덥석 받아들지는 않는다. 오히려 네 가지 이유를 내세우며 그 임무를 지우지 말아 달라고 요청한다. 그런 반응이 하나님을 노하게 한 것4:14은 놀랍지 않다. 하나님은 모세의 말을 하나씩 짚어 가며 답변하신다.

**반대1:** "내가 누구이기에 바로에게 가며 이스라엘 자손을 애굽에서 인도하여 내리이까."3:11

**답변:** "내가 반드시 너와 함께 있으리라."3:12

**반대2:** "그들이 내게 묻기를 그의 이름이 무엇이냐 하리니……."3:13

**답변:** "그들에게 말하라. 나는 무엇이든 될 수 있는 자다."3:14. 저자 사역— 옮긴이 이것은 계시이나 거의 아무것도 드러내지 않는다.

**반대3:** "그들이 나를 믿지 아니하며……여호와께서 네게 나타나지 아니하셨다 하리이다."4:1

**답변:** 믿지 않는 이들을 위한 기적과 표적에 대해 말씀하심.4:2-9

**반대4:** "나는 본래 말을 잘하지 못하는 자니이다."4:10

**답변:** "누가 사람의 입을 지었느냐."4:11

**간청:** "오 주여 보낼 만한 자를 보내소서(암시: 나는 말고요)."4:13

**답변:** "너는……[네 형 아론의] 입에 할 말을 주라. 내가……너희들이 행할 일을 가르치리라."4:15

**야훼**는 노하시면서도4:14 "아론이 대신 말할 수 있다"라며 양보하신다. 야훼와 모세의 이 첫 번째 대화에서 벌써 신과 인간 사이의 진정한 파트너십이 나타나고 있는 것이 분명하다. 각자 상대방에게 조금씩 양보를 하고 있다.

파라오와 야훼의 첫 만남은 어떻게 다른가? 직접적인 만남은 아니지만, 모세와 아론이 전달한 메시지를 통해 파라오도 야훼를 대면한다.

> 이스라엘의 하나님 여호와께서 이렇게 말씀하시기를 내 백성을 보내라. 그러면 그들이 광야에서 내 앞에 절기를 지킬 것이니라 하셨나이다. 바로가 이르되 여호와가 누구이기에 내가 그의 목소리를 듣고 이스라엘을 보내겠느냐. 나는 여호와를 알지 못하니 이스라엘을 보내지 아니하리라. 5:1-2

"나는 야훼를 모른다." 파라오의 실패를 그대로 담은 말이다. 이한마디는 이후 파라오와 야훼의 전체 만남을 예상하게 하며, 모세와 이집트 왕의 차이를 강조한다. 야훼가 능력으로 떨기나무를 불타게 하는 모습으로 나타나실 때, 모세는 뭔가 놀랍고 기이한 점을 인식한다. 그는 비록 마지못해서이긴 하지만 그 힘에 굴복한다. 반면에 파라오는 자신의 힘 이외에는 어떤 힘도 알지 못한다.

야훼와 파라오 사이의 극적인 재앙 전투는 그 자체로 신적 계시의 한 형태다. 이스라엘과 파라오는 그들 자신의 생명을 포함해 창조 세계 전체에 대한 하나님의 주권을 인식할 기회가 주어진다. 단순히 하나님께 맞서는 것을 파괴하는 것이 아니라 인식하게 하는 것이 재앙이 주어진 중요한 신학적 목적이다. 하나님은 일곱 번째 재앙(우박)이 시작되기 전에 파라오에게 말씀하신다.

> 내가 손을 펴서 돌림병으로 너와 네 백성을 쳤더라면 네가 세상에서 끊어졌을 것이나 내가 너를 세웠음은 나의 능력을 네게 보이고 내 이름이 온 천하(또는 땅)에 전파되게 하려 하였음이니라. 9:15-16

주목할 만한 점은 야훼가 재앙을 징벌이 아닌 '표징' 또는 '이적'으로 규정하고,7:3 그 목적을 설득이라고 말씀하는 부분이다. "내가 내 손을 애굽 위에 펴서 이스라엘 자손을 그 땅에서 인도하여 낼 때에야 **애굽 사람이 나를 여호와인 줄 알리라.**"7:5 이른바 '인식 공식'recognition formula은 재앙 전투 과정에서 여덟 번 나타난다.7:5; 8:10, 22; 9:14, 29; 10:2; 14:4, 18; 참조, 11:7

불타는 떨기나무 이야기와 재앙 이야기를 함께 보면, 자기 계시는 인식할 능력이 있는 이들에게 보이시는 하나님의 특징적 행위 중 하나임을 알 수 있다. 하나님은 **본질적으로** 예측 불가능한 분이다. "나는 무엇이든 될 수 있는 자다."I will be whoever I will be 그러나 동시에 하나님은 인간에게 알려지고자 하신다. 모세는 주저하지만 결국 하나님의 뜻에 굴복한다. 적극적이지 않은 계시 형태인 불타는 떨기나무로도 그는 충분히 야훼를 인식할 수 있었다. 그러나 파라오는 적극적 계시인 재앙을 겪었음에도 더욱 완고해졌을 뿐이다. 야훼가 모세에게 처음부터 말씀했던 대로다.

> 내가 바로의 마음을 완악하게 하고 내 표징과 내 이적을 애굽 땅에서 많이 행할 것이나 바로가 너희의 말을 듣지 아니할 터인즉 내가 내 손을 애굽에 뻗쳐 여러 큰 심판을 내리고 내 군대, 내 백성 이스라엘 자손을 그 땅에서 인도하여 낼지라.7:3-4

하나님은 파라오의 치명적이고 완악한 마음에 대한 책임을 자신에게 돌리신다(우리가 어렵게 여기는 점이다). 하지만 성서 저자들은 파라오에게도 책임이 있다고 말한다. 자신의 요술사들이 모세와 아론과 대결하는 것을 지켜보는 동안 파라오의 마음은 "완악"7:13하고 "완강"7:14했다. 그리고 얼마 후에 우리는 야훼가 "바로의 마음을 완악하게 하셨으므로······"9:12라는 말을 만나게 된다. 학자들은 종종 이러한 진술을 다른 자료에서 온 것으로 간주하지만, 복잡성은 여전히 남는다. 즉 파라오도 자신의 마음을 완악하게 하고, 야훼도 파라오의 마음을 완악하게 하신 것이다. 전통적이고 현대적인 관점에서 본 세 가지 시각이 이 문제를 해결하지는 못하더라도 성찰하는 데 도움을 줄 수 있다.

문학적 구조에 대한 관찰에서 시작해 보자. 재앙 이야기 안에서 파라오의 마음을 굳게 하는 주체를 가리키는 방식을 보면 특정한 분포의 패턴이 있다. 처음 다섯 재앙에서는 파라오 자신이고, 그다음 네 재앙에서는 (궁극적으로) 하나님이다. 일곱 번째 재앙에 대해서는 책임이 양자에게, 먼저는 파라오에게,9:34 그리고 하나님에게10:1 있다고 말한다. 이 패턴은 파라오가 점점 도덕적으로 악화되었다는 뜻으로 읽을 수 있다. 하나님을 알지 않기로 한 그 자신의 선택 곧 욕구 부재가 (아래서 살펴볼 그레고리우스의 용어로 말하면) 점차 영구적인 장애로 발전한다. 도덕적 선택의 능력을 상실한 파라오는 자신의 백성을 이끌거나 보호할 수 없다. 모세가 여덟 번째 재앙(메뚜기)으로 경고한 후에, 파라오의 신하들도 그의 이러한 상태를 인식한 것처럼 보인다.

바로의 신하들이 그에게 말하되 어느 때까지 이 사람이 우리의 함정이 되리이까. 그 사람들을 보내어 그들의 하나님 여호와를 섬기게 하소서. 왕은 아직도 애굽이 망한 줄을 알지 못하시나이까.10:7

출애굽기의 신랄한 요소 중 하나는, 이집트 백성은 물론 파라오 주변의 엘리트들조차 악하거나 이스라엘 사람들에게 적대적인 모습으로 묘사되지 않는다는 점이다.참조. 12:36 노예화된 이스라엘이 그러하듯 그들도 도덕적으로 눈먼 파라오의 희생양이다.

두 번째 시각은 다른 성서 저자인 예언자 에스겔의 관점이다. 그는 파라오의 마음이 굳어진 것이 파라오의 영적 자만심에 대한 하나님의 정당한 처벌이라고 말하는 것 같다. 파라오는 자신이 신이라고 믿는다. 에스겔은 파라오가 유치한 내용과 태도로 하는 말을 인용한다. "나의 이 강은 내 것이라. 내가 나를 위하여 만들었다."겔 29:3 파라오가 스스로 인간 이상의 존재라고 주장했기에, 하나님은 그를 인간 이하의 존재로 만드신다. 파라오는 도덕적, 영적 분별의 기관으로서 마음의 적절한 기능을 상실한다. 마이클 골드버그Michael Goldberg가 지적한 대로 이것은 훗날 랍비들이 "자에는 자로"measure for measure라고 부르는 원칙의 한 사례다.[6] 이 원칙은 야훼와 파라오의 전투가 시작될 때 성서에 처음으로 분명히 명시된다.

> 여호와께서 모세에게 이르시되……너는 바로에게 이르기를 여호와의 말씀에 이스라엘은 내 아들 내 장자라. 내가 네게 이르기를 내 아들을 보내 주어 나를 섬기게 하라 하여도 네가 보내 주기를 거절하니 내가 네 아들 네 장자를 죽이리라.4:21-23

여기에서 이미 최상의 두 힘이 겨루는 전투의 끔찍한 결말이 예상된다. 그것은 비극이다. "바로의 장자로부터 옥에 갇힌 사람의 장자까지와 가축의 처음 난 것"12:29의 집단적 죽음이다. 이야기는 비극을 에둘러 표현하지 않는다. 오히려 파라오 자신이 그의 집안, 왕국의 모든 집과 헛간, 양우리에 닥쳐오는 죽음에 전적으로 책임이 있음을 보여준다. 비극은 파라오가 자신의 마음을 굳히고 야훼의 '자녀'를 속박에서 해방시키기를 거부하는 데서 시작된다. 점차 그는 자신의 마음을 통제할 수 없게 되고, 우리는 "자에는 자로"의 원칙이 **내면적으로** 나타나는 것을 본다. 전투 막바지에서는 열 번째 재앙의 장자 살해와 함께 이 원칙이 **외부적으로** 나타나는 것을 본다.

세 번째 시각은 4세기 기독교 신학자 닛사의 그레고리우스의 관점이다. 그는 영적 고전인 『모세의 생애』*The Life of Moses*에서 현대 비평가들이 '상호텍스트성'이라고 부르는 방법을 사용해 파라오의 마음이 완고해진 이유를 밝힌다. 여기서 그는 로마서에서 바울이 부도덕을 행하는 이들을 꾸짖는 대목을 바탕으로 파라오의 경험을 해석한다. "그들이 마음에 하나님 두기를 싫어하매 하나님께서 그들을 그 상실한 마음대로 내버려두사⋯⋯." 롬 1:28 그레고리우스는 말한다.

> 하나님의 뜻에 의해 파라오가 굳어진 것은 아니다.⋯⋯누가 수치스러운 감정들에 빠지게 되는지는 사도의 말씀에서 분명히 알 수 있다. 하나님을 자신의 지식 안에 두고 싶어 하지 않는 사람이다. 하나님은 당신을 인식하지 않는 그를 보호하지 않고 정욕에 넘겨주신다.[7]

파라오의 실패 원인은 단순히 무지가 아니라 야훼를 알고자 하는 욕구가 결여된 데 있다. 이는 모세와 아론이 말한 신에 대한 그의 첫 반응이 경멸적 일축일 때부터 분명했다. "여호와가 누구이기에 내가 그의 목소리를 듣고 이스라엘을 보내겠느냐." 5:2 그레고리우스가 속한 수도원 신학 전통의 근본에는 참된 영적 지식이 하나님을 향한 진실한 욕구로부터만 자라난다는 통찰이 있다.

요약하면, 파라오는 자신의 마음이 굳어진 것에 대한 책임이 있다. 그러나 야훼도 자기 계시의 특징적 행위를 통해 기여한 책임이 있다. 하나님이 이집트에서, 그리고 창조 세계 자체에서 주권적 능력을 분명히 나타내실수록 파라오는 더욱 집요하고도 강박적으로 저항하며 자신의 백성과 땅을 파멸로 이끈다. (제3제국 후반에 히틀러가 유대인을 멸절 수용소로 이동시키는 데 교통수단을 집중함으로써 독일군이 물자 부족 상태에 놓인 것과 부분적으로 비교된다.) 성서의 이야기는 영적 삶의 깊은 아이러니와 심각한 위험을 지적한다. 하나님은 세상이 감지할 수 있는 방식으로 나타나셔서 알려지기를 원하신다. 그러나 알려지고자 하는 하나님의 욕구가 하나님을 알고자 하는 인간의 욕구와 만나지 않을 때, 인간의 마음은 하나님께 반항하는 쪽으로 굳어진다. 이러한 신학적 이해는 지옥에 대한 단테의 설득력 있는 묘사에도 반영되어 있다. 그곳은 깊이 들어갈수록 더 뜨거워지지 않고 더 차가워지며, 거기에 갇힌 이들은 전혀 움직일 수 없게 된다. "세상의 신적 질서와 권위에 대한 배반"이라는 궁극적 죄를 저지른 이들은 얼음 속에 파묻혀 "유리 속의 지푸라기"*come festuca in vetro*, 지옥편 34:12처럼 존재한다.[8]

# 하나님의 백성됨

· 출애굽기 16-40장 ·

야곱의 후손, 곧 이스라엘은 이집트에서 그 수가 불어났다. 이스라엘 의 가족은 한 민족을 이루게 되었다. 그리고 홍해를 건넌 후부터는 **성품**의 성장을 이루어야 했다. 시내산에서 야훼와의 언약히. '계약을 자르 다' 관계에 들어가려면 그에 합당한 민족이 되어야 하기 때문이다. 출 애굽기의 나머지 부분은 그들의 형성에서 중요한 세 가지 요소를 소 개한다. 첫째, 지속 가능한 식량 경제,16장 둘째, 언약의 기초가 되는 핵심 계명의 부여,19-24장 셋째, 광야의 성소인 회막 건축25-31장; 35-40장 이다.

## 만나 경제

이 책을 읽는 대다수 독자들은 다음 식사를 어디서 할지 알고 있다. 우리는 충분히(또는 너무 많이) 먹는 것을 당연하게 여기는데, 이것 은 우리와 고대 사람들 그리고 전 세계의 대다수 사람들 사이를 구 분 짓는 특징이다. 이스라엘 사람들은 불안정한 식량 공급이라는 현 실 속에서 살았기 때문에, 성서는 충분한 식량 공급이 하나님의 선물 이라는 것을 처음부터창 1:29-30 명확히 인식하고 있다. 따라서 홍해를 건넌 후 첫 번째로 해결해야 할 일은 노예 상태에서 막 해방된 이스라엘 사람들을 위한 새로운 식량 경제, 충족 가능한 경제의 수립이었다. 우리가 보게 되겠지만, 아름답게 다듬어진 광야의 만나 이야기는 신실한 식생활을 위한 기본적인 실천과 그 실천을 유지하는 미덕, 그리고 좀 더 일상적인 경제 상황에서 그 실천과 미덕이 지닌 지속적 가치를 제시한다.

이스라엘이 모세와 아론에게 첫 번째로 불평한 까닭이 굶주림이었다는 사실은 그리 놀랍지 않다.

> 우리가 애굽 땅에서 고기 가마 곁에 앉아 있던 때와 떡을 배불리 먹던 때에 여호와의 손에 죽었더라면 좋았을 것을. 너희가 이 광야로 우리를 인도해 내어 이 온 회중이 주려 죽게 하는도다. 16:3

이 불평은 쓰디쓴 아이러니다. 야훼의 "큰 능력"히. '큰 손', 14:31으로 이집트에서 막 탈출한 이들이 이제는 그 손에 의해 이집트에서 죽었더라면 좋았겠다고 말한다. 그것이 이스라엘 사람들이 그릇된 향수병으로 이집트를 그리워하는 마지막 장면은 아니다.참조. 민 11:5 노예들이 포만감을 느낄 정도로 먹을 여유가 있었을 리는 없지만, 아마도 그들의 기억은 한 가지 점에서는 정확할 것이다. 그들은 고기 냄비 **곁에** 있었고, 감독관들의 몫으로 돌아갈 그 고기를 지켜보았을 것이다. 노예들은 고기가 아니라 빵이나 구운 곡물을 먹었다. 하지만 죽음을 바라는 그 경솔한 소망은 주로 먹거리를 매개로 한 새로운 신적 계시의 방식으로 가는 길을 열어 준다.

여호와께서 모세에게 말씀하여 이르시되 내가 이스라엘 자손의 원망함을 들었노라. 그들에게 말하여 이르기를 너희가 해 질 때에는 고기를 먹고 아침에는 떡으로 배부르리니 **내가 여호와 너희의 하나님인 줄 알리라**……16:11-12: 참조. 16:6

인식 공식("너희가……알리라")은 야훼의 권위를 두고 다툼이 격렬한 상황에서 자주 나타난다.예를 들어 8:10, 22: 왕상 20:13, 28: 겔 6:7, 10, 13 이 공식은 재앙 전투 이야기 곳곳에 나타나며, 여기서 다시 등장하는 이유는 이스라엘 사람들이 파라오가 그랬듯 아직 배울 것이 많음을 암시한다. 우리는 그들이 파라오보다 성공적이리라고 기대할 수 있다.

만나 경제를 지배하는 두 가지 규칙이 있다. 하루에 거두는 양을 "한 사람에 한 오멜"출 16:16(한 사람이 하루 먹을 수 있는 양)로 제한하는 것과 안식일에는 거두기를 삼가는 것이다. 그날에는 모두가 편안하게 집에 앉아(!) 있어야 한다.16:29-30 이것은 이스라엘에게 주어진 안식일 준수 관련 첫 요구다. 안식일 계명은 시내산에서 받게 될 위대한 계명들 중 가장 길고 가장 자주 반복되며,20:8-11 여기서 이스라엘은 귀납적 방법으로 그것을 배우도록 도전받는다. 이는 그들이 야훼의 율법*torah*, 가르침을 준행하는지16:4 여부를 결정하는 중대한 시험이다.

이 두 규칙 모두 만나 경제가 이집트의 식량 산업과 정확히 반대임을 드러낸다. 첫째, 이집트 경제는 화석 연료 시대 이전의 다른 대규모 농업 경제가 그러했듯 노동력, 곧 노예의 신체 에너지에 대한 착취를 포함한 반면, 만나 경제는 노동의 정기적 **중단**을 포함하고 그 중단 대상에는 노예도 포함된다고 명시한다.20:10 만나 경제가 이집트 경제와 반대되는 두 번째 특징은 과잉이 아니라 충족의 경제라는 것이다. 모두에게 충분한 식량이 공급된다. 이집트에서처럼 소수에게 과잉 공급하기 위해 많은 사람들이 노예가 되거나, 오늘날 글로벌 식량 경제에서처럼 많은 이들을 굶주리게 만드는 일은 없다. 안식일 이외에는 만나를 저장할 수 없다는 사실은, 이스라엘 사람들의 장막이 파라오의 비축 도시들과 완전히 대조되는 곳임을 보여준다. 그들이 일하던 왕실 비축 도시 비돔과 라암셋1:11은 나일강 주변의 들판에서 나는 방대한 양의 곡물을 저장하는 곳이었다. 파라오는 이집트 땅 전체의 명목상 소유주였으며 따라서 외관상 모든 음식의 공급자였다. 광야에서 이스라엘은 모든 음식이 하나님으로부터 온다는 현실을 배워야만 했다.

만나 경제의 규칙은 단순해 보이지만, 이스라엘은 이를 따르는 데 어려움을 겪는다. 그들은 잉여분을 저장하려 시도했고, 이에 모세는 분노한다.16:20 계명을 지키지 않고 안식일에 만나를 거두러 나간 그들에게 야훼도 분노하신다.16:27-29 이제 막 해방된 노예들에게 관용을 기대할 수도 있겠지만, 이때 처음으로 하나님의 분노가 사람들을 향한다.참조. 4:14 그러나 닛사의 그레고리우스가 본 대로 이 이야기는 억압받던 집단의 특정 상황에만 관련된 것이 아니라, 모든 세대의 모든 공동체가 하나님의 백성으로 형성되려면 어떤 영적 성장이 필수적인지 이해하는 데 기초가 된다. "역사가 열거하는 그 음식과 관련된 모든 놀라운 일은 덕 있는 삶을 위한 교훈이다."[1]

이 '역사'를 읽는 방식에 대한 그레고리우스의 단서를 따르면, 신성한 식량 경제(그리고 아마도 신성한 경제 전반)를 세우는 첫 번째 미덕은 우리의 가장 근본적인 필요를 충족시키는 방식에서의 절제restraint라고 말할 수 있다. 우리 문화는 절제의 미덕을 칭송하지 않는다. 디즈니 영화「겨울 왕국」에서 엘사가 부른 "Let It Go"의 폭발적인 인기를 보라. "내가 할 수 있는 것을 보여줄 시간 / 한계를 시험하고 넘어서자 / 옳고 그름, 나에게 규칙 따윈 없어 / 나는 자유로워!"

이러한 감정과 사도 바울의 교훈을 대조해 보라. 사도 바울은 "그리스도 예수를 믿는 도"에 대해 물은 로마 총독 벨릭스에게 "의와 절제, 장차 오는 심판"을 강론하며 그를 동요시킨다.<sup>행 24:24-25</sup> 바울은 의와 절제 사이의 연결 고리를 보았는데, 그것은 만나 경제의 기본이다. 즉 모두가 현재 필요한 것을 얻고 그 이상은 얻지 않는다는 원칙이다. 그 한계를 지키기 위해서는 하나님이 **"우리의 일용할 양식"**을 모두에게 충분히 공급하시리라는 신뢰가 필요하다. 더욱이 그런 자기 절제의 실천은 충분한 공급을 위해 필수적이다. 하나님의 약속이 온 언약 공동체를 위해 이루어지는 과정의 일부가 하나님을 향한 신뢰임이 드러나기 때문이다. 그것이 바로 이 두 가지 간단한 규칙에 대한 순종이 언약 공동체가 될 수 있는 이스라엘의 능력과, 그들이 기꺼이 하나님의 **토라** 안에서 살고자 하는 의지에 대한 결정적 시험이 되는 이유다.

물론 이 광야 경제는 일시적이다. 곡물을 키울 수 있는 땅에 정착하면 만나는 그칠 것이다.<sup>16:35</sup> 그렇다면 우리처럼 좀 더 평범한 상황에 놓인 사람들에게도 절제라는 미덕이 지속적 가치가 있는지 질문해 볼 수 있다. 그 대답은 모세가 제사장 아론에게 지시하여 성소의 가장 거룩한 장소에 두도록 한, 만나를 담은 진흙 항아리에서 찾을 수 있다. "그 속에 만나 한 오멜을 담아 여호와 앞에 두어 너희 대대로 간수하라."<sup>16:33</sup> 이것은 기이한 상징이다. 빠르게 부패하는 만나가 영구적 기억의 도구로 거룩한 장소에 보관된다. 이는 제한을 두며 먹는 것이 이스라엘에게 무엇을 의미하는지 상기시키는 야훼의 방식이다. 세심한 독자들이라면 야훼가 설정하신 한계 내에서 먹는 것과 관련된 첫 번째 이야기를 떠올릴 것이다. 그 한계를 위반한 결과 첫 사람들은 에덴에서 쫓겨났다. 이 두 가지(전체 인류와 이스라엘 백성의) 시작에 관한 이야기를 함께 생각해 보면, 절제하면서 깨어 있는 마음으로 먹는 것은 우리를 창조하고 우리의 생명을 보존하시는 하나님 앞에서 지켜야 할 주요한 의무 가운데 하나임을 알 수 있다.

## 시내산 언약

시내산 이야기에 도달하면 독자들은 이미 언약 개념에 익숙해져 있다. 이 언약은 첫 번째 언약인 노아와 "모든 생물"과의 언약,창 9:17 그리고 두 번째 언약인 아브라함과의 언약창 15:18과 그의 후손들과의 언약창 17:7에 이어진다. 하지만 한 가지 큰 차이가 있다. 이전의 언약들은 하나님의 보증이었다. 즉 땅 위에 생명이 지속되고 아브라함 가족의 삶이 약속의 땅에서 복을 받고 계속되리라는 내용이었다. 그런데 시내산에서 야훼는 처음으로 계명을 주신다. 즉 언약의 파트너에게 많은 것을 구체적으로 요구하신다. 그뿐이 아니다. 시내산에서는 독자들에게도 많은 것이 요구된다. 내러티브와 법적 규정의 결합은 창세기에서처럼 언약을 간단히 서술하는 것보다 훨씬 복잡하다. 여기서 나는 성서에 제시된 언약에 관하여 21세기적 논의에서 고려해야 할 네 가지 측면을 조명할 것이다. 즉 신적 주권, 신적 위험성, 창조의 선함 확인, 그리고 노예제 문제다.

### 신적 주권

20세기 고고학은 고대 근동의 정치 문서들을 발견했고, 출애굽기와 신명기에 나오는 시내산 언약이 동부 지중해 세계에서 몇 세기에 걸쳐 나타났던 조약 유형, 곧 대략 주전 1500년에서 700년 사이에 강력한 왕suzerain, 종주이 속국의 지배자와 체결했던 조약 유형과 구조적으로 유사하다는 사실을 밝혀냈다. 이 정치적 협약은 성서 기록자들이 신적 종주인 야훼와 '봉신'vassal인 이스라엘 사이의 상호 의무 관계를 정리하는 모델 가운데 하나로 활용되었던 것 같다.

표준적인 종주-봉신 조약은 다음 여섯 가지 기본 요소를 지니며, 두 개의 시내산 언약 기술 중 한 군데 혹은 두 군데 모두에서 유사한 특징들이 나타난다.

- 종주가 자신을 이름을 명시하는 **서문**preamble: "나는……네 하나님 여호와니라."20:2; 신 5:6
- 이 조약을 결과로 낳은 사건들을 기술한 **역사적 서론**historical prologue: "……너를 애굽 땅, 종 되었던 집에서 인도하여 낸……."20:2; 신 5:6
- 봉신의 종주에 대한 **배타적 충성**을 나타내는 의무 **규정들**: "너는 나 외에는 다른 신들을 네게 두지 말라."20:3; 신 5:7
- 조약 위반에 대한 **저주**와 준수에 대한 **복 선언**: 신명기 27장의 저주와 신명기 28장의 복 선언.
- 조약의 **증인 목록**: "오늘 하늘과 땅을 불러 너희에게 증거를 삼노라."신 30:19
- **종주-봉신 조약**을 안전한 장소에 **보관**하라는 지시: 야훼의 "조약" 또는 "언약 증거"testimony는 이스라엘에 의해 광야에서 건립된 성막 안에 보관함 또는 '언약궤' 안에 둠.25:16-22; 39:35; 40:3; 신 31:26[2]

종주-봉신 조약의 은유는, 권력이 균등하지는 않으나 언약의 양측 당사자에게 실제적 권력이 있음을 시사한다. 시내산에서 이스라엘 백성에게 행한 언약 개시 선언에 나타나는 평범하지 않은 용어는 야훼의 왕적 지위를 특별히 강조한다.

내가 애굽 사람에게 어떻게 행하였음과 내가 어떻게 독수리 날개로 너
희를 업어 내게로 인도하였음을 너희가 보았느니라. 세계가 다 내게 속
하였나니 너희가 내 말을 잘 듣고 내 언약을 지키면 너희는 모든 민족
중에서 내 소유 *segullah*, '특별한 보물'가 되겠고.19:4-5

드물게 나타나는 단어인 '세굴라'*segullah*는 소유자가 전적으로 처
분 권한을 가진 귀중한 재산을 일컫는다. 성서에서는 왕의 소유물을
가리킬 때만 사용되며,전 2:8; 대상 29:3 확장된 의미로서 야훼가 이스라엘
백성시 135:4; 신 7:6 등 또는 하나님을 신실히 섬기는 이들을말 3:17 소유하
신다는 것을 나타낸다.

다른 한편으로 이스라엘의 권력은 그다음 구절에서 암시되며, 그
것은 정치 용어와 명백하게 종교적인 언어를 섞어서 표현하고 있다.

너희가 내게 대하여 제사장 나라가 되며 거룩한 백성이 되리라…….19:6

이스라엘 중에 실제로 제사장이 된 사람은 상대적으로 소수였
으므로, 이 은유의 의미는 자명하지 않다. 이스라엘의 '제사장적' 지
위를 구성하는 것은 무엇이며, 이를 거룩하게 하는 것은 무엇인가?
이 질문은 출애굽기의 남은 부분뿐 아니라 방대한 제사장 전통의 본
문인 레위기와 민수기에서 계속된다. 이 질문은 예언자들과 신약성
서 저자들을 포함하는 성서 기록자들에게도 근본적으로 중요하며,
따라서 유대교와 기독교의 정체성을 이루는 토대와도 관련된다.

### 신적 위험성

이러한 이스라엘의 특별한 지위를 선언한 직후, 하나님과 밀접한 거

리에 있는 것이 그들에게 위험하다는 사실이 분명해진다. 시내산 자체는 안전한 곳이 아니다. 야훼는 모세에게 말씀한다.

> 너는 백성을 위하여 주위에 경계를 정하고 이르기를 너희는 삼가 산에 오르거나 그 경계를 침범하지 말지니 산을 침범하는 자는 반드시 죽임을 당할 것이라.19:12

> 여호와께서 모세에게 이르시되 내려가서 백성을 경고하라. 백성이 밀고 들어와 나 여호와에게로 와서 보려고 하다가 많이 죽을까 하노라. 또 여호와에게 가까이 하는 제사장들에게 그 몸을 성결히 하게 하라. 나 여호와가 그들을 칠까 하노라.19:21-22

제사장적 역할은 지도자들이나 전체 백성이 볼 때 야훼의 거룩함이라는 고전압 지대 가장자리에서 살아가는 것을 의미하며, 이는 특권적이면서도 위태로운 위치다. 그 긴장감은 절정의 순간, 곧 시내산의 가르침 중 야훼가 직접 백성에게 말씀하는 유일한 부분인 십계명이 선포된 직후 모세가 백성에게 한 역설적인 말에 간결하게 포착되어 있다.

> 두려워하지 말라. 하나님이 임하심은 너희를 시험하고 너희로 경외하여 범죄하지 않게 하려 하심이니라.20:20

하나님께 가까이 옮겨진 것은 특권이지만, 그 위협적인 측면을 완전히 배제할 수가 없었으며 심지어 모세도 그러했다. (출애굽기 앞부분에서 신적 위험성의 암시는 명백히 모세를 향한 위협에서 나타났다.

4:24-26의 매우 이해하기 어려운 "피 남편" 이야기 단편을 보라.) 시내산에서 야훼는 명백히 선언하셨다. "나 네 하나님 여호와는 질투하는 *qanna* 하나님"이다.20:5 여기서 '카나'는 아랍어로 '붉어진'이라는 단어와 어원이 같다.[3] 이 생생한 묘사는 다른 신들이 "그의 면전에"20:3, 히브리어 직역—옮긴이 있을 경우 흥분한 하나님의 얼굴(은유적인)에 나타나는 홍조를 암시하는 듯하다. 이러한 불분명한 암시와 구체적인 경고는 야훼와 장난을 치려는 것이 얼마나 어리석은 일인지 충분히 알려 준다. 다음에 이어지는 금송아지를 만든 큰 죄32장에서 그 의미가 더욱 명확해질 것이다.

### 창조의 선함과 온전함 확인

언약에는 긍정적이면서도 한편으로 부담스러운 또 다른 측면이 있다. 즉 창조의 선함과 온전함을 확인하는 역할을 맡는다는 점이다. 이 주제는 본문에 분명히 드러남에도 최근까지 현대 학자들과 일반 독자들로부터 큰 주목을 받지 못했다. 시내산의 관점에서 보면, 언약에 들어가는 것은 자신을 인간과 비인간, 비옥한 땅까지도 포함한 창조 공동체의 일부로 바라본다는 의미다. 창조 세계를 지향하는 언약 공동체의 참여라는 개념은 안식일(매주 돌아오는 창조를 기념하는 날)을 지키라는 계명에서 처음 표현된다.20:11 일부 그리스도인들은 안식일의 중요성이 과로와 소진을 방지하는 데 있다고 받아들이지만, 출애굽기는 목회적 이유가 아닌 신학적 근거 때문에 안식일 준수를 명령하고 있다. 안식일을 지키는 이유는, 우리가 하나님의 피조물로서 하나님이 만드신 세상에서 다른 피조물들과 함께 살아간다는 것을 멈추어 생각해 보지 않은 채 살아서는 안 되기 때문이다. 우리는 우리 자신의 것이 아니며, 우리 자신에 대한 통제권을 쥔 것도 아니다.

우리의 상황에 대한 이러한 인식은 그다음 계명에서 강화된다. "네 부모를 공경하라. 그리하면 네 하나님 여호와가 네게 준 땅*adamah*에서 네 생명이 길리라."20:12 우리는 단순히 개인이 아니라, 여러 세대를 이어 오는 공동체의 구성원으로서 하나님과 언약을 맺고 있다. 이 공동체는 모든 아이가 부모를 의존하듯 번성을 위해 땅에 직접 의존하는 공동체다. 그리고 그 관계는 상호적이다. 길게 보면 부모는 자식에게 의존하며, 마찬가지로 땅은 자신으로부터 생명을 얻는 이들에게 자신의 계속된 번성을 의존한다.

한 가지 특별한 종교적 상징이 '아담'*adam*과 '아다마',*adamah* 곧 인간과 흙창 2:7 사이의 상호 관계를 이스라엘과 야훼의 언약 관계의 일부로 설정한다. 십계명 선포 직후 백성은 십계명에 근거해 흙'아다마'으로 제단을 만들라는 지시를 받는다.

> 너희는 나를 비겨서 은으로나 금으로나 너희를 위하여 신상을 만들지 말고 내게 토단을 쌓고 그 위에 네 양과 소로 네 번제와 화목제를 드리라. 내가 내 이름을 기념하게 하는 모든 곳에서 네게 임하여 복을 주리라. 네가 내게 돌로 제단을 쌓거든 다듬은 돌로 쌓지 말라. 네가 정으로 그것을 쪼면 부정하게 함이니라.20:23-25

이 지시로 이스라엘은 종교적으로 독특한 외양을 띠게 된다. 고대 근동 사원의 제단은 대부분 다듬어진 돌로 만들어졌다. 더욱이 십계명에 바로 이어져 눈에 띄는 위치에 이 계명이 놓인 것은 그것이 얼마나 중요한지 암시한다. 금속 형상에 대한 언급이 가리키듯, 흙으로 만든 제단은 다른 계명들의 어머니 격 계명인 우상숭배 금지를 강화한다.

고대 농부들은(대다수의 이스라엘 사람들은 농부였다) 흙으로 만든 제단의 중요성을 본능적으로 알아차렸을 것이다. 이 제단은 피조물이 하나님을 합당하게 예배하는 것이 무엇인지 드러내는 상징이다. '아담'은 '아다마'와 책임성 있게 연결되어야 한다. 이 계명은 이스라엘 사람들에게 '땅에 뿌리를 내린' 삶을 촉구한다. 철기 시대의 발전된 기술을 대표하는 금속 도구"정", 20:25로 다듬어진 돌을 금지한 것은, 기술 혁신이 인간의 번영에 필요하더라도 그것이 무해하다고 전제하면 안 된다는 것이다. 우리가 스스로 만든 우상이 아닌 하나님을 예배하는 일에는 자연에 개입할 때 한계를 신중하게 고려하는 것이 포함된다.

이 해석에는 성서의 율법이 신체화된embodied 신학과 영성을 추구하도록 지시한다는 이해가 내포되어 있다. 즉 행동을 형성함으로써 하나님과 하나님의 피조물인 세계에 대한 특정한 태도와 이해가 형성된다. 이러한 신학적 관점이 없는 독자나 해석자는 토라의 나머지 부분을 구성하는 약 120장 분량의 '법률 자료'를 거의 또는 전혀 이해할 수 없다.

## 노예제 문제

사려 깊은 이들이라면 다음 부분에서 노예 제도가 도입되고, 기대와 달리 그것이 완전히 금지되지 않는다는 점에 혼란을 느낄 것이다.

네가 히브리 종을 사면 그는 여섯 해 동안 섬길 것이요 일곱째 해에는 몸값을 물지 않고 나가 자유인이 될 것이며.21:2

성서가 노예제를 전면적으로 금지하지 않는다는 점은, 잘 알려진 것처럼 미국의 남북전쟁에, 적어도 그 전쟁으로 이어졌거나 전쟁을 지속시킨 논쟁에 기여했다. 성서의 법률적 지시들은 오랜 세월에 걸친 성서 자체의 사회적 맥락을 반영하며, 그 지시들의 관점은 전반적으로 이상주의보다는 현실주의에 더 가깝다. 노예제는 수천 년 동안 고대 지중해 세계에서 질병처럼 만연했다. 노예제가 이스라엘 안에서도 지속되었음은 분명하며, 이는 모든 율법 조문이 그것을 언급하고 인식된 위험을 내포한 그 문화적 관행에 한계를 설정하려는 시도로 증명된다. 여기서 본문의 함의는, 언약 공동체의 다른 구성원들을 노예로 삼는 것은 하나님의 "소유"treasure-people가 되어야 할 이스라엘의 고결한 부르심에 어울리지 않는다는 것이다.

이러한 사실적 제약 규정, 곧 이스라엘 사람들이 자신의 동포를 매매할 것이라고 가정하는 규정의 배경이 되는 사회적 맥락은 무엇인가? 이 구절로 시작되는 단락, 이른바 '언약 법전'21:1-23:19을 성서에서 가장 오래된 법률 모음으로 간주하는 학자들이 많다. 법률을 만드는 것은 주요한 사회적 변화에 대한 반응이곤 하므로(미국 헌법도 그런 예이다), 이 법전도 이스라엘 왕정기의 상대적으로 이른 시기인 주전 10세기 전후에 생겨났을 것이다. 왕정과 민족 국가의 성립은 또한 이 본문에서 묘사하는 부채 노예제를 유발시켰을 것이다. 민족 국가는 세금 제도를 요구하며, 관료제, 군대, 도로 및 공공건물, 왕실 법정 및 왕 주변의 소수 엘리트들을 이 세금으로 유지한다. 이스라엘의 농민들은 작물로 세금을 냈는데, 반건조 지역인 그 땅에서는 가뭄이 흔했고 때로는 심각하여 흉년이 자주 발생했다. 게다가 한 번에 수개월씩 정기적으로 징집되어 군대와 국가를 위해 복무하느라 농사일을 떠나야 했다. 이러한 압력이 겨우 먹고살기 위해 노동하는 소규모 농민들을 무겁게 짓눌렀다. 그 결과 자유롭던 농민들은 빚에 빠지고 점점 노예로 전락했으며, 한때 자신들의 땅이던 곳에서 새로운 지주를 위해 일하기도 했다. 지주들은 왕권에 정치적 공헌을 한 새로운 귀족 계급의 구성원이며 왕은 그들에게 보상으로 땅을 나누어 주었다.

출애굽기의 맥락에서 노예제에 기간 제한을 둔 이스라엘은 이집트의 대조 모형이 된다. 파라오는 노예들의 자유를 허용하기보다 차라리 자신의 땅이 파괴되는 쪽을 택했다. 일곱째 해에 노예를 해방하는 것은 일종의 안식 제도다. 주간 안식일처럼 그것은 인간 노동의 무분별한 착취에 대한 방어책이다. 더욱이 안식일 계명 자체에 아직 노예 상태인 남녀를 일곱째 날마다 노동에서 해방시켜야 한다고 구체적으로 명시되어 있다.20:10 안식일 준수와 노예가 된 이들의 참여, 이 둘의 연결은 다음 부분에서 계명을 반복함으로써 강조된다. 이번에는 좀 더 감정 섞인 명령이 나온다.

> 너는 엿새 동안에 네 일을 하고 일곱째 날에는 쉬라. 네 소와 나귀가 쉴 것이며 네 여종의 자식과 나그네가 **숨을 돌리리라**.*veyinnafesh* 23:12

여기서 마지막 동사는 이들이 탈진했음을 느끼게 하는 생생한 표현이다. 이 동사는 성서에 단지 세 번 나타나며, 그중 두 번은 출애굽기에서 안식일 계명을 반복할 때 나타난다. 몇 장 뒤에서 우리는 그 동사를 다시 만난다.

> 이스라엘 자손이 안식일을 지켜서 그것으로 대대로 영원한 언약을 삼을 것이니 이는 나와 이스라엘 자손 사이에 영원한 표징이며 나 여호와가 엿새 동안에 천지를 창조하고 일곱째 날에 일을 마치고 **쉬었음이니**

**라** *vayyinnafash* 31:16-17

이 두 텍스트의 조합은 놀라운 신학적, 사회적 진술을 창조해 낸다. 노예가 된 사람의 모습이 세상을 창조하는 고된 일에 지쳐 가쁜 숨을 내쉬는 하나님의 이미지로 나타난다. 이것은 다시 두 번째 계명, 형상 새김 금지20:4에 대한 새로운 통찰을 불어넣는다. 만들어진 형상은 진정한 하나님의 형상이 오직 인간의 모습 속에만, 잠재적으로 모든 인간, 남성과 여성,창 1:26-27 노예와 자유인 안에만 머문다는 사실을 보지 못하게 만들 정도로 위험하다. 따라서 형상 금지는 이스라엘이 하나님을 산당의 궤 속이나 제단 받침대 위에 두지 못하게 할 뿐만 아니라, 모든 인간 존재에 내재하는 존엄성을 확인해 준다. 그것은 노예제, 곧 문화적으로 투명 인간 취급을 받는 이들로부터 저렴한(또는 무임금) 노동을 짜내는 영구적인 경제 관행은 그것이 어떤 종류든 간에 우상숭배의 한 형태라고 폭로한다. 고대 이스라엘은 노예제의 수치에서 완전히 벗어나지 못했을지 모르나, 적어도 성서 기록자들은 그것에 익숙해지지 않았다. 따라서 그들은 우리 독자들에게 바라보고 회개할 기회를 준다.

## 성막 건축

이스라엘이 하나의 백성으로 형성되는 것과 관련된 세 번째 주요 요소는 성막, 곧 광야 기간 동안 사용될 이동식 신전의 건축이다. 대다수 현대인들의 눈에 이 열세 장의 건축 지침25-31장과 그 지침의 실행35-40장은 아마도 성서 전체에서 가장 지루하고도 신학적으로는 가장 의미 없는 부분으로 보일 것이다. 이처럼 흥미진진한 내러티브 단락들을 담은 책에 도대체 왜 그런 내용이 있는지 이해하려면 정신을 바짝 차려야 한다. 놀랍게도 건축 관련 내용은 이스라엘이 이집트에서 겪은 이야기와 거의 같은 분량인데, 이 두 내용이 어떻게 흥미나 중요성 면에서 경쟁할 수 있는지 의문을 안긴다. 그러나 출애굽기의 구성이 의도적이며 예술적이라고 가정한다면, 노예제로 시작해 성막 건축으로 끝나는 이 구성에서 두 부분이 서로 대응되는, 성서에서 노동에 관한 가장 긴 묘사임을 보게 된다. 이스라엘의 노예화는 하나님의 창조 의도에 반하는 노동 시스템이고, 그것을 지속시키겠다는 파라오의 결정은 결국 이집트 땅의 파괴 또는 탈창조de-creation로 이어졌다. 반면에 성막 건축은 신적이면서도 인간적이며, 따라서 하나님의 창조 및 언약의 의도와 완전히 조화를 이룬다.

더 넓은 문학적 맥락에서 보면 성막 건축은 금송아지 사건과 그것에 이어진 끔찍한 형벌 후의 화해 작업, 곧 하나님의 호의를 얻기 위해 이스라엘을 회복시키는 과정으로 볼 수 있다.32-33장 창세기에서 우리는 4중적 문학 패턴을 관찰했다. (1) 하나님이 새로운 관계적 실재를 시작하심, (2) 인간에 의한 손상 또는 단절, (3) 신적 심판과 인간의 고난, (4) 하나님이 다시 시작하심. 같은 패턴이 출애굽기 후반부에 나타나는데, 여기서 시내산 언약에 의한 새로운 관계적 현실을 금송아지 우상숭배가 가로막는다. 다음 개요가 보여주듯이, 성막 이야기의 두 큰 단락(건축 지침과 그것을 따른 실행)은 의미심장하게도 아래에 제시한 패턴 안에서 펼쳐진다.

1. **새로운 관계적 현실, 시내산 언약**: 언약 법전을 포함한 언약 의식
   19-24장
   • **진정한 예배로 응답하라는 이스라엘을 향한 요구**: 성막 건축에

대한 야훼의 지시25-31장

2.  **우상숭배로 인한 단절**: 금송아지 제작32:1-6

3.  **신적 심판과 인간의 고난**: 이어지는 형벌32:7-33:6

4.  **다시 시작하기**: 모세와의 협상 후 야훼의 언약 갱신33:7-34:35

 • **예배 명령에 대한 이스라엘의 응답**: 야훼의 지시에 따른 성막
  건축35-40장

이 구조는 성막 건축이 야훼의 "소유"로서 이스라엘의 형성과 재형성에 필수적임을 보여준다. 그것은 치유 작업이며, 우선적으로 파라오의 비축 도시 건축이라는 비인간화 노동1:11에 필요한 치료제다. 또한 금송아지 숭배라는 큰 죄악 이후 그 사건 이전에 주어진 명령을 실행한다는 것은, 이스라엘이 야훼의 능력을 분명히 목격하고도 이집트의 우상숭배를 병적으로 내면화한 것을 치료하는 약이다. 이러한 이중적인 의미에서 야훼는 홍해를 건넌 직후에 드러났듯 이스라엘의 '치유자'15:26이심이 증명된다.

그 지침의 실행을 기술한 부분에는 두 가지 주요 요소가 나오는데 이는 노예들의 경험이나 태도와 완전한 대조를 이룬다. 첫째, 이 노동은 안식일 지향적이며, 둘째, 지혜롭고 자발적인 마음에서 나온다. 모세가 이스라엘 사람들을 모아 일을 시작할 때 내린 첫 지시는 일곱째 날에는 쉬어야 한다는 것이다. 심지어 죽음의 위협도 따른다.35:1-3; 참조. 31:12-17 이어서 모세는 재료를 모으라고 명령한다.

너희의 소유 중에서 너희는 여호와께 드릴 것을 택하되 마음에 원하는 자는 누구든지 그것을 가져다가 여호와께 드릴지니 곧 금과 은과 놋과 청색 자색 홍색 실과 가는 베 실과 염소 털과……무릇 너희 중 마음이

지혜로운 자는 와서 여호와께서 명령하신 것을 다 만들지니.35:5-6, 10: 참
조. 35:21-29

지혜는 건축가들과 그들의 기여에 대한 묘사 전체를 관통하는
속성이다. 유다 지파 출신의 건축장 브살렐은 "하나님의 영으로" 충
만하여 "지혜와 총명과 지식으로" 모든 종류의 공예에 뛰어난 사람
이다.35:31 그는 성서에서 지혜와 가장 밀접하고도 일관되게 결부된
인물이다(솔로몬이 아니라!). 성서의 다른 곳에도 그러하듯 여기서도
지혜는 순수한(또는 주요한) 지적 자질이 아니다. 그것은 마음의 성향
과 손의 작업에서 나온다.

특히 한 가지 사항을 보면 사람들의 마음이 얼마나 동했는지 알
수 있다. 회막에서 봉사하는 여인들이 그들의 유일한 사치품인 청
동 거울을 내놓았고, 그것을 녹여 성소의 대야와 받침대를 만든 것이
다.38:8 모세는 이 관대함에도 허용 한계를 설정한다. "백성이 너무 많
이 가져오므로 여호와께서 명령하신 일에 쓰기에 남음이 있나이다."
이 말을 들은 모세는 남자나 여자나 더 이상 예물을 가져오지 말라
는 명령을 진영에 전파한다.36:5-6 만나가 그러했듯 충분함이라는 것
이 있다.

마침내 "회막의 모든 일이 완성되었고, 이스라엘 자손은 야훼가
모세에게 명령하신 모든 것을 그대로 행했다."39:32, 저자 사역―옮긴이 완성
에 대한 이러한 선언은 히브리 성서에 단지 세 번 나타난다. 첫 번째
는 창조 이야기에 나온다. "천지와 만물이 다 이루어지니라."창 2:1 그
러므로 출애굽기의 완성 선언은 이 순간이 새로운 창조의 순간이라
는 인상을 준다. (세 번째는 땅의 분배가 완료되었을 때다.참조. 수 19:49-51)
하나님이 창조 세계의 모든 피조물을 복되게 하신 것처럼 모세는 건

축자들을 축복한다.39:43; 참조. 창 1:31; 2:3 성소는 미시적 우주, 곧 "혼돈하고 공허한"창 1:2 이집트와 광야, 이스라엘 자신의 우상숭배로부터 출현한 신적 질서를 지닌 세계다. 아마도 이것이 성막 이야기를 길고 자세하게 하는 이유일 것이며, 정확히 어떤 종류의 일이 복을 받을 만한지를 보여주려는 것이다. 즉 하나님 자신의 일을 충실히 모방하며, 안식일을 지향하고, 자발적인 마음에서 비롯되고, 과도함을 피해야 한다. 그 일은 인간과 물질 자원에 대한 존중이라는 점에서 이집트 노예제나 현대 산업 문화의 지배적인 노동 행태와 근본적으로 다르다.

# 03

# 레위기

# 거룩함을 구현하다

· 레위기 1-15장 ·

레위기는 대다수의 비유대인 독자들이 거리낌 없이, 심지어는 원칙에 따라 무시하는 성서 가운데 하나일 것이다. 개신교 신학교에서 공부할 때, 어느 교수가 구약성서 입문 과정에서 레위기를 다루지 않는 이유를 이렇게 말했다. "거기에는 율법밖에 없습니다." 그러나 그리스도인들이 이 책을 진지하게 받아들이지 않는 현상에는 심오한 아이러니가 있다. 교회에서 일어난 가장 심각한 해석 논쟁과 심지어 영구적 분열의 근원에 레위기가 있기 때문이다. 1세기의 유대 그리스도인들은 주로 음식 규정 때문에 다른 유대인들과 분리되었다. '유대인이 종교적으로 용납할 수 없는 타협을 하지 않고도 이방인처럼 먹을 수 있는가?'행 11:1-18 심지어 현 세기에도 그리스도인들 사이에 분열을 초래하는 많은 문제들이 적어도 간접적으로는 레위기 규정의 해석에서 온다. 예를 들면 예배에서 여성의 역할, 동성 간 (성적) 관계의 합법성, 성직자의 이혼 및 재혼, 성찬 포도주 또는 포도즙 등이다. 그리고 더 큰 아이러니는, 레위기가 이러한 문제들을 (음식의 정결함 문제와는 대조적으로) 직접적으로 거의 강조하지 않는다는 점이다. 남성의 동성애 행위를 금지하는 두 구절18:22; 20:13은 오늘날 그리스도인들 사이의 논쟁에서 자주 인용되지만, 문맥을 보면 월경하는 여성과의 성교를 금지하는 이웃 규정보다18:19; 20:18 더 강력한 금기는 아니다.

## 레위기를 진지하게 다루기

그리스도인들이 레위기에 다르게 접근해야 할 마땅한 이유들이 있다. 다른 접근이란 몇몇 구절을 문맥에서 고립시키고 나서 부각하는 것이 아니라, 문자 그대로 토라의 중심에 서 있으며 따라서 유대 사상과 종교적 실천의 핵심인 레위기의 사상을 진지하게 고려하는 것이다. 그리스도인들이 레위기를 무시하는 한 가지 이유가 만연한 것은 적어도 간접적으로 기독교의 오랜 반유대주의 역사와 관련이 있다. 레위기 11장의 음식 규정은 여러 세기 동안 이스라엘 성서에서 가장 영향력 있는 본문 중 하나였으며, 오늘날까지도 유대인의 정체성을 드러내는 핵심 표지이자 수많은 사람들에게 날마다 하나님을 "거룩하게 하는"22:32 구체적 수단을 제공하고 있다. 박해 시기에 유대인들은 돼지고기를 먹어 음식 규정을 위반하느니 차라리 이방인의 손에 죽는 것을 택했다. 많은 혹은 대다수 그리스도인들에게 이 코셔kosher 관습을 지키는 유대인들의 헌신은 비이성적이고 단순하며, 심지어 원시적으로 보일 수 있다. 그러나 레위기의 다른 가르침과 마찬가지로 음식 규정은 복잡한 상징체계의 일부이며, 인간, 특히 이스라엘이 광대하고 복잡한 하나님의 창조 세계의 일부로 어떻게 존재하는지에 대한 고도로 진전된 이해를 표현하는 구체화된 언어라고 할 수 있다.

레위기는 신체화되고 행동화된 영성을 구체적으로 표현하며, 그런 점에서 인간 생활의 모든 측면, 곧 우리의 가장 일상적인 사회적 행동(공적인 것이든 친밀한 것이든)과 우리의 신체 기능(자발적이든 비자발적이든)에 영향을 끼칠 수 있다. 따라서 레위기를 진지하게 다루어야 할 두 번째 이유는, 이 책이 토라의 중심에 서서 물질적, 사회적, 경제적 실천을 제거한 추상화된 믿음의 위험을 예방하기 때문이다. 레위기가 다루는 주목할 만한 실천 영역 가운데 하나는 대인 관계다. "네 이웃[을 **향해**]ᵗᵒ 사랑하기를 네 자신과 같이 사랑하라"19:18b는 명령은 이 책의 가장 유명한 가르침이다. 이례적으로 동사구에 포함된 전치사ᵗᵒ(일반적인 번역에는 누락되어 있다)는 이웃을 향한 사랑이 행동과 태도의 문제임을 말해 준다. 이웃을 **향한**ᵗᵒ 사랑의 실행은 전반절에 나오는 "**동포**"ʸᵒᵘʳ ᵏⁱⁿ에 대해 원망과 복수심을 품는 것과는 반대되는 행동 및 태도다.19:18a 레위기가 다루는 또 다른 구체적 실천 영역은 경작지의 적절한 사용이다. 레위기는 성서에서 가장 환경 친화적인 책일 것이다.

이러한 몇 가지 예로부터 알 수 있는 것은 레위기가 암기하고 지켜야 할 단순한 지시와 금지 목록을 제시하는 것이 아니라는 점이다. 그것은 거룩함에 연결된 행동화된 언어, 곧 거룩의 구현을 표현하기 위해 이스라엘 내에서 적어도 하나의 전통이나 종교 집단이 긴 시간에 걸쳐 계발한, 상징이 부여된 행동 프로그램이다.[1] 언어와 상징은 본성상 유연하고 변화한다. 이 점은 의미 있게 지속되기 위해 필연적이다. 레위기를 진지하게 받아들이는 목적은 거룩함에 관한 사고와 언어에 더욱 능숙해져 우리 시대와 우리 공동체 안에서 거룩함을 실천할 수 있도록 잘 준비하는 데 있다.

그리스도인들은 종종 레위기의 '도덕법'과 '의식법'을 구분하고 전자만 구속력이 있다고 여긴다. 그러나 레위기 자체는 그런 구분을 하지 않는다. 상당히 주관적인 기준을 적용해야만 그런 구분이 가능하다. 레위기는 도덕법이든 의식법이든 법을 모아 놓은 책이라기보다 시로 읽는 편이 낫다. 세심하게 조각된 언어에 담긴 가르침에 주의를 기울이고, 그 가르침이 지시하는 신비의 핵심을 바라보아야 한다. 종교적 삶은 필연적으로 상징적 언어와 몸짓에 의존한다. 그것이 다루는 중심 현상들은 때로 순전히 합리적이기만 한 설명을 거부하기 때문이다. 그리스도인들이 빵과 포도주를 그리스도의 몸과 피로서 취하는 것이나, 유대인들이 하나님과 이스라엘 사이의 언약을 실행하기 위해 할례를 행하는 것은 비합리적이지 않으나 논리로 설명할 수도 없다. 레위기는 그런 규모를 지닌 신적 신비를 다루고 있다. 특히 레위기는 우발적인 오류와 의도적인 죄를 저지르기 쉬운 평범한 이스라엘(또는 인류)이 그럼에도 어떻게 하나님의 급진적인 거룩함을 수용할 수 있는가 하는 신비에 초점을 맞춘다. 거룩함은 그 강도가 높아질수록 평범한 인간은 견딜 수가 없게 된다. 다른 한편, 일반적인 인간의 죄성은 시간이 지날수록 하나님께는 거의 견딜 수 없는 것이 된다. 그렇다면 하나님과 우리 사이의 근본적인 불일치를 극복하기 위해 어떤 방식으로 살아야 하는가? 그것이 레위기가 제기하는 거룩함의 문제다.

레위기에서 이 문제는 특히 심각하게 다루어지는데, 이는 레위기가 히브리 성서의 다른 어떤 책보다도 야훼가 이스라엘 가운데 직접적으로 현존하신다고 이해하기 때문이다. 야훼는 "내 성막을 너희 중에" 세우고 "너희 중에" 행하겠다고 선언하신다.26:11-12 이처럼 신적 현존을 거의 물리적으로 이해하는 감각은 신명기의 보다 조심스러운 표현과 어느 정도 대조를 이룬다. 신명기는 중앙 성소를 야훼가 **"자기의 이름을 두시려고 택하신 곳"**이라고 표현한다.신 16:11; 참조. 신 12:5, 11 등 레위기의 더 대담한 언어는 인간과 신적 존재 사이의 근본적 불일치가 제기하는 열어 놓으며, 그와 함께 도피할 수 없는 신적 위험성의 요소를 드러낸다. 레위기의 모든 가르침과 의식은 잠재된 위험을 완화하는 동시에 하나님의 급진적인 거룩함을 경외하는 방향을 가리킨다.

이 가르침은 크게 보아 세 가지 실천의 집합에 속한다고 볼 수 있다. 제사,1-7장: 16-17장 몸의 순결 유지,11-15장: 18장 땅 위에서 땅과 함께 언약적 조건을 안고 살기19-27장 등이다. 이 모든 것 가운데 핵심 관심사는 야훼와 이스라엘 사이의 생명을 주는 관계를 유지하고, 그 관계가 불가피하게 흔들리거나 붕괴의 위협에 놓일 때 그것을 매만지는 것이다. 이 단락에서는 레위기의 시작과 함께 나오는 주요 주제들, 곧 서로 연관된 활동인 제사와 먹는 행위를 다룰 것이다. 두 활동은 모두 정결함의 실천과 불가분의 관계에 있다. 땅과 함께 언약적 삶을 사는 것은 다음 단락의 주제다.

## 주는 것과 먹는 것

거룩함을 행위로 드러내는 것은 레위기가 말하듯 제단에서 시작된다. 처음 일곱 장은 다양한 경우와 경제적 상황에 따라 드릴 수 있는 여러 제사들을 정리한다. 모두가 소를 제물로 바칠 형편이 되는 것은 아니기 때문에,1:2-9 양이나 염소도 가능하고1:10-13 비둘기 한두 마리라도 충분하다.1:14-17 어떤 죄에 대해 속죄가 필요한데 비둘기 한 쌍을 드릴 형편도 안 된다면, 고운 밀가루 소량으로 대신할 수 있다.5:11-13 레위기의 거의 모든 부분은 **제사장** 전통에 속한 자료로 보이며, 학자들은 때로 이 자세한 단락을 "제사장의 지침서"라고 부르기도 한다. 대다수 독자들은 전혀 이해하지 못할 부분일 것이다. 하지만 성서의 특정 책을 해석하는 가장 좋은 접근법은 잠시 멈추어서서 그것이 어떻게 시작하는지 세부 사항에 주목하는 일이라고 본다. 이 장들이 레위 지파의 후손인 소수 사제들이 아니라 모든 이스라엘 백성에게 명시적으로 주어진다는 점은 의미심장하다.1:2 레위기는 제사를 문자 그대로의 의미에서 예전으로 취급한다. 그것은 제사장들과 함께하는 '백성의 일'이며, 이스라엘을 "제사장 나라"출 19:6로 세우는 신적 임명을 성취한다.

제사 관습은 먹는 것이 필요하다는 사실로부터 발생하였으며, 더 나아가 음식이 있다는 것을 결코 당연히 여기면 안 된다는 인식에서 비롯된다. 제사는 우리가 하나님의 은혜로 먹고산다는 이해를 표현한다. 제사 개념이 이상하고 혐오스럽게 여겨진다면, 그것은 우리가 먹는 것을 당연시하기 때문이다. 우리는 거의 모든 음식을 상품, 곧 식품 산업 시스템의 제품으로 만난다. 하나님이 주시는 선물로 인식하지 않는다. 제사의 토대에는 서로에게 주는 것이 이스라엘이 하나님과 함께하는 삶의 특권이라는 생각이 깔려 있다. 하나님께 선물을 드릴 수 있다는 것이 놀라운 권력이라는 생각은 예루살렘 성전 건축을 위해 백성이 바친 건축 자재를 두고 다윗이 기도한 내용에도 나타난다.

나와 내 백성이 무엇이기에 이처럼 즐거운 마음으로 드릴 힘이 있었나이까. 모든 것이 주께로 말미암았사오니 우리가 주의 손에서 받은 것으로 주께 드렸을 뿐이니이다. 대상 29:14

나는 남수단의 어느 신학교에서 동료들 및 학생들과 이 장들을 공부하면서, 어째서 레위기가 구체화된 거룩함을 제사로 먼저 설명하는지가 더욱 분명해졌다. 이들 중 일부는 평생 그리스도인으로 살았고 동물이나 곡식 제사를 경험한 적이 없다. 그럼에도 그들은 하나같이 기독교가 아프리카 전통 종교들을 대체하기 전 여러 세대와 여러 세기에 걸쳐 그들 각 부족이 행했던 독특한 관습을 잘 알고 있었다. 그런 지식은 구전 전통의 일부였으며, 수십 년에 걸친 인종 학살 전쟁으로 산산조각 났을지라도 그들을 공동체의 일원으로 빚어 온 힘의 일부였다. 그들은 기독교 신학에서 제사가 은유적으로 기능한다는 점을 이해했지만, 전통적으로 거룩함에 가까이 다가가는 방식으로 성서가 제사를 높이 평가하는 것을 발견하고 이에 매료되고 격려를 느꼈으며, 성서적 은유를 더 깊이 이해하게 되었다. (제물을 일컫는 '코르반'*Qorban*이라는 일반 용어는 문자 그대로 '가져다 놓은 것'이다.참조. 레 1:2, 3; 2:1) 우리는 이틀에 걸쳐 레위기 제사 규정을 공부했고, 흠 없는 동물을 바치는 것, 자신이 가진 최선의 것을 바치는 것, 다양한 경제적 상황을 고려하는 것 등 그들이 중요하다고 느낀 세부 사항을 다루었다. 첫 열매 수확에 대한 감사, 일반 백성과 제사장의 죄에 대한 속죄, 백성 전체나 지도자가 부지중에 저지른 잘못 등 그들의 조상이 제사를 드렸을 만한 여러 경우에 그들은 그리스도인으로서 기도를 드려 왔음을 깨달았다. 요약하자면, 수단 사람들은 고대 이스라엘의 '방언'에 익숙하지 않았지만 제사 언어를 인식하고 이해할 수 있었다. 나는 그 자리에 있던 이들 중에 이 본문을 해석할 만한 문화적 세련됨을 갖추지 못한 유일한 사람이었다.

내 경험은 우리 시대의 성서 해석에 필수적인 원칙 하나를 보여 준다. 즉 북미와 유럽 사람들은 대다수 신자가 남반구에 거주한다는 상황을 인식하며 겸손을 배우고 실천해야 한다는 것이다. 소수 세계와 소수 교회에 속한 북미, 유럽 신자는 산업화된 현대 사회와 매우 다른 사회에서 기원한 텍스트의 최선의 해석자가 아니다. 아직은 남반구에서 레위기에 대한 심도 있는 신학적 주석이 등장하지는 않았다.[2] 그러나 우리는 농업과 식품 생산의 글로벌 관행을 연구하는 생태학자이자 철학자이며 교육학자인 반다나 시바 Vandana Shiva 와 같은 비그리스도인의 목소리에서도 귀중한 것을 배울 수 있다. 그녀는 "날마다 우리가 드려야 할 제사"로서 전통 힌두교 음식을 바치는 관습에 대해 이렇게 말한다.

> 주는 것은 우리의 존재 자체의 조건이다. 주는 것은 부가적 활동이 아니다. 우리는 모든 생명과 상호 의존적이기 때문에 준다.
>
> 우리는 모든 창조 세계에 빚을 지고 태어나 살아간다. 이것을 인식하는 것은 우리의 의무가 된다. 음식 봉헌은 그 의무와 책임을 지속적으로 갚아 나가야 할 필요성을 인식하는 것에 불과하다.……일단 내가 내 영향력 안에 있는 모든 사람의 먹거리를 보장하면, 그 범위 안에 있는 다른 누군가도 내 먹거리를 보장한다.[3]

고대 이스라엘에서는 제사와 먹는 행위가 밀접하게 연결되어 있었다. 사람들은 자신이 먹는 것을 제물로 드렸고, 제물로 드린 것을 먹었다. 소, 양, 염소 등 발굽이 갈라지고 되새김질을 하는 지상 동물이 제물이 될 수 있었으며,11:1-8 제의적으로 부정tamei하다고 간주되는 동물은 먹거나 제물로 바칠 수 없었다. 모든 도살된 동물은 "야훼께"17:3-5 가져와야 한다는 제사장 전통의 규정은 제사와 식사 사이의 연결을 강조한다. 동물 제사를 혐오스럽게 여길 수 있지만, 마트의 정육 코너를 성서 기자들이 본다면 얼마나 당혹스럽고 심지어 분노를 느낄지도 확실하다. 그들은 동물의 생명을 취하는 자는 야훼가 그 생명의 유일한 근원이심을 인정해야 한다고 보았다. 동물을 야훼의 성소로 가져와 도살해야 한다는 지시는 고기 소비에 실질적 제약이 되었을 것이다. 성소와 어느 정도 거리가 있는 작은 마을에서 사는 대다수 이스라엘 사람들에게 고기는 드물게 먹는 음식이었고, 축하나 감사의 때에 오직 야훼만을 기리기 위해 먹었을 것이다.

더 나아가 다음과 같은 지시는 한 사람이나 가정이 먹을 수 있는 것보다 더 많은 고기를 얻으려고 도살하는 것에 제한을 가한다.

> 너희는 화목제물을 여호와께 드릴 때에 기쁘게 받으시도록 드리고 그 제물은 드리는 날과 이튿날에 먹고 셋째 날까지 남았거든 불사르라. 셋째 날에 조금이라도 먹으면 가증한 것이 되어 기쁘게 받으심이 되지 못하고 그것을 먹는 자는 여호와의 성물을 더럽힘으로 말미암아 죄를 담당하리니 그가히.'그 목이' 그의 백성 중에서 끊어지리라.19:5-8

이 과잉 도살 금지 규정은 동일한 제사장 전통에 속한 만나 이야기출 16장와 같은 통찰을 보여준다. 즉 먹을 수 있는 양보다 더 많이 취하는 것은 하나님의 뜻을 심각하게 거스른다는 것이다.

현대적 관점에서 과잉 도살이 거슬리는 이유는 그것이 낭비이며, 상온에 사흘 이상 방치한 고기는 몸에 해로울 수 있기 때문일 것이다. 하지만 제사장의 관점에서는 다른 용어, 곧 도덕이나 위생 용어가 아니라 제의적 용어로 표현된다. 그것은 "여호와의 성물을 더럽힘"이다.19:8 제의적 부정이라는 개념 전체가 현대인의 관점에서는 파악하기 어렵다. 이와 관련해 레위기 안에 생명과 죽음 사이의 큰 대조가 있다는 제이콥 밀그롬의 이해는 도움을 줄 수 있을 것이다.[4] 생명에는 이스라엘이 어떤 방식으로든 하나님을 모방하면서 살 수 있게 만드는 행위들이 있다. 그런 행위를 상상력을 발휘해 이해해 보면, 이스라엘로 하여금 하나님 자신의 거룩함을 구현하게 만드는 일과 관련이 있다. 그러므로 모세는 이스라엘 사람들에게 이렇게 선포하라는 지시를 받는다. "너희는 거룩하라. 이는 나 여호와 너희 하나님이 거룩함이니라."19:2 제의적으로 정결하다고 여겨지는 행위는 생명과 관련된다. 제의적으로 부정하다고 여겨지는 반대쪽 행위는 어떤 식으로든 하나님의 거룩함을 모독하거나 그 구현에 반대되는 것, 곧 죽음과 관련된다. 이 전통이 거룩함을 구현하기 위해 제시하는 행위들의 집합에서 사흘이 지난 고기는 생명과 죽음의 양극 구도에서 죽음 편에 놓인다. 그것은 더 이상 거룩한 것, 생명의 하나님과 이스라엘을 연결하는 생명의 상호 선물로 여겨질 수 없다. 그것이 바로 남은 고기를 태우고 완전히 거부하며, 제의 장소에서 제거해야 하는 이유다.

## 음식은 무엇을 위한 것인가?

수전 핸델먼Susan Handelman이 다소 과장하여 말했듯 "음식은 항상 무언가 다른 것과 관련된다."[5] 음식이 인간과 신의 관계에 필수 요소라는 인식은 대다수 전통 사회들에서 널리 퍼져 있다. 고대 이스라엘도 예외는 아니었으며, 레위기는 먹는 행위를 거룩한 삶의 필수 요소로 보는 가장 소중한 성서 자료다. 이 오래된 통찰은 '나쁜 음식', 곧 산업적 관행에 의해 생산된 음식이 개인의 건강뿐 아니라 전체 생태계에도 해롭다는 사실에 눈을 뜨게 되면 좀 더 이해하기 쉬워진다. 이러한 인식은 레위기 11:1-47에 두드러지게 나타나는 복잡한 음식 규정 체계를 더 깊이 이해하는 길을 열어 준다. 이 규정은 야훼가 거룩하시니 이스라엘도 "몸을 구별하여 거룩하게"¹¹:⁴⁴ 한다는 것이 무엇을 의미하는지 가장 상세히 풀어놓았다.

레위기 11-18장의 다양한 정결 규정을 읽는 서구 독자들은 (최소한) 자신이 내부인의 책을 외부인의 관점에서 읽고 있다는 것을 의식하면 도움이 된다. 레위기는 특정 생활 방식을 전제하며, 그것을 실천하는 방법에 대한 매우 상세한 정보를 제공한다. 그런데 이 상세한 정보에 설명이 따르지 않는다. 즉 어떤 행위가 필요한 이유에 대해 "나는 여호와 너희의 하나님이라"¹¹:⁴⁴, ⁴⁵는 말 이상의 설명은 거의 주어지지 않는다. 음식 규정과 관련해 특별한 사례들이 다양하게 제시되는데도 명확한 이유가 전혀 없다는 점이 음식 규정 자체보다 더 두드러진다. 우리는 이스라엘이 무엇을 먹을 수 있는지 알고 있다. 즉 육상 동물 중에는 발굽이 갈라지고 '되새김질'을 하는 것들,¹¹:¹⁻⁸ 바다 생물 중에는 지느러미와 비늘이 모두 있는 것들¹¹:⁹⁻¹²만 먹을 수 있다. 아마도 산비둘기와 집비둘기도 제물로 드릴 수 있었으므로 여기에 포함될 것이다.¹:¹⁴⁻¹⁷ 우리가 듣지 못하는 것은 먹을 수 있거나 먹을 수 없는 이유다.

전통 사회의 제의적 정결을 연구한 문화인류학자 메리 더글러스Mary Douglas는 성서의 정결 규정에 깔린 사고방식에 대한 우리의 이해에 큰 도움을 주었다. 그녀의 기념비적 연구인 『정결과 위험』Purity and Danger은 정결과 부정 사이의 구분이 우선적으로 도덕적 판단의 문제가 아님을 밝힌다. 그것은 "어떤 행위의 물질적 상황"과 관련이 있다.⁶ 더글러스는 이스라엘의 음식 규정에는 이스라엘이 이해하는 방식의 범주로 피조물을 다양하게 구분하려는 의도가 담겨 있다고 본다. 먹을 수 있고 제물로 바칠 수 있는 동물들은 명확한 분류가 가능하다. "거룩함은 완전한 사례들을 통해 이해된다. 거룩함은 각 개인이 속한 분류 지위에 [완전히] 부합할 것을 요구한다. 또한 거룩함은 다른 분류 지위에 속한 것들과 혼동하지 말 것을 요구한다."[7] 이 체계에서 만일 '완전한 물고기'가 지느러미와 비늘을 가지고 있다면, 지느러미는 있지만 비늘은 없는 메기는 먹어서는 안 된다.

더글러스의 관점은 결정적이기보다는 제안에 가깝다. 그럼에도 그녀의 접근법은 해석의 논의를 돼지가 회충증을 옮긴다는 식의 상식적 설명에서 다른 방향으로 이끄는 데 도움이 되었다. 사실 위생적인 이유는 일관된 증거가 없다. 고고학적 증거와 심지어 성서적 증거는 이스라엘의 이웃인 가나안 사람들이 별 해로움 없이 돼지를 기르고 먹었음을 보여준다.참조. 막 5:11-13

아마도 음식 규정에는 여러 원칙이 깔려 있을 것이다. 그중 하나는 이스라엘을 그들 이웃의 일부 관습과 구별할 필요다.참조. 20:25-26 기원이 어떠하든 음식 체계는 상당한 수준의 신학적 반성과 상상력을 보여주는 용어들로 제시된다. 한 가지 뛰어난 사례는 다음 본문에서 볼 수 있다. 레위기에서 먹을 수 있는 것에 대해 다루는 가장 긴 단락이다.

나는 여호와 너희의 하나님이라. 내가 거룩하니 너희도 몸을 구별하여 거룩하게 하고 땅에 기는 길짐승으로 말미암아 스스로히. '너희 목을' 더럽히지 말라. 나는 너희의 하나님이 되려고 너희를 애굽 땅에서 인도하여 낸 여호와라. 내가 거룩하니 너희도 거룩할지어다. 이는 짐승과 새와 물에서 움직이는 모든 생물과 땅에 기는 모든 길짐승에 대한 규례니 부정하고 정한 것과 먹을 생물과 먹지 못할 생물을 분별한 것이니라.11:44-47

이 단락은 11장 전체가 그러하듯 설명은 아니지만, 구체화된 언어로 제시된 음식 규정의 의미를 파악하는 데 중요한 단서를 제공한다. 특히 세 가지 요점이 두드러진다.

첫째, 제사장 전통의 창조 이야기에 나온 특징적 어휘가 단락 전체에 나타난다. 생물들은 **기어다니고**참조. 창 1:21, 26, 28, 30 물과 땅 위에서 **번성한다.**창 1:20-21 이스라엘은 하나님이 창조 때 하셨듯 생물들 사이를 **구분**하거나 **구별**해야 한다.참조. 창 1:4, 6, 7, 14, 18 11장의 앞부분을 보면 먹으면 안 되는 다양한 생물들은 "각기 종류대로" 구분된다.11:14, 15, 16, 19, 22, 29; 참조. 창 1:11, 12, 21, 24, 25 성서 첫 장의 또 다른 반향은 "씨"와 "파종"의 강조다.11:37-38; 참조. 창 1:11-12, 29 이러한 반향들이 풍부하다는 점은, 이스라엘 사람들의 식사와 절제는 상상력을 동원해 해석된 세상의 신적 질서를 준수하는 것, 그리고 그 질서를 '목구멍'의 욕구를 훈련함으로써 존중하는 것과 관련이 있음을 암시한다. ('자아'를 뜻하는 평범한 히브리어 단어 '네페쉬'가 문자적으로 '목구멍'을 의미한다는 점은 인간의 인간됨에서 먹는 것이 중심이 된다는 암시일 수도 있다.)

둘째, 인간이 모든 동물의 고기를 취해서는 안 된다는 사실은, 세상의 시작과 함께 에덴동산에서부터 소비의 한계가 설정된다는 것과 조화를 이룬다.창 2:16-17 더욱이 창조의 여섯째 날에 하나님이 인간과 동물 모두를 위해 설정하신 '먹이 사슬'은 채식뿐이었다.창 1:29-30 육식은 홍수 이후에 비로소 허용되는데,창 9:2-3 그것은 아마도 인간의 폭력성을 고려한 양보였을 것이다. 레위기는 또한 피를 마시지 말라는 창세기 명령의 반향을 담는다.17:11-12; 창 9:4 토라의 두 책에 나오는 몇몇 제한은 이스라엘 백성과 모든 인류의 먹을 것에 한계를 두는 것이 하나님을 경외하는 근본적인 길임을 암시한다.

마지막으로, 야훼의 자기 규정은 여기서 이스라엘의 특수한 역사와 추가적으로 연결된다. "나는……너희를 애굽 땅에서 **인도하여 낸**

'*-h*, '올라오게 한' 여호와라."11:45 이 구절이 히브리어로 읽을 때 특별히 부각되는 것은 출애굽 이야기에 나오는 표준적인 성서 용어에서 벗어나기 때문이다. 일반적으로는 야훼가 이스라엘을 이집트에서 '빼내었다'*y-ts-'*라고 말한다. 여기서 사용된 다른 동사는 음식 규정에서 두드러진 용어 중 하나와 미묘한 공명을 일으킨다. 이스라엘 사람들이 먹을 수 있는 유일한 육상 동물은 '되새김질하는'*-h* 것들이다.11:3, 4(2회), 5, 6, 26 야훼는 자신을 "올라오게 하는" 자로 묘사하는데, 여기서 사용된 동사는 같은 장에서 일곱 번째이자 마지막으로 나타난다. 성서 전통에서 숫자 7은 흔히 완전함이나 완성의 표시이며, 따라서 11장에서 일곱 번 반복되는 이 핵심 동사는 '되새김질하는' 동물이 야훼와 이스라엘의 특징적 역사를 구체적으로 표현하는 상징임을 암시한다. 그 동물들만 먹는 것에 초점을 맞춤으로써 이스라엘 사람들은 그 역사를 문자 그대로 체화한다. 간단히 말해 레위기는 식사가 창조적이고 언약적인 행위임을 이해하고 구현한다.

음식이 레위기에서 의미하는 바를 뛰어난 상상력을 동원해 탐구한 레위기 해석자 중 특별히 눈에 띄는 그리스도인은 오리게네스다. 오리게네스는 레위기가 상징적 언어로 말하고 있음을 이해했으며, 영적으로 민감한 상상력을 발휘해 읽어야 한다고 보았다. 시대를 통틀어 통찰력을 인정받았으며 손꼽히는 다작 저술가이자 성서학자인 오리게네스는, 이스라엘의 성서를 교회만의 독특한 방식으로 읽는 데 중요한 역할을 한 주석과 신학 저술을 남겼다. 그는 유대인들이 예수를 메시아로 받아들이지 않는다고 비판했지만, 그의 시대 랍비 사상에 대해 잘 알고 있었다. 그는 유대인과 그리스도인은 적이라기보다 일종의 파트너로서 "공통의 적인 이교주의와 맞서고 있다"고 보았다.[8] 또한 그가 히브리 성서 전체를 (원문으로 읽으며) 진지하게 받아들인 것은 현대 기독교가 레위기를 포함해 성서의 많은 부분을 무시하거나 경멸하는 태도와 대조된다.

오리게네스는 238년부터 244년 사이 알렉산드리아에서 일련의 레위기 설교를 했다. 이때 그는 제사와 정결 규정을 탐구하여 도덕적이고도 영적인 교훈을 교회에 제공하고자 했다. 그는 정결한 동물과 부정한 동물에 관한 규정을 언급하며 이렇게 관찰했다.

> 어떻게 각 사람이 정결하거나 부정할 수 있는지 살펴보자. 모든 사람은 이웃이 도착할 때 나누어 줄 어떤 음식을 자신 안에 가지고 있다. 왜냐하면 우리가 서로 인간으로서 접근하고 대화에 참여할 때는 음식을 주거나 받는 일이 일어나지 않을 수 없기 때문이다.
>
> 만일 그 음식이 좋은 것이고 그가 "마음에 쌓은 선에서 선을 내놓는다면", 그는 이웃에게 정결한 음식을 공급할 수 있다. 그러나 그가 악하고 "악을 내놓는다면",참조. 눅 6:45 그는 이웃에게 부정한 음식을 공급하는 것이다. 누구든지 순수한 마음에 이끌려 사는 사람은 양처럼 정결한 동물이라고 볼 수 있다.[9]

오리게네스의 독법이 세부 사항까지 설득력이 있을 것 같지는 않다. 그러나 레위기가 양을 언급할 때 실제로 양을 가리킨다고 우리가 믿더라도, 오리게네스의 핵심적인 이해, 곧 레위기가 종교적 상상력의 계발에 도전한다는 이해는 높이 평가할 수 있을 것이다. 오리게네스의 알레고리적 읽기는 올바른 인식, 곧 레위기가 일상적이고 단순해 보이는 먹는 행위를 창조 질서와 하나님과의 관계 안에서 인간 존재가 지니는 복잡성을 생각하는 진입점으로  제시한다는 인식이다. 레위기는 매우 구체적인 용어로 거룩함을 제시한다. 오리게네스는 레위기의 이러한 특징이 어떻게 다른 시대(우리 시대), 다른 종교 공동체를 자극해 일상적이고도 구체화된 실재들을 하나님과 함께하는 삶으로 세밀하게 들여오는 진지한 신학 작업을 추동할지 질문하고 있다. 이것이 우리가 오리게네스에게 잘 배워야 할 점이다.

# 야훼와의 하나됨 그리고 땅

· 레위기 16-27장 ·

레위기의 목표는 이스라엘이 시내산에서 받은 "거룩한 백성"출 19:6의 소명을 살아 내는 데 있다. 일상생활을 정돈하는 레위기의 많은 제의적 지시와 규정들은 단 하나의 내러티브로 꿰어지며8-10장 하나의 사회적 상상imaginary을 형성한다. 그것은 하나님의 급진적인 거룩함을 그 중심에 담지할 수 있는 공동체로 이스라엘을 어떻게 조직할지 그려 보는 매우 구체적인 방법이다. 레위기의 관점에서 보면, 하나님이 이스라엘에게 직접 임재하시는 것은 광야뿐 아니라 모든 시간에 일어나는 일상적 현실이다. "나는 너희 중에 행하여……."26:12 야훼를 그 중심에 모시고 사는 것은 기회이자 위기다. 이는 이스라엘 자신의 거룩함의 조건이지만, 갑자기 혹은 점진적으로 재앙을 향해 돌아설 수도 있는 매우 불안정한 상태다. 레위기가 다루는 핵심 문제는 하나님과 이스라엘 사이에서 일어날 수 있는 불일치 상태다. 다시 말해 이스라엘이 인간적 약점(부지중의 잘못, 고의적인 죄, 우리 몸에 늘 있는 죽음으로 치닫는 경향 등)을 극복하고 하나님의 거룩한 삶으로 완전히 들어갈 수 있는 능력과 신적 거룩함 사이의 비할 수 없는 간극이다.

레위기의 앞부분은 주는 것과 먹는 것을 통해 야훼께 다가가는 것, 또는 그를 닮아 가는 것에 초점을 맞춘다. 즉 신적 명령이면서도 자발적으로 실천해야 할 제사와 음식 규정의 준수다. 레위기의 두 번째 부분은 이스라엘이 하나님의 직접적 임재를 어떻게 인식하는지와 관련된, 서로 다르지만 연결된 두 가지 측면에 초점을 맞춘다. 첫째는 대제사장이 성소에서 매년 행하는 속죄 예식이며, 둘째는 야훼와 인간 공동체 그리고 땅을 있는 그대로 존중하며 경작지 위에서 땅과 함께 살아가는 일상적 실천이다. 레위기의 '심오한 녹색'의 관점에서 보면, 땅은 언약의 삶에 능동적으로 참여한다.

## 피와 언약

야훼와 이스라엘의 관계의 피할 수 없는 변질 가능성은 아론이 일곱째 달 열째 날에 처음 행하는 속죄 예식이 필요한 이유다. 그것은 "영원히 지킬 규례"16:29, 31로 정해졌으며, 매년 같은 날짜에 대제사장은 "모든 죄에서 [그들이] 여호와 앞에 정결"16:30할 수 있도록 성소에서 정화 의식을 행했다. 제이콥 밀그롬은 레위기가 인간의 죄와 그것이 성소에 미치는 영향을 어떻게 이해하는지에 관한 생생한 유비를 제시한다. 즉 보이지 않는 부패한 공기와 같은 물질이 흘러들어 가서 성소를 오염시킨다는 것이다. 죄인 자신은 발각되지 않고 처벌을 면한다고 해도 "그들의 부정한 중에 있는 회막"16:16은 잠재적으로 돌이킬 수 없는 지점까지 영향을 받는다. "오염 수준이 계속 올라가면 종말은 불가피하다. 하나님은 성소를 버리고 백성을 그들 자신의 운명에 내맡긴다."[1] 여기서 우리에게 익숙한 현대적 오염 이해가 죽음의 위험을 설명하는 데 도움이 된다. 제의적 부정 또는 정결은 단순히 형이상학적인 까탈스러움의 한 형태가 아니며, 연례적인 성소 정화는 진정한 경건을 상징적인 깨끗함으로 대체하는 행위가 아니다. 오히려 도덕적, 제의적 부정은 하나님의 직접적 임재가 인간에게 요구하는 바에 주의를 기울이지 않는다는 것을 나타낸다. 말하자면 회막 *mishkan*은 하나님이 '이웃'*sh-k-n의 어근적 의미*으로 이사 오기로 택하신 장소다. 심지어 그분은 "구름 가운데에서 속죄소 위에"16:2 모습을 나타내시기까지 한다. 살아 있는 강이 인근의 '부정한' 산업 단지에서 나온 오염물 저장고가 되어 결국 주변에 사는 모든 사람을 위험하게 만든다. 마찬가지로 죄로 얼룩진 회막이나 성전은 부정하게 되어 인간에게 해를 끼치며 하나님의 임재를 수용할 수 없게 된다. 그렇기 때문에 '속죄'atonement(이 단어의 문자적 의미는 하나님과 '하나됨'at-one을 의미한다), 곧 매년 "지성소와 회막과 제단을"16:33 철저히 정화해 이스라엘과 야훼 사이의 생명을 주는18:5 관계를 지속시킬 예식이 필요하다.

삶과 죽음 사이에 그어진 선은 선명하지만 가늘며, 예식에 대한 세밀한 묘사는 극도로 경계하는 색조를 띠고 있다. 그것은 야훼가 내린 정화 지침이 "아론의 두 아들이 여호와 앞에 나아가다가 죽은 후에"16:1 주어진다는 불길한 어조로 시작한다. 새롭게 임명된 제사장 나답과 아비후는 "여호와께서 명령하시지 아니하신 다른 불을 담아" 분향했고, "불이 여호와 앞에서 나와" 그들을 삼켰다.10:1-2 성소라는 고전압 지대에서는 누구도 위험에서 예외가 되지 않으며, 심지어 야훼와 인류 사이의 불일치를 중재해야 하는 유일한 기능을 가진 대제사장도 마찬가지다. 아론은 홀로 지성소에 들어가야 하며, 몸을 씻고 특별한 종류의 "거룩한 옷"16:4을 입어야 한다. 그는 향연을 가득 담은 금향로를 들고 들어가 "향연으로 증거궤 위 속죄소를 가리게" 하여 죽음을 면한다.16:13 야훼의 지성소 임재는 형이상학적이지만 실재이며, 언약궤를 덮는 금으로 된 판 위의 두 그룹 사이에 머문다.[2] 예언자 이사야는 하늘의 보좌에서 스랍들이 야훼의 임재 앞에 얼굴을 가리는 장면을 환상으로 본다.사 6:2 그와 유사한 것으로, 대제사장은 '제의적 정화제'인 동물의 피를 법궤 뚜껑과 성소와 제단에 뿌리러 들어갈 때 자기 앞에 계신 그분을 **보려고** 해서는 안 된다.[3] 피의 정화하는 속성은 자명하지 않다. 특히 레위기가 생리혈과 출산 때 흘리는 피(그리고 다른 피가 섞인 분비물)를 부정하고 제의적 정화가 필요한 것으로 간주하기 때문이다.12:1-8: 15:19-30 레위기에서 제시된 사회적, 제의적 상상에서 피는 삶과 죽음을 가르는 선명하고도 가는 선으로 기능하는 것 같다.

성서의 속죄 의례가 피의 의식이라는 사실은 레위기가 기술하는 내용과 후기 유대교의 속죄일 '욤 키푸르'와의 절대적 차이를 드러낸다. 비록 일곱째 달 열째 날에 지켜지기는 하지만 '욤 키푸르'는 **오직** 금식, 죄 고백, 기도만 행하는 날이다. 피 제사는 랍비 유대교의 신학 및 실천과는 완전히 이질적이다. 이와 대조적으로 그리스도인들은 히브리서의 렌즈를 통해 대다수 사람들이 이해하기 어려운 개념인 피 속죄의 실재와 중심성을 확언한다. 히브리서는 십자가에 못 박히고 부활한 예수께서 대제사장이 성소에서 하던 역할을 맡아 완벽하게 수행했다고 말한다. 요약해 보면, 유대인과 그리스도인 모두 레위기가 구상한 속죄 개념에 심오한 변화를 주었으며, 오늘날 레위기에 제시된 의식을 실제로 실행하는 경우는 없다. 그럼에도 레위기의 피 속죄 이해는 창세기에서 시작해 신구약성서를 끝까지 관통하는 언약에 대한 오랜 성찰의 궤적 일부를 이루며, 기독교 신학에서도 그 중요성은 지속되고 있다.

우리가 레위기에 도달하기 전에도 언약의 역사는 빈번하게 피를 언급해 왔다. 첫 시작인 노아의 "영원한 언약"창 9:16에는 동물의 피를 먹지 말라는 금지창 9:4가 포함되어 있다. 곧이어 하나님은 아브라함과 그의 가족의 할례받은 육체 안에서 또 다른 "영원한 언약"을 맺는다.창 17:13 여기서 피는 구체적으로 언급되지 않고 암시만 된다. 이스라엘이 이집트에서 나오던 유월절 밤에 이스라엘 자손의 집은 문설주에 양의 피를 발라 표시했다.출 12:21-27 언약과 피가 가장 직접적으로 연결되는 사건은, 시내산에서 모세가 백성에게 "언약서"를 낭독해 주고 그들이 "여호와의 모든 말씀을 우리가 준행하리이다"라고 대답한 직후에 일어난다. 모세는 **"언약의 피"**, 곧 제물의 피를 제단과 백성에게 뿌림으로써 그 언약을 봉인한다.출 24:7-8 기억에 남을 만한 이 표현의 반향이 나중에 스가랴에서 나타났고,슥 9:11 더 나아가 복음서 저자 마태가 최후의 만찬에서 예수께서 하신 말씀을 기록한 배경이 된 것 같다. "이것은 죄 사함을 얻게 하려고 많은 사람을 위하여 흘리는 바 **나의 피, 곧 언약의 피니라.**"마 26:28 마태복음서에서 예수의 피와 죄 용서 사이의 연결은 예루살렘 군중의 외침에 대한 일반적 이해를 흔들어 놓아야 한다. "그 피를 우리와 우리 자손에게 돌릴지어다!"마 27:25 그리스도인들은 유대인들이 그 죄책을 떠안는다는 뜻으로 쉽게 이 말을 해석하지만, 이스라엘의 성서에 의해 상상력이 깊이 형성된 마태에게는 전혀 다른 것, 곧 하나님과 이스라엘이 맺은 언약의 갱신을 호소한다는 의도가 있었을지도 모른다.[4]

레위기 안에 있는 도살 규정은 피가 삶과 죽음 사이의 경계를 어떻게 표시하는지에 관해 더 많은 통찰을 제공한다. 그 규정은 성소 정화를 기술한 직후에 바로 따라온다. 모든 짐승은 제물로 바칠 때 성소 입구로 가져와야 하며, 다른 곳에서 도살하는 사람은 범죄자로 취급된다.

……피 흘린 자로 여길 것이라. 그가 피를 흘렸은즉 자기 백성 중에서

끊어지리라.17:4

세속적 도살 금지는 레위기에서 제의적 지시와 도덕적 지시 사이에 명확한 구분선을 그을 수 없다는 점을 가리킨다. 레위기는 고기 소비를 엄격히 제한하며, 동물의 생명이 가늠할 수 없을 정도로 소중하다는 점을 확언한다. 이 금지는 또 다른 금지, 곧 피를 먹지 말라는 금지로 이어진다.참조. 창 9:4 레위기는 이러한 지시의 배경에 있는 신학적 사고를 거의 설명하지 않지만, 여기서는 그 이유가 표현 가능한 가장 강력한 용어로 진술된다.

> 이스라엘 집 사람이나 그들 중에 거류하는 거류민 중에 무슨 피든지 먹는 자가 있으면 내가 그 피를 먹는 그 사람nefesh, '목', '생명'에게는 내 얼굴을 대하여 그를 백성 중에서 끊으리니 육체의 생명nefesh은 피에 있음이라. 내가 이 피를 너희에게 주어 제단에 뿌려 너희의 생명을 위하여 속죄하게 하였나니 생명이 피에 있으므로 피가 죄를 속하느니라.17:10-11

제의적 도살에서 흘리는 피는 모든 이스라엘 백성이 야훼를 모든 생명, 곧 짐승과 사람의 생명의 근원으로 인정할 것을 요구한다. 따라서 1년에 한 번 대제사장이, '일상적으로는' 어느 제사장이 도살과 제사를 주관하며 동물의 피를 다루는 행위는, 피와 언약을 이어주는 또 하나의 연결 고리가 되어 노아에서 아브라함, 모세와 시내산의 백성까지 이어진다. 이 사슬은 여러 세기를 거쳐 스가랴, 마태, 특히 히브리서 저자에게까지 이어지는데, 그도 다른 이들처럼 시내산에서 모세가 한 말을 명시적으로 인용한다. "이는 하나님이 너희에게 명하신 언약의 피라."히 9:20; 참조. 히 10:29 그리고 그 개념을 레위기의 상세한 피 제의에 비추어 발전시킨다. 예수는 단번에 하나님이 하늘에 세우신 "참 장막"<sup>히 8:2</sup>에서 봉사하는 대제사장, "새롭고 더 좋은 언약"<sup>히 8:6; 9:15; 12:24</sup>의 중보자, 그의 "뿌린 피"가 아벨의 피보다도 더 웅변적으로 말하는<sup>히 12:24</sup> 제물의 몸<sup>참조. 히 13:11-13</sup>이 된다. 따라서 예배자들은 그를 통해 찬송과 선행, 서로 나누는 제사를 계속 드릴 수 있다.<sup>히 13:15-16</sup> 히브리서는 다음과 같은 피의 축복으로 그 언약과 제사 신학에 관한 고유한 진술을 요약한다.

> 양들의 큰 목자이신 우리 주 예수를 영원한 언약의 피로 죽은 자 가운데서 이끌어 내신 평강의 하나님이 모든 선한 일에 너희를 온전하게(또는 완전하게) 하사 자기 뜻을 행하게 하시고 그 앞에 즐거운 것을 예수 그리스도로 말미암아 우리 가운데서 이루시기를 원하노라.<sup>히 13:20-21</sup>

예수의 피에 구원의 힘이 있다는 신약성서의 수많은 언급 가운데 레위기의 언어와 속죄 신학을 특별히 반영하는 대목이 하나 더 있다. 어린양의 피에 씻은 흰 옷을 입은 큰 무리를 보는 요한의 환상이다.<sup>계 7:9-14</sup> 사람들은 신적 임재와 인간의 허물 사이의 근본적 불일치를 극복하게 하는 고대 제의의 정화 능력을 경험했다. 실수와 죄는 지상 성소에서 가장 높은 밀도로 축적되었고, 매년 행해지는 피의 의례에서 이스라엘을 위한 정화가 이루어졌다. 이러한 레위기의 비전을 넘어 요한은 "각 나라와 족속과 백성과 방언에서"<sup>계 7:9</sup> 부름받은 큰 무리를 보았으며, 이제 그들은 "성전에서 밤낮"으로 하나님을 섬길 수 있게 되었다.<sup>계 7:15</sup> 레위기의 중심 문제인 신적 임재와 인간의 죄라는 근본적 불일치가 마침내 완전히 극복된 것이다. 사람들은 "보좌 앞과 어린양 앞"<sup>계 7:9</sup>의 고전압 지대에 서 있지만, "장로 중 하나"<sup>계</sup>

7:13가 선언하는 것처럼 하나님이 "그들 위에 장막을 치실"제 7:15 것이다. 이에 따라 광야에 회막을 세우고 예루살렘 성전을 유지하며 정기적으로 정화 의식을 했던 목적이 성취된다.

언약과 하나님의 구원 역사는 피 속에서 추적된다는 것이 신구약성서의 공통된 증언이다. 아라랏산 꼭대기에 머문 노아의 방주, 아브라함의 장막, 시내산 기슭, 광야 회막과 예루살렘 성전, 다락방과 골고다, 마침내 하늘의 보좌에 이르기까지…… 이 각각의 장소에서 피는 죽음이 아닌 생명, 하나님과 함께하는 생명을 드러낸다. 그 형태가 어떠하든 제사는 완전한 피조물의 생명, "흠 없는"레 1:3, 10 생명을 하나님께 드리려는 시도다. 따라서 피는 인간 생명을 하나님과 묶는 언약의 영원한 상징이 된다.

## 땅과 함께 살아가기

제의 및 음식과 밀접한 관련이 있는 레위기 신학의 또 다른 요소는 인간과 땅, 특히 경작지 사이의 심오한 연결이다. 이 땅은 모든 식물과 동물이 생명을 공급받는 가까운 근원이다. 레위기는 땅을 종교적, 영적 의미로 가득한 복잡한 물질적 실재로 본다. 가장 명백한 사실은 땅이 거의 모든 이스라엘 백성에게 생계 수단이었다는 것이다. 따라서 레위기가 제시하듯 땅은 인간 존재의 거울, 확장된 성소, 언약의 파트너이자 언약적 정의의 실행자로 볼 수도 있다.

땅이 인간 존재의 거울이라는 생각은 특히 19장의 여러 구절에서 제시된다. 이 장 전체는 거룩함에 관한 레위기의 가르침을 상징적으로 요약한 윤리적, 제의적 지시를 강조하기 위해 주의 깊게 구성된 것 같다.참조. 19:1-2 몇몇 부분에서는 인간의 몸, 남성과 여성 그리고 땅 사이의 놀랍고도 시적으로까지 보이는 유비를 사용한다. 예를 들면 이렇다.

> 너희가 너희의 땅에서 곡식을 거둘 때에 너는 **밭 모퉁이** *pe'ah*, edge-growth 까지 다 거두지 말고 네 떨어진 이삭도 줍지 말며⋯⋯가난한 사람과 거류민을 위하여 버려두라. 나는 너희의 하나님 여호와이니라. 19:9-10

> 머리 **가** *pe'ah*, edge-growth [5]를 둥글게 깎지 말며 수염 끝을 손상하지 말며. 19:27

농부는 자신의 얼굴 가장자리의 거친 부분을 만지거나 수확을 의도적으로 멈춘 밭의 일부를 볼 때마다 존재를 공유하고 있다는 독특한 신비를, 그들의 상호 의존과 하나님의 은혜에 대한 공동 의존을 떠올렸을 것이다. 두 구절 사이의 반향은 제의적 행위와 윤리적 동기의 행위가 본질적으로 연결되어 있음을 가리키기도 한다. 농부의 머리와 수염 모양은 공동체 안에서 가장 취약한 이들의 유익을 위해 밭을 돌보는 헌신을 표현한다.

농부와 밭의 유사성을 가리키는 두 번째 암시는, 새로 심은 나무는 3년 동안 "할례 받지 않은" 것으로 취급해야 한다는 명령이다.

> 너희가 그 땅에 들어가 각종 과목을 심거든 그 열매는 아직 할례 받지 못한 것으로 여기되 "그 열매, 그 '포피'를 할례하지 말고 남겨 두어라", 저자 사역—옮긴이, 곧 삼 년 동안 너희는 그것을 할례 받지 못한 것으로 여겨 먹지 말 것이요. 19:23

아마도 할례 받지 않은 포피의 이미지는 기이하게 보일 것이다. 그것은 닫혀 있는 꽃봉오리를 암시하는 것 같다.[6] 그러나 그렇다고 할지라도 이 고대 기자가 지녔던 감수성은 현대 시인 웬델 베리Wendell Berry의 연상과 그리 멀지 않다.

씨앗을 뿌리며
내 손은 대지와 하나.
씨앗이 자라기를 바라며
내 마음은 빛과 하나.
작물을 호미질하며
내 손은 비와 하나.
식물을 보살핀 후
내 마음은 공기와 하나.
배고픔과 믿음 속에서
내 마음은 대지와 하나.
과일을 먹으며
내 몸은 대지와 하나.[7]

레위기의 비유적 상상력은 또한 고대로부터 우리 시대까지 거의 모든 사회가 겪고 있는 가장 괴로운 사회적, 경제적 문제 중 하나에 와닿는다. 즉 빈곤한 가정의 젊은 여성들이 하게 되는 매춘이다. 여기서는 농부의 딸의 운명이 땅의 운명과 나란히 놓인다.

네 딸을 더럽혀 창녀가 되게 하지 말라. 음행이 전국에 퍼져 죄악이 가득할까 하노라.19:29

착취 경제가 몰고 오는 빈곤 때문에 농촌의 토지 소유자들은 장기적인 관리를 고려하지 않고 눈앞의 이익만을 추구할 사람들에게 어쩔 수 없이 땅을 팔게 된다. 마찬가지로 그와 같은 절박한 가정의 소녀들은 주로 도시의 성매매 산업으로 팔려 간다.[8] 두 경우 모두 "땅은 악한 장치로 가득 찬다."

토라의 다른 어느 곳보다도 강렬하고 생생한 레위기 25장의 희년법은 왕권이 통제하는 농업 경제에서 일어나는 농부들의 분투에 주목한다. 그 체제에서 작은 땅을 가진 농부들은 주변화되고, 자기 땅에서 쫓겨나 빚을 지고 노예가 되기도 했다.

너희는 오십 년째 해를 거룩하게 하여 그 땅에 있는 모든 주민을 위하여 자유를 공포하라. 이 해는 너희에게 희년이니 너희는 각각 자기의 소유지로 돌아가며 각각 자기의 가족에게로 돌아갈지며.25:10

부채 노예는 고대 이스라엘에 광범위하게 퍼진 문제가 분명하다. 성서의 모든 법전이 이 문제를 다루기 때문이다.참조. 출 21:1-11, 신 15:1-18 그에 대한 레위기의 해결책은 비전을 제시한다. 실제 경제적 가능성과 거리가 먼 유토피아적 해결책이 아니다. 희년이 이스라엘에서 실천되었다는 확실한 증거는 없지만 희년의 이상은 오랜 세월에 걸쳐 지속되었다. 우리 시대에 이 이상은 우리 자신도 연루되어 있는 착취적인 사회적, 경제적 구조를 거부하고 변화시키라고 도전한다.

본문은 먼저 청중을 쫓겨난 자들로 보고 그들을 향해 말한다. "너희는……돌아갈지며……." 그런 다음에 관심을 돌려서 상대적으로 번영하는 공동체 구성원들에게 파괴적 경제 체제에서 침몰하는 친족을 위해 책임을 이행하라고 요구한다.

| 레위기 |

너와 함께 있는 네 형제가 가난하게 되어 네게 몸이 팔리거든 너는 그를 종으로 부리지 말고 품꾼이나 동거인과 같이 함께 있게 하여 희년까지 너를 섬기게 하라. 그때에는 그와 그의 자녀가 함께 네게서 떠나 그의 가족과 그의 조상의 기업으로 돌아가게 하라. 그들은 내가 애굽 땅에서 인도하여 낸 내 종들(또는 농노들)이니 종으로 팔지 말 것이라. 25:39-42

"내 종들"에 해당하는 히브리어 단어 *eved*는 비자발적으로 봉사하는 노동자를 나타내지만, 반드시 억압받는 이들은 아니다. 레위기 전체를 관통하는 중심 사상은 이스라엘 땅과 그 백성이 전적으로 야훼의 처분 아래 있다는 것이다. "토지는 다 내 것임이니라. 너희는 거류민이요 동거하는 자로서 나와 함께 있느니라."25:23 따라서 경작지는 상품처럼 팔 수 없고 장기 임대만 가능하다. 이스라엘의 지위는 재산 소유자가 아니라 야훼가 파라오에게서 산 종(노예)이다. 역설적으로 그들의 "종 된" 지위 때문에 한 이스라엘 사람이 다른 사람을 "엄하게"25:43, 46, 53 부리는 행위는 불법이 된다. 이 드문 단어는 다시 일어나면 안 될 이집트 노예 생활출 1:13-14의 쓰라린 기억을 담고 있다. 정경적 관점에서 보면, 이 희년의 비전은 (아마도 더 오래된) 출애굽기의 노예법, 개인의 노예 상태를 여섯 해로 제한하는 법을 보완해 준다. 레위기는 소유자로부터 분리된 농지가 50년(두 세대) 내에 원소유자에게로 돌아가야 한다는 명령을 친족에게 내린다. 이스라엘 가운데는 땅이 없는 영구적 하층민이 존재해서는 안 된다.

그러나 이 희년법조차도 성서가 '완벽하지' 않다는 사실을 직면하게 한다. 왜냐하면 취약한 이들에 대한 보호에서 눈에 띄는 격차가 있기 때문이다. 즉 이스라엘 백성이 아니면 영구적 노예로 팔릴 수 있었다.

> 너희는 그들을 너희 후손에게 기업으로 주어 소유가 되게 할 것이라. 이방인 중에서는 너희가 영원한 종을 삼으려니와 너희 동족 이스라엘 자손은 너희가 피차 엄하게 부리지 말지니라.25:46

우리의 이 종교적 유산은 부끄럽게도 이전 세기의 미국 그리스도인들에 의해 활용되었다. 그들은 이 유산을 노예 소유자가 되어도 좋다는 재가로, 경우에 따라서는 명령으로 여겼다.[9] 이 구절이 말하는 바가 지켜져야 한다는 주장이 있었다는 사실은 쓰라리고도 비극적인 역설이다. 당시 그리스도인들은 이 법에 순종해야 할 의무가 있다고 생각했다. 수세기에 걸쳐 너무도 느리게, 인간의 생명을 막대한 대가로 치르고 나서야, 그리스도인들과 유대인들은 이 특정한 지시를 둘러싸고 있는 더 큰 비전인 인간 가치와 존엄성의 정신에 비추어 그것을 거부할 필요가 있음을 깨닫게 되었다. 레위기 자체가 "너희와 함께 있는 거류민을 너희 중에서 낳은 자 같이 여기며 자기 같이 사랑하라. 너희도 애굽 땅에서 거류민이 되었었느니라"19:34고 요구하며 더 큰 비전을 표현한다. 다시 말해 이집트에 관한 기억은 이스라엘이 되어야 할 모습을 또렷하게 만든다. 즉 이스라엘인 이웃 19:18에게 그리하듯, 언뜻 우리와 본질적으로 달라 보일 수 있는 이방인을 향해서도 능동적 사랑을 실천하는 공동체다.

레위기 전반에 나타난 확신, 곧 야훼가 진실로 이스라엘 가운데 임재하며 그들 중에 '행한다'26:12는 확신은 그 땅 자체가 확장된 성소라는 의미다.[10] 그곳은 거룩해진 공간이며 신적 복이 땅과 인간을 위한 놀라운 결실로 나타나는 곳이자, 이스라엘이 야훼의 규례에 따라 사는 것을 조건으로 제공되는 곳이다.26:3-12 이러한 순종은 거룩하신 야훼와 인류 사이의 깊은 불일치를 극복하는 유일한 수단이다. "내 목(또는 존재)이 너희를 토해 내지 않도록"26:11, 저자 사역—옮긴이이라는 표현은 신적 불관용 관념을 물리적으로 생생하게 표현한다. 이스라엘이 하나님의 규례를 혐오한다면,26:15 땅이 이전에 가나안 사람들을 토해 냈듯이 그들을 토해 낼 것이다.18:28 이 체화된 영성의 책에서는 종교적 거부(사람에 의한, 야훼에 의한, 땅에 의한)조차도 (비록 시적이긴 하지만) 신체적 행위로 경험된다.

야훼의 언약을 거부하는 이들을 땅이 토해 내는 이미지는, 레위기가 땅을 단순한 사물로 보지 않는다는 것을 분명하게 표현한다. 땅은 야훼께 반응할 수 있는 피조물이며, 더 나아가 언약의 파트너다. 그런 면에서는 이스라엘보다도 더 신뢰할 만하다. 땅은 하나님과 이스라엘 사이의 언약 관계의 영원한 표지인 안식법을 지킨다.출 31:13-17 불순종하는 이스라엘이 유배를 당해 더 이상 올바른 안식법 준수를 방해하지 않으면, 땅은 온전히 그 법을 지킬 수 있게 된다.26:34 여기에 나타난 풍부한 종교적 상상력과 신비하기까지 한 감수성은, 언약 안에 하나님과 아브라함의 후손 중 한 계보 사이의 양방향 관계보다 더 많은 것이 포함됨을 암시한다. 언약에 대한 더 넓은 관점은 특히 야훼의 약속에서 전면에 등장한다. 유배 기간의 끝을 바라보며, 징계받은 이스라엘이 마침내 죄에 대한 책임을 지고 겸손해지는 때를 바라보며26:40-41 야훼는 선언하신다.

내가 야곱과 맺은 내 언약과 이삭과 맺은 내 언약을 기억하며 아브라함과 맺은 내 언약을 기억하고 그 땅을 기억하리라.26:42

독특한 공식구를 통해 야훼는 시간을 거슬러 올라가면서 아브라함의 계보를 역순으로 떠올린다. 야곱에서 이삭으로, 아브라함으로, 그리고 땅으로. 이는 계시적인 약속이다. 이 약속은 우리로 하여금 땅을 원래의 조상, 하나님의 첫 번째 언약 파트너로 볼 수 있게 한다. 아브라함이 있기 전에 땅이 있었다. 참조. 요 8:58

# 04

# 민수기

# 복의 표지, 죄가 부른 재앙

· 민수기 11-24장 ·

이 책은 레위기와 마찬가지로 제사장 전통에서 왔으며, 독특한 제목 헬. *Arithmoi*은 두 번에 걸쳐 이루어진 이스라엘 열두 지파 인구 조사1장: 26장에서 유래했다. 이 인구 조사는 책의 두 부분에서 서두를 이룬다. 이 책의 첫 번째 부분1-25장은 이전 세대의 여정과 경험, 곧 그들이 이 집트에서 출발해 하나님의 명령에 의해 광야에서 죽은 이야기를 다 루며, 두 번째 부분26-36장은 광야에서 자란 새로운 세대가 이제 (내러 티브상 현재) 가나안 땅에 들어가 백성에게 주어진 야훼의 약속을 실 현할 준비를 하는 이야기를 다룬다. 따라서 이야기의 큰 흐름은 지리 적 이동과 세대의 변화다. 그러나 이 전체 흐름은 내러티브 단락, 의 식 규정, 여정 보도, 회막 이동 지침 등의 빠른 전환 때문에 모호해 진다. 이처럼 분명한 줄거리 없이 흘러가는 이 책은 창세기와 출애 굽기처럼 영화나 대하소설에 영감을 주기는 어려울 것 같다. 실제로 19세기부터 주석가들은 민수기가 구조가 없는 혼란스러운 책이라고 보았으며, 고대인들이 사용할 수도 없고 버릴 수도 없는 자료를 모아 놓은 다락방과 같다고 생각했다.

민수기가 무작위적이라는 인상은 서른아홉 해 동안의 "광야에 서의" 방랑을 다루는 책이니 당연할 것이다. 이 책의 히브리어 제목도 "광야에서"*Bemidbar*이다. 민수기를 잘 이해하려면 세부 사항을 파악하는 인내와 노력이 필요하다. 패턴화하는 어떤 요소가 나타나는데, 가장 기본적으로는 책 전체에 걸쳐 한편으로는 이야기들이, 다른 한편으로는 법적 또는 의식적 규정이 번갈아 나온다.[1] 작은 규모의 다른 패턴화 요소는 병렬 구조, 반복, 역순 반복chiasm 등이며 개별 단락에 구조를 제공한다.[2] 이 모든 요소가 이 책이 우연히 모인 내용이 아님을 말해 주고 있다.

첫 번째 큰 부분1-25장은 상당한 긴장 속에서 대비를 이루는 두 주제에 초점을 맞춘다. 즉 이스라엘 백성을 향한 신적 복과 이스라엘의 죄다. 이 주제들은 광야에서 멸망한 세대의 이야기 안에서 대위법적인 방식으로 상호 작용한다. 창세기의 기초가 되는 이야기 이후 처음으로 이 장들에서 아브라함의 후손에게 복을 주려는 야훼의 의도가 도드라지게 나타난다. 레위기는 모세와 아론이 백성을 축복했다고 간단히 언급하고 지나가지만,레 9:22-23 민수기는 아론이 발음한 말 그대로를 정확하게 기록한다.

여호와는 네게 복을 주시고 너를 지키시기를 원하며
여호와는 그의 얼굴을 네게 비추사 은혜 베푸시기를 원하며
여호와는 그 얼굴을 네게로 향하여 드사 평강 주시기를 원하노라……6:24-26

최근의 고고학 발굴 성과로 우리는 유대교와 기독교 예배에서 지금도 널리 사용되는 이 축복이 성서 시대에 어떻게 기능했는지 알게 되었다. 20세기 마지막 분기에 예루살렘의 어느 동굴 무덤에서 주전 7세기의 것으로 추정되는, 이 축복문이 새겨진 두 개의 작은 장식용 은제 두루마리가 발견되었다. 이는 제1성전 시대에 이미 제사

장의 축복이 제사장의 영역에서만 사용되지 않았음을 보여준다. 그 것을 목걸이로 착용하는 것은 분명 개인적 영성의 한 요소였을 것이 며, 아마도 후대 유대교 관습에서 개인 기도 시간에 성서 구절이 새 겨진 두루마리를 담은 작은 상자인 테필린_tefillin_을 매는 것과 유사하 게 정기적인 기도 시간에 사용되었을 것이다. 이스라엘은 이 관습을 통해 새롭게 임명된 대제사장 아론이 위의 축복문을 암송함으로써 "내 이름을 이스라엘 자손에게 놓아라"6:27, 저자 사역, 개역개정 "내 이름으로 이스라 엘 자손에게 축복할지니"—옮긴이라는 야훼의 명령을 문자 그대로 실현한다고 여 겼을 것이다. 앞으로 보게 되겠지만, 모든 이스라엘 백성을 향한 축 복이라는 주제는 모압 왕이 이스라엘을 저주하기 위해 고용한 예언 자 발람의 기이한 이야기22-24장에도 나타난다.

그러나 이 책의 첫 번째 큰 단락의 주요 주제는 이스라엘의 죄 다. 네 편의 상세한 이야기는 이집트에서 나온 첫 세대가 점차 영적 으로 퇴락해 가는 모습을 추적한다. 기독교 신구약성서 가운데 민수 기와 바울 서신은 전체 회중의 종교적 실패를 통찰하는 가장 풍성한 자료다. 그런 실패는 부분적으로 지도력의 치명적인 실패에서 온다. 민수기와 바울 서신을 함께 보면, 오직 개인적 (부)도덕성에만 집중 하면서 더 중요한 문제인 집단적 죄는 무시하는 우리의 경향을 바로 잡는 소중한 교훈을 얻을 수 있다. 이 몇 가지 이야기는 감사하지 않 음, 의심, 그리고 영적 오만의 죄를 가리키며, 이 모든 것은 궁극적으 로 하나님을 대적하는 것이다.

### 감사하지 않는 죄

이스라엘의 죄에 대한 첫 번째 이야기는 시내산을 떠나 이루어질

긴 행진을 준비하는 첫 열 장 다음에 나온다.10:33 이 행진은 여리고 맞은편 요단강 동쪽 강변에 도착하면서 마무리된다.22:1 준비 기간의 절정은 광야에서 첫 번째 유월절을 축하하는 장면이다.9장 이집트를 떠난 지 정확히 1년이 되는 시점이다. 이 열 장은 이스라엘의 여정 동안 모세가 반복해서 외칠 예전적 선언을 듣는 숭고한 순간으로 끝난다. 모세는 이스라엘이 언약궤를 들고 출발할 때마다 "여호와여, 일어나사 주의 대적들을 흩으[소서]"10:35라고, 그리고 그들이 쉴 곳에 도착할 때마다 "여호와여, 이스라엘 종족들에게로 돌아오소서"10:36라고 외칠 것이다. 이 말은 지금도 회당 예전에서 토라 두루마리를 상자에서 꺼내 낭독 장소로 가져올 때나, 그것을 제자리에 두려고 행진할 때 사용되고 있다.

광야에서는 숭고함이 금세 천박함에 굴복하고 만다. 행진 세 번째 날, 백성은 "야훼의 귀에 들리도록 격렬하게 불평하기"11:1, 저자 사역—옮긴이 시작했다. 시내산에 도착하기 전 이스라엘이 늘어놓은 불평과 금송아지를 만든 죄를 하나님이 인내하신 것과는 대조적으로, 이제 그분의 진노는 급하고 강하게 그들에게 닥친다. "여호와의 불"번개, 불길 또는 전염병이 진영 외곽을 삼킨다.11:1 이 재앙의 갑작스러움이 '다베라'불타는 곳, 11:3라는 이름에 담겨 기억되고 있다. 이것은 이 장에 두 번 나타나는 **기원론** 중 첫 번째로, 두 번에 걸친 이름 부여는 그 장소에서 일어난 일에 관한 이야기를 열고 닫는 틀을 형성한다. 첫 번째 이름은 야훼의 불타는 진노와 관련되며, 두 번째 이름 '기브롯 핫다아와'욕심의 무덤, 11:34는 그 진노를 유발한 죄를 상기시킨다.

성서는 욕구라는 현상에 반복적으로 주목하는데, 그 욕구는 지혜와 밀접한 관련이 있는 잘 다스려진 욕구잠 8:10-11일 수도 있고, 이미 에덴동산에서 분명하게 드러난 파괴적인 욕구일 수도 있다. 정체

불명의 '건달들', *riffraff*, '쓰레기들', 민 11:4, 개역개정 "다른 인종들"—옮긴이 아마도 '불만을 품은 소수'로부터 시작된 탐욕이 이스라엘 진영에 바이러스처럼 퍼져 나간다. 얼마 후에 모두가 울며 이집트에서 "값없이"· 먹었다는 생선과 채소를 요구하기 시작한다.11:4-5 그들은 이미 노예 시절을 잊은 것 같다. 거짓된 기억에서 태어난 감사하지 않는 죄는 그들의 현재 상황을 잘못 표현하는 것으로도 이어진다. "이제는 우리의 기력이 다하여(목구멍이 말랐고) 이 만나 외에는 보이는 것이 아무것도 없도다."11:6 독자들이 거짓말에 말려들지 않도록 화자는 바로 조리법에 관해 부연 설명한다. 만나는 사실 풍미가 있고 고소하며, 여러 가지 방법으로 조리할 수 있고, 이슬 위에 내려앉기 때문에 물로 씻을 필요조차 없었다.11:7-9

온 백성이 자기 장막 문 앞에 서서 좌절하여 울고 있을 때, 야훼는 크게 진노하신다.11:10 이것은 다시 모세를 한계 지점까지 몰아붙였고, 처음으로 그는 하나님을 향해 자신이 당하는 부당한 대우를 놓고 불만을 토로한다.

이 모든 백성을 내가 배었나이까. 내가 그들을 낳았나이까. 어찌 주께서 내게 양육하는 아버지가 젖 먹는 아이를 품듯 그들을 품에 품고 주께서 그들의 열조에게 맹세하신 땅으로 가라 하시나이까. 이 모든 백성에게 줄 고기를 내가 어디서 얻으리이까. 그들이 나를 향하여 울며 이르되 우리에게 고기를 주어 먹게 하라 하온즉 책임이 심히 중하여 나 혼자는 이 모든 백성을 감당할 수 없나이다. 주께서 내게 이같이 행하실진대 구하옵나니 내게 은혜를 베푸사 즉시 나를 죽여 내가 고난당함을 내가 보지 않게 하옵소서.11:12-15

백성의 불평은 야훼의 분노만 불러일으키지만, 모세의 항의는 백성과 자신에게 대체로 긍정적 결과를 낳는다. 야훼의 대응은 복잡하며, 첫 번째 부분은 음식에 대한 불평과는 아무런 상관이 없어 보인다. 야훼는 모세가 직접 제안하지 않은 것을 제시한다. 즉 지도하는 책임을 공유하는 것이다.

> 여호와께서 모세에게 이르시되 이스라엘 노인 중에 네가 알기로 백성의 장로와 지도자가 될 만한 자 칠십 명을 모아 내게 데리고 와 회막에 이르러 거기서 너와 함께 서게 하라. 내가 강림하여 거기서 너와 말하고 네게 임한 영 *ruah* 을 그들에게도 임하게 하리니 그들이 너와 함께 백성의 짐을 담당하고 너 혼자 담당하지 아니하리라. 또 백성에게 이르기를 너희의 몸을 거룩히 하여 내일 고기 먹기를 기다리라. 너희가 울며 이르기를 누가 우리에게 고기를 주어 먹게 하랴. 애굽에 있을 때가 우리에게 좋았다 하는 말이 여호와께 들렸으므로 여호와께서 너희에게 고기를 주어 먹게 하실 것이라……냄새도 싫어하기까지 한 달 동안 먹게 하시리니 이는 너희가 너희 중에 계시는 여호와를 멸시하고 그 앞에서 울며 이르기를 우리가 어찌하여 애굽에서 나왔던가 함이라 하라.11:16-18, 20

지도력을 공유하는 것과 고기를 먹는 것 사이의 연결 고리가 명확하지 않기 때문에, 학자들이나 성서일과 lectionaries 는 보통 이 11장의 나머지 부분에 이어지는 두 이야기의 흐름을 분리해 놓는다. 그러나 핵심 단어 하나가 두 사건이 연결되어 있음을 표시한다. 즉 두 사건 모두에서 야훼로부터 나온 '루아흐' *ruah*, '바람', '영' 가 등장한다. 첫째로, 야훼는 모세의 예언하는 '루아흐' 중 일부를 장막에 모인 선택받은 일흔 명의 장로들에게 나누어 주었고,11:24-25 그 넘쳐난 부분이 처음에 선택받지 못한 엘닷과 메닷에게까지 미쳐 그들이 "진중에서 예언하기" 시작했다.11:27: 참조. 11:26 그리고 마지막 장면에서는 야훼로부터 불어 온 '바람'이 메추라기 떼를 진영 주변에 쏟아 부었다11:31 고기가 아직 사람들의 입에 있을 때, 야훼의 분노가 그들을 향해 타올라 많은 이들을 쓰러뜨렸다.11:33 예언하는 영을 나누어 준 것과 메추라기를 보낸 것은 모두 야훼의 능력이 나타난 것이며, 이것은 의심하는 모세에게 야훼가 수사적으로 제기한 질문("야훼의 손이 짧으냐?"11:23 곧 "야훼가 할 수 있는 일에 한계가 있느냐?")에 대한 쌍둥이 계시이자 답변이다. 그러나 두 계시의 효과는 서로 정반대인 듯하다. 예언하는 영을 나누어 준 것은 백성을 세우는 데 기여한 반면, 메추라기와 함께 온 재앙은 그들의 수를 줄여 버린다. 야훼는 왜 이토록 일관성이 없는가?

야훼의 루아흐가 두 번 광야에 등장한 것을 계시로 본다면, 이 두 사건은 출애굽기의 모세 이야기에서 하나님이 능력을 나타내신 방식을 거울처럼 반영한다고 볼 수 있다. 거기서도 우리는 쌍둥이 현상을 발견한다. 하나는 세우고 다른 하나는 벌한다. 첫 번째 계시는 불타는 덤불에서 일어나 이스라엘의 구원으로 이어졌다. 그다음은 파라오와의 재앙 전투이며 이집트의 파멸로 끝났다. 그러나 야훼의 목표는 두 경우 모두 동일하다. 즉 **알려지는** 것이다. 두 백성 모두 야훼를 유일한 능력과 권위를 지닌 존재로 인정하게 되는 것이다. 결과의 차이는 지도자들의 성품과 그들이 야훼를 알아볼 수 있는 능력에 달려 있다. 덤불 속 현시는 모세의 삶의 방향을 완전히 바꾸어 놓고 야훼의 뜻에 복종하도록 만들기에 충분했다. 대조적으로 파라오는 황폐한 재앙을 겪고 그의 모든 주변 사람과 심지어 신하들조차도 야훼께 대항하는 것이 헛됨을 오래전에 알았음에도<sup>출 10:7</sup> 자신의 능력 외에 다른 능력을 인정하지 못했다. 마찬가지로 민수기에서 야훼의 목표는 이스라엘에게 알려지는 것이다. 이상적으로는 예언의 영으로 충만한 자들의 말과 행동을 통해<sup>참조. 12:6</sup> 그렇게 되어야 했다. 모세는 이를 이해하고 자신의 루아흐 일부가 나누어지는 것을 환영한다. "여호와께서 그의 영을 그의 모든 백성에게 주사 다 선지자가 되게 하시기를 원하노라."<sup>11:29</sup> 그러나 불평과 탐욕의 이야기가 보여주듯 모든 사람이 야훼의 루아흐를 받을 수는 없다. 예언을 통해 야훼를 알 수 없거나 알려고 하지 않는 이들은 다른 형태의 루아흐, 곧 심판과 죽음을 가져오는 루아흐를 경험하게 된다. 결국 이집트에서 나온 세대 전체에게 이 일이 일어났다.

## 의심의 죄

감사하지 않는 죄는 하나님의 능력이 광야에서 이스라엘의 생존을 담보한다는 것을 알아차리지 못한 실패를 가리킨다. 두 번째 죄인 의심의 죄는 가나안 땅에서 그들의 미래를 열어 줄 것이라는 야훼의 약속을 믿지 못하는 실패에서 드러난다. 야훼는 모세에게 정탐 임무를 준비하라고 명령하신다.

> 사람을 보내어 내가 이스라엘 자손에게 주는 가나안 땅을 정탐하게 하되 그들의 조상의 가문 각 지파 중에서 지휘관 된 자 한 사람씩 보내라.<sup>13:2</sup>

족장들의 파견은 군사적 임무가 아니라 홍보 임무에 해당했다. 그들은 땅의 열매 일부를 가지고 돌아오라는 구체적 지시를 받는

데,13:20 그 열매는 오랫동안 광야에 있던 이들에게 매우 매력적으로 보일 것이다. 그들은 거대한 포도, 무화과, 석류 등을 가지고 돌아왔지만, 사람들은 두려운 땅, 그리고 마찬가지로 두려운 그 땅 백성에 대한 "악평"13:32: 참조. 14:36-37 때문에 공포에 휩싸인다.

> 우리가 두루 다니며 정탐한 땅은 그 거주민을 삼키는 땅이요 거기서 본 모든 백성은 신장이 장대한 자들이며 거기서 네피림 후손인 아낙 자손의 거인들을 보았나니 우리는 스스로 보기에도 메뚜기 같으니 그들이 보기에도 그와 같았을 것이니라. 온 회중이 소리를 높여 부르짖으며 백성이 밤새도록 통곡하였더라.13:32-14:1

사람들은 "이집트로 돌아가자"14:4라고 외치기에 이르고, 이제 야훼는 그들을 기꺼이 "버리고"disown, 저자 사역―옮긴이 모세를 통해 더 큰 나라를 만들고자 한다.14:12 이는 금송아지 사건 때의 위협과 비슷하다.참조. 출 32:10 그때처럼 모세는 야훼의 명성을 언급하며 항변한다. "여러 나라들이 무엇이라 말하겠습니까."14:15-16: 참조. 출 32:12, 저자 사역―옮긴이 계속해서 과거의 거래를 돌아보는 모세는 시내산에서 있었던 야훼의 자기 선언을 인용하며 결정타를 날린다.

> 이미 말씀하신 대로 주의 큰 권능을 나타내옵소서. 이르시기를 여호와는 노하기를 더디하시고 인자(언약적 신실함)가 많아 죄악과 허물을 사[한다]⋯⋯하셨나이다.14:17-18: 참조. 출 34:6-7

이것은 대담한 예언자적 개입이다. 모세는 야훼께 관용의 능력을 나타내시도록 요청한다. 야훼의 반응도 그보다 놀라움이 덜하지

않다. "내가 네 말대로 사하노라."[14:20]

아브라함이 소돔과 고모라를 위해 간청했을 때처럼,[창 18장] 모세의 중보는 어떤 지점까지는 성공한다. 백성을 전부 포기하지는 않겠다고 동의한 야훼는 이제 돌이킬 수 없는 명령을 내린다. 이스라엘 백성은 광야에서 40년을 보내게 될 것이다. 이는 정탐꾼들이 그 땅에 머물며 백성을 낙심하게 만들 보고를 꾸며 내는 데 걸린 기간인 40일에서 하루를 1년으로 바꾼 것이다. 정탐꾼들과 스무 살 이상의 모든 백성은 광야에서 주검이 될 것이다.[14:29] 야훼의 명령에는 큰 아이러니가 있다. 백성의 불평을 반영하면서 그것을 뒤집는다.[참조. 14:2-3] 첫 세대는 그들이 (무심결에) 바랐던 광야에서의 죽음을 얻겠지만, 그들의 자녀는 그들이 두려워하던 것과 달리 전쟁의 전리품이 되지 않을 것이다. 오히려 그들은 그들의 부모가 멸시했던 땅에 들어갈 것이다.[14:31]

정탐 이야기는 이스라엘의 광야 체험에서 중대한 전환점이자 많은 신학적 성찰의 원천이 되었다. 19세기의 위대한 하시디즘 랍비인 코츠크의 메나헴 멘델 모르겐슈테른Menachem Mendel Morgensztern of Kotzk은 정탐꾼들이 형벌을 받은 이유가 무엇인지 질문을 던진다. 그에 따르면 형벌의 이유는, 그들이 자신들의 경험만 보고한 것이 아니라 그들을 그 땅의 거인들이 어떻게 보았는지도 안다고 생각했기 때문이다. 그렇게 초점을 벗어남으로써 그들은 야훼가 그들을 위해 계획해 놓으신 그림을 보지 못했다. 그들은 잘못된 눈을 선택했고, 그 눈으로 자신들의 경험을 보고 자신들의 두려움을 시험했다.[3]

신학자 칼 바르트는 보완적인 통찰을 제시한다. 그는 정탐꾼들의 이야기를 게으름,sloth 곧 하나님의 높은 부르심에 부응하여 일어서지 못하는 실패에 관한 핵심적인 성서적 사례로 다룬다. 민수기에서 땅은 거룩한 백성으로 살아가라는 부르심을 나타내며, 그것은 그들을 이집트에서 끌어내신 하나님께 전적으로 응답하며 사는 것을 의미한다.15:40-41 전통적으로 게으름은 일곱 가지 대죄 중 하나로서 교만pride의 죄를 뒤집어 놓은 것이다. 즉 교만이 하나님의 자리를 차지하고 "그의 왕좌에 거침없이 앉으려는"[4] 죄라면, 게으름은 "하나님을 등지고 자신을 공처럼 말아 고슴도치처럼 자기를 가시로 둘러싼다."[5] 본질적으로 그는 두려움 때문에 내면으로 돌아선다. 바르트는 우리가 게으름에 굴복함으로써 "실제적인 무신론자"[6]가 되며, 무엇이든 불안을 일으키는 것에 최고의 권력을 부여한다고 인식한다. 그렇기 때문에 정탐꾼들은 거인들을 야훼보다 더 큰 힘으로, 자신들은 무방비 상태의 메뚜기처럼 여겼고, 백성은 그 악평을 받아들여 야훼가 약속하신 땅에 들어가기보다는 죽기를 더 바란다.

성서 기자들은 정탐 임무와 그 실패의 영적 중요성을 강조하기 위해 이 이야기를 다음 장에 나오는 특정한 의식 규정, 곧 이스라엘이 어떻게 거룩하라는 부르심을 인식하는지에 관한 명령과 언어적 반향을 통해 연결한다. 이 연결 고리는 상대적으로 드문 동사 '투루'·정탐하다이다. 이 동사는 비유적 의미로는 여기서 단 한 번만 사용되며, 신실하지 못한 마음의 행위라는 의미를 전달한다는 점에서 더욱 도드라진다. 이스라엘 백성은 그들의 옷단에 보라색 실로 술을 만들라는 지시를 받는다.

> 이 술은 너희가 보고 여호와의 모든 계명을 기억하여 준행하고 너희를 방종하게(이리저리 둘러보게) 하는 자신의 마음과 눈의 욕심을 따라 **음행하지 않게** 하기 위함이라. 그리하여 너희가 내 모든 계명을 기억하고 행하면 너희의 하나님 앞에 거룩하리라.15:39-40

보라색 끈이 달린 술은 결혼반지처럼 신실함에 대한 헌약을 물리적으로 상기시킨다. 더 좋은 현대적 유비는 주교들이 입는 보라색 셔츠일 것이다. 고대 지중해 세계에서 보라색은 사회적 구별의 색이었다. 그 염료가 홍합 껍질에서 매우 소량만 추출되어 엄청나게 비쌌기 때문이다. 보라색 옷은 주로 왕족과 제사장들이 입었다.참조. 출 28:4-8 또한 앗수르 궁전의 조각은 술이 달린 복장이 왕족의 특징임을 보여준다.[7] 따라서 이스라엘의 보통 사람들이 착용할 가느다란 보라색 술은 "제사장 나라"와 "거룩한 백성"출 19:6으로서 그들의 특별한 지위를 상징한다. 이스라엘 땅에서 발견된 고고학적 증거는 이 규정이 실제로 이행되었음을 보여준다. 132-135년 로마에 대항한 바르 코크바 반란 세력이 머물렀던 동굴에서 옷의 잔해가 발견되었는데 거기에 보라색 실로 꼬은 끈이 있었다.[8]

이러한 지시는 정탐 은유와 두 번째 은유인 배교-음행15:39 은유를 짝지어 놓는다. 이것 역시 정탐 이야기의 반향을 담고 있다. 이스라엘 백성이 광야에서 40년을 보내야 한다고 야훼가 결정하신 계기는 첫 세대의 '음행'이었다.14:33; 참조. 25:1 더욱이 성적 은유는 금송아지 사건 이후에 있었던 하나님의 경고에 대한 반향을 담고 있다. 즉 가나안 땅에서 백성이 그 땅의 신들을 따라 '음행할' 유혹을 받게 될 것이라는 경고다.출 34:15-16 따라서 이중 은유는 이집트에서 시내산을 거쳐 가나안에 이르는 이야기를 떠올리게 만든다. 보라색 술은 단순한 표지이지만 야훼의 오랜 신실함을 기억하게 하고 모든 이스라엘 백성에게 그에 합당한 헌신을 요구한다. 그러나 현실은 단순하지 않다. 의식 자료와 내러티브 자료가 번갈아 나타나는 패턴에서, 이스라엘에게 거룩하라고 하신 야훼의 명령은 바로 다음에 이어지는 내러티브에서 첫 번째 곤혹스러운 반응을 만난다.

# 오만의 죄

죄가 점점 쌓여 가는 패턴을 따라 정탐꾼들과 백성이 약속된 미래를 신뢰하지 못한 실패는 종교적 오만presumption의 죄로 이어진다. 이 죄는 모세와 아론의 사촌 고라와 일부 공동체 지도자들이 모세와 아론을 비난하는 모습으로 나타난다.

> 너희가 분수에 지나도다. 회중이 다 각각 거룩하고 여호와께서도 그들 중에 계시거늘 너희가 어찌하여 여호와의 총회 위에 스스로 높이느냐.16:3

레위의 아들 고핫의 손자이자 이스할의 아들인 고라16:1는 이례적으로 4대에 걸친 족보로 표시되는데, 이는 그가 이스라엘 중에 섞여 사는 '건달'이 아니라 족보가 있는 반역자임을 나타낸다.11:4 더욱이 고라는 다른 유력한 지도자들, 곧 야곱의 장자인 르우벤의 후손들과 "총회에서 택함을 받은 자 곧 회중 가운데에서 이름 있는 지휘관 이백오십 명"과 함께한다.16:1-2

그들의 주장은 언뜻 그럴듯하게 들린다. 직전에 주어진 하나님의 명령, 곧 이스라엘 모든 사람에게 주어진 "너희의 하나님 앞에 거룩하라"는 명령을 감안하면 그렇다.15:40; 참조. 레 11:44, 45; 19:2; 20:7, 26; 21:6 아마도 이것이 모세가 직접 답하지 않고 사안을 하나님께 맡긴 이유일 것이다.

아침에 여호와께서 자기에게 속한 자가 누구인지 거룩한 자가 누구인지 보이시고 그 사람을 자기에게 **가까이 나아오게** 하시되 곧 그가 택하

신 자를 자기에게 가까이 나아오게 하시리니.16:5

'가까이 나오게 하다'라는 동사_q-r-b의 히필형_는 제의적 함의를 지닌
다. 제사장 전통에서 이 단어는 때로 제사적 예배의 본질적인 역동
을 표현하며, 어떤 사람이 야훼께 제물을 가까이 가지고 나오는 행
위와 관련이 있다.예를 들어 16:17; 레 3:1, 3, 7, 12 그러나 여기서 모세는 하나님
의 사전 주도권을 강조한다. 야훼는 이미 그들을 "가까이 오게 하셨
다."16:10 즉 지도자들에게 성소에서 봉사하는 일과 사역을 감당할 능
력을 부여하셨다. 모세는 믿을 수 없다는 듯이 그들에게 묻는다.

너희가 오히려 제사장의 직분을 구하느냐. 이를 위하여 너와 너의 무리
가 다 모여서 여호와를 거스르는도다.16:10-11

이 이야기는 여러 번의 반란이 혼합된 이야기로 보이며,[9] 특히
공동체 지도자들 사이에서 나타나는 영적 교만의 파괴성에 관한 중
요한 교훈을 제시한다. 출애굽기와 레위기는 야훼의 임재를 극도의
주의가 요구되는 고전압 지역으로 표현한다. 고라는 야훼가 이스라
엘 가운데 계시다고 확언하긴 하지만,16:3 그것을 자신의 목적을 추구
하는 근거로 잘못 봄으로써 자신과 타인에게 재앙적인 결과를 초래
한다. 고라와 그를 따랐던 큰 무리의 이야기는 교만, 곧 자신에게 내
재적 거룩함이 있다는 오만presumption이 특히 '진지하게' 종교적인 사
람들이 빠지기 쉬운 위험임을 암시한다. 이 이야기는 거룩함이라는
상태는 고정되어 있지 않고 조건적임을 말한다. 그것은 매 순간마다
야훼가 행하시는 자유로운 선택, 곧 그분의 임재에 다가갈 수 있도록
어떤 이들을 '가까이 하시는' 선택에 달려 있다.

민수기의 이야기들이 제시하는 죄에 대한 해부에서 가장 충격적인 종교적 오만의 사례는 모세와 아론에게서 나타난다. 이는 민수기에 서술된 도덕적 실패 중 가장 가슴 아프고 당혹스러운 것이며, 그들이 가나안 땅에 들어가지 못하고 죽는 원인이 되는 죄다. 그 사건은 네게브의 건조한 지역인 신 광야에서 일어난다. 백성은 모세와 다투면서 이제는 익숙해진 그들의 소원을 반복한다. 차라리 죽어 버렸거나 애초에 모세가 그들을 이집트로부터 떠나게 하지 않았더라면 좋았겠다는 것이다.20:3-5 다시 한번 모세와 아론은 즉각적인 대답을 하지 않고 회막으로 물러나 기도하며 엎드린다. 야훼의 "영광"20:6 또는 감지할 수 있는 임재가 다음과 같은 지시와 함께 나타난다.

지팡이를 가지고 네 형 아론과 함께 회중을 모으고 그들의 목전에서 너희는 반석에게 명령하여 물을 내라 하라. 네가 그 반석이 물을 내게 하여 회중과 그들의 짐승에게 마시게 할지니라.20:8

모세는 "그 명령대로" 지팡이를 잡는다.20:9 하지만 그들이 반석 앞에 서 있을 때 무언가 크게 잘못된다.

모세와 아론이 회중을 그 반석 앞에 모으고 모세가 그들에게 이르되 반역한 너희여, 들으라. 우리가 너희를 위하여 이 반석에서 물을 내랴 하고 모세가 그의 손을 들어 그의 지팡이로 반석을 두 번 치니 물이 많이 솟아나오므로 회중과 그들의 짐승이 마시니라. 여호와께서 모세와 아론에게 이르시되 **너희가 나를 믿지**믿음을 보이지,'-m-n 히필형 **아니하고 이스라엘 자손의 목전에서 내 거룩함을 나타내지 아니한 고로** 너희는 이 회중을 내가 그들에게 준 땅으로 인도하여 들이지 못하리라 하시니라.20:10-12

무엇이 모세에 대한 야훼의 평가를 이처럼 극적으로 바꾸어 놓았는가? 여기에는 설명이 없지만 두 가지 문학적 단서가 있다. 하나는 민수기 내부의 단서이고, 다른 하나는 상호텍스트적 단서다. 내부적 단서는 몇 장 앞서 나타나는데, 거기서 야훼는 정탐꾼들의 보고에 대해 "믿음을 보이지" 못하는 백성을 쳐서 멸하고 다른 백성과 함께 새로운 나라를 시작하려 하셨다.14:11-12 이제는 모세와 아론이 하나님의 능력에 확신을 보이지 않는 같은 죄를 저지르고 같은 결과가 따른다. 그들은 약속의 땅에 들어가지 못할 것이다.

모세의 죄에 대한 외부적 단서는 시편 기자에게서 얻을 수 있다. 그는 이 사건을 이렇게 회상한다.

[이스라엘 백성이] 또 므리바 물에서 여호와를 노하시게 하였으므로
그들 때문에 재난이 모세에게 이르렀나니
이는 그들이 그의 뜻을 거역함으로 말미암아
모세가 그의 입술로 망령되이 말하였음이로다.시 106:32-33

문제는 모세가 한 말에 있었다. 12세기 주석가이자 랍비였던 오를레앙의 요셉 벤 이삭 Joseph ben Isaac of Orleans 은 이처럼 명료하게 요약한다. "그 죄는 '우리가 물을 내랴?'*notsi* 라고 말한 데 있다. 그들은 '그가 물을 내시랴?'*yotsi* 라고 말했어야 했다."**10** 그것은 혀가 저지른 작은 실수였으며, 진리로부터 단 한 문자가 어긋난 것이었다. 야훼는 모세에게 물을 내라고 지시했지만, 그 순간 모세는 자신이 이제까지 늘 주의를 기울여 왔던 것, 곧 '하나님의 능력을 나타내는' 지혜를 상실했다.참조. 14:17 한마디로 모세는 그 능력을 자신과 아론에게 돌렸다. 이 순간적 실수가 모세와 아론이 약속의 땅에 들어가지 못하는 충분한

이유가 되는가? 하나님은 그토록 자존심이 강한 분인가? 가혹해 보이는 결정이지만, 모세와 아론이 배제된 것은 하나님의 앙갚음이 아니라 백성을 보호하는 행위로 보아야 한다. 즉 모든 것이 모세와 아론에게 달려 있다는 우상적 착각에서 그들을 보호한 것이다. 이 이야기의 "진정한 비극은 이스라엘의 선생이 자신이 돌보는 사람들에게서 바로잡으려 했던 바로 그 실패를 드러냄으로써 정죄받았다"[11]라는 것이다.

이 사건의 핵심이 야훼의 거룩하심이라는 사실을 강조하기 위해 화자는 이 사건이 일어난 장소를 처음과 마지막에 언급한다. '가데스'20:1, 14의 어원이 가진 의미는 '거룩함'이다. 여기서 야훼는 "그들 중에서 그 거룩함을 나타내셨[다]."20:13 이 뇌리에 남는 이야기가 예수께서 제자들에게 가르치신 기도의 첫 부분, "하늘에 계신 우리 아버지여, 이름이 거룩히 여김을 받으시오며"마 6:9; 참조. 눅 11:2의 배경이 되었을지 묻는 것은 호기심을 불러일으킨다. 이 기도를 드리는 이들은 모두 하나님의 자비와 그 구원하시는 능력을 드러내는 방식으로 헌신하며, 그들 자신의 행동 안에서 그리고 그 뒤에서 하나님이 일하심을 보여주게 된다.

## 하나님의 복

민수기의 첫 번째 긴 단락에서 마지막 두 번째로 나오는 하나님의 말씀은 넘치는 복이며, 이 복은 이방인 선견자seer로서 야훼의 예언자가 된 발람을 통해 선포된다. 요르단의 데이르 알라*Deir 'Alla*의 이방 신전에서 발견된 철기 시대주전 8세기 기록은 발람이 이스라엘을 둘러싼 나라들에서 널리 알려진 전설적인 선견자였음을 알려 준다.[12] 랍비 전통에서 "발람의 책"으로 알려진 이 장들의 몇 가지 특징은 이 부분이 독립적 구성물로 민수기에 삽입되었음을 시사한다. 여기서 모세는 전혀 언급되지 않으며, 이 부분의 주요 인물인 모압 왕 발락은 민수기에 더 이상 등장하지 않는다. 발람과 그의 나귀가 포도원을 지나 여행하는 장면22:24은 광야가 배경인 책의 나머지 부분과 매우 다르다. 가장 어울리지 않는 특징은 발람이 결국에는 긍정적 인물로 그려진다는 점이다. 이는 뒤에 나오듯 그가 이스라엘을 배교하도록 유혹했다는 보도31:16와 선명히 대비된다. 그러나 전체 내러티브와 완벽하게 조화를 이루지는 않더라도 이 부분은 임의적 삽입이 아니다. "발람의 책"의 결론 부분인 축복은 아론이 백성에게 선포한 매우 제사장적인 샬롬'평화', '번영'의 축복6:22-27을 보완한다. 더 나아가 그것은 이 책의 첫 번째 단락이 끔찍한 결말에 이르기 바로 직전에 "희망의 크레셴도crescendo"[13]를 제공한다. 이어서 배교 행위에 대한 형벌로 염병이 닥쳐 2만 4천 명의 이스라엘 백성이 죽는데,25:9 이들은 이집트에서 나온 백성 중 남은 자들이었다.26:1-2, 63-65

수많은 이스라엘 백성이 배교 행위 때문에 죽은 사건과 그들의 수가 셀 수 없을 정도로 많아지는 것을 본 발람의 환상 사이에는 심한 불협화음이 있다. 또 발람은 "의인의 죽음"을 맞기를 원한다고 말한다.23:10 데이비드 스터브스David Stubbs는 발람의 이 말을 종말론적으로 이해할 것을 제안한다. 그것은 "이스라엘이 어떤 존재가 되도록 부름받았고 그렇게 될 것이지만, 아직은 그런 존재가 아닌 모습에 대한 기술이다."[14] 간단히 말해 이는 진정한 예언적 비전이며, 점술과 복술의 관행23:23: 24:1을 거부하고 "하나님의 말씀을 듣고" 하나님의 영을 통해 환상을 받고자 하는24:2, 4 한 선견자로부터 나온 것이다. 발람은, 지금 수치스러운 짓을 저지르며 당장의 전망이 암울한 백성을 바라보지만, 동시에 "이때의 일이 아니며……가까운 일이 아닌"24:17 "후일에"24:14 있을 일을 내다본다. 마지막 구절은 예언적 담화의 특징이다. 이사야사 2:2와 미가미 4:1처럼 약속과 상관없어 보이는 현재를 넘어 위대한 소망의 미래를 바라본다. 발람의 말은 또한 여러세대 이전에 아브라함과 야곱에게 주어진 축복의 성취를 가리킨다.

> 너를 축복하는 자마다 복을 받을 것이요 너를 저주하는 자마다 저주를 받을지로다.24:9; 참조. 창 12:3; 27:29

놀랍고도 충격적인 사실은 이 광범위한 축복을 모세나 아론이 아니라 타민족 사람이 선포했다는 점이다. 백성과 그 지도자들, 심지어 모세와 아론조차도 야훼의 약속이 이루어지리라는 확신을 보여주지 못했다. 그럼에도 이스라엘에게 복을 주시려는 하나님의 뜻은 여전하다. 이것이 바로 발람이 이스라엘을 저주하라고 자기를 고용한 모압 왕 발락에게 확언한 것이다. 그는 이렇게 수사적 질문을 한다. "어찌 그 말씀하신 바를 행하지 않으시며 하신 말씀을 실행하지 않으시랴."23:19 그 대답은 당연히 '하신다'이다. 하나님이 밝히신 의도가 실현되는 것이 '지금은 아니'더라도 그 약속의 강력함은 이미 증명되었다. 그 약속은 비이스라엘인 선견자를(비록 그의 당나귀가 그보다 하나님에 대해 더 민감했지만) 야훼의 복의 말씀을 대담하게 선포하는 자로 변화시키기에 충분했기 때문이다.15 하나님의 신실함은 민수기 내러티브에서 제시된 믿음 없음의 표지인 감사하지 않음, 의심, 영적 오만을 궁극적으로 넘어선다.

# 느리게 폭력 읽기

· 민수기 5장, 25장 ·

성서에서 성과 폭력이라는 불안정한 조합이 처음으로 전면에 등장하는 곳은 민수기가 아니다. 그러나 이 책의 특히 다음 두 개의 긴 단락에서는 무시할 수 없는 주제다. 즉 간음이 의심되는 여인에 대한 판단5:11-31과 회막에서 성관계를 가진 한 쌍의 남녀를 처형한 사건 25장이다. 진정한 종교와는 관련이 없는 성도덕에 대한 원시적이고도 위험한 집착을 나타낸다고 보는 많은 독자들은 이러한 본문을 본능적으로 빠르게 지나칠 것이다. 나는 정반대 접근을 권한다. 즉 폭력적인 본문을 천천히 살펴보면서 어떤 비판적이고도 구체적인 신학적 반응이 적절할지 생각해 보는 것이다. 성서 곳곳에서 나타나는 폭력적 언어와 이미지 앞에 우리는 속도를 늦추어야 한다. 그런 언어와 이미지는 우발적인 것이 아니기 때문이다. 특히 현대 영화 속의 수많은 폭력적인 장면과 달리 성서의 폭력은 거의 또는 전혀 '오락'을 위한 것이 아니다. 포르노그래피는 폭력을 사용해 충격과 자극을 주지만, 성서의 본문은 신중하게 구성되어 있으며 독자들을 동요시켜 교훈을 주고자 계산적으로 폭력을 보여주는 듯하다. 그러므로 주의를 기울여 지혜롭게 읽어야만 한다. 영화 속에서는 폭력적인 장면이 화면을 가로지르며 혼란스럽게 펼쳐지곤 하지만, 성서의 폭력 이미지는 인내를 발휘해 탐구할 것을 요구한다. 왜냐하면 신앙 공동체나 우리가 하나님과 함께하는 삶에는 위험이 만연한데 그 위험이 경고하는 놀랍도록 미묘한 신호를 이해하는 데 도움을 받기 때문이다.

우리가 탐구해야 할 가장 중요한 물음은 이 두 단락의 언어가 명확한 신학적 의미를 가진 다른 본문의 언어와 어떻게 공명하는가이다. 이러한 공명은 폭력적인 본문의 문자적 해석 너머를 가리키며 때로는 문자적 의미와 충돌할 수도 있다. 문자적 언어와 상징적 언어를 구별하는 것은 때로 불확실한 작업이며 신중한 판단을 요구하는데, 그것은 비평적인 신학적 해석의 핵심 요소다. 민수기의 이러한 본문은 흥분이 목적이 아니라 주의를 사로잡아 도덕적 문제를 민감하게 고려하도록 이끌기 위해 성서가 자극적인 성적 이미지를 어떻게 사용하는지 살펴볼 수 있는 중요한 시험적 사례다.

## 탈선

민수기 5장에 기록된 "탈선"이 의심되는 여인에 대한 의식적 처방은 성서에서 독특하게 이곳에만 언급되며, 사형에 처할 죄로 기소된 사람이 시죄법ordeal, 시험을 통해 죄를 판단하는 법—옮긴이을 통해 시험받고 또 그 과정이 재판 장소가 아닌 성소에서 이루어지는 유일한 경우다. 겉으로 드러난 모습으로 보면 이것은 가정 내 문제, 곧 남편이 아내의 간통을 의심하며 질투하는 행위와 관련된다.

> 만일 어떤 사람의 아내가 탈선하여 남편에게 신의를 저버렸고ma'al 한 남자가 그 여자와 동침하였으나 "그녀를 눕혀 씨를 뿌렸고", 저자 사역—옮긴이 그의 남편의 눈에 숨겨 드러나지 아니하였고 그 여자의 더러워진tamei 일에 증

인도 없고 그가 잡히지도 아니하였어도 그 남편이 의심이 생겨 그 아내를 의심하였는데 그의 아내가 더럽혀졌거나 또는 그 남편이 의심이 생겨qin'ah 그 아내를 의심하였으나 그 아내가 더럽혀지지 아니하였든지 그의 아내를 데리고 제사장에게로 가서 그를 위하여 보리 가루 십분의 일 에바를 헌물로 드리되 그것에 기름도 붓지 말고 유향도 두지 말라. 이는 의심의 소제요 죄악을 기억나게 하는 기억의 소제라.5:12-15

직접적인 언어다. 한 남자는 옳든 그르든 다른 남자가 그의 아내를 '눕혔다'laid고 상상한다. 이것은 일반적 표현인 '함께 눕다'lie with와는 달리 거친 표현이며 불법적인 성행위를 암시한다.참조, 창 34:2, 5 규정된 의식은 자세하고 굴욕적이다. 여인은 머리를 풀고(수치의 표시[1] 또는 성적으로 헤프다는 뜻?), "저주가 되게 할 쓴 물"5:18을 마시기 전에 맹세를 해야 한다.5:18-19 만일 그녀가 유죄라면, 배는 부풀어 오르고 "넓적다리"(때로 생식기를 우회적으로 나타내는 말)가 아래로 처질drop 것이다.5:22, 27: 개역개정 "마르리니"―옮긴이 여기서 정확히 어떤 장면이 그려지는지 분명하지 않은데, 아마도 숨겨진 임신의 발각이나 유산, 또는 생식기의 손상일 수 있다.

이 본문에 관한 유대교와 기독교 전통의 방대한 문헌이 있으며, 고대부터 현재까지 일반적으로 그것은 부부 관계에 충실하는 것이 중요함을 강조하는 데 사용되었다. 유대 전통에서는 이 본문에 '소타'Sotah, '탈선한 여자'라는 히브리어 제목이 따로 붙여질 정도로 영향력이 있다. 심지어 이 본문과 말씀 암송에 관한 다른 의식들을 다루는 **미쉬나**의 책자 한 권이 생겨나기도 했다. 그럼에도 이러한 절차가 실행되었다는 기록은 성서나 그 밖의 어디에도 없다.[2] 이미 1세기의 저명한 랍비 요하난 벤 자카이Yohanan ben Zakkai는 이 의식을 금지했다. 구체적인

이유는 **남성** 간통범의 증가를 막지 못한다는 것이었다! 미쉬나 소타 9:9

최근 몇몇 해석자들은 이 의식의 목적이 간음으로 의심받는 자를 사형에 처하는 이스라엘참조. 레 20:10: 신 22:22과 고대 세계의 표준에 비해 더 인도적인 대안을 제시하는 데 있었다고 주장한다. 여기서 여성은 독이 아니라 물과 먹물, 성소 바닥의 먼지를 혼합한 물을 마신다.5:17, 23 제사장은 심판을 선언하지 않는다. 오히려 최종 선언에는 결론이 없다. "여인은 죄가 있으면 당하리라."5:31 제사장 문서에서 그런 표현은 인간이 아닌 하나님으로부터 형벌이 올 것이라 기대할 때 사용된다.[3] 잭 샤손Jack Sasson은 이 단락을 누가복음에서 한 여인이 머리카락으로 예수의 발을 닦고 (아마도 성적인) 죄를 용서받은 이야기눅 7:36-50와 연관해 읽을 것을 제안한다. 어쩌면 누가는 민수기 5장에 근거하여 "그리스도의 최후의 심판자 되심을 강화하는 증거를 제시하는"지도 모른다.[4]

그러나 이 사건이 실제로 기혼자의 간음과 관계가 있는지는 의문스럽다. 본문의 중심 주제는 이스라엘 성서의 주요 주제, 곧 야훼와 이스라엘의 관계에 신실하라는 명령의 한 측면이다. 그 관계는 본성상 열정적이고 배타적이다. 이스라엘과 야훼의 관계는 종종 결혼 관계로 묘사된다. 특히 이 점은 예언적 시에서 잘 나타나는데,예를 들어 렘 3:1-13; 겔 16장; 23장; 호 2:2-23 이러한 시는 제사장 문서와 같은 시기에 쓰였다.주전 750-550년 여러 문학적 표지들을 볼 때 이 본문은 이스라엘의 "탈선"에 대한 야훼의 의심을 표현하는 상세하고 충격적인 은유일 가능성이 있다.

- **법적 판결이나 처벌의 부재.** 법적 본문은 일반적으로 유죄 판결에 대한 처벌을 명시하지만, 여기서는 여성이 유죄이더라도 처형되지 않고 살

아남아 "그 백성 중에서 저줏거리가 될 것"이라고 말한다.5:27 만약 그 녀가 무죄로 판명된다면 아이를 잉태할 수 있을 것이다.5:28 내러티브 를 따라서 말하자면, 그녀는 하나님 앞에 남겨지고 저주와 복 사이에 서게 된다. 인간 심판관이나 증인들이 그녀를 정죄할 수 없다.

- **법적 함의가 아닌 신학적 함의의 언어.** 이 본문에는 간음과 관련된 다른 곳의 법적 규정에서 두드러지게 나타나는, 간음을 나타내는 단어 *na'af*가 나오지 않는다. 오히려 이 의식은 성서의 신학적 어휘에 속하는 용어들 로 반복해서 기술된다. "신의를 저버림" *ma'al,* 5:12이라는 표현은 민수기 의 다른 곳에서 우상숭배를 언급할 때 나타난다.31:16 여기서는 그 표현 이 "질투의 일들" *qena'ot,* 5:15, 18, 25, 29; 참조. 5:14, 30, 개역개정 "의심"—옮긴이과 관련 이 있다. 이 단어는 야훼를 언급할 때 가장 많이 사용되며, 야훼는 "질 투하는(또는 열정적인) 하나님" *El Qanna'*으로 불린다.출 20:5 이때 드릴 제사 는 "기억의 소제", *zikaron* 곧 "의심(질투)의 소제"라 불린다.5:15, 18 동사 어 근 '자카르' *z-k-r*는 야훼의 가르침민 15:39-40과 행위시 77:11를 기억하거나 죄를 기억하는 것신 9:7; 겔 16:61, 63 등과 관련해 자주 사용된다. 더 나아가 그 여성은 "의식적으로 부정한" *tamei,* 5:13, 14, 27, 28 것으로 의심받는데, 이 단어는 하나님의 임재 앞에 선 상태와 근본적으로 양립할 수 없는 상태 를 표현하는 표준적인 제사장적 용어다.

- **재판의 성격.** 이러한 시죄법은 성서의 법률 사례 중 다른 어느 곳에도 나타나지 않지만, 여인에게 쓴 물을 강제로 마시게 한 것은 모세가 금 송아지 가루를 섞은 물을 이스라엘 백성에게 강제로 마시게 한 것과 비 교될 수 있다.출 32:20 야훼가 불순종하는 예루살렘에게 진노, 혼란 또는 심판의 잔을 강제로 마시게 한다는 시적 은유는 여러 예언자들이 사용 한다.사 51:17, 22; 겔 23:32; 참조. 계 16:19, "바벨론"인 로마가 잔을 받음 예레미야는 환상 가운데 백성이 강제로 "독한 물"을 마시게 되는 것과,렘 8:14; 9:15 그들이

나라들 사이에서 저주'*alah*가 되는 것을 렘 29:18; 42:18; 참조. 24:9; 29:22 본다. 이는 여인이 강제로 쓴 물을 마시고, 죄가 있다면 "그 백성 중에서 저줏 거리'*alah*가 될 것"5:27이라는 점과 흡사하다.

- **문학적 맥락.** 이 단락은 이스라엘 "가운데 거하는"5:3 야훼와 개인 사이에 균열이 생기는 상황과 관련된 의식 지침5-6장 안에 자리하고 있다. 이 지침은 일련의 지침들 중에서 가장 길고 기억에 남을 만하다. 개인은 우연히 의식적으로 부정해질*tamei,* 5:1-4; 6:1-12 수도 있고, 또는 맹세 후에 거짓말을 하는 등의 도덕적 범죄를 저지를 수도 있다.5:5-9[5] 일련의 지침들 중 '소타'의 설명은 의식적 부정함과 도덕적 범죄를 모두 언급하는 유일한 경우다. 이러한 이중적 요소는 이 상황이 최고로 불안정한 상황이며, 야훼의 내재적 현존이 이스라엘을 위험하게 만들지 않으려면 반드시 해소되어야 하는 것임을 표시한다.

- **가족법이 없는 민수기.** 여기서 다루는 의심스러운 사건을 제외하면 민수기가 여성과 관련된 법적인 일에 주의를 기울이는 경우는 드물다. 유산 27:1-11; 36:1-12과 맹세30:3-16가 그 소수의 사례이며, 가족 관계와 성적 행위를 규제하는 내용은 전혀 없다.비교. 레 18:6-23; 20:1-21

- **관점.** 이 본문은 남편의 관점에서 전개되며, 그의 아내가 신실하지 않다고 의심할 때 남편이 느낄 감정을 표현한다. 주로 문자적 수준에서 효력을 발휘하는 본문이라면, 이 내용은 사회적 현실을 반영할 가능성이 있다. 고대 이스라엘에서 남성은 합법적인 성적 파트너를 한 명으로 제한받지 않았기 때문이다. 그러나 다른 많은 특징들이 은유적이고도 신학적 해석을 가리키고 있으므로, 이 본문의 관점은 민수기 전체와 제사장 전통에서 나온 모든 본문에 우세하게 드러나는 관점, 곧 신적 배우자인 야훼의 관점으로 충분히 간주될 수 있다.

따라서 신중히 읽어 보면 이 본문은 하나님과의 관계 안에 있는 전체 이스라엘 백성에 대한 확장된 은유일 가능성을 시사한다. 랍비들의 미드라쉬와 신약성서의 비유처럼 본문은 놀라운 내러티브를 사용해 전적으로 새로운 사고, 곧 회개를 촉구한다. 이러한 방식에서 본문은 결혼 은유를 통해 신적 열정의 위협적 강도와 신적 관용의 풍부한 가능성을 모두 담아내는 생생한 예언적 본문들과 나란히 놓인다. 여기서 "여인"은 "야훼 앞에 세워지는"5:18.30 것에서 해방되며, 순결한 삶을 살고 자녀를 낳는 신적 축복의 징표를 가질 수 있게 된다.

나는 이 텍스트를 은유로 읽었지만 질문은 남는다. 이것은 얼마나 안전한 읽기인가? 그 여인이 이스라엘을 나타낸다고 해석할지라도, 그 '여인'이 신실하지 못하다는 의심만으로 굴욕적 의식을 강요당하는 것은 사실이다. 은유 비판은 비평적 성서 해석의 일부이며, 간음을 의심받는 여인의 은유는 잠재적으로 위험하다는 것을 인식해야만 한다. 이 본문으로부터 중세 교회는 적어도 간접적인 영감을 받았고, 도덕적인(간음) 또는 신학적인(이단) "은밀한 죄들"을 밝히기 위해 시죄법을 사용했다.[6] 문자적 수준과 비유적 수준 모두에서 우리는 종교 체제와 그 체제가 승인하는 본문들이 해를 끼칠 수 있으며, 때로 그 해악의 막중한 부분을 여성이 감당하게 된다는 인식을 가지고 본문을 읽어야만 한다.

민수기 안에서 이 비유는 성과 성소, 질투와 폭력, 인간과 하나님에 관한 두 번째 내러티브를 예고하는 역할을 한다. 즉 인간과 신적인 측면에서의 질투와 폭력을 예고하고 있다. 이 내러티브 역시 이스라엘, 그리고 이스라엘과 야훼의 관계를 가리키는 것으로 보인다.

# 금지된 결합

이스라엘이 싯딤에 머물러 있더니 그 백성이 모압 여자들과 음행하기를 시작하니라. 그 여자들이 자기 신들에게 제사할 때에 이스라엘 백성을 청하매 백성이 먹고 그들의 신들에게 절하므로 이스라엘이 바알브올브올(산)의 주에게 가담한지라. 여호와께서 이스라엘에게 진노하시니라. 25:1-3

민수기와 전체 제사장 전통에서 음란은 이스라엘의 극도의 불신실함을 나타내기 위해 자주 사용되는 은유다.예를 들어 14:33; 15:39; 레 17:7 그러나 이 특별한 사건은 치명적인 결과와 함께 이스라엘의 성서에서 야훼에 대한 이스라엘의 부정함infidelity을 드러내는 전형적인 사례로 제시되며, 절대 잊히지 않는다. 이스라엘이 가나안 땅을 차지한 후 여호수아는 백성에게 이 끔찍한 실패를 상기시키며 더 이상 죄ma'al를 범하지 않도록 강력한 경고로 삼는다(이 사건은 신 4:3; 시 106:28; 호 9:10에도 언급된다). "브올의 죄악으로 말미암아 여호와의 회중에 재앙이 내렸으나 오늘까지 우리가 그 죄에서 정결함을 받지 못하였거늘 그 죄악이 우리에게 부족[한가]."수 22:17

모든 내러티브 해석에서 그러하듯 배치placement에 관한 질문은 의미를 결정하는 데 중요하다. 이 단락은 더 큰 내러티브의 순서나 책 안에서 어떻게 나타나는가? 민수기 25장의 이야기는 중요한 분기점에서 나타난다. 이 사건은 모압 국경 지대, 요단강 건너 여리고 맞은편에 진을 친 이스라엘에게 발람이 영광스러운 축복을 선포한 직후에 발생한다.22:1 이 사건은 선견자의 미래 지향적 축복의 실현이 현실과 얼마나 거리가 멀었는지 분명하게 보여준다. 또한 이 사건은 두 번째 인구 조사26장 바로 앞에 일어나며 실제로 그것에 동기를 부여한다. 야훼가 이스라엘의 배반을 징벌하기 위해 보내신 염병은 이제 땅에 들어갈 자격이 없음이 입증된 옛 세대를 끝장낸다.

이야기는 즉시 금지된 애착 또는 "결합"coupling과 관련된 한 가지 사건에 우리의 주의를 집중시킨다.

> 이스라엘 자손의 온 회중이 회막 문에서 울 때에 이스라엘 자손 한 사람이 모세와 온 회중의 눈앞에 미디안의 한 여인을 데리고 그의 형제에게로 온지라. 제사장 아론의 손자 엘르아살의 아들 비느하스가 보고 회중 가운데에서 일어나 손에 창을 들고 그 이스라엘 남자를 따라 그의 막사에 들어가 이스라엘 남자와 그 여인의 배를 꿰뚫어서 두 사람을 죽이니. 염병이 이스라엘 자손에게서 그쳤더라. 그 염병으로 죽은 자가 이만 사천 명이었더라.25:6-9

비느하스의 이름에 붙은 족보는 주인공이 제사장 귀족 가문의 꼭대기에 있는 남자임을 상기시킨다. 그는 아론의 장손참조. 출 6:25이자 현재 대제사장의 아들이다. 잠시 후 야훼는 모세에게 이 비느하스의 제사장 역할에 대해 명령을 내린다.

> 제사장 아론의 손자 엘르아살의 아들 비느하스가 내 질투심으로 질투하여(또는 나의 질투심을 생각하는 열심으로) 이스라엘 자손 중에서 내 노를 돌이켜서 내 질투심으로 그들을 소멸하지 않게 하였도다. 그러므로 말하라. 내가 그에게 내 평화(또는 우정)의 언약을 주리니 그와 그의 후손에게 영원한 제사장 직분의 언약이라. 그가 그의 하나님을 위하여 질투하여 이스라엘 자손을 속죄(또는 정화)하였음이니라. 죽임을 당한 이

스라엘 남자 곧 미디안 여인과 함께 죽임을 당한 자의 이름은 시므리니 살루의 아들이요 시므온인의 조상의 가문 중 한 지도자이며 죽임을 당한 미디안 여인의 이름은 고스비니 수르의 딸이라. 수르는 미디안 백성의 한 조상의 가문의 수령이었더라.25:11-15

제사장직의 역사를 아는 독자들은 여기서 이 특별한 제사장 계보에 부여된 특권을 설명하는 **기원론을** 인식할 것이다. 아론의 후손 중 하나인 사독 대상 6:12의 이름을 따라 사독파라고 알려진 이들은 예루살렘 성전에서 제사를 주관할 권리를 누린 유일한 그룹이었다.[7] 따라서 이 이야기는 고대 이스라엘의 종교 정치에 대해 어느 정도 통찰을 제공할 수 있다. 만약 누군가 사독파의 권력에 도전한다면, 그에 대한 대답으로 모세 자신을 통해 부여된 "우정의 언약"의 기원에 관한 이 이야기를 제시했을 것이다. 그러나 이 이야기는 그런 정치적 목적을 넘어 더 심각하고 어려운 주제, 곧 신적 질투를 다룬다.

'소타' 이야기와 마찬가지로 이 이야기에 나오는 여러 단어들은 문자적 읽기를 넘어 신학적 읽기를 가리킨다.

- **가까이 데려옴.** 그는 "미디안의 한 여인을 [가까이] 데리고 그의 형제에게로 [왔다]."25:6 출애굽기, 레위기, 민수기에서 동사 어근 '카라브'$_{q-r-b}$ 는 야훼 앞으로 제물을 가져오는 행위를 기술할 때 자주 등장한다. 제물을 표현하는 일반적 용어 자체가 '코르반',$_{qorban}$ 곧 '가까이 가져온 것'이다.예를 들어 6:14; 7:13; 31:50 그런데 이제 한 이스라엘 남자가 그의 친척들이 회막 앞에 모여 있을 때 미디안 여인을 가까이 데려온다. 그들은 울고 있었고, 이는 바알브올 사건에 대한 야훼의 진노와 모세가 그들 중에 있는 죄인을 죽이라는 명령을 내린 데 따른 참회 행위였다.

- **방**.chamber, 개역개정 "막사"—옮긴이 비느하스는 그 두 사람을 따라 "방"*qubbah*에 들어가서 그들을 창으로 찔렀고, 창은 "그 여인의 방"*qovatah, '배'* 까지 꿰뚫었다.25:8 첫 번째 "방"의 성격은 분명하지 않다. '쿠바'*qubbah*는 이슬람 이전의 아랍에서 점을 칠 때 사용한 천막을 가리키는 단어다. 이것은 아마도 어떤 장막의 일부였거나 근처에 세워진 어떤 구조물이었을 것이다. 밀그롬은 거룩한 구역에 세워진 결혼식 천막으로, 성교 의식이 진행되는 장소였을 것이라고 본다.[8] 어떤 경우든 "모세의 눈앞에서"25:6 성적인 만남을 가지는 것은 위험한 선택이었다. 매우 비슷한 두 단어 '방'과 '그녀의 배/방'을 사용한 것은 제사장 전통의 특징인 연상적 사고에 익숙한 사람들의 마음속에 질문을 일으키기 위한 고안일 수도 있다. 여성과 성소는 둘 다 내부에 '방'이 있다는 점에서 유사하기 때문이다.
- **고스비**. 이 이야기에서 가장 울림이 큰 단어는 아마도 그 여인의 이름 고스비일 것이다. 동방 셈어에 속하는 아카드어에서 관련 어근은 '풍부한' 또는 '관능적인'을 의미하며, 여성 이름의 구성 요소로 흔히 사용되었다.[9] 그러나 히브리어에서 어근 문자 '카자브'*k-z-b*는 전혀 다른 불길한 의미를 지닌다. 이는 '기만'을 의미하는 일반적인 단어다.
- **시므리**. 이것은 여러 동음이의어를 지닌 히브리어 어근*z-m-r*에서 나온 이름으로, '힘', '노래' 또는 '가지치기' 등의 의미를 지닌다. 창에 찔려 죽은 족장의 아들이자 젊은 지도자의 이름이며,25:14 흥미로운 이름이다.

이러한 여러 가지 공명에 근거하여, 그리고 제사장 신학의 기저에 있는 다양한 연상 작용에 귀를 기울이며, 우리는 이 이야기를 다음과 같이 쓸 수 있다.

이스라엘은 모압의 딸들을 따라다니며 음란을 행했다. 야훼께서 그들 가운데 머무시는 성스러운 회중이었지만, 그들은 자신들을 바알브올과 결합시켰다. 이는 무엇과 같은가? 이스라엘의 왕자가 미디안의 공주, 이방 신들의 숭배자를 야훼께 가까이 데려와 모세와 모든 사람 앞에서 그녀와 결합한 것과 같다! 야훼는 심하게 상처받고, 질투하며, 불같이 진노했다. 이스라엘 전체가 큰 위험에 처했다. 백성을 구한 것은 아론의 손자인 한 제사장의 행동이었다. 그는 이스라엘을 향한 야훼의 질투와 열정을 느꼈다. 그들의 이름을 보면, 그녀는 '기만'이었고 그는 '힘'이었다. 비느하스가 그의 창을 가지치기용 낫으로 바꾸기 전까지는! 참조. 사 2:4; 미 4:3

시편 기자는 신실하지 못한 이스라엘 백성에 관한 이야기를 또 다르게 들려준다.

그들이 또 브올의 바알과 연합하여 죽은 자에게 제사한 음식을 먹어서
그 행위로 주를 격노하게 함으로써 재앙이 그들 중에 크게 유행하였도다.
그때에 비느하스가 일어서서 중재하니(기도로 중보하니)
이에 재앙이 그쳤도다.
이 일이 그의 의로 인정되었으니 대대로 영원까지로다. 시 106:28-31

이 버전의 이야기에서 비느하스는 창을 내던지고 기도의 전사가 된다. 시인은 창세기의 두 가지 전략적 반향을 통해 그를 두 번째 아브라함으로 만든다. 그는 기도로 중보한다. 창 20:7; 참조. 창 18장 그리고 그것은 아브라함의 하나님에 대한 신뢰와 마찬가지로 그에게 의로움으로 간주된다. 창 15:6[10] 이러한 방식으로 이야기를 들려주는 것은 단순한 미화 작업인가? 아니면 시므리와 고스비의 이야기를 일종의 번역

작업을 통해 변경한 시편 기자가 그 본질적 메시지를 기도하는 평범한 사람의 삶으로 가져온 것인가? 그가 위대한 과거 인물인 아브라함이나 비느하스든, 아니면 시편으로 기도하는 평범한 사람이든 의로운 사람은 하나님이 느끼시는 것을 느낄 수 있는 사람이며, 최악의 순간에도 하나님과 이스라엘 사이의 관계를 중보하고 구출할 수 있는 사람이다. 시편 기자에게 기도는 관통하는 창이다.

## 위험한 읽기

이 두 본문은 일반적으로 문자적으로 읽히면서 여성에 대한 폭력을 담은 포르노그래피류의 본문이라는 판단을 받지만, 야훼와 이스라엘의 관계에, 특히 신적 질투의 강도에 초점을 맞추어 은유적 또는 상징적으로 읽을 때 더 잘 이해된다. 그런 읽기는 두 본문의 '단단한 데이터', 곧 특수한 단어들을 가장 완전하게 이해할 수 있게 해준다. 각경우에 여기서 발전시킨 주장은 상호텍스트적인 방법을 통해 전개되었다. 첫 번째 본문은 비슷한 단어와 이미지를 사용하는 다른 본문들에 비추어 읽었고, 두 번째 본문은 사건의 다른 버전을 제시하는 시편 106편과 함께 읽었다.

　이러한 방식으로 두 본문을 다루었다 해서 여성에 대한 폭력을 문자적으로 표현한 경우가 민수기에 없다는 의미는 아니다.예를 들어 31:13-18 또한 모든 불편한 본문을 상징적으로 읽을 수 있고, 읽어야만 한다는 의미도 아니다. 더 나아가 하나님과 관련된 이스라엘의 상황을 상징적으로 표현한 것으로 읽는 것이 두 본문을 무해하게 만들지도 않는다. 은유는 사회적 현실과 복잡하게 얽혀 있다. 이스라엘을 남편에게 굴욕당하는 여인으로 상징한 것이 어떤 이스라엘 청중에게 의미가 있었던 이유는, 그런 시나리오가 상상 가능했기 때문이다. 마찬가지로 이방 여인과 그녀의 이스라엘인 연인 또는 남편을 창으로 찔러 이스라엘을 구하는 한 제사장의 이야기도 상상이 가능했을 것이다. 비록 그 인물들이 개인이 아니라 각자의 나라의 대표자이긴 했지만 말이다. 더욱이 폭력적 상징과 이야기는 실제 폭력을 생산하고 합법화할 수 있다. 마카베오1서는 비느하스의 폭력적 열정이 주전 2세기 안티오쿠스 에피파네스에 대한 제사장 맛다디아의 반란에 영감을 주었다고 진술한다.마카베오1서 2:26, 54; 참조. 3:8 마찬가지로 그것은 주후 1세기 로마에 대한 유대인의 반란에도 영감을 주었다.[11] 이처럼 종교적, 정치적 억압에 맞서는 전쟁은 많은 이들의 칭송을 받을 수도 있지만, 그럼에도 권위 있는 텍스트에 기록된 폭력이 실제 역사적인 힘이며 '단지 이야기'가 아님을 보여주는 증거가 된다.

대다수의 독자들에게 더 와닿는 문제는, 이러한 성서의 은유들이 현대 공동체 안에서 여성에 대한 폭력을 상상하고 실행하며 (그럴 듯하게) 정당화하는 데 사용될 가능성이다. 성서 본문의 오용과 여성에 대한(또는 누구에 대한 것이든) 학대를 막는 최선의 방어책은 이와 같은 본문의 존재를 무시하는 것이 아니라, 우리의 읽기를 더 예리하게 만드는 데 달려 있다. 명백한 또는 상식적인 읽기 같으면서도 이처럼 잘못되고 잠재적으로 위험할 수 있는 본문은 성서에서 이곳 외에 또 없을 것이다.

05

신명기

# 사랑과 경외를 배움

· 신명기 1-11장 ·

신명기Deuteronomy, 申命記는 문자적 의미로 '두 번째 주어진 가르침/율법'deutero-nomos을 의미하며, 지리적으로나 문학적으로 경계에 있는 책이다. 이 책의 지리적 배경은 "요단 저쪽 강 건너……아라바 광야1:1, "협곡 지역", 저자 사역—옮긴이 가나안 땅의 가장자리다. 문학적으로는 이스라엘이 가나안 땅에 들어가기 직전의 시점을 다루는 '토라'의 마지막 책이자 이른바 **신명기 역사서**(여호수아서부터 열왕기까지, 곧 이스라엘이 그 땅에 진입한 때부터 바벨론 유배까지를 다루며 비극적인 결말을 맞는 긴 이야기)의 서문이다. 이 책의 수사적 양식은 그 경계적 위치와 어울린다. 신명기는 모세가 자신이 함께하지 않을 그 땅에서의 삶을 위해 이스라엘을 준비시키는 고별 연설 형식으로 제시된다. "모세가 요단 저쪽 모압 땅에서 이 율법'토라', '가르침'을 설명하기make this instruction plain 시작하였더라."1:5 흑인 교회에는 회중이 설교자에게 "알기 쉽게 말씀하시오!"make it plain!라고 말하는 전통이 있다. 실제로 신명기의 형식은 설교가 그러하듯 동기 부여의 언어로 가득하며, 이스라엘이 단지 그 땅으로 들어가는 것뿐 아니라 야훼와의 언약 속으로 완전히 들어가는 것이 무엇을 의미하는지 말하고 있다.

## 토라를 개인적으로 받아들이기

여기에 나타나는 어조는 친밀하고 개인적이다. 앞의 책들에서는 3인칭 내러티브와 법적 규정이 지배적인 반면, 신명기는 모세의 긴 목회적 담화로 시작한다.1:1-4:43 모세는 신명기에서 교사의 얼굴을 취하며 랍비의 전형으로 나타난다. 그는 이스라엘 백성을 향해 직접적으로 말한다.

> 내가 나의 하나님 여호와께서 명령하신 대로 규례와 법도를 너희에게 가르쳤나니 이는 너희가 들어가서 기업으로 차지할 땅에서 그대로 행하게 하려 함인즉 너희는 지켜 행하라. 이것이 여러 민족 앞에서 너희의 지혜요 너희의 지식이라. 그들이 이 모든 규례를 듣고 이르기를 이큰 나라 사람은 과연 지혜와 지식이 있는 백성이로다 하리라. 우리 하나님 여호와께서 우리가 그에게 기도할 때마다 우리에게 가까이 하심과 같이 그 신이 가까이 함을 얻은 큰 나라가 어디 있느냐. 오늘 내가너희에게 선포하는 이 율법*torah*, '가르침'과 같이 그 규례와 법도가 공의로운 큰 나라가 어디 있느냐.4:5-8

자신의 죽음이 임박했음을 아는 모세는 엄숙히 지시한다.

> 오직 너는 스스로 삼가며 네 마음을 **힘써 지키라**. 그리하여 네가 눈으로 본 그 일을 **잊어버리지 말라**. 네가 생존하는 날 동안에 그 일들이 네 마음에서 떠나지 않도록 **조심하라**. 너는 그 일들을 네 아들들과 네 손자들에게 알게 하라.4:9

모세의 가르침은 경고이자 동시에 격려이며, 그 격려의 분위기는 이 책과 그의 담화 전반에 걸쳐 지속된다. "내가 오늘 네게 명령한 이 명령은 네게 어려운 것도 아니요 먼 것도 아니라. 하늘에 있는 것이 아니니……바다 밖에 있는 것이 아니니."30:11-13

오직 그 말씀이 네게 매우 가까워서 네 입에 있으며 네 마음에 있은즉 네가 이를 행할 수 있느니라.30:14

여기서 우리는 새로운 것을 만난다. 하나님의 말씀은 모세와 아론의 입에만 있는 것이 아니라참조. 출 4:10-16 이스라엘의 입에 있게 되었다. 신명기 전통과 후대의 랍비 전통에서 신적 가르침의 말씀은 하나님 임재의 한 양태가 된다. 출애굽기부터 민수기에 이르는 제사장 전통은 야훼가 회막과 제사 의식을 통해 이스라엘에게 임재하신다고 강조한다. 신명기는 신적 임재에 관해 이전과 다르면서도 보완적인 신학을 개척하고 있다. 율례와 규례를 배우고 마음(성서의 생리학에서 지성, 의지, 감정의 자리)에 새기며 입술의 말로 전달할 때마다, 야훼는 이스라엘과 함께하신다고 알려진다. 교사로서 모세는 평생 학습자 공동체를 창조하고 있으며, 그들은 다음 세대에 계명을 가르칠 것이다.

그리스도인들은 토라의 많은 계명에 순종하는 것(유대교의 목표)이 수고스럽고 노예적이며, 하나님과의 관계의 기초인 사랑에 대비되는 빈곤한 대안이라고 생각하는 것이 일반적이다. 그러나 신명기의 관점에서 계명에 대한 순종은 하나님을 사랑하는 것과 구별되지 않는다. 실제로 신명기는 하나님을 사랑하라고 명령하는 성서의 첫 번째 책이다. '쉐마'로 알려진 다음 구절은 신명기의 핵심 내용을 선언한다.

이스라엘아, 들으라. 우리 하나님 여호와는 오직 유일한 여호와이시니 너는 마음을 다하고 뜻을 다하고 힘을 다하여 네 하나님 여호와를 사랑하라.6:4-5

하나님의 단일함oneness은 비인격적 수학 공식이 아니다. 오히려 그것은 하나님의 본성에 대한 근본적인 성서적 진술로 완전하며 자체로 일관성이 있다. 하나님의 단일함은 이스라엘 자신의 단일함, 곧 하나님을 향한 단일한 마음을 요구한다. 따라서 하나님의 본성은 언약이라는 상호적 헌신의 기초가 된다. 기독교 신학자 로완 윌리엄스Rowan Williams에 의하면 이 언약은 "하나님의 존재에 나타나는 위대한 일관성, 하나님 자신의 삶의 법칙"이다. 언약 공동체 안에서 하나님에 대한 사랑은 이웃에 대한 실천으로 증명된다. 우리가 순종할 수 있는 만큼 "만나는 사람마다, 상황마다 하나님에 대한 자발적인 반응으로서 자신을 내어 주는 것"은 하나님 자신의 일관성이 이웃과의 모든 상호 작용의 기초임을 우리가 알기 때문이다.[1] 사랑을 어떻게 증명해야 하는지가 율례와 규례를 통해 긴 분량으로 제시되는데, 그것은 이 책의 몸통을 이루는 모세의 두 번째 강화4:44-29:1 형식으로 나타난다.

쉐마와 신명기의 수사rhetoric는 모두 마음을 겨냥하고 있지만, 그것이 계발하고자 하는 종교적 헌신은 사적인 것이 아니다. 오히려 '사랑하다'라는 동사는 여기에 나오는 몇 가지 단어와 어구들처럼 고대 근동의 정치적 수사를 반영한다. 그 맥락에서 사랑은 감정이 아니라 강력한 통치자에 대한 전적인 충성을 나타낸다. 신명기는 앗수르 조약 용어의 몇 가지 다른 요소들을 떠올리게 하면서 "주님"을 향한 행위의 특징을 표현한다. 봉신은 주군을 "따르며",예를 들어 13:4: 다른 신들을 따름에 대해서는 4:3; 6:14을 보라 **"그의 목소리를 듣고"**,4:30; 30:10, 개역개정 "그의 말씀을 청종하리니"—옮긴이 그를 **"경외해야"**6:2, 13, 24만 한다.[2] 에살핫돈주전 680-669년과 같은 앗수르 통치자들이 공포한 국제 조약은 봉신 국가가 그들보다 강력한 종주국의 군주를 "마음과 영혼을 다해 사랑"해야 한다고 규정하고 있다.참조. 신 6:5 신명기와 7세기 앗수르 종주-봉신 조약 사이에는 이 강력한 언어적 연결 고리가 있을 뿐 아니라 형식에서도 두드러진 유사점들이 있다. 앞에서 출애굽기의 시내산 언약을 탐구할 때도 보았듯이,[3] 다음 여섯 가지 요소는 정치적 조약과 신명기 양쪽에서 모두 규칙적으로 나타난다.

- 조약에서 권위 있는 목소리를 발하는 종주the suzerain가 누구인지 나타내는 **서문**참조. 5:6; 조금 다르지만 보완적인 관점은 1:1-5을 보라.
- 봉신국이 왜 종주에게 충성을 다해야 하는지 설명하는 **역사적 서론**참조. 5:6; 좀 더 확대된 내용은 1:6-5:6; 6-11을 보라.
- **충성을 나타내는 요구 사항들**참조. 5장; 12-26장
- 순종과 불순종에 대해 각각 **복과 저주를 선언함**참조. 27-28장
- **신적 증인들의 목록**조약에서는 "하늘과 땅의 위대한 신들"; 하늘과 땅을 불러 증언하게 하는 30:19; 32:1을 보라.
- 신전에 **조약 문서를 보관**하고 주기적으로 공개 낭독하는 조치.참조. 31:9-13, 26 에살핫돈의 종주-봉신 조약 사본이 최근에 튀르키예와 시리아 국경 근처 타이나트Tayinat에 있는 한 신전 내실에서 발굴되었다. 주전 7세기에 앗수르의 지배를 받았던 지역에서 발굴된 이 조약은 모세가 레위인들에게 "이 율법책을 가져다가 너희 하나님 여호와의 언약궤 곁에 두어 너희에게 증거가 되게 하라"31:26고 마지막으로 명령한 것과 놀랍도록 유사하다.[4]

형식과 언어 양면에서 앗수르의 정치적 조약 문서와의 유사성은 신명기가 기록된 시기를 반영한다. 그것은 아마도 유다에 대한 앗수르의 영향력이 정점에 달했던 7세기, 주전 722년에 북이스라엘 왕국이 앗수르에 의해 파괴된 이후일 것이다. 주전 671년에 에살핫돈은 이집트로부터 시리아와 지중해 동부 전 지역의 통제권을 빼앗았으며, 이 지역에는 북이스라엘 피난민들이 머물던 작은 왕국 유다도 포함되어 있었다. 아마도 신명기를 기록한 사람들은 난민들이자 앗수르의 "위대한 왕"이 의도적으로 야기한 종교적 대혼란에서 도망친 이들일 것이다.참조. 왕하 18:19 그들은 신적 종주와의 '조약'을 자신들의 방식으로 제정했고, 그것은 앗수르에 굴복하는 것의 대안으로서 생명을 주는 조약이 되었다. 실제로 반세기가 넘도록 유다의 몇몇 왕들은 이미 명백해 보이는 정치적 필요에 굴복하고 있었으며, 특히 아하스왕하 16:7-8와 므낫세왕하 21:1-18가 그러했다. 신명기의 언어는 신명기를 기록한 이들이 앗수르가 요구한 충성의 종류를 잘 알고 있었음을 시사한다. 그들은 야훼를 "질투하시는 하나님",6:15 진정한 주권자이자 에살핫돈과 그 후계자들에게 결코 뒤지지 않는 두려운 분으로 제시함으로써 그들의 대안을 더 신빙성 있고도 설득력 있게 만들었다.

초기 유대교에서 날마다 쉐마를 외우는 행위는 정치적 행위로 이해되었다. 그것은 그리스와 로마 제국에서 국가 후원을 받는 다신 종교, 조로아스터교(페르시아)적 이원론, 그리고 이후 기독교의 삼위일체론에 대한 반박이었다. 따라서 여러 세기에 걸쳐 유대교 경건 지침서는 쉐마로 기도하는 이들에게 순교의 가능성을 염두에 두라고 조언했다.[5] 다음의 탈무드 이야기에서 보듯이, 쉐마 낭송은 모든 인간의 주장에 맞서 하나님의 주권을 단언하는 것이었다. 2세기의 위대한 교사 랍비 아키바Akiba는 토라 연구와 실천을 금지하는 칙령을 위반한 혐의로 로마에 의해 투옥되었고, 결국 가죽을 벗겨 죽이는 형벌에 처해졌다. 쉐마 낭송 시간에 맞추어 그 고통스럽고 오래 지속된 사형 집행이 시작되었다.

> 그들이 그의 살을 쇠빗으로 긁을 때, 그는 하늘의 왕권을 자신에게 받아들였다(쉐마를 낭송했다).[6]
>
> 그의 제자들이 그에게 말했다. "우리 선생님, 이 지경에도 [계속하시렵니까]?" 그가 그들에게 말했다. "나는 평생 동안 '네 영혼을 다하여' 라는 이 구절 때문에 고민해 왔다. 그것을 '그분이 네 영혼을 빼앗아 간다고 해도'라고 해석했기 때문이다. 나는 '언제 이를 성취할 기회를 얻을 수 있을까?'라고 물었다. 이제 그것을 성취할 기회가 오지 않았느냐?" 그는 '에하드'ᴴᴬᴺᴬ라는 말을 길게 읊었고 그 말을 하면서 숨을 거두었다. 하늘로부터 목소리가 나오며 선포했다. "너는 복된 사람이다, 아키바여. 네 영혼이 '에하드'라는 말과 함께 떠났구나!"[7]

## 언약 공동체의 입문서: 십계명

쉐마6:4-9가 어떻게 진행되는지 주목해 보는 것은 유익하다. 하나님의 비교할 수 없는 유일함oneness의 말씀을 "듣는" 것에서 시작해,6:4 자아의 모든 면을 포함하는 사랑으로 응답하는 것으로,6:5 하나님의 "말씀"을 마음에 새기는 것으로,6:6 그것을 자녀들에게 반복해서 가르치는 것으로6:7; 참조. 11:19 쉐마는 나아간다. 그러나 의미심장하게도 여기 제시되는 가르침은 암기 수업이 아니다. 그것은 계속되는 "강론"이다.6:7 전통적인 번역처럼 단순히 "암송하는" 것이 아니다. 강론은 집안에 앉아 있을 때나 바깥으로 나가 사업을 할 때, 잠자리에 들 때나 일어날 때도 늘 계속되어야 한다.

이러한 세대 간 활동, 곧 계명 가운데 지속적으로 머무르며 공부하고 가르치고 배운 대로 살아가는 것은 모든 이스라엘 사람을 하나님과의 직접적인 언약적 접촉 안에 놓는다. 시내산에서 하나님의 말씀을 한 번 들었던 모든 사람이 광야에서 죽었지만, 위대한 교사 모세는 약속의 땅 가장자리에 서 있는 "온 이스라엘"에게 이 말을 통해 시내산의 경험을 재창조한다.

> 이스라엘아, 오늘 내가 너희의 귀에 말하는 규례와 법도를 듣고 그것을 배우며 지켜 행하라. 우리 하나님 여호와께서 호렙산에서 우리와 언약을 세우셨나니 이 언약은 여호와께서 우리 조상들과 세우신 것이 아니요 오늘 여기 살아 있는 우리 곧 우리와 세우신 것이라.5:1-3

야훼의 가르침을 듣고 그것을 살아 내려는 "우리" 모두는 모세와 그 세대의 동시대인이 되어 호렙(시내산)에 함께 서게 된다.

신명기에서 반복해서 제시되는 십계명, 곧 '열 개의 말씀들'5:6-21; 참조. 4:13; 10:4은 모세가 강조하듯 하나님이 "산 위 불 가운데, 구름 가운데, 흑암 가운데에서 큰 음성으로 너희 총회에 [**직접**] 이르신" 유일한 말씀이다.5:22 회당과 교회에 십계명을 전시하는 것은 고대 유대 전통의 선례를 따르는 것이다. 십계명 낭송은 제2성전(주후 70년 파괴됨)의 매일 예전의 구성 요소였으며 쉐마에 앞서 암송되었다. 이것은 토라 자체에 두 본문이 나오는 방식을 그대로 따른다. 따라서 "오늘 내가 네게 명하는 이 말씀"6:6을 마음에 새기라는 모세의 촉구를 듣는 예배자들은 방금 낭송된 십계명을 떠올리게 된다.

이처럼 두 번에 걸쳐 거의 동일한 형태로 나타나고 두 번 모두

긴 법률적 가르침의 머리 부분에 위치하는 십계명은 언약 공동체의 삶에서 요구되는 기본적 요구의 축약본 기능을 한다. 그것은 신구약성서에 나오는 모든 요약예를 들어 사 33:15; 56:1-2; 겔 18:15-17; 미 6:8; 시 15:2-5; 마 22:37-40 중 가장 신중하게 표현된 요약이다. 여기에는 결정적으로 중요한 해석학적 기능이 있다. 즉 토라의 법적 본문을 구성하는 다양한 지시와 금지들(전통적으로 613개의 계명)의 지속적인 유효성을 판단하는 지침이 되는 것이다. 이 요약들은 "본질과 비본질, 절대적인 것과 상대적인 것을 구별하는"[8] 데 사용할 수 있는, 성서 자체가 제시하는 표준이다.

이 '열 개의 말씀들' 또는 원칙은 언약 공동체 내의 관계를 수직적 축과 수평적 축으로 정리해 준다. 첫 두 계명은 이스라엘 백성의 종교적 행동인 하나님을 향한 태도를 정리하며, 마지막 여섯 계명은 가족과 이웃의 사회적 관계를 규정한다. 세 번째와 네 번째 계명(하나님의 이름으로 하는 거짓 맹세 금지와 안식일 준수)은 둘 사이의 경계를 모호하게 만든다. 만일 하나님의 이름이 거짓을 보증하는 데 사용된다면,5:11 예를 들어 법정에서왕상 21:9-14 그런 일이 일어난다면, 그것은 하나님과 이웃 모두에게 침해가 되지 않는가?

마찬가지로 안식일 계명5:12-15에서도 종교적 의무와 사회적 의무의 범주는 깨끗하게 분리될 수 없다. 안식일 계명은 두 번의 십계명 언급에서 모두 그 분량과 중심적 위치로 인해 두드러지며, 이후에 성서 전체를 통해서도 여러 번 반복되고 재확인됨으로써 특별히 부각된다. 그러나 출애굽기에서는 안식일이 하나님의 창조 사역을 기념하는 날로 나타나는 반면, 신명기의 경우 그 기능이 신학적이면서 동시에 사회적이다.

안식일을 지켜 거룩하게 하라……네 남종이나 네 여종에게 너 같이 안식하게 할지니라. 너는 기억하라. 네가 애굽 땅에서 종이 되었더니 네 하나님 여호와가 강한 손과 편 팔로 거기서 너를 인도하여 내었나니 그러므로 네 하나님 여호와가 네게 명령하여 안식일을 지키라 하느니라. 5:12, 14-15

스티븐 쿡Stephen Cook이 통찰력 있게 명명한 일련의 "성스러운 중단들"[9] 가운데 첫 번째가 신명기의 안식일 제정과 실행이다. 야훼는 일상적 사업 중에 의도적이고도 종종 경제적 희생을 요구하는 중단을 실행하라고 이스라엘에 요구한다. 안식의(일곱째) 해마다 빚을 면제해 주고,15:1-11 부채의 노예가 된 사람을 해방해 주며,15:12-18 첫째로 태어난 동물을 "네 하나님 여호와 앞에서" 먹을 절기 제사 음식으로 구별하고,15:19-23 유월절 주간 동안에는 "고난의 떡"인 무교병을 먹고,16:3 매년 세 번 "네 하나님 여호와께서 자기의 이름을 두시려고 택하신 곳"으로 순례를 가는 것16:6; 참조. 16:9-17 등이다.[10] 쿡이 주장하듯 스스로 부과한 이러한 중단은 자기중심성을 극복하는 수단이 될 수 있고, 우리 삶을 우리 자신이 만드는 것이 아니며 결국 우리의 소유가 아니라는 것을 인식하게 한다. 신명기에서 안식일은 이집트에서 노예살이를 하던 이스라엘을 야훼가 구속하신 사실을 상기시킨다. "하나님이 이스라엘을 이집트에서 '구속'하셨다는 것은, 합법적으로 하나님께 속한 것을 하나님이 다시 소유하셨다는 의미다."[11] 마찬가지로 예배자들이 이러한 다양한 행위를 통해 안식일 원리를 확장해 나갈 때, 그들 자신의 일상의 규칙을 깨뜨리고 심지어 경제 체제마저 일시적으로 멈출 때 그들은 하나님께 속한 것을 하나님께 돌려드리게 된다.참조. 마 22:21; 막 12:17

## 경외 이상의 것

호렙/시내산에서 나온 가르침을 새롭게 마주하는 것은 감정이 개입되는 경험이다. 신명기가 일관되게 표현하는 바에 따르면, 사랑과 두려움이 뒤섞인 경험이다.

> 이스라엘아, 네 하나님 여호와께서 네게 요구하시는 것이 무엇이냐. 곧 네 하나님 여호와를 경외하여(두려워하여) 그의 모든 도를 행하고 그를 사랑하며 마음을 다하고 뜻을 다하여 네 하나님 여호와를 섬기[는 것이 아니냐].10:12

많은 현대인들은 '하나님을 두려워함'이라는 개념에 거부감을 느낀다. 그러나 이것이 바로 이스라엘 백성이 하나님의 말씀 안에 거한다는 핵심적인 의미다. "그들이 세상에 사는 날 동안 나를 경외함(두려워함)을 배우게 하며, 그 자녀에게 가르치게 하리라."4:10 '하나님을 두려워함'은 지식에 기반한 진정한 믿음을 가리키는 가장 일반적인 히브리어 용어다. 이 구절이 나타내듯 그것은 학습된 반응이며 현명한 반응이다. 이스라엘의 하나님은 "신 가운데 신이시며 주 가운데 주시요", 진정 '두려움을 품어야 할' 유일한 신이시기 때문이다.10:17 신명기가 하나님을 두려워하라고 촉구하는 성서의 첫 번째 책은 아니지만, 이 책은 토라 중에서 그 표현을 가장 많이 사용하고 있다. 따라서 신명기는 우리에게 신구약성서의 중심적인 신학적 사상 중 한 가지를 숙고해 보도록 도전한다.

'하나님을 두려워함'이라는 불편한 개념을 현대인이 우회하는 가장 흔한 방법은 그 용어를 '경외'reverence나 '경이'awe로 해석하는 것이다. 물론 경외도 하나님에 대한 합당한 태도의 한 측면이기는 하지만, 그런 번역은 실제 하나님을 대면하는 경험의 기본적인 성격을 놓치고 있다. 모세의 가르침을 "오직 주 너의 하나님만을 **경외하며** 그분만을 예배하라"6:13, NJPS라고 번역하는 것은 분명 부적절하다. 왜냐하면 이 가르침에는 이스라엘 가운데 있는 "질투하는"impassioned, '열정적인', NJPS 하나님에 대한 경고가 즉시 뒤따르는데, 그 하나님은 "진노하사 너를 지면에서 멸절시킬" 수도 있기 때문이다.6:15; 참조, 창 6:7 그런 실제적인 가능성을 심각하게 고려해 본다면, 정신이 온전한 이스라엘 백성은 누구나 하나님을 두려워해야만 한다. 모세의 이 가르침은 제자들을 향한 예수의 가르침과 긴밀한 병행을 이룬다. 예수는 제자들에게 몸만 죽일 수 있는 자들을 두려워하지 말고, "오직 몸과 영혼을 능히 지옥에 멸하실 수 있는 이를 두려워하라"마 10:28고 말씀한다. 그러나 살아 계신 하나님을 사랑하고, 신뢰하며, 두려워한다는 복잡성은 예수의 그다음 말씀에 암시된다. "두려워하지 말라. 너희는 많은 참새보다 귀하니라."마 10:31

그 복잡성을 17세기의 시인이자 설교자 존 던John Donne보다 더 우아하고도 진실하게 묘사한 사람은 없을 것이다. 그는 시편 34편의 한 구절, "너희 자녀들아, 와서 내 말을 들으라. 내가 여호와를 경외하는 법을 너희에게 가르치리로다"시 34:11에 대한 설교에서 청중에게 감정적으로 호소한다. 그의 말에는 하나님을 사랑하고 두려워하라는 성서의 가르침과 가족 유사성family resemblance이 나타난다.

그러므로 여러분에게 주님을 두려워하는 것을 가르치는 것은, 그것이 무슨 일을 하는지 가르쳐 그것을 사랑하게 하고, 그것이 무엇인지 가르쳐 여러분이 그것을 정말로 알게 하는 것입니다.……주님을 사랑하는 사람은 모든 사랑으로 그를 사랑합니다. 주님을 두려워하는 사람은 모든 두려움으로 그를 두려워합니다. 하나님은 반쪽 애정을 받지 않으십니다.

……당신이 이러한 두려움에 익숙해지면, 그것은 사랑으로 흘러 들어 갈 것입니다. 사랑과 질투가 같은 것이 될 수 있듯이, 하나님에 대한 두려움과 사랑도 모두 하나가 될 것입니다. 왜냐하면 질투란 잃을까 두려워함에 불과하기 때문입니다.……또는 우리가 그를 사랑하지 않는다면 그를 잃을까 두려워할 수 없습니다.……하나님에 대한 사랑은 두려움에서 시작하고, 하나님에 대한 두려움은 사랑에서 끝나지만 그 사랑은 결코 끝날 수 없습니다. 하나님은 사랑이시기 때문입니다.[12]

## 가나안 진멸?

신명기의 사랑과 두려움의 수사는 앗수르의 정치적 수사의 반향을 담아 그것이 대표하는 권력, 곧 신적 보증을 받고 인간의 저항을 초월한 것으로 여겨지는 권력에 도전하고 있는 것이 분명하다. 신명기의 가장 불쾌하고 실제로 혐오스러운 측면인 타민족에 대한 강렬한 혐오(가나안 일곱 민족의 진멸 요구)를 다룰 때는 반드시 이러한 빛 아래서 보아야 한다.

네 하나님 여호와께서 너를 인도하사 네가 가서 차지할 땅으로 들이시고 네 앞에서 여러 민족 헷 족속과 기르가스 족속과 아모리 족속과 가나안 족속과 브리스 족속과 히위 족속과 여부스 족속 곧 너보다 많고 힘이 센 일곱 족속을 쫓아내실 때에 네 하나님 여호와께서 그들을 네게 넘겨 네게 치게 하시리니 그때에 너는 그들을 진멸할 것이라. 그들과 어떤 언약도 하지 말 것이요 그들을 불쌍히 여기지도 말 것이며 또 그들과 혼인하지도 말지니 네 딸을 그들의 아들에게 주지 말 것이요 그들의 딸도 네 며느리로 삼지 말 것은 그가 네 아들을 유혹하여 그가 여호와를 떠나고 다른 신들을 섬기게 하므로 여호와께서 너희에게 진노하사 갑자기 너희를 멸하실 것임이니라. 오직 너희가 그들에게 행할 것은 이러하니 그들의 제단을 헐며 주상을 깨뜨리며 아세라 목상을 찍으며 조각한 우상들을 불사를 것이니라. 너는 여호와 네 하나님의 성민이라. 네 하나님 여호와께서 지상 만민 중에서 너를 자기 기업의 백성으로 택하셨[느니라].7:1-6

이는 전투적인 언어이지만, 여기 이름이 언급된 적들은 주전 7세기에는 존재하지 않았다. 몇몇 민족들이 실제 역사적으로 존재했다고 하더라도 그 외 다른 민족들은 의심스럽다. (기르가스 족속, 히위 족속, 브리스 족속이 실존했다는 역사적 증거는 없다).[13] 앗수르 시대에 신명기 기록자들은 가나안의 일곱 민족을 군사적, 문화적, 종교적으로 유다를 위협하는 "크고 강한 민족"인 앗수르를 나타내는 문학적 대용물로 사용했다. 더 넓은 신명기 전통에서 이 가나안 민족들은 이스라엘이 완전히 피해야 할("너희는 그들과 언약을 맺지 말고, 그들과 혼인하지 말며, 그들의 성소들을 파괴하라") 적을 나타내는 일종의 암호code가 된다.참조. 수 3:10; 24:11

그러나 신명기는 피하는 것 이상을 상상한다. 하나님은 그들의 땅에서 타민족들을 '쓸어 내실' 것이다. 역사적으로 보면 이 일은 주전 7세기 말 바벨론에 의해 일어났다. 그러나 그들은 구원을 가져다주기는커녕 오히려 앗수르가 시작한 이스라엘과 유다의 해체를 완결 지었다. 그런 긴박한 상황을 고려할 때 신명기의 폭력적이고도 타민족 혐오적인 언어는, 적의 압도적인 힘에 의해 존재의 모든 측면에서 위협을 느끼고 있던 작은 민족, 또는 그 민족 내의 소외된 소수 그룹에서 나온 열정적인 희망의 표현으로 이해해야만 한다.

신명기는 오랜 세월 이스라엘을 괴롭히던 적들의 폭력적 수사를 모방함으로써 희망에 목소리를 부여한다. 9세기의 모압 왕 메사의 비문은 완전한 파괴putting to the ban, '바침'의 언어를 사용하며, 타국의 성소(이스라엘의 성전)를 모독했다는 보고가 담겨 있다. 메사는 자신의 신 아스다르 그모스Ashtar Kemosh가 그의 "모든 적을 내려다보게 하였으므로" 그것을 기념하여 세운 비석에 다음과 같이 새겼다.

> 그모스가 나에게 말했다.
> "가서, 이스라엘에서 느보Nebo를 가져오너라!"
> ......
> 그리고 나는 그것을 취했고,
> 나는 [그곳의] 모든 사람을 죽였다.
> 7천 명의 남자 시민과 타국인들,
> 그리고 여성 시민과 타국인들, 여종들을.
> 나는 그것을 아스다르 그모스를 위해 바쳤다.
> 그곳에서 야훼의 기구들을 취하여
> 그모스 앞으로 끌어다 놓았다.[14]

앗수르는 어리석게도 그들에게 저항하는 민족은 완전히 멸절시킬 것이라고 위협했다. 그들의 위협은 신명기 역사서를 보면 유다의 히스기야 왕과 예루살렘 사람들에게 연설했던 장교 또는 부관 랍사게에서 반향하고 있다.왕하 18:19-37; 참조. 사 36장 그러나 신명기 기록자들은 진멸의 언어를 그들의 적인 "크고 강한 민족" 앗수르에게 돌리는데 여기서 앗수르는 가나안인의 가면을 쓰고 등장한다.

우리가 지금 신명기 기록자들이라고 부르는 이들은 누구인가? 세부 사항에서 논쟁이 있지만, 신명기가 예루살렘 성전의 제사장 중 두 번째 계층인 레위인들 사이에서 보존된 종교 전통을 대표한다는 점에는 강력한 합의가 있다. 그들은 신명기에서 뚜렷하게 부각된다.예를 들어 12:12, 18, 19; 14:27, 29; 16:11, 14; 26:11, 12, 13 그들의 전통 속에서 기록된 어떤 버전이 아마도 사마리아가 함락된 후주전 722년 남쪽으로 온 난민들의 물결 속에서 예루살렘에 도달했을 것이다. 혹은 이러한 언약 전통이 오랫동안 유다에서 자라났지만 성전과 궁전의 주요 권력의 영향력이 미치지 않는 곳에 남아 있었을 수도 있다. 그들은 다윗과 그의 집안에 주어진 영원한 언약에 초점을 맞춘 유다의 왕실 신학과 대립하는 입장을 나타낸다. 이스라엘 백성과 야훼의 **조건부** 언약을 말하는 신명기 신학은, 왕실 신학과는 대조적으로 강한 사회 비판적 요소와 정의에 대한 요구를 담고 있다.

어떤 일이 벌어졌든 간에, 이 주변적이고도 도전적인 전통은 결국 예루살렘의 성전-궁전 복합 체제 속으로 흘러들어 갔다. 열왕기는 요시야 왕주전 640-609년의 통치 기간 동안 이루어진 성전 개보수 사업 중에 율법 두루마리를 발견하고 궁전으로 옮긴 사건을 보도한다. 왕은 그것이 "우리 조상들이 이 책의 말씀을 듣지 아니하며 이 책에 우리를 위하여 기록된 모든 것을 행하지 아니하였으므로"왕하 22:13 발생한 일을 이미 예고하고 있었다고 생각했다.왕하 22:13 이 두루마리를 해석하라는 요청을 받은 예언자 훌다는 그것이 "이 백성이 나를 버리고 다른 신에게 분향"왕하 22:17할 때 예루살렘에 임할 재앙에 관한 야훼의 명령을 포함한다고 확인해 주었다. 그 이야기에 따르면 요시야는 즉시 예루살렘과 주변 지역 그리고 유다 전역에 있는 성소들을 정화하기 시작했으며, 제단을 허물고 "석상"을 깨뜨리며 목상을 찍어 버렸다.왕하 23:12-14 간단히 말해 요시야는 신명기가 가나안인들의 성소에 대해 요구한 것을 신 7:5 유다의 성소들에 행했으며 그곳들을 정화하거나 파괴했다. 이 책에서 가나안인들과 그들의 성소를 파괴하는 것과 관련된 언어는 앗수르의 종교적 영향과 혼합적 관행을 그 나라에서 제거하라는 암호다. 신명기 기록자들이 겨냥한 '타국'의 예배 관행은 그들 자신의 백성이 행하던 관행이었다.

성전에서 우연히 발견된 두루마리에 관한 이야기는 긴 역사를 하나의 사건으로 압축한 것일 수도 있다. 그럼에도 일정 기간 동안 한 무리의 신학자들과 서기관들이 주요한 신명기적 전통을 우리가 지금 알고 있는 이 책의 핵심 부분을 닮은 문서로 결합시켰을 가능성이 높다. 대다수의 학자들은 그 문서가 신명기 12-26장의 상세한 법전을 포함했으리라고 동의한다. 아마도 여기에는 신학적 서문신 6-11장?과 불순종에 내릴 저주를 언급하는 결론부28장가 포함되었을 것이다. 그런 문서는 처음에는 레위인과 토지 소유 귀족, 그리고 신명기적 문헌에서 '땅의 백성'으로 알려진 마을 기반의 집단에서만 유통되었을 것이다.[15] 한때 권력자들의 눈에는 이들의 광범위한 사회적 영향력이 미미해 보였을 테지만, 그들은 분명 어린 왕 요시야를 왕위에 올리는 데 일조했을 것이다.왕하 21:24 요시야의 긴 통치 기간 동안 신명기 기록자들의 신학과 수사는 왕실의 지지를 얻어 그들의 종교 개혁 프로그램을 상당 부분 실행할 수 있을 만큼 충분한 힘을 발휘했다.[16]

# 토라와 약속의 땅에서의 삶

· 신명기 12-34장 ·

요시야 왕 앞에 가져온 토라 두루마리<sup>왕하 22장</sup>는 성서에서 가장 긴 법전인 신명기 12-26장의 특정 버전일 가능성이 크다. 신명기의 현재 형태에서 이 법전은 '열 가지 말씀들', 곧 십계명에서 유래한 지시와 금지를 자세히 제시하는 기능을 한다. 십계명은 야훼에 대한 사랑과 두려움 속에서 이스라엘을 살게 하여 야훼께서 오래전에 그들에게 주겠다고 맹세하신 "땅에서 [그들의] 날이 장구하[게]" 하는 씨앗이 될 원리다. "젖과 꿀이 흐르는 땅에서"<sup>11:9</sup> 영구히 거주하는 것은 토라를 따라 사는 삶의 목표다. 신명기에서 가장 일관되게 나타나는 확언은 다음 세 가지다. 그 땅은 인간의 손으로 취한 것이 아니라 **주어진 것**이며,<sup>예를 들어 8:10, 17-18</sup> **풍족하고 모자람이 없는 땅**이며,<sup>8:7-9</sup> 야훼의 가르침을 전적으로 수용하고 실행한다는 **조건** 아래 주어진다.<sup>8:1</sup>

이 법은 야훼가 이스라엘을 불러 모세를 통해 인도하신 땅에 주어진 것이다. 그러나 모세는 그들이 그 땅에 들어가기 전에 죽을 것이고, 그의 시종이자 제자인 여호수아가 모세가 감당하던 일생의 과업을 마무리할 것이다. 더 나아가 심오한 역설이 신명기의 내러티브 구조에, 따라서 이스라엘 자신과 그 땅의 관계에 내재해 있다. 이스라엘이 그 땅에 들어가기도 전에 야훼는 그들이 거기서 쫓겨날 것을 내다보신다. 그분은 그들이 그 땅에서 다른 신들을 따라 '음란을 행할' 것이며 그 모든 재앙은 추방과 디아스포라로 끝날 것이라고 예상하신다.28:36-68 우리가 보게 되겠지만, 이스라엘의 토대가 되는 위대한 이야기는 고생 끝에 결실을 얻는 분위기가 아니라 모세의 죽음과 백성의 확실한 불순종이라는 불안정한 분위기로 마치는데, 이는 가장 큰 신학적 중요성을 지닌다.

그럼에도 신명기는 그 땅 안에서 살아가는 이스라엘의 모습을 그린다. 그들은 여러 나라들 가운데 특별히 야훼의 복과 가르침을 받고, 그 땅에서의 삶을 인도하는 토라 아래서 일정 부분 제약을 받으며 살아간다. 영토와 토라의 연결은 이스라엘의 삶에 대한 신명기의 비전에서 중심이 되는 몇몇 혁명적 개념의 배경이 된다.

- **종교적 실천**의 제한 — 하나의 중앙 성소만 지님
- **왕권**의 제한 — 신적 권위 아래에 있으며 예언적 비판의 대상이 됨
- **전쟁**의 제한 — 전투원, 목표, 부수적 피해에 관한 제약이 있음

이러한 개념적 제한은 그 시대에는 전례가 없었고, 이후에 유대인, 그리스도인 그리고 무슬림의 종교적이고 윤리적인 이해와 실천에서 지속적으로 중요하고도 큰 영향을 미친 것임이 드러났다.

## 한 장소, 한 백성, 한 하나님

신명기의 규정 중 가장 반문화적이고도 의미심장한 한 가지 규정이 핵심 법전의 서두에 고고하게 자리를 잡고 있다.

너희가 쫓아낼 민족들이 그들의 신들을 섬기는 곳은 높은 산이든지 작은 산이든지 푸른 나무 아래든지를 막론하고 그 모든 곳을 너희가 마땅히 파멸하며 그 제단을 헐며 주상을 깨뜨리며 아세라 상을 불사르고 또 그 조각한 신상들을 찍어 그 이름을 그 곳에서 멸하라. 너희의 하나님 여호와께는 너희가 그처럼 행하지 말고 오직 너희의 하나님 여호와께서 자기의 이름을 두시려고 너희 모든 지파 중에서 택하신 곳인 그 계실 곳으로 찾아 나아가서 너희의 번제와 너희의 제물과 너희의 십일조와 너희 손의 거제와 너희의 서원제와 낙헌 예물과 너희 소와 양의 처음 난 것들을 너희는 그리로 가져다가 드리고 거기 곧 너희의 하나님 여호와 앞에서 먹고 너희의 하나님 여호와께서 너희의 손으로 수고한 일에 복 주심으로 말미암아 너희와 너희의 가족이 즐거워할지니라.12:2-7

신명기의 비전은 한 분 하나님이 하나의 연합된 백성에 의해 하나의 장소에서 예배를 받으셔야 한다는 것이다. 이에 따라 이스라엘은 가나안의 (것으로 추정되는) 관행과 아울러 그들의 현재 관행으로부터 완전히 떠나 "각기 소견대로"12:8 하는 대신에, 야훼가 택하신 단 하나의 성소만 가져야 한다. 많은 지역 성소들을 중앙 성소로 대치하고 매년 세 번 그곳으로 순례를 하는 것은16:16 "대중 종교로서는 특히 혼란스러운 일이었음이 틀림없다. 대다수의 사람들은 성전에서 멀리 떨어져 살았으므로 그곳으로 자주 여행할 수 없었으며, 따라서 필수적인 의식을 줄이거나 지연시키거나 포기해야 했다."[1] 그럼에도 이 변화는 널리 받아들여진 것 같다. 아마도 성소에 오는 모든 사람을 환영하려는 노력이 기울여졌기 때문일 것이다. 신명기는 절기에 관해 가능한 최대의 사회적 포용성을 거듭 고집한다. 여성과 남성과 아이들, 땅이 없는 레위인과 각 지역 공동체에서 온 이방인,

고아와 과부들을 모두 껴안으려 하고,12:12; 15:20; 16:11, 14; 26:11 먹고 마실 것에 전혀 인색하지 않다!14:26-27

놀랍게도 이러한 단일 성소에 초점을 맞추는 혁명적 이동의 결과는 분명하며 심지어 오늘날까지도 느껴진다. 세계의 주요 유일신 종교인 유대교, 기독교, 이슬람교 모두에게 예루살렘은 지금까지도 중요한 의미가 있다. 성서의 더 넓은 맥락에서 볼 때 야훼가 "그의 이름을 둘" 장소(이는 한 영역에 대한 주권을 주장하는 관용적 표현이다.참조 7:24)로 택하신 곳은 예루살렘으로 가정되지만 그곳이 명시적으로 언급되지는 않는다. 많은 학자들이 생각하듯 만일 신명기적 전통이 북쪽에서 시작되었다면, 아마도 다른 장소(고대 성소인 세겜이나 실로)가 본래 의도된 중앙 성소일 수도 있을 것이다. 어쨌든 앗수르가 북왕국을 무너뜨리고 다수의 이스라엘 사람들이 예루살렘으로 피하면서 도성의 규모는 크게 확장되어 이스라엘의 종교적 상상력의 지리적 중심이 되었으며, 기도와 영적 열망과 순례자들까지 끌어들이는 장소가 되었다. 예루살렘 밖에서 이루어지는 유월절 식사Seder에 참여하는 모든 사람은 "올해는 여기서, 내년에는 예루살렘에서"라고 외친다. 신명기의 예배 중앙 집중화 프로그램은 역사를 통해 울려 퍼졌고, 긍정적이든 부정적이든 직간접적으로 유대인, 그리스도인, 무슬림 모두에게 영향을 미쳤다. 예루살렘에 부여된 깊은 희망을 그 도성의 비극과 분리하기란 불가능할 것이다. 한편으로 예루살렘은 종교적 열망의 장소다. 많은 사람들이 그곳으로부터 '두려움을 일으키는 신비',*mysterium tremendum* 설명할 수 없는 강력한 끌림을 느낀다. 다른 한편으로 예루살렘은 성서 시대부터 우리 시대까지 피 흘림의 장소였다. 만일 우리가 "예루살렘을 위하여 평안을 구하라"시 122:6는 시편 기자의 명령에 귀를 기울인다면, 어떤 위대한 유일신 종교도 거기서 일어

| 신명기 |

난 피 흘림에 대해 무죄하지 않음을 기억하면서 기도해야 할 것이다.

## 새로운 종류의 왕

신명기는 아마도 주전 7세기 동안 형태를 갖추었을 것이다. 그 시기는 이스라엘이 "위대한 앗수르 왕"의 강압 아래 있던 시대다. 우리가 모든 가능성에 반하여(그리고 신명기 기록자들의 의도에 반하여) 앗수르 왕이 이 문서를 알았을 것이라고 잠시 상상해 본다면, 이것을 전복적인 환상(실제로는 완전한 광기)으로 판단했으리라고 확신할 수 있다. 제국의 관점에서 볼 때, 신명기의 가장 전복적인 요소는 합법적 왕권에 대한 다음의 규정이다.

> 네가 네 하나님 여호와께서 네게 주시는 땅에 이르러 그 땅을 차지하고 거주할 때에 만일 우리도 우리 주위의 모든 민족들 같이 우리 위에 왕을 세워야겠다는 생각이 나거든 반드시 네 하나님 여호와께서 택하신 자를 네 위에 왕으로 세울 것이며 네 위에 왕을 세우려면 네 형제 중에서 한 사람을 할 것이요 네 형제 아닌 타국인을 네 위에 세우지 말 것이며.17:14-15

왕권에 대해 신명기는 철저히 반제국주의적 선언을 한다. 왕은 반드시 이스라엘 사람이어야 하며, 더 나아가 전형적인 고대 권력자처럼 행동해서는 안 된다.

> 그는 병마를 많이 두지 말 것이요 병마를 많이 얻으려고 그 백성을 애굽으로 돌아가게 하지 말 것이니 이는 여호와께서 너희에게 이르시기

를 너희가 이 후에는 그 길로 다시 돌아가지 말 것이라 하셨음이며 그에게 아내를 많이 두어 그의 마음이 미혹되게 하지 말 것이며 자기를 위하여 은금을 많이 쌓지 말 것이니라.17:16-17

그는 파라오처럼 병거와 기병을 가지거나, 국외와 국내 정치의 동맹을 확보하는 전형적 수단인 왕실 하렘을 소유해서는 안 된다. 은과 금을 대규모로 축적하지 않으면 왕은 호화로운 궁전이나 많은 장관을 둘 수 없다. 간단히 말해 이스라엘은 이집트의 호화로움과 그로 인해 불가피하게 수반되는 억압을 재현하지 않을 것이다. 특히 그의 통치에서 유일하게 드물고 귀중한 물건은 두루마리 책이다.

그가 왕위에 오르거든 이 율법서의 등사본을 레위 사람 제사장 앞에서 책에 기록하여 평생에 자기 옆에 두고 읽어 그의 하나님 여호와 경외하기를 배우며 이 율법의 모든 말과 이 규례를 지켜 행할 것이라. 그리하면 그의 마음이 그의 형제 위에 교만하지 아니하고 이 명령에서 떠나 좌로나 우로나 치우치지 아니하리니 이스라엘 중에서 그와 그의 자손이 왕위에 있는 날이 장구하리라.17:18-20

이것은 책 형태를 취한 야훼의 가르침이 처음 언급된 부분이다.참조. 28:58; 30:10; 수 1:8 두 가지 세부 사항은 특별히 이 왕의 겸손한, 거의 비천하기까지 한 지위를 말해 준다. 먼저 여기에 언급된 유일한 수행원은 레위인 제사장들, 곧 두 번째 등급의 제사장들이며 많은 경우 그들은 해마다 교대로 중앙 성소에서 봉사하기 위해 지방에서 올라왔다. 그러므로 우리는 왕이 중앙의 종교 권력 집단이 아닌 지역의 성직자들과 연계되고 그들 앞에서 책임을 지는 모습을 엿보게 된다. 더 중요한 것은, 왕의 유일한 공식 직무가 신적 가르침의 **사본**을 만들고 그것을 공부하는 것이라는 사실이다. 기록된 말씀은 일반 백성이 그렇듯 왕 역시 날마다 살펴보아야 하는 이정표 참조. 6:9; 11:18-20 의 기능을 한다. 이러한 그림은 신명기보다 무려 천 년 이상 오래된 표준적 메소포타미아 왕의 그림과 극명한 대조를 이룬다. 거기서 왕은 정의를 확립하기 위해 신들에 의해 임명된 입법자로 나타나며, 그 모범적인 사례는 바벨론의 함무라비 주전 약 1792-1750년 이다. 함무라비는 그의 유명한 법전 서문에서 최고신인 아누와 엔릴이 "나의 이름을 불렀다. '신들을 공경하는 경건한 왕 함무라비여, 땅에 정의가 넘치게 하고, 사악한 자와 악인을 없애고, 강자가 약자를 억압하지 못하게 하고, 너는 모든 인류 위에 태양신 샤마쉬처럼 떠올라 땅을 밝히라'"[2]고 명령했다고 주장한다.

　신이 보증한 왕의 권위로 정의를 확립하고 관리해야 한다는 유사한 주장이 성서에 완전히 결여된 것은 아니다. 특히 시 72편 그러나 성서의 법 중 어느 하나도 인간 왕에게 돌려지는 것은 없다. 이스라엘의 왕은 하나님의 법을 평생 학습하는 자이며, 그것이 그에게 재판관 자격을 부여한다. 더 나아가 왕 자신도 판단을 받는다. 왕이 토라를 공부하는 신명기의 그림에는 즉시 두 번째 유형의 권위자에 대한 언급이 따른다. "여호와께서 너희 가운데 네 형제 중에서 너를 위하여 나(모세)와 같은 선지자 하나를 일으키시리니……."18:15; 참조. 17:15 따라서 신명기는 사무엘서와 열왕기, 전통적으로 **전기 예언서** Former Prophets 라 불리는 책들과 이사야서부터 시작되는 **후기 예언서** Latter Prophets 에 대한 서문 역할을 한다. 정경의 관점에서 볼 때, 이스라엘의 왕정 출현은 왕에게 도전하고 왕의 통치에 관해 발언하는 예언자들의 역할을 필수로 만든다. 예언자들의 이야기는 왕실의 공식 연대기와 현저히 다를 수 있다. 한 형태의 권위가 다른 권위를 낳는데, 두 권위는 모두 이스라엘 안에서 나와야 하며, 하나님의 뜻과 공동체의 복리를 위해 언약적 헌신을 바쳐야 한다.

자기를 낮추고 토라에 순종하는 지도자라는 이상은 마태복음서의 시험 이야기에 영향을 끼친다. 여기서 사탄은 예수께 여러 모습의 왕의 권력과 특권을 주장하라고 촉구한다. 먼저 모든 고대 왕의 권위와 부의 기초였던 빵을 만듦으로써, 다음으로는 비범한 신적 보호를 주장함으로써("그가 너를 위해 그의 사자들을 명하시리니······." 마 4:6; 참조. 시 91:11), 그리고 사탄에게 예배하는 대가로 세상 왕국들에 대한 주권을 취함으로써 그렇게 하라는 것이다. 예수가 각각의 경우에 신명기 본문을 명시적으로 인용함으로써 신 8:3; 6:16; 6:13; 10:20; 참조. 마 4:4, 7, 10 시험하는 자에게 대답하신 것은 우연이 아니다. 마태의 청중은 대다수가 예수를 따르는 유대인들이었을 것이며 이 메시지를 놓치지 않았을 것이다. '여기에 토라를 공부하는 지도자가 있다. 예수 자신이 하나님이 선택하신 이 땅 출신 왕이다.' 마태복음서에서 예수는 이두매인 왕이자 되살아난 파라오로서 이스라엘 집의 아기들을 죽이려고 혈안이 된 왕 헤롯과 분명한 대조를 이룬다. 마 2:16-18

### 거룩한 전쟁?

이스라엘 백성이 그 땅에 들어가게 되면, 이스라엘 군대는 가나안 일곱 민족과의 전쟁을 위해 출정할 것이다. 모세는 그들을 격려하며 야훼가 그들과 함께 가서 적들로부터 그들을 구원하실 것이라는 확신을 준다. 20:4 전쟁 수행에 관한 신명기의 핵심 가르침 20:1-20은 전쟁에 관해 엄격한 한계를 설정하며 이스라엘이 해야 할 행위들을 문화적 규범으로부터 명확히 구분한다. 성서를 공부하는 학생과 학자들은 흔히 이 본문에서 '거룩한 전쟁' 개념을 발견할 수 있다고 주장하지만, 그 용어는 오해의 소지가 있다. 성서는 결코 전쟁을 거룩한 것으로 언급하지 않는다. 신명기는 전쟁 행위와 관련된 몇몇 명백한 종교적 지침을 제시하는데, 실제로 여기서 전쟁의 동기는 '거룩한 전쟁'이라는 용어가 시사하는 내용과 정반대다. 즉 가나안인들을 죽음으로 위협하여 개종시키는 것이 아니라, 오히려 이스라엘 자신의 종교적 부패를 방지하는 데 있다. 여기에는 이스라엘 자체가 너무도 쉽게 "크고 강한" 주변 나라들의 종교적 관행을 따르려 한다는 사실이 전제되어 있다.9:1 이는 그들의 이전 역사가 보여준 사실이다.예를 들어 민 25장 그러므로 가나안의 일곱 민족, 곧 대항하기가 불가능해 보이는 앗수르 제국의 힘을 나타내는 대역들은 모세가 말한 대로 "완전히 진멸"되거나 "바쳐져야" 하며, "그들이 그 신들에게 행하는 모든 가증한 일을 너희에게 가르쳐 본받게 하여 너희가 너희의 하나님 여호와께 범죄하게" 하지 않도록 만들어야 한다.20:17-18 이스라엘 백성이 가나안인이나 앗수르인을 '바쳐지게' 할 수 있었을 가능성은 거의 없지만, 신명기적 문헌 속에서 이 진멸 명령은 종교적 동화에 저항하는 가장 강력한 선언으로 존재한다.

'헤렘'herem, '바침'은 고대 지중해와 근동의 관습으로, 성서뿐 아니라 그리스, 바벨론, 히타이트, 모압의 문헌에도 나타난다. 이 행위는 군인들이 포로와 전리품을 완전히 파괴하거나 종교적 용도로 사용하도록 제사장에게 바치는 것이다. 노예와 전리품을 취할 수 있는 가능성은 군인을 직업으로 선택하는 주요한 동기였기 때문에, '헤렘'은 직업 활동으로서 전쟁을 억제하는 기능을 했다. 성서적 맥락에서 '헤렘'은 전쟁을 하는 이유를 가장 엄격한 비판적 검토의 대상으로 삼

을 것과, 승리는 하나님의 손에 있으며 전쟁이 하나님의 목적에 봉사해야 함을 상기시키는 기능을 한다.[3]

전리품을 금하는 것 외에도 다른 제한들이 적용된다. 그중에 이례적으로 전투원 자격 제한 조건이 있다. 군대를 징집할 때, 장교들은 마치 짧은 의식을 하듯 이렇게 말한다.

> 새 집을 건축하고 낙성식을 행하지 못한 자가 있느냐. 그는 집으로 돌아갈지니 전사하면 타인이 낙성식을 행할까 하노라. 포도원을 만들고 그 과실을 먹지 못한 자가 있느냐. 그는 집으로 돌아갈지니 전사하면 타인이 그 과실을 먹을까 하노라. 여자와 약혼하고 그와 결혼하지 못한 자가 있느냐. 그는 집으로 돌아갈지니 전사하면 타인이 그를 데려갈까 하노라……두려워서 마음이 허약한 자가 있느냐. 그는 집으로 돌아갈지니 그의 형제들의 마음도 그의 마음과 같이 낙심될까 하노라. 20:5-8

언뜻 보기에 이러한 징병 유예는 현실과 전혀 맞지 않는 듯 보인다.[4] 신명기는 새 신랑이 "아내를 즐겁게" 해주기 위해 1년 동안 군복무에서 면제되어야 한다고 주장한다. 24:5 또한 새 포도원에서 쓸 만한 작물을 수확하는 데는 5년이 걸릴 수도 있다. 참조. 레 19:23-25 [5] 이 제한 조건을 준수하는 지휘관이 군대를 편성할 수 있겠는가? 비용이 많이 들 것이다. 하지만 바로 그것이 요점이다. 미룰 수 있는 여러 가지 달콤하고 평범한 조건들을 상세히 설명함으로써 천문학적인 전쟁 비용을 직면하게 만든다. 이러한 양보 조건이 암시하듯 전쟁은 세심하게 짜인 공동체의 삶이라는 천을 찢어 버리는 일이다. 그리고 그 결과는 직접적인 적의 공격에서만 오지 않는다. 군인으로 집을 떠나는 순간부터 찢어짐은 드러나기 시작한다. 어느 시대나 지역에서도 일반적으로 병사들이 그러하듯이, 여기서 그려지는 대다수의 이스라엘 병사들은 직업 군인이 아니다. 그들은 농부이며 각기 조그마한 땅을 일구면서 가족에게 더 나은 삶을 만들어 주려고 애쓰고 있다. 아마도 대다수는 젊고 사랑에 빠져 있을 수도 있으며, 아마도 두려워하고 있을 것이다. 여기서 느껴지는 정서를 "전쟁 반대"anti-war라고 부르는 것은 너무 과도하겠지만, 분명히 이것은 군사적 호언이나 선동과는 정반대 모습이다. 전쟁 자체가 우상의 대우를 받아서는 안 된다.

군사 작전의 개시에는 다른 제한 조건이 적용된다.

네가 어떤 성읍으로 나아가서 치려 할 때에는 그 성읍에 먼저 화평을 선언하라. 그 성읍이 만일 화평하기로 회답하고 너를 향하여 성문을 열거든 그 모든 주민들에게 네게 조공을 바치고 너를 섬기게 할 것이요.20:10-11

평화를 선언하고 노예로 삼을 가능성은 멀리 떨어진 성읍들에만 해당되므로,20:15 종교적으로 영향을 받을 위험이 없는 경우다. 이 멀리 떨어진 성읍들은 항복하지 않더라도 전투에서 성인 남성만 죽일 수 있으며, 여성과 어린이는 살려 두어야 한다.20:12-14 반면에 근처 성읍들은 바쳐야 하며, 모든 사람과 가축을 죽여야 한다.20:16-17

신명기 자체와는 다소 대조적이지만 랍비 주석가들은 전통적으로 덜 공격적인 선택지를 가까운 성읍과 먼 성읍 모두에 적용되는 일반 규칙으로 보았다. 모셰 그린버그Moshe Greenberg는 다음과 같이 말한다. "성서 시대 이후의 유대교의 도덕적 감각은 바침,herem(성서 본문이 명백하게 의미하는 것)의 무차별적이고 불가피한 적용을 소거시켰다. 공공 안전이나 생활 공간 확보라는 정치적 또는 군사적 이유로 바침을 정당화하지 않는다."⁶ 분명히 가나안 사람들을 완전히 진멸하는 것은 그들이 보기에 지나치게 가혹한 일이었으며, 우상숭배자들이 회개하고 참되신 하나님께 돌아오면 받아들여질 수 있다는 예언자의 원칙과 모순되기도 했다.⁷ 이스라엘과 가나안 사람들이 그 땅에서 평화롭게 공존하는 것이 거의 실현되지는 못하더라도 합법적인 가능성이라는 더 관대한 견해가 있는데, 이는 여호수아서와 같은 좀 더 넓은 신명기적 전통 안에서도 지지를 받는다.수 11:19; 참조. 수 9:3-27

가나안 일곱 민족에 대한 진멸 명령과 그 명령이 여호수아서와 후기 유대교에서 어떻게 완화되었는지에 관한 난해한 사례는 성서의 법 해석에 관한 중요한 무언가를 제시한다. 그리스도인들은 법의 다양한 요소를 인정하거나 거부해야 한다고 생각하는 경향이 있다. 그러나 증거가 보여주는 것은, '이러한 성서 전통과 함께 어떻게 죽음이 아닌 삶을 촉진하는참조. 신 30:15-20 방식으로 살아갈 수 있는가?'라는 질문과 가장 진지하게 씨름하는 이들은 성서 속의 법이 정적이기보다 동적임을 이해하고 있었다는 점이다. 테렌스 프레드하임Terence Fretheim은 법이 주어진 내러티브적 배경인 광야에 주목함으로 유익한 관점을 제시한다.

[광야는] 법의 기본적 성격을 드러내는 이미지다. 한편으로, 법은 광야를 방랑할 때 나침반과 같은 역할을 한다. 다른 한편으로, 광야 방랑의 우연적 성격은 법이 형식과 내용에서 단번에 영원히 주어진 것으로 절대화되는 것을 막아 준다.

따라서 우리는 오경의 시간을 초월해 불변하는 법 대신에, 스스로를 위해 발전하는 한 과정을 보존했다. 그 과정 안에서는 삶의 모든 영역의 경험이 법의 궤도 안으로 이끌리고 이후 세대들을 고려하여 보존된다. 가능한 최선의 삶을 위하여![8]

법의 역동적이고도 생성적인generative 성격은, 전쟁에 관한 신명기의 핵심 가르침에서 구체화된 또 다른 제한에서 분명해진다. 이 제한은 전쟁의 본질적이고도 종종 의도적인 결과인 생태계의 손상을 줄이고자 한다.

> 너희가 어떤 성읍을 오랫동안 에워싸고 그 성읍을 쳐서 점령하려 할 때에도 도끼를 둘러 그 곳의 나무를 찍어내지 말라. 이는 너희가 먹을 것이 될 것임이니 찍지 말라. 들의 수목이 사람이냐. 너희가 어찌 그것을 에워싸겠느냐(또는 어찌 그것들이 너희를 에워싸겠느냐). 다만 과목이 아닌 수목은 찍어내어 너희와 싸우는 그 성읍을 치는 기구를 만들어 그 성읍을 함락시킬 때까지 쓸지니라.20:19-20

이 법은 땅을 불태우는 고대의 전쟁 전술에 반대한다. 이 전술은 성읍과 그 주변 지역에 장기적인 손상을 가하기 위해 고안된 것이다.참조. 왕하 3:19, 25 파라오 투트모스 3세주전 약 1490-1436년의 므깃도 포위 공격에 대해 기술하는 이집트 비문은 포위 요새를 건설하는 데 과일나무가 사용되었다고 언급한다.[9]

유대 윤리 교육의 한 가지 기본 원칙은 이 지침에서 유래했다. 아람어로 요약하면 '발 타쉬히트'bal tashchit, '파괴하지 마라'로, 무분별한 파괴를 넘어 낭비와 과잉, 물질적 대상을 오용하는 죄악성에 대한 수백 년간 내려온 신학적 성찰이 담긴 원칙이다. 이 원칙에서 도출된 가르침은 전쟁 규범을 훨씬 넘어서지만, 전쟁에 대한 신명기의 모든 가르침의 기저에 있는 근본적 개념과 연결되어 있다. 즉 우상숭배는 이스라엘을 위협하는 가장 중대한 위험이며, 그것은 이스라엘 자신의 거짓 예배 경향에서 생겨날 뿐 아니라 외부의 이웃과 적을 통해 들어올 수도 있다는 것이다. 그렇기 때문에 19세기의 가장 영향력 있는 토라 해석자인 랍비 샘슨 라파엘 허쉬Samson Raphael Hirsch는 '발 타쉬히트' 원칙이 창조 질서 안에서 인간이 자신의 적절한 위치를 인식하고 우상숭배를 피하는 데 어떻게 도움이 되는지 보여준다.

[이 원칙을] 너의 모든 삶과 당신의 지배를 받는 모든 존재에 적용하라. 모든 것을 생산해 주는 땅에서부터 네가 이미 변형해 만들어서 몸을 덮고 있는 옷에 이르기까지.

그렇다. "아무것도 파괴하지 마라!"는 하나님의 첫 번째 부름이자 가장 일반적인 부름이다.……그러나 네가 파괴한다면, 네가 손상시킨다면 그 순간에 너는 [인간이] 아니라 동물이며, 네 주변의 것들을 이용할 권리가 없다. 나는 그것들을 현명하게 사용한다는 조건으로 네게 빌려주었다. 절대로 잊지 마라. 내가 그것들을 네게 빌려주었다는 것을…….

그러므로 [탈무드의] 현자들은 말한다. 화가 나서 옷을 찢거나, 그릇을 박살 내거나, 돈을 뿌리고 다니는 사람은 네 눈에 우상을 숭배한 자처럼 여겨야 한다. 그것이 정욕의 방식이기 때문이다. 정욕은 오늘은 "이것을 하라"고 말하고 내일은 "저것을 하라"고 말하여, 결국 그것의 노예가 된 사람을 우상숭배로 이끈다. 진실로 사물이 하나님의 피조물이자 소유라는 사실을 무시할 수 있는 사람, 그리고 자기가 힘이 있으므로 자신의 오만한 뜻에 따라 그것을 파괴할 권리가 있다고 생각하는 사람보다 더 우상숭배에 가까운 사람은 없다. 그렇다. 그는 이미 그 내면의 자아에서 가장 강력한 우상을 섬기고 있다. 분노, 자존심 그리고

무엇보다도 그 정욕 안에서 자신을 사물의 주인이라고 여기고 있는 자
라는 우상이다.[10]

## 고통스러운 결말

신명기나 전체 토라에는 행복한 결말이 없다. 비록 이 다섯 권의 전
체적 흐름은 아브라함이 약속받은 땅에서 이스라엘이 영구적으로
정착하는 모습을 향해 나아가지만, 토라는 광야에서 모세가 죽는 것
으로 끝나며, 목표 실현에서 한 걸음 크게 멀어진 상태로 마친다. 더
나쁜 것은, 이스라엘 백성이 그 땅에 영구적으로 정착하리라는 위안
이나 확신을 주는 말이 없다는 점이다. 오히려 신명기의 마지막 장들
은 창세기 서두 장들에 나온 두 가지 언약적 가능성, 곧 복과 저주를
구체적으로 제시한다. 신명기 28장은 이스라엘의 두 가지 대안적 미
래를 가장 온전하게 요약한 성서의 진술이다. 복의 선언이 앞서 나오
기는 하지만,28:1-14 그것은 저주에 담긴 공포의 수사에 압도되며 짓
눌려 버린다.28:15-68 파괴와 유배가 생생하고 자세하게 그려져 거의
확실한 미래처럼 보인다. 열왕기와 예레미야애가를 계속 읽어 가다
보면, 정말 그 미래가 성취된 것을 목격하게 된다. 이스라엘은 아직
그 땅에 들어서기도 전에, 땅을 잃어버린 미래의 가능성 또는 확실성
을 직면한다.

　　역설일지도 모르지만, 심오하게 불안정한 토라의 결말은 이 이
야기와 가르침을 자신의 것으로 주장하는 이들에게는 궁극적으로
신학적 회복력의 근원이 될 것이다. 왜냐하면 성서의 계명을 대부분
포함하고 있는 핵심 내러티브들이 그 땅 밖에서 끝나기 때문이다. 땅
이 주는 소산이나 토지의 영구 소유는 이스라엘과 야훼의 언약적 결

합의 기초가 아니다. 오히려 십계명 서두에서 암시하는 대로 그 결합의 기초는 이스라엘을 이집트 땅, "종 되었던 집"에서 인도해 낸 하나님의 행위다.[5:6] 이스라엘 백성은 가나안에 들어오기 전에도 순종해야 했으며, 그 땅에서 추방된 후에도 여전히 순종해야 한다. 요약하면 이스라엘을 하나님과 묶는 것은 계명 자체다. 구체적인 계명들과 그 배후에 있는 구원의 역사다. 이스라엘이 땅을 취한다는 행위 자체가 아니다. 이스라엘의 땅 점유는 언약적 복종에 부수적인 것이 아니지만 주요한 것도 아니다. 랍비 모셰 그린버그는 이렇게 말한다. "이스라엘이 그들의 땅에 오기 전에 [언약] 관계가 땅을 취하는 것과는 독립적이었듯, 그들이 그 땅에서 추방된 후에도 그것은 다시 마찬가지가 될 수 있다. 땅을 정복하기 전에 언약을 지키는 것이 땅을 소유하는 조건이었듯, 이제 그것은 그 땅을 재소유하는 조건으로 간주되었다."[11]

땅은 잃어버릴 수 있지만, 순종의 가능성과 그에 따른 종교적 갱신의 가능성은 토라 속에 그대로 남아 있다. 이 가능성은 역사적으로 가장 중요하다. 토라의 문학적, 신학적 형태는 이스라엘의 하나님을 섬기는 이들이자 결국 유대인으로 알려지는 이스라엘과 유다 사람들이 성서 시대 민족들 가운데 종교적 정체성을 현재도 유지하는 유일한 민족이 된 이유를 설명하는 데 큰 역할을 할 수 있다. 그들은 영토, 왕국으로서 독립적 지위, 성전이라는 종교적 장치, 유효한 제사장직을 상실했음에도 그 정체성을 유지하고 있다. 이는 역사의 기적과 같다. 산 자들 중에 바벨론의 위대한 신 마르둑, 가나안의 바알, 모압의 그모스를 예배하는 이는 없다. 우리는 그들의 신들은 성서 또는 땅에서 파낸, 말 그대로 구멍을 파고 찾아낸 글과 이미지들을 통해 알게 되었다. 그러나 무수한 유대인들과 이들로부터 나온 그리스도인들은 호렙산에서 모세를 통해 말씀하신 하나님과 언약적으로 연결되어 있다고 오늘날까지 믿고 있다.

> 이 언약은 여호와께서 우리 조상들과 세우신 것이 아니요 오늘 여기 살아 있는 우리 곧 우리와 세우신 것이라.5:3

신명기와 토라가 문제를 해결하지 않고 그 땅 밖에서 끝나기 때문에, 바벨론 유배 및 그 이후의 땅 상실과 모든 흩어짐의 경험은 하나님에 의해 버림받거나 하나님의 임재로부터 쫓겨난 것이 아닌 다른 어떤 것이라고 여길 가능성이 생겼다. 즉 하나님이 처음으로 이스라엘을 언약 파트너로 삼으셨던 "그 크고 두려운 광야"1:19; 참조. 8:15로 돌아간 것이라고 볼 수 있다. 따라서 약 1,500년 동안 유대인들이 토라 생활의 기초로 삼은 주된 텍스트는 바벨론 탈무드, 곧 토라의 계명에 대한 위대한 상세 주석이다. 유배와 디아스포라는 고되었지만 열매가 많은 훈련이었다. 그 기간 동안 토라는 그 땅 밖에 있던 유대인들에게 특별히 명료하고도 신랄한 가르침을 주었기 때문이다.

# 06

# 여호수아

# 비정복 내러티브

· 여호수아 ·

여러 세기에 걸쳐 여호수아서는 성서 가운데 삶에서 함께하기에 가
장 어려운 책이라고 여겨져 왔다. 많은 그리스도인과 유대인, 무슬
림, 또 다른 이들이 여호수아서를 매우 위험하고 심지어 치명적인 책
으로 취급한다. 이른바 가나안 정복 이야기가 여러 시대와 장소에서
하나의 모델로 사용 또는 오용되어 왔다는 점에서 그들은 옳았다. 이
책의 주석을 시작하기에 앞서, 오랜 세월에 걸쳐 다양한 군사적, 정
치적 정복을 지지하는 데 이 책이 얼마나 치명적으로 사용되었는지
역사적 관점들을 살펴보는 것이 우리에게 유익할 것이다. 여호수아
서가 가장 문자적으로 적용된 사례는 1099년 십자군의 첫 번째 예
루살렘 공격이었을 것이다. 성벽을 둘러싸고 진을 친 공격자들은 예
루살렘에서 동쪽으로 30킬로미터도 떨어지지 않은 고대 도시 여리
고를 정복했던 이스라엘의 사례를 모델로 삼았다. 사흘간의 금식 후
그들은 기독교 성자들의 초상을 들고 엄숙한 행렬로 그 성을 돌았다.
기대와 달리 예루살렘 성벽이 무너지지 않자,참조. 수 6:15-20 십자군은
공성탑을 쌓아 성벽을 파괴했다. 성안으로 들어온 십자군은 거리에
서 무슬림 주민들을 학살하고, 유대인들이 보이면 회당에 가두어 산
채로 불태웠다.[1]

아메리카 대륙에서 이 책은 종종 다른 이들이 거주하는 영토를 유혈 정복하는 명분으로 사용되었다. 16세기 스페인의 법률가와 성직자들은 새로운 식민지에서 정복자의 잔혹한 행위를 지지하는 성서적, 신학적 논거를 제시하면서 "여호수아가 우상을 숭배하는 가나안인들을 파멸시키라는 하나님의 뜻을 받았듯이, 스페인도 인디언을 파멸시키라는 하나님의 뜻을 받았다"라는 유비를 대중화했다.[2] 17세기 영국인 정착민들은 자신들의 아메리카 정착지를 "영국인의 새로운 가나안"[3]으로, 그들 자신을 "그리스도의 군사"로 부르며, "전에는 **이교와 우상과 마귀 숭배** 외에는 아무것도 없던 곳에"[4] 마을과 교회를 세웠다.

1783년, 미국 초대 대통령을 기념하는 선거 연설에서 예일 대학교 총장 에즈라 스타일스Ezra Stiles는 새로운 나라를 "아메리카에 세워진 하나님의 이스라엘"로, 조지 워싱턴을 "아메리카의 여호수아"로 칭송했다. 구약학자였던 스타일스는 아메리카 인디언이 문자 그대로 "여호수아가 추방했던 가나안인"이며, 고대에 지중해 연안과 아시아의 여러 지역으로 흩어졌다가 오랜 세월에 걸쳐 점차 아메리카 대륙으로 이주한 사람들의 직계 후손이라는 주장을 펼쳤다. 그는 거룩함으로 부름받은 새로운 민족에 대한 예언이 "가나안인이 종이 되거나 적어도 조공을 바치게 될 나라에서" 성취되는 것을 보았다.[5] 한 세기가 더 지난 후 유명한 아프리카너Afrikaner, 남아프리카에 사는 네덜란드계 백인—옮긴이 시인이자 성직자인 J. D. 뒤 투아J. D. du Toit도 대중 서사시에서 자신의 민족에 대해 비슷한 주장을 펼쳤다. "또 하나의 이스라엘처럼 / 적들에게 포위되어 초원에서 길을 잃었지만 / 또 다른 가나안에 들어가도록 택함받아 / 하나님의 계획대로 인도함을 받았다." 그 계획에는 "벌거벗은 검은 무리"인 새로운 가나안인을 가혹하게 굴복시켜

그 땅을 "구속하는 것"이 포함되었다.[6]

20세기 중반부터 팔레스타인의 그리스도인들은 그들의 성서 이해에서 위기를 겪었는데, 그것은 (북미와 유럽의) 그리스도인들과 일부 유대인들이 종종 옹호하는 주장, 곧 성서의 정복 명령은 팔레스타인인들을 추방하고 이스라엘 유대인들이 고토를 점령함으로써 성취된다는 주장 때문이었다. 수백 년 동안 대를 이어 베들레헴과 그 주변에서 살아온 루터교 목사이자 학자인 미트리 라헵Mitri Raheb은 성서로부터 (한동안) 소외되었던 자신의 경험을 들려준다.

나에게 너무나 익숙한 여호수아와 다윗이 갑자기 정치화되었고, 예전과는 달리 더 이상 예수와는 연속성이 없는 인물로 여겨졌다. 대신에 그들은 메나헴 베긴과 이츠하크 샤미르의 친족 자리에 놓이게 되었다. 그들의 정복은 더 이상 영적인 가치들을 위한 것이 아니라, 땅, 특히 나의 땅을 빼앗는 정복이었다.

이제 나의 성서는 내가 전에는 볼 수 없었던 측면을 보여주었다. 이전까지는 "우리를 위한" 것이라고 여기던 성서가 갑자기 "우리를 반대하는" 책이 되었다. 그것은 더 이상 나에게 위로와 격려의 메시지가 아닌 공포스러운 말이 되었다. 나와 세상의 구원은 성서에서 더 이상 중요하지 않게 되었다. 중요한 것은 나의 땅이었다. 그것을 하나님이 이스라엘에게 약속하셨고, 나는 "낯선 사람"이 되지 않으면 더 이상 그곳에서 살 권리가 없게 되었다. 사랑이라고 어린 시절부터 알고 있던 하나님이, 갑자기 땅을 빼앗아 가고, "거룩한 전쟁"을 벌이고, 민족 전체를 멸망시키는 신이 되어 버렸다. 나는 이 하나님을 의심하기 시작했다. 이 신을 미워하기 시작했다.[7]

| 여호수아 |

이러한 예들이 보여주듯 여호수아는 여러 시대와 장소에서 "사람들이 세상에 대해 생각하는 방식을 가장 강력하게 결정짓는"[8] 책이었으며, 따라서 우리 모두가 살고 있는 세상을 형성하는 데 부수적 요인을 넘어서는 역할을 했다. 사람들이 강제 이주를 당하고 있고 거주할 땅을 차지하려는 경쟁이 점점 치열해지는 이 세상에서 이러한 여호수아서 읽기가 저절로 사라질 것이라고 생각할 까닭은 없다. 따라서 도덕적 통찰을 얻기 위해 성서를 읽는 사람들은 여호수아서를 그렇게 사용하는 것이 도덕적으로(지금은 당연해 보이지만), 그리고 주석적으로(덜 분명하지만 그럼에도 입증할 수 있다) 왜 잘못된 것인지 인식하고 명확하게 설명할 수 있어야만 한다. 사실 위의 글이 보여주는 것처럼 미트리 라헵이 "정치화되기 전"에 지니고 있던 견해가 옳았다. 여호수아서의 중심 주제인 정복은 1차적으로 이스라엘 내부의 영적 가치들을 위한 투쟁으로 이해되어야 한다.

## 틀 깨기

다른 문학 작품도 그렇듯 이 책을 읽을 때 독자들이 가장 먼저 내려야 할 큰 결정은 장르와 관련된다. 이 작품은 어떤 장르의 문학이며, 어떤 진실을 주장하고 있는가? 이와 밀접하게 연관되는 것은 관점에 대한 질문이다. 여기에 어떤 관점이 표현되어 있으며, 따라서 독자인 나에게 어떤 관점을 택하라고 촉구하고 있는가? 여호수아서의 경우 장르 문제는 먼저 이렇게 구체화할 수 있다. '여호수아서는 민족의 정복에 관한 이야기인가?' 여호수아서의 문학적 특성을 면밀히 검토하고 고대 근동의 정복 기록(현존하는 많은 사례가 있다)과 비교해 보면, 이 책은 적어도 세 가지 측면에서 정복 기록의 표준 형식에서 벗어나 문학적 틀을 깨고 있음을 보여준다. 그 세 가지는 **수사, 승리 주장의 범위, 적에 대한 태도**다.

우리는 먼저 수사와 범위의 문제를 살펴볼 것이다. 모든 시대의 군주가 그러했듯 고대 근동의 왕들은 공식 연대기나 공적 기념물에 그들의 군사적 승리를 기록했다. 예외 없이 그들은 완전한 승리를 주장했다. 그러나 다른 역사적 증거는 그들이 어떤 전투 업적은 과장했다는 사실을 드러내기도 한다. 정복의 공적 수사는 그들의 무자비한 힘을 보여주며 '민족 청소'에 영광을 돌린다. 도시가 불타고 파괴되고, 산등성이에 시체가 쌓이고 계곡에 피가 흐르며, 전리품을 탈취하고 백성 전체가 노예로 끌려가는 모습에 초점이 맞춰진다. 때로 연대기 기록자들은 그 참상을 시적으로 묘사하며 왕을 대신해 이렇게 자랑하기도 한다. "나는 (적들을) 그들이 마치 존재하지도 않았던 것처럼 도륙하고, 그들을 자신들의 피에 엎드리게 하고, (그들을) 더미에 던져 버렸다."이집트의 투트모스 3세 "나는 전사들의 시체를 들판에 곡식 더미처럼 쌓아 놓았다."앗수르의 디글랏빌레셀 1세 "나는 그들의 두개골을 말라비틀어진 곡식처럼 수확하여 (그것들을) 더미로 쌓았다."앗수르의 산헤립[9]

이러한 배경에서 여호수아서를 읽으면, 이 책에서 살육의 시 poetry가 아예 사라지지는 않았지만 크게 약화되었음이 분명해진다. 확실히 여호수아서에는 폭력이 존재한다. 여호수아 10-12장에 집중된 군사적 승리에 대한 보도에는 다섯 명의 왕을 말뚝에 박고,10:26 여러 성읍을 점령하고 그 주민들을 칼로 쳤다10:28-39는 기록이 있다. 그럼에도 이 장들에서조차 강조점은 피비린내 나는 세부 사항이 아니라 최종 결과에 있다. "이스라엘의 하나님 여호와께서 이스라엘을 위하여 싸우셨으므로 여호수아가 이 모든 왕들과 그들의 땅을 단번에 빼앗으니라."10:42 이 요약문은 전형적인 왕실 기록처럼 이스라엘

의 완전한 승리를 주장하는 듯 보이지만, 즉시 책의 그림은 복잡해진
다. 이 책에서 가장 기이한 것 가운데 하나는 그 승리의 주장을 빠르
게 해체한다는 점이다. 대부분의 군사적 교전이 보도되는 여호수아
서의 중심 부분10-21장에는 두 가지 다른 내러티브의 목소리가 흐른
다. 한 목소리(A)는 이스라엘의 완전한 승리를 선언하고, 다른 목소
리(B)는 중대한 실패를 인정한다. 전체 단락의 틀을 제시하는 진술
은 완전한 승리의 목소리지만 그 사이사이에 중대한 실패의 목소리
를 담은 진술의 수가 더 많아 낙관적 발언에 의문을 품게 하고, 심지
어 이것이 군사적 선전이 맞는지 의심하게 만든다. 두 목소리의 상호
작용 패턴은 다음과 같다.

**A-1** | 이스라엘의 하나님 여호와께서 이스라엘을 위하여 싸우셨으므로
여호수아가 이 모든 왕들과 그들의 땅을 단번에 빼앗으니라.10:42

**A-2** | 이와 같이 여호수아가 여호와께서 모세에게 말씀하신 대로 그
온 땅을 점령하여 이스라엘 지파의 구분에 따라 기업으로 주매 그 땅에
전쟁이 그쳤더라.11:23

**B-1** | 여호수아가 나이가 많아 늙으매, 여호와께서 그에게 이르시
되 너는 나이가 많아 늙었고 얻을 땅이 매우 많이 남아 있도다.13:1

**B-2** | 그술 족속과 마아갓 족속은 이스라엘 자손이 쫓아내지 아니
하였으므로, 그술과 마아갓이 오늘까지 이스라엘 가운데에서 거
주하니라.13:13

**B-3** | 예루살렘 주민 여부스 족속을 유다 자손이 쫓아내지 못하였으므로 여부스 족속이 오늘까지 유다 자손과 함께 예루살렘에 거주하니라.15:63

**B-4** | 그러나 므낫세 자손이 그 성읍들의 주민을 쫓아내지 못하매 가나안 족속이 결심하고 그 땅에 거주하였더니 이스라엘 자손이 강성한 후에야 가나안 족속에게 노역을 시켰고 다 쫓아내지 아니하였더라.17:12-13

**A-3** | 이스라엘 자손의 온 회중이 실로에 모여서 거기에 회막을 세웠으며 그 땅은 그들 앞에서 돌아와 정복되었더라.18:1

**B-5** | 그러나 이스라엘 자손 중에 그 기업의 분배를 받지 못한 자가 아직도 일곱 지파라. 여호수아가 이스라엘 자손에게 이르되 너희가 너희 조상의 하나님 여호와께서 너희에게 주신 땅을 점령하러 가기를 어느 때까지 지체하겠느냐.18:2-3

**A-4** | 여호와께서 이스라엘의 조상들에게 맹세하사 주리라 하신 온 땅을 이와 같이 이스라엘에게 다 주셨으므로 그들이 그것을 차지하여 거기에 거주하였으니 여호와께서 그들의 주위에 안식을 주셨으되……그들의 모든 원수들을 그들의 손에 넘겨 주셨음이니라. 여호와께서 이스라엘 족속에게 말씀하신 선한 말씀이 하나도 남음이 없이 다 응하였더라.21:43-45

틀을 형성하는 진술들 가운데 목소리 A의 진술은 이스라엘에 대한 야훼의 말씀이 전적으로 신뢰할 만하다고 확인해 주지만, 목소리 B의 다섯 진술은 이스라엘이 그 땅을 차지했지만 그들 자신의 '태만'으로 인해 기껏해야 제한된 성공이라고 말한다. 이러한 비일관성은 정치 영역에서, 곧 모든 수준의 공동체와 국가 생활에서는 익숙한 것이다. 공식적으로는 모든 것이 잘 진행되고 있다고 확언하지만, 여기저기 문제가 있다고 인정하는 작은 목소리들이 존재한다. 여호수아서에서 놀라운 점은, 정치인들이 일상적으로 하는 일을 하지 않는다는 것이다. 즉 모순을 부정하거나 해명하려는 시도가 없다. 우리는 이 대조적인 진술들이 특정한 신학적 관점, 곧 예언자적 관점에서 볼 때는 이해가 된다는 것을 발견한다. 실제로 성서에서 **전기 예언서**(여호수아서-열왕기)로 알려진 부분의 첫 책인 여호수아서에 나타나는 이러한 비일관성은, **후기 예언서**들이 이후의 이스라엘 역사에서 일어나는 사건에 대응해 반복적으로 들려줄 핵심 메시지를 예견하게 한다. **야훼는 신실하시지만 이스라엘은 게으르고, 따라서 야훼가 백성을 위해 이루고자 하시는 많은 일들이 아직 실현되지 않고 있다는 것이다.**

이러한 모순적 진술은 이스라엘이 가나안 땅에 독립된 민족으로 등장한 과정을 가장 개연성 있게 역사적으로 재구성한 내용에 비추어 볼 때도 이해가 된다. 철기 시대<sup>주전 약 1200년</sup> 초기에 이스라엘이 가나안 구릉지에 정착한 것은 외부로부터의 대규모 침략 때문이 아니라, 동족 사이의 사회적, 종교적 분화의 문제였다는 인식이 지난 수십 년간 학계에서 널리 공유되었다.[10] 새로운 실체인 이스라엘은 점차 자신을 다양한 가나안 집단과 구별된다고 여겼지만 사회적으로, 그리고 심지어 종교적으로도 포괄적이고 절대적인 분리는 결코 이루어지지 않았다. 예를 들어 두 세기 후 다윗 왕의 전사들 가운데는 여호수아를 따르던 이들이 쫓아낼 수 없었던 가나안 집단 중 하나인 마아가 족속13:13의 엘리벨렛이 포함되어 있었다.삼하 23:34 헷 족속 출신으로 불행한 결말을 맞은 우리아는 진멸 대상으로 추정되는 악명 높은 일곱 민족 중 하나의 후예였다. 그러나 그는 이스라엘 최고의 종교적 상징인 언약궤가 전장에 나가 있는 동안에는 아내와 동침하지 않겠다는 경건한 양심 때문에 죽임당한 야훼 숭배자였다.삼하 11:11 이 모든 것은 "오늘까지" 유다 자손과 여부스 족속이 예루살렘에도 섞여 살았음을 인정하는 여호수아서의 그림과 잘 맞아떨어진다.15:63

홍미롭게도 이스라엘 백성이 나태하다는 이 책의 직설적인 비난은 이집트에서 파라오가 히브리인 동료 노예를 감독하던 이들을 향해 던졌던 거짓 비난의 반향을 담고 있다.참조. 출 5:17 그러나 여기서 우리는 이 나태함에 대한 비난이 사실이라고 가정할 수 있으며, 야훼가 여호수아에게 내리신 첫 번째 명령은 약속의 땅으로 들어가는 이 중요한 시점에서 그 실패가 왜 그토록 중대한 결과를 낳았는지에 대한 통찰을 준다.

강하고 담대하라. 너는 내가 그들의 조상에게 맹세하여 그들에게 주리라 한 땅을 이 백성에게 차지하게 하리라. 오직 강하고 극히 담대하여 나의 종 모세가 네게 명령한 그 율법'토라'을 다 지켜 행하고 우로나 좌로나 치우치지 말라. 그리하면 어디로 가든지 형통하리니 이 율법'토라' 책을 네 입에서 떠나지 말게 하며 주야로 그것을 묵상하여 그 안에 기록된 대로 다 지켜 행하라. 그리하면 네 길이 평탄하게 될 것이며 네가 형통하리라. 내가 네게 명령한 것이 아니냐 강하고 담대하라. 두려워하지 말며 놀라지 말라. 네가 어디로 가든지 네 하나님 여호와가 너와 함께 하느니라.1:6-9

이것은 교사나 학자가 쓰는 언어이지 장군의 언어가 아니다. 여호수아가 "이 토라 책을……주야로 묵상하는"참조, 시 1:2 일에서 강하고 담대한 사람이 되어야 한다는 야훼의 요구는 군사적 대비로서는 이상한 종류의 것이다. 토라 공부에 참여하는 것이 왕의 역할이라고 신명기가 재인식한 것처럼,참조, 신 17:18-20 권력의 언어와 논리가 정치와 군사 영역에서 종교적 연구와 순종의 영역으로 옮겨지고 있다. 랍비 전통은 이러한 논리를 한 단계 더 확장한다. 한 미드라쉬는 여호수아가 두 번째 아이 성 공격을 어떻게 준비했는지 말해 준다.8:1-29 첫 번째 공격은 아간이 전리품 탈취 금지를 위반한 죄로 인해 실패했다.7:1-12 그 후에 본문은 군대가 성 옆에 진을 치고 있는데 "여호수아가 그 밤에 **골짜기 가운데로** 들어[갔다]"8:13고 보도한다. 랍비들은 이를 은유적으로 읽었다. 여호수아는 토라의 깊은 곳으로 들어갔고, 그 결과 전투는 성공적인 결과를 낳는다.[11] 이러한 은유적 읽기는 현대 해석자들에게는 대부분 억지스럽게 들릴 수 있지만, 사실 야훼가 여호수아에게 **토라에 대한 헌신에서** "강하고 용감하라"고 당부하신 것과 잘 어울린다. 여호수아서의 첫 몇 구절에 나오는 이 명령은 이 책을 문자적인 영토 정복 이야기로 읽지 말라는 경고처럼 읽힌다.

## 편들기 거부

수사와 그것이 주장하는 승리의 범위 면에서 여호수아서가 고대 정복 서사와 다르다면, 적을 대하는 태도는 더 뚜렷하게 예외적이다. 또한 이 책에 나오는 가나안 족속 이야기는 이스라엘이 요단강을 건너면 일어나리라고 신명기가 예상하게 만드는 내용, 곧 이스라엘에게 올무가 될신 7:16 악한 가나안 족속신 9:5을 만날 것이라는 말과 조화되지 않는 듯 보인다. 사실 여호수아서에는 악한 가나안인의 사례가 단 한 번도 나오지 않는다. 그 땅에서 일어난 일 가운데 유일한 악인 이야기는 유다 지파의 아간이 금지된 전리품을 훔쳐7:1 이스라엘 백성 서른여섯 명을 전투에서 죽게 만든 것이다.7:5 이와 대조적으로 가나안인에 대한 여호수아서의 상세한 묘사는 고대 근동 정복 기록에서는 찾아볼 수 없는 훌륭한 토착민들의 모습을 보여준다. 그중 첫 번째 사례는 '비밀' 정찰 임무를 수행하기 위해 그 땅에 들어오는 이스라엘 선발대에게 피난처를 제공하는 가나안 여인이다. 여호수아의 명령을 받은 두 정탐꾼은 "라합이라 하는 기생"2:1의 집에 잠입한다. 히브리어 이야기에는 여성의 이름이 언급되는 경우가 비교적 드물기 때문에, 이 이름이 라합의 정체에 대한 단서가 될 수 있다. 히브리어 '라하브'*rahav*는 '넓은'이라는 뜻으로, (동족어인) 우가릿어에서는 여성의 생식기를 언급할 때 사용되기도 한다. 이 가나안 여인의 이름인 '넓은 여자'는 언뜻 들으면 군인들이 하는 저속한 농담 같으며, 따라서 그녀는 다른 신들을 따라 '음행'하고 이스라엘도 그렇게 하도록 유혹하는 가나안인을 상징하는 인물로 보이게 된다.참조. 신 31:16 이야기는 이 성적인 농담을 활용한다. 정탐꾼들은 라합의 집에 가서 '눕는데',2:1, 개역개정 "유숙하더니"—옮긴이 이는 성관계를 뜻하는 일반적인 표현이다. 그들은 그곳에서 자신들의 존재와 의도를 전혀 숨기지 않는다. 여리고 왕은 이 소식을 듣고 라합에게 다음과 같은 메시지를 보낸다. "네게 **들어간**(다시 성관계를 뜻하는 단어) 자들, 곧 네 **집**에 들어간 자들을 내놓아라. 그들이 온 땅을 헤집으러 들어왔음이니라."2:3, 저자 사역—옮긴이

이 대목에서 라합은 음탕함이 아니라 신실함의 본보기가 된다. 그녀는 여호수아의 정탐꾼들을 사로잡는 올무가 되기는커녕, 왕의 부하들이 성 주변을 수색하게 만들고 그동안 정탐꾼들을 자신의 옥

| 여호수아 |

상에 숨겨 구출해 낸다. 그런 다음 그녀는 자신이 왜 그들을 구하기 위해 주도적으로 나섰는지 직접 선언한다.

여호와께서 이 땅을 너희에게 주신 줄을 내가 아노라. 우리가 너희를 심히 두려워하고 이 땅 주민들이 다 너희 앞에서 간담이 녹나니 이는 너희가 애굽에서 나올 때에 여호와께서 너희 앞에서 홍해 물을 마르게 하신 일과 너희가 요단 저쪽에 있는 아모리 사람의 두 왕 시혼과 옥에게 행한 일 곧 그들을 전멸시킨 일을 우리가 들었음이니라. 우리가 듣자 곧 마음이 녹았고 너희로 말미암아 사람이 정신을 잃었나니 너희의 하나님 여호와는 위로는 하늘에서도 아래로는 땅에서도 하나님이시니라. 그러므로 이제 청하노니 내가 너희를 선대_hesed_하였은즉 너희도 내 아버지의 집을 선대하도록 여호와로 내게 맹세하고 내게 증표를 내라. 2:9-12

이는 이 땅에서 처음 이루어진 정통 야훼 신앙 고백으로, 마치 "이스라엘아, 들으라"_신 6:4_ 하고 말하는 쉐마에 대한 응답이 가나안 여인의 입을 통해 나오는 듯하다. 그녀는 "우리가 들었다"라고 단언하며 이스라엘에게 자신의 운명을 맡긴다. 반아파르트헤이트 투쟁이 한창이던 시절 데즈먼드 투투_Desmond Tutu_ 주교는 남아프리카공화국 정부를 향해 이렇게 외치곤 했다. "더 늦기 전에 이기는 편에 서시오!" 비록 이스라엘 백성은 그 보냄받은 사명을 수행하는 데 게을러졌으나, 힘의 이동을 감지한 라합은 자기 가족을 데리고 이스라엘 쪽으로 건너온다. 이렇게 여리고의 '넓은 여자' 라합은, 신명기가 언약의 내부와 외부, 선택받은 이스라엘 사람과 금기시해야 할 가나안 사람 사이에 확고하게 그어 놓은 선을 흔들기 시작한다.[12]

이러한 흔들림을 잘 보여주는 작은 장면이 하나 있다. 그것은 여리고가 이스라엘의 손에 넘겨지기 직전에 일어난 일로, 전적으로 좋은 징조가 되는 순간이다. 출애굽 이후 처음으로 모든 남자가 할례를 받음으로써 하나님과 이스라엘 사이의 언약이 확고히 재확인되었다.5:2-8 또한 가나안에서 첫 유월절을 기리고, 그들이 그 땅에서 직접 재배한 곡식을 먹었다.5:10-12 그들은 정말로 그 땅에 도착한 것이다. 그러고 나서 어떤 일이 일어난다.

여호수아가 여리고에 가까이 이르렀을 때에 눈을 들어 본즉 한 사람이 칼을 빼어 손에 들고 마주 서 있는지라. 여호수아가 나아가서 그에게 묻되 너는 우리를 위하느냐 우리의 적들을 위하느냐 하니 그가 이르되 아니라. 나는 여호와의 군대 대장으로 지금 왔느니라 하는지라. 여호수아가 얼굴을 땅에 대고 엎드려 절하고 그에게 이르되 내 주여, 종에게 무슨 말씀을 하려 하시나이까. 여호와의 군대 대장이 여호수아에게 이르되 네 발에서 신을 벗으라. 네가 선 곳은 거룩하니라 하니 여호수아가 그대로 행하니라.5:13-15

여호수아의 첫 번째 질문은 완전히 모호하다. 그는 이 낯선 사람을 처음 보는 군복과 장비를 갖춘 평범한 군인으로 여겼을 수 있다. 그렇다면 여호수아는 '너는 우리에게 속하느냐, 아니면 가나안 족속에게 속하느냐?'라고 묻는 것이다. 그러나 여기에 나오는 전치사는 '당신은 우리를 **위하느냐**, 아니면 우리의 적을 **위하느냐?**'라고 이해될 수도 있다. 아마도 여호수아는 그 사람이 자신의 신분을 밝히기도 전에, 그가 다른 영역에 속해 있으며 따라서 그의 존재가 곧 시작될 전투의 결과와 특별히 관련이 있음을 직감했을 것이다. 두 경우 모두 대답은 '아니다'이다. 이분법은 적용되지 않는다. 특히 이 장소, 거룩함 자체인 이곳에서는 더더욱 그러하다. 신을 벗으라는 지시는 이곳이 또 다른 불타는 떨기나무의 자리임을 암시한다.참조. 출 3:5 이곳은 켈트 영성에서 "얇은 장소"라고 부르는 곳, 신성한 무언가가 투과해 비치는 곳이다. 이 순간 정복의 개념, 곧 '우리'와 '그들' 사이의 대립이라는 기본 인식이 흔들리게 된다.

여호수아 10장에서 전투와 관련된 긴 이야기가 시작되기 전에, 기존의 인식을 흔드는 가나안인 이야기가 한 번 더 등장한다. 기브온 사람들은 여리고와 아이에서 일어난 일을 듣고 그들의 멸망을 피하기 위해 이스라엘 백성과 동맹을 맺기로 결심한다.

> [그들은] 꾀를 내어 사신의 모양을 꾸미되 해어진 전대와 해어지고 찢어져서 기운 가죽 포도주 부대를 나귀에 싣고 그 발에는 낡아서 기운 신을 신고 낡은 옷을 입고 다 마르고 곰팡이가 난 떡을 준비하고 그들이 길갈 진영으로 가서 여호수아에게 이르러 그와 이스라엘 사람들에게 이르되 우리는 먼 나라에서 왔나이다. 이제 우리와 조약을 맺읍시다……9:4-6

기브온 사람들은 거짓말을 한다. 왜냐하면 그들은 야훼가 명하신 전쟁 규칙에 따라 이스라엘이 멀리 떨어진 민족과만 평화 조약을 맺을 수 있다9:24; 참조. 신 20:15는 것을 알고 있지만, 그들의 성읍은 예루살렘에서 불과 8-10킬로미터 떨어져 있기 때문이다.

이 긴 이야기는 생생한 문화적 기억을 형성하기 위해 세심하게 만들어졌다. 기브온은 "그 사람들은 다 강함이라"10:2고 할 만큼 강력했지만, 그들은 위신을 내버린 채 부랑자처럼 갈아입고 속임수를 써서 언약에 들어가고자 했다. 때가 되어 그 계략이 들통나 그들은 그 특권을 얻기 위해 정치적, 경제적 자유를 대가로 지불했으며, "오늘까지" 야훼 성소에서 "나무를 패며 물을 긷는 자"9:27가 된다. 성소에서 그들의 지위는 낮지만, 그들과 이스라엘 백성 사이의 언약은 문자 그대로 해와 달에 의해 가장 높은 수준에서 비준된다. 더 큰 가나안 연합군이 그들을 배신한 기브온과 전쟁을 벌이자10:4 이스라엘은 기브온을 지원했고, 이 새로운 연합군이 결정적인 승리를 거둘 때까지 하늘의 천체들은 기브온 위에 정지해 있었다.10:12-13

여호수아서는 이스라엘과 야훼 모두에게 충성을 다하는 가나안 사람들을 동정적으로 묘사함으로써, 종교적 내부자와 위험한 외부자를 구분하는 직선 긋기를 하거나, 이스라엘의 자기만족 또는 종교적, 민족적 타자에 대한 단순한 비방을 지지하지 않는다.[13] 따라서 여호수아서는 수사적인 면은 물론, 이스라엘의 실패에 대한 인정뿐만 아니라 적에 대한 태도에서도 고대 근동의 정복 이야기의 표준 장르를 벗어난다. 하지만 여전히 어떤 의미로 보면 정복이 이 책의 주제라는 점은 부인할 수 없다. 그렇다면 어떤 종류의 정복을 구상하는 것인가?

## 다른 종류의 정복

나는 이스라엘 안에 항상 존재하는 종교적 배교와 지배 문화로의 동화라는 위협에 저항하고 극복하도록 용기를 불어넣는 이야기로 여호수아서를 읽을 것을 제안한다. 역사적, 문학적 증거에 따르면, 이이야기는 주전 7세기 말 이스라엘 자신이 정복당한 민족, 정복당한 땅이 되어 앗수르 제국의 속국이 되었을 때 처음 형성된 것으로 보인다. 당시 앗수르는 무자비한 천재성을 발휘하여 그들이 정복한 땅에서 민족적, 종교적 정체성을 말살하고 있었다. 가장 두드러진 사례는 주전 722년 북왕국 이스라엘의 수도를 파괴한 후 "잃어버린" 열지파를 비롯해 백성 전체를 이주시킨 것이다.

소위 **신명기 역사서**(여호수아서-열왕기)의 초판은 아마도 그로부터 1세기 후, 유다 역사의 위대한 종교개혁가 요시야<sup>주전 640-609년</sup>의 오랜 통치 기간 중에 형성되었을 것이다. 요시야는 전사였으며 신명기 역사서의 이스라엘과 유다 왕들 이야기에서 유일하게 온전히 영웅적인 왕이었다. 요시야는 팔레스타인 지역에 대한 앗수르의 지배력이 약화되고 있을 때 왕위에 올랐다. 신바벨론 제국이 권좌에 오르기 전까지 수십 년간 요시야는 유다의 영토 확장과 종교적 쇄신을 위해 공격적인 정책을 펼쳤고, 그 땅에서 앗수르의 영향과 아울러 앗수르가 옛 북왕국 영토에 집단으로 정착시킨 새로운 가나안인들, 곧 앗수르의 다른 지역에서 온 이방인들의 예배 관행을 제거하려고 했다. 여호수아 이야기는 비슷한 이름을 가진 이 유대 왕의 야망을 풍부한 상상력으로 표현하기 위해 처음 기록되었을 수 있다. "여호수아의 우뚝 솟은 모습은 모든 이스라엘 백성의 구원자가 될 수도 있는 요시야의 초상을 은유적으로 연상시키는 데 사용되었다."[14]

다시 말해 여호수아서는 주전 7세기 앗수르의 위협을 정교하게 은유화한 책으로, 여러 세기 전 이스라엘 백성이 그 땅에 들어올 때 고대 가나안 족속과 그들이 대표하는 거짓 숭배의 위협으로부터 강제적으로 그리고 완전히 분리되라는 하나님의 명령을 받은 이야기의 형태로 주조되었다. 이 책은 무력 저항이 불가능한 상황에서 종교적 동화에 대한 저항을 불러일으키고, 그 위협을 말 그대로 삶과 죽음의 문제로 제시하기 위해 고안된 텍스트다. 하지만 왜 그렇게 정교한 은유가 필요했는가? 그것은 바람직했는가? 신명기 역사서가 지금 우리가 읽는 형태로 발전하던 시기에 유다는 상대적으로 약한 나라였다. 그렇다면 오래전에 멸망한 가나안 족속들(일부는 원래부터 존재하지 않았을 수도 있다)의 전멸을 경고하는 이야기가 그들을 지배하는 여러 강대국들, 곧 현존하는 앗수르, 그 뒤를 잇는 바벨론 그리고 페르시아에 대항해 무장 반란을 선동하는 것보다 안전했을 것이라고 상상해 볼 수 있다. 억압받는 집단에 속한 사람이라면 이처럼 암호화된 언어가 필요하다는 것을 이해한다. 이렇게 암호화됨으로써 이른바 정복 이야기는 영속성을 갖게 되었다. 그런 역사적 적들은 사라질 수 있지만(하나님, 그리하소서), 가나안 일곱 민족은 특정한 역사적 상황에 제한되지 않는다. 그들은 과거와 미래의 적이다.

여호수아 이야기는 신명기 역사가들의 시대에 이스라엘이 직면한 도전을 극화하기 위해 그보다 훨씬 이전 시기의 문화적 기억을 끌어오며, 이스라엘에게 대가를 치르는(그리고 가능하다면 공격적인) 저항의 자세를 촉구한다. '문화적 기억'이라는 개념은 사회인류학에서 쓰이다가 성서학 연구에 도입된 것으로, 검증 가능한 사실보다는 집단 구성원들이 공유하는 이야기에 기반을 두고 과거를 이해하는 방향을 제시한다. 그것은 "기억된 역사"이며, 기억의 목표는 집단의 정체성을 명확히 하고 강화하며 미래에 대한 희망을 창출하는 것이다.[15] 여호수아서의 가장 놀라운 점은, 공식 역사 기록에서 거의 찾아보기 힘든 정직한 태도로 이스라엘의 역사를 '기억'한다는 데 있다. 이 책은 이스라엘의 (상대적으로 소수에 불과한) 영적 성공과 함께 이스라엘의 실패를 보여주며, 그 내용은 흥미로운 이야기부터 끔찍한 이야기까지 다양하다. 더 나아가 이스라엘과 그 하나님에 대한 언약적 신실함을 보여주기 위한 가나안인들의 단호한 노력도 서술한다. 이스라엘에 **의한**, 이스라엘에 **대한** 이러한 솔직한 비판은 이스라엘이 그 땅에서 고난을 겪은 전체 이야기(여호수아서-열왕기) 내내 계속되며, 바벨론 유배에서 절정에 이른다. 이러한 특징적인 어조는 이 모음집의 전통적인 명칭인 전기 예언서가 현대의 명칭인 신명기 역사서보다 더 나은 표현이 될 수 있는 이유를 보여준다. 여호수아서는 일종의 예언적 계시다. 여기서 계시는 신학자 로완 윌리엄스가 말하는 것처럼, "특정한 과거, 곧 '생성적'으로 보이는 과거에 비추어 현재의 삶을 의문시하고 주의를 기울일 때 나타나는 개념이다."[16] 다른 모든 예언서와 마찬가지로 여호수아서는 세심한 독자들에게 자신에 대해 질문하는 태도를 고취시킨다. 특히 우리가 종교적, 문화적 타자에 대해 품는 타고난 우월감과 관련해 말하는 많은 이야기들에 의문을 제기한다. 더 나아가 고대 근동의 정복 이야기와 명백히 대조적인 것은, 여호수아서가 공포에 질린 가나안인들을, 그리고 적과 맞선 상황에서도 편들기를 거부하는 신적 전사를 생생히 묘사함으로써 전쟁의 폭력성을 미묘하고도 예리하게 비판한다는 점이다.

계시적 텍스트로서 여호수아서는 독특한 성서적 정복 전통, 곧 군사적이기보다는 주로 종교적인 현상으로서 정복을 보는 전통의 발원지로 볼 수 있다. 기독교 신구약성서에서 '정복하다'를 의미하는 히브리어*k-b-sh*와 그리스어*nikaō* 동사가 거의 항상 은유적으로 기능한다는 점은 주목할 만하다. 그것은 하나님께 반대하는 세력에게 거둔 영적인 승리를 나타낸다. 아마도 가장 초기의 성서적 언급이라 볼 수 있는 것으로는, 예언자 미가의 "[하나님이] 우리의 죄악을 발로 밟으신다"라는 선언이 있다.미 7:19 동사 '카바쉬'*k-b-sh*의 가장 유명한 성서적 사례는 창세기 첫 장에 나오는데, 여기서 인간은 "생육하고 번성하여 땅에 충만하라, 땅을 **정복하라**"창 1:28는 명령을 받는다. 문자적인 의미 그대로의 전쟁은 없다. 인간은 세상에서 하나님 주권의 대리자로서 존재할 수 있는 권한을 부여받았고, 나중에는 이스라엘이 가나안 땅에서 야훼의 임재와 뜻을 나타내라는 임무를 받게 될 것이다.

놀랍게도 여호수아서에서 '카바쉬'*k-b-sh* 어근은 단 한 번만 나오며 그것도 전투를 직접적으로 언급하는 부분이 아니다.

> 이스라엘 자손의 온 회중이 실로에 모여서 거기에 회막을 세웠으며 그 땅은 그들 앞에서 돌아와 정복되었더라.18:1

다음 구절들은 이스라엘이 노력 없이 '주어진' 땅을 '점령'하기에는 그들 스스로 한 일이 너무 적다는 것을 분명히 한다.18:2-3 요점은 야훼가 진정한 정복자이시며, 이스라엘의 임무는 이미 이루어진 그분의 정복 안에서 살아가는 것이라는 점이다. 그렇다면 요한복음서에서 예수가 제자들에게 주신 마지막 말씀으로 여호수아서를 인용해 확신을 주는 것은 적절하다.

> 이것을 너희에게 이르는 것은 너희로 내 안에서 평안을 누리게 하려 함이라. 세상에서는 너희가 환난을 당하나 **담대하라**. 내가 세상*kosmos*을 **이기었노라**.요 16:33

예수는 세상을 정복하신 분이며, 요한복음서 저자의 용어로 '코스모스'*kosmos*는 하나님에 맞서는 모든 것을 가리킨다.17

여호수아서에 관한 또 다른 투명한 언급은 정복에 대한 마지막 성서적 언급, 곧 정복이라는 말이 밀집해 있는 요한계시록의 마지막 부분에 나타난다.계 2:7, 11, 17, 26; 3:5, 12, 21; 11:7; 12:11; 13:7; 17:14; 21:7 밧모 섬에 유배된 이 유대인 선견자는 세계를 정복한 로마의 힘에 맞서 정복의 개념을 예언적으로 재구성하며, 이스라엘의 성서와 예수 그리스도를 통해 알려진 하나님을 향한 전적인 신실함의 힘을 나타낸다. 정복의 반대편에 있는 것은 비겁함, 믿음의 부족, 우상숭배, 살인, 핵심 계명들의 무시다.계 21:8 마지막 환상에서 새 하늘과 새 땅이 나타날 때, 하늘 보좌에 앉은 분이 여호수아서의 언어를 인용한다. **"이기는 자는 이것들을 상속으로 받으리라."**계 21:7 이스라엘의 성서에 대한 암시로 가득한 본문 가운데 이 신적 선언은 야훼가 여호수아에게 하신 확언의 궁극적 성취다. "너는 내가 그들의 조상에게 맹세하여 그들에게 주리라 한 땅을 이 백성에게 **차지하게** 하리라."1:6

따라서 우리는 여호수아서가 정복에 대한 신학적 성찰의 긴 전통을 생산하고 있으며, 그 전통은 하나님의 뜻과 본성에 반대하는 세력에 대항해 거둔 영적 승리의 은유로 정복을 이해한다는 점을 알 수 있다. 군사적 정복 개념의 이러한 재해석은 우리에게 알려진 성서 시대 이후 최초의 기독교적인 여호수아서 해석, 곧 3세기 주석가 오리게네스의 해석에도 분명하게 드러난다. 그의 주된 관심사는 이스라엘의 성서를 또한 그리스도인의 성서로 읽고 그 교훈으로 교회를 세우는 것이었다. 오리게네스는 여호수아의 정복을 영적 삶에 대한 은유로 보았으며, 여호수아가 가나안 성읍을 파괴한 이야기는 실제로는 '예수'(헬라어 성서에서 여호수아는 예수로 표기된다)가 영혼의 악을 뿌리 뽑는 이야기라고 주장했다.

나 자신은 이스라엘의 전쟁을 이런 식으로 이해하는 것이 더 낫다고 생각하며, 예수(여호수아)도 이런 식으로 싸우고 도시를 파괴하고 왕국을 전복하는 것으로 생각하는 편이 더 낫다고 본다. 왜냐하면 이런 식의

말이 또한 더 경건하고 더 자비롭게 보일 것이기 때문이다.[18]

오리게네스는 성서의 이야기를 희석시키려던 것이 아니라, 다른 모든 성서와 마찬가지로 이 본문도 "교훈과……의로 교육하기에" 유익하도록 주어졌음 딤후 3:16; 참조. 롬 15:4을 성서 자체에서 이해했기 때문에 그렇게 읽은 것이다. 요컨대 그는 이 책이 가나안인들에게 한때 일어났던 일(혹은 일어나지 않았던 일)보다, 이 책을 성서로 읽는 이들의 성품에 어떤 일이 일어나는지와 관련해 말할 것이 더 많다고 보았다. 여호수아서는 역사적 내러티브 형태로 이루어진 정체성에 관한 계시적 이야기이며, 영적 용기와 저항과 관련해 독자들의 성품 형성을 목표로 한다.

나는 여호수아서에 나타난 정복이 은유적이라고 주장했다. 그러나 이러한 읽기가 '옳다'고 하더라도, 그것이 이 책 안팎의 문학적, 역사적 자료를 잘 이해하게 이끈다 하더라도 정복의 은유 또는 그 책의 사용 자체까지 안전해지는 것인가? 적어도 중세부터 현재까지의 해석의 역사는 항상 그렇지는 않다는 것을 보여준다. 여호수아서 읽기는 권위 있는 텍스트를 사용할 때 자기비판적이어야 할 책임을 직면하게 만든다. 이미 3세기에 오리게네스는 여호수아서에 대한 비판적이고도 자기비판적 읽기의 모델을 제시했다. (전근대 성서 해석자들이 비평적이지 않았다고 생각하는 것은 실수다.) 그는 현대의 성서 학자들이 너무 자주 간과하는 것을 이해했다. 결국 어느 성서 본문이든 물어야 할 가장 중요한 질문은 '사건이 과연 이런 식으로 일어났는가?'가 아니라, '신앙 공동체로서 우리가 이런 식으로 본문을 읽으면 어떤 일이 벌어지는가?'라는 사실이다. 물론 고대의 정경화된 텍스트와 연결된 지속적인 어려움이자 위험 중 하나는, 우리가 여호수아서를 읽을 때 가장 자주 그랬던 것처럼 텍스트의 기원과 멀리 떨어진 상황에서 그것을 사용하며 때로는 그 의미를 놓친다는 점이다. 그러나 복잡한 성서의 전통과 풍부한 유대교 및 기독교의 해석 전통은 더 나은 해석의 씨앗을 품고 있다. 이러한 씨앗은 각 세대마다 새롭게 싹을 틔워 하나님과 이웃과 함께 선한 믿음으로 살아가려는 이들의 양식이 되어야 한다.

# 거대한 혼란: 주전 13세기 가나안

### · 보충 논의 ·

문화적 기억은 갑자기 생겨나지 않는다. 여호수아서가 먼 과거를, 이스라엘 민족과 가나안 민족 사이에 큰 갈등을 겪었지만 때로 평화로운 공존의 사례도 있었던 시기로 본다면, 역사적 현실은 두 가지 모두를 포함하고 있었을 것이다. 그렇다면 역사 기록에서 이스라엘이 처음으로 하나의 민족으로 확인된 주전 13세기에는 이스라엘과 가나안 민족 사이에 실제로 어떤 일이 있었는가?[1] 이는 지난 세대의 성서학자들 사이에서 가장 많이 연구된 역사적 질문이었을 것이다. 어떤 부분에서는 논쟁이 계속되고 있지만, 몇 가지 자료에 근거하여 폭넓은 합의가 이루어진 내용은 다음과 같다.

**주전 13세기에 가나안은 이집트의 패권 아래 있었다.** 후기 청동기 시대(이집트의 신왕국 시대)에 가나안 도시국가들은 독립된 실체가 아니었다. 오히려 파라오 제국의 주요 농업 지역으로 (올리브) 기름, 포도주, 곡물 등 필수 상품의 공급지였다. 제국은 절정에 달해 있었지만 가나안 도시들은 규모가 크지 않았고 궁전과 신전, 작은 행정 구역과 주거 구역으로 구성되어 있었다. 이 도시들은 성벽이 없었고, 주변 및 외곽 농장에서 생산된 농산물을 이집트 사람들이 소비할 수 있도록 공급하는 구조로 존재했다. 또한 그 도시들은 나일 삼각주에서 북쪽으로 향하는 중요한 육로를 보호하고 관리하는 기능을 했고, 그 길을 통해 이집트 군대는 가나안을 통과해 시리아와 유프라테스강으로 나갔다. 방어용 성벽이 없는 까닭은 아마도 그것이 허용되지 않았고, 이집트의 직접적 감시를 받았기 때문일 것이다. 주전 14세기 엘 아마르나(고대 아케타텐)의 기록 보관소에 있던 편지를 보면 가나안 사회는 규모가 작고 군사력이 부족했음을 알 수 있다. 예루살렘 왕이 파라오에게 그 땅의 소요를 진압하기 위해 도움을 요청했는데, 그 수가 겨우 50명이었다![2]

**주전 13세기 말부터 동부 지중해 세계 전역에서 광범위한 사회적, 문화적 격변이 시작되었다.** 약 1세기 동안주전 약 1230-1130년 그리스에서 출발해 동쪽으로는 튀르키예, 남쪽으로는 레반트 해안을 따라 이집트까지 옛 문화가 점차 붕괴되고 새로운 문화가 출현한 듯하다. 아마도 외부 침입자(아나톨리아 또는 에게해에서 온 이른바 바다 민족)를 포함해 여러 원인이 있었을 것이다. 또한 오랜 기간 강우량과 기온이 불규칙해져서 농업이 전반적으로 불안정해지고 붕괴되었을 가능성이 있으며, 이로 인해 바다 민족이 공격적인 이주를 시작했을 수도 있다. 가나안에서 농업 도시 국가들은 약화되었고 이집트의 지배력도 약화되었다. 침략자 혹은 기회를 엿보는 유랑자들의 외부 압력뿐 아니라 내부 혼란이 있었을 가능성도 높다.

**주전 12세기 가나안 고지대에 새로운 정착촌이 나타났다.** 20세기의 마지막 수십 년 동안 이스라엘/팔레스타인 지역 고고학은 대도시 중심지보다는 농촌 지역에 더 초점을 맞추어 연구되기 시작했다. 그 결과 주전 1150-900년경 수세기에 걸쳐 구릉 지대에 각각 50-150명의 인구를 가진 새로운 마을 공동체 수백 개가 등장했다는 사실이 분명해졌다. 이전에는 (적어도 한동안) 사람이 살지 않던 지역에 성벽이 없는 작은 마을이 확산되었다는 사실은 농업에 한계가 있던 땅인 언덕을 차지하려는 경쟁이 거의 없었음을 의미한다. 건물, 도자기 및 기타 유적을 보면 농업과 목축이 혼합된 소규모 경제였음을 알 수 있다. 이러한 마을에는 각각 소수의 대가족이 거주했을 텐데 기록 자료는 나오지 않으며, 여호수아서와 사사기가 다루는 시기에 이스라엘과 가나안의 물질 문화를 구분할 만한 특별한 특징도 없다.[3] 이스라엘에 속했다고 자처하는 마을과 그렇지 않은 마을은 서로 멀리 떨어져 있지 않았을 것이다.

이러한 자료에 비추어 대다수 학자들은 이제 이 시기를 이스라엘의 '정복'이 아닌 '정착' 또는 '출현' 시기라고 부르고 있다. 이스라엘이라는 뚜렷한 실체가 등장한 것은 갑작스러운 가나안 정복을 통해서가 아니라, 이집트가 지배하던 이 지역 문화가 점진적으로 다르게 물들면서 나타난 결과일 가능성이 높다. 주전 12세기와 11세기는 사회적, 정치적, 경제적으로 엄청난 변화가 있었으며, 결과적으로 정치적 충성과 정체성, 특히 종교적 정체성의 재조정이 일어났다. 나중에 이스라엘로 알려진 사람들은 사회 불안을 피해 달아난 가나안인들과 외부에서 들어온 이들, 그리고 생계를 위해 정착한 유목민들로 구성된 '혼합된 무리'참조. 출 12:38였을 가능성이 높다. 흥미로운 점은 초기 마을 가운데 일부는 생계가 달린 양 떼를 보호하기 위해 고안된 유목민 야영지처럼 타원형으로 배치되어 있다는 것이다.[4] 도시국가가 불안정해지자, 오랫동안 곡물 및 기타 정착 생활의 산물을 도시민과 거래하면서 가나안 평야 가장자리 언덕과 그 주변 네게브 광야에 살던 유목민 또는 반유목 목축민 집단에게 경제적 변화가 일어났다. 그들 중 일부는 마을 생활에 정착했을 것이다. 이 모든 것이 빅터 매튜스Victor Matthews가 "주전 10-8세기 문화가 출현한 가마솥"[5]이라고 묘사한 상황이며 그 안에 이스라엘과 유다가 있었다. 야훼에 대한 헌신은 새롭게 출현한 다민족, 다문화 이스라엘 "거대 부족"의 공통 지향점이 되었다.[6] 성서 본문을 통해 분명히 알 수 있듯이, 그 종교적 충성이 다른 신들을 숭배하는 가나안 사람들과의 급진적 분리를 얼마나 요구하는지에 대해서는 이스라엘 사람들 사이에 합의가 이루어지지 않았다.

이스라엘의 정착에 대한 이러한 견해는 대규모 침략, 치열한 전투, 여러 도시를 함락하는 여호수아서의 그림보다 극적인 면이 덜하다. 여호수아서의 그림은 후기 청동기 시대주전 13세기에 성서 기록 속의 주요 도시 중 일부(여리고, 기브온, 아이)에 사람이 살지 않았다는 고고학적 증거가 발견되어 크게 손상되었다. 그러나 새롭게 나타난 정착촌은 이스라엘 사람들과 가나안 사람들이 서로 가까이에서 계속 거주했다고 여호수아서 자체가 인정하는 여러 장소와 일치한다. 또한 고고학적 유적에서 발견된 농경과 목축이 혼합된 사회의 모습은 성서의 여러 곳, 특히 사사 시대에 묘사된 마을 생활에서 기대할 수 있는 모습과 정확히 일치한다. 이러한 더 새로운 그림은 창세기의 조상 이야기와도 일치하는데, 화자는 "그때에 그 땅에는 가나안 사람이 그 땅에 거주하였더라"창 12:6고 말하며 명백히 먼 과거를 회고하고 있다.

여호수아서와 역사적 증거를 주의 깊게 살펴 보면 둘 다 가리키는 방향이 같다. 여호수아서는 고대 근동의 정복 내러티브가 아니라 이스라엘의 종교적 정체성에 관한 이야기이며, 야훼께 헌신하는 백성으로서 이스라엘의 종교적 독특성과 그에 대한 위협을 강조하기 위해 정복 은유를 끝까지 발전시킨 이야기다. 여호수아서는 이스라엘 민족이 가나안이라는 큰 가마솥에서 이웃 민족들과 다른 종교적 존재로 등장한 후기 청동기 시대까지 거슬러 올라가는 문화적 기억을 가져온다. 이러한 기억은 이 이야기가 표면적으로 나타내는 상황과는 매우 다르게, 이스라엘이 거대 제국들의 세계에서 봉신국 지위(또는 더 나쁜)에 처함에 따른 종교적 순응의 압박에 대응하기 위해 재형성된다.

# 07

# 사사기

# 지도력과 불만

## · 사사기 ·

사사기는 전기 예언서(여호수아서-열왕기)와 후기 예언서(히브리 정경의 이사야서-말라기서) 모두의 중심이 되는 이스라엘의 국가 지도자에 대한 길고도 거침없는 비판이라는 주제가 시작됨을 알리는 책이다. 여기에 사사들은 법정보다는 전장에 더 자주 등장한다. 그들은 카리스마적으로 선택된 백성의 지도자로, 유능하면서도 (더 자주는) 어리석은 이들이다. 따라서 이 책의 주요 주제는 책임 있는 위치에 있는 사람들을 통해 어떻게 하나님의 뜻이 알려지고 실행될 수 있는가이다. 하나님의 뜻을 행하도록 은혜를 구하는 다음의 전통적 기도는 사사기에서 직접 영감을 받았을 것이다.

> 전능하신 하나님, **우리에게 이 좋은 땅을 유산으로 주셨나이다.** 우리가 항상 주의 은혜를 생각하고 주의 뜻을 기쁘게 행하는 백성이 되기를 주께 겸손히 간구하나이다. **우리를 폭력과 불화와 혼란, 교만과 오만, 모든 악한 길에서 구원하소서.**······우리가 주의 이름으로 **통치권을 위임한 자들에게 지혜의 영을 부어 주셔서,** 가정에 정의와 평화가 깃들게 하시고, 주의 법에 순종하여 우리가 땅의 나라들 가운데 주의 찬양을 드러내게 하소서. 번영의 시기에 우리 마음을 감사로 채우시고, **고난의 날에 주님에 대한 우**

리의 믿음이 꺾이지 않게 하소서.……아멘.[1]

사실 여기서 말하는 것들이 사사기의 중심 주제다. 그 백성은 좋은 땅에 정착했으나 그럼에도, 아니 어쩌면 그렇기 때문에 폭력, 불화, 교만이라는 그들 자신의 성향에서 구원받아야 하고, 고난의 날이 올 때 하나님을 향한 흔들리지 않는 신뢰와 함께 지혜로운 통치가 필요했다. 이러한 주제들은 현대 북미 및 전 세계 사람들의 경험과 필요와도 들어맞는다. 이 책의 고풍스러운 표면을 긁어 보면 드러나는 관련성relevance은 놀라울 정도다.

이 책의 마지막 단락17-21장은 주석가들이 때로 '부록'이라고 잘못 부르는 부분인데, 책 전체가 나아가는 방향에 대한 통찰력을 제공한다. 이 단락은 사사기에서 가장 유명한 구절이 그 앞뒤를 괄호로 묶는 부분이다. "그때에는 이스라엘에 왕이 없었으므로 사람마다 자기 소견에 옳은 대로 행하였더라."17:6; 21:25 구도를 형성하는 이 선언은 사사 시대 말기의 상황을 요약하고 바로 뒤에 올 왕정 시대를 예견한다. 그리고 명백하다고 하기는 어렵지만 토라의 마지막 책을 회고한다. 신명기에 나오는 이스라엘을 향한 모세의 마지막 가르침은 지도력에 대한 예언자적 비판의 기초를 이루며, 약속의 땅에서 진행된 이스라엘 역사를 서술하는 책들을 관통한다. 사사기에서 반복되는 화자의 진술은 요단강 건너편에서 모세가 이스라엘 백성에게 했던 말에 대한 실망감을 담은 반향처럼 들린다.

너희의 하나님 여호와께서 너희에게 명하신 명령과 증거와 규례를 삼가 지키며 **여호와께서 보시기에 정직하고 선량한 일을 행하라.** 그리하면 네가 복을 받고 그 땅에 들어가서 여호와께서 모든 대적을 네 앞에서 쫓아내시겠다고 네 조상들에게 맹세하신 아름다운 땅을 차지하리니 여호와의 말씀과 같으니라.신 6:17-18; 참조. 출 15:26

사사기에 나타난 반향은 가나안의 상황이 마땅히 그래야 할 모습과는 정반대이며, 행동의 표준이 야훼의 뜻이 아니라 이스라엘 백성 개개인의 소견임을 드러낸다.

남수단이 공식적으로 새로운 국가 수립을 선포하기 며칠 전인 2011년 여름, 나는 그곳에서 워크숍을 이끌며 사사기와 오늘날의 관련성을 처음으로 분명히 보았다. 우리의 주제는 도덕적 분별을 위한 성서의 사용이었는데, 말라칼의 힐러리 가랑 덩Hilary Garang Deng 주교는 그것이 중요한 이유를 이렇게 설명했다. "우리는 사회 구조, 마을, 부족의 전통 등 모든 것을 잃었다. 우리를 인도할 성서가 없다면 우리는 아무것도 가지지 못한 것이며, 모두가 지금 당장 좋아 보이는 한 가지 일을 하게 될 것이다." 우리는 함께 사사기의 한 구절을 반복해서 읽었다. "그때에는 이스라엘에 왕이 없었으므로 사람마다 자기 소견에 옳은 대로 행하였더라." 힐러리 주교가 두려워했던 것은 이후 현실이 되었다. 그의 땅은 파괴되었다. 처음에는 북수단과의 반세기에 걸친 전쟁으로, 두 번째로는 남수단 부족 간의 내전으로 인해서다. 그가 사는 도시이자 석유 산업의 중심지인 말라칼은 특히 양측의 표적이 되어 유령 도시로 전락했다. 남수단 사람들은 지금 사사기 한가운데를 살고 있다. 이들의 상황은 극단적이지만, 우리 시대 많은 이들이 극적 상황까지는 아니더라도 공동체의 구조와 가치들의 심각한 상실을 경험하고 있다. 모두가 눈앞의 이익을 선택하는 모습은 슬프게도 우리 대다수에게 익숙한 사회적 규범이다. 사사기는 폭력적인 책이며 어떤 관점에서는 "공포의 텍스트"라는 유명한 이름으로 불린다.[2] 그러나 이 책을 정확하게 해석하려면 이야기가 서술되는 관점에 주목할 필요가 있다. 강렬한 심판의 어조가 이야기 전개 방식에 영향을 주면서 마지막 절정으로 이끌며, 거기서 이스라엘 백성이 행하는 폭력의 만연함은 명확히 잔혹 행위로 간주된다.[3] 이 내러티브 전체는 이스라엘 민족의 공동체적 성품이 악화되는 이야기이며, 그 속에는 지도자들의 부적절함이 상당 부분 반영되어 있다. 미묘하고도 비극적인 아이러니가 이 책 전반에 흐르고 있다. 이스라엘의 군사 영웅과 다른 지도자들은 겉보기에는 경건하며 심지어 과시적으로 경건을 행한다. 입다는 야훼의 영이 임하여 엄숙한 서원을 하고,11:29-31 기드온은 제단을 쌓아6:24 야훼의 표적을 구하며,6:17, 36-40 삼손은 헌신의 서약 아래 살아간다. 그러나 드보라와 함께 희망차게 시작한 이스라엘의 사사들은 점차 백성을 하나님으로부터 멀어지게 하고 내전과 여성을 향한 폭력의 공포로 이끌어 갔다.

## 땅 안에서 일어난 문제

사사기가 다루는 모든 문제는 과오로 이어지는 무지에서 시작된다. 여호수아 세대가 죽은 후 "그 후에 일어난 다른 세대는 여호와를 알지 못하며, 여호와께서 이스라엘을 위하여 행하신 일도 알지 못[했다]."2:10 하나님의 대표적인 사역을 아는 것(또는 모르는 것)은 이스라엘의 역사에서 반복되는 주제다. 출애굽기에서 야훼가 이스라엘을 위해 하신 행동, 곧 속박에서의 해방,출 6:7 이집트에 내린 재앙,출 7:5, 17: 8:22: 10:2 광야에서 만나와 고기의 공급출 16:12 등에는 이스라엘로 하여금 자신이 야훼인 것을 알게 하겠다는 교육적 목적이 있었다. 결국 이집트까지도 그들의 의지와 달리 야훼의 영광스러운 능력을 알게 될 것이다.출 14:18 이제 약속의 땅에 새로 정착한 이스라엘 백성이 야훼가 하신 일을 모른다면, 그 모든 교훈의 역사는 없던 일이 되는 셈이다. 백성은 신명기가 내다본 대로 가나안 사람들과 통혼하고 그들의 신들을 섬겼다.3:6; 신 7:3-4

이 실패로부터 사건의 표준 패턴이 나타나며 그것이 사사기의 대부분에서 기본 줄거리를 이룬다.

1. 이스라엘이 죄를 짓는다. "이스라엘 자손이 여호와의 목전에 악을 행하여 자기들의 하나님 여호와를 잊어버리고 바알들과 아세라들을 섬긴지라……."3:7

2. 하나님이 진노하신다. "여호와께서 이스라엘에게 진노하사……."3:8a

3. 하나님이 이스라엘을 적에게 넘겨주신다. "그들을 메소보다미아 왕 구산 리사다임('이중적으로 악한 에티오피아인'?)의 손에 파셨으므로 이스라엘 자손이 구산 리사다임을 팔 년 동안 섬겼더니……."3:8b

4. 이스라엘이 하나님께 부르짖는다. "이스라엘 자손이 여호와께 부르짖으매……."3:9a

5. 하나님이 군사적 구원자이자 지도자를 일으키신다. "여호와께서 이스라엘 자손을 위하여 한 구원자를 세워 그들을 구원하게 하시니 그는 곧 갈렙의 아우 그나스의 아들 옷니엘이라. 여호와의 영이 그에게 임하셨으므로 그가 이스라엘의 사사가 되어 나가서 싸울 때에 여호와께서 메소보다미아 왕 구산 리사다임을 그의 손에 넘겨 주시매……."3:9b-10a

6. "평온한" 기간이 온다. "그 땅이 평온한 지 사십 년에 그나스의 아들 옷니엘이 죽었더라."3:11

이것이 내러티브 기록이 남아 있는 사사들의 재임 기간에 나타나는 표준 패턴(약간의 변형은 있지만)이다.

이 책 전체에서 빠진 것은 이스라엘의 회개다. 이스라엘이 이방 신들을 배척하려는 시도는 단 한 번 언급되며, 야훼는 그 노력에 감동하지 않으신다.

> 자기 가운데에서 이방 신들을 제하여 버리고 여호와를 섬기매 여호와께서 이스라엘의 곤고로 말미암아 마음에 근심하시니라(nefesh가 짧아지다).10:16

하나님의 반응은 놀랍다. 동사 구절은 문자적으로는 '그리고 그의 '네페쉬'nefesh/존재가 짧아졌다'이다. 일부 번역가들은 그것을 동정심의 표현으로 보아 "이스라엘이 고통받는 것을 더 이상 참을 수 없었다"NRSV라고 번역한다. 그러나 몇 장 뒤에 이 표현이 세 번 더 나오는[4] 삼손과 들릴라의 등장 장면에서 볼 수 있듯이, 이 문구는 분명히 조급함을 나타낸다.

> 날마다 그 말로 그를 재촉하여 조르매 삼손의 마음이 번뇌하여(nefesh가 짧아져) 죽을 지경이라.16:16

이 흔치 않은 표현이 불과 몇 장 차이로 두 번이나 나오는 것은 하나님과 삼손, 그리고 이스라엘과 들릴라 사이에 흥미로운 유사점이 있음을 암시한다. 특히 들릴라는 삼손이 사랑하는 것으로 언급된 유일한 인물이며,16:4; 참조. 16:15 신명기 기록자들이 물려받은 전통은 야훼가 이스라엘을 사랑으로 선택하셨다고 확언한다.신 7:8 그러나 삼손은 불운한 사랑을 한다. 그는 자신의 영혼에 평화를 주지 않는 사람을 선택하고 결국 배신을 당한다. 사사기의 화자는 야훼가 '자신이' 택하고 사랑하는 존재에 의해 비슷한 고통을 겪으실 수 있음을 암시하는가?

## 여성을 중심에 두기

들릴라는 사사기에서 기억에 남는 수많은 여성들 중 한 명이다. 잊을 수 없는 여성들이 대부분 한 장면씩만 등장하지만, 여성을 전략적으로 활용하는 것은 사사기의 뛰어난 특징 중 하나다. 사사기에서 여성이 두드러지게 나타나는 역사적, 문학적 이유가 있을 것이다. 역사적으로 이 책은 이스라엘의 사회 구조가 분권화되고 가장 평등주의적이었던 부족 시대초기 철기 시대, 주전 1200-1000년를 배경으로 한다. 거의 모든 사람이 생계형 농업에 의존했고, 가족을 부양하는 일에서 여성은 남성과 완전한 파트너였다.[5] 문학적으로 볼 때도 여성을 중심인물로 등장시킨 것은 사사기의 주요 줄거리인 이스라엘의 쇠퇴 드라마를 강조하는 역할을 한다.

이 책은 강인한 여성들의 이야기로 시작된다. 가장 먼저 갈렙의 딸인 악사가 등장한다. 그녀는 영웅적 군사인 아버지와 성공적으로 협상해 더 좋은 땅을 결혼 선물로 받아 낸다.1:12-15 주목할 만한 점은 악사 이후 거의 모든 여성의 이야기가 폭력과 연결된다는 점이다. 그 다음에는 전쟁 용사인 드보라와 야엘,4-5장 그리고 악당 아비멜렉의 머리에 여성의 도구인 맷돌을 떨어뜨려 포위된 도시를 구한 데베스 여인9:50-54이 나온다. 이 세 여성은 들릴라16:4-21에 대비되는 긍정적인 인물로 볼 수 있다. 네 사람 모두 강자를 물리치지만, 앞의 세 명은 이스라엘을 세우고, 들릴라는 블레셋의 패권 아래 있는 이스라엘을 무너뜨린다. 이 초기 인물들 외에도 성서에 등장하는 대다수의 여성들은 직간접적 폭력의 피해자로 볼 수 있을 것이다.

드보라와 야엘의 이야기는 흥미로운데, 성서 내러티브에서 독특하게도 산문4장과 시5장 두 가지 버전으로 전해질 만큼 중요하다고 판단되었기 때문이다. 많은 이들은 시를 성서에서 가장 오래된 작품 가운데 하나로 간주한다. 이 부분은 구전 전통 양식을 따르고 있으며, 청중이 이미 이야기에 익숙할 것으로 예상하기 때문에 연상적 이미지가 많음에도 줄거리는 개략적이다.[6] 산문 내러티브 부분은 계승된 전통을 더 잘 이해하려는 듯 빠진 세부 사항을 채우면서 약간의 변화를 주고 있다. 예를 들어, 시는 야엘이 시스라를 서 있는 자세에서 쓰러뜨렸다고 묘사하지만,5:27 산문의 경우 시스라가 야엘을 칠 때 야엘이 잠들어 있었다고 묘사한다.4:21 또한 이 시는 일부 부족이 드보라가 전쟁에 소환했을 때 물러섰다고 말하지만,5:14-17 아마도 그 이후에 나왔을 산문 기록은 물러선 사람들에 대한 언급 없이 온 민족이 스스로 방어에 나섰다는 더 긍정적인 인상을 준다.

시 내용과 산문 내용의 가장 중요한 차이는 결말 부분이다. 산문 이야기는 군사적 승리의 기록으로 끝난다. 야엘이 바락에게 적장 야빈의 시체를 보여주고, "이스라엘 자손의 손이 가나안 왕 야빈을 점점 더 눌러서 마침내 가나안 왕 야빈을 진멸하였더라"4:24는 내용으로 끝난다. 이와는 대조적으로 시는 불안한 장면 전환을 보여준다. 시스라가 "쓰러져 죽은"5:27 다음에 시적 화자는 독자들을 가나안 땅의 우아한 집으로 데려가며, 그 집 창가에는 적장의 어머니가 귀환하는 아들의 병거를 기다리고 있다. 놀라운 관점 전환을 통해 우리는 전혀 예상하지 못한 인물의 생각을 접하고, 그녀를 통해 전쟁의 다중적이고 상충하는 잔인성을 보게 된다. 시스라의 어머니는 한편으로는 무자비한 적과 같은 생각을 하며, 시스라의 군인들이 성적 전리품을 나누는 장면을 즐긴다. "사람마다 한두 처녀를(자궁을) 얻었으리로다."5:30 그러나 동시에 그녀는 아들을 그리워하는 어머니로, 아들의 병거가 "[치욕스러울 정도로] 더디게"5:28 오는 것에 당황하며 자신과 시녀들에게 보이는 것보다 더 두려움을 느낀다. 이 놀라운 장면은 성서에서도 완전히 독특한 것이며, 이 책의 나머지 부분에서 반복적으로 나타날 주제, 곧 여성의 삶을 형성하고 왜곡하고 파괴하는 중심적인 힘인 폭력과 사랑 사이의 복잡한 상호 작용에 대한 첫 번째 암시다.

마지막 순간에 화자는 그 장면에서 물러나 복수심에 찬 마지막 외침을 한다. "여호와여, 주의 원수들은 다 이와 같이 망하게 [하소서]!"5:31 이로써 화자는 산문 이야기의 결말에 다가간다. 이스라엘의 저명한 시인 하임 구리Haim Gouri는 "그의 어머니"Immo, 1960라는 시를 통해 성서 본문에 담겨 있는 공감의 잠재력을 더욱 온전하게 실현한 전혀 다른 결말을 만들어 냈다. 그는 "수치스러울 정도로 느리게 오는 시스라 병거의 침묵의 소리를" 들으며, 그 장군의 어머니인 "머리에 은빛 줄무늬가 있는 여인"을 바라본다.[7] 사사기의 독자들은 시스라의 어머니가 알지 못하는 것을 알고 있다. 그렇기에 구리의 화자의 마음은 아들이 "빨리 잠든 듯" 누워 있는 장막으로 향한다. 시인은 그 어머니가 알아차릴 만한 세부적인 것들을 알아차린다. 그녀의 잠든 아들의 턱이 더러워져 있다. 그것은 "우유와 버터와 피의" 흔적이다. 집안의 젊은 여자들이 "하나씩 차례로" 침묵하면서 구리의 시는 끝을 향해 나아간다. 구리의 화자는 성서 이야기의 결론 부분을 인용하며 말한다. "사십 년 동안 그 땅이 평온했다." 그리고 성서에 언급되지 않은 세부 사항을 덧붙인다. "그녀는 아들이 죽은 지 얼마 지나지 않아 죽었다." 구리는 우리에게 필요했지만 미처 몰랐던 관점을 제시한다.

## 신실함의 쇠퇴

드보라 이후에는 이스라엘의 사사에 대해 명백하게 긍정적이기만 한 보도는 없다. 첫 번째 긴 이야기는 기드온의 이야기다.6-8장 그의 이야기에는 긍정적 요소들이 있다. 그는 고향 오브라의 우상 제단과 신전을 파괴하고, 야훼의 영으로 옷 입어 이스라엘을 미디안의 압제에서 구해 내며, 자신을 왕으로 삼으려는 백성의 욕망에 경건하게 반대한다.

> 내가 너희를 다스리지 아니하겠고 나의 아들도 너희를 다스리지 아니할 것이요 여호와께서 너희를 다스리시리라……8:23

모든 것이 마땅히 그래야 했건만, 그 직후 기드온은 미디안에게서 빼앗은 전리품 가운데 막대한 양의 금을 모아 그것으로 제사장의 의복인 에봇을 만들어 오브라에 공개적으로 전시한다. 그리고 "온 이스라엘이 그것을 음란하게 [위했다]."8:27 그런 실패에도 불구하고 기드온은 "나이가 많아"8:32 죽었고, 그의 시대에 이스라엘은 40년간의 평온을 누린다.8:28 이것은 이 책에 나오는 모든 지도자에게 돌려지는 궁극적 찬사다.

사사들 가운데 가장 비참한 실패는 입다에게서 발생한다. 그는 암몬 족속과 싸우라는 이스라엘의 부름을 받고 "내가 암몬 자손에게서 평안히 돌아올 때에 누구든지……나를 영접하는" 자를 번제물로 바치겠다11:31는 경솔한 서원을 한다. 분명히 그는 전형적인 이스라엘 거주지에서 사람과 함께 사는 여러 가축 가운데 하나가 그를 맞이하리라고 예상했을 것이다. 하지만 가축 대신 그의 딸이 문 밖으로 나와 춤을 추자, 그는 병적인 경직성으로 자신의 기대를 따라 딸을 제물로 바친다. 그가 딸에게 한 말은 피해자를 비난하는 교과서적인 사례다.

> 어찌할꼬 내 딸이여. 너는 나를 참담하게 하는 자요 너는 나를 괴롭게 하는 자 중의 하나로다. 내가 여호와를 향하여 입을 열었으니 능히 돌이키지 못하리로다.11:35

그런데 입다가 어리석은 서원을 하기 직전에 야훼의 영11:29이 그에게 임한 것은 그의 지도력을 분명히 확인시켜 준 사건이다. 따라서 이 이야기는 (사울의 이야기와 함께) 반복될 질문을 제기한다. '야훼의 영이 임했다고 기록된 일은 모두 진실한 것인가? 진실하다면 모두 유익한가?' 성서는 카리스마적으로 선택된 지도자나 영에 의한 능력 행위에 대한 무비판적인 태도를 지지하지 않는다. 오히려 많은 현대인들과 달리 그런 영적 현상을 진지하게 받아들이는 동시에 그 결과가 항상 경건하지는 않음을 인식한다.

입다가 자신의 아이를 희생시킨 소규모 잔학 행위는 그의 군사적 업적의 마지막을 장식하는 대규모 잔학 행위와 병행을 이룬다. 이스라엘의 지도자 입다는 놀랍게도 4만 2천 명의 북방 에브라임 사람을 전몰시킨다.12:6 성서 전체를 통틀어 이스라엘은 압제자보다 동족을 더 많이 죽였다. 짧은 사사 재임 기간 동안 입다의 어리석음과 폭력은 이 책의 마지막 장에서 두드러지게 나타나는 여성을 향한 끔찍한 폭력을 예고한다. 6년에 불과한 그의 임기12:7는 이 책에 등장하는 합법적인 지도자로서는 가장 짧은 기간이며 심판의 의미를 지니고 있다.[8] 더욱이 이 사사에게는 땅이 평온을 누린다는 표준적인 언급이 누락되어 있다. 따라서 더 큰 성서의 전통이 입다에 대한 부정적인 판단을 기록하지 않고 그를 이스라엘의 영웅 중 한 명으로 잘못 간주하고 있다는 의문이 생긴다.참조. 삼상 12:11; 히 11:32-34

사사의 업적과 성품에 대한 기록 가운데 가장 길고도 복잡한 것은 삼손 이야기13-16장다. 그것은 단순한 모험담이 아니라 모호하고 난해한 이야기다. 삼손을 어떻게 이해해야 하는지는 어려운 문제다. 한 가지 가능성은 그가 부모의 바람대로 선량한 이스라엘 소녀를 만나는 대신, 블레셋 여인에게 자꾸만 빠져14:3 불장난을 하다가 결국 불에 타 죽은 어리석은 사람이라는 것이다. 또 다른 가능성은, 그는 흠 있는 하나님의 대리자이며 블레셋 여인에 대한 그의 연약함이 블레셋 진영 내부에서 그들을 멸망시킬 수 있는 '기회'를 야훼께 제공했다는 것이다.14:4

이 중의적인 묘사는 사회적 현실이 그러했기 때문일 수 있다. 이스라엘은 경제적, 군사적으로 강하고 기술적, 문화적으로도 앞서 있던 이웃 블레셋에 대해 이중적인 태도를 보였다. 이스라엘 백성은 수 세기 동안 블레셋과 가까이 살면서 위협과 매력을 동시에 느껴 왔기 때문에, 블레셋을 상대하는 최선의 방법에 관해 여러 견해가 있었으리라는 데는 의심의 여지가 없다. 따라서 삼손 이야기는 한편으로는 완전한 분리를 옹호하는 것처럼 보인다. '블레셋과 섞이지 마라. 그들과 섞이면 재앙을 마주할 것이다.' 다른 한편으로는 삼손이 어떻게 '테러리스트'가 되어 내부로부터 적의 시스템을 파괴하는 데 성공하는지 다루는 흥겨운 이야기도 있다. 그는 마치 자살 폭탄 테러처럼 종교 축제를 위해 모인 블레셋 군중을 모두 쓰러뜨리고 죽는다. "삼손이 죽을 때에 죽인 자가 살았을 때에 죽인 자보다 더욱 많았더라."16:30 이는 칭찬도 비난도 아닌 신중한 표현이다. 삼손은 20년 동안 이스라엘의 사사로 있었지만,15:20: 16:31 입다와 마찬가지로 그의 지도력 아래 땅이 평온해졌다는 언급은 없다.

삼손은 그의 잉태에 수반된 신적 약속과 어머니가 그를 대신해 받아들인 서약을 지키지 못했다. "그의 머리 위에 삭도를 대지 말라.……그가 블레셋 사람의 손에서 이스라엘을 구원하기 시작하리라."13:5 그러나 삼손의 경이로운 육체적 힘과 야훼의 영이 여러 차례 임했음에도14:6, 19: 15:14 구원은 이루어지지 않았다. 삼손은 블레셋의 포로로 죽었고, 눈이 뽑히는 궁극의 치욕을 당했다.16:21 고대 세계에서는 전쟁 포로의 눈을 멀게 하는 일이 흔했지만,참조. 왕하 25:7 이 사건에서 삼손이 눈을 잃은 것은 그의 삶의 방식을 상징적으로 보여준다. 그는 태어날 때부터 헌신적인 삶을 살도록 구별되었지만, 하나님과 이스라엘에 대한 특별한 책임이 요구하는 바를 분명하게 보지 못했다.

궁극적으로 실패한 삼손의 사사직에서 한 가지 패턴을 추적할 수 있는데, 그것은 이야기에 등장하는 네 여인과의 상호 작용에서 드러난다. 그들은 모두 조연급 인물로 삼손의 어머니를 제외하면 한 장면 이상 등장하거나 몇 마디 이상을 대사를 하는 경우가 없고, 들릴라를 제외하면 이름도 없다. 그러나 우리엘 시몬Uriel Simon이 관찰한 것처럼 성서 내러티브에 등장하는 수많은 단역 인물들은 단지 쓰고 버려지는 것이 아니며, 대다수는 상대적으로 소수인 주요 등장인물의 중요한 무언가를 조명한다.[9] 삼손 이야기의 경우 여성들은 이스라엘의 구원자가 될 것이라는, 삼손에게 처음 주어진 약속이 꾸준히 좀먹어 가는 과정을 반영하는 거울 역할을 한다. 하나님과 이스라엘에 대한 삼손의 헌신, 곧 눈앞의 욕구가 아닌 다른 것을 향한 그의 헌신이 약화되는 네 가지 움직임을 이들을 통해 확인할 수 있다.

- **삼손의 어머니.** 삼손의 어머니는 가장 높은 수준의 종교적 헌신을 보여준다. 비록 남편 마노아 13:2와의 관계에서만 언급되지만, 그녀는 남편보다 영적으로 더 깨어 있었기 때문에 야훼의 사자가 먼저 나타나 그녀의 불임이 끝났음을 알렸을 것이다.13:3 삼손의 어머니가 이 이야기에서 신실함의 모범임을 보여주는 첫 번째 단서는, 아들을 임신한 순간부터 그녀도 독한 술과 부정한 고기를 삼가며 아들이 지켜야 할 헌신의 서약에 참여해야 했다는 사실이다.13:7 가브리엘이 나사렛의 마리아에게 오기 전까지는, 하나님의 사자가 한 여인의 신실함의 능력과 태중의 아이에 대한 하나님의 의도를 이처럼 강력하게 나타낸 일은 없었다.참조. 눅 1:30-38 반면에 마노아는 하나님의 사자를 보고도 신적 임재를 바로 인식하지 못했고13:16 이후에는 그 의미를 완전히 잘못 해석한다.

  [마노아는] 그의 아내에게 이르되 우리가 하나님을 보았으니 반드시 죽으리로다 하니 그의 아내가 그에게 이르되 여호와께서 우리를 죽이려 하셨더라면 우리 손에서 번제와 소제를 받지 아니하셨을 것이요 이 모든 일을 보이지 아니하셨을 것이며 이제 이런 말씀도 우리에게 이르지 아니하셨으리이다 하였더라.13:22-23

- **블레셋 여인.** 삼손의 어머니는 퇴락을 측정하는 신실함의 기준이 된다. 삼손이 부모의 반대를 무릅쓰고 블레셋 도시 딤나의 여인과 결혼하려

는 욕망을 표현하는 것이 그 시작이다.14:1-3 삼손의 (잠재적) 성적 파트너와 관련해 야훼에 대한 충성심의 문제는 언급되지 않지만, 이야기는 몇 가지 지점에서 여인과 삼손의 개인적 충성심 문제를 강조한다. 삼손은 결혼을 축하하기 위해 일주일 동안의 '주연'*misteh*을 열었다. "청년들은 이렇게 행하는 풍속이 있[었기]" 때문이다.14:10 이는 아마도 포도주와 독주를 삼가는 서약을 하지 않은 이들의 풍습이었을 것이다. 삼손은 블레셋 하객들에게 유명한 수수께끼를 내고, 풀지 못하면 심각한 대가를 치르도록 했다. 사흘 동안 술을 마셔도 답이 나오지 않자 그들은 삼손에게서 답을 얻어 내지 못하면 신부의 집에 불을 지르겠다고 협박했고, 신부는 자신과 가족의 목숨을 구하기 위해 그 압박에 굴복한다. 화가 난 삼손은 신부를 두고 결혼식장을 떠나 버렸고, 결혼은 결국 성사되지 않은 것으로 보인다.14:20 얼마 후에 돌아와 자신이 버린 신부가 신랑 들러리와 결혼한 것을 알게 된 삼손은 잔인한 보복을 가하고 수확할 것이 남아 있는 밭에 불을 지른다. 결국 그 여인은 동족에 의해 산 채로 불태워지는데,15:6 이는 삼손과 블레셋 사이의 재치와 힘, 명예와 자존심 대결에 따른 부수적 피해의 일부다. 이 이야기에 대한 가장 통찰력 있는 해설 가운데 하나는 렘브란트의 작품 「삼손의 결혼식」이다. 다빈치의 「최후의 만찬」을 시각적으로 인용한 이 그림에서 렘브란트는, 의심하지 않는 신부를 그리스도의 자세로 식탁 중앙에 정면으로 배치하고 삼손은 유다의 자세로 가까이 배치했다. 관람자는 신부가 곧 입맞춤으로 배신당하고 십자가에 못 박힐 것이라는 메시지를 유추할 수 있다.

• **매춘부.** 이야기에서 언급된 세 번째 여인은 가사의 매춘부16:1-3다. 이름과 사연, 개인적인 관계는 우리에게, 그리고 추측건대 삼손에게도 알려지지 않았다. 삼손은 그녀와 몇 시간만 머물다가 성문을 뜯어 둘러메

고 떠난다. 그녀와의 만남은 충성심 척도로 보면 완전한 중립 지점, 곧 어느 쪽에도 애착도 배신도 없는 상태를 나타낸다.

- **들릴라.** 마지막으로, 삼손이 사랑했다고 전해지는 유일한 인물인 들릴라다.16:4 블레셋 평야와 이스라엘 고지대 사이의 소렉 골짜기에 사는 그녀는 양쪽에 다 속할 수도 있었으나 어느 쪽에도 충성을 보이지 않는다. 이스라엘 사람이라면 배신자이고, 블레셋 사람이라면 동족을 갈취하는 자다. 블레셋 군주들이 삼손을 넘겨준 대가로 그녀에게 건넨 현상금은 5,500세겔은 천문학적인 액수이므로 성의 재정이 바닥을 드러냈을 것이다. 들릴라는 삼손의 서원 마지막 부분을 손수 깨뜨리고, 삼손이 자기 무릎에 누워 자고 있는 동안 삭도를 삼손의 머리에 댄다. 서원 파기와 죽음의 대리자인 들릴라는 서약의 원래 대리자이자 삼손에게 생명과 신적 복13:24의 매개자가 된 어머니와는 대척점에 서 있으며, 충성심 척도로 보면 가장 낮은 지점을 나타낸다.

사사 이야기는 삼손의 이야기로 끝이 난다. 삼손이 블레셋으로부터 이스라엘을 구하지 못한 것은 그가 악해서가 아니라 자신에게 주어진 본질적 요구를 존중하지 않았기 때문이다. 삼손의 자기 몰입은 부모와의 무뚝뚝하고 거칠기까지 한 이 대화에서 분명하게 드러난다.

그의 부모가 그에게 이르되 네 형제들의 딸들 중에나 내 백성 중에 어찌 여자가 없어서 네가 할례 받지 아니한 블레셋 사람에게 가서 아내를 맞으려 하느냐 하니 삼손이 그의 아버지에게 이르되 내가 그 여자를 좋아하오니 나를 위하여 그 여자를 데려오소서 하니라.14:3

화자는 곧바로 삼손을 감싼다. "그의 부모는 이 일이 여호와께로부터 나온 것인 줄은 알지 못하였[다]."14:4 그러나 이야기를 계속 읽어 나가면서 깨어 있는 독자들은 삼손의 실패가 모든 이스라엘 백성의 실패, 곧 왕이 없고 모두가 자기 소견에 옳은 대로 행하는 실패임을 발견하게 된다.17:6: 21:25 이제 이스라엘과 유다에 왕이 생기면 상황이 얼마나 달라질지 지켜보는 것이 남았다. 그들 가운데 "야훼가 보시기에 옳은 일"을 할 사람이 얼마나 많을 것인가?

### 더 쓰라린 결말

사사기 마지막 부분17-21장은 이스라엘의 민족적 지도력이나 외부의 압제에 대해 전혀 언급하지 않는다. 그 대신에 혼돈, 우상숭배와 거짓 경건, 가족 착취, 지역 및 부족 단위 수준의 폭력으로 해체되고 있는 민족의 모습을 보여주는 이야기들이 모여 있다. 입다 이야기 속에 암시된 주제들, 곧 잔인한 가정 폭력19장과 이스라엘 백성 간의 내전,20장 더 많은 폭력으로 이어지는 어리석은 종교적 맹세21장의 주제로 되돌아간다. 모든 경우에 여성은 특히 착취와 파괴의 표적이 된다. 이런 식으로 절정에 달하는 이야기들의 누적적 증거는 이스라엘 남성에 의한 이스라엘 여성의 학대가 이스라엘 민족의 자기기만, 자기파괴, 야훼에 대한 거짓의 단적인 표현임을 보여준다.

이러한 점이 가장 명백히 드러난 사건은, 기브아에서 마을 사람들에게 집단 강간을 당한 베들레헴 출신의 이름 없는 여인이 "자기의 주인"인 레위인 남자에 의해 그 시신이 열두 조각으로 나뉘어 "이스라엘 사방에 두루 보내[진]"19:26, 29 일이다. 이는 성서에서 가장 끔찍한 장면이며 문자 그대로 읽으면 그 폭력성이 도색 영화에 가깝다.

그러나 이 이야기를 단지 문자적으로만, 또는 문자를 중심으로 받아들여서는 안 된다는 내적인 표지들이 있다. 마크 브레틀러Marc Brettler는 한 사람의 신체가 이스라엘 영토 전체에 흩어져 있다는, 역사적으로 거의 불가능한 사건에서 부정적인 단서를 찾는다.[10] 그는 이 이야기가 사울 가문의 고향이자 그의 왕좌가 있었던 기브아를 부정적으로 조명하는 친다윗적인 정치적 우화라고 주장한다. 이야기의 지리적 구체성이 그의 논증에서 핵심이다. 여인은 다윗의 도시 베들레헴 출신으로, 그곳은 남녀 모두 적절한 환대를 받았다. 그들은 그곳을 떠나 여부스의 도시(예루살렘)와 사무엘의 도시 라마를 지나쳐 기브아에 머무는 비참한 선택을 한다. 여기서 사울 가문에 반대하는 주장을 찾는 브레틀러의 견해가 옳다면, 사사기는 이미 사무엘서의 가장 어려운 신학적 문제, 곧 하나님이 사울을 선택하셨다가 이후 거부하는 문제를 다루고 있는 것이다.

브레틀러의 주장은 개연성이 있지만, 비판의 대상은 사울의 가문을 넘어 이스라엘의 모든 지도력 구조를 포함하도록 확장되어야 한다. 손상되기 쉬운 민족의 몸body politic을 보호해야 할 모든 백성이 그 과제에 실패하고, 심지어 '그녀'의 몸을 토막 내는 데 가담한다. 그녀의 주인인 레위인 제사장, 베들레헴에 있는 그녀의 아버지, 장로이자 가부장으로서 공동체 생활에 발언권을 가진 기브아의 집주인, 그리고 공격자들(그들은 폭도가 아니라 주민이었으며, 문자적으로는 그 성읍의 "주인들"ba'alim, 20:5이었다) 등 모두가 책임이 있다. 따라서 두 왕가는 모두 연루되어 있고, 사회-정치-종교 구조 전체가 고발당한다. 더욱이 이러한 종합적인 심판은 그 이야기의 강조점인 기브아의 **집**, 레위인과 그 첩에게 안전을 제공했어야 했던 장소에도 반영되어 있을 것이다. 실재하는 현재의 위험에서 보호해 주지 못하는 물리적인 집은 곧 "이스라엘의 집", 예언자들이 자주 비난하는 지도력 구조를 가리킨다.예를 들어 사 5:7; 호 1:4, 6; 암 5:1; 미 1:5

　이 이야기가 문자적 또는 역사적 수준을 넘어 읽혀야 한다는 관념은 더 큰 성서 이야기의 다른 부분들과 주제적, 언어적 반향을 많이 지닌다는 점에서도 암시되고 있다. 소돔창 19장의 집단 강간 위협과도 밀접한 관련이 있는데, 그곳에서도 폭도가 원하는 남성 대신 여성이 제공된다는 점은 유사하다. 사사기의 메시지는 이스라엘의 집이 땅을 아브라함 이전의 상태로 되돌려 놓았다는 것이며, 기브아는 도덕적으로 우매한 자들로 가득 찬 또 다른 소돔이다. 그러나 이번에는 그들의 의도가 실현되는 것을 막아 줄 구원의 천사가 없다. 또 다른 반향은 앞을 가리키고 있다. 여성의 몸이 "난도질되어" 열두 조각으로 "이스라엘 사방에" "두루 보내어졌다"는 생생한 그림 언어는 사울의 이야기를 예견하게 한다. 사사기의 지도자들처럼 사울도 하나님의 영에 이끌려 지파들을 전쟁에 소집하기 위해 가축의 토막 난 사체를 보낸다.삼상 11:6-7 두 경우 모두 이스라엘 백성은 메시지를 받고 "한 사람같이"20:1; 삼상 11:7 응답한다.

　그러나 한 여인의 몸과 가축의 몸 사이에는 헤아릴 수 없는 큰 차이가 있다. 기록자는 이제 우리 자신을 포함해 청중의 상상력을 자극하기 위해 알려진 이야기에 충격적인 변화를 주고 있다.[11] 학대받는 몸이 여성의 몸이라는 것은 우연이 아니지만, 그렇다고 해서 이 이야기가 여성 학대에 관해서만 말하고 있는 것은 아니다. 오히려 사사기를 형성하는 예술적 상상력을 동원하여, 잊을 수 없는 여성 피해자의 이야기는 여성뿐만 아니라 권력 구조의 실패에 가장 취약한 다른 사람들을 위해, 그리고 그들에 관해 이야기한다. 고대 이스라엘의 사회 구조에서는 대다수의 사람들이 그런 위치에 있었다. 중산층은 존재하지 않았고, 극소수의 엘리트 계층이 좀 더 많은 수의 제사장과 궁정 예언자 등 관리자와 봉사자의 섬김을 받았다. 그 외 대다수는 마을에 살면서 생계를 유지하거나 그 이하의 수준으로 살았다. 이러한 상황을 보면 성서에 등장하는 취약한 여성들은 상대적으로 힘없는 다수인 이스라엘의 '모든 사람'the Every-person으로 볼 수 있다. 여성이 그 대표적인 역할을 맡을 수 있는 까닭은, 이스라엘이 부족 시대의 상대적으로 분산된 사회 구조에서 왕정이라는 계층화된 사회 조직으로 이동함에 따라 여성의 사회적 종속이 널리 나타나고 실제로도 증가했기 때문이다.

티크바 프라이머켄스키Tikva Frymer-Kensky는 성서 속 여성 인물에 대한 훌륭한 개론적 연구에서, 이러한 종속성에도 불구하고 히브리 성서는 여성을 남성과 다르거나 열등한 '타자'로 묘사해 여성의 낮은 사회적 지위를 정당화하려는 시도를 하지 않는다는 점에서 다른 고대 문헌과의 차이점을 관찰한다. 실제로 민족으로서 이스라엘은 성서가 여성을 표현하는 방식으로 자신을 인식하고, 상대적으로 힘이 없지만 열등하지는 않은 존재로 보게 되었다고 그녀는 주장한다.

이스라엘은 주변 제국들에 비해 항상 작고 취약했다. 시간이 지남에 따라 이러한 취약성은 패배로 이어졌고 이스라엘은 더 강력한 국가들의 발아래 정복당했다. 성서의 여성관은 이스라엘의 사고의 중심이 되었는데, 이는 성서가 편견적 관념에 의존하지 않고 무력함과 종속을 이해하는 패러다임을 제공했기 때문이다. 이스라엘 사회 내에서 여성이 종속적이었던 것처럼 이스라엘은 국제적인 차원에서 다른 나라의 힘과 권위에 종속되어 있었으며, 성서의 여성상은 그것을 생각하는 이들이 그들의 무력함을 열등감이나 무가치함으로 해석하지 않고 받아들일 수 있게 해주었다. 이러한 방식으로 성서의 여성 이미지는 이스라엘의 자기상과 자신의 운명을 이해하는 데 필수적인 요소였다.[12]

따라서 프라이머켄스키는 이 이야기들이 보존되고 계속 다시 말해진 까닭은, 특별히 여성만이 아니라[13] 이스라엘의 집 전체를 진술하려는 것이었다고 주장한다. "그녀의 찢긴 몸은 사회라는 천의 찢긴 조각들을 상징한다. 그녀에게 행해진 일은 이미 이스라엘 백성 간의 신뢰의 유대에도 행해졌다."[14] 초기 예언자 전통은 "기브아 시대"호 9:9; 10:9를 이스라엘의 타락의 상징으로 기억한다. 그러므로 시신이 난도질된 직후 화자는 과거 사건에 관여하지 않는 입장을 잠시 내려놓고, 적절하게도 이 이야기가 미래 세대에게 어떤 의미가 있을지 생각해 본다.

> 그것을 보는 자가 다 이르되"이를 것이다", 저자 사역—옮긴이 이스라엘 자손이 애굽 땅에서 올라온 날부터 오늘까지 이런 일은 일어나지도 아니하였고 보지도 못하였도다. 이 일을 생각하고 상의한 후에 말하자……19:30

여기서 인용된 말이 정확히 어디서 끝나는지는 히브리어에 표시가 없기 때문에 번역자의 판단에 달려 있다. 인용문이 일련의 명령문으로 이어지더라도 핵심은 변하지 않는다. 어느 경우든 이 이야기는 미래 세대를 향해 열려 있으며, 앞으로 이야기를 듣고 그 사건을 "보게" 될 사람들의 상상력을 불러일으켜 성찰과 진솔한 발언으로 이끌 것이라고 주장한다.[15] 이는 전기 예언서에서 화자의 목소리가 명시적으로 예언적이 되는 몇 안 되는 순간이다.[16] 이 일련의 복수형 명령은 아마도 광범위하고 잠재적인 불특정의 '보는 자'를 향한 공적 책임의 요구일 것이다. 이 명령은 기브아의 집주인이 문밖의 폭도들에게 주는 기괴한 허락과 정반대되는 것으로 볼 수 있다. "보라. 여기 내 처녀 딸과 이 사람의 첩이 있은즉 내가 그들을 끌어내리니 너희가 그들을 욕보이든지 너희 눈에 좋은 대로 행하[라]."19:24 그 끔찍한 일이 벌어진 후 시신이 학대당하고 사회의 몸이 절단된 때, 품위를 회복하는 유일한 방법은 무슨 일이 있었는지 정직하게 밝히고 그것이 공동의 책임이라고 주장하는 것이다.

그러나 이스라엘은 사사기가 말하는 것처럼 품위를 회복하지 못한다. 이 시신 훼손 사건은 공동체의 깊은 성찰로 이어지지 않고 폭력의 연쇄 반응을 촉발했으며, 그와 함께 이 책은 휘청거리며 결말로 나아간다. 그리고 남은 연쇄 반응의 대부분은 여성에 대한 성적 강압이나 폭력과 관련된다. 베냐민 지파의 성읍 기브아에 대한 이스라엘의 분노는 복수전으로 이어진다. 성서 전통 속 이 대규모 내전으로 양측 모두에게 끔찍한 학살이 일어나 베냐민 지파에서 5만 명이 죽고 상대편에서도 4만 명이 죽는다. 더욱이 반베냐민 연합이 야훼의 편에 서서 싸우고 있는 것인지도 전혀 분명하지 않다. 그들은 두 번이나 전투에 대한 신탁을 구했고, 두 번 모두 야훼의 지시를 얻어 올라가 싸웠음에도 패퇴한다.20:17-25 세 번째 전투에서 마침내 상황이 그들에게 유리하게 돌아갔지만 의문은 여전히 남는다. 야훼가 고의적으로 쉬운 승리를 보장하는 듯하며 그들을 오도한 것인가?

설명은 없지만 여기에 나오는 증거는 책 전체의 흥미로운 특징과 일치한다. 사사기에는 기드온부터 시작해 이스라엘 백성이 야훼의 표적이나 특별한 계시를 구하는 사례가 많이 나온다. 그러나 동시에 이스라엘의 운명과 품성은 꾸준히 악화되고 있다. 여기에는 비극적인 아이러니가 작동하고 있다. 사람들은 종교적으로 행동하고 스스로를 종교적이라고 믿을 수도 있으며, 하나님도 어느 정도까지는 이에 응답하신다. 그러나 결국 "그들의 열매로 그들을 알 [것이다]." 마 7:16 이 전쟁의 결과는 더 많은 폭력의 쓰라린 열매다. 베냐민 지파는 전쟁과 딸을 시집보내지 않겠다는 다른 지파들의 엄숙한 맹세로 인해 전멸할 위험에 처한다. 다른 지파들은 뒤틀린 '관대함'21:22을 보인다. 그들은 먼저 야베스 길르앗에서 4백 명의 처녀를 빼앗은 후 나머지 백성을 모두 죽였고, 실로에서 추가로 2백 명의 젊은 여성을 납치하는 것을 승인함으로써 베냐민을 전멸 위기에서 구출한다. 이스라엘의 몸은 "발바닥에서 머리까지 성한 곳이 없[다]."사 1:6

사사기는 해결책이 없고 끝이 보이지 않는 공포로 끝난다. 그래서인지 정경에는 "사사들이 치리하던 때"룻 1:1를 배경으로 하는 두 번째 이야기가 포함되어 있다. 룻기는 성서에서 여성이 역사를 형성하는 주요 인물로 등장하는 드문 순간이다. 룻기는 지역 공동체에서 시작하기 때문에 아래로부터 위로 펼쳐지는 역사다. 기독교 구약성서의 순서에서 룻과 나오미의 희망찬 이야기는 비극이 고조되는 사사기 바로 뒤에 이어진다.

# 08

# 룻기

# 취약한 보호자

## ·룻기·

룻기는 전통적인 유대교 정경에서는 잠언 다음에 나오고, 기독교 성서의 경우 사사기 다음에 나온다. 각 배치에는 서로 다른 논리가 있다. 한편으로 룻은 잠언의 마지막 부분에서 칭송하는 "용감한개역개정 "현숙한"─옮긴이 여인"의 뛰어난 모범이며,잠 31:10-31 다른 한편으로 룻의 이야기는 "사사들이 치리하던 때"1:1를 배경으로 하고 있다. 나는 여기서 후자의 배치를 따르기로 했다. 그 이유는 사사기 바로 다음에 이 작은 책을 읽으면 두 책이 상호 대조적이면서도 보완이 되어 잘 어울린다는 것을 알 수 있기 때문이다. 룻기는 사사기라는 격변의 폭풍이 지나간 후의 작고도 고요한 목소리다. 사사기의 대규모 폭력, 심각한 민족 지도력의 문제, 이스라엘 백성 전체의 도덕적 타락이라는 장면이 지난 이후, 룻기는 평범한 소수의 삶에서 개인적 관계 가운데 일어난 구속적 사건에 대해 이야기하며 궁극적으로 이스라엘 전체를 위한 희망의 방향을 제시한다. 성서 안에서 독특하게도 이 짧은 이야기는 우리로 하여금 한동안 작은 농촌 마을 베들레헴의 어느 이스라엘 가족의 세계에 머무르게 해준다. 이 마을은 룻의 증손자가 언젠가 왕으로 즉위하게 될 예루살렘에서 겨우 몇 킬로미터 떨어진 곳이다. 전체 이야기의 흐름은 다음과 같은 사도 바울의 말로 요약할 수 있다.

환난은 인내를, 인내는 연단(성품)을, 연단은 소망을 이루는 줄 앎이로다.롬 5:3-4

이 이야기는 두 가지 핵심 관계, 곧 나오미와 룻, 룻과 보아스 사이의 관계를 중심으로 펼쳐진다. 두 관계 모두 이 이야기가 '헤세드'*hesed*라고 명명한[1] 1:8; 2:20; 3:10 특성을 지니는데, '헤세드'는 전통적으로 '인자', '변하지 않는 사랑'이라고 말하는 언약 관계의 '접착제'와 같으며, 공동체 안에, 또는 하나님의 계명을 준수하는 데 있어서 어떤 결속력을 가져다주는 것이다. 랍비 전통에 따르면 룻기는 오직 한 가지 목적을 위해 기록된 책인데, "'헤세드'를 행하는 자의 보상이 얼마나 큰지 가르치기 위한 것"이다.[2] 이 책은 사사기의 궤적과는 정반대로 절망적인 상황 속에서도 상호 신실함을 특징으로 하는 인간관계가 어떻게 희망의 씨앗을 심는지 보여준다.

## 환난은 인내를 낳고

이 책은 치명적인 위협과 상실과 함께 막을 연다. 베들레헴(히브리어로 '빵의 집'이라는 뜻으로 예루살렘에 빵을 공급하는 곳)에 기근이 닥치고 어느 가족이 요단강을 건너 모압의 고원 지대로 이주한다. 그러나 모압은 그 자체로 죽음의 장소다. 남편이 죽었고 장성한 두 아들도 결혼 후에 죽었다. 약 10년에 걸쳐 일어난 이 모든 일이 첫 다섯 구절 안에 기록된다. "……그 여인은 두 아들(아이들)과 남편의 뒤에 남았더라."1:5 기혼의 성인이라는 지위와 상관없이 죽은 두 아들은 그들을 낳고 기른 어머니에게는 여전히 "아이들"이며, 어머니는 "텅 빈" 상태로 남겨진다.1:21

특히 토라 속 대부분의 이야기들과 대조적으로, 이 이야기는 죽음에서 건져 내는 열쇠로 하나님의 행동과 성품을 전면에 내세우지 않는다. 이 책에서 하나님은 결코 직접 말씀하거나 하늘의 존재를 통해 말씀하지 않으며, 표적과 이적도 나타나지 않는다. 실제로 화자의 목소리가 어떤 신적 행위를 확립된 사실로 보도하는 경우는 단두 번뿐이다.1:6; 4:13 등장인물들은 우리도 그러하듯 직접적인 계시를 통해서가 아니라 좋은 일과 나쁜 일을 근거로 하나님의 행위와 태도를 유추하면서 하나님을 경험한다. 세 남자가 죽은 후, 나오미는 '샤다이'*Shaddai, '전능자*' 하나님이 자신을 "괴롭게 하셨다"1:21라고 판단한다. 그럼에도 나오미는 하나님이 자기 백성에게 "양식을 주셨다"1:6는 소식을 듣고 능동적으로 반응한다. 나오미가 무엇을 느꼈든지 간에 그녀의 행동은 희망을, 아마도 신뢰까지도 말하고 있다. 그녀는 과부가 된 두 "며느리"*kallot, '신부들*'와 함께 고향 베들레헴으로 돌아가는 위험한 광야 여행을 시작한다. 그러나 곧 그녀는 그들을 돌려보내려고 한다.

> 너희는 각기 너희 어머니의 집으로 돌아가라. 너희가 죽은 자들과 나를 선대한 것 같이 여호와께서 너희를 선대하시기를 원하며 여호와께서 너희에게 허락하사 각기 남편의 집에서 위로를 받게 하시기를 원하노라 하고 그들에게 입 맞추매 그들이 소리를 높여 울며.1:8-9

나오미의 말은 일반적인 이스라엘 사람의 사고방식에서 볼 때 파격적이다. 나오미는 이 젊은 모압 여인들을 '헤세드'의 실천자로서 존중한다. '헤세드'는 성서에서 일반적으로 이스라엘의 고유한 미덕으로 간주되는 상호 충성심이며, 이방인들에게는 매우 드물게 나타나는 미덕이다. 토라에서 모압 여인들은 이스라엘의 종교적 충성심을 위협하는 존재로 간주되며,참조. 민 25장 신명기는 모압인이 이스라엘 언약 공동체에 들어오는 것을 엄격히 금지하고 있다. 그러나 나오미는 그녀의 모압인 "딸들"1:11이 "인자hesed와 진실이 많은"출 34:6 것으로 명성이 높은 야훼조차도 따라야 할 모델임을 암시한다. 나오미의 말은 이스라엘의 종교적 배타주의를 강력하게 뒤집지만, 그럼에도 나오미와 룻이 베들레헴에 도착하게 되면 다른 민족 출신인 룻은 모든 사람의 주목을 받을 것이다. 그 때문에 나오미는 혼자 가기를 원했을지도 모른다.

이 광야 길은 세 여인 모두에게 결정적인 순간이다. '목덜미'라는 뜻의 이름을 가진 오르바는 이야기에서 사라진다. 그녀는 나오미의 간청을 듣고 시어머니를 떠나 친정으로 돌아가기 때문이다. 이는 존중할 만한 선택이며, 과부가 되어 소녀 시절을 보낸 곳으로 돌아가는 것도 쉽지 않은 선택이다. 대조적으로 "룻은 그(나오미)를 붙좇았[다]."1:14 이 동사davaq는 창조 이야기에서 남자가 아버지와 어머니를 떠나 아내와 '합하는' 것을 묘사하는 데 사용된다.창 2:24 따라서 룻의 비교할 수 없는 충성 선언은 결혼식에서 자주 들리곤 한다.

> 내게 당신을 떠나라고 하지 마세요……당신이 가시는 곳에 나도 가고……당신의 사람들이 나의 사람들이 되고, 당신의 하나님이 나의 하나님이 되시며, 당신이 죽는 곳에서 나도 죽겠습니다.1:16-17. 저자 사역—옮긴이

그러나 이러한 연상 작용 때문에 이 장면이 낭만적이기보다는 대립적인 상황임을 간과해서는 안 된다. 기록된 나오미의 유일한 반응은 침묵이다.

나오미가 룻이 자기와 함께 가기로 굳게 결심함을 보고 그에게 말하기를 그치니라.1:18

아마도 룻은 나이 든 나오미가 혼자서는 결코 베들레헴까지 갈 수 없다는 것을 알기 때문에 함께 가겠다고 고집했을 것이다. 그리고 나오미가 어떻게든 돌아간다 해도 룻의 튼튼한 몸과 손이 없으면 밭에서 이삭줍기로 먹을거리를 얻을 수 없을 것이다. 룻기는 흔히 동화나 로맨스로 여겨지며, 수많은 시각 예술가와 문학가들이 룻을 "낯선 옥수수 밭에서"³ 보아스를 매혹시키는 미모의 인물로 묘사했지만 룻기에는 이러한 언급이 없다. 오히려 이 이야기는 구속받은 비극으로 보는 것이 더 적절하다. 그런 의미에서 이 이야기는 신구약성서 전체의 이야기를 압축해 놓은 것이다. 더욱이 성서 가운데 이곳과 다른 곳에서 비극은 가장 가능성이 희박한 방식으로 구속받는다. 즉 자신의 취약성을 의도적으로 수용함으로 인해서다. 나오미를 따라 베들레헴으로 가기로 결심한 룻은 **과부**일 뿐만 아니라 **고아**(집안에 아버지나 자신을 보호해 줄 성인 남성이 없는 상태)이자 **나그네**가 된다. 따라서 그녀는 언약 공동체 안에서 보호가 필요하다고 성서가 말하는 세 가지 고전적 취약성을 모두 지닌 존재다. 앞으로 살펴보겠지만, 룻은 이 책에 등장하는 여러 '취약한 보호자' 중 첫 번째 인물이다.

### 인내는 성품을 낳는다

성서에서 룻보다 개인적 성품이 더 잘 알려진 여성은 없으며, 나사렛의 마리아를 포함해 신구약성서 전체에서 화자가 그토록 정교하게 정체성을 발전시킨 여성도 없다. 룻기는 짧은 책이지만 네 장 모두

롯의 성품을 묘사하는 데 집중하고 있다. 롯은 누구인가? 롯의 정체성에 대한 질문은 등장인물에 의해 세 번(보아스가 두 번, 나오미가 한 번) 제기되며, 제시된 대답은 다른 사람들이, 그리고 아마도 롯 자신도 그들의 공동체 생활에서 그녀의 개인적인 성품이 갖는 중요성을 어떻게 이해하게 되는지 드러낸다. 이러한 대답을 잘 이해하려면 주의 깊은 경청이 필요하다. 아름답게 빚어진 이 이야기는 기만적으로 느껴질 만큼 단순하기 때문이다.

처음에 베들레헴에서 롯이 눈에 띈 것은 그녀가 이 작은 마을에 온 이방인이라는 당연한 이유 때문이다. 보아스는 밭에서 이삭을 줍는 이들 가운데 그가 모르는 사람이 있는 것을 보고 사환에게 묻는다.

이는 누구의 소녀냐? 2:5

"이 소녀가 **누구냐?**"가 아니라 "**누구의** 소녀냐?"라고 묻는다. 고대 이스라엘의 혈연 중심 문화에서는 누구도, 특히 여성은 더욱 가족과 독립된 사회적 지위나 정체성을 가지고 있지 않았고, 가족은 가난한 이들에게 일정 수준의 보호 조치를 제공하는 곳이었다. 사환의 답변은 그녀가 얼마나 취약한 상태였는지를 드러낸다.

이는 나오미와 함께 모압 지방에서 **돌아온** 모압 소녀인데 그의 말이 나로 베는 자를 따라 단 사이에서 이삭을 줍게 하소서 하였고 아침부터 와서는 잠시 집에서 쉰 외에 지금까지 계속하는 중이니이다. 2:6-7

이 이름 없는 모압 여인은 나오미를 위해 한 번도 가본 적 없는 곳으로 "돌아왔고", 자신과 시어머니를 살리기 위해 쉬지 않고 일하고 있다. 여기서 룻은 역사적으로나 전 세계 곳곳에서 어떤 이유로 위태로운 처지에 던져졌지만 노약자나 어린이, 병자나 영구적으로 허약한 사람을 돌보기 위해 더 큰 위험과 어려움을 감수하고 있는 수많은 여성을 대표한다.

보아스는 룻의 성품에 금세 마음이 끌려 자신의 밭에서 특별한 수확 권한을 주고 보호해 준다. 이에 놀란 룻은 질문을 던진다.

나는 이방곧 알아볼 수 없는, n-k-r 여인이거늘 당신이 어찌하여 내게 은혜를 베푸시며 나를 돌보시나이까.n-k-, 2:10

히브리어 말장난은 보아스의 행동의 중요성을 가리킨다. 보아스는 원주민과 이민자 사이의 중요한 사회적 경계를 넘었다. 그는 권력자의 위치에서 문화적으로 눈에 띄지 않는 사람의 지위를 강화하는 데 앞장섰으며, 그렇게 한 이유는 그녀의 성품에 대해 들었기 때문이다.

네 남편이 죽은 후로 네가 시어머니에게 행한 모든 것과 네 부모와 고국을 떠나 전에 알지 못하던 백성에게로 온 일이 내게 분명히 알려졌느니라.2:11

이는 창세기의 "남자가 부모를 떠나 그의 아내와 합하여 둘이 한 몸을 이룰지로다"창 2:24라는 결혼 규정을 두 번째로 상기시키는 것이다. 창세기의 또 다른 반향으로 룻은 아브라함과 사라참조, 창 12:1처럼 완전히 낯선 곳으로 가기 위해 "고향"을 떠났다. 그러나 룻의 행동은 하나님의 분명한 부르심에 대한 응답이라기보다는, 개인적 감정이라는 덜 확실한 근거에 의지한 것이었다. 즉 "여호와의 손이 나를 치셨[다]"1:13라고 스스로 선언한 한 여인에 대한 헌신에 근거한다.

롯의 정체성에 대한 질문은 두 번 더 제기되는데, 보아스와 롯이 타작마당에서 두 번째 만남을 갖는 동안 한 번, 그리고 그 이후에 또 한 번 나온다. 타작마당은 사람들이 기분이 좋아질 만큼 술을 마시고 3:7 "건초 밭에서 뒹굴며" 무분별한 성행위를 할 수 있는 기회가 어느 정도 생기는 장소였다. 롯이 한밤중에 보아스에게 접근한 것은 자신과 나오미를 위해 더 높은 수준의 법적, 경제적 보호를 받으려는 의도지만, 극도로 위험하고 완전히 풍습에 반하는 행동이었을 것이다. 오해나 거절은 롯의 평판에, 따라서 롯과 나오미의 취약한 가정의 생계에 치명적일 수도 있었다. 해석자들은 롯이 얼마나 성적으로 적극적이었을지 격렬한 논쟁을 벌이지만, 그 점에 대해 본문은 추측을 독려하지 않는다. 그런 의미에서 타작마당은 어두운 장소로 남는다.[4] 화자는 보아스와 롯이 주고받는 말에만 초점을 맞춘다. 그것만으로도 그 여인의 성품을 독자들과 보아스와 나오미에게, 어쩌면 롯 자신에게도 더 온전히 드러내기에 충분하다.

## 연단은 소망을 이룬다

"네가 누구냐?" 이것이 보아스가 밤에 잠에서 깨어나 "그의 발치에 누워 있는"[5] 한 여인을 발견하고 던진 질문이다. 이에 대답하며 롯은 이름을 밝히는데, 이 책에서 그녀의 이름이 처음 언급되는 부분이다.

대답하되 나는 당신의 여종 룻이오니 당신의 옷자락을 펴 당신의 여종을 덮으소서. 이는 당신이 기업을 무를 자가 됨이니이다 하니 그가 이르되 **내 딸아,** 여호와께서 네게 복 주시기를 원하노라. 네가 가난하건 부하건 젊은 자를 따르지 아니하였으니 네가 베푼 인애 *hesed*가 처음보다 나중이 더하도다. 그리고 이제 **내 딸아,** 두려워하지 말라. **내가 네 말대로 네게 다 행하리라.** 네가 현숙한 *hayil,* 용기 있는 여자인 줄을 나의 성읍 백성이 다 아느니라. 3:9-11

룻의 대답은 지시법 jussvie 구문으로, 동사 형태는 명령형이 아니며 명령이 되기에 조금 모자라는 기대를 담은 진술이다. "당신의 옷자락(날개)을 펴서……." 아비바 존버그 Avivah Zornberg가 관찰한 바처럼, 이곳과 다른 곳에서 "룻은 미래 시제를 특징적으로 사용한다."[6] 이러한 점은 베들레헴으로 가는 길에서 룻이 나오미에게 단호하게 말하는 장면에서 처음 눈에 띈다. "……저는 갈 것이고,……머물 것이고……죽을 것입니다." 1:16-17, 저자 사역—옮긴이 그렇게 말함으로써 룻은 이전에는 상상할 수 없었던 미래를 열고 있으며, '미완료' 동사 형태를 통해 출구 없는 상황에 대한 대안을 만들어 낸다. 이처럼 분명하게 드러나는 용기 때문에 보아스가 룻을 '용감한' 또는 '강력한' 개역개정 "현숙한"—옮긴이 여성이라 부르는 것이라고 존버그는 상상한다. 룻은 자신이 위태로운 처지라고 말할 수도 있지만, 그런 위험 앞에서 겁먹지 않는다. 존버그는 이렇게 말한다. "힘, 활력 그리고 용기를 가진 사람이 삶의 종말과 살아야 할 필요를 둘 다 충분히 강하게 느낄 때 찾을 수 있는 좁은 틈이 있다."[7]

이 말의 의미는 보아스가 결혼을 통해 법적 보호의 "옷자락을 펼친[다]"는 것으로, 그가 룻의 지시법 문장을 자신을 향한 '헤세드'의 행위로 받아들이고, 그것을 룻이 지금까지 나오미에게 보여준 자기 포기적 헌신을 능가하는 행위로 여긴다는 뜻이다. 룻은 "젊은 자를 따르지" 않고 분명 자신보다 훨씬 나이가 많았을 보아스에게 향한다. 보아스는 룻을 "'하일'*hayil*의 여자"라고 부르며 자기도 모르게 그녀를 자신의 완벽한 짝이라고 말한다. 이 이야기에서 같은 단어가 보아스를 소개할 때 사용되는데, "유력한 자"*ish gibbor hayil*, '큰 하일의 남자', 2:1라는 말은 성품의 힘과 상당한 경제력을 모두 나타낼 수 있는 표현이다. 이상하게도 홀로인 이 유력한 남자는 사랑 외에는 어떤 위안도 필요 없어 보인다. 그는 타작마당에서 청혼하는 여인에게 예기치 않게 감정적 빚을 지게 되는 자신을 발견한다. 따라서 보아스도 룻처럼 취약한 보호자가 된다.

'헤세드'에 대한 성찰을 담고 있는 룻의 이야기는 언약적 헌신의 한 측면을 드러낸다. 그것은 성서의 많은 부분이 가리키고 있지만 다른 방식으로는 명확하게 드러나지 않는 한 측면인데, 곧 언약 관계의 진정한 시험은 취약한 사람이 취약한 다른 사람을 어떻게 대하는가에 있다는 것이다. 이는 상징적인 이야기이며, 그런 이해는 모압 여인 룻을 넘어서 확장되어야 한다. 그녀는 나중에 다윗의 증조모이자 메시아의 어머니가 됨으로써 자신을 넘어서는 무언가를 상징적으로 나타내게 된다. 룻의 이야기는, 위협을 받는 취약한 민족이나 나라가 다른 포위당한 취약한 민족과의 혈연관계를 인정하며 위험을 감수하는 행위를 암시할 수도 있다. 히브리 성서의 통찰을 크게 반영하고 있는 요한복음서의 독자들은 예수가 미움과 박해를 받는 제자들에게 "사랑*agape* 안에 거하라"고 명령하실 때요 15:4-13 취약한 이들이 서로 위험을 감수하는 행위로서 '헤세드' 이해에 따라 예수 자신과 서로에 대한 지속적 헌신이라는 사랑 개념을 세웠다고 상상했을 수도 있다. '아가페'는 궁극적으로 예수가 "[그의] 아버지로부터 들은 것"요 15:15에서 비롯한 공동체 안에서 자기를 내어 주는 삶의 방식이며, 따라서 사랑의 계명은 야훼가 '헤세드'의 가장 위대한 실천자예를 들어 시 90:14; 103:8, 11, 17라는 이스라엘 성서의 가르침과 조화를 이룬다.

밤중에 타작마당에서 일어난 일의 보도에서 놀라운 점은 여러 인물들의 말 가운데 그들 자신은 인식하지 못하지만 그들의 말을 연결해 주는 두 가지 반향이 있다는 것이다. 첫째, "내가 네 말대로 네게 다 행하리라"며 보아스가 룻에게 한 말3:11은, 그날 밤 타작마당에서 어떻게 할지 지시한 나오미에게 룻이 했던 말과 같다.3:5 이 반향은 이 책의 관계 역학을 적절하게 요약한다. 이것은 완전한 신뢰와 존중의 표현이다. 강인하고 경험이 풍부한 두 사람이 불확실한 미래를 이제 사랑하는 상대에게 맡기고, 홀로 헤쳐 나갈 때의 빈약한 안전을 포기하며, 서로의 지혜와 진정한 필요에 순응하는 모습이다.

두 번째 반향은 룻이 동틀 무렵 집으로 돌아왔을 때3:14 나타난다. 나오미는 몇 시간 전에 보아스와 거의 동일한 질문으로 룻을 맞이한다. "내 딸아, 너는 누구냐?"3:16, 개역개정 난외 주—옮긴이, 참조. 3:9 물론 나오미는 문 앞에 있는 자기 딸을 알고 있지만, 이 이상한 말은 또 다른 질문, 곧 사실 룻이 대답하는 듯 보이는 질문을 내포하고 있다. 타작마당 만남이 룻을 어떻게 변화시켰는가? 어떻게 룻의 정체성을 명확하게 만들었는가? 룻은 일어난 일을 "다"3:16 나오미에게 이야기한다. 보아스의 질문에 "나는 룻입니다"라고 자신의 이름으로 대답함으로써, 그녀는 '모압 사람', '타국인', '일꾼 소녀' 등 어떤 범주나 기능이 아닌 한 인격으로서 자신의 정체성을 주장한다. 그녀는 이름이 있으며, 그것은 공동체 안에서 분명히 알려진 이름이다. 그리고 룻은 깨뜨릴 수 없는 두 가지 친밀한 관계를 가지고 있다. 그것은 보아스와 나오미가 그녀를 "내 딸"3:10, 11, 16이라는 애정 어린 말로 부른 것에서 나타난다. 룻은 한때 모압에서 쓰라리게 깨어진 가족을 지탱하던 충성스러운 딸이며, 이제 베들레헴에서 새로운 구속의 약속을 품은 가족을 일으키고 있다.

사사기는 속임수, 거짓 경건, 죽음, 폭력으로 끝난다. 가장 노골적인 내용은 납치, 강간, 죽음, 심지어 여성의 몸을 토막 내고19-21장 그로 인해 이스라엘 민족이 토막 나는 이야기다. 이와는 매우 대조적으로 룻기는 여성들의 창조적 행위가 중심이 되고 있으며, 죽음이 아닌 탄생으로 끝난다. 그리고 그 아기는 몇몇 여성들 사이에서 자라고 양육된다.

> 나오미가 아기를 받아 품에 품고 그의 양육자가 되니 그의 이웃 여인들이 그에게 이름을 지어 주되 나오미에게 아들이 태어났다 하여 그의 이름을 오벳이라 하였는데 그는 다윗의 아버지인 이새의 아버지였더라.4:16-17

오벳은 '섬기는 자'라는 뜻이다. 겸손한 사람들이 등장하는 이 책에 어울리는 겸손한 이름이며, 이타적인 충성심을 암시하는 희망의 이름이다. 사사 시대의 엄청난 실패와 신실함이 점차 쇠퇴하는 상황을 배경으로 한 이 짧은 이야기는, 칼 바르트가 "은혜의 단순성과 포괄성"이라고 부르는 그것을 그리고 있다.[8] 이 이야기는 평범한 세 사람이 서로 말하거나 말하지 않은 필요를 섬기는 신실한 작은 행동에서 어떻게 미래가 열리게 되는지 보여준다. 성서의 더 큰 이야기가 보여주겠지만, 이들의 이야기 너머에 있는 미래는 죄와 죄로 인한 (죄인들의 또는 무죄한 자들의) 고난으로 점철된 불완전한 미래다. 그러나 유대교와 기독교의 관점에서 볼 때, 이 이야기가 만들어 내는 희망은 이 책의 마지막 부분에서 드러나는 룻의 정체성이다. 그녀는

메시아의 어머니이자 다윗의 조상인 오벳의 어머니이다. 그녀의 책
에 쓰인 마지막 단어는 '다윗'이다.4:22

# 09

# 사무엘상하와 열왕기상

# 통일 왕국: (거의) 실패한 소망

· 서문 ·

사무엘서와 열왕기의 앞부분을 통해 우리는 지금까지 다룬 성서 이야기와는 사뭇 다른, 셰익스피어의 역사극이나 비극(「맥베스」나 「리어 왕」 같은)과 더 닮은 또 다른 종류의 내러티브 세계로 이동하게 된다. 셰익스피어의 희곡이 그러하듯 성서의 이러한 왕실 기록은 저자의 관점으로부터 먼 과거를 배경으로 하고 있다. 전통적인 자료에 기초한 이 이야기들은 민족적, 가족적 성격의 반*역사적 드라마로, 저자의 동시대 청중의 관심사를 다루는 양식으로 구성된다. 셰익스피어의 드라마처럼 이 이야기들은 시대를 초월해 관련성을 갖는 생생한 인물들에 대한 연구다. 강인하면서도 결점이 있는, 자신의 한계 및 인간관계에서 심오하면서도 곤혹스러운 문제로 씨름하는 인물들이 등장한다. 그러나 성서의 기록은 한 발 더 나아가 하나님의 뜻을 분별하고 따르는 것, 때로 이해할 수 없는 하나님의 명령과 자신을 화해시키는 어려움을 탐구한다.

사무엘상하와 열왕기상의 전통적 구분은 다소 인위적이다. 사무엘, 사울, 다윗, 그리고 솔로몬의 기록은 이른바 통일 왕국의 이야기를 전하는 하나의 다차원적 내러티브로 중첩된다. 이 복합적 이야기는 의심할 여지 없이 여러 전통의 흐름에서 수집된 것이며 경쟁하는 정치적 입장들을 드러낸다. 여기서 우리는 사무엘이 마지막 사사로 통치했던 사사 시대의 분권적 정치 조직 이후에 나타난, 새로운 왕권 제도를 동경하는 목소리를 듣는다. 또한 혈연과 마을에 기반을 둔 농부들의 사회와 지방 및 지역 중심의 지도력을 점차 중앙 정부와 초보적인 사회적 계급 체제를 갖춘 국가로 변모시키는 광범위한 문화적 변동에 반대하는 목소리도 들을 수 있다. 사무엘서에는 또 다른 경쟁하는 목소리가 등장하는데, 북쪽 베냐민 지파 출신의 사울 지지자들과 그의 뛰어난 제자였으나 결국 경쟁자이자 왕위 찬탈자가 된 남쪽 유다 지파 출신의 다윗 지지자들의 대립이다. 사무엘서는 전체적으로 사회 변화와 정치적 분열을 둘러싼 경쟁적이고도 상호 보완적인 관점들을 하나의 커다란 문학적 태피스트리로 엮어 낸 작품이다. 또한 이 책은 신학적 주석이기도 하다. 이 사회적 과정에서 하나님이 어떤 역할을 하시는지 질문을 제기하고 어느 정도는 열린 문제로 남겨 둔다. 솔로몬의 죽음과 왕국의 해체 이후, 북왕국과 남왕국 왕들의 역사는 크게 보면 예언자들의 역사다. 벧엘에서 여로보암과 맞서는 이름 없는 하나님의 사람에서 시작하여, 예언자들은 왕을 꾸짖고 때로는 공개적으로 반대한다. 열왕기상의 나머지 부분은 주로 엘리야의 이야기이며, 이 예언자는 어떤 인간 왕도 아닌 오직 야훼께만 충성을 바친다.

# 선택받은 자들의 비극: 사울의 왕권

· 사무엘상 ·

최후의 사사이자 아마도 최고의 사사였던 사무엘의 이야기7:15는 이스라엘 초대 왕의 흥망을 바라보는 틀을 제공한다. 사무엘서 첫 부분은 사무엘의 출생과 어린 시절, 순회 사사로서 평생의 사역,7:16-17 그리고 노년에 마지못해 왕에게 기름을 부어 이스라엘이 "다른 나라들과 같이" 되려는 야망을 이루게 하는 이야기8:20 등을 다루고 있다. 사울은 죽기 전에 마지막으로 사무엘과 중요한 대화를 나누는데, 영매를 통해 스올에서 소환된 사무엘은 불만을 품고 나타나 사울이 원하는 길잡이 역할을 하지는 않고 왕으로서 사울의 실패를 다시 지적한다.28:16-19 그렇게 그는 사울의 왕권을 최종적으로 심판한 것이다. 그러나 이 책에서 하나님이 인간의 권력 배치를 어떻게 특징적으로 방해하는지에 대한 최초이자 가장 포괄적으로 진술은 그보다 오래전, 한때 불임이었던 사무엘의 어머니 한나의 환희에 찬 노래2:1-10에서 확인할 수 있다. 한나는 아들을 낳고 젖을 뗀 후, 그 아이가 평생 동안 야훼께 '빌려준 자', '샤울'*sha'ul*이 될 것이라고 선언한다.1:28 흥미롭게도 말놀이를 한 이 히브리어 단어는 사울의 이름과 발음이 같다. 따라서 사무엘의 길고 헌신적인 삶은 사울의 짧고 결국에는 실망스러운 삶을 평가하는 맥락이자 대조적인 틀을 형성한다. 한나의 승리

| 사무엘상하와 열왕기상 |

의 노래와 사사기 마지막에 등장하는 희생된 여성들의 침묵은 또 다른 대조를 이룬다(히브리 성서에서 사무엘서는 사사기 바로 다음에 나온다). 한나의 영적 승리의 외침과 목소리도 이름도 없는 사사기 속 여성들의 납치, 강간, 심지어 시신을 토막 내는 행위 등에 대한 장황한 진술 사이에는 단 한 장의 간격만 존재한다. 사사기의 이야기는 이스라엘의 악화된 도덕적, 정치적 상황에 대한 내러티브적 관점을 제공한다.

한나가 노래로 부른 기도는 사무엘서에 수록된 여러 긴 노래 중 첫 번째다. 이것은 시편의 시를 닮았는데, 그런 시로 보는 것이 맞을 것이다. 예전적 노래이자 찬송으로서 이 시는 주된 내러티브와는 별개로 발전되었을 가능성이 크다. 이 시는 이야기 속에 삽입된 것처럼 보이며, 아마도 내러티브와 대략 어울리기 때문에 신학적 요점들을 강조하고 기억에 새기려 한 것 같다. (누가 「웨스트 사이드 스토리」에서 토니와 마리아가 했던 말을 기억하겠는가? 그러나 번스타인의 음악에 맞춘 손드하임의 가사는 그들의 이야기를 잊을 수 없게 만든다). 한나의 노래는 출산에 대한 감사시로 보인다.참조. 시 113편 비록 이 시는 세부 사항에서 정확히 일치하지는 않지만(우리가 아는 한 불임이었던 한나는 "일곱"을 낳지는 않았다),2:5 이야기가 진행되면서 하나님의 섭리에 대한 해결되지 않는 물음을 제기할 수 있도록 신학적 방향을 규정하고 있다. 한나의 이야기는 불임과 기도 응답을 통한 극적인 반전이 내용의 전부이지만, 이 시는 그 내용을 부수적으로만 다룬다. 이 시의 중심 주제는 하나님의 전적인 주권이다. 하나님께는 우리의 세계에 급진적으로 개입하실 자유가 있다.

여호와는 죽이기도 하시고 살리기도 하시며

스올에 내리게도 하시고 거기에서 올리기도 하시는도다.

여호와는 가난하게도 하시고 부하게도 하시며

낮추기도 하시고 높이기도 하시는도다.

가난한 자를 진토에서 일으키시며 빈궁한 자를 거름더미에서 올리사

귀족들과 함께 앉게 하시며 영광의 자리를 차지하게 하시는도다. 2:6-8a

사무엘서는 사울의 집이 재앙적으로 무너지고 다윗의 집이 일어나 후대에까지 지속되는 것을 보여줄 것이다. 이 노래는 이러한 운명의 변화를 가장 극명하게 예견하고 있지만, 이후의 내러티브는 야훼가 이 흑백 드라마의 연출자라는 인상을 주지는 않는다. 오히려 사무엘, 사울, 다윗에 대한 내러티브의 묘사는 성서에서 가장 복잡한 도덕적 성품에 대한 탐구이며, 독자들이 손쉬운 판단의 대상으로 여기는 종교 및 정치 지도자에 대해서조차 긍정적이든 부정적이든 최종적 도덕적 판단을 내리기 전에 잠시 멈춰 세우는 내용을 제시한다.

불임이었던 한나는 아들을 낳음으로써 명예를 회복하고 승리한 기도의 전사로서 노래한다. 삼손의 이름 없는 어머니삿 13장처럼 한나는 아들이 태어나기도 전에 야훼께 아들을 바치지만, 삼손과 달리 그 아들은 실제로 헌신의 길을 걸으며 이타적인 지도력을 발휘할 것이다.7:15 어머니와 헌신적인 아들이라는 이 첫 장면은 이 책의 반복되는 주제 중 하나인 아버지와 나쁜 아들의 관계와 대비된다. 이 주제의 첫 번째 사례는 실로의 제사장 엘리다. 아들들이 제사를 드리며 제사장의 특권을 남용했다는 소식을 들은 그는 엄중한 경고를 내리며, 이것은 이 책의 줄거리를 많은 부분 예고하는 기억에 남는 대목이 된다.

내 아들들아, 그리하지 말라. 내게 들리는 소문이 좋지 아니하니라. 너희가 여호와의 백성으로 범죄하게 하는도다. 사람이 사람에게 범죄하면 하나님이 심판하시려니와 만일 사람이 여호와께 범죄하면 누가 그를 위하여 간구하겠느냐.2:24-25a

매우 드문 경우인데, 이 지점에서 화자는 수수께끼 같은 하나님의 생각을 덧붙인다.

그들이 자기 아버지의 말을 듣지 아니하였으니 이는 여호와께서 그들을 죽이기로 뜻하셨음이더라.2:25b

엘리는 이 책에 등장하는 여러 아버지들 중 첫 번째이며 그의 삶은 아들들 때문에 비극적인 방향으로 흘러간다. 결과적으로 후계자의 계보도 대부분 비뚤어져 버렸다. 사무엘의 아들들은 강탈자였고 그 사실은 이스라엘 백성이 "모든 나라와 같이"8:5 왕을 요구하게 된 배경이 된다. 사울의 아들 요나단은 선하지만 그의 마음이 아버지의 경쟁자(사울의 눈에는)이자 후계자인 다윗에게 있었다. 다윗의 아들들의 극악한 행동도 사무엘하의 많은 부분을 차지하는 주제다. 엘리의 경우에 야훼가 살의를 품으신다는 화자의 대담한 진술은 야훼는 "죽이기도 하시고 살리기도 하신다"라는 한나의 말에 실체를 부여한다. 이것은 사무엘서에 나오는 신적 위험성의 주제를 예고하는 첫 번째 단서다.[1] 출애굽기의 독자들은 야훼가 파라오의 마음을 강퍅하게 하셨다는 보도에 충격을 받았겠지만, 이제 그 야훼의 강퍅하게 하심이 이스라엘을 겨냥하고 있다. 두 책 모두 주된 관심사는 권력자들이 야훼의 절대 주권을 인정하는지 여부이며, 인정하지 않는 자는 그 지위가 높을수록 더 비참하게 몰락한다. 야훼는 대제사장 엘리에게 "네 아들들을 나보다 더 중히" 여겼다고 말씀하며, 이 집에 "영원히" 행하리라고 약속했던 호의를 철회하신다.2:29-30 주권자인 하나님은 하신 약속을 깨뜨릴 수 있으며, 이 점에서 버림받은 엘리의 집의 경험은 사울에게 일어날 일을 예고한다.

## 사울의 선택과 버림받음

사무엘의 전성기 중 주요 이야기는 블레셋과의 전투가 유일하다. 그는 드보라 때부터 시작된 전형적인 사사 역할을 수행하며 이스라엘을 군사적 승리로 이끈다. 이 이야기는 사무엘과 이전의 실패한 사사들을 대조하는 동시에 사무엘과 사울의 차이를 보여준다. 특히 이 이야기는 회개를 촉구하며 시작하는데, 사사기에는 거의 누락된 바로 그 부분이다. 이스라엘 백성은 해안 평야에 자리한 호전적인 이웃 국가로부터 극심한 압박을 받고 있었고, 이 이웃은 농기구와 무기를 생산할 수 있는 철 기술을 보유하고 있었다.13:19-22 이스라엘 온 족속이 야훼를 향해 "탄식할" 때,7:2, 개역개정 "사모하니라"—옮긴이 사무엘은 내면에서 변화가 일어나지 않으면 외부 상황도 전혀 변하지 않을 것이라고 그들에게 말한다.

> 사무엘이 이스라엘 온 족속에게 말하여 이르되 만일 너희가 전심으로 여호와께 돌아오려거든 이방 신들과 아스다롯을 너희 중에서 제거하고 너희 마음을 여호와께로 향하여 그만을 섬기라. 그리하면 너희를 블레셋 사람의 손에서 건져내시리라. 이에 이스라엘 자손이 바알들과 아스다롯을 제거하고 여호와만 섬기니라.7:3-4

사무엘은 "여호와 앞에"삿 11:11; 참조. 삿 20:1 엄숙하게 모이는 전통적 장소인 미스바에 백성을 모으고 금식하며 제사를 드린다. 그리고 블레셋은 그 기회를 틈타 공격을 감행한다. 이스라엘 백성은 두려움에 사로잡히지만, 사무엘은 침착하게 제사를 드리고 기도한다. 그 후에 비로소 사무엘은 백성을 전쟁으로 이끌어 엄청난 승리를 거두었고, 그 결과 이스라엘은 그의 남은 생애 동안 블레셋을 상대로 우위를 유지하게 된다.7:13-14 전투는 두 번째 공개적인 경건 행위와 함께 종료된다. 즉 '에벤 하에제르',*even ha-ezer* '도움의 돌'7:12이라는 이름을 붙인 기념물을 세운 것이다.

사무엘의 모범적인 전투와 사울의 첫 블레셋 전투를 비교해 보면 유익하다. 그 전투에서 사울은 (독자들과 함께) 자신의 왕조가 오래가지 못하리라는 것을 알게 되지만 그 이유는 명확하지 않다. 사울이 통치한 지 어느 정도(명시되지 않음) 시간이 흐른 후,[2] 사울은 블레셋과 싸움을 벌인다. 그의 아들 요나단이 블레셋의 중요한 지방 총독을 쓰러뜨리자,[3] 블레셋 군대는 3만 병력을 총동원하여 사울의 3천 군대를 치러 온다. 이스라엘 군사들은 당황하여 흩어지기 시작하지만, 사울은 사무엘이 올 때까지 7일을 기다리라는 명령을 받은 상태였다. 사무엘이 와서 필요한 제사를 드리고 사울에게 명령을 내려야 했다.10:8 사울은 그 기간을 기다렸지만 사무엘은 오지 않는다. 이제 전투 병력이 600명으로 줄어든 사울은 더 이상 기다릴 수 없다고 판단하여 직접 행동에 나선다.

사울이 이르되 번제와 화목제물을 이리로 가져오라 하여 번제를 드렸더니 번제 드리기를 마치자 사무엘이 온지라. 사울이 나가 맞으며 문안하매 사무엘이 이르되 왕이 행하신 것이 무엇이냐 하니 사울이 이르되 백성은 내게서 흩어지고 당신은 정한 날 안에 오지 아니하고 블레셋 사람은 믹마스에 모였음을 내가 보았으므로 이에 내가 이르기를 블레셋 사람들이 나를 치러 길갈로 내려오겠거늘 내가 여호와께 은혜를 간구하지 못하였다 하고 부득이하여 "내가 정신을 차리고", 저자 사역—옮긴이 번제를 드렸나이다 하니라. 사무엘이 사울에게 이르되 왕이 망령되이 행하였도다. 왕이 왕의 하나님 여호와께서 왕에게 내리신 명령을 지키지 아니하였도다. 그리하였더라면 여호와께서 이스라엘 위에 왕의 나라를 영원히 세우셨을 것이거늘 지금은 왕의 나라가 길지 못할 것이라. 여호와께서 왕에게 명령하신 바를 왕이 지키지 아니하였으므로 여호와께서 그의 마음에 맞는 사람을 구하여 여호와께서 그를 그의 백성의 지도자로 삼으셨느니라. 13:9-14

수많은 주석가와 설교자들, 이스라엘 고대사 전문가들은 여기서 사울이 한 실수가 어떤 점에서 한 왕조의 모든 희망을 꺾을 만큼 심각한 문제였는지 밝히려고 씨름해 왔다. "내가 정신을 차리고"라는 말을 보면, 사울은 모호하고 위험한 상황에서 필요한 행동을 한 것처럼 보인다. 마침내 사무엘이 나타나자 사울은 안도한다. 자신이 뭔가 잘못했다는 인식은 전혀 보이지 않는다. 설령 사울이 잘못된 판단을 내렸다고 해도, 사무엘의 폭발적인 분노와 가혹한 신적 형벌은 죄에 비해 크게 무거워 보인다. 어느 것이든 한 가지 설명만으로는 사울이 몰락한 이유를 충분히 납득시킬 수 없다. 이 문제는 여러 각도에서 접근해야 한다. 나는 세 가지를 제안하고자 한다. 이 몇 가지 해석 방식은 상호 보완적이며, 어느 하나가 불충분한 것은 다른 방식의 해결책이 필요함을 가리킨다.

# 무엇이 잘못되었는가?

## 정치적 접근

본문에 비추어 고대의 정치적 상황을 재구성해 보면,[4] 사울은 북쪽 베냐민 지파 출신의 성공적인 군사 지도자로서 북쪽 지파 연합의 지지를 받아 왕이 되었다고 결론을 내릴 수 있을 것이다. (사무엘도 에 브라임 북부 구릉 지대의 베냐민 영토 중심부 성읍인 라마 출신이었다. 참조. 1:19, 7:17 등) 사울이 왕으로 기름 부음을 받는 것과 관련된 두 이야기는 모두 사울을 국가 지도자의 가능성이 없는 후보로 묘사한다. 그의 첫 등장을 보면 아버지의 당나귀를 찾으러 나간, 소년 티를 벗지 못한 청년의 모습이다. 그는 갑자기 자신과 그의 가문이 온 이스라엘이 사모하는 중심으로 구별되는 것을 보게 된다.9:20 또 다른 버전의 이야기에 따르면, 그는 사무엘이 왕을 택하기 위해 제비뽑기를 하는 동안 짐보따리 사이에 숨어 있었다.10:22 이러한 이야기는 사울의 지지자들이 처음에는 사울을 쉽게 통제할 수 있는 인물로 여겼음을 암시할 수도 있다. 그러나 시간이 지나면서 사울은 다른 모든 나라의 왕처럼 행동하기 시작했으며, 상비군을 일으키고 징병제를 도입했다.

> 사울이 사는 날 동안에 블레셋 사람과 큰 싸움이 있었으므로 사울이 힘 센 사람이나 용감한 사람을 보면 그들을 불러 모았더라.14:52

사울이 사무엘을 대신해 그의 운명을 결정한 제사를 드렸다는 이야기에서 드러나듯, 아마도 사울은 제사장의 특권을 취했을 것이다. 더욱이 그는 이스라엘의 카리스마적 지도자에 대한 이상과 달리 자신의 아들이 뒤를 잇는다는 계획을 세웠다.

이러한 여러 행동들 때문에 사울은 점차 지지를 잃고 그사이에 다윗이 떠오르고 있었다. 다윗의 동족 유다 지파는 헤브론에서 처음 그를 왕으로 세워 기름 부었다.삼하 2:4 7년 후, 사울과 요나단이 죽자 북쪽 지파들도 다윗을 지지하여 그를 왕으로 세웠다.삼하 5:1-3 이와 같은 재구성에 비추어 보면, 요나단의 두드러진 역할, 특히 그가 다윗과 언약을 맺었다는 기억18:3이 이해가 된다. 대중의 호의가 옮겨 가자 요나단은 그 변화를 지지했다.

> 여호와께서 내 아버지와 함께 하신 것 같이 너와 함께 하시기를…….
> 너는 이스라엘 왕이 되고 나는 네 다음이 될 [이라].20:13; 23:17

이 정치적 재구성은 성서의 자료와 잘 맞지만, 그것이 성서 속 화자가 사울의 실패를 설명하기 위해 사용하는 용어는 아니다. 다른 곳에서 화자는 정치적 힘의 중요성을 인정한다. 다윗의 아들 압살롬이 불만을 품은 이들의 마음을 훔치자, 다윗은 대중의 호의를 잃는다.삼하 15:1-6 그러나 사울의 경우에는 그를 거부하는 것이 야훼다. 따라서 신학적 설명이나 그 이상의 설명이 필요하다. 초기 교회의 신학자들은 많은 또는 대다수의 성서 구절에 문자적 의미와 상징적 의미 등 여러 층위의 의미가 있음을 정확히 인식했다. 문자적 의미와 상징적 의미는 여기서 모두 유용하다.

### 문자적, 신학적 접근

여기서 초점은 이야기의 세부 사항에 주의를 기울이되, 그 복잡한 이야기를 더 넓은 문학적 맥락, 곧 기록자와 편집자가 청중이 알고 있으리라 예상하는 맥락에서 읽는 데 있다. 집중적이고도 광범위한 분석의 출발점은, 사무엘이 백성을 블레셋과의 전쟁으로 이끌기 전에 먼저 그들에게 회개하고 야훼의 품으로 돌아오라고 촉구하는 부분이다.7:3⁵ 후에 노년의 사무엘이 두 번째로 촉구하는 회개가 사울의 잘못된 제사13장 직전에 나온다는 점은 주목할 만하다. 사무엘은 그의 가장 긴 연설에서 자신을 가리켜 신뢰할 수 있고 강탈을 일삼지 않는 지도자로서 야훼 앞에서 백성을 대표해 기도할 자격이 있는 자라고 주장한다.12:3-7 그런 다음 그는 이집트에서 사사 시대를 거쳐 왕을 요구하는 현재에 이르기까지 이스라엘의 불순종과 망각의 역사를 다시 언급한다.12:8-17 사무엘의 메시지는, 그들과 인간 왕이 그들의 진정한 왕이신 야훼께 전적으로 헌신하는 한 야훼는 왕에 대한 그들의 열망을 참으실 것이라는 내용이다.12:12

사무엘이 자신과 이스라엘에 관해 내린 결론은 중요한 점을 드러낸다.

> 나는 너희를 위하여 기도하기를 쉬는 죄를 여호와 앞에 결단코 범하지 아니하고 선하고 의로운 길을 너희에게 가르칠 것인즉 너희는 여호와께서 너희를 위하여 행하신 그 큰 일을 생각하여 오직 그를 경외하며 너희의 마음을 다하여 진실히 섬기라. 만일 너희가 여전히 악을 행하면 너희와 너희 왕이 다 멸망하리라.12:23-25

사사기의 독자들은 여호수아의 죽음 이후 이스라엘 백성 자신을 괴롭혀 온 치명적인 행동 패턴, 곧 야훼가 이스라엘을 위해 행하신 큰 일들을 **보지 않는** 태도를 바꿀 것을 사무엘이 요구하고 있음을 안다.삿 2:10; 참조. 삿 2:7

이 연설에서 사무엘이 자기 역할에 대해 보이는 인식은, 사울이 자신의 나쁜 운명을 초래한 행동을 변명하는 말과 대조를 이룬다. "백성은 **내게서** 흩어지고……."13:11 사무엘은 백성을 위해 기도하고 그들의 마음이 전적으로 야훼를 향하도록 가르치는 것이 자신의 임무임을 잘 알고 있다. 요컨대 그것은 사무엘 자신에 관한 문제가 아니다. 이러한 이해는 사무엘을 그 이전의 여러 사사들뿐 아니라 두려움 때문에 "망령되이"(어리석게) 행한 사울과도 구별시킨다. 일찍이 백성이 사무엘과 그의 무가치한 아들들 대신 왕을 세우고자 했을 때, 야훼는 "그들이 너를 버림이 아니요 나를 [버리는 것이다]!"8:7라고 말씀하며, 이 위대한 지도자에게 그 자신에 대한 우려를 넘어서라고 도전한다. 사무엘은 그렇게 했다. 나중에 백성에게 한 예언적 연설이 이를 보여준다. "[너희는] 너희의 하나님을 오늘 버렸다."10:19 이처럼 사무엘은 성서적 관점에서 지도력의 가장 중요한 부분이 무엇인지 보여준다. 사무엘서, 그리고 특히 열왕기에서 수많은 악한 왕과 소수의 선한 왕을 구별하는 결정적인 **차이점**은 회개하고 하나님께 다시 초점을 맞추는 능력이다.

사울은 생의 마지막 순간까지 자기 자신에게만 몰두했으며, 이는 사무엘의 영혼에게 한 말에서 분명하게 드러난다. 이것은 사울의 마지막 말에 가깝다.

나는 심히 다급하니이다. 블레셋 사람들은 나를 향하여 군대를 일으켰고 하나님은 나를 떠나서 다시는 선지자로도 꿈으로도 내게 대답하지 아니하시기로 내가 행할 일을 알아보려고 당신을 불러 올렸나이다.28:15

사울은 마지막까지 심한 결점을 보이지만, 그의 몰락 이야기는 단순한 도덕적 이야기가 아니라 완전한 비극이다. 성서의 다른 악한

| 사무엘상하와 열왕기상 |

왕들은 스케치 수준으로 그려져 대부분 잊어버릴 수 있지만, 사울에 대한 묘사는 깊은 공감을 일으킨다. 사울이 처음 등장할 때 화자는 그를 "택함받은*bahur* 선한*tov* 자이며, 이스라엘 백성 중에 그보다 더 나은 사람은 없었다"9:2, 저자 사역, 개역개정 "준수한 소년"—옮긴이라고 묘사한다. 사울은 하나님의 영과 접촉했으며,10:10 초기에 그를 의심하던 자들에게 관대함을 보여준다.11:12-13 따라서 하나님이 등을 돌리시는 것은 그에게 고통스럽다. 이에 대한 사무엘의 슬픔15:35은 독자들이 이러한 관점을 취하기를 바라고 그것을 고무한다는 단서다. 우리는 엔돌의 신접한 여인의 부드러운 태도에서도 단서를 얻을 수 있다. 이 여인은 파멸의 운명을 맞이한 왕과 마지막으로 깊은 인간적 교감을 나눈다. 사울이 죽음을 맞게 될 전쟁터로 떠나기 전, 그녀는 그를 어머니처럼 다독이며 좋은 음식을 먹고 "길을 갈 때에 기력을 얻도록"28:22 권한다.[6] 사울의 마지막 모습은 심판보다는 연민을 불러일으키며, 따라서 화자는 사울의 버림받음을 이해하는 세 번째 방식인 상징적 또는 비유적 해석으로 독자들을 밀어붙인다.

## 상징적, 신학적 접근

이 접근은 한 이야기가 독자들로 하여금 내러티브의 직접적 맥락과 세부 사항을 넘어서게 만드는 확대된 의미를 가질 수 있음을 인식한다. 사울은 그 자신보다 더 많은 것을 상징할 수 있다. 20세기의 저명한 성서학자 게르하르트 폰 라트Gerhard von Rad는 이렇게 관찰한다.

> [사울]이 죄를 짓게 된 방식에는 초개인적인 무언가가 있다.⋯⋯그는 역사 속에서 [야훼의] 뜻을 나타내는 특별한 도구로 부름받았는데, [야훼는] 그를 통해 이스라엘을 구원하려는 자신의 계획에 어떤 효과를

더하고자 했기 때문이다.삼상 9:16 이 임무에서 그는 재앙에 이르렀다. 사울에 대한 이 그림은 기름 부음 받은 자의 삶이 보통의 인간의 삶과는 다른 법의 적용을 받으며, 훨씬 더 무서운 재앙에 빠질 가능성이 있음을 분명히 보여준다.[7]

화자가 사울을 묘사할 때 가장 먼저 사용한 단어는 '바후르'*bahur, 9:2*다. 단순히 최고의 시기를 맞은('준수한') 젊은이라는 뜻으로 이 단어(형태로는 '선택하다'를 뜻하는 어근의 과거 분사)가 쓰인 곳도 있지만, 이 이야기에는 '택함받은'이라는 더 강한 의미가 담겨 있다. 즉시 사울을 향한 야훼의 뜻이 사무엘에게 선포된다. "이 사람이 내 백성을 다스리리라."9:17 그러나 그것을 넘어서, 성서에서 사울은 다른 왕들과 마찬가지로 그의 백성을 대표한다. 그 백성은 하나님의 선택받은 백성이라고 수십 번 일컬어지는 백성이다.신 7:6; 사 44:1; 젤 20:5 등 그러므로 사울의 버림받음은 또한 이스라엘의 버림받음을 의미할 수도 있다. 이것은 충격적인 해석의 방향이며, 사울의 이야기가 깊은 충격의 경험에 대한 응답으로서 신중하게 구성되었다고 인식할 때만 이해가 되는 해석이다. 지금 우리가 읽는 형태의 신명기 역사를 구성한 화자(들)는 아마도 주전 722년 북왕국 이스라엘과 그 수도 사마리아가 앗수르에 의해 멸망하는, 민족 역사상 최초의 대재앙을 겪은 이들일 가능성이 많다. 사무엘서를 포함한 신명기 역사의 한 버전은 이 재난 직후에 많은 북부인들이 남쪽의 유다와 예루살렘으로 이주하는 시기에 기록되었을 것이다. 북쪽 베냐민 지파 출신의 사울은 북왕국의 기틀을 마련한다. 그의 "키는 모든 백성보다 어깨 위만큼 더 컸다."9:2 마찬가지로 북왕국은 유다보다 훨씬 컸고 부의 자연적 원천도 더 풍부했다. 사울의 이야기는 이면에 또 다른 이야기를 가지

| 사무엘상하와 열왕기상 |

고 있는 일종의 유비allegory로 볼 수 있다. 하나님의 선택을 받았다가 버림받은 왕의 비극, 그것은 주전 722년에 맞은 재앙의 신학적 차원을 이해하고자 하는 한 방법이다. 시편 기자가 평이한 언어로 말하는 "예로부터 감추어졌던 것"참조. 시 78:2과 동일한 것을 이 이야기는 간접적으로 이해해 보려고 한다.

> [하나님은] 요셉의 장막을 버리시며 에브라임 지파를 택하지 아니하시고
> 오직 유다 지파와 그가 사랑하시는 시온 산을 택하시며.
> 또 그의 종 다윗을 택하시되 양의 우리에서 취하시며.시 78:67-68, 70

사울은 선택과 유기라는 두 측면 모두에서 북왕국 이스라엘을 나타낸다. 그러나 풍부한 상징은 여러 가지로 적용될 수 있다. 사마리아가 함락된 지 한 세기 반 만에 예루살렘, 곧 "시온산"이 바벨론 군대에 의해 함락되고주전 587년 다윗 왕국은 무너졌다. 북왕국 멸망 이후(초기 자료들로부터) 처음 구성된 신명기 역사는 두 번째 멸망과 유배 이후에 추가 편집을 거친 듯하다. 이 '두 번째 판'이 지금 성서에 수록된 판본이다.[8] 이 편집 과정에서 버림받은 사울의 상징은 더 넓은 의미 영역을 확보한다. 처음에는 사울이 멸망한 북왕국을 나타냈다면, 주전 587년 이후에는 유배 중인 이스라엘과 유다 전체를 대표하게 된다. 대조적으로 다윗은 다양한 성서 전통에서 회복의 가능성 또는 예언적 확실성을 상징한다.예를 들어 암 7:11-15; 미 5:2; 사 7:13-15; 시 78:65-72 이후 유대인과 그리스도인은 모두 미래에 대한 희망의 닻을 다윗에게 내렸으며, 그의 집에서는 영원히 기름 부음 받은 자, 곧 메시아가 나온다. 따라서 사무엘이 기름 부은 두 왕은 이스라엘에 대한 하나님의 심판과 이스라엘에 대한 하나님의 변함없는 신실함을 함께 상징한다.

# 다윗을 어떻게 볼 것인가

· 사무엘하 ·

사무엘서가 보여주는 사울은 복잡하고 비극적인 인물이다. 그의 치명적인 결점은 자기 자신에게만 몰두한 채 야훼 자신과 그 백성을 다스리도록 부여받은 사명에 초점을 맞추지 못했다는 데 있다.삼상 9:17 같은 책에서 사울에 대응하는 다윗의 초상은 훨씬 풍부하다. 성서에서 (예수를 제외하면!) 내러티브 속 인물이 이토록 깊이 있고 세밀하게, 동시에 다양하게 그려진 경우는 없다. 사무엘서에 등장하는 다윗의 키아로스쿠로명암 기법—옮긴이 초상화는 역대기가 그리는 경건한 초상과 쉽게 조화되지 않는다. 더욱이 수많은 시편을 통해 암묵적으로 말하는 제3의 '다윗'이 존재한다. 이 세 다윗은 모두 수세기, 수천 년에 걸쳐 유대인과 그리스도인의 상상력에 깊은 영향을 끼쳤고 종교적 이해와 관습을 형성해 왔다. 사무엘상에 나오는 상세하고도 사실적인 이야기는 21세기 독자들로 하여금 역사적, 문학적, 신학적 관점 등 다양한 관점으로 그 이야기를 읽도록 몇 가지 질문을 일으킨다.

## 역사적 다윗

다윗은 적어도 간접적인 고고학적 증거로 확인되는 최초의 성서 인물이다. 1993-1994년에 이루어진 발굴 조사에서 주전 9세기 비문이 단에서 발견되었다. 단은 성서 시대 이스라엘이 점령했던 최북단 도시이며, 당시에도 지금처럼 고대 이스라엘과 아람(시리아) 사이의 국경 분쟁이 있었던 지역으로 성서 시대에 최소 네 차례나 지배자가 바뀌었다. 당시 그 지역의 국제 언어인 아람어로 쓰인 이 비문은 비이스라엘인 정복자가 세운 승전비의 일부로 보인다(그 비석은 나중에 조각내어져 성벽 건설 때 빈틈을 메우는 용도로 사용되었다). 현무암에 새겨진 비문은 "다메섹의 왕"과 "이스라엘의 왕"(둘 다 이름은 없다), 그리고 '*bytdwd*'를 언급하는데, 이 자음들은 '다윗의 집'을 뜻하는 '베이트 다윗'*Beyt David*을 가리킨다고 널리 합의되었다. 다윗이 권력을 잡은 지<sup>주전 10세기 초</sup> 한 세기 이상이 지나, 그가 세운 왕조는 국제 정치와 군사적 교전 무대에서 뚜렷한 존재감을 드러냈던 것 같다.[1]

다윗 왕권의 성격과 범위, 심지어 왕권이라는 단어가 적절한지 여부는 현재 성서학자들 사이에서 가장 활발히 논의되는 역사적 쟁점이다. 성서가 제시하는 것처럼 다윗은 이집트와 앗수르라는 대제국이 장기간 약세를 보이던 10세기 권력 공백기에 등장한 작은 제국의 왕이었는가? 아니면 세습 왕조를 세웠지만 조금 큰 마을에 불과한 예루살렘에 거점을 두고 작은 영토만을 지배한 한 부족의 카리스마적인 족장이었는가?[2] 이 질문과 관련된 좀 더 최근의 고고학적 증거가 예루살렘에서 남서쪽으로 32킬로미터 떨어진 엘라 계곡의 키르벳 케이야파Khirbet Qeiyafa 유적지에서 나왔다. 10세기 유다와 블레셋 영토의 경계에 위치한 이곳은 어느 정도 규모(약 2만 4천 제곱미터, 추정 인구 500명)의 요새화된 지역으로, 블레셋의 주요 도시인 가드(다윗 이야기에서 골리앗의 고향이자 유명한 물매 전투<sup>삼상 17장</sup>의 현장)에서 불과 11킬로미터 떨어진 곳이다. 비문의 증거와 탄소-14 연대측정

법에 근거한 최초 연대 추정에 따르면, 이 유적지는 주전 11세기 중반부터 사람들이 살기 시작했으나 한 세기 이상이 지나 폭력적으로 파괴되었다.[3]

이 글을 쓰는 시점에 여기서 공공 목적으로 사용되었을 것으로 추정되는 매우 큰 건물 두 채가 발굴되었다. 한 곳에서는 "수세기 동안의 유다 왕국의 관습에 따라"라는 문구의 공식 인장이 찍힌 저장 용기 수백 개가 발견되었다.[4] 두꺼운 벽이 있는 100제곱미터 넓이의 다른 건물은 연회나 고급 접대 장소로 사용되었던 곳으로 보이며, 이집트와 키프로스에서 수입한 고급 그릇들이 보관되어 있었다. 이 유적지의 가장 독특한 건축적 특징은 두 개의 문인데, 하나는 예루살렘을 향해 동쪽으로, 하나는 블레셋 평야를 향해 서쪽으로 나 있다. 키르벳 케이야파는 유다와 이스라엘 왕국에서 두 개의 문을 가졌다고 알려진 유일한 곳이기 때문에, 발굴자들은 이곳을 다윗 시대 이전의 이스라엘 정착지대상 4:31이자 골리앗의 죽음과 함께 퇴각했던 블레셋 군대와 관련된삼상 17:52 성서의 "사아라임"'이중 성문'으로 잠정 추정하고 있다.

그 외에 성서 히브리어와 유사한 가나안 방언으로 쓰인 비문이 유적지에서 발견되어 성서 본문과의 연관성은 더욱 강화되었다. (블레셋 사람들이 어떻게 쓰고 말했는지는 정확히 알 수 없지만, 이스라엘과 블레셋 사람들이 서로 쉽게 소통했던 것은 분명하다.) 이 비문은 보존 상태가 좋지 않아서 그중 다섯 줄을 어떻게 재구성하고 번역해야 하는지에 관해 많은 논쟁이 있다. 깨진 부분은 하나님을 '섬김' 또는 '예배', '재판관'의 역할 또는 '심판' 행위, '왕', '과부' 등의 단어들을 포함한 듯 보이는데, 이러한 단어들은 사울과 다윗 이야기를 비롯해 성서 히브리어에서는 흔히 사용되지만 주변 문화의 비문에는 드물거나 없는 용어다.

비문과 유물을 해석하는 것은 성서 본문만큼이나 복잡한 일이
다. 오직 추론적인 증거(예를 들어 돼지뼈가 발견되지 않음)만이 이 유
적지가 가나안이나 블레셋이 아닌 이스라엘의 것일 가능성을 나타
낸다. 확실하게 말할 수 있는 것은, 키르벳 케이야파가 블레셋 평야
와 이스라엘 인구가 집중된 구릉지 사이의 주 경로에 중요한 요새가
존재했다는 최초의 고고학적 증거를 제공한다는 것이다. 따라서 이
유적지는 다윗 왕권의 성격과 그 권력 범위에 대한 논쟁에서 계속
중요한 역할을 할 것이다.

## 왕권의 이상 해체하기

다윗 왕권에 관한 역사적 사실은 여전히 논쟁의 여지가 있다. 성서
해석자들에게 주어진 가장 구체적인 자료는 문학적 자료이며, 특
히 사무엘상의 다윗 묘사는 예외적으로 풍부하다. 바루크 핼펀Baruch
Halpern은 여기에 묘사된 다윗을 "최초의 진정한 개인, [문학 속의] 최
초의 근대적 인간"이라고 말한다.[5] 다윗이라는 인격의 심리적 깊이
는 성서는 물론 고대 문학 전체에서 타의 추종을 불허한다. 그러나
이상하게도, 때로는 타인을 학대하고 때로는 스스로를 고문하는 이
왕의 복잡한 초상은 대중의 종교적 상상력에 거의 영향을 미치지 않
은 것 같다. 어쩌면 사무엘하 2장이 그리는 초상이 시대를 너무 앞서
갔기 때문에 교회와 회당이 아직 따라잡지 못했을지도 모른다. 시대
를 통틀어 가장 대중적인 다윗 이미지는 사무엘상의 어린 소년과 떠
오르는 지도자의 모습이며, 그것은 미켈란젤로의 사색에 잠긴 우아
한 다윗이나 베르니니의 입술을 굳게 다물고 집중하며 공격적으로

행동하는 다윗으로 나타났다. 한 가지 예외는 네덜란드 부르고뉴 출신의 클라우스 슬루터Claus Sluter가 15세기에 조각한 세파에 지친 노년의 다윗이다.[6] 이 실물 크기의 다윗상은 카르투시오 수도원을 위해 제작된 슬루터의 걸작 「모세의 우물」에 등장하는 여섯 명의 구약 '예언자들' 중 하나다. 한때 예언자들이 둥글게 선 모습 위로 갈보리의 전경이 있었는데, 특별히 다윗상은 십자가 바로 아래에 있었다.

사무엘서에 등장하는 왕의 초상은 고대 근동의 문헌에서 찾아볼 수 없는 독특한 것으로, 궁중 연대기나 기념비에서 흔히 볼 수 있는 공식적 기록의 유형에서 완전히 벗어난다. 그런 기록들은 정복 전쟁이나 국가사업을 언급하는 영웅적인 일인칭 내러티브이며, 통치자는 그 일을 신의 승인을 받아 스스로 성취했다고 주장한다. 앗수르의 통치자 디글랏빌레셀 3세추전 745-727년가 님루드 궁전에 세운 기념비적인 석판에 새겨진 비문은 이러한 왕실 수사의 전형적인 예를 보여준다. 다음은 다메섹의 통치자를 정복한 그의 공식 전쟁 기록의 일부다.추전 약 740년

나는 많은 전리품을 획득했다.……나는 그의 전사들의 피로 강을 붉게 물들였다.……나는 그의 전사, 궁수, 방패와 창을 든 자들을 사로잡았다.……나는 그의 대신들을 산 채로 꿰뚫고 그의 온 나라가 그들을 바라보게 했다. 나는 45일 동안 도시를 포위하여 새장 속 새처럼 그를 가두었다. 그의 수많은 정원과……과수원은 하나도 남기지 않고 모두 베어 버렸다.

디글랏빌레셀은 이란 서부의 정복 전쟁에 대해 이렇게 말한다.

나는 산 근처에 비석을 세우고 그 위에 위대한 신들, 나의 주들의 상징을 그렸다. 그리고 그 위에 왕인 나 자신의 상을 새겼으며, 나의 주 [아슈르]의 위대한 업적과 온 땅에서 행한 내 손의 업적을 그 위에 새겼다.[7]

성서는 이러한 공식 연대기를 자주 언급한다. 예를 들면 이스라엘 왕들의 연대기,<sub>왕상 14:19: 15:31: 16:5 등</sub> 유다 왕들의 연대기,<sub>왕상 14:29: 15:23:</sub> <sub>왕하 20:20 등</sub> 유다와 이스라엘 왕들의 연대기<sub>대하 16:11</sub> 등이다. 그러나 사무엘서와 열왕기에 보존된 왕들의 이야기는 성격이 완전히 다르며, 전통적인 왕실 연대기 장르를 의도적으로 해체한 것으로 보인다. 사무엘서와 열왕기는 성취와 승리의 보고 대신, 서서히 펼쳐지는 재앙과 무책임한 지도자로 인해 백성에게 약속된 땅을 끝내 상실하는 이야기를 들려준다. 다윗은 그 궤적에서 희망찬 시작점에 서 있으며, 물론 성서 기자들은 다윗의 집에 주어진 약속을 완전히 포기하지는 않는다. 그럼에도 다윗 왕권에 대한 상세한 기록은 하나님과 함께하는 인간 삶의 문제와 가능성에 대한 이스라엘의 가장 철저한 탐구다. 성서 안에서 전통적으로 전기 예언서(여호수아서부터 열왕기까지)로 알려진 단락 안에 위치한 이 기록은, "권력에 대한 욕망과 하나님 통치의 실현 사이의 갈등으로서 예언자적 역사 모델"의 한 예시가 되며, 그 갈등은 개인적 차원과 국가적 차원을 모두 지닌 관계들을 통해 나타난다.[8]

다음 본문은 성서 기자가 공식 역사 장르를 해체한 사례를 잘 보여준다.

그해가 돌아와 왕들(또는 사자들)[9]이 출전할 때가 되매 다윗이 요압과 그에게 있는 그의 부하들과 온 이스라엘 군대를 보내니 그들이 암몬 자

손을 멸하고 랍바를 에워쌌고 다윗은 예루살렘에 그대로 [앉아] 있더
라.11:1

우리에게 알려진 공식 연대기들은 왕의 업적에 관해 사실을 미
화해 보고하지만, 이 이야기는 다윗이 왕의 의무를 소홀히 했다는
대담한 진술로 시작된다. 군대의 출정 시기에 그는 예루살렘에 "앉
아"(히브리어 *y-sh-b*는 공직의 점유를 의미할 수 있다) 있으며, 부하들을
보내 그의 전쟁을 수행하도록 했다. 다윗은 자신의 왕권에 대해 자신
감을 가지고 신하들과 역사를 원하는 대로 조종했다.

"그해가 돌아[올]" 때에 일어난 이 사건은 다윗 이야기의 전환점
이자 바람직한 통치자였던 그의 쇠퇴의 시작이 된다. 그러나 그런 변
화가 다가오고 있음을 암시하는 것은 아직 아무것도 없다. 더 큰 내
러티브의 맥락은 암몬 족속과의 전쟁으로, 그들은 왕의 장례를 치르
는 자리에 다윗이 사신들을 보내자 그들을 모욕함으로써 다윗과 싸
우기로 선택한다.10:3-5 원하던 싸움이 시작되자 암몬 족속은 아람인
용병들을 고용해 공격의 선봉에 세운다. 그러나 다윗이 첫 교전에서
승리한 후 이어서 아람 군대를 결정적으로 격파함에 따라10:15-19 암
몬 족속은 스스로 싸워야만 했다. 제대로 된 왕실 연대기라면 바로
뒤이어 그들을 최종적으로 패배시키고 랍바의 아크로폴리스를 점령
한 이야기가 나와야 하지만, 그것은 거의 두 장 분량이나 지연된다.
다윗의 승전 소식이 마침내 전해졌을 때,12:26-31 전쟁 이야기는 이미
김빠진 상태다. 왜냐하면 그 이야기는 다윗이 우리아의 아내 밧세바
와 궁정 예언자 나단을 만나는 훨씬 흥미로운 이야기로 인해 중단되
어 부차적인 것으로 밀려나기 때문이다. 이것은 위대한 이야기꾼의
작품이다. 그는 내러티브의 속도를 늦추고 성서에서 가장 밀도 있고

세밀하게 실패한 지도자의 모습을 그려 내고 있다.

이야기의 첫 문장을 보면 몇 가지 주목할 만한 점이 있다. 첫째, 이 전통은 "왕들" 또는 "사자들"envoys이라는 한 글자 차이로 구분되는 본문의 모호성을 보존하고 있다. 그 모호함은 한 가지 사실을 가리킨다. 다윗은 항상 왕이 하는 일을 해왔지만, 다시 말해 군대를 이끌고 전쟁터에 나가 앞장서 싸워 왔지만10:17-18 이제는 사자를 보낸다. 둘째, 이 이야기11:1-12:25에서 열네 번 나오는 동사 '보내다'sh-l-h는 다윗의 행동 방식을 가리킨다.[10] 그는 사자를 **보내어** 밧세바를 궁전으로 데려오고,11:4 사자를 **보내어** 요압이 우리아를 전쟁터에서 돌려**보내게** 한다.11:6 우리아는 민감한 양심을 따라 군인의 규율을 깨뜨리고 집으로 돌아가 아내(다윗은 그녀가 자신의 아이를 임신한 것을 알고 있다)와 동침하기를 거부한다. 그러자 다윗은 옛 친구를 다시 전쟁터로 **보내고**, 우리아는 그가 알지 못하는 사이에 요압에게 자신을 죽이라는 명령서를 전달한다.11:14-15 다윗은 심지어 조심할 필요도 느끼지 않은 채 우리아가 그것을 무사히 전달할 것이라 믿는다. 두 사람이 가까운 전우 사이였기 때문에23:39 우리아는 궁전 바로 아래 언덕에 살 수 있었고, 그래서 다윗은 우리아의 아내가 옥상에서 씻는 모습을 우연히 보게 된 것이다. (밧세바가 씻을 때 완전히 나체이거나 물에 들어가 있었다고 가정할 이유는 없다. 하지만 이 장면은 많은 여성 누드화의 소재가 되었다). 지붕은 일반적으로 모든 계층의 이스라엘 백성의 생활 공간이며, 왕이 다른 곳에 있어야 하는 계절인 이른 봄에는 폭우 시에 물을 받는 용기를 놓아두는 곳이었다.

밧세바는 이 이야기에서 비중은 작지만 중요한 인물이다. 그녀와 다윗은 우리아와의 결혼뿐 아니라 친정 가족을 통해서도 밀접하게 연결되어 있다. 그녀의 아버지 엘리암은 다윗의 가장 가까운 전우로 알려진 수십 명 중 한 사람이다.23:34 할아버지 아히도벨은 왕실에서 가장 신뢰받는 조언자였지만16:21-23 결국 다윗에게 등을 돌리게 된다. 이야기는 밧세바가 멀리 떠나 있었으며 배신당해 죽은 남편에 대해, 또는 다윗과 자신을 향한 그의 태도에 대해 어떤 감정을 느끼는지 전혀 암시하지 않는다. 그녀는 이야기 속에서 단 두 단어만 말한다. "내가 임신하였나이다."*harah anokhi*, 11:5 이는 그녀가 전갈로 **보낸** 말이다. 분명히 '그 여자'는 임신 후 몇 주 또는 몇 달 동안 다윗을 정기적으로 만나지 않았으며, 아마도 두 사람의 불륜은 하룻밤의 일탈이었을 것이다. 하지만 그 결과는 심각했다.

밧세바 이야기의 세부 사항은 모호함과 암시로 가득 차 있다. 화자는 다윗이 그녀와 관계를 가졌다고 보도하며, "그가 그 여자의 **부정함을 깨끗하게 하였으므로** 그가 자기 집으로 돌아가니라"11:4고 말한다. 여기서 부정함을 깨끗하게 했다는 것은 옥상에서 씻은 일을 가리키지 않는다. 대다수의 주석가들은 다윗이 처음 그녀의 씻는 모습을 본 것이 월경이 끝날 무렵이었기 때문에 우리아에 의해 임신되었을 가능성은 없음이 확인된다고 본다. 월경은 제의적 불결의 상태로 간주되지만,레 18:19 씻음으로 제거되는 유일한 제의적 불결은 성관계다.레 15:18[11] 화자는 성적 만남의 순간에 그녀가 "부정함을 깨끗하게"sanctification 했다고 언급한다. 이는 레위기가 그와 같은 맥락에서 사용하지 않는 표현이며, 다윗이 방금 실행한 계획적인 도덕적 위반을 강조하기 위한 것이다. 이 사건과 관련된 참회 시편에 씻는 비유가 등장하는 것은 우연이 아닐 수도 있다.

나의 죄악을 말갛게 씻으시며

나의 죄를 깨끗이 제하소서.시 51:2

종교적 경건과 도덕적 위반의 대조는 죽을 운명에 처한 우리아와 다윗의 만남에서도 분명하게 드러난다. 우리아는 집에 가서 '발'을 씻으라는 왕의 관대한 제안11:8을 두 사람의 친밀한 관계에서 나오는 대담함으로 거절한다. 다윗의 이 제안은 우리아의 반응이 보여주듯 성관계에 대한 암시일 수 있다.

> 언약궤와 이스라엘과 유다가 야영 중에 있고 내 주 요압과 내 왕의 부하들이 바깥 들에 진 치고 있거늘 내가 어찌 내 집으로 가서 먹고 마시고 내 처와 같이 자리이까. 내가 이 일을 행하지 아니하기로 왕의 살아 계심과 왕의 혼의 살아 계심을 두고 맹세하나이다.11:11

언약궤 언급은 성서적 전쟁의 이상을 암시한다. 전쟁이 합법적인 경우는 오직 그것을 추구하는 이들이 하나님이 그들 가운데 계신다는 인식에 따라 행동할 때뿐이다. 우리아는 전쟁을 수행하려면 모든 군인이 절제해야 한다는 것을 알고 있지만, 비열한 총사령관 다윗은 자신의 사사로운 목표를 달성하는 도구로 전쟁을 기꺼이 이용하려 한다. 그는 이 충성스러운 군인을 자신의 공적인 수치심을 피하는 방편으로 삼는 데 실패하자 갑자기 전술을 바꾼다. 예루살렘에서 전투를 지휘하고 있던 다윗은 우리아를 가장 치열한 전투에 투입한 다음 후퇴하고, 그를 적군에 노출된 채로 두도록 요압에게 지시한다.11:15 애초에 이 전쟁이 촉발된 것은 암몬 사람들이 다윗 왕의 명예를 침해하고 사신들을 모욕했기 때문이다. 이제 다윗은 사신들을(요압과 심지어 우리아까지) 이용해 자신의 명예를 무너뜨린다.

다윗의 재앙적인 전략은 명령 그대로 실행되고, 최고의 군인들이 전쟁터에서 목숨을 잃는다. 요압은 사자를 예루살렘으로 보내 예상되는 왕의 분노를 달랠 준비를 하지만, 그럴 필요가 없었던 것으로 판명된다. 우리아가 죽었다는 소식을 듣자마자 다윗은 침착하게 답한다.

> 너는 요압에게 이같이 말하기를 이 일로 걱정하지 말라. 칼은 이 사람이나 저 사람이나 삼키느니라. 그 성을 향하여 더욱 힘써 싸워 함락시키라 하여 너는 그를 담대하게 하라.11:25

사자는 의심 없이 이를 관대한 말로 받아들이지만, 독자들은 그 말로 다윗이 자신을 저주했다는 것을 알고 있다. 이야기의 이 대목은 하나님의 관점을 명시적으로 언급하며 끝나는데, 이는 토라 밖에서는 매우 드문 경우다.

> 다윗이 행한 그 일이 여호와 보시기에 악하였더라.11:27

이제 야훼가 사자를 보내실 차례다.12:1 나단은 권력 남용에 대해 진실을 말하는 예언자의 원형이다. 그는 야훼가 다윗이 행한 그대로 보응하실 것이라고 선언한다.

> 여호와께서 또 이와 같이 이르시기를 보라. 내가 너와 네 집에 재앙을 일으키고 내가 네 눈앞에서 네 아내를 빼앗아 네 이웃들에게 주리니 그 사람들이 네 아내들과 더불어 백주에 동침하리라. 너는 은밀히 행하였으나 나는 온 이스라엘 앞에서 백주에 이 일을 행하리라 하셨나이다.12:11-12

예언자의 정죄에 대해 다윗이 보인 첫 반응은, 그가 진정한 회개를 할 수 있는 이상적 군주임을 암시하는 것으로 보인다.

내가 여호와께 죄를 범하였노라.12:13 [12]

그러나 이후의 역사는 이 자기 인식의 순간이 근본적인 변화를 의미하지 않았음을 보여준다. 다윗은 계속해서 사적인 문제에 몰입하며, 특히 아들들의 문제로 인해 말 그대로 왕권을 빼앗긴다. 이야기의 나머지 부분은 회의적인 분위기로 흘러가며, 그가 자신에 대한 다른 인식에 이르는 순간은 아주 드물게 나타난다.

다윗의 가족 안에서 일어난 악은 맏아들 암논이 이복누이 다말을 강간하고 버리는 다음 장에서 폭발적으로 나타난다. 여기에는 주제적으로나 언어적으로나 분명히 밧세바와 우리아의 이야기가 남긴 반향이 있다. 다윗은 다시 한번 메시지를 보낸다.13:7 이번에는 다말에게 병든 체하는 암논의 집으로 가라고 하는 명령이다. 그리고 그 명령은 한 여인의 삶을 극적으로 바꾸어 놓았다. 힘센 남성이 여성에게 자신의 성적인 의지를 강요한 후 그녀를 수치스럽게 내쫓는다.13:16 다시 한번 학대 뒤에 살인이 따른다. 다말의 친오빠 압살롬은 암논을 죽일 수 있을 때까지 2년을 참고 기다린다.13:28-29 과거에도 무죄한 다윗의 아들이 죄의 결과로 죽었지만,12:13-18 이제는 죄가 있는 아들이 죽는다. 또한 긴 흐름으로 보면 두 사건이 이스라엘 역사 속에서 어떻게 연결되어 있는지 알 수 있다. 다말 강간 사건이 일어난 지 거의 10년이 지나고, 나단이 밧세바 사건 이후에 구체적으로 예언했던 바가 성취된다. 압살롬은 본격적인 반란을 일으켜 아버지를 예루살렘에서 몰아내고 "온 이스라엘 무리의 눈앞에서 그 아버지의 후궁들과 더불어 동침"16:22한다.[13] 그 장소는 궁전 옥상의 천막이며, 바로 이 재앙적 궤적이 처음 시작된 장소다. 더욱이 왕위를 빼앗고 아버지를 무력화시키는 이 과시적인 행위를 고안한 자는 밧세바의 할아버지 아히도벨이다.16:21 아마도 그는 오랫동안 다윗에게 원한을 품고 있었을 것이다.

또 다른 인물이 다윗의 왕권 행사를 회의적으로 보는 근거를 제공한다. 다윗의 통치 기간 내내 군대 총사령관이었던 요압이다. 요압은 다윗에게 없어서는 안 될 정치적 동맹자이며, 영리함과 무자비함으로 왕의 명성과 왕좌를 수차례 구해 낸 인물이다. 그는 또한 다윗이 때로 거부하는 다른 자아이기도 하다. 사울과 요나단이 죽은 후, 다윗은 사울 가문에 충성하는 남은 군대의 총사령관 아브넬과 불안정한 휴전 협상을 벌인다. 요압과 그의 동생이 잠재적 경쟁자를 살해하자 다윗은 부드러운 태도를 취하며 "스루야의 아들인 이 사람들을 제어하기가 너무 어[렵다]"3:39고 말하지만, 그에게 옛 정권의 잔재를 제거하는 것은 충분히 편리한 일이었을 것이다. 이후 암몬과의 전쟁 중에 요압은 우리아의 죽음에 대한 다윗의 죄책을 덮어 준다. 이후 요압의 요청을 따라 다윗은 왕으로서 마땅히 전장에 나가고 랍바를 상대로 최종 승리를 얻는다.12:26-31 다시 그 이후에 요압은 반역자 압살롬의 처형을 직접 감독한다.18:10-15 다윗이 그의 죽음을 크게 슬퍼하고 공개적으로 애도하여 자기를 대신해 싸운 군대를 수치스럽게 할 정도까지 이르자, 요압은 다시 한번 다윗에게 왕처럼 행동할 것을 요구한다.19:1-9 얼마 지나지 않아 다윗은 요압을 제거하고 압살롬의 총사령관이었던 아마사를 새로운 지휘관으로 임명한다.19:13: 참조. 17:25 임종을 앞둔 다윗은 요압을 처형하라는 명령을 남기고, 표면적으로는 평시에 피를 흘린 그의 옛 죄목을 구실로 삼는다.왕상 2:5-6 그러나 요압을 버리기까지 용서할 수 없었던 죄는 다윗의 가족 일에 그가 또다시 관여했다는 것이다. 왕위 계승 문제에서 그는 장남 아도니야와 손잡고 나단과 밧세바, 그리고 그녀의 아들 솔로몬의 강력한 반대에 맞선다. 우리아에 대해 큰 범죄를 저지른 지 수년이 지난 후, 다윗은 이 마지막 중요한 문제<sup>왕상 1:30-36</sup>에서 밧세바와 나단의 뜻에 굴복하고, 그 오래된 기억의 짐을 함께 지고 있는 유일한 생존자인 요압을 제거한다.

## 지혜의 유산

사무엘서의 주목할 만한 문학적 특징은 솔로몬의 기름 부음과 다윗의 죽음이 마지막에 배치되지 않고, 이 중요한 사건들이 열왕기의 도입부로 미뤄진다는 점이다. 흥미롭게도 촘촘하게 짜인 내러티브가 문학적 콜라주에 의해 중단된다. 이 부분에는 네 장<sup>21-24장</sup>에 걸쳐 주제와 장르, 저자가 다양한 산문과 시가 담겨 있다. 모두 다윗 왕권과 왕권 제도의 설립을 전체적으로 회고하는 내용이다. 이 매끄럽지 않고 단절된 결말은 마치 초기 다윗의 입체파 초상화 같은 느낌을 준다. 그것은 앞에 나오는 일관된 내러티브의 다양한 요소를 강조하는 동시에 다윗에 대한 더 큰 정경적 관점을 열어 주며, 시편과 역대기가 그리는 그의 초상의 요소들을 예고한다. 네 개의 주요 단위가 함께 이 복합적인 결말을 이룬다.

• **사무엘하 21장**(다윗이 폭력의 고리를 끊음). 기근이 극심했던 시기에 다윗은 사울이 기브온 사람들에게 저지른 (알려지지 않은) 범죄에 대한 하나님의 진노를 달래기 위해 신체가 온전한 사울의 아들들과 손자들을 기

브온 사람들에게 넘겨 공개적으로 몸을 꿰뚫어개역개정 "목매어"—옮긴이 죽이게 한다. 몇 달 후 사울의 첩 리스바가 그들의 유해를 짐승으로부터 보호했다는 사실을 알게 된 왕은 사울과 요나단을 비롯한 그의 아들들의 유골을 직접 수습하여 묻는다. 이 장에는 또한 블레셋 전쟁에 관한 세 가지 단편적 기록이 포함되어 있으며, 다윗의 용사들이 블레셋의 거인들을 물리친 일을 보도한다.21:15-22

- 사무엘하 22:1-23:7(하나님의 기름 부음을 받은 통치자이자 시인 다윗). 이 단락은 구원에 관한 두 편의 감사 찬송으로 구성되어 있다. 첫 번째 찬송인 사무엘하 22장은 시편 18편과 내용이 동일하다(약간의 변형만 있음). 두 번째는 "다윗의 마지막 말"23:1이라는 제목이 붙어 있다. 그러나 다윗의 말은 열왕기상 첫 장까지 이어진다. 고풍스러운 이 찬송의 언어는 연대가 충분히 다윗 시대까지 거슬러 올라갈 수 있으므로, 다윗이 직접 쓴 것으로 볼 수 있을 것이다.[14] 이 찬송은 이상적인 왕의 성품, 곧 "하나님을 경외함으로 다스리는 자"23:3와 "하나님이 나와 더불어 영원한 언약을 세우심"23:5을 확언하며 다윗의 집에 대한 영원한 소망을 담고 있다.

- 사무엘하 23:8-39(전쟁 용사 다윗과 그의 전우들). 이것은 다윗의 가장 가까운 전우들의 주석이 달린 명단으로, "세 사람"23:8-17과 "서른 사람"23:18-39(숫자가 다소 일관되지 않음): 참조. 23:39의 대담한 행동에 대한 기록이다. 로버트 알터는 간소한 언어, 다수의 본문적 난점, 잘 알려져 있었을 군사적 업적에 대한 매우 짧은 언급을 근거로, 이 단락이 "사무엘서의 모든 내용 가운데 실제로 다윗 당시에 기록된 것으로 간주할 수 있는 가장 강력한 후보"라고 주장한다.[15] 이 명단은 블레셋과 게릴라 전쟁을 벌이던 다윗의 초기 전력을 반영하며, 나중에 그가 저지를 배신을 암시하여 우리아의 이름을 맨 마지막에 둔다. 이름의 최종 합계가 서른일곱 명23:39으

로 나와 있지만, 서른여섯 명의 이름만 나열되어 있으므로 누군가는 누

락되었거나 그림자로만 등장한다. 요압과 관련해 세 사람, 곧 두 형제

23:18. 24와 그의 무기를 드는 자23:37까지 언급되어 다윗의 용사 명단에

서 요압의 부재를 강조한다.

• **사무엘하 24장**(노쇠한 왕 다윗). 이 단락은 다윗이 실시한 인구 조사에 대

한 자세한 기록을 담고 있다. 인구 조사는 세금, 상비군, 강제 노동을 통

해 국가 권력을 공고히 하는 데 필수적인 도구다. 기이하게도 야훼는

이스라엘에 대한 진노 때문에 다윗으로 하여금 백성의 수를 세도록 격

동시키신다.24:1 요압은 이 행동이 어리석은 일이라고 판단했고,24:3 10

개월 후 조사가 끝나자마자 "다윗의 마음이 그를 강하게 친다."24:10. 저자

사역, 개역개정 "그의 마음에 자책하고"—옮긴이 이 한 가지 에피소드에서 다윗은 하나

님과의 관계에서 마치 사울처럼 고초를 겪는다. 그는 실패하도록 예정

된 것처럼 보인다. 문제를 더욱 복잡하게 만드는 것은 예언자 갓이 다

윗에게 형벌로 7년의 기근, 3개월간 적을 피해 도망함, 사흘간의 전염

병 중 하나를 택하라고 강요한 것이다. 도망치는 데 지친 다윗은 재앙

을 선택했고 그 결과 이스라엘 백성 7만 명이 죽는다. 그러나 진노하는

중에도 하나님은 예루살렘을 파괴하지 않으시고, 멸망의 사자를 왕궁

에서 불과 몇백 미터 떨어진 곳에서 멈추게 하시며 "족하다. 이제는 네

손을 거두라"24:16고 말씀한다. 이 시점에서 다윗은 마침내 백성의 목자

처럼 말한다.참조. 시 78:70-72

나는 범죄하였고 악을 행하였거니와 이 양 무리는 무엇을 행하였

나이까. 청하건대 주의 손으로 나와 내 아버지의 집을 치소서.24:17

다윗은 형벌 대신 아라우나의 타작마당에 제단을 쌓으라는 예언자의

지시를 받는다. 이곳은 바로 미래에 성전이 건축되는 장소다.

> 그곳에서 여호와를 위하여 제단을 쌓고 번제와 화목제를 드렸더니
> 이에 여호와께서 그 땅을 위한 기도를 들으시매 이스라엘에게 내
> 리는 재앙이 그쳤더라. 24:25

이전에는 제시되지 않았던, 예배 인도자 및 공적인 중보자로서 다윗의 초상이 보여주는 대로 마지막 회고는 분명한 신학적 초점을 지닌다. 그것이 간접적으로 가리키는 것은 다윗, 사울, 사무엘의 이야기로 거슬러 올라갈 수 있는 중심 관심사, 곧 이스라엘의 왕이 "모든 나라"의 왕들과 다를 수 있는가참조. 삼상 8:5 하는 문제다. 정경의 관점에서 본다면 대답은 '그렇다'이어야만 한다. 왕의 역할은 하나님의 뜻을 알고 그것을 공적 영역에서 실현하는 것이다. 그것이 신명기가 왕을 토라의 학생으로 묘사하는 이유이며,신 17:18-19 시편 기자가 "하나님이여, 주의 판단력을 왕에게 주시고……"시 72:1라고 기도하는 이유다.

이러한 관점에 비추어 볼 때, 사울과 다윗의 이야기는 이스라엘의 왕이 자신의 삶과 나라를 위해 어떻게 하나님의 뜻을 알고 실행할 수 있는지 보여주는 것임이 분명해진다. 사무엘서에 등장하는 왕의 초상들을 전체적으로 보면 하나님의 뜻을 알고 추구하는 여섯 가지 통로를 발견할 수 있지만, 결국 그중에서 두 가지만 유효해 보인다. 거부되거나 의심스러워 보이는 네 가지 분별 방식은 다음과 같다.

• **하나님의 영에 직접 사로잡힘.** 사울은 "하나님께서 부리시는 악령"삼상 18:10에 사로잡힌다. 나중에 그와 그의 사자들은 하나님의 영에 의해 정

신을 잃고 "예언자처럼 지껄였으나",19:20, 23, 저자 사역—옮긴이[16] 명확한 의사소통은 없었던 것이 분명하다.

- **신접한 자나 영매.** 사울은 신접하는 자들을 땅에서 추방했지만,삼상 28:3 자신의 금령을 어기고 사무엘의 영을 불러올린다. 그러나 분노한 사무엘의 영은 사울에게 아무런 위안을 주지 않고, 오히려 야훼가 등을 돌렸으리라는 그의 두려움만 확인시켜 주었다.

- **전쟁 추구.** 사사기에서 전쟁은 야훼의 계명을 이스라엘이 더 잘 알고 순종하게 하는 교훈과 시험의 도구가 될 수 있었다.삿 3:1-4 그러나 사무엘서에서는 이러한 전쟁의 이상이 거의 실현되지 않았고, 사울과 다윗이 전쟁을 도모한 행위는 모두 그들의 파멸로 이어졌다.삼상 13장; 삼하 11-12장

- **왕이 본래 소유한 지혜.** 고대 근동의 왕권 이데올로기에서 왕은 반신반인의 지혜로운 존재로 여겨지기도 했다. 이러한 전통은 사울과 다윗에 대한 성서의 가감 없는 기록으로 훼손된다. 둘은 모두 하나님의 선택을 받았지만 종종 그릇된 판단을 했다. 이는 압살롬을 유배지에서 데려오도록 다윗을 설득하기 위해 요압이 보낸 드고아 출신의 "지혜로운 여인"14:2의 말에서 가장 잘 드러난다. 이 여인은 요압과 마찬가지로 다윗이 가족 정치에 있어서 어리석은 사람이라는 것을 알면서도 그에게 아첨한다. "내 주 왕의 지혜는 하나님의 사자의 지혜와 같아서 땅에 있는 일을 다 아시나이다."14:20; 참조. 14:17 이 무의미한 아첨은 지혜로운 왕 이데올로기의 공허함을 폭로한다.

사무엘서는 이 네 가지 분별 방식을 거부하고 하나님의 뜻을 알 수 있는 두 가지 효과적인 통로를 인정한다.

- **예언자.** 이 책에서 나단11-12장과 갓24장은 다윗과 이스라엘 백성에게 유

익한 예언적 도전과 교훈을 전달한다. 그들은 '전기 예언자들'에 속하며, 그들의 신뢰할 만한 하나님 말씀의 소통은 '기록 예언자들'의 사역을 예견하게 한다. 이들 기록 예언자들의 말은 후기 예언서에 보존되어 있다.

- **제사와 기도.** 사무엘서의 마지막 장면 가운데 다윗이 성전이 세워질 땅에서 백성을 위해 응답받는 기도와 제사를 드리는 모습은 정경 속 다윗의 주요한 역할, 곧 다윗의 이름이 붙은 다수의 시편 시들로 기도하는 기도자의 역할을 예견하게 한다. 그 역할은 이곳과 시편에 등장하는 병행 본문에 의해 강조된다.삼하 22장=시 18편 이 암시에 따르면 다윗이 남긴 "왕의 지혜" 유산은 성전과 관련된 예배 전통이며, 그 안에는 특히 시편이 포함된다. 그 유산의 일부로서 시편은 성전이 파괴되고 제사 관습이 중단된 후로도 거의 2천 년 동안 남아 전해진다.[17]

# 지혜, 능력, 예배: 솔로몬의 통치

· 열왕기상 1-12장 ·

사울의 고통스러운 심정과 다윗의 문제투성이 가족에 대한 놀랍도록 솔직하고도 친밀한 관점에 비하면, 솔로몬의 이야기는 겉보기에는 건조하다. 왕궁 음모에 대한 보도는 대부분 다윗의 죽음으로 끝이 난다.2:10-11 내부에서 본 솔로몬의 통치는 이전의 왕실 기록에서 거의 또는 전혀 역할을 하지 않았던 것, 곧 왕정이라는 장치에 초점을 맞추고 있다. 여기서 다루는 장들에는 성서에서 가장 오래된 공식 문서라고 거의 확실하게 말할 수 있는 왕실 관리와 지방 수령의 명단4:1-19이 포함되어 있다. 또한 왕실 연회에 필요한 음식과 왕실 마구간 사료 조달에 대해서도 자세히 보도된다.4:22-28 연회는 고대 세계의 외교에서 필수적인 수단이었으며,[1] 기병과 전차는 오늘날의 고속 통신 시스템과 공군에 해당하는 것으로 국내 통치는 물론 국제 무대에서 중요한 군사적 입지를 구축하는 데 핵심 역할을 했다. 마지막으로 솔로몬의 거대한 건축 프로젝트인 왕궁과 예루살렘 및 다른 주요 도시들의 방어 구조물, 그리고 무엇보다도 성전에 대한 자세한 설명이 있다. 이 프로젝트는 20년에 걸쳐 진행되었는데,9:10 이는 솔로몬의 긴 재위 기간의 절반에 해당하는 시간이다(그가 재위했다고 전해지는 "40년"11:42은 성서에서 매우 오랜 시간을 나타내는 숫자다). 이러한 사업들은 이스라엘의 농지와 마을에서 징집된 강제 노동으로 이루어졌다.5:13-18 이처럼 한 왕국의 행정 기록에 담긴 놀라운 세부 사항은 솔로몬 왕권의 비용과 유산을 평가하는 관점을 제시하고, 그가 자랑했던 지혜의 속성을 새롭게 이해하게 한다.

## 왕권의 과시로서의 지혜

이야기를 빠르게 훑어보면, 솔로몬의 통치는 시작은 좋았지만 권력의 무게와 이방 여인들을 기쁘게 하려는 욕망으로 점차 악화되었다. 말년에는 그의 마음이 "그의 하나님 여호와 앞에 온전하지 못하였[고]",11:4 백성은 왕을 자부심보다는 억압의 근원으로 느꼈음12:4을 짐작할 수 있다. 따라서 이 내러티브에서 솔로몬을 돋보이게 하는 초상들은 이야기 초반에 몰려 있는 경향이 있고, 분명하게 나쁜 면모는 마지막에 등장한다. 그러나 좀 더 섬세히 읽어 보면, 처음부터 그의 통치의 온전성에 대한 의문이 생겨난다. 열왕기는 솔로몬과 그의 이른바 지혜에 대해 전혀 다른 두 가지 관점을 제시하며, 이 두 관점은 이야기 내내 서로 얽히며 긴장이 지속된다.

지혜 또는 적어도 지혜에 대한 평판은 고대 근동 왕들에게 필수적인 정치적 덕목이었다. 신앗수르의 통치자 에살핫돈주전 약 681-669년은 "많은 것을 아는 사람, 폭넓은 안목과 깊은 이해를 가진 사람, 땅을 지탱하는 것의 구조를 연구하는 사람"이라는 찬사를 받았다.[2] 신명기 역사가들은 솔로몬이 "잠언 삼천 가지를 말하였고 그의 노래는 천다섯 편"이라고 기록한다.4:32 정경의 더 넓은 관점에서 잠언, 전도서, 아가서 등 시적인 책들이 모두 그와 관련되어 있다. 열왕기 안에서 솔로몬의 현자로서의 국제적 위상은 스바 여왕의 방문으로 드러난다. 스바는 성서 기자들에게는 세상의 끝으로 알려진 곳이다.[3] 여왕은 솔로몬의 지혜와 궁정의 품격에 크게 감탄한다.

> 복되도다. 당신의 사람들이여. 복되도다. 당신의 이 신하들이여. 항상 당신 앞에 서서 당신의 지혜를 들음이로다……여호와께서 당신을 기뻐하사 이스라엘 왕위에 올리셨고 여호와께서 영원히 이스라엘을 사랑하시므로 당신을 세워 왕으로 삼아 정의와 공의를 행하게 하셨도다.10:8-9

이 책의 시작 부분3:16-28에서 두 창녀가 한 아이를 두고 다투는 이야기는 솔로몬식 정의의 상징과도 같다. 그러나 솔로몬의 지혜의 첫 번째 언급은 약자에 대한 긍정적 배려와 아무 관련이 없다는 점을 주목해야 한다. 다윗은 죽음을 앞두고 솔로몬에게 남긴 유언에서 두 번이나 그의 지혜를 긍정하지만, 두 경우 모두 정치적 생존을 위해 무자비한 술수를 보임으로 입증되어야 하는 것이다. 야훼 앞에서 마음과 성품을 다하여 진실히 행하라는 경건한 권고2:4를 한 후, 다윗은 현실 정치의 요구로 옮겨 간다. 즉 적은 반드시 처단해야 한다.

> 스루야의 아들 요압이 내게 행한 일 곧 이스라엘 군대의 두 사령관 넬의 아들 아브넬과 예델의 아들 아마사에게 행한 일을 네가 알거니와 그가 그들을 죽여 태평 시대에 전쟁의 피를 흘리고 전쟁의 피를 자기의 허리에 띤 띠와 발에 신은 신에 묻혔으니 **네 지혜대로** 행하여 그의 백발이 평안히 스올에 내려가지 못하게 하라.2:5-6

마찬가지로 베냐민 사람 시므이는 한때 반란을 일으켰으나 다윗이 자비를 베푼 사람이다.

그러나 그를 무죄한 자로 여기지 말지어다. 너는 지혜 있는 사람이므로 그에게 행할 일을 알지니 그의 백발이 피 가운데 스올에 내려가게 하라. 2:9

이어지는 이야기는 솔로몬의 유명한 지혜가 자기 과시에 불과한 것은 아닌가 하는 의문을 더 깊어지게 만든다. 솔로몬은 기브온에서 제사를 드리고자 예루살렘을 떠난다. 기브온은 "크고 높은 장소", 3:4, 저자 사역—옮긴이 곧 신명기 전통에서 자주 정죄하는 대중적인 야외 성소 중 하나였다. 솔로몬이 산당들을 후원한 것3:3은 경고 신호이며, 그의 우상숭배 성향을 보여주는 첫 번째 징후다. 말년에 그는 예루살렘 시내에서 잘 보이는 곳에 자신의 수많은 타국인 아내들을 위한 산당들을 짓고 "모압의 가증한 그모스"와 "암몬 자손의 가증한 몰록"에게 바쳤다.11:7 그러나 이 시점까지는 다른 신들과 관련된 의문은 없다. 솔로몬에게 "밤에……꿈에"3:5 나타난 것은 야훼다. 이것은 표면적으로 솔로몬의 왕권에 대한 신적 승인이다. 하지만 그 비참한 결말부터 거꾸로 읽어 보면, 이미 기브온에서 솔로몬의 주된 헌신 대상이 자신의 성공이 아니었는지 의문이 생긴다.

성서의 예언자 전통에서 꿈은 결코 명백한 선으로 여겨지지 않는다. 신명기는 이스라엘이 이방 신을 따르도록 유혹하는 예언자나 "꿈꾸는 자"의 말에 귀 기울이지 말라고 엄중히 경고한다.신 13:1, 3, 5 솔로몬의 꿈에서 야훼는 활짝 열린 제안을 하신다. "내가 네게 무엇을 줄꼬. 너는 구하라."3:5 솔로몬의 대답은 모범적이다. "듣는 마음을 종에게 주사 주의 백성을 재판하여 선악을 분별하게 하옵소서."3:9 이 꿈이 의심스럽다면, 그가 야훼께 받았다고 하는 응답 때문이다.

네가 이것을 구하도다. 자기를 위하여 장수하기를 구하지 아니하며 부도 구하지 아니하며 자기 원수의 생명을 멸하기도 구하지 아니하고(!) 오직 송사를 듣고 **분별하는 지혜를** 구하였으니 내가 네 말대로 하여 네게 지혜롭고 총명한 마음을 주노니 네 앞에도 너와 같은 자가 없었거니와 네 뒤에도 너와 같은 자가 일어남이 없으리라. 내가 또 네가 구하지 아니한 부귀와 영광도 네게 주노니 네 평생에 왕들 중에 너와 같은 자가 없을 것이라. 네가 만일 네 아버지 다윗이 행함 같이 내 길로 행하며 내 법도와 명령을 지키면 내가 또 네 날을 길게 하리라. 솔로몬이 깨어 보니 꿈이더라. 3:11-15a

매우 편안한 꿈이다. 하지만 설득력이 있는가? "내가 네 말대로 하여⋯⋯." 인간의 욕구에 대해 하나님이 순응하실 것이라는 이 위안의 말은, 아브라함에서 모세 그리고 예레미야에 이르기까지 이스라엘의 선택된 지도자들이 경험했던 야훼와의 상호 작용의 특징이 아니다. 그들 중 누구도, 심지어 예수도 그런 위안의 말을 듣지 못했다. 오히려 그들은 하나님이 요구하는 것과 씨름하고 그 대가가 무엇이든 궁극적으로 거기에 굴복한다.[4]

### 왕정의 대가

왕실 관리들의 목록4:1-19은 사무엘서와 열왕기에서 흔히 볼 수 있는 민담, 역사, 드라마 등 다양한 내러티브 장르에서 완전히 벗어난 것이어서 눈에 띈다. 여기서 우리는 처음으로 군주제의 기반 구조인 제사장, 서기관, 전령(곧 통신 책임자), 청지기, 군대 및 강제 노동 조직의 수장, 총독 또는 지방 수령을 볼 수 있다. 다양한 역할에 구체적인 이름을 붙인 밀도 높은 관료적 언어는 역사적 정확성에 대한 관심을 보여준다. 이러한 인상은 열두 명의 지방 수령 중 다섯 명의 개인 이름4:8-11, 13이 빠져 있는 세부 사항 때문에 더욱 강화된다. 성서의 다른 모든 곳에서 볼 수 있는 관습과 달리 이 사람들은 오직 가족 이름으로만 열거된다. 예를 들면 '벤훌'(훌의 아들)은 다른 이들과 달리 개인 이름이 빠져 있다. 이 목록을 처음 만든 사람은 분명히 완전성을 위해 '훌의 아들 여호수아'처럼 개인의 이름을 붙였을 것이다. 따라서 이러한 누락은 기록자가 결함이 있는 목록을 가지고 작업했음을 시사한다. 아마도 한 줄 또는 여러 이름이 포함된 목록의 일부가 찢겨 나갔거나 손상되어 읽을 수 없었을 것이다. 성실했던 왕실 역사가는 그 공백을 남겨 두기로 결정한 듯 보인다.

지방 수령 명단은 왕실과 일반 민중 사이의 관계를 드러낸다. 매년 한 달 동안 왕궁에 필요한 식량을 지역에서 조달하는 것이 각 수령의 의무였다.4:7 왕실은 풍족하게 먹었는데, 솔로몬의 하루 필요량은 밀가루 7천 리터와 가루 1만 4천 리터, 외양간에서 먹인 소 열 마리와 풀을 먹인 소 스무 마리, 양과 염소 백 마리, 사슴, 가젤, 노루, 살찐 거위 등이었다.4:22-23 이 규모가 과장되었다고 해도, 우리는 왕실이 식량 공급의 상당 부분을 징발했음을 짐작할 수 있다.[5]

솔로몬의 통치에 관한 공식적인 이야기에는, 솔로몬의 재위 기간 내내 유다와 이스라엘이 "먹고 마시며 즐거워하였으며"4:20 "단에서 브엘세바에 이르기까지 각기 포도나무 아래와 무화과나무 아래에서 평안히 살았더라"4:25는 자랑스러운 확신이 덧붙여 있다. 그러나 이러한 현물 과세 제도가, 농업 경제에 한계가 있는 고지대에서 백성 대다수가 소규모 농장을 통해 생계를 유지하는 이 나라에 어려움을 끼쳤다는 분명한 표지들이 있다. 내러티브에 따르면, "모든 나라와 같이"삼상 8:5 왕을 원하는 이스라엘의 요구로 정치적 변화가 시작되었을 때 사무엘은 그와 같은 농산물의 수탈을 경고했다.

> 너희를 다스릴 왕의 제도는 이러하니라. 그가 너희 아들들을 데려다가 그의 병거와 말을 어거하게 하리니 그들이 그 병거 앞에서 달릴 것이며……자기 밭을 갈게 하고 자기 추수를 하게 할 것이며 자기 무기와 병거의 장비도 만들게 할 것이며 그가 또 너희의 딸들을 데려다가 향료 만드는 자와[또는 약초사herbalists][6] 요리하는 자와 떡 굽는 자로 삼을 것이며 그가 또 너희의 밭과 포도원과 감람원에서 제일 좋은 것을 가져다가 자기의 신하들에게 줄 것이며……그가 또 너희의 노비와 가장 아름다운 소년과 나귀들을 끌어다가 자기 일을 시킬 것이며 너희의 양 떼의 십분의 일을 거두어 가리니 너희가 그의 종이 될 것이라.삼상 8:11-17

솔로몬 통치의 공식 기록은 사무엘의 경고가 정확했음을 증명한다. 솔로몬은 많은 병거와 기마병을 소유했고, 특별히 방비하고 유지해야 할 도시가 있었으며,10:26; 참조. 4:26 그것을 위해 또한 잘 닦인 도로와 수많은 지원 인력, 곧 마부, 제빵사, 요리사, 상처를 치료하는 연고 제조자 등이 필요했다. 대규모 징집 노동자9:15와 노예9:20-21는 동부 지중해의 3대 주요 무역로가 교차하는 지점에 위치한 전략적으로 중요한 도시인 게셀, 므깃도, 하솔9:15을 요새화하는 데 필수적이었다. 솔로몬은 이 새로운 행정 중심지에서 활동하면서 이스라엘을 주요 무역 파트너로 만들 수 있었다. 이는 주전 10세기에 페니키아 도자기와 철제 무기, 도구, 장식품 등 수입품이 크게 증가한 것에서 증명된다.[7]

성서적 기억의 관점에서 볼 때, 성전 건축은 솔로몬의 가장 중요한 업적이자 가장 중요한 정치적 행위였을 것이다. 성전은 고대 근동의 모든 군주에게 중요한 이데올로기적 기능을 수행했으며, 신이 이 왕조에 호의를 보이고 그 백성과 함께 살기로 동의했다는 가시적인 증거를 제공했다. 성전 종사자들은 현대인이 볼 때 순전히 세속적인 국가 기능을 다양하게 수행했다. 종교와 세속을 명확히 구분할 수 있다는 우리의 생각은 고대인들에게는 터무니없어(그리고 순진하게?) 보였을 것이다. 예루살렘 성전은 십일조, 헌금, 세금, 조공으로 받은 물품이 접수되고 보관되며 국가 기관으로 전달되는 국고 역할을 하는 곳이었다. 이스라엘에서 성전은 수도 중심부에 있는 국가의 무기고이기도 했으며, 제사장들은 국가 일정을 관리했다. 이처럼 성전이 왕실 행정에 없어서는 안 될 필수 요소였기 때문에 솔로몬은 빠르게 성전 건축을 진행했고, 재위 4년째에 시작하여 7년 만에 완공했다.6:37-38 그는 타민족 건축자와 장인들을 고용하고, 다듬은 돌과 금, 이국적인 나무를 풍부하게 사용하여 호화로운 성전을 세웠다.6:15-22 그 규모도 대단했다. 열왕기에 기록된 규격에 따르면 성전 내부는 적어도 폭 9미터, 길이 30미터, 높이 15미터였고,6:2-3 두꺼운 돌벽과 사방에 부속실과 마당이 딸려 있어 더 커 보였다. 예루살렘 성의 높은 곳에 자리 잡은 이 빛나는 석회암 성전에 나아오는 모든 사람은 그 모습에 압도당했을 것이다. 성전의 존재는 예루살렘이 단순히 한 부족장의 거처가 아니라, 국가의 수도이자 국제 정치의 한 중심지로서 강력한 신의 선택과 보호를 받는 곳이라는 시각적 메시지를 전달했다.[8]

성전을 포함한 솔로몬 통치의 업적에 대한 신명기 역사가들의 기술은 토라의 두 가지 핵심 본문을 근거로 판단해야 한다. 그 본문이 조명하는 것은 첫째로 지혜와 경건한 일의 본질이며, 둘째로 왕의 적절한 역할이다. 열왕기의 내러티브는 솔로몬이 이스라엘 백성을 세 달마다 한 달씩 규칙적으로 번갈아 가며 레바논으로 보내 목재를 베게 하거나, 지역의 언덕으로 보내 거대한 석회암 덩어리를 채석하게 했다고 솔직히 인정한다.5:13-18 [9] 동족에게 부과된 이 가혹한 부담은 솔로몬이 건설하려던 왕국의 관에 못을 박는 일이었음이 결국 드러난다.[10] 억압 위에 세워진 예루살렘 성전은 출애굽기에 동일한 수준으로 상세하게 기록된 광야 성막의 모습과 완전히 대조된다. 그때에는 남녀 누구나 지혜로운 마음과 손으로 자발적으로 재료를 가져왔다.출 35:5, 10, 21, 22, 25, 26, 29 성서에서 가장 일관되게 지혜로운 자로 묘사되는 인물은 솔로몬이 아니라 브살렐이라는 점은 주목할 만하다. 그는 "하나님의 영"과 "지혜와 총명과 지식과 여러 가지 재주로" 충만한 사람이었다.출 31:3; 35:31 "하나님의 영" 부분을 빼면 동일한 묘사가 솔로몬의 건축 책임자인 히람에게 적용된다.7:13-14 여기에는 모세와 솔로몬이 각각 관리한 사업의 차이를 강조하는 반향이 느껴진다.

전체적으로 솔로몬의 통치는 이스라엘 왕의 올바른 행동에 대한 신명기의 핵심 가르침신 17:15-20을 거부한 것으로 볼 수 있다. 그 가르침에 따르면 왕은 말이나 아내, 금과 은을 많이 소유하면 안 된다. 또한 "백성을 애굽으로 돌아가게" 해서도 안 된다.신 17:16 이는 아마도 어떤 형태의 가혹한, 강제적 노동을 다시 부과하거나 파라오와 군사 동맹을 맺는 일을 의미할 것이다. 이 본문에 비추어 볼 때 솔로몬의 막대한 부와 군사력, 파라오의 딸과의 결혼3:1은 하나님의 은총의 표지가 아니라, 솔로몬이 이상적인 왕의 모습으로부터 얼마나 멀어졌는지 보여주는 표지다. 이상적인 왕이라면 자기 백성 사이에서 검소하게 생활하고, 토라를 공부하며, 야훼를 경외해야 했다.신 17:19-20 성서에서는 이스라엘을 포함해 번영한 정치-군사 체제가 종교적 신실함과 확고하게 일치하는 경우를 찾아보기 어렵다.

성전 예식에서 불렀을 150편의 시편 중에서 왜 단 하나만 "솔로몬의 시"로 일컬어지는지 생각해 보는 것은 흥미롭다. 그 시편은 이렇게 시작된다.

> 하나님이여, 주의 판단력을 왕에게 주시고
> 주의 공의를 왕의 아들에게 주소서.
> 그가 주의 백성을 공의로 재판하며
> 주의 가난한 자를 정의로 재판하리니.시 72:1-2

솔로몬의 통치에 대한 신명기적 역사 기록에 비추어 보면, 시편 72편은 솔로몬 왕의 정의를 찬양하는 것이 아니라 그 변화를 위한 기도로 볼 수 있다. 마틴 루터 킹의 연설 "나에게는 꿈이 있습니다"처럼 이 시편은 이상과는 거리가 먼 상황에서 영감을 받아 표현된 비전이다. 그것은 신적 정의가 인간 영역에 부여되고 심지어 강요됨으로써, 국가 수반을 다른 방법에 의해 가능한 것보다 더 나은 존재로 변화시키는 비전이다.

## 성전에서 시온으로

솔로몬의 통치는 문제가 많기는 했지만, 그가 지은 성전이 단순한 종교-정치적 기관만은 아니었다. 그것은 이스라엘의 신학적 상상력에 심긴 씨앗이었으며, 여러 시대와 세대에 걸쳐 풍성한 결실을 맺었다. 더 큰 정경적 맥락과 유대교 및 기독교 전통에서도 한때 예루살렘 성전에 영향을 미치던 정치적 이데올로기는 철저하게 신학에 종속되어 버렸다. 솔로몬의 건축 사업에 대한 기록은, 창조로부터 아브라함, 유배, 귀환, 재건에 이르는 이스라엘을 향한 하나님의 계획을 다룬 위대한 내러티브의 작은 부분으로 남아 있다. "따라서 왕의 자기 과시는 하늘 왕의 성품과 목적에 종속되었다." [11] '시온'은 예루살렘이 지닌 종교적인 의미와 가장 자주 연관되는 이름이며, 이스라엘 성서의 시온 신학은 다음 몇 가지 사항으로 요약할 수 있을 것이다.

- **시온은 하늘과 땅이 만나는 장소이며,** 성서의 "시온의 노래"에서 표현하듯 하나님의 임재를 가장 온전히 경험할 수 있고 그 선한 영향력이 나타나는 곳이다.

> 여호와는 위대하시니 우리 하나님의 성 거룩한 산에서
> 극진히 찬양받으시리로다.
> 터가 높고 아름다워 온 세계가 즐거워함이여
> 큰 왕의 성 곧 북방Zaphon[12]에 있는 시온산이 그러하도다.
> 하나님이 그 여러 궁중에서 자기를 요새로 알리셨도다.시 48:1-3

계속해서 이 시편은 성전을 찾는 순례자들이 이곳이 종교적 상상력이 가장 완전하게 활성화되는 곳임을 발견한다고 말한다.

> 하나님이여, 우리가 주의 전 가운데에서 주의 인자하심을 생각하였나이다.시 48:9

성전에 대한 물리적 경험이 하나님 경험을 낳는다.

> 너희는 시온을 돌면서 그곳을 둘러보고 그 망대들을 세어 보라.

그의 성벽을 자세히 보고 그의 궁전을 살펴서 후대에 전하라.

이 하나님은 영원히 우리 하나님이시니

그가 우리를 죽을 때까지 인도하시리로다.시 48:12-14


예루살렘과 성전 그리고 지성소, 이곳은 인간이 에덴에서 추방된 이후 하나님께 가장 가까이 다가갈 수 있는 장소다.

• **성전은 하나님의 동산이며 새로운 에덴이다.** 성전 장식에 대한 묘사6-7장를 보면, 성전이 고대 근동 신화에서 신의 지상 현존과 연관되는 거룩한 정원이나 숲의 모습으로 꾸며졌음을 알 수 있다. 백향목, 깃딤 향나무, 소나무 등 향을 내는 목재들과 석조 건물이 완전히 어우러져 있었다.6:9-10, 15-16, 18, 36 문 장식에는 조롱박, 야자수, 꽃의 문양이 새겨졌다. 성전 바깥에는 수백 개의 청동 석류와 백합으로 장식된 거대한 청동 기둥7:18-20과 조롱박 문양으로 장식된 백합 모양의 거대한 청동 대야'바다'가 있었다.7:23-26 반건조 기후인 예루살렘에서 성전은, 상상을 덧붙여 말하면, 물이 풍부한 정원에 날개 달린 스핑크스"그룹들", 6:23-28와 사자, 소들7:25, 29이 살며 꽃과 과일이 가득한 곳이었다. 따라서 모든 이스라엘 백성이 매년 며칠간 행해야 하는 의무인 성전 순례는, 인류가 하나님과 친밀한 교제를 누렸던 최초의 정원인 에덴으로 돌아가는 것을 상징적으로 나타냈다. 다수의 시편들이 성지 순례와 성전 예배에서 유래했으며, 어떤 시편은 순례자의 경험을 최초의 정원을 연상시키는 언어로 미묘하게 묘사하고 있다.


사람들이 주의 날개 그늘 아래에 피하나이다.

그들이 주의 집에 있는 살진 것으로 풍족할 것이라.

주께서 주의 복락adaneyka, '당신의 에덴'의 강물을 마시게 하시리이다.

진실로 생명의 원천이 주께 있사오니……시 36:7-9

- **하나님은 시온을 향해 변함없는 헌신을 보이신다.** 또 다른 시편은 시온이 하나님의 '진정한 임재'의 장소이기 때문에 불가침 영역이라고 단언한다.

> 한 시내가 있어 나뉘어 흘러 하나님의 성
> 곧 지존하신 이의 성소를 기쁘게 하도다.
> 하나님이 그 성중에 계시매 성이 흔들리지 아니할 것이라.
> 새벽에 하나님이 도우시리로다.시 46:4-5

이러한 사고방식은 주전 586년 예루살렘이 바벨론 군대에 함락되면서 무너졌다. 그것은 오래된 시온 신학에서는 문자 그대로 상상할 수 없는 대재앙이었다. 앞으로 살펴보겠지만 예레미야, 에스겔, 유배 시기의 이사야 같은 예언자들이 그 변화를 중재한다. 고통스럽지만 그들은 점차 예루살렘을 거룩하면서도 동시에 죄 많고 취약한 곳으로 새롭게 바라보는 법을 배운다.

더욱 급진적인 변화는 시온 신학이 기독교 예배의 목적에 맞게 변형될 때 일어났다. 이는 아마도 이 고대 이스라엘의 신학이 기독교 찬송 전통에 가장 깊은 영향을 미친 측면일 것이다. 기독교 전통에서 '시온'과 '예루살렘'은 실제 지리적 위치가 아니라, 상상할 수 있지만 현세에서는 경험할 수 없는 존재의 상태를 가리킨다. 이것은 피에르 아벨라르Pierre Abelard의 12세기 찬송가 「오 그들의 기쁨과 영광이 어떠할까」O quanta qualia에 아름답게 표현되어 있다.

참으로 '예루살렘'이라 부르는 그 해변,
영원한 기쁨을 주는 평화의 도시,
그곳에서는 소원과 성취가 분리되지 않는다.
기도 응답이 기도에 못 미치지도 않는다.[13]

과거 노예선 선장이었으며 뛰어난 작사가였던 존 뉴턴은, 시편의
시온 신학을 재해석하면서 시편 87편의 첫 구절을 활용한 찬송가 「시
온성과 같은 교회」를 작사했다. 이 찬송가 가사는 시온을 물이 풍부
한 곳으로 묘사한 시편 46편의 이미지를 매우 압축적으로 표현한다.

생명샘이 솟아 나와 모든 성도 마시니
언제든지 흘러넘쳐 부족함이 없도다.
이런 물이 흘러가니 목마를 자 누구랴.
주의 은혜 풍족하여 넘치고도 넘친다.[14]

"생명샘"이라는 표현은 시편 36편에 나오는 생명의 근원인 흐르
는 강을 연상시키며, 또한 성전이 바벨론에 의해 파괴된 후 에스겔서
가 근본적으로 새롭게 제시한 환상 속의 성전에서 솟아나는 신선한
물이 동쪽으로 흘러 나가 사해를 '치유'하는 장면도 떠올리게 한다.겔
47:8-9 마찬가지로 뉴턴의 "생명샘"은 예수를 떠올리게 한다. 예수는
목마름을 영원히 쫓아낼 생수의 근원이며,요 4:14 그분의 창에 찔린 옆
구리에서는 물줄기가 흘러나온다.요 19:34 그리스도인들에게 에스겔서
와 시편으로부터 요한복음서와 뉴턴의 찬송가에 이르기까지 이어지
는 이 긴 신학적 성찰은, 마태가 "성전보다 더 큰 이"마 12:6라고 부른
예수 자신이 하늘과 땅이 '만나는 장소'이며 그 안에서 하나님과 인

류가 온전하게 영원히 결합됨을 의미할 것이다. 따라서 시온 신학은 성육신 신학이 된다.

이러한 점에서 거의 모든 성서 기자가(그리고 물론 예수 자신이) 예루살렘에 부여한 독특한 의미는 많은 그리스도인들에게 가려져 있다는 것을 쉽게 알 수 있다. 예루살렘은 다른 곳과 다를 바 없는 장소처럼 여겨진다. 하지만 정말 그런가? 적지 않은 예루살렘 방문자들이 아무런 이념적 헌신 없이도 그곳에서 신성한 것, 기대하지도 않았고 설명하기도 어려운 신비로운 영적 매력을 경험한다. 그 신성함 가운데 일부는 시편 자체에도 드러나 있다. 나에게는 뛰어난 성악가 제자가 있는데, 그녀는 시편을 공부하면서 그것을 노래로 불렀다. 그녀가 표준 성가집을 사용하며 놀란 것은, 시온의 노래들이 틀에서 벗어나 각각 고유한 멜로디로 되어 있다는 점이다. 왜 그런지는 설명할 수 없지만, "예루살렘을 위하여 평안을 구하라"시 122:6는 시편의 명령에 대한 의도치 않은 반응으로 받아들이고 싶다. 시인은 예루살렘을 위한 기도가 어떤 식으로든 공동체의 유익을 위해 반드시 필요하다는 확신을 가지고 있다. 그래서 그는 "내 형제와 친구를 위하여……여호와 우리 하나님의 집을 위하여"시 122:8-9 기도하기로 맹세한다. 우리 시대에 매일, 매주 들려오는 소식은 그와 같은 기도가 전 세계의 평화를 위해 필수적이라는 믿음을 강화해 주는 것 같다. 그리스도인은 유대인 및 무슬림과 함께 하나님과 이웃에 대한 최소한의 의무로서 그 기도에 헌신할 수 있다.[15]

# 예언적 말씀의 통치

· 열왕기상 13-21장 ·

솔로몬 통치 말기부터 무게 중심은 왕에서 예언자로 이동한다. 내러티브는 역사를 주로 형성해 왔던 왕궁의 모략과 왕실 사업, 그리고 심지어 전쟁으로부터 다른 쪽으로 초점을 돌린다. 그 대신 전면에 등장하는 것은 예언자의 말 자체가 갖는 주권이며, 이것은 예언자의 의도와 희망을 넘어서는 방식으로, 때로는 그것에 직접적으로 반하는 방식으로 작동한다. 여호수아서부터 열왕기까지 이르는 방대한 내러티브는 전통적으로 '**전기 예언서**' 또는 '초기 예언서'로 알려져 있는데,[1] 이 명칭 자체가 성서의 역사가 **후기 예언서**(히브리 정경의 이사야서부터 말라기서까지)로 가는 길을 얼마나 잘 준비하고 있는지 보여준다.

전기 예언서와 후기 예언서 공통의 핵심 문제는 왕권을 행사하는 이들이 예언자들이 전하는 야훼의 말씀에 과연 귀를 기울일 것인가이다. 이는 출애굽기에서 파라오와 모세 사이에 처음 등장한 것과 동일한 신학적, 정치적 문제다. '야훼의 뜻이 알려질 때 인간 왕이 그분의 주권을 인정하고 굴복할 것인가?' 파라오가 그러했듯 대다수의 이스라엘 왕들도 그렇게 하지 못했기 때문에, **신명기 역사**의 전체 궤적은 다윗 왕국이 해체되고 이스라엘과 유다가 차례로 포로기를 향해 점점 미끄러져 가는 이야기가 된다.

솔로몬이 죽기 얼마 전, 한 예언자는 그의 노년의 배교에 대한 심판으로 통일 왕국의 해체를 선언한다.11:4: 11:41-43 "그의 마음이 그에게 두 번이나 나타나신 이스라엘의 하나님 야훼로부터 등을 돌렸기 때문이다."11:9, 저자 사역—옮긴이 솔로몬의 강제 노동 감독관 느밧의 아들 여로보암이 들판을 가로질러 걷고 있던 어느 날, 실로(한때 성막이 머물렀던 곳으로 종교적 내력을 가진 곳)에서 온 예언자 아히야가 그에게 다가왔다. 예언자는 메시지를 몸짓으로 전달하는 '표적 행위'로서 자신의 겉옷을 열두 조각으로 찢어 그중 열 조각을 여로보암에게 주며 이렇게 말한다.

> 이스라엘의 하나님 여호와의 말씀이 내가 이 나라를 솔로몬의 손에서 찢어 빼앗아 열 지파를 네게 주[겠다].11:31

아히야는 이 책에서 한 번 더 잠깐 등장하는14:6-18 비중이 작은 등장인물이지만, 앞으로 성서에서 예언자들이 수행할 역할을 예시해 준다. 믿을 만한 예언자라고 여겨지는 이들 중 다윗의 궁정에서 나단이 했던 것처럼 궁정 참모로 일하거나 왕의 정식 고문으로 일한 경우는 거의 없었다. 그들은 자유롭게 백성 중에 돌아다니며 마을과 마을, 들판이나 길거리, 광장에서 야훼의 메시지를 전했다. 예언이라는 개념, 곧 그것을 통해 누구나 (잠재적으로) 하나님의 뜻을 알고 그것을 널리 전달할 수 있다는 생각은 성서적 사고의 위대한 혁신 중 하나다. 고대 근동의 다른 지역처럼 이스라엘에도 궁정 예언자가 계속 존재했다.예를 들어 22:6 또한 일종의 자유 계약으로 일하던 환상가들, '선견자들' 또는 '하나님의 사람들'이 있었고, 사무엘도 한때 그랬듯 그들은 사례를 받고 자문을 제공했다.삼상 9:6-10 그러나 아히야는 무언가 다른 시작을 알린다. 국가적 사건을 선포하고, 여론을 형성하고, 대가를 바라지 않는 치열한 독립 활동가로서 예언자가 나타난 것이다. 예언자들을 고용할 여유가 있는 왕은 그들이 해야만 하는 말을 일반적으로 좋아하지 않았지만,예를 들어 22:8 야훼를 위해 말하는 이 사람들은 때로 왕에게 접근할 수 있었고, 왕도 때로 그들의 말에 귀를 기울인 듯 보인다.

열왕기의 주연 배우는 엘리야다. 정경 전체가 그를 모세 이후 가장 위대한 예언자로 기억하고 있다. 그는 성서에 자세히 묘사된 인물 가운데 죽지 않고 하늘로 올라간 최초이자 유일한 인물이다.[2] 구약성서와 신약성서는 모두 엘리야가 먼저 와서 회복과 심판을 위한 메시아의 도래와 하나님의 주권적 통치를 알릴 것이라는 고대의 확신을 증언하고 있다.참조, 말 4:5; 마 11:13-14; 17:1-12; 막 6:14-15 그러나 엘리야가 등장하기 전,17:1 엘리야의 무대를 긴요한 방식으로 예비하는 또 다른 예언자 이야기가 길게 나온다. 무명의 불운한 "하나님의 사람"에 관한 이야기다. 그의 경험이 말해 주는 바는, 예언의 역사에서 가장 극단적으로 독립적인 '행위자'는 야훼의 말씀이라는 것이다. 그 말씀은 그것을 전달하기 위해 선택된 이들조차도 통제할 수 없다.

### 주권적인 말씀

유다 출신의 "하나님의 사람"이 북쪽으로 16킬로미터 떨어진 벧엘로 향한다. 벧엘에는 큰 성소가 있었다. 여로보암주전 약 922-901년은 최근 이곳을 고급스럽게 단장하여 북부 사람들이 예루살렘까지 가서 제사를 드릴(따라서 다윗 가문에 대한 충성심을 새롭게 느낄) 필요가 없도록 만들었다.12:27 신명기 역사가들은 여로보암을 지독한 우상숭배자로 묘사한다. 그는 금송아지 형상 두 개를 만들어 하나는 벧엘에, 하나는 단의 성소에 두고 "이스라엘아, 이는 너희를 애굽 땅에서 인도하여 올린 너희의 신들이라"12:28고 선언했다. 여로보암은 이 금송아지를 예배 대상이 아니라, 예루살렘 성전 뜰에 설치된 거대한 청동 '바다'를 받치고 있던 청동 황소처럼 신성한 힘의 상징으로 생각했을 가능성이 높다. 그러나 예루살렘 성전만이 유일한 합법적 제사 장소라는 확고한 신념을 가진 신명기 역사가들은 그를 인정하지 않았다. 그들의 평가에 따르면 여로보암은 모든 왕실 우상숭배의 원흉이며, 그의 우상숭배는 결국 약 2세기 후 북왕국의 멸망을 초래했다. 따라서 유다에서 온 하나님의 사람은 왕과 그 미래에 맞선다.

> 보라. 그때에 하나님의 사람이 여호와의 말씀으로 말미암아 유다에서부터 벧엘에 이르니 마침 여로보암이 제단 곁에 서서 분향하는지라. 하나님의 사람이 제단을 향하여 여호와의 말씀으로 외쳐 이르되 제단아, 제단아, 여호와께서 이와 같이 말씀하시기를 다윗의 집에 요시야라 이름하는 아들을 낳으리니 그가 네 위에 분향하는 산당 제사장을 네 위에서 제물로 바칠 것이요……하고 그날에 그가 징조를 들어 이르되……제단이 갈라지며 그 위에 있는 재가 쏟아지리라……_13:1-3_

하나님의 사람이 말한 대로 제단은 무너져 내리고, 그 사람은 목숨을 구하기 위해 도망치지만 유다로 돌아가는 길에 결국 죽음을 맞는다. 야훼는 그에게 북쪽 땅에서 음식을 먹거나 물을 마시지 말라고, 다시 말해 우상숭배자들에게 동조하지 말라고 경고했으나 그는 한 늙은 예언자의 제안에 넘어간다(문자적으로나 비유적으로). 늙은 예언자는 하나님의 사람에게 음식과 물을 주라는 야훼의 새로운 말씀이 있었다고 주장하지만 그것은 속임수였다.13:18 처음의 의심을 내려놓고 그의 환대를 받아들인 젊은 하나님의 사람은 집으로 돌아가는 길에 사자에게 죽임을 당하고 만다. 여기에 공평이 있는가? 하나님의 사람의 충성심을 기리기 위해 사자는 그의 시신을 먹지 않았고, 늙은 예언자는 자신의 뼈를 묻을 자리에 그의 시신을 묻어 준다. 차가운 위로다.

임무 수행 중 저지른 무고한 실수로 죽음을 맞은 예언자에 관한 이 기이한 이야기는, 이 책에서 처음으로 신정론, 곧 하나님의 정의에 대한 질문을 일으킨다. 그 질문은 열왕기의 역사가 끝나는 바벨론 유배 때까지 사려 깊은 독자들을 따라다니며 괴롭힐 것이다. 당혹스럽기는 하지만 이 이야기는 성서가 제공하는 도덕 교육이 어떤 종류인지 뭔가 명료하게 만드는 측면이 있다. 성서 내러티브는 이솝 우화의 결론처럼 범퍼 스티커나 광고판에 내걸 수 있는 단순한 교훈을 가르치는 경우가 거의 없다. 오히려 복잡성과 불투명성 안에서 내러티브는 가르친다. 사자와 나귀가 시체를 지키고 있는 장면13:28 같은 일부 세부 사항은 공상적으로 보일 수 있지만, 우리의 선호나 종교적 편견과는 달리 나쁜 일이 실제로 선한 이들에게 일어난다는 현실주의적 주장이 강하게 깔려 있다. 요컨대 성서 내러티브는 인간 경험의 복잡성을 부정하는 뻔한 말을 거부하므로, 하나의 직선을 따라 전개되지 않는 도덕적 상상력을 불러일으킨다.

열왕기의 문학적 구조와 신학적 형태에서 몇 가지 추론이 가능하다. 첫째로, **이 이야기는 예언 말씀의 성취가 필연적이라고 설정한다.** 이 이야기는 열왕기 전체를 관통하는 문학적 패턴을 열한 번 반복해 보여준다. 즉 예언 말씀이 선포되고 짧거나 긴 간격을 둔 후 그 말씀이 성취되었다는 보도가 나오는 패턴이다. 하나님의 사람 이야기에서 이 부분은 단지 시작일 뿐이며, 예언 말씀이 완전히 성취되었다는 보도는 열왕기 마지막까지 미뤄진다.23:15-20 그 결말을 미리 살펴보자. 약 300년 후인 주전 622년, 신명기 전통에서 최고의 왕인 요시야는 종교개혁 프로그램을 시작한다. 그는 예루살렘 성전과 경쟁 관계에 있는 지방 성소들을 파괴한다. 성소를 철거하기 위해 벧엘에 도착한 요시야는 두 예언자의 무덤 표석을 보고 사람들로부터 그들에 관한 오래전 이야기를 듣게 된다.

> 왕께서 벧엘의 제단에 대하여 행하신 이 일을 전하러 유다에서 왔던 하나님의 사람의 묘실이니이다 하니라. 이르되 그대로 두고 그의 뼈를 옮기지 말라 하매…….왕하 23:17-18

우리엘 시몬은 이렇게 말한다. "요시야가 벧엘에 대한 주의 말씀을 알지 못했음에도 그 말씀을 성취했다는 사실은 그 고대의 명령이 가진 힘을 입증하는 것이다."[3]

두 번째 추론은 이렇다. 그 이야기는 하나님이 진실로 새로운 말씀을 하실 때, 그것을 분별하기가 얼마나 어려운지를, 그럼에도 분별해야 할 필요성이 있음을 확언한다. 하나님의 사람은 자신도 예언자지만 다른 늙은 예언자(바르트의 관점에서는 "최악의 신학자 유형"이며 예언 분야의 "전문가"다!)[4]에게 속아서 야훼의 이전 메시지를 무효화하는 새로운 말씀이 있다는 주장을 받아들인다. 바르트는 이렇게 말한다. "그는 모든 하나님의 사람과 모든 진정한 예언자가 걷고 있는 심연의 가장자리 길을 보여준다."[5] 이 이야기는 모든 성서 독자와, 새로운 상황과 통찰에 반응하는 살아 있는 신앙을 유지하려 애쓰는 모든 공동체의 경험에 내재된 긴장을 증언하고 있다. 우리는 하나님이 새로운 말씀으로 우리가 이전에 생각하거나 들었던 것을 뒤집을 수 있음을 안다. 그러나 우리가 "지금이 바로 그 순간"이라고 말할 때는 항상 위험을 감수해야 한다. 그리고 때로 그것은 감수해야만 하는 위험이다.

연관된 추론이자 세 번째로 이 이야기에서 끌어낼 수 있는 것은 다음과 같다. **예언자는 하나님의 말씀을 통제하지 않는다. 그리고 그것이 흔히 예언자적 소명에 고난이 불가피한 이유다.** 이 하나님의 사람의 이름이 기록되지 않은 것은 그의 경험이 고유하거나 특이한 것이 아님을 강조한다. 자신의 불확실성, 고난, 심지어 죽음 안에서도 그는 종교적 증언을 하고 있다. 그 증언은 이야기의 세계와 독자들의 세계에서 구별되는 적어도 다섯 종류의 청중을 향한다.

- **여로보암.** 왕은 하나님의 사람에게서 정죄와 치유를 모두 경험한다. 그는 제단에 서서 하나님의 사람을 향해 손을 뻗을 때 저주를, 갑자기 마비된 그의 손이 회복되도록 그 사람이 기도할 때 치유를 경험한다.13:4-6
- **속이는 예언자.** 자신의 속임수로 인해 하나님의 사람이 죽음을 맞게 되자, 늙은 예언자는 그를 "형제"라고 부르며 애도하고13:30 자기를 위해 준비된 무덤에 그 사람의 시신을 안치한다.
- **여러 세대에 걸쳐 벧엘에 있는 공동체.** 제단이 무너질 것이라는 예언이 있은 지 3백 년 후, 사람들은 여전히 하나님의 사람에 관한 이야기를 기억하고 있었다. 종교개혁자 요시야가 벧엘의 우상숭배 성소를 더럽히기 위해 그 제단 위에서 해골을 불살랐을 때, 그는 그 이야기를 듣게 된다.
- **요시야.** 이 왕이 예언자의 유골을 예우하는 모습은 경건한 분노가 지배적인 장면에서 존경과 절제를 보여주는 순간이다.[6]
- **다른 성서 기자와 현 세대의 해석자까지 포함해 이 이야기를 읽는 모든 사람.** 예언서 전체에서 고난받는 예언자, 죽음 안에서도 참된 증인이 되는 예

언자라는 주제가 여기서 처음 전면에 등장한다. 이 주제는 예레미야서와 이사야서의 종의 노래에서 가장 통렬하게 전개된다. 예언자의 역할에 대한 이러한 몇 가지 연관된 관점은 고대 이스라엘 성서의 일부 독자들이 십자가에 못 박힌 예수를 하나님의 말씀과 뜻의 진정한 증인으로 받아들이게 했을 것이며, 마찬가지로 현대의 예언자적 고난 이해에도 영향을 미칠 것이다.

그러나 요시야의 오랜 통치<sub>주전 640-609년</sub>로 시작되는 주전 7-6세기의 역사적 사건에 비추어 이 이야기를 읽을 때, 또 하나의 신학적 추론을 끌어낼 수 있다. **이 예언자의 실패는 비유적으로 전체 민족의 운명을 대변할 수 있다.** 아마도 성서적 왕권 역사의 '초판'은 신명기 신학자들이 지지하는 노선을 따라 이스라엘의 예배를 정화한 요시야의 업적을 기념하기 위해 편찬되었을 가능성이 높다. 주전 7세기 후반 레반트<sub>the Levant, 지중해 동부 연안—옮긴이</sub>의 더 넓은 정치적 상황은 잠시 동안 소국 유다의 야망에 유리하게 작용했다. 앗수르는 최종 붕괴<sub>주전 612년</sub>를 향해 가고 있었고 바벨론의 해는 아직 떠오르지 않았으므로, 일시적인 권력 공백기가 발생했다. 북왕국 이스라엘은 한 세기 전에 멸망했고, 요시야는 한때 다윗 왕국이었던 영토의 일부를 회복할 수 있었다. 이러한 상황에서 신명기 역사가들은 이스라엘과 유다 왕권의 굴곡진 역사를 복된 결말로 이끈 것처럼 보이는 요시야[7]에게 '문학적 기념비'를 세웠다. 하지만 유다의 정치적 행운은 오래가지 못했다. 요시야가 파라오 느고의 손에 전사하고,<sub>왕하 23:29</sub> 약 20년 후에는 예루살렘의 함락과 함께 다윗 왕조가 멸망한다. 그 이후에는 비극적인 결말을 가진 새로운 역사가 필요했다. 무명의 '유다에서 온 하나님의 사람' 이야기는 그런 사건들의 결과로 더욱 깊은 울림을 얻게 된다.

바르트는 이렇게 말한다. "온 예루살렘과 온 유다는 이 유다 사람이 한 것처럼 행동할 것이다. 그들은 자신에게 맡겨진 사명을 저울질할 것이다. 그들은 멀리서나 가까이에서 천사의 목소리로 추정되는 소리를 들을 것이다. 그리고 그들의 결정도 잘못된 것이 될 것이다."[8]

## 오직 야훼 한 분을 택함

이스라엘과 유다 왕들의 시대에 활동한 엘리야는 예언자로서 여론을 형성하고 이스라엘 문화를 재구성하여, 궁극적으로 유대인과 그리스도인이 여러 세대에 걸쳐 신앙을 세워 나갈 토대를 마련하는 데 가장 큰 기여를 한 인물이다. 성서에 따르면 엘리야는 이스라엘 왕에게 오직 야훼만 섬겨야 한다고 맞서며 종교적 제약의 필요성을 역설했지만, 분명히 솔로몬은 그렇게 할 필요가 없다고 생각했다. 오히려 솔로몬은 수많은 타국인 아내들의 종교적 취향을 수용하고, 예루살렘 중심부에서 쉽게 접근할 수 있는 곳에 이방 신들의 제의를 위한 신전을 공공연히 짓는 것이 왕실 외교와 국내 정치에서 현명한 행위라고 생각했음이 틀림없다.11:7-8 신명기 역사가들은 이러한 솔로몬의 통치를 승인하지 않지만 노골적이거나 전면적으로 비난하지는 않는다. 그러나 여러 세대가 지나면서 뭔가 변화가 있었고, 그것이 솔로몬 시대와 엘리야가 대적한 이스라엘의 아합 왕 시대[9]를 구분 짓게 만들었다. 주전 9세기부터 오직 야훼 한 분에 대한 충성이 유일한 쟁점은 아니지만 가장 부각되는 쟁점이 된다. 신명기 역사가들은 이 기준으로 아합을 비롯해 이스라엘과 유다의 모든 후계자의 왕권을 판단한다.

엘리야에 관한 긴 이야기는 예언자 내러티브 중 가장 복잡하고도 아름답게 만들어졌으며, 철기 시대 이스라엘에서 일어난 예언자와 왕 사이의 권력 대립에 대한 우리의 이해를 형성하는 데 무엇보다 중요하다. 이 이야기는 "길르앗에 우거하는 자 중에 디셉 사람 엘리야"17:1의 갑작스러운 선포로 시작된다. 그는 권력의 중심부에서 멀리 떨어진 내륙의 낯선 곳에 사는, 계보도 알려지지 않은 일개 이스라엘 사람이다.

> 내가 섬기는 이스라엘의 하나님 여호와께서 살아 계심을 두고 맹세하노니 내 말이 없으면 수 년 동안 비도 이슬도 있지 아니하리라.17:1

이 전투적인 선언은 왕족의 종교적 관습을 정면으로 겨냥한다. 아합의 아내 이세벨은 두로 출신 공주로 가나안의 주신인 바알을 섬겼다. 바알은 "폭풍 구름을 타는 자"로 알려진, 반건조 기후의 땅에서 비를 다스리는 신이었다. 문학 속 등장인물로서 이세벨은 엘리야의 완벽한 상대이자 적이다. 둘 다 종교적 관용을 전혀 덕목으로 여기지 않는다. 이는 고대인들이 일반적으로 종교 혼합주의를 따르고 새로운 신들과 제의 혼합을 비교적 쉽게 여겼던 것과는 대조적이다. 이세벨은 충성심이 강한 신자였다. 그녀는 바알을 위해 450명의 예언자들을 세웠고, 추가로 아세라 여신에게 헌신한 400명의 예언자들도 "이세벨의 상에서 먹[었다]."18:19 그녀는 야훼의 예언자들을 몰살시키기로 결심하지만, 평생 야훼를 예배해 온18:12 왕궁의 최고 관원이자 이중간첩 역할을 하는 오바댜가 그중 100명을 외딴 동굴에 숨기고 부족한 빵과 물로 그들을 먹이고 있었다.18:4

한편 이스라엘에서 가장 유명한 지명 수배자가 된 엘리야18:10는 싸움을 원했다. 오바댜를 찾아온 그는 두드러지게 돌출된 지형이자 예배 장소로 쓰였던 것이 분명한 갈멜산에서 자신과 바알 예언자들이 공개 대결을 벌이게 해달라고 요청한다.참조. 18:30 "모든 백성"이 모였을 때 그는 그들에게 선택을 촉구하며 다음과 같이 말한다.

너희가 어느 때까지 둘 사이에서 머뭇머뭇 하려느냐.[10] 여호와가 만일 하나님이면 그를 따르고 바알이 만일 하나님이면 그를 따를지니라 하니 백성이 말 한마디도 대답하지 아니하는지라.18:21

바알의 예언자들은 송아지 제물을 준비하고 그들의 신에게 불로 태워 달라고 호소하면서 몇 시간 동안 "피가 흐르기까지 칼과 창으로 그들의 몸을 상하게" 했지만, "아무 소리도 없고 응답하는 자나 돌아보는 자가 아무도 없[었다.]"18:28-29 하루가 끝날 무렵에 엘리야는 홀로 그의 일을 시작한다. 그는 "무너진 여호와의 제단을"18:30 다시 세우고 제물로 바칠 송아지를 준비한다. 그리고 제물에 불이 붙지 않도록 그 위에 엄청난 양의 물을 부어 상황을 더 불리하게 만든다. 엘리야의 기도는 간단하고 직접적이다.

아브라함과 이삭과 이스라엘의 하나님 여호와여, 주께서 이스라엘 중에서 하나님이신⋯⋯것을 오늘 알게 하옵소서. 여호와여, 내게 응답하옵소서. 내게 응답하옵소서. 이 백성에게 주 여호와는 하나님이신 것과 주는 그들의 마음을 돌이키심을 알게 하옵소서.18:36-37

이번에는 즉시 응답이 온다. 하늘에서 불이 내려와 제물과 돌과 흙, 물까지 모든 것을 태워 버린다. "모든 백성이 보고 엎드려 말하되, '여호와 그는 하나님이시로다! 여호와 그는 하나님이시로

다!'……."[18:39]

이 이야기는 현대 학자들이 "오직 야훼 운동"[YHWH-alone movement]이라고 부르는, 주전 9-8세기 이스라엘에서 강하게 나타나기 시작한 종교적 발전을 단적으로 보여준다. 주전 8세기의 이른바 기록 예언자들이 그 중심에 있었고, 호세아서[주전 약 750년]는 아마도 이 운동에 속하는 가장 오래된 문서일 것이다.[11] 그러나 엘리야 이야기는 그보다 이미 한 세기 전 북왕국 왕실의 종교적 관행에 변화가 일어나 그 문제가 전면에 부각되었음을 시사하며,[12] 가뭄의 장기화라는 위기 자체가 종교적 분위기의 변화를 촉진했을 수도 있다. 경제 위기 역시 상당수의 백성 사이에서 야훼를 더욱 배타적이고 공격적으로 신봉하는 변화가 일어나는 데 기여했을 수 있으며, 그런 변화는 농민들의 가장 강력한 지지를 받았을 것이다. 이 이야기에서 엘리야는 가난한 사람[17장]에 속하며, 바알을 숭배하는 엘리트들이 무자비하게 착취한 전통적인 농업 공동체의 경제적 이익을 대변한다.[21장][13]

많은 독자들은 이러한 다양한 사회적 위기 요소들, 곧 계층, 문화, 경제, 환경 위기 등이 어떻게 종교적 실천 영역에서 근본적인 변화를 일으킬 수 있는지 이해하기 쉽지 않을 것이다. 서구 종교인들은 신앙을 개별적인 것으로, 그리고 아마도 '순수한' 경험의 영역으로 생각하는 경향이 있기 때문이다. 그러나 최근의 기독교 역사에서도 갈멜산의 엘리야 이야기와 유사한 놀라운 사례가 있다. 20세기 수단 남부의 딩카(지엥) 족의 사례는 다신교에서 이스라엘의 하나님에 대한 배타적 숭배로의 전환이 어떻게 "실시간으로" 일어날 수 있는지 이해하는 데 도움이 된다. 이는 또한 3천 년 전에 힘을 얻었던 "오직 야훼 운동"이 어떻게 현대 세계에서도 계속 영향력을 지닐 수 있는지 보여준다.

수단 기독교의 뿌리는 1세기로 거슬러 올라가지만,참조. 행 8:26-39
현대 수단 교회의 성장은 19세기 중반 유럽인들이 설립한 기독교 학
교와 농업 학교에서 시작되었다. 이러한 선교 활동에 일부 소규모 부
족 그룹은 호응을 보였지만, 방대한 소 떼와 함께 번영을 자랑하던
전통주의자 딩카 족은 거의 반응하지 않았다. 수단에서 오랫동안 성
공회 선교사로 활동한 마크 R. 니켈Marc R. Nikkel은 이렇게 말한다. "외
부인이 전파한 영적 가치들은 일부다처제나 희생 제의, 지엥 족의 전
통과 경쟁이 되지 않았다.……지엥 족의 마음에서 교회는 항상 도회
지의 종교, 마을과 목축 캠프에서 소외된 이들의 희귀한 종교로 여겨
졌다."¹⁴ 그러나 1983년 전쟁으로 인해 딩카 족 문화는 크게 변화한
다. 하르툼 정부의 지원 아래 거의 백만 마리의 소가 기관총 공격을
받거나 몰살당했다. 전통적으로 누려 오던 부와 정체성을 갑자기 잃
게 되자, 딩카 족 인구의 약 절반이 이주를 했다. 전쟁이 격화되면서
두 가지 다른 종류의 종교 활동도 활발해졌다. 한 가지는 사람과 가
축과 땅의 보호자로 여겨지는 고대의 힘들을 기리는 전통적인 제사
였고, 다른 한 가지는 토착민 지도자들에 의한 기독교 복음 전도 및
설교였다. 그들의 사역에 대한 기록은 엘리야 이야기를 떠올리게 한
다. "1985년부터 6년 동안 나다니엘 가랑 주교는……전선 뒤에서 마
치 누더기를 걸친 예언자처럼 걸어서 땅을 횡단하며 복음을 선포하
고, '작'(전통 신들)을 질타하며, 세례와 견진을 행했다."¹⁵ 그러는 동
안 전통 종교에 대한 환멸은 점점 커지고 있었다. 1991년, 다시 침략
이 시작되자 가장 신성한 신전에서 수십 마리의 황소가 제물로 바쳐
졌다. 그때 침략자들이 들어와서 제단에 있던 신관들을 학살했다. 그
때 목축을 하던 폴 콘 아지트는 십자가 모양의 거대한 교회의 환상
을 보았는데, 그것은 파케오의 오래된 목축 캠프 위에 세워져 있었고

이름은 '시온'이었다. 이 절망적인 상황에서 그 환상은 "예언적 권위를 얻었다."[16] 콘이 정부군의 손에 잔인하게 살해된 후 수천 명의 딩카 족이 그 환상의 실현을 위해 스스로 나섰고, 1994년 2월 수단 성공회는 새로운 예배당을 세우고 큰 회중을 모았다. "말 그대로 수천 개의 신성한 물건들, 곧 조각된 기둥, 의자, 북, 창이 시온 교회 앞에서 약 3만 명의 군중이 보는 가운데 불태워졌다. 보르 지역 전역에서 크고 작은 조상신들의 신전 대다수가 파괴되었다."[17]

오늘날까지도 딩카 족 그리스도인들은 자주 시온 이야기를 하며, 그것을 자기 민족의 회개,*metanoia* 곧 예언적 증언과 신구약성서를 통해 듣는 복음 메시지를 향한 급격한 마음의 돌이킴을 보여주는 증거라고 말한다. 그들은 엘리야 이야기 연구에서 브레바드 차일즈가 제시한 다음과 같은 해석학적 원칙의 타당성을 인정한다. "성서 본문으로 나올 때, 지난 시대의 다른 나라, 다른 민족에게 전해진 이야기가 어떻게 이러한 상황에 있는 우리에게도 직접 말하는 말씀이 되어 새로운 믿음의 응답을 요구할 수 있을지 기대하면서 나오라."[18]

서구 독자들에게 있어서 아프리카의 그리스도인들과 함께 엘리야 이야기를 읽는 것은, 갈멜산 승리 이후 엘리야 자신이 경험한 것처럼 이스라엘의 하나님에 대한 믿음 때문에 정기적으로 위험에 처하는 이들의 해석학에 관해 교훈을 줄 수 있다. 고립의 공포를 느낀 엘리야는 하나님이 모세에게 처음으로 말씀했던 "하나님의 산 호렙",19:8: 참조. 출 3:1 예언자의 고향과도 같은 그 산의 정상으로 달아난다. 그러나 이번에 야훼는 예언자의 존재에 의문을 제기하며 말씀한다. "엘리야야, 네가 어찌하여 **여기** 있느냐."19:9, 13 엘리야는 두 번이나 자신의 상황을 이렇게 설명한다.

내가 만군의of the Forces-on-High[19] 하나님 여호와께 열심이 유별하오니 이는 이스라엘 자손이 주의 언약을 버리고 주의 제단을 헐며 칼로 주의 선지자들을 죽였음이오며 오직 나만 남았거늘 그들이 내 생명을 찾아 빼앗으려 하나이다. 19:10, 14

나는 이스라엘에 아직도 "바알에게 무릎을 꿇지 아니한" 7천 명 19:18이 있다는 야훼의 대답을 힘을 북돋는 말씀으로 오랫동안 이해했다. 어쩌면 엘리야는 자신을 넘어서서 해야 할 일을 계속할 필요가 있을 것이다. 그런데 최근에 나는 르완다, 부룬디,[20] 콩고민주공화국, 수단, 남수단 등 중앙 및 동아프리카 9개국에서 모인 그리스도인 지도자들이 엘리야 이야기의 이 부분을 어떻게 설교하고 토론하는지 듣고 나서 내 해석이 적절한지 다시 생각해 보게 되었다. 그 자리에 모인 거의 모든 사람이 절망적인 상황에서 사역을 해본 경험이 있었고, 일부는 거의 절망에 빠진 상태에서 모임에 참석했다. 설교자가 이 청중에게 전한 메시지는 내가 오랫동안 옳다고 여기던 하나님의 응답에 대한 이해와는 완전히 다른 것이었다. 즉 "엘리야야, 너는 그렇게 특별한 사람이 아니다. 너만큼 훌륭한 사람이 6,999명이나 있다"라는 말이 아니었다. 이 설교자는 이렇게 하나님의 말씀을 들었다. "그러나 엘리야야, 너는 혼자가 아니며 결코 혼자였던 적이 없다. 나는 갈멜에서 너와 함께 있었고, 호렙으로 가는 길에서도 천사가 가져다준 음식으로 너를 붙들어 주었다. 너는 지쳤고 절망감을 느끼고 있다. 내가 안다. 그러나 네게는 이 일을 함께할 동료들이 있다. 공동체가 있다. 이제 나는 네가 사역을 수행할 준비를 갖추게 한 다음 돌려보내겠다." 그녀가 엘리야 이야기를 다시 들려주자, 그녀의 아프리카인 청중은 서두르지 않고 그 '요점'에 도달했다. 그녀가 이야기를

| 사무엘상하와 열왕기상 |

세세히 설명하는 동안 그들은 그 내러티브 속에서 자신을 발견하고 탈진과 고독의 짐을 내려놓았다. 그들은 그 이야기 속에 자신의 경험을 자리매김하고 이를 통해 앞으로 나아갈 영감을 얻었다.

그렇다고 해서 야훼의 대답을 힘을 북돋는 말로 해석하면 잘못인가? 그렇지 않다. 하지만 그것만이 유일하게 좋은 읽기는 아니며, 이 특정 청중에게는 진실한 읽기가 아닐 수도 있다. 우화와는 달리 성서 내러티브는 도덕적 격언으로 요약할 수 없다. 그 격언이 아무리 유용하다고 할지라도 마찬가지다. 이러한 이야기는 여러 단면을 가진 보석처럼 빛을 비추는 강도와 각도에 따라 다양한 모습으로 빛난다.

# 10

# 소예언서

# 주전 8세기의 즉흥시 발표회: 예언자들의 공연

· 서문 ·

주전 8세기 중반 무렵, 이스라엘과 유다에서 무언가가 힘차게 나타났다. 그것은 바로 환상가들에 의한 야훼 말씀의 구두 '공연'이었다. 그들은 사회 비평가이자 큰 영향력을 발휘한 시인이었다. 적어도 네 명의 예언자, 곧 아모스, 호세아, 미가, 이사야가 그 기간에 활동하면서 안팎의 압력에 응답하며 발언했다. 당시는 이스라엘과 유다의 왕들이 소규모 농민들에 대한 경제적 수탈을 확대하며 그들을 지배하고 있었고, 왕들 자신도 앗수르 제국의 위협과 지배에 종속되어 멸망으로 향하던 시기였다. 백성을 향한 예언자들의 꾸짖음과 약속의 말은 여러 세대에 걸쳐 신봉자와 추종자들을 통해 기억되고 전승되었으며, 후에 모음집으로 편집되어 각 예언자의 이름이 붙은 성서 속의 책들로 남았다. 이로써 그들은 '기록 예언자'(히브리 정경에서 이사야서부터 말라기서까지)로 알려지게 되었다. 기록 예언자라는 이름은 다소 오해의 소지가 있는데, 그들 대다수는 글을 쓰는 사람이 아니라 대중 연설가였으며 현대적 의미의 저자가 결코 아니었기 때문이다. 세 권의 **대예언서**(이사야서, 예레미야서, 에스겔서)와 열두 권의 **소예언서**(호세아서부터 말라기서까지)는 각각 오랜 기간에 걸쳐 형성되었을 것이다. 특히 이사야서는 현재 모습을 갖추기까지 2세기 이상 걸렸을 것으로 보인다. 각 책은 여러 단계의 구성과 편집을 거쳐 지금의 문학적인 형태를 갖추게 되었으며, 대부분 시 형식으로 된 예언적인 말과 연설들은 전기적 기록 및 길거나(이사야서, 예레미야서) 짧은(아모스서, 호세아서) 산문 형식의 내러티브와 결합되고 보충되었을 것이다.

우리가 아는 주전 8세기 예언자들은 서로 직접적으로 알지 못했을 수도 있지만, 그들의 말은 중첩된 그룹들 안에서 귀중히 보존되었다. 그리고 이를 통해 예언자들의 연설과 그들을 둘러싼 이야기가 재조합되면서 서로 유사한 내용이나 심지어 직접적인 반향까지 나타났다.예를 들어 사 2:2-4와 미 4:1-3의 병행 구절을 보라 이 활동은 문학적이면서도 정치적인 성격을 띤 최초의 즉흥시 발표회poetry jam였을 것이다. 오바마 대통령은 백악관의 즉흥시 발표회에 대해 시, 음악, 구어로 가득 채운 이 저녁 행사는 "우리로 하여금 아름다움을 음미하고 고통을 이해하도록 도와주는 말과 음악의 힘을 기리는 기회이자, 잠시나마 일상에서 벗어나 우리를 고양시키는 시간"[1]이라고 설명했다.

전체적으로 볼 때 후기('기록') 예언서(이사야서부터 말라기서까지)는 전기 예언서(여호수아서부터 열왕기까지)의 일부인 열왕기와 같은 시기를 다룬다. 이 두 가지 정경의 단위는 구별되면서도 보완적이다. 이 둘은 주전 8세기부터 6세기까지 이스라엘과 유다의 통합 역사에 관한 두 가지 예언적 개관이다. 이 책들은 왕의 녹을 받지 않는 독립 예언자들의 목소리가 어떻게 야훼의 이름으로 주어진 도전, 곧 이스라엘 국가 지도자들의 근시안적인 종교적, 정치적 정책과 그들을 무비판적으로 따르는 이들의 잘못된 경건과 애국심에 대한 도전으로 등장하게 되었는지 보여준다. 2,500여 년이 지난 지금까지 이 책들에 담긴 기억에 남는 말들은 종교적, 정치적 상황에서 여전히 핵심적 기능을 하고 있으며, 어떤 시점에서는 그 말들이 처음 나타났을 때의 상황과 오늘날의 상황은 놀라울 정도로 닮은 점이 있다.

전기 예언서와 후기 예언서의 가장 중요한 차이점은 산문과 시의 차이에 있을 것이다. 산문은 전기 예언서에서, 시는 후기 예언서에서 우세하다. 하지만 성서 문학에서 이 두 가지 담론 방식은 극과 극이라기보다는 연속선상에 있는 경우가 많다. 이전 세대의 학자들은 산문/시 이분법을 한 예언자의 '입시시마 베르바',ipsissima verba 곧 진정한 말을 구분하는 방식으로 사용하곤 했다. 이들은 시가 본래의 말이고 산문은 나중에 추가되었다고 보았기 때문이다. 그러나 이러한 접근 방식은 예언자 문헌을 공정하게 다루기에는 너무도 일률적이다. 예를 들어 그렇게 적용하면 에스겔의 '진정한 말'은 48장에서 약 100절로 줄어든다. 그럼에도 그토록 많은 초기 신탁들이 시의 형태로 보존되고 아마도 그렇게 발화된 이유에 대해 생각해 보는 것은 흥미롭고 신학적으로도 유용할 것이다. 물론 그 이유는 기억하기에 좋았기 때문일 듯하다. 다른 이유도 있을 수 있다. 그중 하나는 예언시의 주요 주제가 하나님이라는 점과 관련이 있다. (확고한 의미에서) 영감을 받은 화자와 기자들은 히브리어라는 언어로 하나님이 말씀할 때 어떤 식으로 들릴지 포착하고자 했는데, 로버트 알터가 제안한 것처럼 시는 "미묘하고 풍부한 의사소통을 위한 인간 최상의 모델"로서 무게 있고 강력하며 복잡한 의미를 꽉 눌러 담는 방법을 제공했다.[2] 예언자들이 시를 사용한 또 다른 이유는 청중과 교감하는 잠재력 때문이다. 머레이 리히텐슈타인Murray Lichtenstein은 성서의 시가 지닌 특징을 통찰력 있게 기술한다. 그에 따르면 성서의 시는 본질적으로 하나의 "관계적 현상"이다. 왜냐하면 "그것은 그 형태와 내용을 통해 청중을 감정적 대화 속으로 직접적이고도 즉각적으로 끌어들이는 특별한 능력을 지니고 있기" 때문이다.[3]

| 소예언서 |

이러한 감정적 대화는 듣는 이들에게 고통스러울 수는 있지만 결코 지루하지 않다. 후기 예언서의 말들을 제대로 읽으면, 다시 말해 상당한 분량의 본문을 소리 내어 읽으면 그렇다. 그 말들은 적어도 예언자들의 원청중 가운데 일부에게 그랬듯이, 수천 년이 지난 지금까지도 마음을 괴롭히고 양심의 가책을 주는 방식으로 전해진다. 해롤드 피쉬Harold Fisch는 예언시에 대해 "일종의 시한폭탄 같은 것이며, 때를 기다렸다가 튀어나와 괴로운 기억을 불러일으킨다"라고 적절하게 기술한다.[4] 기록 예언자와 후대의 전통 담지자들이 신중하게 그들의 말을 빚어냈기에, 우리는 이스라엘의 실패에 대한 간접적 기억이나 상속받은 기억을 경험할 수 있다. 먼 과거의 실패를 직면함으로써 우리는 우리 자신의 실패를 어쩌면 처음으로 인식하게 될지도 모른다.

# 번영에 제기된 의문

· 아모스 ·

일반적으로 **기록 예언자** 가운데 가장 이른 시기라고 여겨지는 아모스
는, 북왕국 이스라엘의 국력을 정점으로 이끈 전사 왕 여로보암 2세
주전 788-747년가 통치하던 긴 번영의 시기에 예언 활동을 했다. 엘리야
와 마찬가지로 그는 예루살렘 남동쪽의 시골 구릉지 마을인 "드고아
의 목자" 출신이며,1:1 예언자 혈통이나 경력이 없었다.7:14 그는 유다
출신의 비제도권 예언자이자 하나님의 사람으로서, 과거 벧엘의 제
단에서 여로보암 1세를 향해 신탁을 전했던 무명의 예언자처럼 북
왕국을 향해 예언했다.왕상 13장 전국 무대에 갑자기 등장한 이 예언자
는 자신이 가지고 온 말씀이 결코 좋은 소식이 아님을 분명히 밝혔
으며, 어쩔 수 없이 그 말씀을 선포해야 했다.

　　여호와께서 시온에서부터 부르짖으시며
　　예루살렘에서부터 소리를 내시리니
　　목자의 초장이 마르고 갈멜산 꼭대기가 마르리로다.1:2


　　사자가 부르짖은즉 누가 두려워하지 아니하겠느냐.
　　주 여호와께서 말씀하신즉 누가 예언하지 아니하겠느냐.3:8

선포된 말이 일부 그대로 보존된 최초의 이스라엘인 예언자가 아모스라면, 그의 말이 너무도 명확하고 강력하게 전달되었기 때문일 것이다. 그래서 당장의 증거로는 뭔가 잘못된 것을 보는 그가 완전히 틀린 것 같았음에도, 사람들은 그가 하는 말을 하나님의 심판 선언으로 인식할 수 있었다. 아모스의 메시지는 오늘날 관습적으로 사용되는 단어의 의미에서 '예언자적'이었다. 그는 엄청난 비전을 품고 사회 정의를 외치는 설교자였고, "힘없는 자를 학대하며 가난한 자를 압제하며",4:1 "정의를 쓴 쑥으로 바꾸며 공의를 땅에 던지는"5:7 자들을 고발하는 공적 시인이었다. 아모스는 성서에서 정의를 가장 탁월하게 설교한 예언자이므로, 마틴 루터 킹이 그의 말을 인용해 자신의 비전을 거듭 표현한 것은 당연했다.

오직 정의를 물 같이

공의를 마르지 않는 강 같이 흐르게 할지어다.5:24[1]

## 찌르는 말의 달인

이 책의 첫 번째 온전한 신탁1:3-2:16은 아모스의 모든 연설 가운데 가장 길고도 가장 세심하게 구성되어 있다. 이 신탁은 모음집 맨 앞에 배치되어 있어 아모스의 대표 연설로 여겨지기도 하지만, 그 안에는 킹의 "나에게는 꿈이 있습니다"처럼 영감을 불러일으키는 내용이 없다. 오히려 아모스의 연설은 전쟁 범죄에 대한 성서의 고발 중 가장 완전하고도 생생한 고발이다. 주제 면에서 그의 연설은 킹의 "베트남을 넘어서: 침묵을 깨야 할 때"1967년 4월 4일와 유사하다. 킹의 이 연설은 린든 B. 존슨 대통령을 비롯해 민권 입법을 지지하는 많은 이들

을 분노하게 만들었다.[2] 킹의 연설이 대통령으로 하여금 그의 백악
관 초청을 취소하게 만들었듯, 이스라엘 왕의 군사 정책을 반대하는
아모스의 공적 연설은 그를 왕실의 후원을 받는 국가 성소의 기피
인물로 만들었다.

　이 신탁의 형식은 '언어를 통한 찌르기 작전'으로, 궁극적으로는
의도된 청중인 유다와 (특히) 이스라엘을 반대하는 방향으로 나아간
다. 이 위대한 연설은 그들이 쉽게 공유할 수 있는 도덕적 판단으로
시작되며, 여로보암 왕이 이스라엘을 구출하기 위해 싸웠던 적인 아
람(시리아)을 향한 야훼의 보복을 예상하게 만든다.

> 여호와께서 이와 같이 말씀하시되
> 다메섹의 서너 가지 죄로 말미암아
> 내가 그 벌을 돌이키지 아니하리니
> 이는 그들이 철 타작기로 타작하듯 길르앗을 압박하였음이라.
> 내가 하사엘의 집에 불을 보내리니 벤하닷의 궁궐들을 사르리라.1:3-4

　여기서 철 타작기는 철 이빨이 박힌 나무판으로 한 사람이 누르
거나 올라타면 다른 사람이 흩어진 곡식 위로 그것을 끌어서 줄기를
부러뜨렸다. 아람인들은 이 흔한 농기구의 새로운 용도를 발견했다.
바로 전쟁 포로들을 눕혀 그 몸을 부수는 것이다.

　장문의 전체 연설은 수많은 "열방에 대한 신탁" 중 가장 초기의
것이다. 이 장르의 예언은 대다수의 예언서에 나타난다. 아모스는 수
사학적 기교를 동원하여 아람의 수도 다메섹을 비롯해 블레셋, 두로,
에돔, 암몬, 모압 등 이스라엘의 가까운 이웃이자 적이었던 각 도시
의 전쟁 범죄를 차례로 겨냥한다. 잔학 행위를 이처럼 세세하게 비

난하는 것은 성서에서는 독특한 부분이지만, 그와 같은 행위는 비극적이게도 우리 시대를 포함해 모든 시대에 흔하게 나타난다. 가자와 두로는 "모든 사로잡은 자를 끌어 에돔에 넘겼음이라"는 비난을 받는다.1:6, 9 아마도 강제 노역이나 노예화를 의미할 것이다. 에돔은 "그의 형제"(야곱 혹은 이스라엘)를 마치 짐승이 "먹이를 찢는"t-r-p, 1:11, 개역개정 "화를 내며"—옮긴이 것처럼 잔인하게 학대한 혐의를 받고 있다. 모압은 적의 주검을 모욕한 행위로 정죄받는다.2:1 암몬 자손의 범죄는 가장 끔찍하다. "그들이 자기 지경을 넓히고자 길르앗의 아이 밴 여인의 배를 갈랐[다]."1:13 성서의 다른 곳에서는 앗수르,호 13:16 아람,왕하 8:12 심지어 이스라엘왕하 15:16도 이 범죄를 행했다고 기록하며, 이것이 널리 퍼져 있던 전쟁 관례임을 암시한다.

나는 최근 콩고민주공화국에서 벌어진 민병대 공격의 생존자들이 임산부가 당한 끔찍한 폭력을 위와 똑같이 묘사하는 것을 들은 적이 있다. 실제로 아모스가 자세히 묘사한 온갖 전쟁 범죄는 제네바 협약으로 금지되고 있는데, 그것은 이러한 범죄가 여전히 끊임없이 자행되고 있기 때문이다. 아모스의 신탁은 오늘 우리에게도 긴박하게 들려온다. 특히 대다수의 전쟁 사상자가 군인이 아닌 민간인이라는 사실에 비추어 볼 때 더욱 그러하다. 매튜 슐림Matthew Schlimm은 이렇게 관찰한다.

전 세계의 무력 분쟁이 가장 취약한 사람들에게 점점 더 큰 피해를 입히고 있으므로,⋯⋯이 본문의 도덕적 비전은 개인, 부족 또는 국가의 안보라는 명목으로 잔학 행위를 기꺼이 저지르게 만드는 이데올로기에 대한 대안을 제시한다. 많은 이들이 신의 이름과 성서 본문을 들고 와 살인을 정당화하는 세상에서 아모스는 전쟁 중이라도 모든 국가가 폭

력의 사용에 책임을 지고 비인도적 행동에 대해 비난받는 대안적 현실을 상상하도록 독자들을 초대한다.[3]

우리는 아모스의 이스라엘인 청중이 스스로를 사방에서 침략을 당한 억울한 피해자로 여기면서, 주변 나라들의 범죄에 대한 예언자의 비난을 열심히 듣고 있는 장면을 상상할 수 있다. 그런데 갑자기 신탁의 내용이 급변하고, 예언자는 동족을 향해 창을 겨누기 시작한다.

> 유다의 서너 가지 죄로 말미암아……
> ……이스라엘의 서너 가지 죄로 말미암아
> 내가 그 벌을 돌이키지 아니하리니…… 2:4, 6

유다와 이스라엘의 범죄는 구체적으로 종교적 실패이며, 야훼의 가르침'토라'을 거부하고 조상들의 '망상'을 따른 것이다.2:4 이러한 개인적인 범죄에 대한 야훼의 심판 선언은 친밀한 어조를 취한다.

> **내가 땅의 모든 족속 가운데 너희만을 알았나니**
> 그러므로 내가 너희 모든 죄악을 너희에게 보응하리라.3:2

이 독특한 언어는 아브라함의 이야기를 연상시킨다. "땅의 모든 족속"은 아브라함을 통해 복을 경험하게 되어 있었다.참조. 창 12:3 하나님은 특별한 목적, 곧 "그로 그 자식과 권속에게 명하여 여호와의 도를 지켜 의와 공도를 행하게"창 18:19 하려고 아브라함을 아셨다. 아모스가 아브라함의 이야기를 상기시키는 것은 그 후손의 특별히 '선택받은' 지위를 부정하기 위해서가 아니라, 그 지위의 예상치 못한 결과를 보여주기 위해서였다. 즉 그들의 신실하지 못함 때문에 특별한 은혜를 입은 자들이 이제 특별한 형벌을 받게 되었다는 것이다. 아모스의 창은 가장 연약한 부분을 겨냥한다.

## 미래를 내다보기: 확장인가 유배인가?

많은 이스라엘 사람들이 아모스를 선동가요 미치광이로 생각했음이 분명하다. 여로보암은 한 세기 동안 이어진 아람의 침략을 물리치고, 다메섹 너머까지 자신의 통제권을 확장하여 북쪽 무역로를 재건했다.왕하 14:25-28 부유한 사람들은 전례 없는 수준의 사치를 누리고 있었으며, 이는 조각한 상아로 장식된 연회용 의자와 침대6:4를 보면 알 수 있다. 당시는 앗수르 제국이 약화되던 시기였기 때문에, 누구도 앗수르가 수십 년 안에 우아한 수도 사마리아를 파괴하고 대규모 추방을 실행하여 북왕국 전체를 무너뜨리라고는 상상도 못 했을 것이다. 그러나 아모스만은 예외였다.

정황과 증거를 무시한 채 아모스는 이렇게 선언한다. "상아 궁들이 파괴되며 큰 궁들이 무너지리라."3:15 나라가 확장되고 있는 이 시기에 아모스는 유배5:5, 27; 6:7와 남은 자들3:12; 5:3에 대해 말한다. 이후 몇백 년에 걸쳐 멸절에 가까운 상태, 이주와 유배의 역사가 반복되고, 그에 비추어 성서 정경이 형성된다. 따라서 성서 독자들에게 이주라는 주제는 매우 친숙하다. 에덴에서 쫓겨난 아담과 하와의 이야기에서 시작해 신약성서까지 유배의 언어가 이어진다.참조. 벧전 1:1 그러나 아모스의 동시대 사람들에게 그것은 충격적으로 새로운 언어였다. 그들은 이스라엘을 향해 이러한 종류의 언어가 사용되는 것을 들은 적이 없었고, 종교 지도자들에게 듣는 경우는 더더욱 없었다.

아모스의 동시대 역사 읽기는 그 범위의 측면에서 매우 과격하다. 한 세기 전 엘리야는 아합과 이세벨이 거짓 신을 섬기기 때문에 한 왕가가 멸망할 것이라고 선언했지만, 아모스는 야훼에 의해 온 나라가 멸망할 것이라고 선언한다. "이스라엘아, 네 하나님 만나기를 준비하라."4:12 그는 위대한 국가 신전에서도 거리낌 없이 개혁을 촉구한다.

> 벧엘을 찾지 말며 길갈로 들어가지 말며 브엘세바로도 나아가지 말라.
> 길갈은 반드시 사로잡히겠고,
> 벧엘은 비참하게 될 것임이라…….5:5

아모스 시대의 벧엘은 여러 세대에 걸쳐 정통성을 지닌 장소로 여겨지고 있었다. 주전 9세기에 여로보암 2세의 증조부 예후는 죽은 아합 왕의 아들들에게 맞서 쿠데타를 일으켜, 강력한 왕비 이세벨을 살해하고 바알 숭배의 흔적을 모두 없앴다. 바알 신전이 있던 자리에는 구덩이 변소를 지었으며, 분명 수세기가 지난 후에도 여전히 사용되고 있었다.참조. 왕하 10:27 이 변소는 벧엘에 온 야훼 예배자들에게 옛 가나안 신들에 대한 경멸을 보여줄 정기적 기회를 제공했을 것이다.

아모스는 그들의 정통 예배에 대한 야훼의 경멸을 극도로 확신에 찬 목소리로 선포한다. "내가 너희 절기들을 미워하며 멸시[한다]!"5:21 아모스가 마치 초기 '저교회'low-church 개신교의 옹호자처럼 종교 의식을 원칙적으로 반대했다고 생각할 까닭은 없다. 야훼를 소외시키는 행위는 특정 종류의 예배가 아니며, 혹은 예배라 할 수도 없다. 오히려 아모스는 공동체의 모든 부분에 파고드는, 종교적으로 승인된 정의의 실패를 폭로하고 있다. 부자들은 가난한 사람들에게 과도한 세금을 부과하여 얻은 수입으로 화려한 집을 짓고 고급스러운 포도원을 유지하며,5:11 시장에서 저울과 계량기를 위조하고, 추수하고 남은 찌꺼기를 양질의 곡식으로 속여 팔고,8:5-6 재판관들은 뇌물을 받고 정의를 전복시킨다.5:10, 12 공식 종교 기관은 이러한 관행에서 이익을 얻었기 때문에 아모스의 행위는 "왕의 성소요 나라의 궁궐"인7:13 벧엘 성소의 제사장 아마샤에게 보고된다. 이 표현은 아마샤가 벧엘 성소에 대해 직접 언급한 것으로, 이 "하나님의 집"(벧엘의 문자적 의미)이 종교, 정치, 경제 복합체의 일부로서 왕의 기구와 왕국의 주요 기관을 지탱하는 역할을 했음을 가리킨다. 십일조와 제물의 형태로 성소로 들어온 농산물은 제사장과 수행원뿐 아니라 왕궁과 상비군을 먹였고, 포도주와 기름은 성소를 거쳐 왕실 무역로로 흘러갔다.

이 예언자의 말에 대해 아마샤가 "이 땅이 견딜 수 없나이다"라고 말하는 것은 놀랍지 않다. 아모스는 왕이나 종교 기관에 빚진 것이 없었고, 따라서 그는 이스라엘이 반드시 "그 땅*adamah*에서 떠나"7:10, 17 유배를 갈 것이라고 자유롭게 말할 수 있었다. 땅이라는 표현은 의도적이다. '아다마'*adamah*는 다른 어떤 책보다 아모스서에 자주 등장한다. 따라서 아모스는 "목자요 뽕나무를 재배하는 자로서" 야훼의 부르심을 받을 당시,7:14-15 그가 속했던 농업 공동체와 자신을 일치시킨다. 그러나 아모스는 평범한 소작농의 수준을 크게 뛰어넘어 국제 정세와 국내 정치 및 경제 상황에 대해 잘 아는 교육받은 사람이었다. 그의 고향 드고아는 시골이지만 낙후된 지역은 아니었다. 솔로몬의 아들 르호보암이 그곳에 대규모 군대를 주둔시켰기 때문에,대하 11:6 예언자는 그 지역의 군사적 관행을 알고 있었을 것으로 보인다. 다른 종류의 지식도 그의 드고아 유산의 일부일 수 있다. 과거에 요압은 드고아에 사람을 보내 외교 사절 역할을 할 "지혜로운 여인"을 데려온 적이 있다. 그녀는 왕궁에 나타나 다윗을 설득하고 추방당한 압살롬을 궁으로 데려오도록 했다.삼하 14:1-3 드고아가 지혜의 전통을 가꾸는 곳으로 유명했기 때문인가? 성서 문헌과 다른 근동 문헌에서 나타나는 지혜 문학의 두드러진 특징 가운데 하나는, 인간을 위한 교훈의 원천으로 자연 세계를 성찰한다는 점이다.[4] 아모스는 농민이자 자연주의자로서 사자와 곰, 별자리, 새 잡는 덫의 이미지를 통해 생각하는 것이 너무도 익숙한 사람이었다.3:4-5; 5:8, 19 아모스 자신의 예언자적 소명은 생계형 지역 기반 농업이 주를 이루던 농업 경제가 점차 왕실과 소수 엘리트 계층이 지배하는 상품 기반 경제로 바뀌는 급격한 변화에서 부분적으로 자극을 받았을 수 있다.[5] 이러한 점에서 그는 가까운 동시대 인물인 미가, 호세아, 예루살렘의 이사야와 마찬가지로 땅(또는 농업)의 예언자라고 할 수 있다.

## 예언적 은유 읽기

아모스는 뛰어난 언어의 장인이자 수사적 웅변가로서 공적 책임을 완수하기 위해 시를 활용할 줄 안다. 그는 백성이 세상을 새롭게 인식하여 이웃과 하나님에 대한 자신의 공적, 종교적 책임을 더 명확하게 볼 수 있도록 돕는다.[6] 대다수의 시인들이 그렇듯 아모스도 은유를 광범위하게 사용한다. 그러나 독자들이 분명히 보지 못할 수도 있는 점은, 은유적 연설이 구체적 상황에 크게 의존한다는 점이다. 잘 선택된 은유는 시적 보편성이 아니라 특정한 사회적 상황의 윤곽에 맞춰지기 때문에, 이를 설명하는 작업에 적절한 주의를 기울이지 않으면 다른 상황에서는 쉽게 오해될 수 있다. 따라서 현대 독자들은 아모스의 사회적 맥락을 충분히 알고 있어야 그의 말과 그의 세계가 일치하는 것을 인식할 수 있다.

흔히 오해되는 본문 가운데 하나는 아모스의 잘 알려진 비판으로, 그는 소의 은유를 사용해 유배에 대한 생생한 이미지를 전달한다.

> 사마리아의 산에 있는 바산의 암소들아, 이 말을 들으라.
> 너희는 힘 없는 자를 학대하며 가난한 자를 압제하며
> 가장(주인들)에게 이르기를 술을 가져다가 우리로 마시게 하라 하는도다.
> 주 여호와께서 자기의 거룩함을 두고 맹세하시되
> 때가 너희에게 이를지라.
> 사람이 갈고리로 너희를 끌어 가며,
> 낚시로 너희의 남은 자들도 그리하리라.4:1-2

아모스의 의도는 무감각한 특권층 청중에게 충격과 불쾌감을 주려는 것이지만, 현대 독자들이 불쾌감을 느끼는 부분을 그가 안다면 놀랄 것이다. 이 대표적 은유는 오늘날에는 성차별적으로 들린다. NLT the New Living Translation 는 이렇게 의역한다. "내 말을 들어라, 사마리아에 사는 살찐 암소들아. 가난한 사람들을 억압하는 여자들아." 이 (부정확한) 번역은 히브리어에 없는 두 단어, '살찐'과 '여자들'을 추가한다. 또한 '바산'이라는 단어를 삭제한 것은 아마도 NLT 독자들이 이 지리적 언급의 의미를 이해하지 못하리라고 예상했기 때문일 것이다. 이러한 본문의 변경은 명료함을 주려는 것이지만 예언적 은유의 의미를 왜곡하는 결과를 낳는다. 예언자-시인의 글을 통찰력을 가지고 읽으려면, 멀리 떨어진 시공간에 있는 독자들에게 처음에는 무의미해 보일 수 있는 세부 사항도 고려해야 한다.

이 본문의 정확한 읽기는 두 가지 지리적 언급을 주목하는 데서 시작된다. "사마리아의 산에 있는 바산의 암소들아." 바산은 갈릴리 바다 동편의 대규모 농업 지역을 일컫는 고대 명칭이며, 아모스 시대에는 소를 기르는 곳으로 유명했다. 그러나 아모스는 이 "암소들"을 남서쪽으로 멀리 떨어진 수도의 왕궁이 위치한 사마리아 산으로 옮긴다. 이 소들은 왕 주변에 모인 귀족들을 상징하고, 그들은 아마도 새로 형성된 왕실 가신 계급으로서 정치적, 군사적 서비스를 제공한 뒤 그 보상으로 세금을 체납한 농민들에게서 몰수한 땅을 받았을 것이다. 따라서 이 이미지는 부재지주로 구성된 소수 엘리트 계층과 다른 모든 사람, 곧 부유층의 저택과 연회장에 포도주 및 다른 편의 물품을 공급하는 소농들 사이의 대조와 긴장감을 설정한다. NLT는 지리적 특수성과 그것이 농업 경제에 대해 드러내는 바에서 관심을 돌려, 아마도 비대하리라고 여겨진 여성의 몸에 초점을 맞춘다. 그렇게 함으로써 경제적 무게가 실린 은유를 성적 무게가 실린 은유로 바꾸어 놓는다.

이 짧은 본문4:1-3에서 성별을 나타내는 문법 어미는 대부분 여성 복수형이지만, 아모스의 은유가 실제 여성을 대상으로 한 것인지는 적어도 의문을 제기할 수 있다. 이스라엘의 권력 엘리트인 "바산의 암소"들은 가난한 마을 주민들의 등에 업혀 살고 있었다. 이 은유는 여로보암 1세가 벧엘 성소에 설치한 번쩍이는 금송아지왕상 12:28-29에서 유래했을 수도 있다. 하지만 아모스는 소 이미지에 우스꽝스러운 왜곡을 가한다. 그의 신탁에서 "암소들", 곧 귀족들은 그 "주인들"을 마음대로 부릴 수 있다. 여기서 암소들을 섬기는 "주인들"은 성소를 관리하고참조. 왕상 12:26-27 [7] 암소들의 이익을 위해 농산물의 유통을 유지하는 정치적, 종교적 지도자들일 것이다. 이스라엘의 농부들로 이루어진 청중은 이 은유에 내포된 의미를 알아차릴 수 있었다. 길들여진 암소는 그들을 먹일 자라면 누구에게나 '충성'한다는 것이다.

그러나 귀족 **여성**에게 강조점을 두고 이 은유를 읽더라도 그것의 경제적 초점은 변하지 않는다. 주목할 만한 것은, 성서에 나오는 여성에 대한 부정적인 묘사는 거의 모두 엘리트(예를 들어 이세벨) 또는 도시 거주자(예를 들어 잠언 7장의 "음녀", "이방 여인")라는 점이다. 그렇다면 오늘날 도시의 한가한 부유층 여성은 경제적으로 계층화된 사회의 전형으로 간주될 수 있다(비버리힐스, 마이애미, 뉴저지 등의 "진짜 주부들"을 묘사하는 TV 시리즈가 인기를 끄는 것을 보라). 더 나아가 예언자와 청중에게 여로보암의 사마리아를 대표하는 존재가 여성이었다면, 그 부분적 이유는 수도를 여성(어머니 도시)으로 표현하고 문법적으로 여성('그녀')으로 지칭하는 고대 근동의 광범위한 관습 때문일 것이다.

아모스의 연설 모음을 읽어 나가는 이들은 책의 마지막 부분에서 다른 충격을 받게 된다. 본문 중간에 갑작스럽고 과감하게 심판에서 희망으로 전환이 일어나기 때문이다.

> 보라. 주 여호와의 눈이 범죄한 나라를 주목하노니
> 내가 그것을 지면에서 멸하리라.
> 그러나 야곱의 집은 온전히 멸하지는 아니하리라.
> 여호와의 말씀이니라.9:8

이전에 아모스는 그와 같은 정화 이후에 남을 것이 정강이뼈 두 개개역개정 "두 다리"—옮긴이나 귀 조각3:12에 불과할 것이라고 말했다. 그러나 이제 은유가 바뀐다. 이스라엘은 곡식을 체질하듯 열방 가운데서 골라내어질 것이다.⁹:⁹ 돌멩이와 큰 이물질, 곧 "내 백성 중……모든 죄인"⁹:¹⁰은 집어내어 버리고 깨끗한 알곡만 남을 것이다.⁸

그다음에 야훼의 새로운 재창조에 대한 비전이 이어진다.

그날에 내가 다윗의 무너진 장막을 일으키고…….⁹:¹¹

장막은 임시 구조물이기 때문에 약하다. 문자 그대로 또는 은유적으로 영원히 지속되리라는 헛된 기대를 받는 왕궁과는 다른 것이다. 수확기에 밭에 세워지는 농업용 구조물인 장막은 그 복원도 농업용어로 묘사된다.

[그들이] 포도원들을 가꾸고 그 포도주를 마시며
과원들을 만들고 그 열매를 먹으리라.
내가 그들을 그들의 땅에 심으리니
그들이 내가 준 땅에서 다시 뽑히지 아니하리라…….⁹:¹⁴⁻¹⁵

학자들은 이 하나님의 약속이 아모스의 것인지, 아니면 후대에 발전한 것인지 논쟁을 벌이고 있다. 그러나 그것은 답할 수 있는 문제가 아니며, 궁극적으로 중요하지도 않다. 아모스는 영감받은 연설가였지만, 그의 예언서는 그의 말이 어떻게 기억되고 재적용되며, 새로운 상황으로 확장되었는지 보여주는 기록이다. 따라서 전승은 개개인의 예언자들에서 정경으로서의 예언서 the Prophets, 대문자 P로 발전한다. 신중하게 다듬어진 예언서의 말들은 본래의 발화 상황을 넘어 독서, 주석, 설교를 통해 우리 자신의 상황으로 확장되고 재적용될 잠재력을 지닌 신학적 매체다.

# 정의와 친밀함

· 미가와 호세아 ·

아모스와 마찬가지로 호세아와 미가는 독립 예언자로서 시의 형태로 백성 앞에서 공적인 선포를 했다. 그 선포의 내용은 백성이 듣고 싶어 하지 않지만 잊을 수는 없는 것이었다. 북왕국 출신이 확실한 호세아는 여로보암 2세<sup>주전 약 750년</sup>의 통치 기간에 예언을 시작해 주전 722년 사마리아가 멸망할 때까지 예언 활동을 계속했다.[1] 주전 8세기 말, 유다 모레셋 출신의 미가는 히스기야 왕<sup>주전 약 715-686년</sup>의 존경을 받을 정도로 중요한 공적인 인물이었다. 이 세 예언자가 교류가 있었다거나 서로의 소문을 들었다는 증거는 없다. 그럼에도 그들이 땅에 대한 올바른 신학적 이해를, 언약 공동체에서 땅의 중심적 역할에 대한 깊은 관심을 공유했다는 것은 우연이 아니다. 그들은 땅의 예언자였다.

달리 말해 두 예언자는 주전 9세기와 8세기 동안 이스라엘의 사회 구조와 농업 경제에 일어난 변화에 대응한 실천신학자였다. 간략히 말하면, 지역적 협력 네트워크 내에서 소규모 생계형 농업이 지배적이던 사회 시스템은 점차 중앙 정부의 압력에 굴복하게 되었다. 부상하는 군주제는 독립적 소농들에게 크고 작은 부담을 안겼다. 소농들은 공공 노무에 징발되어 한 해에 몇 달 동안 그들의 밭을 떠나 있었고, 곡물, 포도주, 기름처럼 가치 있는 상품으로 현물세를 납부해야 했다. 흉작이나 다른 재해로 세금을 체납하면 강제 노역에 처해지거나 토지를 몰수당했다. 새로운 귀족 계층은 왕의 호의에 대한 보답으로 왕의 정책을 지지했고, 소규모 가족 농장이던 곳의 "경계표를 옮[겨]"호 5:10 그들의 새로운 자산으로 편입시켰다.

## 마을에서 수도로: 미가

미가는 이 재앙 신탁에서 토지 수탈을 생생하게 그린다.

> 그들이 [심지어] 침상에서 죄를 꾀하며 악을 꾸미고
> 날이 밝으면 그 손에 힘이 있으므로 그것을 행하는 자는 화 있을진저.
> 밭들을 탐하여 빼앗고 gazal, '벗겨 먹다' 집들을 탐하여 차지 lift 하니
> 그들이 남자 gever, '시민'와² 그의 집과
> 사람과 그의 산업 nahalah 을 강탈하도다.
> 그러므로 여호와의 말씀에
> 내가 이 족속 family 에게 재앙을 계획하나니
> 너희의 목이 이에서 벗어나지 못할 것이요
> 또한 교만하게 다니지 못할 것이라. 이는 재앙의 때임이라. 2:1-3

이 비난에는 날카로운 아이러니가 있다. 그들은 가족 구성원들로부터 땅을 강탈하는 '가족'이다. 미가가 언급한 근본적인 문제는 경작지를 '나할라',nahalah. '기업'. '유업' 곧 '조상 때부터 분배받은 유업'으로 이해하는 전통적 개념의 상실이다. 이 신학적 견해에 따르면, 토지는 야훼가 이스라엘의 각 씨족과 가족 단위에 영구적으로 주신 것이다.

그들은 그것을 완전히 소유하지 않고 맡아 가지고 있는데, 이는 친족 기반 공동체의 통합과 (적당한) 경제적 안정을 보장하기 위해서다. 미가는 토지를 개인적 부의 원천이자 권력 중개powerbrokering의 기반으로 여기는 엘리트들의 새로운 사고와 자기 정당화의 악함을 폭로한다.

강탈자들은 단지 한동안 악이 발각되지 않으리라는 이유로 소농들의 토지를 "벗겨 먹는다". 미가는 생생한 은유적 묘사를 통해 그들을 고발한다. "내 백성의 가죽을 벗기고 그 뼈에서 살을 뜯어."3:2 그들은 확장된 '가족'인 이스라엘을 고기를 먹듯 소비하며, 이스라엘은 토지에 대한 접근권도, 생산물에 대한 통제권도 없이 굶주림에 시달린다. 자유농민들은 계약 노예로 전락하여 자신의 소유였던 밭에서 일한다. 그러나 이러한 새로운 경제 체제가 영원히 지속되지는 않을 것이다. 침대에서 한가로이 악을 꿈꾸는 자들 자신이 억압의 멍에를 짊어지게 될 때, 사마리아 왕궁이 "들의 무더기"1:6로 전락하고 예루살렘의 심장인 시온이 "갈아엎은 밭"3:12이 될 때 그 아이러니가 완성될 것이다.

놀랍게도 미가가 공개적으로 말한 이 전복의 메시지는 그가 살아 있는 동안 주목을 받았고, 왕궁 사람들조차도 존중했으며 그 중요성이 오랫동안 기억되었다. 한 세기 후, 그에 관한 기억은 유사한 파멸의 메시지를 대담히 선포한 또 다른 예언자 예레미야의 목숨을 구한다. 주전 609년경 예루살렘의 한 장면이다.

예레미야가 여호와의 성전에서 이 말을 하매 제사장들과 선지자들과 모든 백성이 듣더라. 예레미야가 여호와께서 명령하신 말씀을 모든 백성에게 전하기를 마치매 제사장들과 선지자들과 모든 백성이 그를 붙잡고 이르되 네가 반드시 죽어야 하리라. 어찌하여 네가 여호와의 이름

을 의지하고 예언하여 이르기를 이 성전이 실로 같이 되겠고 이 성이
황폐하여 주민이 없으리라 하느냐 하며……렘 26:7-9

하지만 그 지방의 장로 가운데 일부는 이제는 낡아 버린 먼 옛
날의 기억을 근거로 예레미야를 변호한다.

유다의 왕 히스기야 시대에 모레셋 사람 미가가 유다의 모든 백성에게
예언하여 이르되

> 만군의 여호와께서 이와 같이 말씀하셨느니라.
> 시온은 밭 같이 경작지가 될 것이며
> 예루살렘은 돌 무더기가 되며
> 이 성전의 산은 산당의 숲과 같이 되리라

하였으나 유다의 왕 히스기야와 모든 유다가 그를 죽였느냐. 히스
기야가 여호와를 두려워하여 여호와께 간구하매 여호와께서 그들에게
선언한 재앙에 대하여 뜻을 돌이키지 아니하셨느냐. 우리가 이같이 하
면 우리의 생명을 스스로 심히 해롭게 하는 것이니라.렘 26:18-19; 참조. 미 3:12

따라서 백여 년이 지난 후에도 사람들은 미가가 했던 말과 그
말의 결과로 히스기야 왕이 회개한 것을 기억하게 되었고, 그 기억이
왕실의 한 사람을 움직여 예레미야는 보호를 받고 생명을 구할 수
있었다.렘 26:24 미가의 정확한 말을 기억하고 새로운 상황에 적용하는
행위는 미가 전통의 정경화에 한 걸음 더 다가간 것이다.
미가 자신은 직접적으로 "야곱의 우두머리들과 이스라엘 족속

의 통치자들"에게 말한다. 그들은 어떤 인간 행동이 야훼의 방식인 '미쉬파트'mishpat, 3:1, 9(전통적으로 '정의'로 번역)에 부합하는지 알아야 할 책임이 있다. 미가는 또한 대가를 받고 교훈과 규칙을 제시하는 제사장들과 돈을 위해 점치는 예언자들에게도 말한다.3:11 그는 자신도 그들과 동등한, 그가 "내 백성"이라고 부르는 옛 농경 공동체의 주도적 시민 가운데 하나로서 말한다.1:9; 2:9; 3:3, 5 그는 백성의 고통을 자신의 고통처럼 슬퍼하며 직업적 거리감이나 거짓된 쾌활함을 보이지 않는다.

> 이러므로 내가 애통하며
> 애곡하고 벌거벗은 몸으로 행하며
> 들개 같이 애곡하고
> 타조 같이 애통하리니.1:8

실제로 미가는 전혀 거리를 두지 않는다. 이 신탁은 자신의 마을 모레셋과 주변의 크고 작은 마을에서 일어나는 파괴를 한탄한다.1:10-16 모레셋은 블레셋 평야에서 예루살렘을 향해 솟아오른 낮은 구릉 지대인 쉐펠라의 중심부에 자리 잡고 있었다. 이 지역은 르호보암의 통치 때부터 단단히 요새화되었으며,대하 11:5-9 주전 8세기 말 앗수르의 통치자 산헤립주전 705-681년이 레반트에서 벌인 파괴적인 군사 작전의 주요 목표물이었다. 미가의 예언 모음집 첫머리에 놓인 이 신탁은 그 파괴가 무엇이었는지 드러낸다. 그것은 이스라엘의 모든 죄, 특히 지도층에 대한 야훼의 심판이다.1:5

아모스처럼 미가는 '종교적인' 사람들을 대상으로 말하는데, 그들은 인근 마을과 도시에서 생산된 농산물을 처리하는 성소를 자주 찾는 이들이다.

> 내가 무엇을 가지고 여호와 앞에 나아가며
> 높으신 하나님께 경배할까.
> 내가 번제물로 일 년 된 송아지를 가지고
> 그 앞에 나아갈까.
> 여호와께서 천천의 숫양이나
> 만만의 강물 같은 기름을 기뻐하실까.
> 내 허물을 위하여 내 맏아들을
> 내 영혼의 죄로 말미암아 내 몸의 열매를 드릴까.
> 사람아, 주께서 선한 것이 무엇임을 네게 보이셨나니
> 여호와께서 네게 구하시는 것은
> 오직 정의*mishpat*를 행하며 인자를 사랑하며
> 겸손하게 네 하나님과 함께 행하는 것이 아니냐.6:6-8

이 익숙한 단어들은 불성실한 종교적 관습을 풍자적으로 표현
한 것이지만, 특정적인 부분은 (여느 잘 그려진 풍자화처럼) 과장되었
을지언정 멋대로 그린 것이 아니다. 미가는 자신이 목격한 경제적 참
상을 직접적으로 표현하는 용어를 사용한다. "천천의 숫양이나 만만
의 강물 같은 [올리브]기름"은 국가 지원 농업의 귀중한 산물이었다.
미가가 활동했던 시기의 요담, 아하스, 히스기야1:1와 같은 여러 왕
들은, 누가 토지를 소유하든 국가가 토지를 통제하고 수확물의 많은
부분을 수탈하는 이른바 명령 경제 체제command economy를 유지했다. 주
전 8세기 유적지에서 발견된 고고학적 증거는 이러한 상품 기반 경
제의 존재를 확인해 준다. 올리브와 포도를 가공하는 여러 시설과 한

지역에 밀집된 다수의 곡물 저장 구덩이는, 쉐펠라와 북쪽의 이스르엘 계곡 모두에서 작물 전문화와 잉여 상품의 증가가 있었음을 가리킨다. 천 개 이상의 저장 항아리 손잡이에 표시된 "왕을 위한 것"*lmlk*이라는 문구는 왕실 창고에 대량의 기름과 포도주가 보관되어 있었음을 증명한다.[3]

"내 맏아들을 [드릴까]"라는 질문은 심각한 왜곡이 아니라, 실제로 어린이 희생제사의 관행을 반영하는 것일 수도 있다. 미가가 활동하던 시기의 아하스 왕은 "그의 자녀들을 불[살랐다]"대하 28:3라는 비난을 받았다. 우리는 그런 잔학 행위를 고발하는 사람은 날카롭고 일관성이 없을 것이라고 생각할 수 있다. 그러나 미가의 예언적 유산은 규칙적 리듬, 우아한 반복과 변주(병행법)의 패턴, 생생한 이미지, 청중과의 강렬한 대화를 활용하는 정교한 작은 시들의 집합이다. 요약하자면, 농부이자 시인인 웬델 베리의 "정확성의 정의justice를 추구하며 고뇌하는 사려 깊고 세심한 언어"[4]로 이 예언자는 작업한다.

미가는 예언시라는 정밀한 도구를 통해 부패를 폭로하고 망상을 걷어 낸다. 그러나 미가 전통은 예언자의 말과 그 말과 함께 회자되었을 응답들을 일종의 영감받은 대화에 포함하면서, 야훼의 '미쉬파트'에 부합하는 대안적 사회 질서의 긍정적 비전을 제시하기도 한다. 예언시의 이러한 이중적 기능은 나란히 놓인 두 가지 시온 예언에서 가장 두드러지게 나타난다. 우연이 아니겠지만 두 예언은 **열두 예언서(소예언서)**의 정중앙에 위치한다.[5] 첫 번째 예언3:9-12에서 미가는 "시온을 피로, 예루살렘을 죄악으로 건축하는"3:10 재판관과 제사장, 예언자들을 비난한다. 그들은 표준화된 신학적 변명을 한다. 그 근거는 오늘날까지 시편에 보존되어 있는 고대의 확신, 시온은 손상될 수 없다는 확신이다.

여호와께서 우리 중에 계시지 아니하냐.

재앙이 우리에게 임하지 아니하리라.3:11; 참조, 시 46:5


아모스가 선택신학을 뒤집은 것처럼암 3:2 이제 미가는 그 안일한 주장을 뒤집는다. 바로 **너희들**, "야곱 족속의 우두머리들" 때문에 예루살렘이 완전히 파괴될 것이다.3:9, 12

이 파멸의 선언 직후에 대반전이 일어난다.


끝날에 이르러는

여호와의 전의 산이

산들의 꼭대기에 굳게 서며

작은 산들 위에 뛰어나고

민족들이 그리로 몰려갈 것이라.

곧 많은 이방 사람들이 가며 이르기를

오라 우리가 여호와의 산에 올라가서

야곱의 하나님의 전에 이르자.

그가 그의 도를 가지고 우리에게 가르치실 것이니라.

우리가 그의 길로 행하리라 하리니

이는 율법이 시온에서부터 나올 것이요

여호와의 말씀이 예루살렘에서부터 나올 것임이라.6 4:1-2


이 두 예언을 나란히 놓는 것이 다소 불편할 수 있지만, 대립되는 두 예언을 배치한 순서는 의도적이다. 먼저 시온의 현실이, 그리고 이상 또는 예루살렘에 부여된 신성한 약속의 성취가 다음에 온다. 여기서 미가 전통은 예언서들 전체에 걸쳐 반복되는 질문과 씨름하고 있다. 야훼는 예루살렘을 포기할 것인가? 유다의 예언자들은 이 질문으로 고뇌했음이 분명하지만, 결국 모든 성서가 가리키는 정경적인 대답은 '아니오'이다.

"마지막 날들"에 대한 종말론적 환상은 이사야 전통과 공유하는 유명한 환상, 곧 칼을 쳐서 쟁기로 만드는 환상에서 절정에 이른다.사 2:4 미가서의 독특한 점은 그 뒤에 이어지는 말들에 있다. 이 말들이 종종 잊혀지는 이유는 그 환상이 독특하게 농경적인 내용이기 때문일 것이다.

> 각 사람이 자기 포도나무 아래와
> 자기 무화과나무 아래에 앉을 것이라.
> 그들을 두렵게 할 자가 없으리니⋯⋯ 4:4 [7]

월터 브루그만은 시인이 "무장 해제라는 거대한 왕의 꿈"과 "개인적인 농민의 꿈"을 나란히 놓은 것을 흥미롭게 관찰했다.

개인적인 희망을 부정하게 만드는 것은 단순히 적대감과 적대감의 위협이 아니다. 오히려 "포도나무와 무화과나무"를 위협하는 주된 원인은 전쟁을 유지하고 또 요구하는 경제다. 포도나무와 무화과나무를 빼앗는 것은 침략하는 군대만이 아니라, 군사적 위험의 원인인 동시에 결과인 세금 구조와 수익 시스템이다. 시인은 단순히 전쟁의 끝이 아니라, 전쟁을 유지하는 장치의 해체와 의심할 여지 없이 대대적인 경제 변화를 상상한다. 무기의 추방과 함께 그에 맞는 소비주의의 감소 없이는 평화가 있을 수 없다. [8]

예언 메시지의 농경적 측면은 미가서에서 전개되는 이스라엘의
메시아 비전에 중요한 역할을 한다.

베들레헴 에브라다야,
너는 유다 족속 중에 작을지라도
이스라엘을 다스릴 자가
네게서 내게로 나올 것이라.
그의 근본은 상고에,
영원에 있느니라.
……
그가 여호와의 능력과
그의 하나님 여호와의 이름의 위엄을 의지하고 서서 목축하니
그들이 거주할 것이라.
이제 그가 창대하여 땅 끝까지 미치리라.
이것은 [그들의] 평강 *shalom*이 될 것이라.5:2-5
(마지막 행은 저자 사역—옮긴이)


주목할 점은 메시아적 통치자가 왕권 중심지인 예루살렘이 아
니라, 13킬로미터 떨어진 에브라다에 있는 소박한 농촌 마을과 연관
된다는 점이다. 문자적으로 '빵의 집'이라는 뜻의 베들레헴은 수도의
빵 공급처였다. 목자로서의 통치자 이미지는 고대 근동의 왕에 대한
표준적 이미지와 일치하지만, 이 경우에는 다윗 이야기와 특별한 관
련이 있다. 여기서 연상되는 이상은 특권을 무감각하게 남용하는 왕
궁의 다윗이 아니라, 젊은 다윗, 문자 그대로 목자였으며 야훼의 힘
을 신뢰하고 자신이 권리를 보호해 준 작은 민족의 지지를 받아 권

좌에 오른 다윗이다.

## 언약적 친밀함: 호세아

미가보다 좀 더 나이가 많은 동시대인 호세아는 하나님과 이스라엘 사이의 극도의 친밀함과 그로 인한 하나님의 열정, 곧 분노, 극심한 실망, 서정적 희망을 표현한 가장 초기의 예언자일 것이다. 아모스와 미가는 야훼의 '미쉬파트', 곧 인간의 불의한 행위에 대해 정의와 심판으로 나타나시는 하나님의 대응 방식을 전파한 위대한 설교자였다. 그러나 호세아는 다른 기조, 아브라함 헤셸Abraham Heschel이 "신적 파토스"라고 명명한 그것을 지닌 예언자였다.[9] 그의 말은 다른 어떤 정경 예언자보다도 하나님의 사랑과 고뇌를 투명하게 드러낸다. 몇 세대 후에 예레미야는 호세아의 방식을 따르게 될 것이다. 호세아를 두드러지게 만드는 또 다른 특징은 거의 모든 발언에 등장하는 생생한 은유다. 그는 아마도 하나님과 이스라엘 사이의 언약을 묘사하기 위해 성과 결혼의 언어를 최초로 사용한 인물일 것이다. 이 은유는 성서에서 가장 공감을 불러일으키는 은유 가운데 하나이며, 이사야서, 예레미야서, 에스겔서, 아가서는 물론 신약성서의 혼인 잔치 비유도 모두 이를 반영하고 발전시켰다. 호세아의 예언 모음집이 소예언서 중 가장 먼저 등장하는 까닭은 그의 시적, 예언적인 상상력이 큰 영향을 미쳤기 때문일 것이다.

　　호세아는 한 마을의 제사장이자[10] 시내산에 초점을 맞춘 고대 언약 개념의 계승자였을 것이다. 시내산 언약은 이스라엘을 "제사장 나라, 거룩한 백성"출 19:6으로 이해하는 조건적 언약이다. 이러한 언약관은 야훼가 다윗 왕가와 맺으신 무조건적 언약을 가리키는 왕정 이데올로기와 어느 정도 긴장 관계에 놓인다. 호세아 전통은 시내산 언약이 두 언약 중 더 근본적이고 지속적이라고 단언하며, 이는 다음과 같은 가혹한 하나님의 말씀으로 표현된다. "내가 분노하므로 네게 왕을 주고 진노하므로 폐하였노라."13:11 호세아는 더 넓고 통합적인 언약 개념과 친밀함 개념을 가지고 있으며, 이는 서구적 사고방식을 가진 우리가 쉽게 이해하기 어렵다. 그 관계에는 인간뿐 아니라 비인간 피조물도 포함된다. 더 나아가 그의 신학적 인류학, 곧 하나님과의 관계에서 인간됨의 의미에 대한 이해는 포괄적이고 총체적이다. 이 책 전체에서 인간의 경험과 표현의 종교적, 정서적, 경제적 차원은 서로 얽혀 있으며, 그런 차원들 사이의 구분은 일관되게 모호하다. 이 점은 시내산 언약의 언어를 사용하여 이스라엘에 대한 하나님의 요구를 요약하는 다음 핵심 본문에서 잘 드러난다.

> 여호와께서 이 땅 주민과 논쟁하시나니
> 이 땅에는 진실도 없고 인애도 없고
> 하나님을 아는 지식도 없고
> 오직 저주와 속임과 살인과 도둑질과 간음뿐이요
> 포악하여 피가 피를 뒤이음이라.
> 그러므로 이 땅이 슬퍼하며
> 거기 사는 자와 들짐승과 공중에 나는 새가
> 다 쇠잔할 것이요
> 바다의 고기도 없어지리라.4:1-3

호세아는 이처럼 야훼가 이스라엘에게 가장 바라지만 찾지 못하시는 것이 진실함(진리), '헤세드',*hesed,* '인애', '언약적 충성' 그리고 하나님에 대한 지식이라고 요약한다. 이 세 가지가 없으면 인간 영역만이 아니라 모든 것이 흩어져 버린다. 진실함(진리)은 언약이 지속되기 위해 인간이 반드시 보여줘야 할 변함없는 깊은 신뢰이며, 결국 인간은 언약 관계에서 변할 수 있는 유일한 피조물이다. 다음 하나님의 말씀에서 나타나는 것처럼, 야훼를 친밀하게 아는 것은 반복적으로 강조된다. 2:8, 20: 4:6: 5:4: 6:3, 6: 13:4: 참조, 8:2

> 나는 인애 *hesed*를 원하고 제사를 원하지 아니하며
> 번제보다 하나님을 아는 것을 원하노라. 6:6

호세아는 아모스와 마찬가지로 예배 자체를 반대하지 않는다. 그가 거부하는 것은 예배 **하나만으로** 유지되었을 얕은 경건이나 종교적 인식이다. 참조, 8:2 이와 대조적으로 언약의 삶 안팎에서 자라나는 깊은 인격적 지식은 다른 맥락에서는 성적 암시를 지니는 행위인 '알기'knowing와 유사하다.

호세아의 요약은 간음죄에 관해서는 (아마도 사회적 영역에서) 지나가는 말로만 언급한다. 하지만 종교적 경험의 측면으로 넘어가면, 그의 수사는 분명한 성적 의미가 담긴 강하고 심지어 투박한 언어를 반복적으로 사용하는 특징을 보인다. 이 요약에 이어지는 신탁에서 백성은 "음란한 마음(영)"에 이끌려 "그들의 하나님 아래서 음행"4:12, 저자 사역, 개역개정 "하나님을 버리고 음행"—옮긴이한 결과로 타락했다고 고발당한다. 여자들은 제물을 바치며 간음하고 남자들은 창기와 어울려 다니며 간음했다는 비난을 받는다.4:13-14 학자들은 종종 이 부분에서 호세아가 가나안 다산 종교 집단의 행위로 추정되는 매음 제의에 적극 참여하는 이들을 언급하고 있다고 추정한다. 하지만 가나

안에 그런 제의 종교가 존재했다는 확실한 고고학적 증거 또는 비문 증거는 없다. 이스라엘에 매음 제의가 만연했다고 말하는 주요 본문인 호세아에서 은유와 사회적 실재의 분리를 시도하는 것은 조심스러운 일이다.[11] 확실하게 말할 수 있는 것은 호세아가 이스라엘의 "반역"*meshuvah*, 14:4과 야훼를 "버림"4:10[12]을 고발한 최초의 예언자이며,[13] 그 "음행"*zenut*은 하나님을 포기했음을 드러내는 생생한 은유라는 점이다.4:11-12

성적 언어가 나타나는 가장 유명한 예는 이 예언서 서두에서 야훼가 호세아에게 지시하시는 장면이다.

> 너는 가서 음란한 여자를 맞이하여 음란한 자식들을 낳으라.
> 이 나라가 여호와를 떠나
> 크게 음란함이니라.1:2

이 본문은 흔히 호세아가 고통스러운 예언 사역을 시작하기 전 겪은 실패한 결혼 생활에 관한 전기적 스케치로 읽힌다. 호세아 자신이 불신실함을 경험했기에 야훼의 고통을 이해할 수 있다는 논리다. 그러나 이러한 심리적 접근은 다른 예언서들이 예언자의 가정사에 대해 (드물게) 언급하는 방식과는 상반된다. 예언자의 아내와 자녀 이야기가 나오는 곳사 8:1-4, 18: 겔 24:15-25에서는 언제나 그 상황이 예언자가 해야 할 말과 관련해 분명하게 이해된다. 예언자들 자신에 관한 간략한 이야기는 인간적 관심사를 다루지 않는다. 우리가 보는 범위 내에서 그들의 개인적 경험은 그들이 이스라엘을 향한 하나님의 말씀을 대변하는 방식을 예화로 나타낸 것이다.

여기서도 마찬가지다. 호세아의 결혼은 이스라엘과 야훼에 관해 그가 말해야 하는 내용, 곧 그 땅이 "그들의 하나님 아래서 음행"하고 있다는 것을 기억에 남는 은유 또는 행동화된 비유로 표현한 것이다. 다른 어떤 예언자도 이스라엘의 남편이자 연인, 때로는 아버지로서 하나님의 역할을 이토록 생생하고도 일관되게 표현하지 못했다. 이러한 은유는 특히 첫 장에서 두드러지게 나타난다.

> 너희 어머니와 논쟁하고 논쟁하라.
> 그는 내 아내가 아니요 나는 그의 남편이 아니라.2:2

> 그가 귀고리와 패물로 장식하고 그가 사랑하는 자를 따라가서
> 나를 잊어버리고……여호와의 말씀이니라.
> 그러므로 보라 내가 그를 타일러 거친 들로 데리고 가서
> 말로 위로하고……2:13-14

> 그 날에 네가 나를 내 남편이라 일컫고
> 다시는 내 바알'주인'이라 일컫지 아니하리라.2:16

> 내가 네게 장가 들어 영원히 살되
> 공의와 정의와
> 은총과 긍휼히 여김으로 네게 장가 들며
> 진실함으로 네게 장가 들리니 네가 여호와를 알리라.2:19-20

성서의 은유와 그것이 이후에 종교 공동체 안에서 살아남은 방식에 대한 비평은 현대 성서학의 최전선 가운데 하나다. 페미니스트 비평가들은 호세아에 이어서 예레미야와 에스겔에게도 나타나듯 이

스라엘의 신실하지 않음을 여성화하는 경향의 위험성을 적절히 지적해 왔다. 이처럼 신실하지 않음이 은유를 통해 성별화gendered될 때, 그 이미지의 은유적 성격이 잊히고 실제 여성들이 비난과 배우자 학대의 대상이 되기 쉽다.[14] 설교자들은 호세아의 비난하는 은유를 맹목적으로 모방하는 대신에 그 은유가 예언 메시지 안에서 어떤 역할을 하는지 살펴본 다음, 다른 이미지들이 이와 유사하면서 필요한 예언적 기능을 할 수 있는지 고려해야 한다. 이 은유는 불안정하지만 끝내기 어렵고 부정하기는 더더욱 어려운 인격적인 관계를 연상시킨다. 분명히 이스라엘 사람들이 살던 작은 마을과 성읍에서는 그런 경우가 많았다. 따라서 결혼 비유는 야훼와 이스라엘의 언약이 아무리 나쁜 상황에도 깨질 수 없음을 암시한다. 이 책의 뒷부분에서는 같은 메시지가 하나님의 부모됨이라는 은유를 통해 더욱 절실하게 전달된다.

> 이스라엘이 어렸을 때에 내가 사랑하여
> 내 아들을 애굽에서 불러냈거늘
> 선지자들이 그들을 부를수록
> 그들은 점점 멀리하고
> 바알들에게 제사하며
> 아로새긴 우상 앞에서 분향하였느니라.
> ……
> 에브라임이여, 내가 어찌 너를 놓겠느냐.
> ……
> 내 마음이 내 속에서 돌이키어
> 나의 긍휼이 온전히 불붙듯 하도다.11:1-2, 8

이 본문은 언약의 정서적 차원을 강조한다. 호세아가 묘사한 것처럼 하나님의 사랑은 제거될 수 없으며, 그 사랑은 대부분 하나님께 고통스러운 것이다. 그 사실은 '하나님은 사랑이다'라는 흔하고 밋밋한 주장을 예리하게 만들 수 있다.

우리는 하나님이 호세아의 세 자녀에게 주신 기이한 이름을 통해 야훼와 이스라엘의 관계에서 더 많은 것을 엿볼 수 있다. 그 이름은 각각 '이스르엘','하나님이 뿌리신다', 북왕국의 부의 원천인 주요 농업 지역의 이름 '로루하마''긍휼을 받지 못하는 자' 또는 희귀한 동음이의어인 '비가 없는 곳'[15] 그리고 '로암미''내 백성이 아니다'이다.1:4-8 모두 놀이터에서 놀림거리가 되었을 만한 이름이다. 호세아 자신이 '어리석은 자', '신에 감동받은 미친 자'라고 불린 것도 놀랍지 않다.9:7 세 번째 이름은 하나님이 이스라엘을 처음 "내 백성"이라고 부르셨던 불타는 떨기나무 계시의 반향이자 반전으로 볼 수 있다. "[내가] 내 백성의 고통을 분명히 보고……."출 3:7 이제 야훼는 예언자의 자녀에게 '내 백성이 아니다'라는 이름을 지어 주라고 명령하신다. 이는 시내산 언약을 무효화하는 것이며, 다음과 같은 하나님의 선언이 그 점을 확인해 준다. "나는 너희 하나님이 되지 아니할lo-ehyeh 것이니라."1:9 즉 야훼는 모세를 통해 계시된 칭호인 '에흐예 아쉐르 에흐예',Ehyeh asher ehyeh '나는 나다'ehyeh를 회수해 가신다. 시내산 언약의 부정은 나중에 '내 백성이 아니다'라는 이름이 '암미 아타'Ammi-attah, '너는 내 백성이다', 2:23로 바뀔 때 다시 뒤집어진다. 일부 학자들은 이 안심을 주는 반전이 예언자 자신의 것인지 의심하지만, 언약의 취소될 수 없는 성격은 호세아의 결혼과 신적 부모됨의 뿌리가 되는 은유에 이미 내포되어 있다.

다른 두 이름인 '이스르엘'과 '로루하마'는 현대 독자들에게는 익숙하지 않은 호세아의 언약 이해의 또 다른 측면을 암시한다. 두 이름은 모두 주로 농경적인 사회 상황에서만 의미가 있으며, 백성의 도덕적 성품과 야훼의 관계가 그 땅에서의 삶, 심지어 땅 자체의 삶과 별개의 문제가 아니라는 것을 암시한다. 풍요로운 이스르엘 골짜기는 나봇이 아합과 이세벨에 맞선 유명한 장소로, 왕상 21장 토지에 대한 근본적이고도 치명적으로 다른 두 가지 관점, 곧 조상의 유업이라는 관점과 왕과 엘리트들이 징발할 수 있는 부의 원천이라는 관점 사이의 대립을 잘 보여준다.[16] 농부 나봇은 그 갈등의 첫 희생자가 되었지만, 엘리야가 예언한 대로 그 갈등은 왕가의 관에 못을 박은 것이기도 했다. 참조. 왕하 9:14-37 앞으로 살펴보겠지만, 두 번째 장에서 예언자의 상상력은 이스르엘로 돌아와 하나님이 씨 뿌리신 땅의 완전한 그림을 제시한다.

만일 '로루하마'라는 이름이 긍휼과 비의 부재를 동시에 암시한다면, 이것은 예언자-시인의 드문 언어 구사 능력과 함께 사고의 복잡성을 가리킨다. 다른 곳에서 호세아는 하나님이 "땅을 적시는 늦은 비와 같이"6:3 자신들에게 오실 것이라는 백성의 지나치게 안이한 기대의 말을 인용하면서 비를 신적 치유와 연결시킨다. 그러나 그가 백성의 체험과 땅의 체험이 상호 침투적이라고 보는 정도는, 특히 두 번째 장의 고발당한 '어머니' 이스라엘에 관한 시에서 분명하게 드러난다.2:2-15 여기서 호세아는 일련의 은유와 동음이의어 또는 동음이의어에 가까운 말을 사용해 두 가지 다른 수준의 연주를 시연한다.

> 그가 그의 얼굴에서 음란을 제하게 하고
> 그 유방 사이에서 음행을 제하게 하라.
> 그렇지 아니하면 내가 그를 벌거벗겨서
> 그 나던 날과 같게 할 것이요

그로 광야 같이 되게 하며

**마른 땅 같이 되게 하여**

**목말라 죽게 할 것이며**

내가 그의 자녀를 **긍휼히 여기지**(또는 '비가 내리게 하지') 아니하리니

이는 그들이 음란한 자식들임이니라.

그들의 어머니는 **음행하였고**('메말랐고', 유사 동음이의어)

그들을 임신했던 자는 부끄러운 일을 행하였나니

이는 그가 이르기를 나는 나를 사랑하는 자들을 따르리니

그들이 내 떡과 내 물과

내 양털과 내 삼과 내 기름과 내 술들을 내게 준다 하였음이라.2:2-5

이스라엘은 식량과 섬유 상품 무역을 통해 '연인들' 사이에서 호감의 대상이 되었고, 그들과 이집트산 말이나 올리브유 같은 귀한 선물을 교환했다.12:1; 14:3 '그녀'는 앗수르와 계약을 맺었고,12:1 어떤 이들은 호세아가 조롱하며 암시하듯 그 제국이 자신들을 "구원"해 주리라 기대하기도 했다.14:3

여기에 나타난 은유들은 '어머니'와 '음행의 자식들'이 땅과 이스라엘 백성을 함께 표현하는 이미지임을 암시한다. 땅과 백성이 모두 '말라 버려' 생산할 수 없게 된 것은, 이스라엘이 무책임한 지도자들의 잘못된 인도참조. 4:4-6; 5:10; 7:3-5; 8:4를 따르느라 농업을 통해 부를 주시는 진정한 원천을 인식하지 못했기 때문이다.

곡식과 새 포도주와 기름은

내가 그에게 준 것이요,

그들이 바알을 위하여(또는 만들기 위해) 쓴 은과 금도

내가 그에게 더하여 준 것이거늘

그가 알지 못하도다.2:8

    은과 금이 바알에게 바쳐진 것인지, 아니면 실제 바알의 형상으로 만들어진 것인지는 분명하지 않지만, 어느 경우든 이 본문은 우상 숭배와 탐욕 사이의 연관성을 밝혀 준다. 신약성서에서 적어도 두 구절이 이를 동일한 죄로 규정하며,엡 5:5; 골 3:5 그 동등함도 설명이 필요 없을 정도로 명백하다고 간주한다. 호세아가 정확히 설명하지는 않지만 그의 생생한 은유적 그림은, 이스라엘이 야훼를 창조주이자 모든 좋은 선물을 주시는 분으로 알지 못하면 부와 우상을 쫓게 되고 결국 스스로 망하게 된다는 통찰을 준다.

    이곳과 책의 마지막 부분에서 호세아의 황폐화에 대한 전망은 이스라엘이 야훼의 배우자가 되어 "영원히" 살 것이라는2:19 언약 갱신의 비전2:18으로 이어진다. 이 언약은 야생 동물을 아우르고 그 땅에서 전쟁을 종식하는 데까지 이르는 포괄적 언약이다. 이스라엘과 땅의 회복을 내다보는 이 그림은 신적 배우자가 신부에게 풍성한 삶을 위한 선물을 주는 것으로 끝난다.

    여호와께서 이르시되 그날에 내가 응답하리라.

나는 하늘에 응답하고

하늘은 땅에 응답하고

땅은 곡식과 포도주와 기름에 응답하고

또 이것들은 이스르엘에 응답하리라.

내가 나를 위하여 그를 이 땅에 심고

**긍휼히 여김을 받지 못하였던 자를 긍휼히 여기며**(또는 비가 내리게 하다)

내 백성 아니었던 자에게 향하여 이르기를 너는 내 백성이라 하리니

그들은 이르기를 주는 내 하나님이시라 하리라.2:21-23

시는 음식이 공급되는 경로를 따라간다. 신적 근원에서 시작해 하늘과 땅, 비와 태양, 흙이라는 지구물리학적인 통로를 거쳐 마침내 농부들과 그들의 곡식에 이른다.[17] 현대 도시인들은 그것을 종교적 문제로 생각하지 않겠지만, 이스라엘의 농부들은 그렇게 생각했다. 이전과 마찬가지로 예언자-시인은 '하나님이 씨 뿌리시는' 땅인 풍요로운 이스르엘 골짜기를 통해 인간의 하나님 경험과 땅 자체의 경험을 조화롭게 섞는다. 그의 메시지를 이성적인 산문으로 온전히 번역할 수는 없겠지만, 아마도 다음과 같은 내용일 것이다. '목마르고, 외면당하고, 피에 물든 이스르엘 땅이 야훼께 호소했고, 그 응답은 분리될 수 없는 하나인 인간과 땅을 함께 품는 자비로운 신적 포용의 모습으로 나타났다. 땅에 깊이 뿌리내린 이들만이 이 하나님을 진정 알 수 있다. 그들만이 땅에 씨를 뿌리고 비를 내리시는 그분을 자신들의 창조주로 인식할 수 있다.'

# 대적을 미워함

· 열왕기하, 나훔, 요나 ·

예언자들은 이스라엘과 유다의 영토를 분리된 영역, 곧 이웃한 작은
국가들과 특히 대부분의 왕정 시대 동안 이 지역을 위협하거나 지배
했던 거대 제국들로부터 고립된 영역으로 보지 않는다. 한 세기 이상
그곳을 지배한 세력은 앗수르였으며, 앗수르의 운명은 나훔서와 요
나서라는 두 소예언서가 집중적으로 다루는 주제다. 앗수르가 지중
해 지역을 완전히 지배한 기간은 디글랏빌레셀 3세<sup>주전 745-727년</sup>의 확
장주의적 통치 기간을 포함해 제국이 여러 적들에 의해 점차 약화되
던 주전 7세기 마지막 수십 년까지 계속되었다. 바벨론의 갈대아인
왕조가 화려하게 일어나 서아시아 및 중앙아시아를 장악하기 시작
하면서 앗수르의 수도 니느웨는 주전 612년에 함락되었다.

레반트 해안의 여러 작은 나라들은 두 가지 이유로 대제국에 중
요했는데, 하나는 해안 도로이고, 다른 하나는 이집트나 메소포타미
아의 따뜻한 기후에서는 잘 자라지 못하는 이 지역 토착 수종인 올
리브나무다. 서아시아와 북아프리카, 특히 이집트를 연결하는 길을
군사적, 상업적, 외교적 목적으로 확보하려면 반드시 이스라엘과 유
다를 통제해야만 했다. 올리브유는 현대 산업 경제에서 석유나 석탄
이 하는 것과 유사한 기능을 했고, 오히려 더 많은 분야에서 요긴했

다. 그것은 (등불의) 에너지원이자 화장품과 향수의 가장 중요한 기초 재료, 또 식료품이면서 희생제물과 왕의 기름 부음과 같은 종교 의식의 필수품이기도 했다. 중요성이 떨어지는 용도이지만 올리브나무는 가구, 장식용 목판, 조각상에도 사용되었다.[1]

"앗수르의 세기"에 가장 파괴적인 사건은 북왕국과 남왕국을 겨냥한 두 번의 군사 원정으로, 그것은 이스라엘과 유다의 전체 영토를 영구적으로 재편했다. 첫 번째 원정에서 앗수르는 긴 포위 공격 <sub>주전 722-720년</sub> 끝에 북왕국 수도 사마리아를 대부분 파괴하고 이스라엘의 독립을 끝장냈다. 북부 지역이 앗수르의 영토로 편입되면서 상당수 인구가 강제 이주되고 다른 지역 사람들로 채워졌다. 다수의 이스라엘 사람들이 남쪽 유다로 피신하여 예루살렘과 그 주변의 인구가 크게 늘어났다.

한동안 남왕국은 이러한 성장의 혜택을 입었고, 심지어 앗수르의 봉신국 지위까지 누렸다. 예루살렘은 국제 무역에 활발히 참여했고, 수도는 서너 배로 커졌으며, 주변 구릉 지대에 수십 개의 새로운 정착촌이 세워졌다.[2] 그러나 유다와 서쪽 및 북쪽 이웃 나라들에서 제국에 맞서 소규모 저항 세력이 일어나 "위대한 앗수르 왕"의 약점과 부주의를 공략할 기회를 노리고 있었다. 주전 705년, 사르곤 2세의 갑작스러운 죽음 이후 반란은 제국 전역으로 퍼져 나갔다. 예루살렘의 히스기야는 서부 지역 독립이라는 대의에 동조해 전투를 준비하며 수도를 다시 요새화했다. 제국의 즉각적인 대응은 없었지만, 주전 701년 새로운 제국의 통치자 산헤립<sub>주전 705-681년</sub>이 서부 지역에 대한 대규모 원정을 시작했고 유다는 그 타격을 받았다. 주요 농업 지역인 쉐펠라의 도시와 마을이 공격당하고 포위되거나 점령되었다. 산헤립의 가장 큰 성과는 유다에서 두 번째로 중요한 도시인 라기스

정복이었으며, 그는 여기에 특별한 의미를 부여했다. 고대 도시 니느웨를 수도로 재건한 산헤립은 새 궁전을 위해 일련의 부조상들을 만들고, 그 안에 강력하게 요새화된 도시 라기스의 풍경, 올리브나무들, 포위 공격과 잔인한 학살, 강제 이주 장면을 담았다. 산헤립은 제국 경제와 전 세계로 뻗어나가는 데 초석이 된 이 정복에 특별히 자부심을 가졌던 것이 분명하다.

예루살렘은 다른 지역과 마찬가지로 포위되었으나 겨우 보존되고, 나머지 지역은 불타고 폐허가 되었다.사 1:7 신명기 역사가들은 앗수르 군대를 무력화하고 산헤립의 갑작스러운 철수를 야기한 것을 "야훼의 사자"의 공으로 돌린다.19:35-36; 사 37:36-37 어떤 이들은 히스기야가 협상을 했다고 추측하기도 한다. 몇 년 후에 히스기야의 뒤를 이어 그의 아들 므낫세주전 698-642년가 왕위를 계승했다. 그는 반세기이상을 왕좌에 머물러 다윗 왕조에서 가장 긴 재위 기간을 기록했다. 그러나 그의 왕좌는 종교적, 문화적 동화, 더 이상 유망한 대안이 보이지 않는 현실에서 제국의 요구 수용, 긴장된 정치 상황에서 보인무자비함을 통해 유지되었다.[3] 열왕기의 예언적 역사가들은 므낫세의 종교적 배교와 유혈 통치를 비난하고, 궁극적으로 그가 죽은 지반세기 이상이 지난 후에 일어난 예루살렘 멸망의 책임을 그에게 돌린다.21:1-18

나훔서와 요나서는 앗수르의 지배와 멸망을 배경으로 읽어야한다. 나훔서는 유다 정벌이 끝난 지 얼마 지나지 않은 주전 7세기초에 기록된 것으로 보이며, 니느웨가 유사한 포위와 멸망을 겪을 것을 예견하고 있다. 요나서 역시 니느웨의 운명에 초점을 맞춘다. 이짧은 이야기는 장르, 비꼬는 유머, 반反영웅적 예언자상 등 독특한 면이 있지만, 실제로 일어난 일에 대한 정보를 주는지는 의심스럽다.

| 소예언서 |

이 두 권의 책은 이른바 **열두 예언서**(다른 이름으로는 **소예언서**)에 속하며 짝을 이루는 책인데, 관점에서는 극과 극이다. 그러나 두 책은 적을 미워하는 공통의 경험이 하나님과 동행하는 삶에서 어떤 역할을 할 수 있는지 증언하고, 예언자의 임무 중 하나는 그런 증오를 정직하게 대면하도록 돕는 공적인 목소리를 발견하는 것임을 시사한다.

## 니느웨의 종말: 나훔

형식 면에서 나훔서는 책 전체가 한 이방 나라에 대한 확장된 심판 신탁이다. 이는 다른 예언서들(이사야서, 예레미야서, 에스겔서, 아모스서 등)에도 친숙하게 나타나는 장르다. 책의 어조는 순전히 분노로 일관하며, 따라서 예언서들 중 가장 매력이 떨어지고 (에돔에 대한 유사한 신탁인 오바댜서와 함께) 가장 읽히지 않는 책의 하나로 여겨진다. 그 신학적 관점도 많은 이들에게 거부감을 불러일으킨다.

> 여호와는 질투하시며 보복하시는 하나님이시니라.
> 여호와는 보복하시며 진노하시되
> 자기를 거스르는 자에게 여호와는 보복하시며
> 자기를 대적하는 자에게 진노를 품으시며,1:2

이 책은 문자적 또는 은유적으로 익숙한 전쟁이 주는 공포들, 곧 노략질, 약탈, 테러 행위, 강간 등을 날카롭게 파고든다.

> 은을 노략하라. 금을 노략하라.
> 그 저축한 것이 무한하고

아름다운 기구가 풍부함이니라.

니느웨가 공허하였고 황폐하였도다.

주민이 낙담하여 그 무릎이 서로 부딪히며

모든 허리가 아프게 되며

모든 낯이 빛을 잃도다.2:9-10


보라. 내가 네게 말하노니 만군의 여호와의 말씀에

네 치마를 걷어 올려 네 얼굴에 이르게 하고

네 벌거벗은 것을 나라들에게 보이며

네 부끄러운 곳을 뭇 민족에게 보일 것이요

내가 또 가증하고 더러운 것들을 네 위에 던져 능욕하여

너를 구경거리가 되게 하리니.3:5-6


니느웨 성은 강간 피해자로 '여성화'되어 "[그] 백성은 여인 같고",3:13 성문은 적 앞에 무방비 상태로 열려 있다.

누가 이 본문을 성서라고 주장하고 싶겠는가? 독자들은 어떻게 이 예언서에 대해 신학적 응답을 할 수 있는가? 마르틴 루터가 답을 하나 제시했다. "이 책은 우리에게 모든 인간의 도움과 힘, 조언이 절망밖에 주지 못할 때, 하나님을 신뢰하고 믿으라고 가르친다. 주께서는 자기 백성과 함께하시며, 아무리 적의 공격이 강력하다 할지라도 자기 백성을 보호한다는 것을 우리에게 가르치신다."[4] 루터는 나훔서를 자기 민족의 탄식에 대한 한 유다 예언자의 반응으로 이해했고, 실제로 그럴 것이다. 대다수의 예언서들과 달리 나훔서는 이스라엘과 유다를 직접 언급하지 않지만, 둘은 이 책의 마지막 구절, 곧 "피의 성"3:1 니느웨를 향해 (공개적으로 던지는) 조롱 섞인 질문에 언급되

는 대상이며 암묵적 청중이다.

> 이는 그들이 항상 네게
> 행패를 당하였음이 아니더냐……3:19

　두 번째 대답은 현 세기의 사건들을 반영한다. 콩고민주공화국의 제이콥 오뉴베 웬이Jacob Onyumbe Wenyi는 자신이 살고 있는 지역에서 일어난 파괴적 전쟁을 배경으로 나훔서를 읽으며, 감정이 실린 파괴의 수사가 전쟁 트라우마를 겪은 이들에게 예언자적 힘을 발휘한다고 주장한다. 그는 나훔서가 주전 612년 니느웨의 멸망이라는 역사적 사건과 얼마나 일치하는지에 대한 학계의 일반적인 질문에서 벗어난다. 대신에 그는 이 신탁을 주전 701년 산헤립의 침공으로 파괴된 라기스와 다른 유대 도시들의 경험을 간접적으로 반영하는 것으로 읽는다. 오뉴베는 예언자가 포위전을 직접 겪어 아는 사람들을 향해, 그리고 그들을 위해 말하고 있다고 주장한다. 즉 예언자는 자기 민족의 집단적 기억, 그들의 정체성을 계속 형성하고 있는 고통스러운 기억을 표현하고 있다는 것이다. 그는 야훼가 복수하시리라는 기대는 앗수르의 지배 아래 고통받는 유다인들에게 저항 문학으로 기능했을 것이라고 주장한다.[5] 니느웨를 향한 나훔의 신탁이 전쟁 트라우마로 고통받는 사람들에게 용기를 줄 수 있다는 점은 부룬디의 평화 운동가 장 클로드Jean-Claude에 의해 확인된다. 그는 이 예언자에게서 자신의 소명, 곧 자국의 오랜 내전 중에 큰 고통을 끼친 자들을 단죄하는 소명의 모델을 본다.[6]
　정경 예언서는 니느웨에 대한 이 격렬한 성토에 대한 세 번째 응답으로 요나서를 제시한다. 나훔서가 야훼의 심판의 무게 아래 니느웨가 무너질 것이라는 분명한 비전을 제시하는 반면, 요나서는 완전히 다른 신학적 상상력을 발휘한다. 요나서는 다음 질문에 대한 대담한 사고 실험으로 볼 수 있을 것이다. '니느웨의 근본적 변화가 가능하다고 가정해 보자. 그러면 하나님은 무엇을 하실 것인가? 그리고 예언자는 무엇을 할 것인가?'

## 변화되는 니느웨: 요나서

요나서는 일종의 확장된 유머일 수도 있다. 이 책이 없었더라면 예언서 모음집에는 유머가 부족했을 것이다. 현대의 많은 유대인 유머들과 마찬가지로 이 책은 심각한 문제, 곧 세상을 바라보는 하나님의 관점을 다루되 특히 거대한 적 앗수르 제국에 대한 관점을 익살스럽게 다룬다. 그 주인공은 아마도 실제 역사적 인물이었을 것이다. 갈릴리 가드헤벨 사람 아밋대의 아들 요나는 성서의 다른 곳에서 잠시 언급된 바 있다.왕하 14:25 아모스와 마찬가지로 요나도 여로보암 2세주전 약 788-747년의 오랜 통치 기간 동안 이스라엘에서 활동했다. 그러나 두 예언자는 정치적으로 다른 예언을 했다. 아모스는 여로보암 왕국의 앞날에 관해 긍정적인 것은 아무것도 보지 못한 반면, 요나는 앗수르를 밀어내고 이스라엘 국경을 확장하려는 왕실의 계획을 격려한 민족주의 예언자였던 것 같다.

다른 예언서들은 모두 특정 예언자의 신탁을 수집하고 그것에 사실적인(우리가 사실 여부는 확인할 수 없지만) 성격의 내러티브를 일부 덧붙인 모음집이다. 하지만 이 책은 장르가 완전히 다르다. 전반적으로 실제 같지 않은 내용에 민담적 상상력이 가미된 이야기가 펼쳐진다. 큰 움직임과 거대한 비율의 그림이 그려진다. 야훼가 바다에

일으키신 "큰 바람"1:4이 "큰 폭풍"1:12을 일으키고, "큰 두려움"1:10, 16,
개역개정 "심히 두려워하여"—옮긴이에 빠진 선원들이 요나를 바다에 던지자,1:12, 15
야훼가 준비하신 "큰 물고기"1:17가 그를 삼킨다. 요나는 "하나님 앞
에 큰 성읍"*ir-gedolah le-elohim*, 3:3 니느웨로 가고, 하나님이 자비로 행하시
는 "큰 나쁜 일"을 본다.4:1, 저자 사역, 개역개정 "매우 싫어하고"—옮긴이 민담의 또 다
른 특징은 비인간 세계에서 가져온 행위자를 부분적으로 의인화하
는 것이다. 물고기와 "거의 깨지게 된"*h-sh-b*, 1:4 배, 그리고 야훼가 지
정하신 다른 몇몇 행위자들로서 그늘을 만들어 주는 박 넝쿨과 그것
을 갉아먹는 벌레, 죽고 싶다는 생각이 들게 하는 뜨거운 동풍1:17; 4:6,
7, 8 등이 그것이다. 유머와 과장은 우리의 상상력을 확장해 새로운
생각을 수용하게 만드는 수단이다. 이를 통해 우리는 이 이스라엘 예
언자가 협력하든 안 하든, 하나님이 어떻게 '그분의' 목적을 이루시
는지 상상할 수 있다. 2세기의 랍비 주석서인『랍비 이스마엘의 메
킬타』*the Mekilta de-Rabbi Ishmael*에서는 하나님이 요나에게 "나에게는 너만큼
훌륭한 [다른] 대사大使들이 있다"고 말씀한 다음, 바다에 바람을 던
지시는 장면을 상상한다.[7]

　　모든 예언서가 그렇듯 이 책이 다루는 중심 주제도 하나님이다.
요나의 생생한 성격은 하나님의 성품을 명확히 드러낸다는 점에서
중요하다. 요나의 성격 기술 중 두드러진 특징 하나는 그가 이스라엘
성서에 정통한 사람처럼 말한다는 것이다. 그는 여러 차례 토라와 시
편을 인용한다. 그의 예언서는 히브리 성서 가운데 가장 자의식을 가
지고 해석을 하는 책이다. 요나는 입을 열 때마다 거의 매번 다른 성
서 책들의 단어나 주제의 반향을 말한다. 그의 말이 정확한 반향인
지, 아니면 이스라엘의 신학 전통을 왜곡한 것인지는 독자들이 판단
해야 한다.

요나의 첫 번째 신학적 진술은 이방인 선원들이 폭풍의 원인을 알아내려 제비뽑기를 하고 그 제비가 자신에게 떨어졌을 때 나온다. 그들의 추궁에 대한 대답은 다음과 같은 정통 신앙고백이다.

나는 히브리 사람이요 바다와 육지를 지으신 하늘의 하나님 여호와를 경외하는 자로라……1:9

하나님을 경외하는 것은 성서 전체에서 굳건한 겸손과 자의식의 표시이며, 이는 요나의 강점 중 하나가 아니다. 그가 바로 그 하나님으로부터 도망치고 있다는 사실을 알게 된 선원들이야말로 제대로 "야훼를 크게 두려워하는"1:10, 16 모습을 보여준다. 그들의 기도는 이 책에 첫 번째로 나오는 기도이며, 무엇이 위태롭고 그들이 누구를 상대하고 있는지에 대한 상당한 신학적 통찰을 표현하고 있다.

여호와여, 구하고 구하오니 이 사람의 생명 때문에 우리를 멸망시키지 마옵소서. 무죄한 피를 우리에게 돌리지 마옵소서. 주 여호와께서는 주의 뜻대로 행하심이니이다.1:14

이처럼 야훼의 능력을 직설적으로 인정하는 기도와 대조적으로, 요나가 물고기 배 속에서 드린 기도2:2-9는 장황하고 어쩌면 형식적인 기도 같기도 하다. 형식 면에서 그것은 감사 기도다. 현재 상황에서 필요한 구원을 요청하는 기도가 아니다. 요나가 니느웨로 가는 길보다 물고기 배 속에 있는 것을 더 선호하지 않는 한 그는 구원을 요청했어야 했다. 이 기도의 언어는 전적으로 전통적이며, 대부분 성서시편의 인용이나 거의 인용에 가까운 구절들을 연결해 놓은 것이다.

다른 문맥에서는 은유적으로 해석될 수 있는 시적인 표현들이 여기서는 바다 깊은 곳과 물고기 배 속에 있는 요나의 상황을 문자 그대로 묘사하고 있다.

내가 스올의 뱃속에서 부르짖었더니

주께서 내 음성을 들으셨나이다.2:2: 참조. 시 120:1

주의 파도와 큰 물결이 다 내 위에 넘쳤나이다.2:3: 참조. 시 42:7

물이 나를 영혼까지 둘렀사오며……2:5: 참조. 시 69:1

그러므로 한 가지 수준에서 그의 기도는 이보다 적절할 수 없다. 하지만 진지한 기도인가? 이 시편들은 하나님의 임재에 대한 갈망을 표현하지만, 그것이 바로 요나가 피하고 싶어 하는 것이다. 시편 기자처럼 요나도 "주의 목전에서 쫓겨났[다]"2:4: 참조. 시 31:22고 불평하지만, 이 경우 그 상처는 스스로 초래한 것이다. 많은 시편 시인들처럼 요나는 감사의 제사2:9를 드리겠다는 약속으로 그의 기도를 마무리한다. 그 기도에 하나님은 아마도 "순종이 제사보다 낫[다]"삼상 15:22: 참조. 호 6:6: 시 51:16라고 합리적으로 응답하실 수도 있을 것이다. 요나는 경험이 있고 그 경험을 표현하는 올바른 말도 가지고 있지만, 그 의미를 놓치고 있는 사람의 고전적이고도 성서적인 사례일 수 있다. 그는 결론적으로 "구원은 야훼께 속하였나이다!"라고 외치지만, 아마도 그것을 믿지 않았을 것이다.

어쨌든 구원은 일어난다. 먼저 요나에게, 그리고 니느웨에. "여호와께서 그 물고기에게 말씀하시매 요나를 육지에 토하니라."2:10 이제 요나는 니느웨로 가서 선포하는 것 외에 다른 선택의 여지가 없었지만 그가 전심을 다하지 않았다는 암시가 있다. 그는 "그 성읍에 들어가기 **시작했다.**"3:4, 저자 사역—옮긴이 이것은 잠언에서 의인화된 지혜가 눈에 가장 잘 띄는 장소인 "길가의 높은 곳과 네거리……성문 곁" 잠 8:2-3으로 가서 예언적 선포를 하는 의도성과는 암묵적으로 대비되는 모습일 수도 있다. 요나는 신탁 가운데 가장 짧은 것만 선포한다. "사십 일이 지나면 니느웨가 **무너지리라!**"nehpaket, '뒤집어지다', 3:4 이 단어는 요나가 의도하지 않았을 수도 있지만 모호한 표현이다. 동일한 (비교적 드문) 어근은 소돔과 고모라의 치명적인 "엎어[짐]"창 19:25을 표현하며, 의심할 여지 없이 요나는 비슷한 것을 바라고 있다. 하지만 그의 경고는 니느웨를 완전히 돌이킨다. 모든 살아 있는 피조물이 공개적으로 회개하고, 성서의 다른 곳에서는 공포의 대상인 앗수르 왕부터 들짐승까지, 소와 염소까지도 굵은 베옷을 입고 재갈을 물고 금식한다.3:7-8 요나는 성서에서 가장 순종적이지 않은 예언자이지만 동시에 가장 성공한 예언자다.

이 공상적인 시나리오를 통해 요나서는 우회적으로 심각한 신학적 질문을 던진다. '하나님의 자비의 손길이 닿지 못할 사람이 있는가? 우리는 누가 하나님의 적인지 확신할 수 있는가? 하나님에게 적이 있다고 확신할 수 있는가? 만약 야훼가 이스라엘을 대신해 진노하시며 화를 누그러뜨릴 수 없는 보복하시는 하나님나 1:2이라고 말한 나훔이 틀렸다면 어떻게 할 것인가?' 야훼가 멸망의 위협으로부터 완전히 마음을 돌이키시자, 요나는 다시 한번 성서를 인용하며 기도한다. 그런데 이번에는 어조가 완전히 진지하다.

여호와여, 내가 고국에 있을 때에 이러하겠다고 말씀하지 아니하였나

| 소예언서 |

이까. 그러므로 내가 빨리 다시스로 도망하였사오니 주께서는 은혜로
우시며 자비로우시며 노하기를 더디하시며 인애가 크시사 뜻을 돌이켜
재앙을 내리지 아니하시는 하나님이신 줄을 내가 알았음이니이다. 여
호와여, 원하건대 이제 내 생명을 거두어 가소서. 사는 것보다 죽는 것
이 내게 나음이니이다.4:2-3; 참조. 출 34:6-7

이 기도는 요나가 왜 하나님의 명령을 따르고 싶어 하지 않았는
지 설명한다기보다는 불평에 더 가깝다. 이 이야기는 우리에게 설명
을 제공하지는 않지만 몇 가지 해석의 가능성이 있다. 요나의 반항은
신중하게 고려할 가치가 있다.

요나의 기도 자체는 그가 하나님의 명령을 거부해야 할 '정경적'
이유가 있음을 가리킨다. 이스라엘의 신학 전통의 해석자로서 요나
는 야훼의 행위에서 심각한 비일관성을 감지했을 것이다. 그는 야훼
가 자비에 편향된 분임을 알고 있다. 왜냐하면 이 이야기의 상상 속
세계에서 그는 출애굽기를 읽었기 때문이다. 이집트에서 하나님은
정말로 이스라엘 백성의 적들을 향해 보복하셨고, 심지어 하나님 자
신의 강한 감정으로 그렇게 하셨다. 모세에게 내린 다음 명령이 그
점을 보여준다.

너는 바로에게 이르기를 여호와의 말씀에 이스라엘은 내 아들 내 장자
라. 내가 네게 이르기를 내 아들을 보내 주어 나를 섬기게 하라 하여도
네가 보내 주기를 거절하니 내가 네 아들 네 장자를 죽이리라 하셨다
하라.출 4:22-23

야훼는 파라오에 대한 가혹한 보복과 그 후에 이어진 이스라엘

의 구원을 통해 자신이 억압받는 자의 하나님임을 보여주셨다. 그러나 지금 이스라엘 민족 역사상 최악의 순간에 압제자가 살아남는다. 어쩌면 요나는 야훼가 억압받는 자들을 구원하신다는 것을 의심하고 있는지도 모른다.

다른 관점을 보면, 2세기 랍비들은 출애굽기에 비추어 요나서를 읽고 예언자가 야훼께 저항하는 다른 이유를 제시했다. 요나는 니느웨 사람들이 실제로 회개에 가까워졌음을 보았고, 그에 비해 이스라엘은 얻는 것이 없어 보였다. 따라서 랍비들은 요나가 이방인들의 회개를 통해 야훼가 얻으실 영광보다 이스라엘이 어떻게 보일지에 더 관심이 많았다는 점에서 요나의 예언자적 임무 수행을 비판했다. 그들은 야훼가 스스로 사용하신 부모와 자식 은유의 반향을 담아서 요나의 실패를 이렇게 요약했다. "요나는 아들(이스라엘)의 명예는 추구했지만 아버지(하나님)의 명예는 생각하지 않았다."[8] 최고의 예언자들은 양쪽 모두의 명예를 추구한다. 랍비들은 '아버지'와 '아들'을 모두 명예롭게 한 예언자의 예로 예레미야를 꼽았다.

세 번째 가능성은 내전과 지역 전쟁으로 나라가 분열된 동아프리카 그리스도인들이 나에게 제안한 것이다. 그들은 모두 분쟁 상황에서 화해 사역에 직접 참여하고 있는 신학자와 활동가들로, 요나의 이야기에 쉽게 공감했다. 회개하고 하나님과 화해할 것을 적에게 촉구하면, 동족에 의해 배신자로 간주될 위험이 있다는 것을 그들은 경험으로 알고 있었다.[9]

그러나 결국 이 책은 요나의 동기보다는 하나님의 성품과 헌신에 관해 더 많은 것을 보여준다. 야훼는 시들어 버린 박넝쿨 밑에 앉아 분노에 휩싸여 있는 요나에게 마지막 말씀을 하신다. 이것은 이 책에서 유일하게 긴 분량으로 나오는 하나님의 말씀이다.

네가 이 박넝쿨로 말미암아 성내는 것이 어찌 옳으냐……네가 수고도 아니하였고 재배도 아니하였고 하룻밤에 났다가 하룻밤에 말라 버린 이 박넝쿨을 아꼈거든 하물며 이 큰 성읍 니느웨에는 좌우를 분변하지 못하는 자가 십이만여 명이요 가축도 많이 있나니 내가 어찌 아끼지 아니하겠느냐…….4:9-11

이는 기이한 신적 접근 방식이다. 하나님은 소외된 친구에게 하듯 요나를 설득하시는데 사실상 이러한 말이다. "나는 네가 어떻게 느끼는지 알고 있으니, 이제 내 감정을 이해하려고 힘써 다오." 이 마지막 말씀은 하나님이 일반적으로 예언자들에게 내리는 명령이나 도전이 아니라 호소다. 직접적으로나 간접적으로, 이 본문은 야훼께 너무나 중요한 두 가지를 강조한다.

첫째, 이 본문은 우둔한 니느웨 사람들과 그들의 가축을 보호하려는 야훼의 마음을 표현한다. 이 본문을 흥미로운 비논리적 결말로 치부해서는 안 된다. 오히려 그것은 신적 섭리의 본성을 가리키며, 요나와 그의 이야기를 듣는 이스라엘 사람들이 본능적으로 이해할 수 있는 언어로 표현되어 있다. 아밋대의 아들 요나는 갈릴리 농촌 마을 가드헤벨 출신이다. 따라서 야훼는 요나가 모든 농부가 가축에 관해 아는 것을 알고 있다고 여기고 그에게 말씀한다. 즉 가축은 매일 보살핌이 필요하므로, 보호자의 보호 감정을 끌어낸다. 그것이 야훼가 니느웨 사람들에게 느끼시는 감정이며, 그 감정은 그들이 어떤 도덕적 기준을 충족시켜 자비의 전제 조건을 만족시켰기에 생기는 것이 아니다. 하나님은 단지 그들이 하나님의 보호를 위해 표시된 영역, 곧 창조 세계 속에 있기 때문에 보살피신다. 가축과 마찬가지로 니느웨 사람들도 피조물이며, "바다와 육지를 지으신" 하나님1:9은 물고기와 박넝쿨, 벌레와 바람에게 지시하시는 분, 피조물을 돌보려는 강력한 의지를 지니신 분이다.

둘째, 하나님의 관심은 명시적으로 드러나기보다 암묵적이다. 야훼는 분명히 요나가 자신을 이해해 주기를 바라신다. 이 마지막 연설 부분은 이 책의 줄거리에 필수적이지 않다. 야훼가 요나를 니느웨로 보내신 목적이 달성되면, 최소한의 협조만 해오던 예언자는 간단히 시야에서 사라질 수도 있다. 그럼에도 야훼는 '자신'을 설명하고자 하시는데, 이는 성서의 예언이 도구적 수단이 아니라 하나님과 인간의 우정의 한 방식이기 때문이다. 이것이 하나님이 이스라엘과 가장 온전히 소통하기 위해 선택하신 방법이며, 이 소통은 동물의 내장이나 죽은 자의 영혼이 아니라 신뢰할 수 있는 개인들, 곧 하나님의 종들 또는 어떤 의미에서 하나님의 친구들을 통해 이루어진다.[10] "주 여호와께서는 자기의 비밀을 그 종 선지자들에게 보이지 아니하시고는 결코 행하심이 없으시리라."암 3:7 신구약성서에서 하나님과의 친밀한 우정과 하나님 섬김은 분리할 수 없으며, 거의 동일한 현상이다. 아브라함과 사라, 모세, 예레미야, 아모스, 나사렛의 마리아, 예수, 막달라 마리아, 바울 그리고 예수께서 "친구"라 부르겠다요 15:15고 하신 제자들이 바로 그런 경우다. 이들 모두가 보여주듯이, 힘들고 고통스러운 섬김은 인간을 하나님과의 회복력 있는 우정의 영역으로 이끈다. 야훼와 요나의 관계가 깨어져 있었음에도 야훼가 그를 선택된 소중한 친구로 계속 찾는 것은 이러한 섬김과 예언 이해에 따른 것이다. 이 공상적인 예언서의 영적 사실주의에 따라, 예언자를 향한 하나님의 호소는 마치 공중에 매달린 미해결 화음처럼 응답 없이 남겨진다. 그리고 모든 독자와 청중이 여기에 스스로 답하도록 만든다.

# II

# 이사야

# 왕을 보라

· 이사야 1-39장 ·

후기 예언서(히브리 정경의 이사야서부터 말라기서까지)의 첫 번째 책인 이사야서를 읽는 것은 아무 준비 없이 깊은 물에 뛰어드는 것과 같다. 다른 어떤 예언서도 이처럼 복잡한 형성사 literary history 나 풍부한 해석사 afterlife 를 가지고 있지 않다. 이 책은 놀랍도록 생생하고 핵심을 꿰뚫는 신학적 상상력이 돋보이는 작품으로, 한 개인이 아닌 여러 예언자 시인들과 그 제자들이 만들어 낸 작품이다. 약 두 세기에 걸쳐 활동한 그들은 지난 2,500년 동안 유대인과 그리스도인의 종교적 이해에 기여해 온 초석을 놓았다. 이사야는 때로 "복음주의 예언자"로 불리며, 이 책은 시편 다음으로 가장 많이 신약성서에 인용되는 이스라엘의 성서다. 이사야서의 첫 단어인 "환상"vision, 개역개정 "계시"—옮긴이은 책 전체의 내용을 규정해 준다.1:1 이사야의 환상은 이후 예수의 탄생, 사역, 죽음에 대한 모든 신학적 이해를 결정적으로 형성했다.

현대 성서학계에서 이사야서는 다른 측면에서 계속해서 많은 관심의 초점이 되어 왔다. 지난 세기 동안 많은 연구 결과가 발표되었고 이에 우리는 이사야서 전통이 주전 8세기부터 6세기까지의 정치적, 군사적 사건들에 대한 직접적 응답으로서 어떻게 발전했는지를 볼 수 있게 되었다. 20세기 초 독일의 성서학자 베른하르트 둠

402            | 이사야 |

Bernhard Duhm은 이사야서의 복합적 성격을 자신의 공식적 견해로 명확히 내세웠으며 이 견해는 약간의 논란은 있으나 널리 받아들여지고 있다.[1] 둠은 이사야서의 66개 장이 이스라엘 역사에서 각기 다른 시기와 연결되는 세 묶음으로 나뉜다고 주장했다. 이른바 제1이사야서1-39장는 주로 주전 약 742-701년 앗수르 시대에 기록된 것이다. 이 부분은 아모스의 아들 이사야의 기록된(또한 편집되고 아마도 확대된) 신탁들로 이루어져 있다. 그는 "유다 왕 웃시야와 요담과 아하스와 히스기야 시대에",1:1 곧 주전 8세기 후반 대부분 기간 동안 환상을 보았다. 제2이사야서40-55장는 바벨론 유배 기간 후기인 주전 약 540년의 상황을 반영하는 듯하며, 제3이사야서56-66장는 유배 후 시기, 또는 페르시아 시대인 주전 약 538년에서 515년의 상황을 반영하는 것으로 보인다. 대다수의 동시대 학자들은 여전히 이러한 구분과 연대를 받아들이고 있으며, 최근 수십 년 동안에는 둠의 더 나아간 주장, 곧 세 "이사야들" 사이에 본질적인 연결 고리가 없다는 주장에 못마땅해하는 목소리가 커지고 있다. 둠은 이 예언들이 하나의 두루마리에 통합되어 하나의 책으로 읽히게 된 것을 고대 문학사의 우연한 사건으로 간주한다. 그러나 최근의 몇몇 연구들은 이 세 주요 부분들 사이에 강한 내적 연관성과 편집상의 중첩이 있으며, 더 나아가 그 안에 있는 어떤 단위들은 다른 예언적 목소리를 대변할 수 있음을 보여주었다.[2] 어쨌든 이 모든 부분은 유다와 예루살렘의 2세기가 넘는 역사를 예언자적 관점을 가지고 읽도록 의도된 통일된 신학적 작품으로 구성되어 왔다.

이사야는 주전 8세기 예루살렘에서 저명한 인물이었음이 틀림없다. 그는 수십 년에 걸쳐 활동했으며 아하스와 그의 아들 히스기야도 그를 알았다. 그의 활동 기간은 부분적으로 미가와 겹치며, 두 예언서에서 한 짧은 구절이 중복되는 것은참조. 사 2:2-4; 미 4:1-3 그들의 예언을 수집하고 보존한 그룹이 겹칠 수 있음을 보여준다. 그러나 이사야는 한 가지 점에서 미가나 지금까지 고려한 다른 주전 8세기 또는 7세기 예언자들과는 달랐다. 다른 예언자들은 시골 마을이나 외곽 지역 도시 출신이었지만 이사야는 예루살렘 사람이었고 민족적 상상력 안에서 정치적으로나 종교적으로나 예루살렘이 상징하는 모든 것에 흠뻑 젖어 있었다. 그의 시선은 시온을 향하고 있었고, 그 도시의 가장 높은 곳, 왕궁과 그 옆의 성전, 그리고 그 안에서 일어나는 일들이 그의 예언의 내용이 되었다. 그는 아마도 "웃시야 왕이 죽던 해",6:1 곧 유다의 운명이 급변하던 시기에 처음으로 큰 환상을 받았을 것이다. 웃시야의 통치주전 약 788-742년 또는 736년[3] 기간은 긴 번영의 시기였다. 왕실의 관점에서 보면 평화로운 시절이었다. 앗수르가 일시적으로 약해졌을 때 웃시야(아사랴로도 알려짐)참조. 왕하 14:21; 15:1-8, 11-27; 대상 3:12는 농업 기반과 군대를 모두 강화했다. 그는 블레셋, 암몬, 그리고 다른 이웃 민족들을 상대로 군사적 승리를 거두었다.대하 26:6-8 그는 앗수르가 힘을 되찾고 있던 시기에 죽었고, 이사야가 활동하던 시기에 앗수르 제국은 가장 크게 확장될 것이다. 따라서 예루살렘의 이사야는 성서의 예언자 중 가장 활발하게 정치에 개입한 인물이다. 그는 점증하는 앗수르의 위협에 집착하는 청중을 대상으로 연설했다. 앗수르는 이사야 1-39장에 약 43번이나 언급된다.

## 왕이신 야훼

이른바 제1이사야서의 구조는 신탁과 내러티브를 통해 한 가지 핵심적인 신학적 원리, 곧 '야훼의 왕권은 실재다'라는 것을 조명하고 있다. 모든 미래 세대가 이 원리를 기억할 수 있게 된 것은 아모스의 아들 이사야 덕분이다. "야훼가 통치한다." 이것은 시편의 시인들과 성전의 찬양대,참조. 시 93:1; 96:10; 97:1 등 제사장들과 예배자들, 그리고 아마도 다윗 왕 자신도 종교 의식들 속에서 선포한 말이다.[4] '야훼가 통치한다'는 이스라엘의 가장 오래된 신학적 주장 중 하나로, 이것은 예루살렘의 이사야보다 몇 세기 앞서 만들어진 성서 속 가장 오래된 찬양출 15:18에도 등장한다. 제1이사야서의 혁신은 이 선언의 함의를 국내 통치 및 외교의 모든 측면에서 예루살렘의 지상 왕의 행위를 규정하는 명료화된 예언적 비전으로 발전시킨 것이다. 이사야의 주 메시지는, 신적 주권이 은유가 아니라 유다와 예루살렘을 위한, 그리고 잠재적으로 "많은 민족들"2:3을 위한 핵심적인 정치 개념이라는 것이다. 이 책 첫 단락의 중심이 되는 몇 가지 다른 신학적 개념들은 야훼의 주권을 온전히 인정할 때 무엇이 따라오는지를 보여준다.

- **거룩함**은 이스라엘 가운데 야훼의 실재가 온전히 드러나는 것이다.5:16; 12:6 그것은 잘못된 두려움과 거짓 확신에 대한 교정책이며,8:12-14 따라서 "야곱의 집"이 "땅에 가득한"2:7,8 부와 군사력이라는 중독적인 우상을 거부하고 흔들리지 않는 신뢰를 가지고 야훼께 돌아설 것을 요구한다.
- **시온**은 신의 임재가 특별히 강렬하게 느껴지는 지상의 장소이며, 일반적인 힘이 아니라 미쉬파트,*mishpat* 곧 야훼의 정의를 세우는 심판 행위와 함께 신적 주권이 선언되는 곳이다.5:16
- **다윗의 집**은 지상의 왕권이 실현되는 계보이며, 그 안에서 한 통치자가 나와서 하나님 자신의 미쉬파트를 굳게 세우고9:2-7; 11:1-10 흔들리지 않는 신뢰로 야훼를 의지할 것이다.37:30-36

이사야는 "웃시야 왕이 죽던 해"6:1에 본 그의 환상 보고에서 야훼의 주권을 마음의 눈으로 볼 수 있도록 가시적으로 표현한다. 오늘날까지 "왕의 돌"5로 알려지고 있는 성전을 한 번 본 사람이라면(성전은 왕이신 하나님을 위한 궁전과 정원의 모습으로 설계되고 꾸며졌다) 그 장면을 생생하게 그릴 수 있다. 그 환상 보고는 전보체로 시작된다.

내가 본즉 주께서 높이 들린 보좌에 앉으셨는데 그의 옷자락은 성전에 가득하였고 스랍들이 모시고 섰는데 각기 여섯 날개가 있어 그 둘로는 자기의 얼굴을 가리었고 그 둘로는 자기의 발을 가리었고 그 둘로는 날며 서로 불러 이르되

거룩하다 거룩하다 거룩하다 만군의 여호와여.
그의 영광이 온 땅에 충만하도다.6:1-3

마치 성전 한쪽 끝의 지붕이 벗겨져 지성소가 드러나는 듯한 장면이다. 지성소는 이념적으로 말하면, 하늘과 땅 사이의 최단 거리를 잇는 세상의 축*axis mundorum*에서 지상 부분의 끝에 해당하는 곳이다. 하늘의 보좌로부터 왕의 옷이 그 축을 따라 흘러내려 지성소를 채우고 성전 성소로 흘러 나간다.

이사야의 성전 환상은 하나의 배경이 되며, 이사야는 그 안에서 일어난 신적 주권자의 사자가 되라는 자신의 부르심 사건을 보고한다.

내가 또 주의 목소리를 들으니 주께서 이르시되
내가 누구를 보내며 누가 우리를 위하여 갈꼬 하시니
그때에 내가 이르되 내가 여기 있나이다. 나를 보내소서.6:8

현대 예배에서 이 환상 보고를 들을 때 성서 낭독은 일반적으로 이 구절에서 끝난다. 그 효과는 마음을 고양시키는 것이다. (내가 속한 성공회 전통에서는 일반적으로 사제 안수식에서 이사야서 6:1-8을 읽는다.) 그러나 야훼가 예언자에게 부여한 불편한 임무의 내용을 안다면 그 효과는 달라질 것이다. 그 구절은 이렇게 이어진다.

이 백성의 마음을 둔하게 하며
그들의 귀가 막히고 그들의 눈이 감기게 하라.
염려하건대 그들이 눈으로 보고 귀로 듣고
마음으로 깨닫고 다시 돌아와 고침을 받을까 하노라.6:10

이 책 전체의 맥락에서 볼 때 예언자는 백성에게 진실을 숨기지 않음이 분명하다. 그의 소명 이야기 이전의 장들은 그가 주저함 없이 진실을 말한다는 것을 보여주었다. 그러나 이사야가 진실을 말할수록 "악을 선하다 하며 선을 악하다"5:20 하는 사람들은 거짓에 더욱 단단히 자리를 잡는다. "이 아이러니의 하나님"[6] 야훼는 이사야에게 "성읍들은 황폐하여 주민이 없[어질]" 때까지6:11 선포하라고 명령한다. 그는 그의 선포로써 백성을 유배지에 들여보내게 될 것이다. 그러나 이 신탁은 언뜻 내비치는 희망으로 끝난다. "거룩한 씨"가 다시 맺혀질 것인데, 그것은 유다와 그 왕실이라는 큰 나무의 잘린 그루터기다.6:13 그 신적 약속은 이어지는 장들에서 그 형식과 내용을 갖추기 시작한다.

# 왕이신 하나님의 아들들과 종들

제1이사야서는 대부분 유다와 이스라엘에 관한 신탁 시들의 모음집으로 이루어져 있지만, 때로 그 환상의 대상은 다양한 이방 나라들, 곧 가까운 적 시리아17장부터 언젠가 시온에서 야훼를 경배하게 될 먼 나라 구스(수단) 땅18장까지 광범위하게 확장된다. 시 구절들은 대부분 거의 설명 없이 단순히 나열되어 있다. 그러나 이 단락 안에는 주요 구분점인 두 개의 확장된 내러티브7장과 36-39장=왕하 18:13-20:19가 있는데, 그것들은 예언자가 다윗 왕가의 왕 아하스와 히스기야에게 왕이신 하나님의 올바른 신하로서 어떻게 행동하라고 세세히 도전하는지 보여준다.

이 이야기 중 첫 번째는 주전 734년 국제적 위기에 직면한 젊은 통치자 아하스주전 743-727년에 관한 이야기다. 아람(시리아)과 **에브라임**(이스라엘) 등 제국 서쪽 끝에 있는 작은 국가들이 연합하여 앗수르의 멍에를 벗어던지기 위해 힘을 합쳤고, 그들은 유다에게도 여기에 합류하라는 압력을 가했다. 이 이야기는 시적 산문으로 전해지며, 중심 이미지 중 하나는 **아들 됨**과 그에 수반되는 의무다.

> 웃시야의 손자요 요담의 아들인 유다의 아하스 왕 때에 아람의 르신 왕과 르말리야의 아들 이스라엘의 베가 왕이 올라와서 예루살렘을 쳤으나 능히 이기지 못하니라. 어떤 사람이 **다윗의 집**에 알려 이르되 아람이 에브라임과 동맹하였다 하였으므로 왕의 마음과 그의 백성의 마음이 숲이 바람에 흔들림 같이 흔들렸더라.7:1-2

화자는 두 대조적인 계보를 설정한다. 한쪽에는 "다윗의 집"참조.

7:13 왕가의 후손인 아하스가 있다. 아하스는 비록 약하고 두려움이 많았지만, 과거 하나님이 다윗과 맺으신 "네 집과 네 나라가 내 앞에서 영원히 보전"되리라 삼하 7:16는 언약의 상속자다. 반대편에는 베가가 있는데, 그는 특별하지 않은 인물(르말랴)의 아들로서 왕위 찬탈자다. 아마도 르신은 그가 왕을 죽이고 사마리아에서 왕위에 오르는 데 도움을 주었을 것이다. 르신과 베가가 유다 왕좌에 앉히고자 하는 인물은 다브알 Tav'al, '선하지 않다!', 7:6이라고 화자가 경멸적으로 부르는 인물의 아들인데, 다브알은 실제 이름 다브엘 Tav'el, '하나님은 선하시다', 참조. 스 4:7을 살짝 비튼 것이다.

이사야는 포위된 도시의 물 공급 상태를 점검하러 왕궁에서 나온 아하스를 위쪽 저수장의 상수도 옆에서 만난다.7:3 이사야는 그의 아들 스알야숩'남은 자가 돌아오리라'을 데리고 왔다. 소년의 이름 자체가 예언적 메시지로 충격적이며 암울한 약속을 담고 있다. 마찬가지로 이사야가 전한 메시지 역시 차분하면서도 냉정하다. "너는 삼가며 조용하라. 르신과 아람과 르말리야의 아들이 심히 노할지라도 이들은 연기 나는 두 부지깽이 그루터기에 불과하니, 두려워하지 말며 낙심하지 말라."7:4 히브리어 수사에 통달한 그는 2,800년이 지난 지금도 여전히 설득력 있는 특유의 말장난을 구사한다.

만일 너희가 굳게 믿지(붙들지) 아니하면
너희는 굳게 서지(붙들리지) 못하리라.7:9

이것은 유다의 왕들을 향한 이사야의 일관된 정치적 메시지다. 즉 한쪽에는 아람-에브라임 연합이 있고, 다른 쪽에는 앗수르 제국의 군사적 위협이 있음에도 하나님을 신뢰하고 모든 동맹을 삼가라

는 것이다.8:12

아하스는 이미 마음을 정했기 때문에 예언자 이사야의 신탁이나 표징을 원하지 않는다.7:12-13 신명기 역사가는 배경 이야기를 들려준다. 도시가 포위된 상태에서 아하스는 앗수르 왕 디글랏빌레셀 3세주전 745-727년에게 다음과 같은 메시지를 보낸다.

> 나는 **왕의 신복이요 왕의 아들이라**……청하건대 올라와 그 손에서 나를 구원하소서 하고 아하스가 여호와의 성전과 왕궁 곳간에 있는 은금을……예물로 보냈더니.왕하 16:7-8

아하스는 그릇된 정체성을 주장한다. 이사야와 신명기 역사가가 공유하는 하나님의 주권 관점에서는 또 다른 왕이 이미 종과 아들로서 자신의 충성을 주장했다. 예루살렘 중심의 신학을 지닌 이 두 신학자는 시편 첫 부분에 눈에 띄게 배치된 제왕시a royal psalm에서 부분적으로 그들의 생각을 가져왔을 것이다. 그 시는 다윗 왕국을 기리는 공개적인 행사에서 들려졌을 것이며, 따라서 많은 예루살렘 사람들에게 친숙한 내용이었을 것이다.[7] 이사야와 마찬가지로 그 시인은 하늘 보좌에서 말씀하시는 야훼를 상상한다.시 2:4 그 언어는 몇 가지 점에서 예언서의 중심 주제와 공명한다.

> **내가 나의 왕을**
> **내 거룩한 산 시온에 세웠다.**
> ……
> 너는 **내 아들**이라. 오늘 내가 너를 낳았도다.
> 내게 구하라. 내가 **이방 나라**를 네 유업으로 주리니

......

**그런즉 군왕들아 너희는 지혜를 얻으며**

세상의 재판관들아 너희는 교훈을 받을지어다.

여호와를 경외함으로 섬기고

......

**여호와께 피하는 모든 사람은 다 복이 있도다**(특권을 누린다).시 2:6-12

편리한 정치적 동맹보다는 하늘 왕의 아들이라는 특권을 주장하고 '그'에게 피하는 것, 그것은 이 지상의 통치자가 실패한 일이다.

예언 내러티브는 계속되고 징조를 거부한 아하스에게 어쨌든 징조가 주어진다.

처녀almah, '젊은 여자'가 잉태하여 아들을 낳을 것이요 그의 이름을 임마누엘'하나님이 우리와 함께 하신다'이라 하리라.7:14

성서 해석에서 이 구절보다 더 깊이 숙고되거나 더 중요한 결과를 함축한 부분은 없다. 물론 그리스도인들은 이 구절을 기적적 잉태의 예고로 듣지만, 이는 히브리어 단어에 대한 선명한 해석은 아니다. '알마'almah라는 단어는 일반적으로 사춘기 소녀,예를 들어 출 2:8 또는 아이를 낳지 않은 성적으로 성숙한 젊은 여성아 1:3을 가리키는 말이다. 처녀성이 암시되는 것은 아니며 한 사례에서는 불가능해 보인다.잠 30:19 여기서 임신과 임박한 출산은 평범한 용어로 언급되고 있으며, 그 여인은 왕이 알고 있는 사람(그의 아내?)처럼 보인다. 강조점은 대화를 나누는 두 사람이 아이의 생애 초기, 곧 앞으로 수년 안에 급격한 역사적 변화를 목도하리라는 점이다. 즉 현재 아하스를 두려움으로 떨게 하는 두 왕의 땅이 "황폐하게"7:16 될 것이다. 그것이 좋은 소식이다. 소식의 나머지 부분은 야훼가 그들을 대신하여 앗수르의 왕을 세운다는 것이다.

따라서 아하스에게 임마누엘'하나님이 우리와 함께하신다'의 표징은 위협과 희망을 품은 양날의 검과 같은 약속이다. 이 문구의 짙은 모호함은 이 상수도 옆 장면에 이어지는 신탁 시에서 드러난다. 이사야는 야훼의 함께하심과 보호를 떠올리는 이미지로서 "천천히 흐르는 실로아 물"8:6을 언급한다. 실로아는 고대 도시 예루살렘이 물을 공급받았던 영구적 샘이다. 그러나 그 안전의 근원을 "이 백성이 멸시했기" 개역개정 "버리고"—옮긴이 때문에 야훼는 이렇게 말씀한다.

> 흉용하고 창일한 큰 하수(유프라테스 강)
> 곧 앗수르 왕과 그의 모든 위력으로 그들을 뒤덮을 것이라.
> 그 모든 골짜기에 차고 모든 언덕에 넘쳐 흘러
> 유다에 들어와서 가득하여
> 목에까지 미치리라.
> **임마누엘이여**, 그가 펴는 날개가
> 네 땅에 가득하리라.8:7-8; 참조. 8:10

야훼가 이스라엘과 함께하신다는 말은 적대적인 나라들의 계획이 깨질 것을 보장하지만,8:10 이스라엘의 계획이 성공한다는 의미는 아니다. 야훼는 "성소"인 동시에 이러한 분이다.

> 예루살렘 주민에게는 함정과 올무가 되시리니
> 많은 사람들이 그로 말미암아 걸려 넘어질 것이며

부러질 것이며 덫에 걸려 잡힐 것이니라.8:14-15

이사야서에서 임마누엘의 표징은 다윗의 집과 유다 백성에게 희망의 종말을 의미하지 않는다. 그러나 브레바드 차일즈가 주장했듯 그 모호한 표징은 "이스라엘 안에 쐐기를" 박아서 "멸망할 운명의 신실하지 못한 이스라엘과 새로운 하나님의 백성의 표징인 신실한 남은 자들8:18" 사이에, 또한 아하스와 미래에 다윗의 왕좌에 앉을 왕 사이에 긴장을 창조한다.8 이 두 번째 긴장 지점은 현실 정치의 영역을 한없이 초월하는 시적 언어로 묘사되어 있다.

> 이는 한 아기가 우리에게 났고
> 한 아들을 우리에게 주신 바 되었는데
> 그의 어깨에는 정사를 메었고
> 그의 이름은 기묘자라, 모사라,
> 전능하신 하나님이라, 영존하시는 아버지라, 평강의 왕이라 할 것임이라.
> 그 정사와 평강의 더함이 무궁하며
> 또 다윗의 왕좌와 그의 나라에 군림하여
> 그 나라를 굳게 세우고
> 지금 이후로 영원히
> 정의와 공의로 그것을 보존하실 것이라.
> 만군의 여호와의 열심이
> 이를 이루시리라.9:6-7

많은 학자들이 이 시를 이사야가 본 최고의 왕인 아하스의 아들 히스기야의 탄생과 연관시키는데, 여기 나오는 이름들은 아마도 히스기야의 대관식 때 부여된 왕좌의 이름들일 수도 있다.[9] 그러나 실제로 히스기야를 가리킨다 하더라도 이 신탁은 동시에 여러 역사적 군주와 연결된다. 이것은 시적 비전이 현 순간의 한계를 넘어 이스라엘을 억압과 전쟁에서 해방시킬 뿐 아니라9:4-5 창조 질서 전체를 아우르는11:4-9 정의로운 통치를 기대하는 메시아적 비전을 향해 열리는 사례라고 할 수 있다.

마태복음은 이 왕의 아들들 이야기와 그 하늘 왕의 선포들을 깨닫는 것이 무엇을 의미하는지 신학적 성찰을 담고 있다. 마태는 임마누엘 예언마 1:22-23을 "아브라함과 다윗의 자손"마 1:1 예수 그리스도의 동정녀 탄생에서 성취된 것으로 읽고, 그러한 읽기로부터 촉발된 이야기로 자신의 복음을 시작한다. 이렇게 시작되는 족보는 이사야가 예언자로 있었던 시기의 모든 다윗 왕조 왕들을 포함해 여러 세대를 거쳐 계속 이어진다.마 1:8-9 여기서 특히 주목할 점은, 임마누엘 예언이 조상 아하스에게 그랬듯 요셉의 삶에서도 계속해서 결단을 요구하고 있다는 점이다. 마리아의 임신 사실이 알려지자 요셉은 조용히 그녀와 파혼하기로 마음을 먹는다. 그러나 꿈에 천사가 나타나 그를 "다윗의 자손"마 1:20이라고 부르며 임신의 신적 근원을 밝히자 그는 아하스가 하지 못했던 것을 행한다. 즉 신적 명령에 순종한 것이다. 천사의 지시에 따라 요셉은 아내를 취하고 아이의 이름을 예수라고 짓는데, "이는 그가 자기 백성을 그들의 죄에서 구원할 자"마 1:21이기 때문이다. 히브리어 어근 '야샤'*y-sh-'*는 하나님의 구원 사역을 나타낸다. 우연인지도 모르지만 이사야 자신의 히브리어 이름인 '예샤야후'*Yesha'yahu*, '야훼의 구원'도 같은 어근을 가진다. 마태는 이렇게 단언한다. "이 모든 일이 된 것은 주께서 선지자로 하신 말씀을 이루려 하심이니……"마 1:22

## 안전을 추구함

이 책의 두 번째 내러티브 부분은 아하스의 아들 히스기야의 통치 기간인 주전 701년 앗수르의 예루살렘 포위 공격을 자세히 다룬다.36-39장 성안의 장면을 매우 사실적으로 묘사한 이 기록은 **신명기 역사서** 참조. 왕하 18:13-20:19에서 채택한 것으로 보이며, 이를 통해 우리는 야훼의 '계획'이 지상에서 실현되는 것을 볼 수 있다. 다음 장면은 그 장소가 임마누엘 본문과 연관된다. 그 장면은 이사야가 전에 아하스를 만났던 곳인 위쪽 저수장의 상수도 근처에 서 있는 앗수르 사신과 함께 시작된다. 오히려 지금의 상황은 이전보다 더 긴박하다. 주전 705년 앗수르 통치자 사르곤 2세가 전투에서 사망하자 히스기야는 제국 전체의 혼란을 틈타 일어난 서쪽의 작은 왕국들의 반란에 합세했다. 그는 피할 수 없는 제국의 반응에 대비해 수년간 지역과 도시를 방비했으나 그 결과는 참혹했다. 사르곤의 후계자 산헤립주전 705-681년은 보병과 공성추 등을 동원해 (자신의 계산에 따르면) 46개의 요새화된 도시와 "셀 수 없이" 많은 주변 마을을 공격했다. 동시에 그는 예루살렘 곳곳에 거대한 토성을 쌓아, 앗수르 왕실 연대기 기록자의 시적 표현에 따르면 "새장 속의 새처럼"[10] 히스기야를 가두고 고위 관리들을 보내서 항복을 종용했다.

앗수르의 최고 대변인은 랍사게로 알려진 고위 관리로 그는 출애굽기에 나오는 파라오 이후 가장 자세히 묘사되는 인물이다. 그러나 파라오의 비합리성과는 대조적으로 랍사게는 교양 있는 웅변가로서 '유다어', 곧 히브리어에 능통하다.36:11, 13 역사적으로 제국의 대변인이 약소국의 언어를 유창하게 구사한다는 것은 가능성이 희박한 일이다. 리처드 닉슨 정부 시절 국무장관이었던 헨리 키신저가 베트남어에 능통할 것을 기대하는 것과 같다. 그러나 이 이야기의 세계에서는 언어적 전문성이 매우 중요한데, 랍사게가 자신의 말을 통해 성벽의 수비수들을 굴복시키려 하기 때문이다. 그는 이사야의 반대편에 있는 인물로 그들은 각각 '위대한 앗수르 왕',36:4, 13 왕 야훼라는 군주를 대변한다. 이들은 경쟁하는 권위를 가지고 유다의 흔들리는 왕과 백성들을 향해 그들의 안보를 근원적으로 누구에게 맡길 수 있을지 선택하라고 도전한다. 안보는 방어 진지에 서 있는 예루살렘 사람들을 향한 랍사게의 연설에서 거듭 반복되는 주제다.

> 히스기야에게 말하라. 대왕 앗수르 왕이 이같이 말씀하시기를 네가 **믿는 바** 그 믿는 것이 무엇이냐? 내가 말하노니 네가 족히 싸울 계략과 용맹이 있노라 함은 입술에 붙은 말뿐이니라. 네가 이제 누구를 믿고 나를 반역하느냐. 보라. 네가 애굽을 **믿는도다.** 그것은 상한 갈대 지팡이와 같은 것이라.36:4-6

이 책의 맥락에서 보면 그의 연설 전체가 이사야의 핵심적인 정치적 메시지에 대한 반박이다.

> 보라. 하나님은 나의 구원이시라.
> 내가 신뢰하고 두려움이 없으리니
> 주 여호와는 나의 힘이시며
> 나의 노래(또는 능력)시며 나의 구원이심이라.12:2

앗수르의 대변인은 이사야의 확신에 대해 정치적 요소와 신학적 요소를 모두 갖추어 논박한다. 정치적 요소는 간단히 언급된다. 즉 이사야의 충고참조. 30:2-3를 거스르며 히스기야가 도움을 청한 이집트는 의지하는 자의 손을 찌르는 "상한 갈대 지팡이"36:6로 쓸모없는 정도가 아니라 더 나쁘다는 것이다. 신학적 요소는 훨씬 더 정교하다.

> 혹시 네가 내게 이르기를 우리는 우리 하나님 여호와를 **신뢰하노라** 하리라마는 그는 그의 산당과 제단을 히스기야가 제하여 버리고 유다와 예루살렘에 명령하기를 너희는 이 제단 앞에서만 예배하라 하던 그 신이 아니냐……내가 이제 올라와서 이 땅을 멸하는 것이 여호와의 뜻이 없음이겠느냐. 여호와께서 내게 이르시기를 올라가 그 땅을 쳐서 멸하라 하셨느니라……36:7, 10

랍사게의 주장은 여러 면에서 예루살렘 사람들이 반박하기 어려웠을 것이다. 첫째로, 히스기야는 신명기적 개혁을 통해 예배를 예루살렘 중심으로 만들면서 실제로 전국에 흩어져 있던 성소를 없앴다. 의심할 여지 없이 수많은 제사장들을 포함하여 불만을 품은 많은 백성이 랍사게와 같은 말을 하고 있다. "이제 야훼가 보복하고자 한다." 둘째로, 유다 왕들의 역사를 아는 사람들은 히스기야의 아버지가 당시 앗수르가 지배하던 다메섹에서 본 새 모델을 본떠 예루살렘 성전의 오래된 제단을 바꾼 것을 기억할 것이다.왕하 16:10-16 예루살렘의 이 제단은 아하스의 국경 바깥 후원자였던 앗수르의 "위대한 왕"에게 경의를 표한 것으로 볼 수 있다. 셋째로, 야훼가 앗수르의 편에 있다는 추가 주장은 이사야 자신이 바로 이곳에 서서 한 말에 비추어 볼 때 그럴듯하게 들린다. 이사야는 야훼가 앗수르를 불러 유다를 칠 것이라고 예언했었다.7:18; 참조. 8:7

랍사게의 논박들은 정곡을 찌른 듯하다. 궁정 참모들은 대화를 아람어로 바꾸어 비공개로 할 것을 요구했다. 그러나 랍사게는 그 말을 무시하고 성벽 위에 앉아 있는 이들에게 선동적이고도 심지어 유사 예언자적인 호소를 한다.

> 왕의 말씀에 너희는 히스기야에게 미혹되지 말라. 그가 능히 너희를 건지지 못할 것이니라. 히스기야가 너희에게 여호와를 **신뢰하게** 하려는 것을 따르지 말라……앗수르 왕이 또 이같이 말씀하시기를 너희는 내게 항복하고 내게로 나아오라. 그리하면 너희가 각각 자기의 포도와 자기의 무화과를 먹을 것이며 각각 자기의 우물물을 마실 것이요 내가 와서 너희를 너희 본토와 같이 곡식과 포도주와 떡과 포도원이 있는 땅에 옮기기까지 하리라.36:14-17

랍사게의 말에서 이스라엘 예언자들의 말이 메아리친다. 미가는 유다인들이 각자의 포도나무와 무화과나무 아래에 두려움 없이 앉아 있을 것이라고 약속했고,미 4:4 호세아는 풍성한 곡식과 포도주를 생산하는 환상을 보았다.호 2:22 그러나 랍사게의 약속은 포로와 유배로 이끌 미끼를 던지는 거짓 약속이다.

이 주장에는 마지막 근거가 하나 더 있는데 역사적 증거다. 즉 정복당한 자들의 신들로 여겨지는 존재들이 자기 백성을 보호했다는 증거가 **없다**는 점이다.

> 이 열방의 신들 중에 어떤 신이 자기의 나라를 내 손에서 건져냈기에 여호와가 능히 예루살렘을 내 손에서 건지겠느냐.36:20

어떤 주제에 관해 적의 치밀한 논리에 독자들을 완전히 노출시키는 곳은 성서에서 이곳뿐이다. 배교를 옹호하는 논리적 주장이 특별한 관심을 받는다면, 그것은 절박한 상황에 처한 믿음의 사람들이 필연적으로 그 논리를 직면하게 되며 그들이 준비를 갖추고 있어야만 하기 때문일 것이다.

홀로코스트 신학자 엘리에저 베르코비츠Eliezer Berkovits는 아우슈비츠에서 랍사계와 유사한 세련된 악의 논리를 경험했다.

그들이 라츠피르터(하시디즘 공동체)의 랍비인 [82세의] 샬롬 엘리에저 할버스탐을 죽이기 위해 끌고 가는 도중, 한 나치 장교가 그에게 다가와 말했다. "당신의 입술이 기도하느라 움직이는 것이 보인다. 아직도 당신의 신이 당신을 도와줄 거라고 믿는가? 유대인들이 어떤 상황에 처해 있는지 모르는가? 그들은 모두 죽음으로 끌려가고 있는데 아무도 그들을 도와주지 않는다. 당신은 그래도 신의 섭리를 믿는가?" 그러자 랍비가 대답했다. "나는 온 마음과 온 영혼을 다해 참조. 신 6:5 창조주가 계시고 최고의 섭리자가 계심을 믿소." 그 장교의 질문은 랍비의 대답만큼 중요한 의미를 지닌다. 이 질문에는 유대인과 나치 사이의 대결이 지닌 역사적 의미가 축약되어 담겨 있다. 이러한 질문은 나치가 유대인에게 자주 던지던 것인데, 독일인들이 유대인의 굳건함을 대면하면서 마음이 편치 않았음이 그 질문 자체에 드러나 있다. 그들은 어떤 식으로든 궁극적인 문제를 감지했다. 이 모든 일에도 불구하고 만일 역사에 신의 섭리가 있다면 그들은 파멸할 운명이라는 것, 만일 유대인이 살아남는다면 나치 독일은 패배할 것이라는 점이다.[11]

이사야 전통과 베르코비츠는 비록 2,500년 이상 떨어져 있지만, 둘 다 동일한 것을 목도했다. 즉 역사 속 삶과 사건을 결정적으로 주

관한다고 주장하는 두 주권자의 힘 대결이다. 이사야 전통은 랍사게의 주장을 상세히 제시함으로써 이스라엘 성서의 독자들이 이러한 역사 해석을 들었을 때(일부 또는 많은 이들이 분명히 경험할 상황이다) 그것을 꿰뚫어 볼 수 있도록 준비시킨다. 따라서 그것은 열방의 모략을 깨뜨리는 편에 선 이사야가, 나중에 랍사게가 서게 될 그곳에서 아하스에게 전했던 메시지를 강조한다. "조심하고, 침착하고, 두려워하지 마라."7:4. 저자 사역—옮긴이

| 이사야 |

# 확장되는 비전

· 이사야 40-66장 ·

"이사야의 환상"[1:1]은 예루살렘의 이사야 이후 약 200년이 지나 등장한 이번 장들에서 큰 폭으로 확장된다. 이번 장들은 한 예언 전통이 새로운 세대의 청중 사이에서 어떻게 계속 관심을 끌었는지, 특히 바벨론 유배 말기[40-55장]와 유배에서 돌아온 이후의 예루살렘[56-66장]이라는 새로운 상황에서 어떻게 발전했는지를 놀랍도록 명료하게 보여준다. 이 장들은 우리 시대에도 비극적으로 흔한 경험인 대규모 지리적, 문화적 이주에 초점을 맞추고 있으므로 오늘날에도 주목할 가치가 있다. 또한 이 장들은 이주 이후에 문화를 재건하고 신앙을 유지하는 과정의 어려움도 다루고 있다. 이 장들은 성서에서 처음으로 특별한 영적 절망의 상황, 곧 하나님이 외면하고 계시는 듯 무력해 보이는 상황에 신학적으로 발전된 답변을 준다. 이보다 심각한 문제는 아니나 하나님의 약속이 현 세대에서는 성취되지 않는 것 같다는 영적인 실망도 다룬다. 이 예언적 반응에서 두드러지는 주제는 소명, 곧 개인의 소명뿐만 아니라 야훼를 섬기는 민족의 공동체적 소명의 성격이다.

이사야서의 눈에 띄는 구조적 특징은 중간 부근에 1.5세기 이상의 시간 간격이 있다는 점이다. 제1이사야서[1-39장]는 주전 701년 예루살렘 성벽을 둘러쌌던 산혜립의 군대가 갑자기 철수하고, 이후에 이사야가 히스기야에게 언젠가 그의 후손들이 "사로잡혀 바벨론 왕궁의 환관이 되리라"39:7고 말하는 장면으로 끝난다. 성서의 곳곳에 예루살렘 함락과 유배 기간을 직접 설명하는 부분이 나온다. 열왕기와 역대기, 예레미야서, 에스겔서, 하박국서, 예레미야애가, 그리고 적어도 한 편의 시편시 137편이 그러하다. 그러나 이사야서 후반부는 오랜 공백 이후에 예언의 메시지를 그야말로 갱신하고 있다. 새로운 예언의 목소리가 나타났다. 그것은 신바벨론 제국이 페르시아의 고레스에게 멸망하는 분수령이 되는 주전 539년 직전에 등장한 것으로 보인다. 그리고 거의 동시에 페르시아의 감독 아래 유대인들의 유다와 예루살렘 재정착이 시작된다.

이른바 제2, 제3이사야서의 어조는 크게 다르다. 전자는 낙관적이고 희망으로 가득 차 있으며, 고향으로 돌아가기 전 유배 생활을 하는 지친 사람들에게 큰 위안을 준다. 후자는 그로부터 예상컨대 수십 년 후 예루살렘에 정착한 사람들 사이에 이미 자리 잡은 환멸감을 향해 목소리를 발한다. 이사야서의 마지막 부분56-66장은 앞의 두 부분을 고르지 못하게 종합한 내용처럼 읽힌다. 제1이사야서에서 그러했듯 예언자는 자신의 백성을 향해 혹독한 비판과 심판의 신탁을 전한다. 그러나 마음이 깨진 자들에게 주는 위로의 말이 곳곳에 흩어져 있으며, 그 부분은 제2이사야서의 어조에 더 가깝다. 특정 주제와 언어적 패턴이 세 부분을 모두 관통하고 있다는 사실을 볼 때 이 마지막 '이사야'가 전체 책의 편집자였을 가능성이 높다.[1] 그렇다면 이사야서의 정경적 비전은 예언자적 비판과 연민, 신적 정죄와 근본적 갱신의 약속, 이스라엘 백성의 고뇌와 희망의 철저한 혼합이다. 전반적으로 이 비전은 예루살렘에 초점을 맞춘다. 그곳은 이스라엘뿐만 아니라 "모든 나라들"2:2: 66:18을 향해 야훼의 거룩함이 가장 분명하게 나타나며 나타나야만 하는 장소다.

## 절망을 향해 말하다

너희의 하나님이 이르시되 너희는 위로하라. 내 백성을 위로하라.

너희는 예루살렘의 마음에 닿도록 말하며 그것에게 외치라.

그 노역의 때가 끝났고

그 죄악이 사함을 받았느니라.

그의 모든 죄로 말미암아 여호와의 손에서

벌을 배나 받았느니라.40:1-2

정경의 맥락에서 볼 때 제2이사야서 첫 구절에서 두 가지가 뚜렷하게 부각된다. 첫 번째는 하나님의 직접적 위로에 대한 강력하고도 지속적인 언급이다. 제1이사야서를 포함한 주전 8세기 예언자들의 책은 주로 심판과 파멸의 신탁으로 구성되어 있고, 때로 확정되지 않은 미래에 관한("말일에······"2:2) 희망의 예언이 어두운 분위기에 빛을 밝혀 주었다. 그러나 여기에서는 예언자가 고통받는 이들을 현재 시제로 위로하고자 든다. 즉 무언가 변화가 일어날 것이다.

이러한 예언의 목소리는 유다인들이 약 60년 동안주전 597년 1차 유배부터 시작해 유배 생활을 하고 있는 시점에 등장한다. 이 예언에 이름이나 간략한 개인적 역사가 붙어 있지 않은 것으로 보아 이것은 익명으로, 그리고 예측건대 글로 나타난 듯 보인다. 뛰어난 시인인 이 예언자는 아마도 일부 유배민들의 후손으로서 이스라엘의 언어와 종교적 전통뿐만 아니라 바벨론의 문화와 종교에 대해서도 잘 교육받은 사람이었을 것이다. 이는 우리가 알고 있는 많은 유다 유배민들이 생활하고 일했던 조건들과 일치한다. 일부 유다인들이 전쟁 피해 복구 및 전례 없는 부와 영광으로 신바벨론 제국을 드높일 다양한 공공 프로젝트에 강제 동원되었을 가능성은 있지만 대다수 사람은 완전한 의미의 노예는 아니었다. 바벨론의 기록에 따르면 대다수의 유배민들은 앗수르 인근 국경 지역의 마을에 정착했지만 그곳은 문화적 낙후 지역으로 전락하지 않았다. 그들이 정착한 도시들 중 하나인 '알 야후두'al-Yahudu, '유다의 도시'는 높은 신 엔릴을 위해 성별된 도시이며 중요한 제의적 중심지였던 니푸르(오늘날 바그다드 남쪽)와 가까운 곳에 자리 잡고 있었다. 비문 증거에 따르면 유다인들은 특별한 왕실 프로젝트를 수행하는 숙련된 장인으로 일했고, 사업과 농업 분야에서 활발히 활동했으며, 방대한 범위의 사법 및 관료 제도 안에서 무료로 일했고, 어떤 경우에는 서기관 교육을 받고 직책을 얻기도 했다. 이들은 제국의 언어인 아람어를 말하고 쓰기 시작했으며, 오늘날까지도 히브리어는 아람 문자로 기록되고 있다. 아이들은 사회 진출을 위해 바벨론식 이름을 받거나, 나이가 들면서 바벨론 이름을 사용하기도 했다. 요컨대 모두가 그런 것은 아니겠지만 유다인들은 교육을 받고 교양을 갖추게 되었다. 바벨론 정착 2세대에서 히브리식 이름이 증가한 것은 유대 공동체에서 민족주의 정서가 고조되었음을 시사한다.[2] 제2이사야서의 어조와 메시지는 이러한 변화와 잘 어울리며, 페르시아 고레스의 급속한 부상으로 민족주의 감정은 더욱 고무되었을 것이다. 예언자는 역사적 순간을 대담하게 야훼를 위해 차용하며 고레스를 그의 메시아, 곧 '기름 부음 받은 자'라고 말한다.45:1

예언자가 글을 썼음을 보여주는 표지는 이사야의 이 부분이 오늘날 예레미야애가이하 '애가'—옮긴이로 알려진 예루살렘의 멸망에 관한 위대한 애가와 나누는 일종의 문학적 대화로 시작한다는 점에 있다. 첫 행에는 언어적, 주제적으로 애가를 떠올리게 하는 여러 반향이 담겨 있다.[3] 예를 들어 예루살렘을 위로하고 그녀의 마음을 향해 말하라는 신적 명령40:1-2은 애가의 첫 부분에 나오는 슬픈 후렴구를 그대로 뒤집는다. 애가에서 과부 여인으로 이미지화된 예루살렘에게는 "위로하는 자가" 없다.애 1:2, 9, 16, 17, 21; 2:13 또한 애가의 시인은 예루살렘과 유다가 "강제 노동"에 끌려갔고, "쉴 곳을 얻지 못했다"라고 말한다.애 1:1, 3 이사야는 예루살렘의 "복무 기간"*tsava'*, 개역개정 "노역의 때"—옮긴이이 끝났다고 선포한다.40:2 이 단어는 군 복무예를 들어 민 1:3, 20와 성소에서 봉사하는 레위인예를 들어 민 4:3, 23에 대해 자주 사용되는 단어다. 아마도 이사야는 유배조차 야훼 섬김의 방식으로 해석될 수 있다는 이상하고도 역설적인 가능성을 제시하는 것 같다.[4] 세 번째 애가 주제의 반전은 시인이 시온으로 가는 길들을 바라보며 더 이상 순례자가 없음을 슬퍼하는 부분애 1:4에 나온다. 이사야는 유배민들을 시온으로 이끌 수 있도록 광야에 새 길을 닦으라는 야훼의 목소리를 듣는다.40:3 마치 이 유배민 예언자 시인은 일부 청중이 잘 알고 있을 애가의 첫 부분을 의식하면서, 이미지와 요점마다 자신의 시로 응답하는 것처럼 보인다. 이러한 대화는 성서과 정경이라는 현상이 자라날 수 있었던 뿌리 가운데 하나다. 오늘날까지도 이 특별한 대화는 회당의 성서 낭독 연례 주기에 반영되고 있다. 고대 예루살렘의 멸망을 기념하는 '티샤 바브'*Tisha b'Av* 때는 애가 전체가 낭독되고, 다음 안식일인 위로의 안식일에는 이사야서 40장이 낭독된다.

제2이사야서를 구성하는 아름다운 일련의 예언 신탁은 성서에서 가장 길고도 단단히 결합된 시 모음이다. 유배민 저자는 절망에 대응하기 위해 특별히 고안된 새로운 예언 방식을 개척하고 있다. 여기서는 밀접하게 관련된 두 절망의 원인이 언급된다. 첫째는 하나님이 예루살렘을 버리셨다는 두려움이며, 둘째는 하나님의 능력이 실패했다는 두려움이다. 하나님의 유기와 무능에 대한 두려움은 어느 시대나 개인과 공동체를 위협하므로 이사야의 시는 오늘날에도 목회적으로 연결된다. 여기서 이사야는 야훼와 유배된 예루살렘 사람들이 나누는 대화를 만들어 낸다.

> 오직 시온이 이르기를 여호와께서 나를 버리시며
> 주께서 나를 잊으셨다 하였거니와
> 여인이 어찌 그 젖 먹는 자식을 잊겠으며
> 자기 태에서 난 아들을 긍휼히 여기지 않겠느냐.
> 그들은 혹시 잊을지라도
> 나는 너를 잊지 아니할 것이라.
> 내가 너를 내 손바닥에 새겼고
> 너의 성벽이 항상 내 앞에 있나니.49:14-16

버림받았다는 확신은 그리 절망적으로 보이지 않을 수도 있다. 그것은 정복자들의 종교에 동화되어야 한다는 합리적인 주장의 논거로 치부될 수도 있다. 이사야는 성서 전체의 이미지 중에서 가장 신학적으로 대담한 은유를 가져와 그 주장에 답한다. 젖먹이는 여인에 야훼를 비유한 것은 하나님에게도 필요라는 것이 있음을 함의한다. 젖을 빨고자 하는 아이의 욕구 못지않게 젖을 먹이고자 하는 어머니의 감정적, 육체적 필요도 강하다. 젖먹이는 어머니 또는 해산하는 여인,42:14 예루살렘의 이미지를 새겨 놓은 하나님의 손과 같은 생생한 은유는 야훼의 헌신, 심지어 '감정들'에 대한 거친 스케치다. 이 이사야에게 알려진 하나님은 주권자이지만 결코 냉담한 분이 아니다.

은유는 그 성격상 유동적이고 부분을 드러내는 표현이기 때문에, 어떤 물리적 이미지로도 포착할 수 없는 분을 **간접적으로** 묘사할 때 유용하다. 따라서 제2이사야서의 생생한 이미지는 그의 예언의 또 다른 독특한 측면, 곧 바벨론의 우상 제작자에 대한 조롱의 반대 측면이다. 우상숭배를 비롯한 이교도의 구체적인 문화적 관습에 관해 이처럼 자세한 인식을 드러내 주는 예언자는 없다. 특히 그의 첫 연설에는 바벨론인들의 찬송가를 노골적으로 패러디한 대목이 있다. 다음 가사는 바벨론을 관통하는 승리의 대로를 따라 왕과 신들이 그 도시로 들어올 때 그들을 기리며 실제로 불렀을 찬송시다.

> 그의 길을 좋게 하시고 그의 길을 새롭게 하소서.
> 그의 길을 곧게 만드소서. 그의 길을 닦으소서.[5]

이사야는 이 원수의 언어를 전용하여 '선포하는 음성'을 듣는다. **야훼**가 유배민들을 그 성 밖으로 인도하실 수 있도록 길을 열라는 명령이다.

> 광야에서 여호와의 길을 예비하라.
> 사막에서 우리 하나님의 대로를 평탄하게 하라.40:3

유사한 또 다른 시는 연례 '아키투'Akitu, '새해' 축제에서 바벨론 주요 신들의 행렬을 패러디한다.

> 벨은 웅크리고 있고 느보는 구부리고 있다.

그들의 우상들은 가축들의 짐짝이 되었다.

피곤한 짐승들이 그것을 운반하는구나.46:1. 저자 편역**6**

이사야는 당시 누구도 볼 수 없었던 것을 보고 또 보여준다. 그 신상들은 신으로 여겨지는 조작된 이미지에 불과하다는 것이다. 이제 '포로로 사로잡힌' 자들은 유배민들이 아니라 바벨론 사람들이다.46:2

이 예언자의 신탁에서 가장 아름답고 신학적으로 확장된 내용 가운데 하나는 유기와 무능에 대한 이중적 두려움 주제를 다시 한번 언급한다.

그러나 나의 종 너 이스라엘아,

내가 택한 야곱아,

나의 벗*obev* 아브라함의 자손아,

내가 땅 끝에서부터 너를 붙들며

땅 모퉁이에서부터 너를 부르고

네게 이르기를 너는 나의 종이라

내가 너를 택하고 싫어하여 버리지 아니하였다 하였노라.

두려워하지 말라. 내가 너와 함께 함이라.

놀라지 말라. 나는 네 하나님이 됨이라.

내가 너를 굳세게 하리라. 참으로 너를 도와 주리라.

참으로 나의 의로운(승리의, 의존할 수 있는)

오른손으로 너를 붙들리라.41:8-10

이사야는 이스라엘의 불안을 달래기 위해 아브라함에게 보인

| 이사야 |

야훼의 심오한 인격적 헌신의 전통을 확인하면서 또한 그 전통을 심화한다. 토라는 "내 종"이라는 칭호를 아브라함창 26:24과 모세민 12:7-8: 참조. 수 1:2에게 부여하고, 에스겔과 시편은 그것을 다윗까지 확장한다.겔 37:24: 시 89:20 이제 이스라엘 백성 전체가 주님과 종의 친밀함의 영역으로 이끌려 들어간다는 구체적인 언급이 나온다.

이러한 공민화democratizing의 움직임은 예언자가 활용하는 신탁의 형식에서도 더욱 분명하게 드러난다. 그것은 "두려워하지 말라"라는 문구가 등장하는 전통적인 '확신의 신탁'을 모델로 삼는다. 그 형식은 하나님이 그들의 편이 된다는 확신을 전쟁 중인 왕에게 예언자의 조언에서 비롯되었다. 이러한 신탁은 제1이사야서에서 두 번 나타나는데 포위당한 아하스 왕7:4과 히스기야 왕37:6에게 주어진 것이다. 그러나 제2이사야서는 그 신탁의 범위를 전쟁 중인 한 국가의 지도자를 넘어 백성 전체로 확대하며 확신의 말을 전한다.

이는 나 여호와 너의 하나님이
네 오른손을 붙들고
네게 이르기를 **두려워하지 말라**
내가 너를 도우리라 할 것임이니라.41:13

버러지 같은 너 야곱아······**두려워하지 말라**.
······내가 너를 도울 것이라.41:14

너는 **두려워하지 말라**. 내가 너를 구속하였고
내가 너를 지명하여 불렀나니 너는 내 것이라.43:1

급진적인 포용성으로 향하는 움직임 가운데 그 신적 확신은 모든 이스라엘 사람 개개인이, 그리고 모든 이스라엘이, 그리고 이 책을 읽는 모든 잠재적 독자가 그들을 통해 취할 수 있는 것이 된다. 예루살렘의 이사야가 아하스 왕에게 "두려워하지 말라"고 한 말은7:4 3인칭 형식으로 주어진 것이라서 우리에게 확신을 주지 못할 수 있지만, 여기서 주어진 것은 직접적으로 우리에게 와닿는다. 그리하여 마틴 루터 킹 주니어는 셀마에서 역사적인 행진을 시작할 때 유배민 이사야의 이미지에서 몇 가지 요소를 빌려 와 기도했다. "전능하신 하나님, 이스라엘 자손에게 하셨던 것처럼, 우리를 부르셔서 자유를 위해 행진하라고 하셨습니다. 사랑하는 하나님, 우리가 주 정부 군대의 광야를 통과할 때 주께서 우리 손을 잡아 주시기를 기도합니다."[7] 킹은 이사야서를 명시적으로 '인용'한 것이 아니라 한때 주전 6세기의 익명의 예언자가 주전 8세기 이사야의 겉옷을 취한 것처럼, 두 고대 예언자가 전달했던 동일한 신적 확신을 그의 간구를 통해 추구했다.

## 야훼를 섬김

이스라엘을 야훼의 종으로 지칭하는 것41:8은 '이스라엘이 어떻게 하나님을 섬기는가'라는 주제의 문을 열어 준다. 이 주제는 이사야서 전체에서 반복해서 나타나며 특히 제2이사야서에서 더 높은 밀도로 나타난다.참조. 40:2[8] 소명에 관한 가장 강력한 진술은 이른바 '종의 노래'로 불리는 네 편의 시다.42:1-9; 49:1-6; 50:4-9; 52:13-53:12 학자들은 이 시에서 발언하거나 언급되는 종이 누구인가에 대부분 논쟁의 초점을 맞추고 있다. 이 사람은 모든 이스라엘을 의인화한 것인가?49:3 아니면 공동체 내의 어떤 특정한 개인, 예상컨대 예언자 자신인가? 이 시는 온 백성을 대신하여 고난을 당한 모세를 회고하는가? 아니면 시인 자신의 이해를 뛰어넘는 비전으로 미래를 내다보는가? 이 모든 것은 고대와 현대의 여러 해석자들이 제시하는, 개연성이 있는 선택지다. 하지만 가장 중요한 점은, 어느 방향의 해석도 이 여러 시들이 제시하는 가능성을 온전히 담아내지 못한다는 점이다. 이 시들은 다양한 음역대에서 연주된다. 서로 다른 순간에 집단과 개인의 정체성을 모두 암시하며, 과거와 현재의 상황뿐만 아니라 평범한 역사적 현실을 뛰어넘는 무언가를 연상시키기도 한다. 신학적 해석을 한다면 이러한 배타적이지 않은 몇몇 선택지를 그대로 놓아두고 이 모든 것을 활용할 수 있다.

- **종의 노래는 메시아에 관해 말한다.** 메시아, 곧 이스라엘의 '기름 부음 받은' 지도자이자 구원자는 고레스참조. 사 45:1나 유배민 이사야의 역사적 지평 및 그가 구축한 문학적 전통에 속한 인물 가운데 그 누구와도 완전히 동일시할 수 없다. 이미 1세기에 네 번째 종의 노래에 대한 해석으로 논쟁이 일어나고 있었다. 그것은 에티오피아 내시가 사도 빌립에게 "선지자가 이 말한 것이 누구를 가리킴이냐? 자기를 가리킴이냐, 타인을 가리킴이냐?"행 8:34라고 질문한 것에서 알 수 있다. 평생을 그리스도인으로 살아온 나는 이 구절을 읽을 때마다 복음의 반향을 듣는다. 하지만 동시에 성서학자로서 이 구절에 귀를 기울일 때마다 이스라엘 성서의 맥락 속에서 그 언어의 특이성과 신학적 비전에 매번 깊이 감명을 받는다. 모세와 예레미야의 이야기에서도 유사점들을 찾을 수 있지만 어떤 것도 이 '믿기 어려운 보고'참조. 53:1와 비교할 만한 것은 없다. 그 종은 '높이 들린' 종이며,참조. 52:13 어린 양으로 죽임당했고, 그의 고난은 신비스러운 방식으로 '우리의 평화를 위해 [필요한] 징벌'*musar* *shelomenu*이 되었으며 불특정한 '우리'를 위한 치유의 근원이 되었다.53:5

• **종의 노래는 고난을 포함한 역사적 경험을 말하고 있으며, 그 경험은 신앙 공동체의 경험이자 이스라엘의 유배와 함께 시작되었다.** 종의 노래는 공동체적 섬김과 공동체적 고난의 신학적 중요성을 증거하고 있다. 이것은 이 종을 예수와 동일시하는 사람들이 너무 쉽게 간과하는 사실이다. 그 종은 한때 명시적으로 이스라엘과 동일시되었으며,49:3: 참조. 41:8 그 집단적 정체성은 다른 노래들에도 적용될 수 있다. 이러한 해석 방식은 종교적 구별을 위해 일부 대가를 치르느라 고난을 겪어 온 유대인과 다른 공동체들에게 필수적이다. 동아프리카 그리스도인들은 우리 시대의 탁월한 사례다. 남수단 사람들은 그들의 개종이 이사야 18장에 예언되어 있다고 오래전부터 여겨 왔다. 그 예언에서는 나일강 상류(구스)18:1의 민족이 시온에서 야훼께 예물을 바친다.18:7 그들은 우상숭배를 거부함으로써 받는 박해를 포함하여 그들의 종교적 경험의 다양한 이사야서 전체가 강력하게 언급한다고 여긴다.[9]

• **종의 노래는 사역에 대해 말한다.** 아마도 사역자라면 누구나 종의 노래 첫 세 편에 담긴 목소리에 공감할 수 있을 것이다. 그 노래들은 지극히 개인적이면서도 배타적이지 않은 언어로 종 됨의 특권과 어려움을 말하고 있다. 시편과 유사한 이 시를 묵상할 때 목회 사역을 위한 훌륭한 준비이자 탈진에 강력한 해독제가 된다. 예를 들면 이렇다.

> 그러나 나는 말하기를 내가 헛되이 수고하였으며
> 무익하게 공연히 내 힘을 다하였다 하였도다.
> 참으로 나에 대한 판단이 여호와께 있고
> 나의 보응이 나의 하나님께 있느니라.49:4

이 구절은 처음의 흥분이 지나갔을 때 사역이 어떻게 느껴지는지를 잘 보여준다. 사역을 계속하려는 사람들은 눈에 보이는 성공과는 별로 관련이 없을 수도 있는 하나님의 영광을 향하도록 방향을 바로잡아야만 한다.

## 사이의 시대를 향해 말하기

소위 제3이사야서56-66장는 사이in-between의 시대, 완전한 황폐함은 지나갔으나 활력이 넘치는 새 공동체는 아직 출현하지 않은 중간 기간을 위한 예언이다. 이 부분의 배경은 페르시아 황제 고레스주전 538년의 칙령으로 유다인들이 고국으로 돌아갈 수 있게 된 주전 6세기 후반의 상황이다. 그러나 "예루살렘의 황폐한 곳들"은 초기 예언자들의 약속이 추종자들에게 기대를 안긴 바와 달리 재건되지 못했고,52:9: 참조. 58:12 그에 따라 이사야의 마지막 부분은 환멸과 분열에 빠진 공동체를 향해 쓰였다. 제2이사야서가 분명한 위로와 격려를 제공했다고 한다면, 이 부분의 어조는 확실히 뒤섞여 있다. 예언자는 백성 전체를 향해 비난을 퍼부으며 그들의 쓰라린 실망감에 대한 책임을 그들에게 묻는다.

> 여호와의 손이 짧아 구원하지 못하심도 아니요
> 귀가 둔하여 듣지 못하심도 아니라.
> 오직 너희 죄악이
> 너희와 너희 하나님 사이를 갈라 놓았고
> 너희 죄가 그의 얼굴을 가리어서
> 너희에게서 듣지 않으시게 함이니라.

이는 너희 손이 피에

너희 손가락이 죄악에 더러워졌으며

너희 입술은 거짓을 말하며

너희 혀는 악독을 냄이라.59:1-3


이 예언과 함께 제3이사야서에는 빛나는 희망의 신탁도 포함되어 있다. 아래에서는 여성화된 예루살렘이 직접 언급된다.


일어나라. 빛을 발하라. 이는 네 빛이 이르렀고

여호와의 영광이 네 위에 임하였음이니라.

보라. 어둠이 땅을 덮을 것이며

캄캄함이 만민을 가리려니와

오직 여호와께서 네 위에 임하실 것이며

그의 영광이 네 위에 나타나리니

나라들은 네 빛으로

왕들은 비치는 네 광명으로 나아오리라.60:1-3


이 부분은 기독교 예전과 표준 성서정과에 가장 자주 등장하는 부분이다. 예를 들어 이사야서 62:6-12은 성탄절 전야와 성탄절 당일에 자주 읽히는 구절 가운데 하나다.『개정공동성서정과』, 나해 그런 맥락에서 들을 때 제3이사야서의 예언은 많은 사람들이 즐거운 메시지에 질려 버린 절기에 설교자의 방향을 제시할 수 있다. 다음과 같은 언급은 하나님 안에서 소망을 품었으나 아직 성취되지 않은 사람들에게 새 힘을 주고 용기를 줄 수 있다.

예루살렘이여, 내가 너의 성벽 위에

파수꾼을 세우고

그들로 하여금 주야로

계속 잠잠하지 않게 하였느니라.

너희 여호와로 기억하시게 하는 자들아,

너희는 쉬지 말며

또 여호와께서 예루살렘을 세워

세상에서 찬송을 받게 하시기까지

그로 쉬지 못하시게 하라.

……

성문으로 나아가라 나아가라.

백성이 올 길을 닦으라.

……

여호와께서 땅 끝까지 선포하시되

너희는 딸 시온에게 이르라.

보라. 네 구원이 이르렀느니라.

보라. 상급이 그에게 있고

보응이 그 앞에 있느니라 하셨느니라.

사람들이 너를 일컬어 거룩한 백성이라

여호와께서 구속하신 자라 하겠고

또 너를 일컬어 찾은 바 된 자요

버림 받지 아니한 성읍이라 하리라.62:6-7, 10-12

이 놀라운 이미지는 하박국의 비슷한 장면합 2:1에서 영감을 받은 것으로 보인다. 여기서 어떤 '파수꾼들'이 임명되는데, 그들의 역할은 백성에게 경고하기 위해서가 아니라<sub>참조. 겔 33:1-9</sub> 예루살렘에 대한 구원의 약속이 성취될 때까지 끈질기고도 지속적인 기도로 야훼를 쉬지 못하게 하는 것이라고 제3이사야서는 말한다. 이사야서 62:10-12에서 그는 제2이사야서에 나오는 야훼의 말씀을<sub>예를 들어 40:3, 10</sub>을 직접 혹은 간접적으로 암시하는 내용을 연달아 사용하고 있다. 나는 예루살렘이 큰 불안에 빠져 있던 시기에 예루살렘 한복판에서 이사야서 62장을 반복해서 힘차게 노래하는 회중을 본 적이 있다. 그러나 이 말씀은 사이의 시기를 위한 말씀으로 어느 도시 어느 교회에서도 그 청중을 찾을 수 있으며, 특히 성탄절 본문으로 지정된 것은 특별히 유익이 있다. 성탄절에 하나님께 실망감을 품는 것은 파격일 수도 있지만, 이 말씀은 이사야의 관점을 음미할 수 있는 사람들에게는 진정한 예언적 위로를 줄 수 있다. 이사야는 구원이 나타날 때까지 지나치게 인내하면서, 지나치게 만족하면서 기다려서는 안 된다고 말한다. 만족감이 기도를 가로막는다면 그것은 나쁜 믿음의 표지다.

# 12

# 예레미야와 예레미야애가

# 슬픔을 아는 이

· 서문 ·

예레미야서는 예루살렘이 멸망의 구렁텅이로 빠져드는 긴 추락의 과정을 그리고 있으며, 예레미야애가는 그 밑바닥에서 외치는 비명일 것이다. 이 책은 이사야의 중간에 있는 시간적 공백, 곧 주전 701년 앗수르의 예루살렘 포위 공격36-39장으로부터 주전 538년 바벨론 유배가 끝날 때까지의 기간 속에 포함된다. 예레미야는 요시야 통치 13년부터 시드기야 11년,1:2-3 즉 주전 586년 마지막 멸망 때까지 약 40년간 예언을 했다. 그의 말들과 그것들을 둘러싼 반¥전기적 기록들은 작은 왕국 유다가 멸망을 향해 걷잡을 수 없이 나아갈 때 그 나라의 예언자가 된다는 것이 무엇인지를 보여준다. 성서가 이해하는 바에 따르면, 예언자가 된다는 것은 역사의 역학 관계에 대해 고유한 통찰(아브라함 헤셸의 의미심장한 표현을 빌리자면)을 갖는 것이다. 통찰이란 "현재 안에서 생각하려는 시도"이며, 기존의 사고 습관을 따르지 않고 사건들을 새롭게 볼 수 있게 하는 "지적 해체와 전위"를 기꺼이 감내하는 것이다.[1]

고대로부터 독자들은 예레미야서와 예레미야애가 사이에 밀접한 연관이 있다고 보았지만, 성서는 예레미야가 예레미야애가의 저자라고 명시하지 않으며 필요한 가정도 아니다.[2] 이 두 책 사이의 심충적 연관성은 그것들이 지닌 관점이다. 이 둘은 예루살렘의 쇠퇴와 몰락에 대한 직접적인 내부자 관점을 제공하는데, 이는 역사 기록의 전형적인 방식을 따라 동일한 사건을 일정한 거리를 두고 바라보는 열왕기와는 다르다. 예레미야서와 예레미야애가의 시인은 그 도시를 '바트-시온', *Bat-Zion*, '딸 시온', 렘 4:31; 6:2, 23: 애 1:6: 2:1, 4 '바트-암미' *Bat-ammi*, '딸인 내 백성', 렘 4:11; 8:11: 애 3:48: 4:3 [3] 등 매우 개인적이자 심지어 가족적인 용어로 지칭하며 그 도시의 멸망에 대해 드러내 놓고 고뇌를 표현한다. 이러한 시적 목소리는 시편 기자들이 깊이 탐구하는 영역인 성서 내 탄식의 공간을 넓혀 준다.[4] 그러나 예레미야서와 예레미야애가의 목소리는 두 가지 중요한 면에서 시편 기자들을 뛰어넘는다. 첫째, 이 책들은 기도의 한 방식이자 고뇌에 찬 외침에 예언자적 권위를 부여한다. 둘째, 이러한 탄식들은 명백히 식별 가능한 사건이 배경인 까닭에 비극이 개인의 실존만이 아니라 역사의 한 차원임을 구체적으로 보여준다. 따라서 자기 나라를 포함하여 여러 나라가 경험할 수 있는 비극들 속에서 하나님의 역할에 대한 신학적 문제를 생각하도록 강권한다.

# 하나님께 진실을 말하다

· 예레미야 ·

예레미야는 **기록 예언자** 중 가장 완벽하게 기술된 전기 정보가 많이 남아 있는 유일한 예언자이기 때문에, 현대의 독자들이 동일시할 수 있다고 생각하는 유일한 인물일 것이다. 이러한 강한 유대감은 예레미야서가 예레미야를 소개하는 방식에서 비롯된다. 우리는 다른 어떤 예언자에게서도 들을 수 없는 그만의 목소리, 곧 하나님을 대변할 뿐만 아니라 하나님께 격렬히 항의하기도 하는 독립적 목소리를 듣는다. 예레미야서의 예언자에 대한 내러티브 기록은 다른 어떤 **후기 예언서**보다 광범위하며, 이로 인해 독자들은 정경 속의 어떤 내러티브 인물보다 그와 깊이 동일시된다. 신명기 편집자들은 예레미야서의 시적 신탁들을 둘러싼 산문적 틀을 수집했으며, 처음부터 그를 모세와 같은 예언자로 제시하는데, 예레미야는 처음에는 야훼의 부름에 저항하고1:6 가장 극심한 역경의 상황에서 40년 동안 섬긴다.1:2-3 예레미야는 모세가 예언한 그 예언자로서, 야훼가 "보라 내가 내 말을 네 입에 두었노라"1:9; 참조. 신 18:18라고 말한 사람이다. 모세는 하나님이 이스라엘에게 약속하신 땅에 들어가지 못했고, 여러 세대 후 예레미야는 그 땅의 상실을 감당해야 했다. 두 예언자는 모두 그들이 열정적으로 바랐던 땅 밖에서 죽는 개인적 비극을 견뎠다. 신약성서 기자들은 더 나아가 예레미야와 예수 사이의 동일성을 암시한다. 예수 자신의 말씀에서는 "강도의 소굴"이 된 성전의 멸망이 임박했음을 선포했던, 분노에 찬 예언자의 반향이 들린다.7:11; 참조. 마 21:13; 막 11:17 더욱 잊을 수 없는 반향은 최후의 만찬에서 들려오는데, 예수께서는 야훼가 예레미야를 통해 약속한 "새 언약"이 이제 포도주와 피로 시작되었다고 제자들에게 말한다.31:31; 참조. 눅 22:20; 고전 11:25

첫 구절에서 알 수 있듯이, 예레미야는 이사야나 에스겔과 비교할 때 예루살렘의 권력 중심에서 소외되어 있었다. "베냐민 땅 아나돗"1:1은 예루살렘에서 북쪽으로 불과 6킬로미터 떨어진 마을이다. 시골 마을의 제사장은 지역의 토지를 소유한 상류층이었지만,[1] 성직자로서 그들은 예루살렘 성전에서 제사를 주관하는 엘리트인 사독 계열 제사장의 수하에 있었던 조력자였다. 이들은 학식이 있었고, 교사와 서기관으로 일하면서 예레미야의 말들과 이야기들을 비롯한 성서적 전통이 될 자료들을 보존하고 형성하는 데 일조했을 것이다. 실제로 이 책은 직업 서기관인 네리야의 아들 바룩이 예언자의 감독을 받으며 그의 말을 보존하는 모습을 명확하게 보여준다.36장 성서에 등장하는 특정 인물의 존재를 확인해 주는 희귀한 고고학적 발견이 있었는데, 1975년 예루살렘의 고대 도심에서는 바룩의 전체 이름이 새겨진 주전 6세기 서기관 인장이 발견되었다. 이는 이 책이 높은 수준의 역사적 구체성을 가지고 예루살렘과 유다의 임박한 멸망에 직면하여 예언자 전통의 한 부분을 통합하는 과정을 담고 있음을 시사한다.[2] 그 통합 과정에 예레미야와 바룩 외에도 많은 사람들의 손과 마음이 보태어졌을 것이다.

예레미야 자신에 대한 묘사는 생생함에도 불구하고 다른 부분은 명확하지 못한 내용이 많다. 예레미야의 오랜 이력 중에서 신탁이 언제, 어떤 사회적 조건에서, 또는 (종종) 어떤 군사적 위협에 직면했을 때 전달되었는지 확인하려는 시도는 없다. 예를 들어 이 책의 시작 부분에 나오는 위협적인 "북방 왕국들"1:15은 누구인가? 이 책은 전체적으로 명확한 내러티브나 연대기적 순서를 보여주지 않으며, 책 전체는 물론 많은 구절에서 모순을 피하거나 설명하려는 시도를 하지 않는다. 두드러진 한 예는, 바벨론 유배민들에게 보낸 예레미야의 편지다. 여기서 예레미야는 유배지의 "평안shalom을 구하라"29:7고 촉구함으로써 성서 전체에서 국제적 화해를 향한 가장 고무적인 몸짓을 보여주지만, 예레미야의 예언의 결론 부분 두 장50-51장에서는 바벨론의 붕괴를 길고도 맹렬하게 묘사하면서 앞의 내용과 단절을 보여준다.

캐슬린 오코너Kathleen O'Connor는 "예레미야서의 문헌적 무질서함은 그 목적에 중요한 기여를 한다.……이 책의 혼란은 단순히 무작위적인 구성 과정에서 비롯된다기보다 바벨론의 지배 이후 예레미야의 청중이 경험한 해석적 혼돈을 묘사하고 있는 것이다"라고 설득력 있는 주장을 했다.[3] 한 측면에서 보면, 이 책의 혼란스러운 형태는 인간의 정신에 트라우마가 미치는 영향으로서 "[기억]이 조각난 채로 놓여 있는 손상된 마음의 모자이크"[4]를 반영하고 있다. 다른 측면에서 이 책은 한 민족의 의미 구조 전체가 붕괴된 후에 나타난 사회 자체의 쓰라린 분열을 반영한다. 이 책은 현재의 재난을 일목요연하게 해석하려는 것이 아니라 실제 일어난 일과 그것이 하나님과 유다에 대해 의미하는 바를 다양한 관점에서 바라보면서 문학적 형식에 대한 공개 토론을 이끌어 낸다. 이 책 자체가 사회적 분열과 트라우마를 반영한다고 보는 오코너의 이해 덕분에 우리는 이 책이 스스로 답하려고 시도조차 하지 않는 질문을 과감하게 제기하는 측면이 있음을 음미할 수 있다. 모든 것이 유다의 잘못이었는가? 하나님이 유다를 배신했는가? 재앙을 피할 수 있다는 희망은 과연 유다에게 있었던가? 아니면 예레미야는 실패할 수밖에 없었던 것인가?

## 끝없는 고통

이 책의 가장 두드러진 수사적 특징이자 가장 명확히 나타나는 연속성 가운데 하나는 네 부분 중 두 번째 부분에 나오는 예언자의 다섯 가지 탄식laments이다.11:18-12:6; 15:10-21; 17:14-18; 18:18-23; 20:7-18 이전 세대는 이 기도들을 후대의 편집자가 (실수로든 아니든) 공개한 사적 기도, 심지어 일기 내용으로 여겼지만,5 사실 이 부분은 예언자의 문학적 표현에서 전략적 요소다. 이를 통해 예레미야는 시편 기자들과 매우 유사한 목소리, 곧 이스라엘의 공동 기도라는 공적 목소리를 취한다. 따라서 독자들은 시편과 유사한 이 기도를 통해 수동적인 청중이 아니라 예언자적 기도 전통에 능동적으로 참여할 수 있게 된다.

따라서 예언자의 탄식들은 눈에 띄는 위치에 함께 모여 있으며, 그 앞에는 이러한 예언자의 탄식들이 왜 예레미야의 상황에 대한 적절한 응답인지를 알려 주는 10개의 장이 있다. 그 장들의 내용은 다음과 같이 요약할 수 있다.

- **예레미야 1장**(반대와 신적 지원). 야훼는 예레미야를 불러 예언하게 한 다음, 그가 격렬한 반대에 직면할 것을 즉시 경고하고 동시에 보호를 확언한다. "내가 너와 함께 하여 너를 구원하리라."1:8, 19
- **예레미야 2-10장**(유다와 예루살렘의 죄악). 예레미야는 백성에게 멸망의 신탁을 전하며 회개를 촉구한다. 이 신탁들은 예언자예를 들어 4:10와 예루살

렘 '자신'4:19-21; 10:19-21의 당혹스러운 표현들로 강조되며, 때로 그들의
목소리는 서로 선명히 구분되지 않는다.예를 들어 8:19b-23; 10:23-25

• **예레미야 11:1-17(기도의 끝).** 백성들이 듣지 않았기 때문에,11:8 이제
  자신도 그들의 말을 듣지 않을 것이라고 야훼는 예레미야에게 말한
  다.11:11 선포된 재앙은 그대로 진행될 것이며, 예레미야가 백성들을 위
  해 기도하는 것은 금지된다.11:14; 참조. 7:16; 14:11-12 바로 이 지점에서 예레
  미야의 자신을 위한 첫 번째 기도11:18-12:6가 나오는데, 아마도 금지된
  백성을 위한 기도 대신 자신을 위해 기도했을 것이다.

예레미야의 첫 번째 불평은 많은 탄식 시편들과 마찬가지로 그
의 개인적인 원수인 "아나돗 사람들"11:21을 향한다.

여호와께서 내게 알게 하셨으므로 내가 그것을 알았나이다.
그때에 주께서 그들의 행위를 내게 보이셨나이다.
나는 끌려서 도살당하러 가는 순한 어린양과 같으므로
그들이 나를 해하려고 꾀하기를
우리가 그 나무와 열매를 함께 박멸하자
그를 살아 있는 자의 땅에서 끊어서
그의 이름이 다시 기억되지 못하게 하자 함을
내가 알지 못하였나이다.11:18-19

예레미야는 성전에 대한 비난7:1-15과 유다와 예루살렘에 대한
거듭된 재앙 예언으로 수도에서 적들을 만든다. 권력 중심지와 가까
운 자신의 마을에서 예레미야의 이웃과 친척들은 자신들을 위험에
빠뜨리는 이 노골적 예언자를 제거하려고 벼른다. 그러나 하나님을

향해 부르짖는 그는 개인적인 불평을 넘어 자신만의 독특한 방식으로 외친다.

악한 자의 길이 형통하며
반역한 자가 다 평안함은 무슨 까닭이니이까.12:1

언제까지 이 땅 주민의 악으로 인하여
이 땅이 슬퍼하며 온 지방의 채소가 마르리이까.12:4, 저자 사역―옮긴이

이 시는 예레미야의 개인적인 배신 경험에서 땅 자체의 고통으로 자연스럽게 옮겨 간다. 고대적이며 전통적이면서도 또한 동시대적인 감각을 가진 "탁월한 땅의 시인"[6] 예레미야는 땅을 하나님의 지각 있는 피조물로, 백성과 특히 지도자들의 죄로 인한 희생자로 바라본다.

이 불평에 대해 야훼는 놀랍게도 동정적으로 반응하지 않는다.

만일 네가 보행자와 함께 달려도 피곤하면
어찌 능히 말과 경주하겠느냐.12:5

야훼의 말뜻은 사실상 "예레미야야, 힘을 내거라. 최악은 아직 오지 않았다"이다. 그 어조가 동정적이지 않다면 아마도 그것은 다음의 신적 탄식에서 알 수 있듯이 야훼 자신이 겪은 배신의 아픔이 너무 생생하기 때문일 것이다.

내가 내 집을 버리며 내 소유를 내던져

내 마음으로 사랑하는 것을 그 원수의 손에 넘겼나니
내 소유가 숲속의 사자 같이 되어서
나를 향하여 그 소리를 내므로 내가 그를 미워하였음이로라.12:7-8

"나의……나의……나의……." 이 버림 선언의 외침 속에 틀림없이 신적 애착이 담겨 있다. 야훼의 '미움'은 가장 괴로운 고통과 연결된 깊은 관계의 표현이다. 유다 왕국의 상징인 사자의 먹이가 된 야훼라는 환상은 예레미야가 알았을 수도, 몰랐을 수도 있는 아모스의 이미지를 충격적으로 반전시킨 것이다. 아모스는 포효하는 사자를 사용하여 하나님의 무시무시하고도 강력한 말씀을 상기시킨다.암 3:8 그러나 이 애가에서 희생자는 백성 때문에 공포에 질린 하나님이다. 아브라함 헤셸이 "신적 파토스"라고 부르는 것을 이렇게 적나라하게 표현한 경우는 예언서들 중에서도 드물지만, 그 "감정적" 폭발조차도 "결단과 단호함의 결과이다.……하나님이 의도하신 것은 그의 분노가 집행되어야 한다는 것이 아니라, 백성들의 회개에 의해 무효화되어야 한다는 것이다."7참조. 18:7-8 인간의 손에 하나님이 고난을 겪는다는 예레미야의 인식은 신성과 인성을 모두 갖춘 예수를 생각하는 기독교적 이해로 나아갈 때 중요한 단계이다. 예레미야처럼 그도 "딸 내 백성이 상하였으므로" 상함을 입었다.참조. 8:21

　강한 신적 고뇌를 드러내는 야훼의 단호한 응답으로 예언자가 더 이상 불평하지 못하고 잠잠하리라 기대할 수도 있다. 그러나 이것은 예레미야의 탄식 중 첫 번째에 불과하며, 이어질 여러 장들은 더욱 격렬하고도 위험한 수준으로 나아간다.

　나의 고통이 계속하며 상처가 중하여 낫지 아니함은 어찌 됨이니이까.

| 예레미야와 예레미야애가 |

주께서는 내게 대하여 물이 말라서 속이는 시내 같으시리이까.15:18; 참조.
사 58:11

예레미야는 이처럼 대담하고도 심지어 모욕적인 비난을 통해 허
용되는 분노의 한계를 시험한다. 관계를 끊지 않은 상태에서 하나님
을 향해, 그리고 하나님에 대해 무엇을 말할 수 있겠는가? 이 초기 장
들의 반+전기적 구조에 뿌리를 내린 이 예언자의 애가는, 자기를 버
리고 하나님을 섬기기 위해 헌신한 삶의 과정에서 어떻게 가장 어려
운 질문들이 나타나고 또 결코 완전히 사라지지 않는지를 보여준다.

주전 6세기 세계에서 예레미야의 이러한 연설 방식은, 우상숭배
적이고 따라서 파멸적이라고 예레미야가 인식하는 많은 유다인들의
종교적 관습과 대비되는, 신실하고도 '예언자적인' 대안으로 해석될
여지가 있다. 이러한 우상숭배적 관행 가운데 첫 번째는 종교 기관의
관습적인 언어와 거짓 확신을 받아들이는 것이다. 예레미야는 성전
문에서 행한 연설을 통해 그것을 조롱한다.

여호와께 예배하러 이 문으로 들어가는 유다 사람들아, 여호와의 말씀
을 들으라. 만군의 여호와 이스라엘의 하나님께서 이와 같이 말씀하시
되 너희 길과 행위를 바르게 하라. 그리하면 내가 너희로 이곳에 살게
하리라. 너희는 이것이 여호와의 성전이라, 여호와의 성전이라, 여호와
의 성전이라 하는 거짓말을 믿지 말라.7:2-4

예레미야가 비판하는 것은 무비판적으로 받아들인 시온 신학이
다.[8] 거룩한 행위 없이 성소만을 신뢰하는 것은 종교적 망상이며, 많
은 유다인들이 범한 또 다른 우상숭배적 선택으로서 다른 신들을 숭

배하는 것만큼이나 망상적이다. 나라 곳곳에서 사람들은 "하늘의 여왕" 곧 어머니 여신 아스타르테(이슈타르)와, 그들이 늘 붙들려 있던 다른 전통적인 가나안 신들7:18; 참조. 44:17-19에게 술을 붓고 제물을 바치고 있었다. 위안은 줄지 모르나 위험한 이 두 가지 종교적 망상과 대조적으로, 예레미야는 고독한 선택을 하는 모범을 보여준다. 그것은 역설적으로 유일하게 안전한 행동을 하는 것인데, 바로 참된 하나님과 대면하여 솔직하게 문제를 다루는 것이다.

예레미야의 대결은 이 놀라운 고발에서 절정에 이른다.

여호와여, 주께서 나를 권유하시므로 내가 그 권유를 받았사오며
주께서 나보다 강하사 이기셨으므로
내가 조롱거리가 되니 사람마다 종일토록 나를 조롱하나이다.
내가 말할 때마다 외치며 파멸과 멸망을 선포하므로
여호와의 말씀으로 말미암아
내가 종일토록 치욕과 모욕거리가 됨이니이다.
내가 다시는 여호와를 선포하지 아니하며
그의 이름으로 말하지 아니하리라 하면
나의 마음이 불붙는 것 같아서 골수에 사무치니
답답하여 견딜 수 없나이다.
나는 무리의 비방과 사방이 두려워함을 들었나이다.
그들이 이르기를 고소하라 우리도 고소하리라 하오며
내 친한 벗도 다 내가 실족하기를 기다리며
그가 혹시 유혹을 받게 되면 우리가 그를 이기어
우리 원수를 갚자 하나이다.
그러하오나 여호와는 두려운 용사 같으시며 나와 함께 하시므로

나를 박해하는 자들이 넘어지고 이기지 못할 것이오며

그들은 지혜롭게 행하지 못하므로 큰 치욕을 당하오리니

그 치욕은 길이 잊지 못할 것이니이다.

의인을 시험하사 그 폐부와 심장을 보시는 만군의 여호와여,

나의 사정을 주께 아뢰었사온즉

주께서 그들에게 보복하심을 나에게 보게 하옵소서.20:7-12

희망과 절망 사이의 투쟁은 이 영적 승리의 말로 끝나지 않는다. 몇 구절 뒤에 예레미야는 자신이 태어난 날을 저주하게 된다.20:14-18 예언자는 인간과 신이라는 두 가지 압도적인 힘 사이에 끼어 있으며, 우리가 아는 한 남은 생애 동안 둘 중 하나 또는 둘 다가 그를 지배할 것이다. 그의 마을과 유다 땅, 야훼와의 친밀한 관계,참조. 15:16 예루살렘의 포로 됨, 그리고 그가 원치 않는 이집트 유배44:4-7; 참조. 42:15-22 등 모든 곳에 공포가 도사리고 있다.

### 속박에서의 승리

야훼를 향한 예레미야의 고발은 독자들에게 걸림돌이다. 월터 브루그만은 그것이 제기하는 의심을 뚜렷이 한다.

예레미야는 불균형적이고도 극단적인 태도로 야훼가 존중할 만하지 못하다고 느끼는 감정을 드러낸다. 이 간결하지만 강력한 발언에서 야훼는 때때로 자신의 방식대로 하기 위해 강요하고, 조종하고, 착취하는, 원칙 없는 불량배라는 인상을 준다. 예레미야는 야훼의 신실하고 용기 있는 대변자였지만, 그는 자신의 부름이 야훼의 지지나 확인이 거의 없

는 일방적인 것이었음을 인식하고 있다. 예레미야는 "이용당했고", 야훼는 그를 "이용해 먹은" 자다.[9]

그러나 이러한 접근 방식은 성서가 허락하는 기도의 자유와 역동성을 충분히 진지하게 인식했는지에 대해 의문을 안긴다. 이 예언자적 탄식은 하나님과 함께하는 우리 삶의 순간, 가장 신실한 하나님의 종들이 필연적으로 견뎌야 하는 극도의 공포와 분노의 순간을 표현한다. 그런 의미에서 그들은 하나님께 우리 마음의 진실을 말하고 있다. 그러나 탄식 시편을 대할 때처럼, 예레미야의 솔직한 불평을 하나님이 실제로 어떤 존재라는 교리적 진술로 받아들여서는 안 된다.

이 구절을 다루는 보다 유익한 방법은 20세기 독일의 순교자 디트리히 본회퍼Dietrich Bonhoeffer에게서 찾을 수 있다. 본회퍼는 학생 시절부터 예레미야 안에서 사역의 모델을 발견했다. 그것은 그로 하여금 교회의 최고 권위를 포함해 압도적인 다수의 동족과 맞서게 했다. 런던의 독일어 사용 회중을 섬기던 젊은 목사 본회퍼는 1934년 1월 21일 설교 본문으로 예레미야서 20:7을 선택했다. 당시 독일 복음주의 교회는 막 나치당과 손잡았고, 본회퍼는 제국의 감독을 따르고 지지하라는 압력을 받고 있었다. 그해에 본회퍼는 영국에 있는 독일 개신교회들을 고백교회와 연계하며 이 압력에 맞서 저항의 방향으로 이끌고자 했다. 그의 설교는 점점 그런 필요가 커지는 상황을 보여준다.

올가미가 더 단단히 당겨질수록 예레미야는 자신이 죄수라는 사실을 상기하게 됩니다. 그는 죄수이며 따라야만 합니다. 그의 길은 정해져 있습니다. 그것은 하나님이 결코 놓지 않으실 사람의 길, 결코 하나님

| 예레미야와 예레미야애가 |

을 떠나지 않을 사람의 길입니다.……

　　그는 평화의 교란자, 백성의 적으로 비난을 받았습니다. 오늘날까지 모든 시대에 걸쳐 하나님에 의해 사로잡히고 속박된 모든 사람이 비난받은 것처럼 말입니다. 그에게 하나님은 너무 강하셨습니다.……그렇지 않았다면 그는 얼마나 기쁘게 평화와 만세를 나머지 사람들과 함께 외쳤을까요.……

　　진리와 정의의 승리의 행렬, 하나님과 그의 성서의 승리 행렬이 세상을 통과합니다. 승리의 전차 뒤로 쇠사슬에 묶인 포로들이 줄지어 끌려갑니다. 마침내 그분이 우리를 그의 승리의 마차에 묶어 주시길! 그래서 비록 속박과 억압 속에서라도 그분의 승리에 참여하게 하시길![10]

　　이 뛰어난 설교적 주석에서 주목할 만한 세 가지 측면이 있다. 첫째, 본회퍼는 회중을 예언자적 드라마에 참여하게 한다. "마침내 그분이 우리를 그의 승리의 마차에 묶어 주시길!" 둘째, 예레미야가 한동안 문자 그대로 죄수가 되어 보안 책임자 바스훌 제사장에 의해 성전의 구금 구역에 갇혀 있었다면,20:1-2 본회퍼는 성격이 다른 투옥에 초점을 맞춘다. 즉 현재에 이르기까지 모든 시대에 "하나님에 의해 사로잡히고 속박된" 사람들이다. 셋째, 그는 대부분의 탄식이 그러하듯 이 탄식도 희망을 향해 열린다는 점을 안다. 그러나 나치의 감옥에서 죽기 10여 년 전인 이때에도 승리는 필연적으로 우리가 바라는 방식이 아니라 하나님의 방식으로 온다는 것을 본회퍼는 안다. 예레미야의 이야기와 기도들, 본회퍼가 자주 설교하고 글을 썼던 시편들, 이 모든 것은 본회퍼가 승리와 구원의 방식을 받아들이도록 준비시키는 중요한 본문들이 되었다. 예레미야가 예언한 대로 예루살렘은 바벨론 군대에 함락되었다. 본회퍼가 기도하고 계획했던 대로 제3제국은 무너졌다. 그러나 예레미야는 이집트의 유배지에서 죽었고, 본회퍼는 유럽에서 전쟁이 끝나기 불과 몇 주 전에 플로센부르크에서 투옥되어 교수형에 처해졌다. 속박과 승리는 동시에 일어나며 둘 다 실재한다.

# 재앙과 사랑시

· 예레미야애가 ·

예레미야서는 예루살렘 함락까지와 그 이후의 사건들에 대한 긴 산문 기록을 포함하며, 그것은 신명기 역사가들의 특징적인 언어로 쓰여 있다. 이 기록은 열왕기의 기록과 일치하는데, 예루살렘과 유다 백성은 회개하라는 야훼의 예언자들의 호소를 거듭 거부했으며렘 34:15-22; 35:12-17; 36:29-31; 44:2-6; 참조. 왕하 24:20 따라서 벌을 받아 마땅하다는 내용이다. 그들이 참회하지 않았다는 사실을 입증하여 하나님의 공의를 옹호하는 것이 신명기 역사가들의 주된 신학적 관심사이다. 그러나 그들은 믿음의 사람들이 재앙적 상실에 **느꼈을** 모든 것을 다루지는 않는다. 그것이 예레미야애가이하 '애가'─옮긴이가 정경에 포함된 이유다. 이 책에 실린 다섯 편의 시는 예루살렘 멸망의 슬픔과 충격을 성서 전체에서 가장 길고도 강렬하게 표현한다. 이것은 아마도 재앙의 사랑시로 볼 수 있을 것이다. 그 사랑은 시편 시인이 하나님께 시온의 구원과 회복을 탄원할 때 나타나는 사랑이다.

주께서 일어나사 시온을 긍휼히 여기시리니
지금은 그에게 은혜를 베푸실 때라 정한 기한이 다가옴이니이다.
주의 종들이 시온의 돌들을 즐거워하며

그의 티끌도 은혜를 받나이다.시 102:13-14

사랑이 배신당할 때 그렇듯 애가에는 혼란스러운 여러 감정이 경쟁하듯 뒤섞여 나타난다. 당혹감과 분노, 자책과 희망의 감정이 섬광처럼 번뜩이며 쏟아져 나온다. 적절하게도 애가의 첫 단어인 '에이카'*Eykah, '어찌하여……!?', 1:1; 참조. 2:1; 4:1*는 감탄사이자 의문을 표현한다.

슬프다. 이 성이여. 전에는 사람들이 많더니
이제는 어찌 그리 적막하게 앉았는고.1:1a

그리고 이어진다.

전에는 열국 중에 크던 자가 이제는 과부 같이 되었고
전에는 열방 중에 공주였던 자가 이제는 강제 노동을 하는 자가 되었도다.
밤에는 슬피 우니 눈물이 뺨에 흐름이여……1:1-2

도시를 향한 탄식은 현대의 많은 독자들에게 낯설 수 있으나, 사실 이것은 세계에서 가장 오래된 시 장르 중 하나다. 탄식은 주전 6세기에 이미 고대의 것이라 여겨진 근동의 문학 전통에 속한다. 그보다도 약 15세기 전주전 약 2025년 수메르의 시인들은 수도 우르의 멸망을 다룬 아름다운 장편 서정시를 지었다. 다신교를 배경으로 쓰인 이 시들 중 하나는 그 도시의 여신 "어머니 닝갈Ningal"이 "폐허가 된 자신의 신전을 두고 비통하게 탄식하는" "공주"로 묘사되는데, 이는 일신교인 이스라엘의 시 안에서 예루살렘이 맡은 역할과 유사하다.[1] 그 여신은 도시를 버렸다는 혐의를 받고 자신을 변호한다. 인간 공격자들로부터 도시를 구해 달라고 높은 신들에게 호소했지만 그들이 개입하지 않았다는 것이다. 최고 신인 안An과 엔릴Enlil은 "[닝갈]의 백성이 죽임당하도록 [닝갈]의 운명을 결정했다."[2] 이스라엘의 성서에서는 여러 신이 서로 거래한다는 것을 상상할 수 없다. 애가는 야훼가 예루살렘의 멸망을 허용했을 뿐만 아니라 그렇게 되도록 이끌었다는 점을 반복해서 강조한다.

> 여호와께서 딸 시온의 성벽을 헐기로 결심하시고
> 줄을 띠고 무너뜨리는 일에서 손을 거두지 아니하사……2:8

> 여호와께서 이미 정하신 일을 행하시고
> 옛날에 명령하신 말씀을 다 이루셨음이여
> 긍휼히 여기지 아니하시고 무너뜨리사……2:17

닝갈은 다른 신들이 자신의 성소를 파괴한 것을 애통해하지만 이스라엘의 하나님은 '자신의' 성소를 파괴했다.

> 주께서 그의 초막을 동산처럼 헐어 버리시며 그의 절기를 폐하셨도다.
> 여호와께서 시온에서 절기와 안식일을 잊어버리게 하시며
> 그가 진노하사 왕과 제사장을 멸시하셨도다.
> 여호와께서 또 자기 제단을 버리시며 자기 성소를 미워하시며
> 궁전의 성벽들을 원수의 손에 넘기셨으매
> 그들이 여호와의 전에서 떠들기를 절기의 날과 같이 하였도다.2:6-7

수메르의 시인은 "사람들이 깨진 그릇 조각같이" 널리고, 성문

에는 시체가 쌓여 있고, 한때 대중의 축제가 열렸던 대로에 "머리들이……무더기로 이곳저곳에" 쌓여 있는 도시를 묘사한다.[3] 애가의 그림도 놀랍도록 유사하다.

> 늙은이와 젊은이가 다 길바닥에 엎드러졌사오며
> 내 처녀들과 내 청년들이 칼에 쓰러졌나이다.
> 주께서 주의 진노의 날에 죽이시되
> 긍휼히 여기지 아니하시고 도륙하셨나이다.2:21

> 성소의 돌들이 거리 어귀마다 쏟아졌는고.
> 순금에 비할 만큼 보배로운 시온의 아들들이
> 어찌 그리 토기장이가 만든 질항아리 같이 여김이 되었는고.4:1-2

이 시는 날것 그대로다. 끔찍한 이미지를 우리 마음속에 새기며 신정론적 질문을 대면하라고 강요한다. 야훼가 신적 정의의 경계를 위반했는가? 열왕기는 그 질문에 '아니오!'라고 답한다. 그러나 애가는 예루살렘에 대한 하나님의 폭력을 정당화하려는 시도를 하지 않는다.

여기에 나오는 여러 시는 근동 지역의 문화에서 나타나는 재앙시 전통에 속하며, 이 전통은 성서의 시가 유래한 동일한 지역에서 우리 시대까지도 지속되고 있다. 도시를 위한 탄식의 강력한 사례로서 팔레스타인의 저명한 시인 마흐무드 다르위시Mahmoud Darwish의 장편 산문시 「가자를 위한 침묵」Silence for Gaza이 있다.

가자는 가장 부유한 도시가 아니다. 그것은 가장 우아하거나 가장 큰 것이 아니지만, 전체 고향 땅의 역사와 동등하다. 왜냐하면 그것은 적의 눈에는 더 추하고, 가난하며, 비참하고, 악하기 때문이다.……왜냐하면 그것은 지뢰를 품은 오렌지들이고, 어린 시절이 없는 아이들이며, 나이 들지 않은 노인들이고, 욕망이 없는 여성들이기 때문이다. 이 모든 이유로 그것은 우리 중에서 가장 아름답고, 가장 순수하며, 가장 부유하고, 가장 사랑받을 가치가 있는 것이다.[4]

한 민족이 전쟁으로 비인간화라는 상실을 겪었을 때, 소중한 이들의 몸이 질그릇처럼 깨지고 버려졌을 때, 시인이 그것을 다시 인간화하기 위해 할 수 있는 최선의 일은 잃어버린 것에 대한 사랑과 그리움을 표현하는 것이다. 그리고 사랑이 아직 존재하는 곳에서는, 때가 되면 희망이 따라올 수 있다.참조. 고전 13:13

## 희망을 되살리기

애가의 몇 가지 특징은 재앙 이후에 희망을 회복하려는 힘겨운 노력에 기여한다고 볼 수 있다. 그중 첫 번째는 애가들이 단순히 **시로** 존재한다는 사실이다. 그것들은 하나님에 관한 시이며, 어떤 부분에서는 기도의 모습으로 하나님을 향해 말을 거는 시다. 독일의 철학자 테오도어 아도르노Theodor Adorno는 1950년에 다음과 같이 유명한 선언을 했다. "아우슈비츠 이후에 시를 쓰는 것은 야만적인 짓거리다."[5] 그러나 역사적 증거는 다른 방향을 가리킨다. 수감자들이나 도시나 문화의 폐허 속에서 살아가는 사람들은 시를 쓴다. 그들은 또한 신학을 집필하고, 기도를 한다. 아마도 이러한 모든 형태의 표현들이 철학이 다시 쓰이기 전에 먼저 명료한 모습을 갖출 것이다. 더욱이 애가는 대다수의 시편이나 예언적 시보다 더 형식을 갖춘 구조화된 시다. 폴란드 시인 체스와프 밀로시Czeslaw Milosz가 중부와 동부 유럽에서 나치의 점령과 학살에 희생당한 수감자들이 지은 시와 노래를 언급한 것처럼, 극심한 위기 상황에서 쓰인 시가 종종 아주 전통적인 문학적 형식을 띤다는 것은 흥미로운 사실이다.[6] 혼돈 속에서 사람들은 질서 있는 언어를 매개로 자신의 삶에 새로운 구조를 부여하기 시작한다. 애가의 시들은 구마다 2박자 또는 3박자가 있는 규칙적인 운율을 보여준다. 애가의 주된 형식적 구조는 행이나 연의 첫 글자에 알파벳을 순서대로 배열하는 아크로스틱(답관체) 형식이며, 처음 네 장은 각각 히브리 알파벳 스물두 글자로 시작한다. 마지막 장은 그렇게 배열되어 있지 않지만, 스물두 절로 구성되어 있어 앞의 장들과 같은 아크로스틱 형식의 한 측면을 모방하고 있다.

알파벳 구조는 성서의 **성문서** 부분에 자주 등장하며참조. 시 9-10편: 25편: 34편: 37편: 111편: 112편: 119편: 145편: 잠 31:10-31 영시의 소네트처럼 아크로스틱 형식이 히브리어 문화권에 깊이 뿌리내렸음을 시사한다. 애가에 이처럼 비교할 수 없는 밀도로 나타나는 형식은 다양한 방식으로 읽힐 수 있다. 예를 들어 'A부터 Z까지'는 파괴의 완전성과 불가항력성을 함의한다고 이해할 수 있다. 마찬가지로, 좀 더 희망적으로 이해하면 이러한 철저한 파괴 행위에도 히브리어로 '타우'tav라는 끝이 있음을 암시한다. 더 나아가 알파벳순으로 정렬할 수 있는 것은 기억될 수 있으므로 어쩌면 이 구조는 모든 소중한 것들이 파괴된 장면을 온전히 남기려는 기록, 심지어 그 고통 자체까지도 포함해서 남기려는 몸짓일 수 있다. 그것은 사람들의 기억이 시간에 의해 조각나고 희미해져서 되찾을 수 없을 정도로 상실되지 않게 하려는 것이다.

이 시가 희망을 가리키는 두 번째 측면은 그것이 **히브리어로 쓰**

예레미야와 예레미야애가

였다는 점이다. 당시 유다인들은 고국에서든 유배지에서든 아람어를 사용하는 정복자들 사이에서 살고 있었다. 아람어는 당시 제국의 언어이자 국제어였고, 패망한 많은 사람들이 아람어를 습득해 사용했다. 그러나 히브리어로 기록된 것이 결국 그들의 경전이 되었고, 이는 새롭게 생성되는 유대교의 정체성이 생겨나는 데 닻과 같은 역할을 하는 공동체의 새로운 기반이 되었다. 또한 히브리어를 사용하는 이 공동체에 미래가 있고, 그것은 자그마한 유대 땅의 경계를 훨씬 넘어서는 것임을 확언해 주었다. 유대인들은 그들의 모국어를 터전으로 삼기 시작했고, 그것은 가장 파괴하기 어려운 문화적 유산이 되었다. 이 점을 러시아계 미국 시인 조지프 브로드스키Joseph Brodsky가 자신의 유배 경험을 떠올리며 적확히 표현했다. "언어는 국가보다 훨씬 유구하고 억누를 수 없는 것이다. 나는 러시아어에 속했다. 국가에 관한 한 작가의 조국 사랑은 높은 연단에서 맹세하는 형식이 아니라, 그가 어울려 살고 있는 사람들의 언어를 글에 담는 방식으로 측정되어야 한다."[7]

애가가 희망을 향해 나아가는 세 번째 방법은, 역설적이게도 **파괴의 사실들을** 물질적, 신학적으로 놀라울 정도로 솔직하게 서술한다는 점이다. 현실적 상상이 치유의 근원이 된다는 고전적 연구에서 윌리엄 린치William Lynch는 다음과 같이 말한다. "희망이 없는 사람들을 현실이 치유한다는 것은 사실이며, 현실과의 분리는 절망을 일으킨다.……우리를 위한 최선의 희망과 최선의 도움은 진실이다. 그것은 그저 겉보기에만 희생처럼 보일 뿐이다.……우리는 오직 거짓 희망들만을 포기한다. 그것은 좌절하게 만들고 분노와 절망만을 낳는 것들이다." 치유가 일어나려면 거짓 희망들이 "실제 외부 세계의 사실들"로 대체되어야만 한다.[8]

이 시들은 예루살렘 멸망에 대해 적어도 세 가지 중요한 사실을 밝혀 준다. 멸망을 촉발한 요인은 예루살렘의 죄였고, 포위와 마지막 무너짐에 수반된 고난은 압도적이었으며, 이 모든 책임이 야훼께 있다는 것이다. 이 중 첫 번째는 거의 지나가듯이 몇 군데만 언급되어 있다. 예루살렘은 죄를 지었고 범법했다.1:8, 14, 22; 3:42 어느 지점에서, 예루살렘 '자신'으로 추정되는 익명의 화자는 이러한 개인적 고백을 한다.

여호와는 의로우시도다. 그러나 내가 그의 명령을 거역하였도다.1:18

그러나 죄책을 인정하는 것보다 더 두드러지는 것은 30개월 동안 지속되었을 포위 공격으로 인한 고난의 묘사다. 그 길이나 공포스러움은 20세기의 레닌그라드 봉쇄와 비교할 수 있을 정도다. 당시 사람들은 자기 신발을 먹고 벽지를 뜯어내 거기 묻은 풀을 먹었다. 아마도 포위 공격은 그보다 상황이 나빴을 것이다. 시인은 그 공포의 깊이를 낱낱이 드러내며 그 책임을 야훼께 온전히 전가한다.

여호와여, 보시옵소서. 주께서 누구에게 이같이 행하셨는지요.
여인들이 어찌 자기 열매 곧 그들이 낳은 아이들을 먹으오며
제사장들과 선지자들이 어찌 주의 성소에서 죽임을 당하오리이까.
......
여호와께서 진노하시는 날에는 피하거나 남은 자가 없나이다.
내가 낳아 기르는 아이들을 내 원수가 다 멸하였나이다.2:20, 22

린치는 사실을 말하고 아무것도 감추지 않아야 치유가 가능하

고 다시 희망을 낳는다고 말한다. 애가에는 과연 한 가지 강력한 희망의 메시지가 나오는데 정중앙에 놓인 한 구절이다.3:21-36 이 구절은 특히 격렬한 일련의 불평들 뒤에 이어지는데, 시인은 마치 시편의 시인들처럼 목소리를 높인다. "고난당한 자는 나로다."3:1 시편 시인들의 특징은 인간 적들에 **관해** 하나님**께** 불평하는 것이지만, 여기서 급하게 이어지는 불평들은 모두 야훼를 향한다. 야훼는 감옥 간수처럼,3:7 들짐승처럼,3:10 과녁을 향해 활 쏘는 연습을 하는 궁수처럼3:12-13 행동하신다. 그러다가 갑자기 아무런 근거가 없는데도 이러한 말이 나온다.

> 이것을 내가 내 마음에 담아 두었더니
> 그것이 오히려 나의 소망이 되었사옴은
> 여호와의 인자와 긍휼이 무궁하시므로 우리가 진멸되지 아니함이니이다.
> 이것들이 아침마다 새로우니 주의 성실하심이 크시도소이다.3:21-23

이 본문은 많은 이들이 기억하는 기독교 찬송가에 영감을 주었지만,「오 신실하신 주」,「그 사랑이 아침마다 새롭다」시의 맥락을 보면 희망의 폭발은 갑작스레 온 것처럼 급히 지나가고, 몇 구절 뒤에는 다시 쓰라린 현재의 현실로 되돌아간다.

> **우리의** 범죄함과 우리의 반역함을 **주께서** 사하지 아니하시고
> 진노로 자신을 가리시고 우리를 추격하시며 죽이시고
> 긍휼을 베풀지 아니하셨나이다.3:42-43

사실 책의 마지막 행은 예루살렘이 하나님의 신실함에 대한 기

억을 소중히 여긴다 할지라도, 야훼가 그렇게 하신다는 보증이 없음을 보여준다.

> 주께서 어찌하여 우리를 영원히 잊으시오며
> 우리를 이같이 오래 버리시나이까.
> 여호와여, 우리를 주께로 돌이키소서.
> 그리하시면 우리가 주께로 돌아가겠사오니
> 우리의 날들을 다시 새롭게 하사 옛적 같게 하옵소서.
> 주께서 우리를 아주 버리셨사오며
> 우리에게 진노하심이 참으로 크시니이다.5:20-22

그리하여 이 책은 거부당한 자의 기도로 끝난다. 기도는 갑자기 깨져 버린다. 가장 절망적인 탄식의 시편들시 39편: 88편처럼 찬양하려는 시도는 전혀 없다.

### 눈물이라는 선물

애가가 정경에 포함된 이유를 간단히 설명하기는 어렵다. 우리에게는 충격과 고뇌, 심지어 하나님에 대한 실망까지 솔직하게 표현하는 탄식의 시편이 많이 있다. 그러나 대다수의 시편들은 특정한 재앙의 고유한 차원을 직접 반영하는 이 시들보다 역사적 구체성 면에서 덜하다(적어도 그렇게 보인다)는 장점이 있다. 그렇다면 어떻게 이 애가의 시들은 보존되었고, 심지어 예루살렘이 재건된(그리고 결국 다시 파괴된) 후까지 여러 세대에 걸쳐 소중히 간직되었는가? 그 항구적인 신앙적 가치는 무엇인가? 그에 대답하려면 아마도 유대교와 기독교 전통에서 애가가 신학적, 예전적으로 어떤 역할을 하는지 생각해 보는 데서 시작해야 할 것이다. 유대인들은 예루살렘 성전이 두 차례주전 587년과 주후 70년 파괴된 것을 기념하는 날인 티샤 바브Tisha b'Av에 애가 전문을 낭송한다. 이 절기를 지키게 하는 힘은 이스라엘의 하나님을 향한 지속적인 분노나 이스라엘을 향한 하나님의 가라앉지 않는 분노가 아니라 그들이 공유하는 슬픔이다. 유대교 예전에서 애가 3장의 탄식하는 목소리, "고난당한 자는 나로다"3:1는 종종 하나님 자신의 목소리로 들리며, 탈무드는 거룩하신 분 "자신이" 사자처럼 포효하고 예루살렘과 그 성전의 폐허 위에서 비둘기처럼 애통하며 "자식을 쫓아내야 했던 아버지에게는 화가 있도다! 아버지의 식탁에서 쫓겨난 자식에게도 화가 있도다!"라고 말하는 모습을 상상한다.[9] 하나님이 예루살렘을 위한 주된 애도자라면, 주된 파괴자인 야훼에 대한 모든 가혹한 비난에도 불구하고 애가 낭송은 역설적으로 하나님을 모방하는 행위imitatio Dei가 된다.

가장 극단적인 상황에서 인간이 할 수 있는 가장 웅숭깊은 정신적 행위는 아마도 하나님이 슬퍼하는 것을 슬퍼하는 것, 그래서 "야훼께로 완전히 돌아가는 것"3:40, 저자 사역—옮긴이이 될 것이다. 이것이 기독교 예전에서 고난 주간 동안 애가를 사용하는 근거가 되는 신학적 논리theo-logic이다. 중세 이후로 애가의 한 부분은 종종 성목요일이나 성금요일에 열리는 테네브래Tenebrae, '그림자들의' 저녁 또는 심야 예배에서 낭독되었다. 이 말씀들 뒤에서 십자가에 달린 예수의 음성이 들린다.

지나가는 모든 사람들이여,
너희에게는 관계가 없는가 나의 고통과 같은 고통이 있는가 볼지어다.

여호와께서 그의 진노하신 날에 나를 괴롭게 하신 것이로다.[10] 1:12

예전에서 애가를 듣는 행위는 이전 세기의 영성 저술가들이 "눈물이라는 선물"로 불렀던 그것을 받도록 도와줄 것이다. 지난 세기는 인류의 삶과 지구 자체를 파괴한 규모에서 역사상 전례가 없었던 세기이나 또한 눈물 없는 세기로 묘사되기도 했다. 아마도 애가에서 우리가 필수적으로 얻어야 하는 것은 집단적 고통과 슬픔을 표현할 수 있는 수단일 것이다. 우리에게는 이를 위한 공적인 자원이 거의 없다시피 하다. 전쟁과 전쟁 이외 폭력의 희생자들을 추모하는 물리적 기념물도 필요하지만 우리에게는 또한 언어적 자원들도 필요하다. 우리가 경험하고 저질렀던 재앙을 날것 그대로 명명하고 직면할 수 있게 하는, 그리고 회복의 희망이 남아 있다면 그것을 하나님 앞에 가져갈 수 있는 언어가 필요하다.

# 13

# 에스겔

# 세상 끝을 예언하다

· 에스겔과 학개 ·

에스겔은 누구도 좋아하지 않는 예언자일지 모른다. 그의 책에는 예레미야처럼 문학적으로 생동감 넘치는 예언자의 개성이 드러나지 않는다. 에스겔은 미가나 아모스처럼 사회 정의를 웅변적으로 주창한 사람도 아니었다. 그의 예언은 이사야의 예언처럼 신약성서 전체에 걸쳐 인용되지도 않는다. 그의 어조는 어느 예언자들보다도 거칠고 거침이 없다. 하지만 에스겔과 그가 유배지에서 본 하나님에 대한 환상이 없었다면 오늘날 이스라엘의 하나님을 예배하는 사람들은 존재하지 않았을 것이다. 모든 역사적 선례를 본다면 유다와 예루살렘이 바벨론의 칼과 포위 공격 무기로 무너졌을 때, 고대 근동의 다른 모든 나라들의 신과 예배 관습이 그러했듯 야훼 신앙도 유배의 먼지 더미 속에 묻혀야 했다. 하지만 이스라엘의 신앙은 지속되었을 뿐만 아니라 그 범위가 헤아릴 수 없을 정도로 커졌다. 작은 민족 종교가 활기찬 세계적 신앙을 일으킨 것이다. 예언에 대한 에스겔의 기여는 이러한 변화의 주요 요인이었다.

에스겔은 알려진 세상의 끝에 서서 증거 사역을 했던 난민 예언자였다. 엘리트 사독 가문의 제사장으로 성전 제단 봉사를 훈련받은 그는 첫 예언적 환상을 보았을 때 이미 바벨론에서 "사로잡힌 자

중에"1:1 살고 있었다. 그는 주전 597년에 예루살렘에서 사로잡혀 온 첫 번째 유배의 격랑에 속했고, 도시 바벨론에서 남쪽으로 약 100킬로미터 떨어진 "그발 강가" 마을에 강제 정착을 한다. 예언자로서 그의 영특함은 그 상황에 맞게 예언을 새로 구상하고, 새로운 매체와 새로운 음조로 예언한 데 있다. 에스겔은 아마도 책 형태의 예언을 처음으로 구상한 인물인 듯하다. 즉 당시에 흩어져 있던 유다인들인 예후딤*Yehudim*(나중에 '유대인'으로 불리게 되는)[1] 공동체들의 가장 먼 곳까지 전달될 수 있도록 예언들을 기록했다. 또한 그는 이 책의 기본적 구조를 형성하는 요소인 네 가지 큰 환상을 통해 이스라엘의 존재에 대한 새롭고도 놀라운 사실을 확립했다. 첫째, 하늘이 바벨론 위에서 열리고 야훼가 영광으로 나타날 뿐만 아니라 예언자를 세운다.1:1-3:15 둘째, 야훼는 '자신의' 성전과 예루살렘을 더럽혀지게 하고 버린다.8-11장 셋째, 야훼는 유배된 백성들을 되살릴 것이다.37장 넷째, 야훼는 성전과 버려진 도시와 그 땅을 재창조할 것이다.40-48장 이처럼 에스겔은 비통한 처지에 놓인 유배민들의 상황에 일관성을 부여하고, 예루살렘의 멸망을 넘어서 생각하는 방법과 야훼와 이스라엘의 깨어진 관계를 다시 생각할 수 있는 길, 곧 이전에는 상상할 수 없었던 길을 제시했다.

## 하나님에 관한 환상들

성서는 예레미야서와 에스겔서를 나란히 놓음으로써 문학적 개성이 뚜렷이 다르다는 것을 강조한다. 예레미야는 예언자 중 가장 독립적인 발언자이며, 시편과도 유사한 그의 탄식들은 그가 야훼와 직접 대립하는 모습을 보여준다.예를 들어 렘 12:1-6; 15:15-21; 20:7-9, 14-18 이와 대조적으로 에스겔은 하나님의 말씀을 전하는 대변자에 불과한 존재로 자신을 제시한다. 매번 예언들은 다음과 같이 시작한다. "그가 내게 이르시되, **인자야**……."2:1, 3: 3:1, 3, 4, 10 등 인자라는 범주화 호칭은 인간 피조물과 창조주, 예언자와 야훼를 절대적으로 구별하며, 이 책의 거의 모든 발언은 야훼로부터 나온다. 성서의 다른 어떤 책도 이처럼 단호하게 신 중심적인 전망을 보이지 않는다. 에스겔서는 모두 하나님에 관한 것이다. 그 결과 예언자 자신의 개성과 인간적 경험은 거의 완전히 묻혀 버린다. 예레미야와 달리 에스겔은 전기biography도 없고, 자신의 목소리도 없으며, 다른 사람과의 상호 작용도 없고, 드러나는 감정도 없다. 참조. 24:16

에스겔은 숙련된 음악가33:32이자 "비유로 말하는 자"20:49로 알려져 있었으나 그의 책에는 아름다운 시가 전혀 나타나지 않는다. 놀랍게도 에스겔의 소명 환상은 정경에서 가장 어색한 장이다. 다음 내용이 대표적이다.

> 보좌의 형상이 있는데 그 모양이 남보석 같고 그 보좌의 형상 위에 한 형상이 있어 사람의 모양 같더라. 내가 보니 그 허리 위의 모양은 단 쇠 같아서 그 속과 주위가 불 같고 내가 보니 그 허리 아래의 모양도 불 같아서 사방으로 광채가 나며 그 사방 광채의 모양은 비 오는 날 구름에 있는 무지개 같으니 이는 여호와의 영광의 형상의 모양이라.1:26-28

이 환상 보고에서 예언자는 매 걸음마다 자신의 혀에 걸려 넘어진다. 그러나 이 어눌함은 신학적 기능을 한다. 그것은 말할 수 없는 것, 자신의 눈으로 직접 하나님을 보고 표현하는 더듬거림이다. 고대 랍비들은 에스겔을 왕을 본 시골 사람에 비유했다.[2] 그는 바벨론, 곧 하나님이 존재하지 않을 것 같고 결코 존재할 수도 없을 듯한 곳에서 하나님을 본 경험을 말로 표현하기가 어려웠다. 하지만 단순히 할 말을 잃은 것이 아니다. 고뇌에 찬 그의 글은 그가 신중하게 단어를 선택하고 있으며, 언어로 말할 수 없는 것을 보여주고자 함을 암시한다. 이러한 직유법과 한정하는 표현은, 한때 성전 산, 지성소 주변, 하나님이 계실 것으로 생각되었지만 결코 볼 수는 없었던 그 어두운 공간에 살았던 예언자-제사장으로부터 기대할 수 있는 메시지의 특성을 분명하게 보여준다. "내가 본 것을 최선을 다해 말하고 있다. 하지만 무엇과도 비교할 수 없는 하나님을, 눈에 보이면서도 비물질적인 그의 모습, 모든 빛과 움직임을 어떻게 설명할 수 있을꼬!"

에스겔이 알고 있었을 이사야의 위대한 성전 환상<sup>사 6장</sup>과 이 보도의 차이점을 주목해 보면 유익하다.[3] 이사야는 확신 있게 말했으며, 랍비들은 그가 "왕을 본 도시 거주민처럼" 말했다고 표현한다. "내가 본즉 주께서 높이 들린 보좌에 앉으셨는데……."<sup>6:1</sup> 에스겔이 예루살렘의 그 위대한 전임자보다 확신이 덜하다고 보인다면 그것은 그가 유배지에서 예언하고 있으며, 그리하여 새로운 요소가 개입하고 있기 때문이다. 첫째, 그는 바벨론 신들의 이미지가 지배하는 문화 속 상황에서 야훼의 환상을 본다. 더 나아가 그는 육신의 눈은 아니지만 환상을 통해, 예루살렘 성전이 신상과 우상, 가증한 것들로 가득 찬 것을 본다.<sup>8:7-18</sup> 따라서 야훼가 보좌에 앉은 환상을 보았다고 말하는 에스겔은 두 번째 계명인 새긴 형상들을 금지한 계명에 <sup>출 20:4-6; 신 5:8-10</sup> 언어적으로 상응하는 형식으로 보도한다. 둘째, 에스겔은 글을 쓰는 사람이며, 일반적으로 글을 쓸 때는 말할 때보다 더 스스로를 의식하며 오해받을 가능성을 더 민감하게 고려한다. 에스겔은 공동체의 장로들이 공동체의 운명에 대해 자문을 구하러 올 정도로 공동체에서 인정받는 종교적 권위자였다.20:1 그가 글을 쓴다면 자신이 속한 공동체를 넘어서 다른 시공간까지 영향을 미친다고 예상하거나 희망하면서 썼을 것이 틀림없다. 따라서 우아하게 말하는 것보다 진실하게 하나님에 대해 말하는 것이 그에게 더 중요했다.

에스겔의 첫 번째 환상, 곧 유배지에서 야훼의 모습을 본 환상이 책의 후반부33-48장에 펼쳐지는 희망에 근거를 제공한다면, 두 번째 환상 보고8-11장는 예루살렘이 재앙을 통과하는 것 외에는 다른 희망이 없음을 확증한다. 이는 에스겔보다 나이가 많은 동시대 사람 예레미야가 처음 제기한 의혹을 확인해 준다.

> 딸 내 백성의 심히 먼 땅에서 부르짖는 소리로다.
> 여호와께서 시온에 계시지 아니한가.
> 그의 왕이 그 가운데 계시지 아니한가.렘 8:19

하나님의 버리심에 관한 이 상세한 이야기에서 예언자는 상상력을 발휘하여 자신이 잘 알고 있는 성전 경내를 걸어간다. 그는 성서의 제사장 전통, 특히 레위기와 창세기 부분을 반영하는 언어로 말하자면 "크게 가증한 일"을 목격한다. 야훼의 탄식처럼 이스라엘은 그 일들로써 야훼를 "자신의 성소로부터 멀리 떠나게 한다."8:6 게다가 성전 벽 너머로는 "그들이 그 땅을 폭행으로 채[운다]."8:17 이것은 한때 하나님을 움직여 그 땅eres, 창 6:11, 13에 홍수를 가져왔던 그 동일한 조건을 동일한 단어로 묘사한 것이다. 다시 한번 인간의 폭력은 자비로 누그러뜨려지지 않는 신적 진노와 만난다.

그러므로 나도 분노로 갚아 불쌍히 여기지 아니하며 긍휼을 베풀지도

아니하리니 그들이 큰 소리로 내 귀에 부르짖을지라도 내가 듣지 아니하리라.8:18

야훼는 (천상의?) 형벌 집행자를 소환한다. 그는 손에 무기를 들고 있다. 학살이 시작된다. 그 가증스러운 일들에 경악하지 않았던 사람은 남녀노소를 불문하고 모두 죽어야 한다. 하나님은 피에 굶주리고 미친 것처럼 보일 정도다. "너희는 성전을 더럽혀 시체로 모든 뜰에 채우라!"9:7는 명령으로 성전의 훼손을 더욱 가중시킨다. 겁에 질린 에스겔은 거의 고립된 채로 항의하며 외친다.

아하 주 여호와여, 예루살렘을 향하여 분노를 쏟으시오니 이스라엘의 남은 자를 모두 멸하려 하시나이까.9:8

그러나 살육은 계속된다. 이러한 종류의 신적 행동은 홍수 이야기, 레위기의 제사장 전통 토라, 에스겔의 더럽혀진 성전 이야기 배후에 있는 근본적인 질문에 비추어 볼 때만 이해할 수 있다. 인간의 죄악은 궁극적으로 언약 관계를 무효화하고 야훼를 이스라엘로부터, 심지어 창조 질서로부터 완전히 몰아내는가? 홍수 때와 마찬가지로 여기서도 대답은 (일시적으로) '그렇다'이다. 야훼가 예루살렘을 떠나시는 장면은 신중하게 묘사되며 극도의 아쉬움을 드러낸다. 병거 보좌에 올라탄 광채 나는 존재는 지성소로부터 올라와서10:1-18 성전 동쪽 문에서 잠시 멈춘다.10:19 백성의 지도자 가운데 한 사람이 갑자기 죽었을 때11:13 에스겔은 마지막 항변을 한다. 이 항변은 처음으로 야훼로부터 희망의 말씀을 끌어낸다. 그것은 멸망과 유배의 반대편 끝자락에서 일어날 이스라엘을 향한 근본적인 갱신의 약속이다.

내가 그들에게 한 마음을 주고 그 속에 새 영을 주며 그 몸에서 돌 같은
마음을 제거하고 살처럼 부드러운 마음을 주어 내 율례를 따르며 내 규
례를 지켜 행하게 하리니 그들은 내 백성이 되고 나는 그들의 하나님이
되리라.11:19-20

"그들은 내 백성이 되고……나는 그들의 하나님이 되리라"는 표
현은 시내산 언약의 갱신을 나타내는 신호다.출 6:7: 참조. 겔 14:11; 36:28; 37:23,
27 예레미야의 환상은 야훼가 이스라엘의 마음에 새 토라를 새겨 주
는 것이었다.렘 31:33 하지만 에스겔은 마음에 대한 더 과감한 수술, 곧
야훼께 진정으로 응답할 수 없는 돌처럼 굳어 버린 장기를 완전히
제거하고 이식하는 수술을 말한다. 회개가 불가능해졌을 때 인간의
의지가 다시 기능하려면 하나님의 일방적인 주도가 필요하다.

·이 환상에서 가장 신랄하면서도 신학적 결실이 있는 순간은 마
지막 부분이다. 하나님의 병거 보좌가 "성읍 가운데에서부터 올라가
성읍 동쪽 산에 머무르[는]"11:23 순간이다. 감람산은 유배민들이 이
동한 방향인 동쪽으로 여행할 때 성전 산을 마지막으로 볼 수 있는
곳이다. 야훼가 마지못해 떠나는 이 장면은 성서 이후 유대교 전통에
나오는 쉐키나 이야기의 배경이 될 것이다. 반†인격화된 하나님의
현존인 쉐키나는 유배지로 떠나는 이스라엘을 따라가는 '여인으로
서' 눈물을 흘린다. 다시 이 전통은 복음서 기록자들이 예수께서 지
상 생애의 막바지에 감람산을 지나 예루살렘에 입성하는 장면마 21:1;
막 11:1을 묘사할 때 그 배경이 된다. 예수는 예루살렘과 그 죄로 인해
슬퍼했던 예언자들의 계보에 서 있지만,마 23:37; 눅 13:34-35 바로 그 예루
살렘에서 그가 맞이한 죽음은 예루살렘에 대한 하나님의 지속적인
헌신을 나타낸다.눅 13:33; 참조. 마 20:18 예루살렘은 하나님의 임재가 이스

라엘과 가장 친밀하게, 그러나 때로는 파괴적인 영향력을 끼치며 접촉하는 장소이다.

## 예루살렘이 당하는 수치

예레미야나 예레미야애가의 시인과 달리 에스겔은 예루살렘을 두고 애통하지 않는다. 예루살렘이 멸망했다는 소식을 에스겔이 접할 때까지,33:21 이 책의 어조는 일관되게 가혹하고, 심지어 미움으로 가득 차 있다. 예언자는 '그녀'가 멸망해야 할 이유를 냉정하고 철저하게 서술한다. 그는 그 "피를 흘린 성읍"24:6을 여성화하고, 폭력적이고도 때로는 매우 성적인 언어로 비난한다. 한 충격적인 예는, 소녀 예루살렘이 성적으로 무책임한 여자로 성장하는 과정을 전기적으로 상세히 서술하는 부분이다. 학식 있는 지성인으로서 이스라엘의 종교적 상징에 흠뻑 젖어 있는 에스겔은, 예루살렘의 완전한 아름다움을 표현한 시편 시인들의 개념을 가져와서예를 들어 시 48:2; 50:2; 참조. 겔 16:14 이스라엘을 신실하지 않은 아내로 묘사하는 예언적 은유호 1-3장; 렘 2장; 3장; 5장와 결합한다. 그 효과는 외설적이라고 할 수는 없어도 기괴하다.

> 네가 또 내가 준 금, 은 장식품으로 너를 위하여 남자 우상을 만들어 행음하며……네가 음욕이 차지 아니하여 또 앗수르 사람과 행음하고 그들과 행음하고도 아직도 부족하게 여겨.16:17, 28

기소 내용보다 더 기괴한 것은 판결이다.

> 내가 너의 즐거워하는 정든 자와 사랑하던 모든 자와 미워하던 모든 자

를 모으되 사방에서 모아 너를 대적하게 할 것이요, 또 네 벗은 몸을 그 앞에 드러내 그들이 그것을 다 보게 할 것이며 내가 또 간음하고 사람의 피를 흘리는 여인을 심판함 같이 너를 심판하여 진노의 피와 질투의 피를 네게 돌리고 내가 또 너를 그들의 손에 넘기리니 그들이 네 누각을 헐며 네 높은 대를 부수며 네 의복을 벗기고 네 장식품을 빼앗고 네 몸을 벌거벗겨 버려 두며. 16:37-39

이 구절에서 구속적 가치를 찾는 것, 곧 온전한 의미의 성서로 그 내용에 귀 기울이는 것은 불가능하지 않더라도 어려운 일이다. 3세기의 주요 랍비들은 공적인 자리에서 이 구절 읽기를 금지시켰다. 고대에는 (언제나 그렇듯이!) 이에 대해서 의견이 분분했지만[4] 대다수의 현대 독자들은 아마도 후대 랍비들에게 공감할 것이다. 그러나 선포하거나 설교할 수 없는 성서 본문들이라 해도, 그것을 이해하기 위해 그리고 본질적인 내용을 전달할 다른 표현을 찾으려면 연구는 필요하다. 이 본문에 대한 일부 현대적 접근 방식, 그 예로서 에스겔에 대한 정신분석 프로필을 구성하려는 접근 방식은 오도의 가능성이 있다. 어느 학자는 예루살렘, 유다, 이스라엘의 여성화된 초상16, 23장은 "에스겔이 지녔던 어머니에 대한 사랑과 혐오의 복잡한 감정을 드러낸다. 핏속에서 발버둥 쳐도 돌봄을 받지 못했던 영아, 야훼가 성적으로 관심을 갖기 전까지 방치되었던 그 아이는 어린 시절 학대받은 에스겔 자신이다.……야훼와 성난 남성들에 의한 폭력적인 처벌은 어머니에 대한 복수와 관련된 에스겔의 '간신히 억압된 환상'의 일부다"[5]라고 주장한다. 더 단순하게 이스라엘 여성들의 성행위를 외설적이고도 비하적으로 묘사한 여성 혐오자로 에스겔을 취급하는 이들도 있다.[6]

이러한 현대적 제안들의 약점은 이 구절을 은유가 아니라 문자적으로 다룬다는 점이다. 이 제안들은 적어도 에스겔의 고뇌에 찬 상상 속에서 실제 여성의 성행위가 나타나고 있다고 간주한다. 그러나 에스겔에서 여성화된 인물은 "너의 신전"과 "너의 높은 곳들"과 같은 언급들이 가리키듯이 항상 한 도시에 대응된다. 여성화된 어조에도 불구하고 이 불쾌한 은유는 예루살렘 사람들 전체의 특징을 드러낸다. 따라서 해석자들은 에스겔의 개인적인 경험과 사고방식(우리는 그가 행복한 결혼 생활 후에 갑자기 사별했다는 사실만 알고 있다.24:16-18)을 재구성하려 들기보다는, 은유적 언어가 언어 습관들과 문학적 전통들, 그리고 특정한 사회적 상황들과 한꺼번에 얽혀 있는 복잡한 방식을 살펴보는 데서 시작해야만 한다.

이 신탁의 기저에는 예언자들에게서 흔히 나타나듯 이스라엘을 간음한 아내로 묘사하는 이미지가 있으며, 그것은 성 편향적 은유로서 전방위적 비판을 받아 왔다.[7] 그러나 여기서 가장 주목할 만한 점은, 이 예언자가 말하는 방식이 그 성적 은유를 결혼과 간음의 영역으로부터 다른 언급의 프레임, 곧 그의 직접적 청중의 경험을 반영하는 프레임으로 옮겨 놓는 부분이다. 대니얼 스미스크리스토퍼Daniel Smith-Christopher는 에스겔서 16:37-39 장면이 전쟁 포로들이 흔히 겪는 성적 굴욕을 떠올리게 한다고 지적한다. 지금과 마찬가지로 당시에도 여성과 남성 모두 강간을 당했다. 고대 예술 작품은 종종 포로들을 나체로 표현하며, 행진을 하든지, 누워 있든지, 창에 찔린 모습이든지 경멸의 대상, 곧 다른 사람들에게 경고를 주는 존재로 노출시킨다.[8] 더 나아가 근동의 전쟁과 관련된 표준적인 수사법에는 적을 여성화하여 굴욕감을 주는 것도 포함되었다. 예레미야서의 바벨론 주민들에 대한 비난이 그 한 가지 예다.

칼이 그들의 말들과 병거들과

그들 중에 있는 여러 민족의 위에 떨어지리니

그들이 여인들 같이 될 것이며……렘 50:37

에스겔이 글을 쓰는 대상은 전쟁, 포로, 유배의 연속적인 트라우마를 겪어 왔고 여전히 그 트라우마 안에 갇혀 있는 사람들이다. 그 분명한 사실에 비추어 스미스크리스토퍼는 개연성 있는 주장을 한다. 즉 에스겔의 언어는 이스라엘 내의 남성/여성 위계를 지지한다기보다 "자신과 동료 유배민들을 비천하게 만드는 제국 위계의 영향력을 드러낸다."[9] 이 능숙한 "비유로 말하는 자"[20:49]는 의도적으로 그들의 가장 쓰라린 경험을 회상하게 만듦으로써 독자와 청중을 괴롭히고 있다.

요한나 슈티버트Johanna Stiebert가 에스겔의 극단적이고도 폭력적인 언어 사용을 '반언어'antilanguage의 사례로 분류한 것도 생각해 볼 만하다. 반언어는 지배 사회에 대안을 만들고자 하는 반문화 집단인 '반사회들'antisocieties에 의해 계발되고 사용된다. 슈티버트는 현대 콜카타의 지하 범죄 조직과 폴란드 교도소 학교의 하위문화, 전근대 엘리자베스 시대의 영국의 방랑자 하위문화, 곧 마을 공동 방목지와 경작지가 사유화된 후의 방랑자 문화를 예로 들었다.[10] 일부 랩 음악도 여기에 해당될 수 있다. 반언어의 특징은 에스겔서에서도 나타나듯 저속하고 폭력적인 이미지, 과장, 전형적 악당 인물들, 전복적인 말장난과 은유, 현실의 기괴한 패러디 등 극단적 표현들이다. 반사회들은 급격한 변화를 가져오거나 강요하는 것을 목표로 하므로, 슈티버트는 에스겔서에서 반언어의 기능은 "파괴된 문화의 가치들을 전복하고 그에 저항하며 대안적 대항 현실을 건설하는 것"이라고 주장한다.[11] 에스겔이 선택한 전복의 수단은 수치심을 불러일으키고16:52 예루살렘의 자기 파괴적인 교만을 박탈하는 것이었다. 메시지의 요지는 이것이다. "너희는 소돔과 사마리아보다 훨씬 나쁘다.16:48-52 그들에게 일어난 일을 보라!" 키스 칼리Keith Carley는 수치심이 회복 공동체에 "자기혐오의……영구적 유산"을 남긴다고 주장하지만[12] 그 효과는 정반대일 수도 있다. 수치의 경험이 이스라엘로 하여금 하나님과의 관계에서 진정한 자기 인식을 갖게 만든다면 그 효과는 치료로 이어질 수 있고, 궁극적으로는 구원에 이르게 할 수 있다. 에스겔은 타협 없는 신 중심적 환상을 가지고 이스라엘의 눈을 인간 적으로부터 돌려 다시 야훼께 집중시킴으로써, 바벨론 사람들로부터 겉보기적 승리를 박탈하고 그들이 하나님과 이스라엘 사이에서 진행되는 중심적 드라마의 조연에 불과함을 드러내고자 한다. 이스라엘은 그 드라마에서 야훼의 뜨거운 분노의 실체를 대면하는 역할을 맡았다. 그러나 이 길고 구비구비 이어지는 신탁은 또한 야훼가 의도한 회복 사역의 규모를 드러낸다.

그러나 내가 너의 어렸을 때에 너와 세운 언약을 기억하고 너와 영원한 언약을 세우리라……내가 네게 내 언약을 세워 내가 여호와인 줄 네가 알게 하리니 이는 내가 네 모든 행한 일을 용서한 후에 네가 기억하고 놀라고 부끄러워서 다시는 입을 열지 못하게 하려 함이니라. 주 여호와의 말씀이니라.16:60, 62-63

이 약속은 성서에 근거한 그들의 기억을 세상의 초기, 곧 처음에 노아를 통해창 9:16 그리고 이후에 아브라함을 통해창 17:7 맺어진 '영원한 언약'으로 거슬러 올라가게 만든다. 다시 한번 야훼는 인간의 상상과 마땅히 받을 만한 것을 넘어서는 결정적 방식으로 행동한다. 그것은 이스라엘이 적절하게 응답하도록 만드는 것이다. 즉 인식하고 기억하고 마침내 수치심이 치유되는 것이다.

## 환상 속에서 본 미래

대다수의 예언서들과 마찬가지로 이 책도 이스라엘에 대한 징벌로 시작하여 위로로 끝난다. 전환점은 "사로잡힌 지 열두째 해 열째 달 다섯째 날"이다.33:21 이 날짜는 예루살렘이 함락된 지 5개월 후인 주전 585년 1월로, 마지막 재앙의 소식이 바벨론에 전해진 때다. 이때부터 에스겔은 예언자의 소명을 받을 때 하나님이 "내가 네 혀를 네 입천장에 붙게 하[리라]"3:26 하시며 부과한 '말 못함'에서 해방된다. 문자적인 의미에서 그가 말을 못한 적은 없었다. 하나님은 계속 그에게 이스라엘 백성에게 말하라고 명령했고, 이스라엘 백성은 그에게 신탁을 구했다.20:1 그러나 그의 신탁 내용은 이스라엘과 유다의 파멸을 예언하는 오랜 예언자 전통을 풀어 주는 데 국한되었다. 예루살렘에서 전령이 도착하여 그 도시가 멸망했다는 소식을 전한 후에야 에스겔은 새로운 것을 말할 수 있게 된다. "내 입이 열리기로 내가 다시는 잠잠하지 아니하였노라."33:22 이제 이전에는 상상할 수 없었던 반대쪽 끝에서부터 신실한 삶에 대한 새로운 비전이 열리기 시작한다.

이 시점부터 책이 끝날 때까지 이어지는 어조의 변화, 곧 희망을 향한 기조의 변화가 일어난다. 비록 에스겔은 (그리고 이 마지막 장들의 전개에 참여한 것이 분명한 그의 가까운 추종자들도) 생존자들의 공동체 안에서 모든 것이 완벽하리라는 환상을 가지지 않지만, **상대적으로** 의로운 남은 자들에게는 희망이 깃든다. 그들은 하나님과의 화해의 방식으로서 건강한 수치심을 경험할 수 있는 능력이 있는 자들이다. 에스겔의 회복에 대한 환상은 예언서들 중에서 가장 포괄적이며, 그 요소들 중 일부는 유대인과 그리스도인(신약성서 기록자를 포함해) 모두에게 상당한 영향을 끼쳤다.

마른 뼈 골짜기 환상은 이 책에서 가장 잘 알려진 구절이며, 유대교와 기독교 양쪽의 예전 주기에 모두 두드러지게 나타나는 유일한 구절이다.[13] 적어도 1세기부터 이 구절은 개인적 부활의 확언 또는 예고로 이해되어 왔다. 마태복음에 나타난 예수의 죽음 묘사는 이 장면을 떠올리게 한다. 예수의 큰 외침과 '영, 숨',*pneuma*, 마 27:50 땅이 흔들리고 바위가 부서짐, 무덤이 열림, 성도의 죽은 몸들이 일어남마 27:51-52 등이다. 이러한 것들은 예언자의 말에 반응하여 뼈가 크게 흔들리고 부딪힘, 뼈를 소생시키는 '숨, 영'37:9인 루아흐*ruah* 소환을 떠올리게 한다. 그러나 에스겔 환상의 맥락에서 이 구절은 개인적인 부활이 아니라 "이스라엘 온 족속"37:11의 집단적 소생과 관련된다. 더 나아가 이 환상은 예루살렘 성전에서 행해지는 거짓 예배에 대해 야훼가 주신 응답으로, 그곳에서 유다인들은 농사 주기를 따라 죽었다가 부활한 바벨론의 식물의 신 담무스8:14를 위해 애곡하곤 했다. 에스겔의 환상은 민족을 멸절의 무덤으로부터 일으키는 하나님을 말하며, 죽었다가 다시 살아나는 거짓 신의 신화를 역사적으로 반박하는 것이다.

내 백성들아, 내가 너희 무덤을 열고 너희로 거기에서 나오게 한즉 너희는 내가 여호와인 줄을 알리라. 내가 또 내 영을 너희 속에 두어 너희가 살아나게 하고 내가 또 너희를 너희 고국 땅에 두리니 나 여호와가 이 일을 말하고 이룬 줄을 너희가 알리라…….37:13-14

에스겔은 집단적 부활을 말하고 있다. 또한 그의 환상은 개인적
부활의 교리에서 중요한 것이 무엇인지도 명확히 하는데, 그것은 '내
가 죽을 때 무슨 일이 일어나는가?'라는 질문에 대한 답이 **아니다**(이
것은 성서가 자세히 다루지 않는 질문이다). 부활에 대한 기독교와 유대
교의 이해가 답하는 질문, 곧 죽음 이후의 인간 삶에 대한 모든 성서
적 비전의 기초가 되는 질문은 '인간의 죽음이 하나님의 영광을 감
소시키는가?'다. 이는 한 백성 이스라엘의 부활에 대해 전적으로 하
나님 중심적인 에스겔의 비전과 완전히 부합한다.

하나님의 영광과 이스라엘 백성에 대한 헌신에 관한 다른 주장
은 이어지는 환상, 곧 하나님이 이스라엘의 적들과의 마지막 전투에
서 승리하는 환상38-39장에서 나타난다. 이 환상은 다니엘의 묵시적
환상들을 미리 보여주는데 고전적 예언자들 안에서는 그와 유사한
것을 찾을 수 없다. 다른 예언서들에도 특정한 역사적 적들(앗수르,
이집트, 바벨론, 두로 등)에 대한 신탁이 많이 나오지만, 에스겔에 나오
는 마곡 땅의 곡은 좀 다르다. 이것은 여느 생명체보다 크고 명확하
게 정의할 수 없는 것으로서 레비아탄과 같은 혼돈의 괴물이며,38:4
고대로부터 예언자들이 말한 모든 적들의 총합이다.38:17 곡의 군대
는 소아시아에서 메소포타미아, 동아프리카에 이르기까지 알려진 세
계의 모든 곳으로부터 소집될 것이다.38:5-6 그의(그것의?) 이스라엘
침공은 전 세계적인 위기를 촉발할 것이며, 야훼는 모든 피조물을 통
해 그 위협을 격퇴할 것이다.38:18-23 결국 적들의 뼈가 하나도 남김없
이 묻힐 때까지 7개월에 걸친 대규모 수색과 매장 임무가 진행되고,
그것을 통해 땅이 정화될 것이다. "하몬곡 골짜기"39:15라는 광대한
공동묘지는 이스라엘의 마른 뼈에 숨을 불어넣어 다시 살아난 바벨
론 골짜기와 상징적인 대척점을 이룬다. 이 책에 전형적으로 나타나

는 것처럼, 야훼의 맹렬한 반응은 이스라엘에 대한 신적 연민의 행위라기보다는 만연한 인간의 눈멂과 직면하는 자기 계시의 행위다.

이같이 내가 여러 나라의 눈에 **내 위대함과 내 거룩함을** 나타내어 나를 알게 하리니 내가 여호와인 줄을 그들이 알리라.38:23

카디쉬Kaddish는 애도하는 사람들이 회당에서 히브리어와 아람어로 드리는 기도문인데, 그 첫 부분에 에스겔서의 독특한 표현이 메아리친다. 개인 혹은 집단의 죽음을 직면한 카디쉬는 이스라엘의 생존이 반드시 필요한 이 세상을 향해 하나님의 주권을 가장 강력하게 선언한다.

그분의 큰 이름, **그 위대함과 거룩함**이 그분이 뜻대로 창조하신 이 세상에 나타나기를. 그분의 통치가 당신이 사는 날 동안, 당신의 날들마다, 모든 이스라엘의 집이 사는 날 동안, 어서 빨리 굳게 세워지기를. 그리고 말합니다. 아멘.

땅의 정화는 에스겔의 마지막 환상을 위한 길을 준비한다. 그 환상은 성전부터 시작해 이스라엘이 소생하는 과정을 추적한다. 에스겔은 다시 한번 가증한 것들이 제거된 거룩한 구역으로 안내를 받는다. 많은 현대 주석가들은 매우 상세한 이 자료에서 진정한 예언적 영감을 발견하는 데 실패해 왔고, 그것을 종종 후대 편집자들의 작품으로 간주하기도 한다. 그러나 이 부분의 핵심 비전이 예언자에서 비롯되었다고 생각할 수 있는 적어도 두 가지 타당한 이유가 있다. 첫째, 회복된 성전 환상은 이 책의 신학적 형태에 필수적 요소다. 이 환상은 성전을 버리고 동쪽으로 이동하는 신적 임재에 대한 이전의 환상과 균형을 이루며, 그 길이와 세부 사항에서는 더 중요하다. 에스겔이 명시적으로 언급하듯이, 이제 그 존재는 떠났던 방향으로부터 돌아온다.43:2-3 둘째, 성전 환상은 바벨론의 종교적 맥락을 직접 언급한다. 유다인 유배민들은 이 환상을 바벨론의 건국 신화인 에누마 엘리쉬(이 신화에서 신들 사이의 큰 전투는 승자인 바벨론의 수호신 마르둑을 위해 신전을 짓는 것으로 끝난다)에 대한 일종의 리프riff. 음악에서 반복되는 부분이나 패턴—옮긴이로 들었을 것이다.

이 건축물 묘사에 잠재된 영적인 힘은 야훼의 흥미롭지만 설명되지 않은(성서의 제사장 전통에서 흔히 그러하듯) 명령 속에 암시된다.

> 너는 이 성전을 이스라엘 족속에게 보여서 그들이 자기의 죄악을 부끄러워하고 그 형상을 측량하게 하라.43:10

그런 다음 그들이 제대로 부끄러워한다는 조건하에 그들에게 좀 더 자세한 정보가 주어진다. 입구들과 출구들, 배치도와 가구들, 제단에서 흐르는 피를 모으기 위한 배수로의 치수 등이다. 이러한 논리가 서양 독자들에게는 낯설 수 있지만, 전통 문화권에서는 성스러운 공간을 언어적으로나 시각적으로 떠올리게 하는 것은 종교적 상상력을 위한 강력한 자원으로 종종 간주되었다. 중세 예배당 바닥의 미로나 불교 또는 힌두교의 만다라 등은 모두 다른 세계로 들어가는 경험을 불러일으키려는 것이다. 건축 양식은 영적 현실을 가리키며 때로는 사회 비판의 요소를 담기도 한다. 만다라는 신성한 영역을 하나의 궁전이나 도시로 나타낸다. 에스겔의 성전 설계도와 비슷한 방식으로 티베트 신비주의 문학의 만다라 디자인은 2차원 또는 3차원으로 매우 세밀하게 그려져 있다. 수도승이나 순례자는 지상의 권력자들을 상대화하는 군주에게 속한 이 궁전을 상상 속에서 거닌다.[14] (이 개념은 현대 사회에서도 그 비판적 날카로움을 완전히 잃지 않았다. 달라이 라마는 이러한 신비주의를 위협적으로 보는 일부 권력자들 때문에 망명 중에 있다). 마찬가지로 예언적 신비주의자 에스겔은 하나님이 "이스라엘 족속 가운데에 영원히 있을"43:7 대안적 현실을 자세히 묘사한다. 그는 왕이 없는 나라, 그 나라의 '통치자'nasi'가 평민보다 더 큰 특권을 누리지 못하는 나라를 상상한다. 환상 속에 묘사된 왕의 토지는 지파들에게 할당된 것에 비해 왜소하다. 야훼는 명시적으로 "[내통치자들은] 내 백성에게 속여 빼앗는 것을 그칠지니라"45:9라고 말한다. 이는 엘리야로부터 예레미야에 이르기까지 예언자들이 증언하고 있는 이스라엘 왕들의 관행을 금지하는 것이다.

이 성전 환상에서 가장 감동을 주는 부분은 아마도 성전에서 발원하여 동쪽으로 흐르는 신선한 물줄기가 사해히. '소금 바다'를 달게 바꾸고 이제 그곳에 어부들과 사시사철 푸른 과일나무들이 줄지어 서있는 모습일 것이다. 그 나무들의 "잎사귀는 약 재료가" 된다.47:9-12 이 이미지는 신구약성서에서 양방향으로 반향을 일으킨다. 이러한 '자연스럽지 않은' 그림은 거룩한 새 창조 세계이며, 시편 1편(시냇가에 심은 나무), 시편 46편(하나님의 성을 가로질러 흐르는 강), 시편 72편(성전에서 거의 만져질 듯이 흘러나와 땅을 비옥하게 하는 축복)과 조화를 이룬다. 사해의 물을 달게 만드는 것은 소돔과 고모라의 멸망을 반전시킨 것이다.참조. 16:53, 55 생명수가 흐르는 강, 먹을거리와 치유를 제공하는 나무들은 신약성서 요한계시록의 '예언' 안에서 다시 등장한다.계 22:1-2 복음서 기록자 요한은 이러한 이미지를 배경으로 예수의 초상을 제시한다. 예수께로부터 "생수의 강"이 흘러나오고,요

7:38 예수의 죽은 몸으로부터 피와 물이 흘러나오는데,요 19:34 그 몸은 요한이 끔찍한 파괴 이후에 회복될 새로운 성전으로 이해하는 몸이다.요 2:21 [15]

에스겔이 자세히 묘사한 이 회복의 환상은 두세 세대 후 또 다른 예언자에게 영감을 주었고 이제 예루살렘 성전 건축이 시작된다. 주전 520년, 페르시아의 고레스가 내린 칙령으로 바벨론에 있던 유배민들이 예루살렘으로 돌아와 도시 재건을 시작한 지 18년 후, 학개는 성전이 여전히 폐허로 남아 있는 것에 분노를 느낀다. 정치적 불안정과 긴급한 직접적 필요, 흉작으로 인해 백성은 "여호와의 전을 건축할 시기가 이르지 아니하였다"1:2라고 말한다. 학개는 그들을 동정하면서도 단호하게 반응한다. 그는 에스겔이 그랬던 것처럼 유다인들에게, 야훼가 합당한 명예를 받을 때 비로소 그들의 역사적 운명이 바뀔 것이라고 말한다.1:8 놀랍게도 학개가 첫 연설을 한 지 한 달 만에 재건이 시작되는데 이는 성서의 예언자로서는 드문 성공 사례다. 학개의 역사에 대한 희망은 두 인물에 중점을 두는데, 페르시아가 임명한 총독인 다윗 가문의 후손 스룹바벨과 대제사장 여호수아다. 그 책은 야훼가 '택한' 스룹바벨을 위해 "여러 왕국들의 보좌를 엎을 것이[다]"라는 장엄한 신적 약속으로 마친다.2:22-23 학개는 히브리 성서 안에서 가장 온전히 실현된 종말론, 곧 메시아 시대가 이미 실현되었다는 확신을 제시한다. 그러나 실제로 성전이 완공되는 동안 스룹바벨은 역사 기록에서 사라졌고 유다는 페르시아 제국의 봉신국으로 남아 있었다. 그럼에도 학개는 망상가나 사기꾼으로 비난받지 않았고 오히려 그의 말과 성취되지 않은 약속들은 정경에 포함되었다. 단기적으로 보면 그가 틀렸을지 모르지만, 그는 성전과 대제사장을 중심으로 유다인들이 새롭게 통합될 수 있는 기초를 마련했고, 그 두 기관은 500년 동안 유대교 예배의 가장 두드러진 구심점이 될 것이었다.

요약하자면, 에스겔은 유다와 예루살렘의 미래를 예언했지만, 또한 여러 측면에서 유대인과 후대 그리스도인의 종교적 사상과 언어의 미래를 개척했다. 예언의 책이라는 형태를 처음 구상한 이 예언자는 성서 이후 유대교의 두드러진 특징이 될 본문의 신학적 해석을 담당하는 서기관들의 문학적 조상이었다. 마곡의 곡에 대해 현실보다 더 거대한 야훼의 승리를 상상했던 이 신비주의자는 다니엘서 저자(들)처럼 정상적인 역사적 과정 밖에서 일어나는 하나님의 새롭고 극적인 행위를 기록하는 묵시적 환상가들의 선구자였다. 예루살렘 성전에서 추방되었던 그 제사장은 여러 세기 동안 유대인들의 경험과 오늘날까지 유대인들의 사고에서 제2성전이 중심적인 자리를 차지하게 만드는 길을 닦았다. 에스겔 자신은 뚜렷한 문학적 인물로 등장하지는 않지만, 그의 책은 이스라엘의 종교가 점차 유대교와 기독교에 의해 계승되는 과정에 따를 많은 일들을 예고해 준다.

# 14

# 시편

# 실재와 찬양

전체적 특징으로 볼 때 시편은 독자들이 즉시 이해할 수 있는 용어로 가장 직접적으로 말하는 성서라고 할 수 있다. 시편은 히브리 정경에서 바로 앞에 놓인 성서의 또 다른 위대한 시 모음집인 후기 예언서와 한 가지 측면에서 뚜렷한 대조를 보인다. 예언서를 온전히 이해하려면 고대 이스라엘과 유다, 그리고 주변 국가들과 당시 주도권을 잡았던 제국의 경제적, 정치적 상황을 알아야만 한다. 그러나 시편의 경우는 몇몇 예외는 있지만 특정 시들의 배경이 되는 역사적 상황이 독자들에게 드러나지 않는다. 20세기 학자들은 다양한 시편 시들의 '삶의 자리'*Sitz im Leben*를 규정하고자 엄청난 노력을 기울였지만 우리는 대부분의 경우 그 시를 쓴 사람이 누구인지, 어떻게 사용되었는지 알지 못한다. 그럼에도 시편에서 분명하게 드러나는 것은 생생하게 그려지곤 하는 감정 상태이며, 시인이 항상 자신의 자리를 주장한 그 세계를 구성하는 어떤(하나님, 다른 인간, 그리고 심지어 비인간 피조물과의) 관계의 그물망이다.

시편은 시 또는 노래의 형태를 취한다. 이러한 문학 장르는 세상을 설명하려 하거나 객관적인 언어로 묘사하려는 시도를 거의 하지 않는다. 그보다는 독자와 청중이 세상에 참여하는 방법들을 제시하는 데 목적이 있다. 시편은 마음을 향해 말하는데 마음은 성서의 은유적 생리학에서 상상력, 사고, 느낌, 의지의 기관으로, 인간과 하나님을 진정 연결시키는 신앙과 인격적 헌신의 자리다. 시편의 실제적 가치는 시편을 읽는 사람들이 인간의 역량과 경험 전체를 신학 작업에 가져오고, 현대 문화가 분리해야 한다고 통상 주장하는 몇 가지 영역들을 통합하도록 격려하는 데 있다. 시편을 잘 읽으려면 깊이 개입하려는 노력이 필요한데 좋은 시는 산만하거나 거리를 둔 상태로는 읽을 수 없기 때문이다. 칼뱅이 "영혼의 모든 부분에 대한 해부학"이라고 불렀던 시편은[1] 150편의 시들을 통해 하나님을 향해, 그리고 하나님에 관해 말할 수 있는 광범위한 가능성을 제시한다. 그 시들의 어조는 절망에서 환희에 이르기까지 다양하며 때로는 한 시 안에서 어조가 바뀌기도 한다.예를 들어 22편 여기서는 신중하게 구성된 이 시들이 어떻게 영적인 삶에 대한 구체적인 교훈을 제시하며 또한 실재의 구조 자체에 대한 더 깊은 이해를 제공하는지 살펴보겠다. 시편은 세상을 향한 특별한 지향성을 길러 준다. 즉 인간의 고통을 충분히 인식하면서 찬양 안에서 가장 진실한 표현을 찾아내는 지향성이다.

## 시는 필수다

현대 서구 사회에서 시는 사치스러운 장식품이 되었고, 평범한 사람들의 경험이나 표현과는 거리가 멀며 대부분 쓸모가 없다고 간주된다. 이러한 견해는 시가 실제로 그렇다는 말보다는 학교에서 시를 가르치는 방식과 그 가르치는 시의 종류에 결함이 있다는 말로 들린다. 이와는 대조적으로 유대교와 기독교 예전 전통을 포용했던 많은 전통 사회를 보면 시는 행복이든 불행이든 최고의 순간을 표현하는 필수적 수단으로 간주된다. 시편이 이스라엘의 '공동 기도서'로서 정경에 포함된 이유는 누구나 시를 감상하는 법을 배울 수 있으며 때로는 가장 극한 상황에서도 효과적으로 시를 사용하는 법을 배울 수 있음을 암시한다.

시는 "극대화된 말"maximal speech로서,[2] 압축되고 의도적이며 리듬감 있는 언어이자 몸과 기억 깊은 곳까지 스며드는 언어다. 말과 리듬의 조합은 담화나 설명의 언어가 건드릴 수 없는 감정들을 해방시키는 잠재력을 시에 부여한다. 시는 '비상 반응'의 언어로 사용될 수 있으며, 특히 위기가 장기화될 때 이 언어를 활용함으로써 책임감 있고 창의적으로 위기에 대처해 나간다. 20세기 마지막 수십 년 동안 이른바 "수단의 잃어버린 소년 소녀들"(사실 잃어버린 것이 아니라 집단 학살의 사냥감이 되었던)은 조국을 집어삼킨 분쟁을 피해 도망 다니며 시편과 다른 성서 본문의 반향을 담은 애도의 노래를 수백 곡 작곡했다. 그 새로운 시편은 길거리와 숲속에서, 임시 정착촌과 난민 캠프에서 기억되고 반복해서 불렸으며, 수백만 실향민 청년들에게는 일상의 음악이 되었는데 그러한 의미에서 록 음악과 같다.[3] 콩고의 성서학자 제이콥 오늄베 웬이는 전쟁으로 황폐해진 나라에서 보낸 자신의 청소년 시절을 회상한다. 그는 로마 가톨릭 신학교에서 자신과 다른 학생들이 장기화된 혼란에 어떻게 대처했는지를 말한다. "내가 아는 모든 사람들은 시를 썼다."[4]

한 랍비 미드라쉬는 시, 특히 시편의 예전시에 결정적으로 중요한 무언가가 있다는 관념을 넘치는 상상력으로 표현한다.

[하나님이 말씀하신다.] "그들[모든 혈육]이 날마다 내 앞에서 낭송하는 시와 노래가 아니었다면 나는 세상을 창조하지 않았을 것이다."

그러면 우리는 거룩하신 분, 복되신 분이 오직 시와 노래 때문에 세상을 창조하셨음을 어디에서 알 수 있을까? 바로 이 구절이다. "존귀와 위엄이 그의 앞에 있으며, 능력과 아름다움이 그의 성소에 있도다."96:6 즉 존귀와 위엄은 그분 앞 하늘에 있지만 능력과 아름다움은 지상의 성소에서 일어난다.……

그리고 어디에서 우리는 거룩하신 분, 복되신 분이 시를 위해 하늘을 창조하셨음을 알 수 있을까? 바로 이 구절이다. "하늘이 하나님의 영광을 선포하고……."19:1 **5**


하나님이 시를 위해 세상을 창조하셨다는 주장은 언뜻 터무니없어 보인다. 이 랍비들은 표면적으로는 두 시편96편과 19편의 구절을 딛고 도약하고 있다. 그러나 보다 근본적으로 보면 그들의 장난기 넘치는 논리는 아마도 예배의 맥락에서 경험한 리듬이나 운율 있는 말의 힘과 아름다움에서 영감을 받았을 것이다. 시편의 많은 시들이 성전이나 다른 성소의 예전에서 노래로 불렸을 것이다. "능력과 아름다움이 그의 성소에 있도다.96:6 그리고 이후에 랍비들은 회당에서 그 시들을 노래했을 것이다. 더 나아가 그들은 찬양을 인간과 비인간, 모든 피조물의 본질적인 활동으로 보는 법을 시편 기자들로부터 배웠다.예를 들어 98편, 145-150편 요컨대 그들은 시편의 시 없이 돌아가는 세상을 상상할 수 없었다.

현대 독자들은 고대 예배자들이 성전에서 어떤 "능력과 아름다움"을 경험했는지 정확히 알 수 없다. 성악과 기악이 모두 중요한 역할을 한 것은 분명하지만, 우리는 이스라엘의 시편 공연에 힘을 불어

넣은 음악 요소에 대한 구체적 지식이 거의 없다.예를 들어 98:1, 4-6 성서 히브리 시는 적절히 번역하기 어렵기로 악명이 높다. 그러나 번역문에서 시편의 미학을 어느 정도는 느낄 수 있다. 성서의 시는 운율을 사용하지 않으므로 번역을 해도 운율적 측면을 잃어버리지는 않는다! 그러나 시편의 시인들은 다른 반복과 변형, 예를 들어 소리 패턴(자음과 모음의 반복, 강세와 비강세 음절 사용)이나 단어와 주제의 반향을 이용해 일관된 구조들을 만들었다.[6] 1753년 옥스퍼드의 시학 교수 로버트 로스Robert Lowth는 그의 유명한 작품『히브리인의 거룩한 시에 관한 강의』Lectures on the Sacred Poetry of the Hebrews를 출간하면서 지금까지도 유용하게 사용되는 '평행법'parallelism이라는 용어를 만들었다. 이것은 성서의 시인들이 리듬 있는 말을 소리와 의미의 패턴으로 배열하는 다양한 방식을 일컫는다. 대다수의 시편은 거의 같은 길이의, 내용적으로도 밀접하게 관련된 두 행을 연결해 놓는다.

> 여호와여, 나의 대적이 어찌 그리 많은지요.
> 일어나 나를 치는 자가 많으니이다.3:1

> 여호와여, 주의 분노로 나를 책망하지 마시오며
> 주의 진노로 나를 징계하지 마옵소서.6:1

> 내가 여호와를 항상 송축함이여
> 내 입술로 항상 주를 찬양하리이다.34:1

반복은 단조롭지 않다. 이 행들이 보여주듯이 시편의 시에서는 흔히 미묘한 전진이 일어나며, 짝을 이루는 첫 번째 행에서 두 번째

행으로 옮겨 가면서 생각과 표현이 강렬해지거나 더 구체화된다. 따라서 시편 3편의 대적은 단순히 많기만 한 것이 아니라 적극적으로 '일어나고' 있다. 시편 6편의 "분노"는 "진노"로 더 크게 타오른다. 시편 34편에서 야훼는 단지 생각뿐 아니라 찬양의 행위를 통해 높임을 받는다. 더 나아가 새로운 이미지나 시인이 경험한 다른 측면이 소개되면서 시 전체의 생각이 발전되는 경우가 많다. 때로는 분위기가 바뀌기도 하는데, 그 결과 세심한 독자라면 처음 시작했던 때의 생각이나 마음과 똑같은 상태로 마치는 경우가 거의 없다.

## 실재의 구조

위에 인용한 미드라쉬에서 강조된 시편 19편은 세심하게 조정된 전체 구조를 보여주는 뛰어난 예다. 시 전체는 창조 세계를 질서 정연하게 만드신 하나님의 사역과 신성한 가르침, 곧 토라의 인도를 받는 삶의 진실함 사이에 어떤 상응성이 있음을 가리킨다. 이 시는 세 부분으로 구성되는데 우주,19:1-6 토라 중심의 공동체적 삶,19:7-10 토라의 학생인 시인 자신의 삶19:11-14이라는 신적 행위의 세 영역을 보여준다. 특이하게도 이 시편은 하늘의 배우들이 등장하며 시작한다.

> 하늘이 하나님의 영광을 선포하고
> 궁창이 그의 손으로 하신 일을 나타내는도다.
> 날은 날에게 말하고
> 밤은 밤에게 지식을 전하니
> 언어도 없고 말씀도 없으며
> 들리는 소리도 없으나.19:1-3

하늘은 하나님의 영광을 선포한다. 단지 하나님의 작품으로서 드러내는 위엄만이 아니라 능동적인 선포와 계시를 통해서도 하나님의 영광을 "선포하고" 있다. 몇 가지 반향들이 암시하듯이 그들의 소리 없는 발화는 빛의 속도로 전파된다. 하늘의 목소리는 태양이 "나와서" 날마다 궤도를 도는 것처럼 온 땅으로 나아간다.19:4-5 그들의 '말'은(우리가 알고 있는 말과는 다르지만) 태양이 하늘의 이 "끝"에서 저 "끝"으로 운행하는 것처럼 세상 "끝"까지 이동한다.19:4 태양의 작용은 철저하며 모든 것을 드러낸다. "그 열기에서 피할 자가 없도다."19:6

두 번째 부분은 완벽한 리듬을 갖춘 야훼의 계시된 말씀에 대한 묵상이다.

여호와의 율법은 완전하여 영혼을 소성시키며
여호와의 증거는 확실하여 우둔한 자를 지혜롭게 하며
여호와의 교훈은 정직하여 마음을 기쁘게 하고
여호와의 계명은 순결하여 눈을 밝게 하시도다.19:7-8

이 시편의 처음 두 부분이 서로 너무 다르기 때문에 성서학자들은 이 시편이 원래 하나였는지, 우주를 찬양하는 찬송(태양신을 기리는 가나안의 찬송에 대해 이스라엘의 응답으로서?)과 거룩한 문헌에 대한 묵상인 이른바 지혜 시가 융합된 결과인지를 놓고 논쟁을 벌이고 있다. 그런 자료들이 현존하는 이 시의 바탕에 깔려 있다고 하더라도 신학적으로 중요한 점은 우리에게 주어진 이 시가 창조 질서 안에서 온전히 통합된 삶을 살 수 있는 가능성을 증언한다는 점이다. 하늘은 날마다 소리 없는 말을 쏟아 내고 태양은 땅의 한쪽 끝에서 다른 쪽

끝으로 열기와 빛을 전한다. 따라서 거룩한 가르침'토라'은 시편의 시인처럼 "이것으로 경고를 받[는]" 또는 (다른 가능한 번역으로서) "그것들에 의해 비추임을 얻는"19:11 사람들에게 생명과 빛의 원천이 된다.[7]

마지막 부분에서 시인은 많은 시편 시들의 특징인 일인칭 발화로서 어느 정도의 취약성을 드러내며 자신의 경험을 말한다. 그는 내부와 외부의 위험에서 지켜 달라고 기도한다.

> 자기 허물을 능히 깨달을 자 누구리요.
> 나를 숨은 허물에서 벗어나게 하소서.
> 또 주의 종에게 고의로 죄를 짓지 말게 하사
> 그 죄가 나를 주장하지 못하게 하소서.
> 그리하면 내가 정직하여
> 큰 죄과에서 벗어나겠나이다.
> 나의 반석이시요 나의 구속자이신 여호와여,
> 내 입의 말과 마음의 묵상이
> 주님 앞에 열납되기를 원하나이다.19:12-14

이 마지막 간구에 담긴 말들은 앞의 두 부분을 반향한다. 우주적 찬송은 생명을 주는 태양의 열기 앞에서 아무것도 '피할 수 없다'고 선언하고, 시인은 야훼 앞에서는 아무것도 '숨길 수 없다'고 기도한다. 하나님의 정화와 보호는 인간의 삶이 야훼 자신의 토라와 동일한 '온전함'을 나타내는 전제 조건이다. 이 시인은 하늘의 움직임을 상상하는 것에서 시작해 마음을 굳건히 하며 야훼를 반석, 곧 흔들리지 않는 토대요 피난처라고 고백하며 마무리한다.

## 삶을 위한 지도

시편은 대부분 기도로 이루어졌으며 전체적으로 "성서에서 가장 의식적인consciously 종교적 문학이다."[8] 그러나 시편은 평범한 삶의 기쁨, 압박감, 고난과 단절된 탈세상적인 영성주의를 나타내지 않는다. 오히려 시편 19편이 보여주듯 시편의 시인들은 하나님과 세상의 건강한 관계를 위협하는 것을 드러내 놓고 반복해서 말한다. 시편의 시들은 영적인 삶의 여러 순간을 위한 기도이며, 시편 전체는 일종의 지도와 같다. 그 지도들에는 인생의 우여곡절 및 우리가 그것과 협상할 수 있는 다양한 경로가 표시되어 있다. 길을 따라 걷는 이미지는 첫 번째 시를 포함하여 자주 등장하는데, 이 첫 번째 시는 기도가 아니라 무엇이 좋은 삶을 이루는지를 계획적으로 제시한 진술이다. 시편의 많은 시는 좌절과 불확실성, 그리고 우리의 상황 인식이 순식간에 완전히 뒤바뀌는 무상함을 말한다. 그러나 시편을 여는 이 시는 어떤 모호함도 없이 인생의 두 가지 대안적 경로를 제시한다. 따라서 이 시는 핵심적인 가르침으로서, 이어지는 시들이 보여주는 혼란스럽고 불분명한 상황 속에서 방향을 제시하는 역할을 맡는다.

> 복 있는 사람은 악인들의 꾀를 따르지 아니하며
> 죄인들의 길에 서지 아니하며
> 오만한 자들의 자리에 앉지 아니하고.1:1

"복 있는"ashrei, '특권을 얻은' 상태는 "행복한"이라는 전통적 번역이 암시하듯 변덕스러운 감정 상태가 아니다. 이 히브리어 단어는 외부 관점에서 판단할 때 어떤 삶의 방식이 품위 있고 명예롭다는 것을 나

타내는데, 이곳과 다른 곳에서예를 들어 119:1; 144:15; 146:5 그 외부 관점은
바로 하나님 자신의 관점이다. 여기서 그리는 좋은 삶은 사회적 지위
가 높은 삶일 필요가 없다. 오히려 이 시 바로 뒤에 이어지는 탄식의
시들은2-7편 "복 있는" 사람이 고난받는 경건한 자들임을 암시한다.
그들은 자신의 공동체 구성원인 동료 이스라엘 사람들에게조차 조
롱과 모욕을 당한다.[9]

    시편의 시인들은 복잡하고 (종종) 위험한 사회적 세계를 예리하
게 인식하고 있다. 따라서 피해야 할 길은 일련의 은유들로 묘사되는
데, 악인과 어울리는 정도가 점점 커지는 걷기, 서기, 앉기로 제시된
다. 이것은 점진적 심화의 또 하나의 사례이며 점층적 반복으로도 부
를 수 있다. 다음 절에서는 바람직한 대안을 제시하는데, 각 행의 머
리에 "율법을"in/over torah이라는 문구를 두는 것이다(두 부분에서 동일한
히브리어 전치사 '브'b-가 사용된다).

    오직 여호와의 율법torah 을 즐거워하여
    그의 율법torah 을 주야로 묵상하는도다.1:2

    두 번째 행은 첫 번째 행이 언급한 즐거움을 증폭시키며, "주야
로" 끊임없이 소리 내어 중얼거리는(묵상하는) 그림으로 구체화한다.
    다음 구절에는 또 다른 흔한 성서적 은유인 풍성한 열매를 맺는
푸른 나무가 등장한다.

    그는 시냇가에 심은 나무가
    철을 따라 열매를 맺으며 그 잎사귀가 마르지 아니함 같으니……1:3

이스라엘 땅은 고대에도 울창한 숲이 없었던 지역이 대부분이다. 반건조 지역에서 이와 같은 싱싱한 과일나무는 식량과 그늘을 제공하는 귀한 자산이었다. 여행자에게는 물이 있음을 가리키는 신호였으므로 그것이 있고 없고는 삶과 죽음의 차이만큼 컸다. 마찬가지로 토라에 헌신한 학생은 사회라는 풍경에서 생명의 원천이자 표지로 우뚝 서게 된다. 대조적으로 악인은 "바람에 날리는 겨와 같[이]"1:4 실체 없는 존재다.

처음에 등장했던 "길" 이미지는 마지막 부분에 다시 나온다.

그러므로 악인들은 심판을 견디지 못하며
죄인들이 의인들의 모임에 들지 못하리로다.
무릇 의인들의 길은 여호와께서 인정하시나"알고 계시지만", 저자 사역―옮긴이
악인들의 길은 망하리로다."사라져 버린다", 저자 사역―옮긴이 1:5-6

의인과 악인의 대조가 너무나 극명하게 대비를 이루므로 실제 삶을 평가하는 데는 쓰일 수 없는 것 아니냐고 생각하겠지만, 여기에 사용된 언어와 이미지를 주의 깊게 살펴보면 특히나 번역문에서 언뜻 드러나는 것보다 미묘하다. 여기서는 개별적인 행동과 그 행동의 옳고 그름에 직접 초점을 맞추고 있지 않다. 그보다는 삶의 일관성, 곧 진실성과 실체성 유무를 판단할 수 있는 총체적인 삶의 패턴이 주목의 대상이다.

이 구절들은 현대인들이 받아들이기 어려운 신적 심판이라는 중요한 성서적 개념에 빛을 비춘다. "무릇 의인들의 길은 여호와께서 알고 계시지만"에서 히브리어 동사 '알다'*yd'*는 친밀한 교류를 의미하며, 성서에서 성교를 가리키는 용어로도 잘 알려져 있다. 의인에게

는 진정한 존재 양식이 있기 때문에 하나님은 그들의 길을 "알고 계신다"라고 할 수 있다. 로버트 알터는 "주님은 그것을 포용하신다"라고 번역한다.[10] 대조적으로 악인의 길은 단순히 "사라져 버린다". 어떤 번역들은 아마도 하나님의 심판에 대한 일반적인(주로 기독교적) 관념의 영향을 받은 탓이겠지만 절정 부분의 동사 '아바드'ʾ-b-d를 '파멸한다',is doomed, BCP '멸망한다',will perish, NRSV '파괴된다',leads to destruction, NIV 등 인위적으로 강하게 번역했다. 그러나 이 히브리어 동사의 기본적 어감은 바람에 날리는 겨가 사라지거나 잡초가 무성하게 자라 길이 사라지는 것처럼 단순히 '사라짐'이다. 이러한 덜 극적인 이미지는 하나님의 심판이 개인의 선행과 악행을 저울질하여 구원과 저주를 결정하는 문제가 아님을 암시할 수 있다. 아마도 하나의 '길'로 비유되는 삶의 패턴 전체가 하나님이 알아보실 만큼 충분한 실체와 일관성을 지녔는가, 아니면 너무 불안정하여 하나님의 마음 안에서 지속적인 자리를 차지할 수 없을 정도인지가 분명히 드러나야 할 것이다.

## 찬양으로 응답하기

시편 1편과 19편은 실재와 관계, 창조 세계와 온전한 인간의 삶(하나님이 만드신 세상에 적합한 삶)에 관한 시적 진술이다. 이스라엘의 시는 이스라엘의 종교와 마찬가지로 근본적으로 관계적 성격을 지니며,[11] 이 점이 가장 잘 드러나는 책이 바로 시편이다. 핵심 전제는 야훼가 "기도를 들으시는 주"65:2이며 "자기에게 간구하는 모든 자, 곧 진실하게 간구하는 모든 자에게 가까이 하시는" 분이라는 것이다.145:18 들음에 대한 야훼의 헌신은 하나님의 '언약적 충성'hesed,

covenant-loyalty의 근본 요소다. 그에 상응하는 인간의 헌신은 시편의 주
된 기도 방식인 탄식과 간구, 감사와 찬양을 통해 하나님께 말하는
바로 그 행위를 통해 표현된다. 늘 그렇게 행하는 사람들은 시편의
일반적 용어로 "의인", "[하나님을] 경외하는 자" 또는 "[하나님께]
피하는 자"로 표현된다.

시편의 주된 기조는 그 책의 히브리어 제목인 '테힐림', *Tehillim* 곧
'찬양들'이다.[12] 시편의 모든 시는 이 넓은 범주에 속하는데 왜냐하면
하나님과 이스라엘 사이의 상호 관계를 유지하는 데 모두 초점을 맞
추기 때문이다. 그 관계는 상호 강화하는 두 가지 요소, 곧 이스라엘
을 향한 하나님의 선하심과 하나님을 향한 이스라엘의 찬양의 응답
으로 지속된다. 그 관계의 기본 역동은 시편 100편 첫 구절에 잘 표
현되어 있는데, 이 시는 여러 세기 동안 기독교와 유대교 예전에서
가장 자주 사용된 시편 가운데 하나다.[13]

> 감사함으로 그의 문에 들어가며 찬송함으로 그의 궁정에 들어가서
> 그에게 감사하며 그의 이름을 송축할지어다.
> 여호와는 선하시니 그의 인자하심이 영원하고
> 그의 성실하심이 대대에 이르리로다. 100:4-5

찬양이라는 표현 양식은 하나님의 관대함이 변덕이나 일시적
기분이 아니라 신뢰할 수 있는 근본적인 인격적 성품에서 나오는 것
임을 아는 데서 비롯된다. 따라서 시편의 시인들이 종종 그러하듯이
쓰라린 실망감을 표현할 때에도 그들의 '찬양들'은 그저 공허한 아첨
이 아니다. 오히려 탄식시(다음 단락에서 다루겠다)는 진정한 찬양이
가능해질 조건을 다시 확립하려는 대담한 시도다.

이스라엘이 하나님께 찬양을 드리기 위해 창조되었고 존속한다는 관점은 탄식시를 포함한 많은 시편 시에 내포되어 있다. 아래 탄식시는 절망에 빠진 시인이 야훼가 자신을 살려야 할 이유incentive를 제시한다.

여호와여, 돌아와 나의 영혼을 건지시며 주의 사랑으로 나를 구원하소서.
사망 중에서는 주를 기억하는 일이 없사오니
스올에서 주께 감사할 자 누구리이까.6:4-5: 참조. 30:9: 88:10-12

이 도전은 이스라엘의 찬양이 하나님께 부수적이지 않으며, 시편의 시인들이 하나님의 삶이 어떤 모습인지 감히 상상하는 데 주저함이 없었음을 보여준다. 특별한 표현에 따르면, 하나님은 "이스라엘의 찬송 중에 계시는(또는 보좌에 앉으신) 주"이시다.22:3 이 이미지로부터 몇 가지를 유추할 수 있다. 이스라엘의 찬양은 이 세상 안에 하나님의 거처를 제공하고, 하늘 보좌를 위한 지상의 기초를 제공한다. 더 나아가 하나님의 주권이 알려지는 것은 이스라엘의 찬양이 지닌 힘과 신빙성에 달려 있다. 찬양에 관한 이러한 진술이 예수께서 십자가 위에서 외친 것으로 그리스도인들이 기억하는 구절, "내 하나님이여 내 하나님이여 어찌 나를 버리셨나이까?"22:1 바로 뒤에 나온다는 점은 흥미롭다. 이 두 구절을 함께 읽으면, 시편 6편에서처럼 찬양은 하나님께 당신의 이익이 무엇인지 깨달으시라는 절박한 호소가 될 수 있음을 알게 된다. 하나님은 이스라엘의 찬양이 필요하시므로 그 찬양이 지속되게 만드셔야 한다는 것이다. 그러나 시편 22편이 다른 시들과 구별되는 점은 기도의 두 가지 기본적 형태인 탄식과 찬양을 온전하게 결합하며 각각을 끝까지 발전시킨다는 점이다.[14] 따라서 이 기도자가 더 깊이 들어가며 더 솔직해지고 더 분별력이 생길수록 찬양에 대한 또 다른 관점이 부상한다. "큰 회중 가운데에서 나의 찬송은 주께로부터 온 것이니……."22:25 즉 하나님은 찬양의 대상인 동시에 그 근원이시다. 비록 하나님의 선하심을 모든 상황 속에서 지각할 수는 없다고 하더라도 그 선하심은 두 가지 의미에서 찬양의 **본질**로 남아 있다. 즉 그것은 세상의 핵심적 실체이며, 그런 이해 없이는 진정한 찬양이 불가능하다는 것이다. 따라서 고발과 탄식으로 시작되는 이 시편의 뒤쪽 3분의 1에서는 멈출 수 없는, 점점 강렬해지는 찬양이 쏟아져 나온다. 시인이 구원을 경험하는 순간부터 찬양은 회오리처럼 솟구친다. 모든 "여호와를 두려워하는 자"와 "이스라엘의 모든 자손"22:23을 끌어들이며, 찬양은 "땅의 모든 끝"과 "모든 나라의 모든 족속"22:27까지 퍼져 나간다. 죽은 자22:29와 아직 태어나지 않은 세대22:31에 이르기까지 이 찬양의 흐름에 휩쓸리지 않는 사람은 아무도 없다. 미래는 이스라엘에게 주어진 찬양의 사명과 그에 대한 이스라엘의 결단에 달려 있다.

편집자에 의해 찬양 행위로 분류된 시는 단 한 편이다. 시편 145편의 제목은 '테힐라 르 다위드',*Tehilah le-David* 곧 '다윗의 찬양'이며 그 내용은 처음부터 끝까지 순전한 찬양이다.

> 왕이신 나의 하나님이여, 내가 주를 높이고
> 영원히 주의 이름을 송축하리이다.
> 내가 날마다 주를 송축하며
> 영원히 주의 이름을 송축하리이다.
> 여호와는 위대하시니 크게 찬양할 것이라.
> 그의 위대하심을 측량하지 못하리로다.145:1-3

문학적으로나 예전적으로나 이 시는 가장 중요한 시편 시 가운데 하나다. 이 시는 최고조로 시편을 마무리하는 위대한 여섯 편의 찬양시145-150편의 첫 부분이다. 이 여섯 편의 시는 모두 유대교의 전통적 아침 기도회에서 낭송된다.[15] 탈무드Berakhot 4b에 따르면 이 시를 매일 세 번 암송하는 사람에게는 장차 올 세상에서의 지위가 보장되므로, 유대인의 매일 기도회에서는 하나의 시를 총 세 번 반복하여 낭송한다.[16]

이 고대로부터 지속된 관습의 역사적 의미는 숙고해 볼 가치가 있다. 유대인들은 하나님의 절대 주권을 선포하는 이 시를 가장 절망적인 상황에서도 암송했을 것이다. 1세기에 로마 군인들이 예루살렘에 불을 질렀을 때에도 어떤 이들은 이 시편을 낭송했을 것이다. 십자군 시대에 그리스도인 군대와 약탈자들이 칼을 들고 라인강 계곡을 휩쓸고 지나가며 수만 명의 유대인을 학살했을 때, 그로부터 7세기가 지난 후 러시아 대학살 당시 군인들과 시민들이 총과 몽둥이를 들고 유대인 촌락the shtetl으로 내려올 때 수많은 유대인들이 이 시를 기도했다.

> 여호와여, 주께서 지으신 모든 것들이 주께 감사하며
> 주의 성도들이 주를 송축하리이다.
> ......
> 주의 나라는 영원한 나라이니
> 주의 통치는 대대에 이르리이다.
> 여호와께서는 모든 넘어지는 자들을 붙드시며
> 비굴한 자들을 일으키시는도다.145:10, 13-14

나치가 만든 죽음의 수용소에서 줄을 서서 번호표 낙인을 받거나 가스실로 보내지기를 기다리던 유대인들도 하나님의 위엄과 긍휼을 확언하는 이 시를 암송했음이 틀림없다. 그런 상황들 속에서 시편 145편은 저항의 기도가 되어, 항거할 수 없이 영원할 것만 같은 정치권력의 궁극성을 부정하는 기능을 했다. 모든 거짓된 주장에도 불구하고 이 시편은 진정한 주권자를, 연약한 자를 긍휼히 여기시고 피조물의 모든 참된 필요를 인내로써 공급하시는 분의 흔들 수 없는 실재를 단언한다.

> 모든 사람의 눈이 주를 앙망하오니
> 주는 때를 따라 그들에게 먹을 것을 주시며
> 손을 펴사 모든 생물의 소원을 만족하게 하시나이다.
> 여호와께서는 그 모든 행위에 의로우시며
> 그 모든 일에 은혜로우시도다.145:15-17

하나님도 인간과 마찬가지로 특징적인 '방식들'이 있다. 의로움은 하나님과 인간 모두에게 적용되는 관계적 미덕이며, 그것은 항상 타인의 안녕이라는 측면에서 평가되어야 한다. 모든 피조물의 번성은 야훼의 언약적 헌신에 대해 "의로우시며", "은혜로우시도다"*hasid*라고 선언할 수 있는 기준이 된다.

야훼의 주권이 완전하므로, 악의 실재는 끈질기나 궁극적이지는 않다고 여겨져야만 한다. 이것이 이 시의 마지막 부분이 언급하는 바다.

> 여호와께서 자기를 사랑하는 자들은 다 보호하시고
> 악인들은 다 멸하시리로다.

내 입이 여호와의 영예를 말하며

모든 육체가 그의 거룩하신 이름을 영원히 송축할지로다.145:20-21


유대인을 비롯해 많은 이들의 비극적 역사 경험에서 볼 때 이 집요한 '찬양'은 가해자에 대한 저항의 외침이자 억압받는 자들을 격려하는 외침이다. 이 시는 시내산에서 모세에게 주신 야훼의 자기 계시를 명시적으로 인용한다.145:8; 참조. 출 34:6 언약의 맥락에서 분명한 것은, 진정한 찬양의 근거는 낭만적 이상이 아니라 "대대로"145:4 그 능력의 행사들을 신뢰할 수 있는 그분과의 영원한 관계라는 견고한 실재, 바로 그 사실이다.

# 탄식의 지혜

## · 시편 ·

시편의 시를 예배 중에 하나씩 만나는 것이 아니라 전체를 처음 대면하는 독자들은 수많은 탄식시에 놀란다. 시편 전체의 제목은 히브리어로 '테힐림', *Tehillim* '찬양들'이지만 책의 전반부는 고통의 외침과 구원의 호소가 지배적이다. 시편의 많은 시는 고통과 분노를 신중하게 조절하여 표현하지 않는데 바로 그 이유 때문에 교회나 회당의 기능적 신학 functional theology에 포함되지 않는 경향이 있다. 이는 슬픈 역설이다. 분노의 시들은 목회 사역과 영적 성장, 치유에 가장 유용할 수 있기 때문이다. 칼뱅이 관찰한 것처럼 시편의 정서적 솔직함은 "가장 지독한 전염병인 위선"에 대한 보호막이자 치료법이며,[1] 그 시들은 우리가 하나님께 정직할 수 있는 자유를 준다. 또한 오랜 세월 동안 수많은 사람들의 공동 기도문이었던 이 시들은 우리의 감정적 폭정에서 해방시켜 줄 수 있다. 물론 시편의 매우 감정적인 언어는 두려움과 상실감에 대처하는 비상 언어가 될 수 있지만, 우리 외부에서 온다는 바로 그 이유 때문에 실재에 대한 우리의 괴팍한 판단을 막아 주는 역할도 맡는다. 공동체 안에서 그 시들을 정기적으로 암송하는 사람들은 감정을 표현하는 동시에 즉각적인 느낌들로부터 비판적 거리를 유지하기 때문에, 극한의 상황에서도 신실하고 현명하게 말할 수 있게 된다.

탄식시로 기도하는 것은 개인과 신앙 공동체가 피할 수 없는 긴급한 순간을 맞닥뜨리기 전에 '일상적으로' 참여해야 하는 습관이다. 유진 피터슨의 표현을 빌리자면 시편 전체는 "우리 기도의……부모다."[2] 시편과 나누는 꾸준하고도 일상적인 상호 작용을 통해 우리는 기도의 "모어mother tongue"를 배운다. 대다수 부모의 언어 행위가 그렇듯 이들도 완전히 무작위적이지 않으면서 엄격한 규칙에 지배되지도 않는다. 탄식의 시들은 어떤 일반적 공통점이 있다. 즉 하나님을 향해 여는 말, 개인적인 고난과 적의 위협에 대한 불평, 구원에 대한 긴급한 호소, 들으심에 대한 기대, 공적인 배경에서 올리는 찬양 등이다. 그러나 이러한 시적 기도는 형식과 어조가 매우 다양하다. 조용한 확신도 있고 완전한 절망도 있으며, 실제로 하나의 시편이 둘 사이를 오가는 경우도 많다. 또한 탄식이 신앙생활에서 특수하고도 드문 기능이라도 하듯 시편 안에 따로 모여 있지 않다는 점도 주목할 만하다. 탄식시들은 오히려 불쑥 등장한다. 두 번째 시편은 국제적 분쟁을 언급하고("어찌하여 이방 나라들이 분노하며……", 2:1), 세 번째 시편은 개인적인 외침으로 시작한다("여호와여 나의 대적이 어찌 그리 많은지요!", 3:1). 탄식은 시편 전체에 나타나며 거의 마지막까지 찬양시와 나란히 놓이곤 한다. 시편 143편과 144편은 마지막 여섯 편의 시가 마지막 찬양의 최고조를 이루기 직전에 강한 탄식의 감정을 전한다. 이는 늘 하나님을 향해서 그리고 하나님에 관해서 말하는 사람들이 진실하게 말하려면 반드시 고난과 불안도 말하게 된다는 점을 가리키는 듯하다.

# 탄식을 배우기

다른 형식의 기도도 그러하지만 진정한 탄식은 고도의 신학적 작업이며 학습된 기술이다.[3] 이 사실은 우리가 자연스럽게 행하는 원망과 탄식을 구별시킨다. 그렇기 때문에 원망, 곧 목적 없는 불평은 우리를 변화시키지 못한다. 이것은 이스라엘 백성이 겪은 40년 광야 생활 이야기의 주요 주제 가운데 하나다. 원망하는 그들의 자연스러운 성향은 하나님으로부터 백성의 주의를 분산시키며, 따라서 그들이 '모든 민족 중에서 하나님의 특별한 소유'가 되어야 한다는, 시내산에서 계시된 하나님의 뜻이 성취되는 것을 가로막는다.출 19:5; 참조. 신 7:6; 14:2; 26:18 부모라면 누구나 알듯 원망은 공허한 자기표현이며 성가시게 반복된다. 그러나 탄식은 하나의 예술 형식이며, 성서에 탄식시가 있다는 사실은 탄식이 유대인과 그리스도인에게 처음부터 일종의 대본 연기처럼 고난을 통해 하나님께 나아가는 힘든 여정의 연기였음을 의미한다. 시편에는 수십 가지 대본이 있으며, 정기적으로 시편을 사용하여 기도하는 사람들은 탄식에 숙련되어 무의식적으로 자신의 즉흥적인 대본을 만들며 연기하는 법을 점점 배우게 된다.

성서 정경에서 예레미야서에 등장하며 특히 예레미야애가 전체를 이루는 불평 시들은 그러한 즉흥적인 탄식시의 사례다. 내가 속한 지역 공동체(듀크 신학교)에서 최근 몇 년간 고난주간에 진행된 "마지막 일곱 마디의 말" 예배는 대표적 사례다. 일곱 명의 아프리카계 미국인 학생이 각각 폭력으로 사망한 일곱 명의 현대 유색 인종 미국인을 설교와 기도 시간을 통해 연기했고, 그들의 이야기와 알려진 말 또는 즉흥적으로 만든 말을 노래와 함께 표현했다. 이 예배 전체가 일곱 사람에 대한 강렬한 슬픔의 외침이었다. 그들은 무기를 손에

| 시편 |

들지 않았고, '가난하고'<sup>ani</sup> '취약한' 사람들이었으며, 많은 시편의 시인들이 긴밀히 동일시하는 사람들이었다.예를 들어 9:12-13; 10:9, 12; 18:27 이 예배는 삶과 공동체 모두를 파괴하는 만연된 인종 차별 폭력의 위협 앞에서 하나님께 올리는 간절한 호소였다. 많은 시편 시들이 그러하듯 때로 분노로 가득한 분위기도 있었으나 그것은 생명과 우리가 공유한 삶을 위한 호소였다. 이 현대식 예배는 기도의 행위로서 성서적 탄식을 모방한 것이었으며, 우리가 가장 위협을 느끼는 상황 속에서 하나님의 생명과 치유 능력을 간구하는 기도의 행위였다.

기독교 성서의 맥락에서 탄식은 예수께서 우는 자들에게 "그들이 위로를 받을 것"마 5:4이라고 선언하신 복을 구체화한다. 탄식시들은 위로가 임하는 영적 역동의 어떤 부분을 밝혀 줄 수 있다. 모든 진정한 위로자가 그러하듯이 탄식은 그것이 다루는 어려움을 지나치게 단순화하지 않는다. 반대로 탄식의 가치는 신실한 사람들이 헤쳐 나가야만 하는 복잡하고 변화무쌍한 감정적 지형을 잘 표현하는 부분에 있다. 이 글에서는 탄식시들이 자주 다루는 두 가지 주요 문제, 곧 원수에 대한 분노와 믿음과 절망 사이의 긴장을 살펴보겠다.

원수에 대한 분노 현상은 시편의 첫 번째 기도인 시편 3편에서 거의 곧바로 나타난다. (처음 두 시는 인간 청중과 독자를 대상으로 한 묵상과 교훈이다.) 시인들은 자신을 향한 하나님의 구원의 가능성을 부인하는 대적들에 둘러싸인 채3:2 자신 있게 믿음을 확언하며 야훼를 향해 직접 말하고 있다.

> 여호와여, 주는 나의 방패시요
> 나의 영광이시요 나의 머리를 드시는 자이시니이다.
> ......

내가 누워 자고 깨었으니

여호와께서 나를 붙드심이로다.

천만인이 나를 에워싸 진 친다 하여도

나는 두려워하지 아니하리이다. 3:3, 5-6


그러다가 갑자기 공포와 복수에 대한 열망이 솟구친다.


여호와여, 일어나소서. 나의 하나님이여, 나를 구원하소서.

주께서 나의 모든 원수의 뺨을 치시며

악인의 이를 꺾으셨나이다.

구원(또는 승리)은 여호와께 있사오니……. 3:7-8a[4]


마지막 부분의 동사 형태("치시며,……꺾으셨나이다")는 문법적 완료형이며 일반적으로 완결된 행동을 나타낸다. 따라서 이것은 하나님이 행하신 일에 대한 감사의 표현일 수도 있고, 하나님이 아직 행하지 않으신 일을 확신 가운데 단언하는 암묵적 청원일 수도 있다. 혹은 둘 다일 수도 있지 않을까? 탄식시의 특징은 결말이 열려 있다는 점이다. 시인은 우여곡절이 많은 길을 걷는 중에 말하고 있으며 다음 굽이에 또 무엇이 있을지 알 수 없다. 어쨌든 "나의 모든 원수의 뺨을 치[신]" 하나님을 찬양하는 이 시편은 적어도 다른 뺨을 돌려대며 칼을 내려놓고 원수를 사랑하라는 예수의 부르심을 진지하게 받아들이는 그리스도인들에게 신학적 문제를 일으킨다. 이 시는 복수를 요구하는 고립된 외침이 아니라 하나님이 결정적인 방법으로 원수를 무력화하실 것을 기대하는 탄식이다. 예를 들어 104:35: 141:10: 143:12: 145:20 시편의 시인들은 공격 앞에서 소극적이지 않다. 그렇다고 그들이 폭력적이라는 의미인가? 꼭 그렇지는 않다. 여기서 요점은 시인들이 복수를 위해 하나님을 바라본다는 점이다. 왜냐하면 알제리 출신의 프랑스-이스라엘인 학자 앙드레 쇼라키Andre Chouraqui가 정확히 인식했듯 그들은 자신의 무기를 들고 있지 않기 때문이다.

> 그가 자신을 꿰뚫는 화살에 대항하는 유일한 도구는 자신의 목소리뿐이다[.] 그의 손은 비어 있으며 하나님만이 그의 무기이며 요새시다. 무죄한 자는 원수들로부터의 구원을 위해 자신의 물질적 힘에 결코 의존하지 않는다.……
>
> ……모든 시편의 시들, 특히 가장 호전적으로 보이는 시들은, [모두] 물질적 무력에 대한 절대적인 경멸에 의해 생명력을 얻는다. 이것은 영웅적 포기의 문제가 아니라 객관적 확실성의 문제다. 힘은 아무 소용이 없고, 아무 기초가 되지 못하며, 아무 결과도 가져오지 않는다. 의인들은 승리를 가져올 정의와 진리의 행동에 헌신한다.[5]

시편 시인들의 비무장 상태야말로 핵심이다. 특히 미국의 그리스도인들에게 그러하다. 미국 사회는 총기 폭력에 시달리는 사람들이 총기를 소지할 수 있는 "하나님이 주신 권리"를 옹호하고 있다. 이 시편과 다른 탄식 시편들은 표면적으로만 신학적이거나 성서적인 그런 주장에 대한 강력한 도전으로 읽힐 수 있다. 하나님께 호소하는 것은 용기 있는 행동이다. 왜냐하면 이 기도는 우리가 일반적으로 생각하는 정당방위권의 포기를 요구하기 때문이다. 다시 한번 쇼라키는 많은 시편 시들에 나타나는 생각을 포착한다. "무고한 자도 충분히 죽임당할 수 있지만, 항상 마지막에 정복당하는 것은 타락한 자다. 왜냐하면 그들 사이를 갈라놓는 구부릴 수 없는 선은 바로 하나님의 정의 자체에 의해 그어지기 때문이다."[6] 이 시편의 마지막 주장, 곧 악에 대한 승리는 오직 하나님께만 있다는 주장은 원수들을 하나님의 손에 맡기고 있다. 그러나 그곳에서 그들에게 무슨 일이 일어날지 누가 알 수 있는가? 우리는 대부분 시편의 시인과 마찬가지로 복수를 갈망한다. 그러나 성서는 하나님의 탁월한 속성이 자비이며 언약적 호의임을 반복해서 증언한다.출 34:6; 시 145:8 그렇다면 이 분노의 기도와 원수를 위해 기도하라는 예수의 가르침 사이에 긍정적인 상관관계가 가능하지 않을까?

　　다윗과 연관 짓는 이 시의 표제어는 시가 제기하는 신학적 도전을 다루는 두 번째 방법을 제공할 수 있다. "미즈모르 르 다윗"*mizmor le-David*, '다윗의 시', 3:1이라는 일반적인 제목은 이 시와, 또 같은 표제를 지닌 수십 개의 다른 시총 73편가 유다 왕실과 어떤 관련이 있는지를 분명히 보여주지는 않는다. 왕궁과 성전의 예전은 어느 정도 일반적인 관계가 있었을 것이다. 두 건물은 인접해 있었고, 왕은 일부 예배에서 인도자 역할을 했었음이 분명하기 때문이다. 그러나 시편의 편집자들은 이 시편과 또 다른 열두 편의 시들을 가지고 다윗의 왕권 이전과 왕권 기간 동안의 이야기 속 특정한 순간들과 연결했다. 비록 이 다양한 시의 세부 사항이 언급된 내러티브의 특수한 요소들과 늘 일치하지는 않지만,[7] 그럼에도 편집자의 표제어는 독자들에게 지침을 제공할 수 있다. 그 말들은 마치 설교의 예화와 같이(물론 훨씬 더 경제적이지만!) 그 성서 본문을 더 큰 내러티브 속에 포함시키기 때문이다. 우리는 정경 안에서 시편의 시를 이야기와 연결하려는 충동을 보게 된다. 가장 분명히 드러난 부분은 신명기 역사서의 다윗 이야기다.삼하 22장=시 18편

　　표제어들은 이 여러 시들의 형성에 관련된 단서를 제공하지는

않지만 신학적 해석과 목회적 활용 면에서는 가치가 있다. 다윗의 삶은 히브리 성서에서 가장 잘 알려진 '전기'이며 그는 모세 등 다른 어떤 주요 인물보다 우리와 닮았다. 그의 삶은 역기능 가족, 자신의 배신 행위, 그에 대한 여러 배신들로 인해 많은 상처를 입으면서도 신앙으로 깊이 형성된 삶이기도 하다. 이야기 속의 특정 순간을 언급하는 시의 표제어들은 다윗뿐 아니라 어느 누구라도 이러한 솔직한 씨름의 표현으로 기도할 수 있는 상황을 상상하도록 도와준다. 중세 랍비들은 시편의 해석과 관련해 훌륭한 원칙을 제시했다. "다윗은 모든 시편을 자신과 관련하여, 모든 이스라엘과 관련하여, 모든 시대와 관련하여 작성했다."[8]

시편 3편의 표제어는 "다윗이 그의 아들 압살롬을 피할 때"3편의 표제어; 참조. 삼하 15-16장의 장면을 부각시킨다. 엘렌 채리Ellen Charry가 주장했듯이 그런 내러티브와의 연결을 주의 깊게 고려하면 시편 시인의 복수에 대한 열망을 너무 단순하게 이해하지는 않게 된다. 편집자들은 아버지 다윗과의 관계에서 팽팽한 긴장을 느끼고 있는 카리스마 넘치는 젊은 왕자 이야기에 이 시의 독자가 익숙하리라고 전제한다. 압살롬은 아버지의 정권 아래에서 백성이 느끼는 사법 행정에 대한 불만을 이용해 왕위 찬탈의 세력 기반을 구축하고 예루살렘에 있는 아버지를 향해 진군했다. 놀랍게도 다윗은 자신에게 충성하는 자들과 함께 도시에서 달아나는 선택을 했다. 그 도시가 파괴되지 않도록, 또는 그 안에 갇히지 않으려는 생각이었을 것이다.삼하 15:14 또는 아직 사랑하고 있는 아들과의 피할 수 없는 유혈 대결을 미루기 위해서였을 것이다. 도피자 시절에 머물던 동쪽 사막으로 들어가려고 감람산을 오르는 다윗은 왕이라기보다는 애도자나 참회자처럼 보인다. 그는 맨발 차림에, 울고 있으며, 머리에는 부끄러움을 쓰고 있다.삼하

15:30; 참조. 렘 14:4; 애 6:12 그는 아들과 맞서려는 의욕이 없으며, 심지어 자신을 저주하러 나온 사울의 친척이자 상대적으로 약한 상대인 시므이를 처단하려는 부하들을 막는다. "여호와께서 그에게 명령하신 것이니 그가 저주하게 버려두라. 혹시 여호와께서 나의 원통함을 감찰하시리니, 오늘 그 저주 때문에 여호와께서 선으로 내게 갚아 주시리라."삼하 16:11-12 이것이 바로 이 표제어가 연상시키는 다윗의 모습이다. 깨어진 마음으로 하나님께로 돌이키는 사람, 자신의 미래와 원수들의 운명을 하나님께 맡기는 사람이다. 따라서 채리는 "악당 다윗이 굴욕의 도가니 속에서 갑자기 도덕적 숭고함 속으로 높이 치솟는다"라고 주장했다.[9] 이 시가 다윗을 염두에 두고 작성된 것이든 아니든 그 장면은 시인의 선언과 잘 맞는다. "나는 두려워하지 아니하리이다.……승리(구원)는 여호와께 있사오니!"

## 목마름과 어둠

시편 42-43편보다 종교적 경험의 심층적 차원이 분명하게 드러나는 곳도 없다. 이 열일곱 개의 절은 (다소 인위적으로) 둘로 나뉘어져 있다. 이 시는 영적 낙담 현상에 대한 심오한 치료책이며, 같은 주제를 훨씬 긴 분량으로 다루는 '코헬렛의 책'the book of Qohelet, 전도서과 친족 관계다. 신앙의 지적인 문제를 탐구하는 코헬렛전도자의 목소리가 피곤하게, 심지어 냉담하게 들리는 반면 이 시는 하나님을 향한 갈망을 원초적으로 표현하며 동물적인 강렬함을 나타내는 것이 특징이다.

하나님이여, 사슴이 시냇물을 찾기에 갈급함 같이
내 영혼nefesh, '존재', '목구멍'이 주를 찾기에 갈급하니이다.

내 영혼이 하나님 곧 살아 계시는 하나님을 갈망하나니

내가 어느 때에 나아가서

하나님의 얼굴을 뵈올까."임재를 경험할까", 저자 사역—옮긴이[10]42:1-2

히브리어 '네페쉬'*nefesh*는 사람의 육체적인 면(목구멍, 몸으로서의
존재)과 영적인 면이 모두 관련되는 생명의 핵심을 가리키며, 시인은
두 가지 면 모두를 다루고 있다. 영적 메마름은 오랫동안 깊이 기도
하는 모든 이가 경험하는 일상적 조건이다. 현대의 한 영성가는 "기
도는 정말로 메마르고 건조한 일이다. 별다른 위안도 보이지 않는
다"[11]라고 퉁명스럽게 표현하기도 했다.

시편에서 후렴구는 비교적 드물지만, 이 시인은 동일한 내면의
대화를 세 번이나 반복한다.

내 영혼*nefesh*, '존재'아, 네가 어찌하여 낙심하며

어찌하여 내 속에서 불안해하는가.

하나님을 기다리라. 내가 여전히 그를 찬송하리로다.

나를 구원하시는 임재(얼굴), 나의 하나님을.42:5, 11; 43:5, 저자 사역—옮긴이

후렴은 이 시가 인내의 노래임을 알려 준다. "하나님을 기다리
라." 시편 기자는 안팎에서 압력을 받는다. 그는 "종일" 반복되는 원
수의 집요한 질문에 시달린다.

네 하나님이 어디 있느뇨.42:3; 참조. 42:10

그리고 그는 자신의 말을 듣지 않는 사람과 대화할 때 필연적으

로 따르는 낙담을 경험한다.

　　내 반석이신 하나님께 말하기를 어찌하여 나를 잊으셨나이까……,42:9

　　이 이미지에는 씁쓸한 아이러니가 있다. 시편 시들은 종종 하나님을 피난처이신 반석으로 묘사하지만,예를 들어 18:2; 19:14; 62:7 이 경우 "내 반석"은 아무런 보호도 제공하지 않으며 통과할 수 없는 벽처럼 보인다.

　　하나님이 잊으신 것이 분명하다. 그러나 시인은 잊을 수 없다는 사실이 그의 고통의 일부가 된다. 그는 "요단 땅과 헤르몬"에서는42:6 무슨 이유에서인지 결코 접할 수 없는 경험, 곧 신앙의 축제에 참여했던 행복한 순간42:4을 기억한다. 시 전체는 생생한 이미지들로 이루어진 만화경이며, (전형적인 탄식시가 그러하듯) 실제로 일어난 일보다는 시인이 어떻게 느끼는지를 더 많이 알려 준다. 어떤 사람들은 시인이 유배 중에 있다고 생각하지만 요단과 헤르몬은 이스라엘 중심부로부터 동쪽과 북쪽에 있는 지역이며 유배와는 별로 관련이 없다. 이러한 외딴 지명을 언급하는 것은 아마도 시인이 한때 활동했던 신앙 공동체에서 마음의 변화나 사회적 지위의 변화를 경험하고 소외되었음을 암시할 수도 있다. 물이 솟아나는 (은유적인) 지역 한가운데서, 마치 헤르몬 산지와 요단강 상류와 같은 곳에서 시인은 목마름42:1과 물에 휩쓸릴 위험42:7을 번갈아 가며 경험한다.

　　"주의 폭포 소리에 깊은 바다가 서로 부르며……,"42:7 [12] 이 부분은 시편 전체에서 가장 아름다운 이미지 가운데 하나이며 아마도 가장 수수께끼 같은 이미지일 것이다. 무슨 의미인가? 분명 한 가지 이상의 의미가 있다. 중세의 랍비들은 "하나의 문제가 다음 문제를 불러온다"라고 했는데 마치 바다의 파도처럼 "첫 번째 것이 지나가기 전에 두 번째가 집요하게 다가온다."[13] 마찬가지로 이 구절은 고통스럽지만 궁극적으로는 긍정적인, 인간 영혼을 향한 하나님의 깊은 자기 소통의 경험을 묘사하는 것일 수 있다. 16세기의 신비주의자인 십자가의 성 요한이 "감각의 어두운 밤"이라고 부른, 기도의 성장에서 피할 수 없는 단계와도 같은 것이다. 가르멜 수도회 수사이자 심리학자인 케빈 컬리건Kevin Culligan은 그러한 상태를 이 시의 주제들을 밀접하게 반영하여 설명한다. "하나님은 이제 좀 더 직접적으로 한 사람의 영 또는 영적 자아의 내면을 향해 소통하신다. 감각들과 자아의 외부는 공허하고 건조하게 남아 있다. 이러한 건조함은 이전의 영적인 수행에서 느꼈던 감각적인 기쁨이 사라진 데서 비롯한다."[14]

시편의 두 번째 부분에는 긴장 어린 기대가 담겨 있다.

> 내가 어찌하여……슬프게 다니나이까.
> 주의 빛과 주의 진리를 보내시어 나를 인도하시고
> ……주께서 계시는 곳에 이르게 하소서.
> 그런즉 내가……나의 큰 기쁨의 하나님께 이르리이다.
> 하나님이여, 나의 하나님이여, 내가 수금으로 주를 찬양하리이다.43:2-4

그러나 그 끈질긴 희망의 발산은 동일한 낙담의 후렴구로 마지막에 이어진다.

> 내 영혼아 네가 어찌하여 낙심하며…….43:5

성취 없이 기다리는 것, 지금은 나를 향하여 "얼굴"이 바위처럼 굳은 하나님을 그리워하면서 언젠가는 그분을 정말로 대면할 수 있으리라 믿는 것, 이 모든 것은 시편이 들려주는 깊은 관계성의 어두운 부분이다. 충족되지 않은 그리움은 물론 우리가 흔히 경험하는 인간적 사랑의 일부이기도 하다. 실제로 그리움의 경험은 우리의 사랑의 능력을 확인시켜 준다. 마찬가지로 이 탄식시에서도 하나님의 부재를 느끼며 외부와 내부의 적대적인 압력을 직면한 상태에서 느끼는 그리움은 하나님과 시인의 지속적인 관계를 확인해 준다. 따라서 대다수의 성서 속 탄식시들처럼 시편 42-43편은 긴장 가운데 끝난다. 시인의 찬양하려는 움직임 속에서도 간구가 멈추지 않는다.

> 그가 나타나 도우심으로 말미암아
> 내 하나님을 여전히 찬송하리로다.43:5

시편에 나타난 기도의 자유는 아마도 한두 편의 시88편과 아마도 39편도에서 희망을 완전히 포기하고 찬양이 다시는 가능하지 못하리라고 말하는 듯 보인다는 사실에서 그 범위를 측정할 수 있을 것이다. 시편 88편의 화자는 자신을 다음과 같이 여긴다.

> 죽은 자 중에 던져진 바 되었으며
> 죽임을 당하여 무덤에 누운 자 같으니이다.
> 주께서 그들을 다시 기억하지 아니하시니
> 그들은 주의 손에서 끊어진 자니이다.88:5

여기서 하나님은 단순히 잊고 있는 분이 아니라 노골적으로 적대한다.

주께서 나를 깊은 웅덩이와 어둡고 음침한 곳에 두셨사오며

주의 노가 나를 심히 누르시고

주의 모든 파도가 나를 괴롭게 하셨나이다.

주께서 내가 아는 자를 내게서 멀리 떠나게 하시고

나를 그들에게 가증한 것이 되게 하셨사오니

나는 갇혀서 나갈 수 없게 되었나이다.88:6-8

살바도르 달리Salvador Dali는 현대 유대인 역사에서 기억해야 할 순간을 기리는 석판화 시리즈 "알리야"Aliyah, 1968에서 홀로코스트의 경험을 떠올리기 위해 이 황량한 구절을 선택한다.15

죽은 자는 하나님의 기적을 증언할 수 없다는 일반적인 생각을 담은 조롱을 야훼에게 던지고 나서(그러나 시인 자신은 날마다 기도를 드렸다.88:10-13), 시는 거의 아무런 일관성 없는 격렬하고 두려운 피날레를 이루며 소용돌이 속으로 떨어진다.

내가 어릴 적부터 고난을 당하여 죽게 되었사오며

주께서 두렵게 하실 때에 당황하였나이다.

주의 진노가 내게 넘치고 주의 두려움이 나를 끊었나이다.

이런 일이 물 같이 종일 나를 에우며 함께 나를 둘러쌌나이다.

주는 내게서 사랑하는 자와 친구를 멀리 떠나게 하시며

내가 아는 자를 흑암에 두셨나이다.88:15-18

이 시는 "어릴 적부터" 삶의 기회를 갖지 못한 많은 21세기 사람들을 대변한다. 성적 학대를 당한 이들, 노예가 된 이들, 치료받지 못한 우울증이나 다른 심각한 질병으로 고통받는 이들, 소년 병사들,

난민 등 그 목록은 끝이 없다. 이 기도는 찬양을 상상할 수 없는 시간, 찬양이 진정성을 가질 수 없는 장소들을 위한 기도다. 하지만 찬양 없는 기도에 희망조차 없는 것은 아니다. 반대로 그런 기도는 희망과 단순한 낙관주의의 차이를 드러낸다. 어려움에 직면했을 때 낙관주의적인 말은 아무런 증거도 근거도 없다. "이제부터는 상황이 좀 나아지겠지." 그러나 희망의 말에는 이유가 있다. 바로 관계에 근거한 이유다. "상황은 여전히 어렵고 힘들겠지만, 하나님과의 관계가 있다. 그러니 나는 이 관계 안에 남아 있겠다. 적어도 지금은 내가 해야 할 말을 하겠다." 지혜와 신실함의 본질적 행위 가운데 하나는 "이 삶의 모든 변화들과 기회들",[16] 곧 시간, 역사, 유한성, 바위보다는 모래에 더 가까운 우리의 감정들을 통해 지금 우리가 해야 할 말을 하나님께 드리는 것이다.

# 15

잠언과 전도서

# 평범한 사람들의 시

· 잠언과 전도서 ·

시편이 주로 하나님께 드리는 기도문으로 구성되어 있고, 예언서는 주로 하나님으로부터 온 신탁으로 이루어져 있다면, 잠언과 전도서는 이 둘과는 근본적으로 다르다. 이른바 지혜서로 불리는 이 책들은 신학적 주제를 크게 다루지 않는다. 짧은 기도문 하나잠 30:7-9를 제외하면 잠언은 하나님에 관해서 혹은 하나님을 위해서 말한다고 주장하지 않으며, 코헬렛전도자은 그런 말을 하지 말라고 구체적으로 조언한다.전 5:2 더 나아가 이 두 책에는 **모세, 출애굽, 시내산, 언약** 등 이스라엘의 거룩한 역사와 전통에 구체적으로 연결된 용어가 거의 등장하지 않는다. 잠언 수집가인 솔로몬과 히스기야를 지나가면서 잠깐 언급하고,잠 1:1; 25:1 또 전도서는 특이하게도 "다윗의 아들, 예루살렘 왕 전도자"전 1:1의 저술로 돌려지지만 다른 성서 저자들이 다윗 가문과 예루살렘을 연관시키며 가져오는 더 큰 신학적 주장들과는 아무런 상관이 없다. 두 책 모두 하나님을 표준적 준거점으로 언급하지만 신적 행위가 서술되지 않고, 하나님이 선포하신 말씀도 기록되어 있지 않다.

이 두 책은 신학에 직접 관여하기보다는 대부분 친구 사이, 부모와 자녀, 또는 교사와 학생 사이, 가정과 시장 혹은 그 외 직장과 사회적 교류의 장에서 회자될 수 있는 말들로 구성되어 있다. 어떤 말들은 왕과 귀족의 행동에 관한 조언이지만,예를 들어 잠 20:2; 25:6-7 대다수 내용은 사람들이 평범한 사회적 환경에서 날마다 겪는 문제들이다. 가족 및 이웃 관계의 어려움에 대처하고, 책임감 있게 성관계를 맺고, 가정 경제를 관리하고, 자녀를 기르고, 지속적인 우정을 쌓는 일 등이다. 일부 지혜로운 말들은 군주와 왕실의 현명함을 증거하려고 궁중 관리들이 정리한 것이 분명하지만 기본적으로 이것은 구전 문학이며 궁전이나 학술원보다는 가정과 이웃에서 생겨난 것이다.

잠언들Proverbial sayings은 태생적으로 공동체의 자산이다. 많은 전통 문화권에서 잠언은 마을이나 지방에 속한 지식의 한 형태로 소중히 여겨지며 때로는 여성들이 보존한다. 이스라엘에서 잠언이 어떻게 성서의 권위를 갖게 되었는지와 관련해 나는 남수단의 어느 마을에서 그리스도인 여성 수백 명과 잠언을 공부한 경험에서 최선의 통찰을 얻었다. 우리는 며칠에 걸쳐 이스라엘 마을의 지혜를 수단 마을의 지혜와 비교해 보는 시간을 가졌다. 이 여성들은 고대의 이스라엘 여성들처럼 오랫동안 가정과 지역 공동체에서 막중한 책임을 감당해 왔다. 농장을 운영하고, 젊은이들을 가르치고, 가난하고 취약한 사람들을 돌보며, 교회 운영의 필수적인 부분을 담당해 온 것이다. 두 문화권 모두 남성들이 너무나 자주 전쟁에 징집되어 농장을 떠나 있는 동안 여성들이 이런 일들을 맡는 경우가 많았다. 남수단 여성들은 잠언에 기반을 둔 대화에 열심히 참여했으며, 성서의 말들과 자신들의 여러 언어와 문화권의 말들을 비교하고 그들이 얻은 통찰을 바탕으로 익숙한 찬송가 곡에 새로운 가사를 붙였다. 그들은 잠언의 결론 부분에 나오는 시 "현숙한 여인"잠 31:10-31에 깊이 공감을 보였다. 이 여인은 지혜가 이스라엘 농부의 인격 속에 인간의 모습으로 나타난 것이다. 그 여인을 보면 지혜에는 지적인 요소 외에도 실용적 기술과 호의가 포함된다는 사실이 분명히 드러난다. 그녀의 신체적 특징 중 가장 두드러진 부분은 숙련된 손이다. 포도원을 사들여 포도나무를 심고,잠 31:16 밤늦게까지 물레와 베틀을 돌려 양질의 물건을 생산하고 판매하며, 가난한 사람들을 돌본다.잠 31:18-24 이 모든 것에 더하여 지혜롭게 말하고 가르칠 줄 안다.잠 31:26 잠언의 결론을 이루는 이 긴 시는 이스라엘의 지혜가 비슷한 시기주전 5세기에서 4세기의 그리스 철학 작품과 얼마나 다른지를 보여준다. 지혜는 실제적이고, 추상적이지 않으며, 지적으로 미묘하면서도 건실하다.

고대부터 현재까지 지혜의 말은 계시적이라기보다는 상식적인 특성을 지녔기 때문에 그 신학적 가치가 종종 의심되었다. 그러나 수단 마을에서 그러했던 것처럼, 지혜의 바로 그런 성격 때문에 동시대 청중들에게 지혜가 가치를 지닌다. 성서의 지혜 문헌은 구체적인 신학적 가정이나 주장을 거의 제시하지 않기 때문에 다른 신앙 전통을 가진 사람(예를 들어 그리스도인 또는 유대인 그리고 무슬림)과의 공통 토대가 될 수 있다. 전통적인 이슬람 문학도 상당 부분 실용적인 방향을 추구한다. 또한 지혜서는 특정 신앙 전통에 확고하게 헌신하지 않은 사람들이나 성서의 다른 부분에 흔히 나오는 강한 교리적 확언들을 불편해하는 사람들에게도 호소력을 지닐 수 있다.

### 지혜의 미학: 잠언

잠언의 첫 구절은 이 책을 솔로몬과 관련짓는다.1:1 엄밀한 역사성은 없지만, 이러한 관련성은 지혜의 말들이 적절한 상황에서 잘 다듬어진 언어의 모범 사례로서 높은 문화적 가치를 인정받았음을 보여준다. 다음 말이야말로 엘리트 집단에서 유래했을 몇몇 내용 가운데 하나다.

경우에 합당한 말은
아로새긴 은 쟁반에 금 사과니라.25:11

잠언의 시작과 끝을 이루는 긴 시들1-9장: 30-31장은, 지혜를 추구하는 것이 이스라엘 문화 및 더 나아가 모든 인류 사회의 도덕적 가치에서 핵심이라고 말한다. 이 권면의 시들은 왕이 선포하는 형식이 아니라, 부모나 다른 친밀한 연장자가 "내 자녀"에게 말하는 개인적 조언의 형식을 취한다.참조. 1:10: 2:1: 3:1: 4:10, 20: 5:1: 6:1: 7:1 지혜로운 자와 어리석은 자를 생생하게 그리며, 의인화된 지혜가 여성의 목소리로 동시대 공동체 안에서 자신의 역할을 말하고 땅의 기초가 놓일 때의 일을 증언한다.8:1-9:11 이 책은 여성의 지혜를 돌아보게 하면서 끝맺는다. 왕비인 어머니가 아들에게 주는 교훈31:1-9과 현숙한 여인의 세밀한 초상31:10-31을 제공한다. 이 정교한 문학적 틀 사이에 여러 세대에 걸친 지혜로운 이들의 짧은 말들을 모아 두었는데, 각 잠언은 다섯 개에서 여덟 개의 단순한 히브리어 단어로 이루어진 자그마한 시다.

성서의 잠언들이 시라는 점을 인식하면 현대인들이 그 말들을 진부하고 뻔한 문구나 사회적 보수주의의 당파적 주장으로 보는 경향에 대응할 때 도움이 된다. 어느 경우든 잠언들은 현 상태에 도전하는 많은 시편 시와 대부분의 성서 예언과는 반대편 극에 서 있는 것처럼 보일 것이다. 예를 들어 성서학자 조얼 베이든Joel Baden은 잠언의 일반적인 세계관을 "가혹하며 거의 사회진화론"에 가깝다고 말한다. "손을 게으르게 놀리는 자는 가난하게 되고, 손이 부지런한 자는 부하게 되느니라"10:4라는 구절을 인용하면서 베이든은 이렇게 단언한다. "잠언의 이해에 따르면 모든 사람은 자신에게 오는 것을 얻는다. 행동은 보상이나 처벌과 직접적으로 연결된다. 이러한 세계관은 사회적 결과를 낳는다. 즉 인생에서 성공하고 있는 사람은 곤란 중에 있는 사람보다 더 의로운 것이 틀림없다."[1]

하지만 잠언의 세계관을 이렇게 요약하면 너무 단순하다. 잠언의 지혜자들은 도덕적 일관성은 있으나 이상과는 거리가 먼 세상을 말하고 있다. 그들이 조명하는 것은 근본적으로 말해서 혼란스럽고 비극적이며 불합리하고 이해할 수 없는 우주나 그곳에서 일어날 만한 일들이 아니다. 그런 가능성에 대한 깊이 있는 탐구는 욥기와 전도서가 맡고 있다. 잠언이 강조하는 세계관은 자동차 정비소 문 위에 붙어 있는 표어에 더 가깝다. "지혜는 결과를 예측할 수 있는 능력이다." 실제 이 정비소는 워싱턴 D.C. 순환도로 바로 외곽에 있으며 그곳에서는 결과 예측이 필수적인 생존 기술이다. 잠언은 종종 부지런한 노력의 가치를 강조하지만 모든 사람이 실제로 "자신에게 오는 것"을 얻지는 않음을 보여준다. 잠언 10:4-5에 나오는 구절처럼 결과에 대한 모호하지 않은 진술은 수집된 말들 가운데 앞부분에 나타나는 경향이 있다. 그러나 이 책을 자세히 읽다 보면 좀 더 복잡한 이해가 드러난다. 의인이라 해서 항상 일이 잘 풀리는 것이 아님을 여러 말들이 인정한다. 그렇게 된다면 기뻐할 일이지만.11:10; 29:2 의인이 때로 적은 소득을 얻고 불의한 자가 큰 이익을 누릴 수 있다.16:8 정직하고 신중한 사람이 자신의 잘못이 없이도 궁핍해질 수 있다.11:24; 13:23 악인이 큰 권력의 자리를 얻고 큰 불행을 초래할 수도 있다.28:15-16; 29:2 이 책의 관점은 전체적으로 볼 때 사회진화론이 아니며 잠언이 표현하는 확신은 인간의 능력을 높게 평가하는 것이 아니라 다음과 같은 세계 자체의 구조에 대한 신념에 기초한다.

> 여호와께서는 지혜로 땅에 터를 놓으셨으며
> 명철로 하늘을 견고히 세우셨고.3:19

지혜와 권력의 관계에 대한 더 섬세한 이해는 이 책을 여는 작은 시를 통해 제시된다. 그것은 지혜 문학의 궁극적인 목적을 밝힌다.

> 이는 지혜와 교훈을 알게 하며,
> 통찰력 있는 말씀을 들여다보며,
> 성공을 위한 교훈을 얻게 하려는 것이니,
> 곧 의로움*tsedeq*과 정의*mishpat*와 공정함*mesharim*이다.1:2-3, 저자 사역—옮긴이

"성공을 위한 교훈"은 이 시를 서두에 소개한 지혜자가 현대 산업 사회에서 너무나 친숙한 가치, 곧 개인적 이익의 극대화로서 성공을 말한다고 보일 수도 있다. 하지만 그런 읽기는 시의 바탕에 있는 두 번째 본문에 비추어 다시 생각되어야 한다. 성공 공식으로 제시된 동일한 세 가지 요소가 시편 98편에서 하나님의 심판과 관련해 등장한다.

> 그가 의*tsedeq*로 세계를 판단하시며*yishpot*
> 공평*mesharim*으로 그의 백성을 심판하시리로다.시 98:9

이 두 시적 진술을 함께 읽으면 지혜롭고 교훈을 잘 받아들인 사람은 하나님과 같은 방식으로 권력을 사용하며, 성서에서 "의"라고

부르는 공정한 권력 분배를 위해 크고 작게 기여한다는 속뜻이 나타난다. 이 메시지는 잠언의 마지막 두 번째 시에서 동일한 단어로 같은 주제가 반향되면서 더욱 강화된다. 그것은 표면적으로는 젊은 왕을 향하나 가족이나 공동체, 국가 등에서 책임 있는 위치에 있는 모든 이에게 적합한 메시지다.

> 너는 입을 열어 공의로 재판하여*shephot-tsedeq*
> 곤고한 자와 궁핍한 자를 신원할지니라. 31:9

번역자들이 이 작은 시의 정교한 관점을 늘 알지는 못하므로 잠언들의 문학적 진가는 과소평가되기 쉽다. 번역자들은 뭔가 전형적인 것을 기대하기 때문에 히브리어의 평범한 의미를 벗어나는 대가를 치르면서까지 잠언들을 단순한 메시지로 옮길 가능성이 있다. 예를 들어 앞서 인용된 잠언 10:4의 표준적 번역은 게으른 손과 부지런한 손 사이에 오해할 수 있는 대비를 만든다. 그 단순한 히브리어 본문은 다음과 같이 번역하는 것이 더 낫다.

> 속이는(또는 배신하는) 손바닥은 가난을 초래한다.
> 그리고/그러나 부지런한 사람의 손은 부유하게 한다.[2]

여기에 암시된 사회적 상호 작용은 NRSV 번역의 도덕주의적 선언보다는 복잡하다. 배후에 있는 질문은 게으름이 아닌 속임수가 어떻게 빈곤을 야기하는가이다. 이 속담이 우회적으로 지적하는 냉혹한 사실은 경제적으로 취약한 사람들이 종종 좋은 것을 약속하는 사기의 표적이 되며, 결국 그들은 경계선에서 빈곤으로 또는 가난에서 더 깊은 가난으로 내몰린다는 것이다. 이러한 현실은 철기 시대 부터 현재까지 근본적으로 변하지 않았다. 그럼에도 부지런히 노력을 기울이면 더 나은 상황으로 나아갈 수 있다(여기서 '부지런한 사람들'은 자신의 경제적 안정을 위해 일하거나 다른 사람을 돕고자 노력하는 사람들을 의미할 수 있다). 물론 항상 그렇게 되는 것은 아니다. 개개의 잠언을 특정 결과를 보장하는 말로 읽는다면 잘못이다. 오히려 성서의 잠언들은 개인과 공동체가 어려운 상황에서도 올바른 선택을 하도록 안내할 원칙을 찾는 과정을 나타낸다. 현재 적용해야 할 원칙을 분별하기가 어렵다는 점은 서로 상반되는 잠언이 있다는 것을 보면 알 수 있다. "미련한 자에게는 그의 어리석음을 따라 대답"해야 할까 26:5 아니면 대답을 하지 말아야 할까? 26:4 잠언들 자체는 일반화하는 어투로 말하지만 그 일반성을 구체적 순간에 적용하는 것이 바로 잠언을 실행하는 기술이다.

종종 부정확하게 번역되는 잠언이 더 있다. 표준적인 번역들이 암시하는 내용보다 실제로는 훨씬 더 흥미롭고 틀림없이 더 진실한 내용이다.

**아이를 그 아이의 방식에 맞게** 가르치라.
그리하면 늙어도 그것을 떠나지 아니하리라. 22:6

대부분의 현대 번역은 첫 번째 줄을 17세기 공인 번역본AV이 정한 방향으로 옮긴다. "**마땅히 행할 길을** 아이에게 가르치라." KJV, 이와 유사한 번역으로는 NRSV, NIV, NJPS, Alter 역 그러나 히브리어 문법학자 브루스 월트키Bruce Waltke가 지적했듯 이 구문의 구조는 "각 청소년을 개별적으로 평가하여 개인에게 적합한 도덕적 지도 방안을 고안해야만 하며", 따라서 "성장하는 청소년의 신체적, 정신적 능력에 따라 그 아이가 노력하게" 해야 함을 의미한다.[3] 고대 지혜자들은 현대 교육자들이 재발견해야 하는 그것을 알고 있었다. 즉 진정한 교육은 표준화할 수 없다는 것이다. 교사는 학생 개개인과 함께 "그 아이의 방식"을 발견함으로써만 타인을 더 폭넓은 인식으로 "이끌어 낼"라. *educo* 수 있다.

이처럼 섬세하고 통찰력 있으면서도 가장 평범한 인간 상호 작용의 순간에 초점을 맞추는 이 시는 어떻게 탄생했는가? 현대의 또 다른 전통적인 하위문화의 사례를 통해 상상해 볼 수 있다. 미츠예 야마다Mitsuye Yamada는 2차 세계대전 이전 시애틀에서 그녀의 가정 식탁에 둘러앉아 함께 센류("일상적인 문제들에 대해 이야기하는" 17음절의 일본 시)를 짓던 일본인 이민자 모임을 언급한 적이 있다. (야마다는 센류와 좀 더 잘 알려진 하이쿠 장르를 구분하는데 후자는 "훨씬 더 신비롭고 훨씬 더 추상적"이라고 설명한다.) 그녀는 그 모임의 창작 과정을 이렇게 기술한다.

> 그들은 지난 모임 이후에 있었던 일에 대해 한 시간 동안 이야기를 나눈 후 각자 구석에 들어가 시를 쓴다. 그런 다음 그룹으로 돌아와서 시를 서로에게 낭송하여 들려준다.……서예가가 먹을 사용해 그 시를 부드럽고 아름다운 선을 그리며 일본어로 적어 준다. 이 과정은 여러 가지 의미에서 예술적이면서도 음악적이었다.[4]

이 센류 시인들은 아마도 성서의 잠언들을 몰랐을 것이다. 하지만 일상의 어려움에서 (그리고 즐거움에서도?) 작고 리듬감 있는 시를 제련해 내는 그들의 모습에서 이러한 고대의 시를 탄생시키고 보존할 수 있었던 공동체의 영감을 엿볼 수 있다.

웃을 때에도 마음에 슬픔이 있고

즐거움의 끝에도 근심이 있느니라.14:13

어떤 길은 사람이 보기에 바르나

필경은 사망의 길이니라.16:25

차라리 새끼 빼앗긴 암곰을 만날지언정

미련한 일을 행하는 미련한 자를 만나지 말 것이니라.17:12

이 말들은 극도로 간결하고 생생한 이미지이며 전체를 설명하지 않고도 상황을 떠올리게 한다. 왜 마음에 슬픔이 있으며 사람이 보기에 바른 길이 어떻게 죽음에 이르는 길인가? 잠언에는 세부 사항이 없기 때문에 마셜 맥루한Marshall McLuhan의 표현대로 문학 장르 중 가장 "쿨한" 장르이며, 듣는 사람이 고도의 상상력을 발휘하게 만든다. 시편과 마찬가지로 성서의 잠언들은 내러티브 안에 자리를 잡아야 하며 인간의 모든 경험에 적용될 수 있다. 그러므로 현대 설교자 중 잠언을 살펴보려는 사람이 거의 없다는 것은 놀라운 일이다.[5] 아래와 같은 은유는 여러 종류의 대화를 시작하게 만든다.

물에 비치면 얼굴이 서로 같은 것 같이

사람의 마음도 서로 비치느니라.27:19

이 은유는 자신의 모습을 선명히 볼 수 없었던 고대인들 이야기다. 금속 거울은 극소수만 썼던 사치품이었고 반건조 지역인 이스라엘에는 맑고 깊은 물웅덩이도 흔하지 않았다. 마찬가지로 드물고 소중한 일은 스스로 마음을 들여다보도록 도와주는 일이다. 나는 결혼식 주례를 설 때면 물에 비친 이미지를 보는 것이 배우자가 서로를 통해 자신을 보는 것과 유사하다고 말한다. 얼굴을 비추어 주면서도, 역동적이며, '허물은 덮어'forgiving 준다.⁶ 나는 종종 이 잠언을 떠올리며 다른 신앙을 가진 사람과 대화할 때 나 자신을 더 깊이 볼 수 있는지 살피곤 한다.

잠언에 있는 지혜로운 말들은 우리 인간됨 및 사회적 상호 작용의 특정 측면에 관해 고도로 압축된 통찰을 제공한다. 그 잠언들은 왜 그렇게 되는지 길게 설명하지 않는다. 주제를 다룰 때 답보다는 질문을 더 많이 제기한다. 인생이 어떻게 돌아가는지 포괄적인 그림을 얻고자 기대하며 앉은 자리에서 잠언을 단숨에 읽는다면 유익을 얻지 못할 것이다. 이 책은 한 주제를 잠시 다루고 여러 번 다시 돌아오는 식으로 굽이굽이 진행된다. 어쩌면 이 책이 말하려는 바는 인생에는 포괄적인 그림이 없다는 내용일 수도 있다. 지혜는 진실을 살짝 엿보는 경험들에서 성장한다. 또한 하나의 잠언을 천천히 되새기고 그다음 잠언으로 넘어가다 보면 전에 이해했다고 여겼던 내용이 적절했는지 다시 생각하게 된다. 한때 명백해 보였던 것을 천천히 다시 생각해 보는 습관을 잠언을 통해 익힌다면 코헬렛을 만날 준비가 된 것이다. 전도자는 지혜를 찾기 위해 온몸을 던졌지만 그 과정과 결과를 끝내 붙잡을 수 없음을 경험했고("멀고 또 깊고 깊도다. 누가 능히 통달하랴?"전 7:24), 또 고통스러워했다.

지혜가 많으면 번뇌도 많으니
지식을 더하는 자는 근심을 더하느니라.전 1:18

## 죽음과 함께 살아가기: 전도서

잠언과 달리 전도서는 익명 저자의 말들을 모아 놓은 것이 아니라 알아볼 수 있는 목소리와 얼굴을 지닌 지혜자의 저술이다. 코헬렛('모으는 자' 또는 '집회의 인도자'를 의미하는 이—신비하게도!—여성형 분사)은 아마도 페르시아 제국 말기주전 약 450-350년에 예루살렘이나 그 주변에 살았던 사람의 필명으로 추정된다.[7] "다윗의 아들 예루살렘 왕"으로 언급되는 이 사람은 정경 전체에서 가장 독특한 목소리를 들려주는 인물임이 틀림없다. 성서에서 아무것도 듣지 못하는 이들이 이 목소리에서 위로를 받는다. 만성 우울증을 앓는 한 여성은 전도서 읽기는 따뜻한 욕조에 몸을 담그는 경험과 같다고 말한다. 또 다른 여성은 이 책을 매일 읽으며 남편의 암 투병 기간을 함께 견뎌 나갔다고 말한다. 한 군목은 이 책이 전쟁터에서 병사들의 마음에 깊이 와 닿는 유일한 책이었다고 한다. 마르틴 루터는 모든 사람이 이 책을 잘 알아야 한다고 생각했으며 특히 공무를 맡은 이들에게 이 책을 추천했는데 "사적인 일과 공적인 일의 관리에 대한 생생하고도 특유한 묘사가 담겨 있기 때문이다."[8]

　　코헬렛이 다루는 중심 주제는 죽음 자체라기보다는 덧없음과 필멸성이다. 그는 이 세상의 근본적인 무상함, 곧 모든 생물을 살아 있게 하는 힘인 살고자 하는 욕구 자체가 궁극적으로 소멸해 버린 상태참조. 요일 2:17를 직시하며 삶이 무엇인지 깊이 숙고한다. 그가 모은 말들 중 가장 두드러지며 가장 많이 기억되는 말은 이것이다.

　　전도자가 이르되

　　헛되고 헛되며hevel 헛되고 헛되니

모든 것이 헛되도다.1:2

'헤벨'*hevel*이라는 단어는 성서에 등장하는 모든 곳에서 비유적으로 사용되는데, 마치 "해 아래에서"1:3, 9 등 금세 사라지는 아침 안개처럼 사라지기 위해서만 존재하는 어떤 것을 가리킨다. 성서에서 처음으로 죽음을 맞은 사람인 아벨의 히브리어 이름이 '헤벨'인 것은 우연이 아니다. 다른 곳에서 이 단어는 존재 자체가 가짜인 거짓 신을 가리키지만예를 들어 신 32:21; 렘 8:19 코헬렛은 이 말을 다른 종류의 위협, 곧 무의미, 부조리를 의미하는 데 사용한다. 우리가 인생을 쏟아붓는 모든 것이 결국 사라질 것이라면, 그리고 조만간 그렇게 된다면 그 일들이 과연 중요한 것일까?

이 질문은 냉소적인 질문이 아니라 사려 깊은 사람이라면 누구나 던져야만 하는, 종교적 사고에서 본질적 위치를 차지하는 질문이다. 전도서는 유대인의 절기 중 가을 초막절Sukkot 기간에 읽도록 되어 있다. 이 기간은 많은 사람들이 이스라엘의 광야 여정을 기념하면서 8-9일간 임시로 지은 천막에서 식사를 하는 때다. 기독교 전통 초기부터 전도서는 금욕 수행자를 위한 책으로 여겨졌다. 기독교 금욕주의는 나쁜 평판을 얻게 되었는데 마치 기쁨에 대한 신랄한 거부와 유사하다고 여겨져 왔다. 그러나 건강한 금욕주의의 본질은 과도함을 거부하는 것이며(금욕의 과도함도 포함된다) 종교적이거나 영적인 또는 철학적인 삶의 바람직한 초점인 기쁨과 즐거움을 발견하기 위해 기꺼이 **한계들을 받아들이는 것**이다. 금욕주의와 미학은 상반되는 것이 아니라 상호 보완적이다.

코헬렛 자신의 금욕적이고 미학적인 수행의 핵심은 그 자신의 말처럼 "즐거움(아마도 '욕구')을 일깨우는 말"개역개정 "아름다운 말"—옮긴이 그리고 "진리의 말"12:10을 찾는 것이다. 다음은 그의 최종 진술이며 기쁨을 찾는 길에 대한 조언이다.

> 너는 가서 기쁨으로 네 음식물을 먹고
> 즐거운 마음으로 네 포도주를 마실지어다.
> 이는 하나님이 네가 하는 일들을 벌써 기쁘게 받으셨음이니라.
> 네 의복을 항상 희게 하며
> 네 머리에 향 기름을 그치지 아니하도록 할지니라.
> 네 헛된*hevel* 평생의 모든 날
> 곧 하나님이 해 아래에서 네게 주신*n-t-n* 모든 헛된 날에
> 네가 사랑하는 아내와 함께 즐겁게 살지어다.
> 그것이 네가 평생에 해 아래에서 수고하고 얻은 네 몫이니라.
> 네 손이 일을 얻는 대로 힘을 다하여 할지어다.
> 네가 장차 들어갈 스올에는
> 일도 없고 계획도 없고 지식도 없고 지혜도 없음이니라.9:7-10

주의하라거나 순종하라는 명령이 아니라 즐기라는 명령이 성서에 오직 한 번 여기 등장한다. 우리의 상황이 편안해서가 아니라 모든 사람의 삶이 죽음으로 끝난다는 사실이 유일하게 확실하기 때문이다.9:3 그 필연성 외에는 누구에게 일어날 어떤 일도 예상할 수 없다. "시기와 기회는 그들 모두에게 임[하기]"9:11 때문이다. 이 가르침은 놀랄 만큼 현실적이고 즉시 적용이 된다. 그것은 가까이 있는 세 가지 기쁨의 원천을 가리킨다. 피조물의 위안인 음식과 음료와 잔치 때 입는 옷, 우리의 모든 역량을 요구하는 노동, 돈과 물질과 풍요가 아닌 한 사람을 오랫동안 잘 사랑하는 것이다.5:10 이 모든 것은 하나

님의 선물이며 코헬렛은 이를 하나님의 은혜를 가리키는 표지로 받아들인다. 그 말은 '하나님과의 인격적 관계'에 근접하는 말이다. 하늘에 계신 하나님은 우리가 직접 접촉할 수 없는 분이므로 코헬렛은 하나님에 관해 경솔히 말하는 것을 권하지 않는다.5:2 그러나 그가 한가지 분명하게 말하는 것이 있다. 하나님은 주시는 분이라는 사실이다. 전도서에는 동사 어근 '나탄'*n-t-n, '주다*이 관련 명사와 함께 스무 번이상 등장한다.3:10, 11, 13 등 "불행한 일"은 주어진 것을 허락된 기간 동안 누리지 못하는 것, 풍성함 중에도 만족하지 못하는 것이다.6:1-3 수도사 출신으로서 맥주와 음식과 자신의 행복한 결혼을 좋아했던 마르틴 루터는 코헬렛이 말하는 건강한 금욕주의의 핵심을 알았으며 그것을 감사의 능력을 기르는 것으로 해석한다.

> [코헬렛]은 사람의 마음이 늘 변덕스럽고 허영을 추구한다고 비판한다. 사람의 마음은 현재와 미래의 좋은 것들을 즐기지 못한다. 자기가 받은 복들을 인식하지도 감사하지도 않는다. 그리고 헛되이 자기가 가지지 않은 것을 추구한다. 그것은 정말로 하늘과 땅 사이에 매달려 있다!⁹

모든 것이 갑자기 사라져 버릴 수 있는 예측 불가능한 세상에서는 가능성을 계산하기보다 모험을 하는 것이 낫다. 코헬렛은 특히 관대함과 그에 따른 위험을 대담하게 감수할 것을 권한다.

> 너는 네 떡을 물 위에 던져라. 여러 날 후에 도로 찾으리라.
> 일곱에게나 여덟에게 나눠 줄지어다.
> 무슨 재앙이 땅에 임할는지 네가 알지 못함이니라.11:1-2

| 잠언과 전도서 |

많은 해석자들은 이 구절을 페르시아 시대 예루살렘의 경쟁적인 경제 환경에서 분산 투자 포트폴리오를 만들라는 권유로 읽는다. 그러나 같은 시대 이집트 작품인 앙크셰숀크Ankhsheshonq의 교훈은 적당한 기간 내에 돌려받을 것을 기대하지 않고 널리 관대함을 베푸는 행위를 권하는 데 비슷한 이미지를 사용한다. "선을 행하고 그것을 물속에 던져 두라. 물이 마르면 찾을 것이다."[10] 이 후자의 해석은 근대 이전 유대교, 기독교, 이슬람교의 해석자들도 지지하는 바다.[11] 그들은 이집트의 병행 구절은 알 수 없었지만 코헬렛의 논리를 따르고 있다. 만일 하나님이 "만사를 성취하[신다면]"11:5 "너는" 언젠가 어떤 형태로든 네가 보낸 것의 일부를 다시 보리라 믿으며, 단순하고 용기 있게 행동해야만 한다. 한편 적극적으로 자원을 분산하는 것이야말로 단잠에 방해가 될 뿐인5:12 축적에 대한 끝없는 욕망에 맞서는 최선의 방법이다! 누가복음은 코헬렛의 논리를 되풀이한다. 선을 행하고 아무것도 바라지 말고 꾸어 줌으로써 "지극히 높으신 이"의 차별 없는 친절을 본받으라고 말한다.눅 6:35

코헬렛은 모든 것이 덧없다고 선언했지만 그렇다고 해서 문학적 노력을 포기하지는 않았다. "깊이 생각하고 연구하여 잠언을 많이 지었으며",12:9 오래 지속될 가치 있는 시를 썼다. 그가 냉소주의자가 아니었다는 가장 좋은 증거로서, 한계를 받아들임을 중심 주제로 삼는 인상적이고 아름다운 두 편의 중요한 시를 들 수 있다. 때를 다룬 서정적인 시3:1-9는 그 한 측면을 다룬다. 즉 주어진 시기에 할 수 있는 올바른 행동이 무엇인지를 알아야만 한다는 것이다. 그것을 보완하는 결말 부분에 나오는 슬픈 노래는 죽음이란 피할 수 없는 것이지만 무의미하지는 않음을 일깨운다.12:1-8

흙은 여전히 땅으로 돌아가고

영은 그것을 주신 하나님께로 돌아가기 전에 기억하라.

전도자가 이르되 헛되고*hevel* 헛되도다. 모든 것이 헛되도다.12:7-8


코헬렛의 시작과 마침은 동일한 말이지만 그 어조는 크게 바뀐 듯하다. 처음에 그는 "해 아래에는 새 것이 없나니"1:9라며 몹시 지치고 쓸쓸한 목소리로 말한다.

이러므로 내가 사는 것을 미워하였노니 이는 해 아래에서 하는 일이……모두 다 헛되어*hevel* 바람을 잡으려는 것이기 때문이로다.2:17

마지막 부분에서 그는 열린 마음으로 간곡하게 말한다. "너의 창조주를 기억하라. 곧 곤고한 날이 이르기 전에……."12:1 곤고한 날의 장면들은 슬프지만 또한 수수께끼 같다. 분주하던 집안과 이웃의 문들이 닫히고,12:3-4 "사람이 자기의 영원한 집으로 돌아가고 조문객들이 거리로 왕래[할]" 때, 정원은 열매를 맺고 떨어뜨리며,12:5 소중한 물건들이 깨진다.12:6 어떤 사람들은 여기서 신체가 쇠퇴하는 모습의 알레고리를 발견하지만 이런 이미지들에 대한 더 가능성 있는 해석은 한동안 이 분주하고 질서 있는 세상의 중심이요 필수적인 존재가 자신이라고 여겼지만 그런 세상에 죽음이 끼어드는 모습을 연상시킨다는 것이다. 코헬렛은 결국 딜런 토마스Dylan Thomas처럼 "빛의 소멸에 맞서 분노하라고" 촉구하지 않는다. 오히려 햇빛은 "아름다운 것"이지만 "캄캄한 날들이 많으리니"11:7-8라는 그의 단순한 관찰에는 슬픔이 담겨 있다. 우리가 통제할 수는 없지만 평범하게 얻을 수 있는 좋은 것들을 소중히 여기는 것은 청년의 때에 가장 잘 습득해야 할 습관이다.12:1 코헬렛은 감사보다는 즐김을 직접적으로 말하지만 그가 강조하는 바 '모든 것은 주어지는 것'을 볼 때 이렇게 추론할 수 있다. 즉 젊어서 (때때로) 흘러들어 오는 선물들의 흐름에 감사하는 법을 배우지 못하면, (보통은) 그 흐름이 느려지고 줄어드는 노년에는 감사를 실천할 수 없게 된다는 것이다.

독특하게도 이 책의 마지막 '첨언'은 잠언 편집자의 목소리를 흉내 내며 독자를 "내 아들아"12:12라고 부른다. 이 말은 편집자의 추가로 보이며 배짱이 부족했던 탓에 "하나님을 경외하고 그의 명령들을 지킬지어다"12:13라는 호소는 코헬렛의 극단주의를 길들이려는 시도였다고 많은 이들이 본다. 다른 관점으로 보면 이런 전통적이며 계명 중심적인 경건으로 돌아서는 것은 지혜자의 메시지가 지닌 인식론적 구조를 보완하는 것으로 볼 수도 있다. 성서에서 유일하게 개인주의적인 목소리를 내는 이 사람은 지혜에 대한 치열한 추구와 급진적인 질문을 통해 세상의 모든 경험을 돌아보게 한 다음 맨 마지막에는 모든 이스라엘 자녀를 위한 교훈이 시작되는 장소로 데려간다.참조. 잠 1:7 이 첨언은 코헬렛의 급진성을 길들이려 한다기보다 그것을 정경 내의 더 큰 대화로 끌어들이는 것일지 모른다. 이 최종 편집자의 호소에 긴장과 보완 중 어떤 요소가 더 많은지는 독자가 판단해야만 한다.

# 16

# 욥기와 아가

# 하나님과의 친밀함: 고뇌와 환희

욥기와 아가서는 성서에서 단연코 가장 열정적인 책이다. 이 책들은 심오한 친밀감을 표현하며, 각각 억제되지 않은 분노와 사랑의 극단을 드러낸다. 이들의 독특한 어조는 성서의 다른 부분에서 들을 수 있는 것과는 크게 다르다. 이 두 책은 한계 언어의 확장된 예들이며 이해 가능한 종교적 발언의 경계를 극단까지 밀어붙인다. 처음에는 이 책들이 이스라엘 성서의 다른 책들과 거의 연결되지 않는 듯 보일 것이다. 그러나 그 문학적 특성들을 주목해 보면 이스라엘과 하나님의 특별한 관계를 말하는 '정통적인' 진술들과 관련지어 이 책들을 어떻게 읽을 수 있을지 알게 된다.

# 하나님과의 갈등 배우기

### · 욥기 ·

욥기는 일반적으로 성서 가운데 신정론, 곧 하나님의 정의로우심에 대한 질문을 가장 철저하게 탐구하는 책으로 간주된다. "쓸모없는 의원"13:4인 데만 사람 엘리바스, 수아 사람 빌닷, 나아마 사람 소발은 하나님의 정의를 옹호하기 위해 집을[1] 떠나 머나먼 여행을 온다. 그러나 이미 그 질문에 대해 욥은 마음이 확고했고 그들의 상투적인 주장은 아무런 감동을 주지 못한다.

도움을 간구하였으나 정의가 없구나.19:7

욥이나 다른 누구에게도 정의는 존재하지 않으며 온 세상은 다른 방향으로 기울어져 있다.

세상이 악인의 손에 넘어갔고……9:24

욥기는 자주 언급되지는 않지만 신학적으로 심오한 자료다. 그러나 신정론에 대한 신선한 사상을 제시하지는 않는다. 실제로 욥기는 하나님의 성품과 일하시는 방식들을 간접적으로만 증언한다. 자랑하기를 좋아하는 신이 '사탄'과 내기를 하는 첫 장면을 우주가 실제로 운영되는 신빙성 있는 방식이라고 여길 진지한 독자는 없다. 이 책이 정말로 제시하는 것은 가장 극심한 고난 속에서도 하나님과 함께 대처하고자 고집하며, 심지어 하나님께서 관계를 깨뜨린 것처럼 보이는 때에도 그 관계에 머물러 있으려 하는 한 사람의 상징적인 초상이다. 하나님이 돌보시지 않는다는 모든 명백한 증거가 있음에도, 여러 나라에서 온 신학 전문가들의 학식 있는 증언에도 굴하지 않고, 욥은 하나님 앞에 계속 서는 도덕적이고도 영적인 끈기를 보여주며, 주의를 흐트러뜨리는 것도 굴욕감을 느끼는 것도 거부한다.

## 진실한 사람

욥기는 부당한 고난 경험에 개인의 목소리를 부여하는 고대 근동 시의 한 전통에 속한다. 여러 나라에서 발견되는 이 장르의 역사는 욥기로부터 천 년 이상 거슬러 올라간다. 가장 오래된 사례는 주전 20세기 초에 저술된 구바벨론의 "인간과 그의 신의 대화"로 "한 젊은이가 그의 친구인 신에게 간청한다"[2]라는 구절로 시작한다. 시대적으로나 어조면에서 욥기에 훨씬 가까운 것은 신앗수르의 어느 시인이 쓴 "고난받는 의인의 시"인데 여기서 시인은 장기간 끔찍한 질병을 앓은 경험을 자세히 묘사한다. "기도는 폭발하는 불꽃처럼 무질서했고, / 나의 간구는 난투극과 같았다."[3] 이 후자의 시는 앗수르가 이스라엘과 유다를 지배하던 시기주전 8-7세기의 것으로 보이며 한 세기 정도 후에 성서의 욥기를 창작한 훨씬 더 세련된 시인(들)은 아마도 이런 메소포타미아 시의 풍부한 전통을 알고 있었을 것이다. 특히 욥은 히브리인이나 이스라엘인이 아니며 우스 출신인데1:1 그곳은 다른 문헌에서는 알려진 바가 없으며 아마도 요단강 동쪽 어느 지역일 것이다. 성서 기록자들은 일반적으로 동쪽과 남쪽 지역을 지혜와 그것을 경작한 이들의 고향이라고 여겼는데 그러한 예는 시바 여왕부터 마태복음에 나오는 '동방 박사들'에 이르기까지 다양하다.

욥기는 독자를 현혹하는 소박한 방식으로 시작한다. 큰 시련 중에도 경건함을 잃지 않는 의인에 관한 민담과 유사하게 시작하고[4] 결말도 마찬가지로 그 사람이 결국 보상을 받는 것으로 끝난다. 이 책은 마치 누군가가 민담처럼 보이는 이야기를 가져오거나 지은 다음 그 산문을 둘로 나누어 틀거리를 삼고,1-2장과 42:7-17 가운데 장들에는 불안정한 시들을 섞어서 구성한 것처럼 되어 있다. 그 뒤섞인 부분 안에 욥의 저주와 불평, 그것을 반박하는 손님들의 꾸짖음과 죄와 형벌에 관한 도덕적 성찰,3-27장: 32-37장 지혜는 붙잡기 어려운 것이라고 말하는 익명의 시,28장 그리고 욥의 강렬한 최종 변론29-31장이 채워져 있다. 그리고 마지막으로 하나님이 폭풍우 가운데 나타나셔서 욥에게 말씀하신다.38-41장 이 책은 성서에서 가장 긴 책 가운데 하나인데 고난당하는 의인에 대한 근동의 시 전통에는 이 책과 비교할 만큼 문학적으로나 신학적으로 복잡한 작품이 없다.

욥은 이스라엘 사람이 아니지만 그의 이야기와 말에는 성서의 내용을 암시하는 울림이 여러 번 나타나며 특히 예레미야와 제2이사야서에 나오는 시와 연관된다.

- 욥은 예레미야처럼렘 20:14-18 자신이 태어난 날을 저주하지만,3:1-26 그 내용은 예레미야보다 더 상세하고 따라서 더 깊은 인상을 남긴다.
- 욥은 하나님의 친밀함이 자신의 장막에 머물렀던 때를 언급하는데,29:4 이것은 참예언자의 특징이 야훼와 친밀하게 동행하는 것이라고 말한

예레미야를 떠올리게 한다.렘 23:18, 22

• 욥기의 '민담' 부분은 반복해서 욥을 야훼의 종이라고 부르며,1:8; 2:3; 42:7, 8(2회) 이는 제2이사야서에 자주 등장하는 호칭을 떠올리게 한다. 이 사야서에서 그 호칭은 종종 이스라엘 전체에 적용되었다.사 42:1, 19(2회); 43:10; 44:1, 2; 49:3, 6 등

• 욥에게 닥친 가혹한 고난과 이사야의 이른바 고난받는 종사 52:13-53:12 이 겪는 고난에는 강력한 주제적 연관성이 있다.

• 야훼는 폭풍우 속에서 욥을 심문함으로써 욥이나 다른 이들이 전체 창 조 질서의 세부 내용에 무지함을 드러냈다. 이것은 제2이사야서에 나오 는 대답할 수 없는 일련의 예언적 질문들을 떠올리게 하는데("땅의 기초 가 창조될 때부터 너희가 깨닫지 못하였느냐……",사 40:21-24) 그 질문들은 야 훼가 절대적으로 비교불가한 분임을 논증하는 내용의 도입부가 된다.

이러한 다양한 연결점들은 이 지혜서를 두 예언 전통과 나란히 놓는다. 이 두 예언 전통은 예루살렘 멸망과 바벨론 유배와 관련된 엄청난 고난, 곧 이해할 수 없고 마치 하나님이 적대하시는 듯 보이 는 고난의 문제를 가장 직접적으로 다루고 있다. 위의 반향들은 가장 극심한 국가적 고난의 시기에 있는 이스라엘 민족 전체를 대표하는 상징적 인물이 욥일 수도 있음을 암시한다.

이러한 상징적 동일시를 뒷받침하는 또 다른 근거는 시작 부분 에서 욥을 '온전하고 정직한 사람'ish……tam, 1:1, 8; 2:3; 참조. 8:20; 9:20-22이라 고 언급하는 부분이다. 욥은 성서에서 '이쉬 탐'ish tam으로 묘사되는 두 사람 중 한 명이다. 다른 한 명은 젊은 야곱인데 장막에 거주하는 야곱과 익숙한 사냥꾼 에서를 대조하는 곳에서 그렇게 불린다.창 25:27, 개역개정 "조용한 사람"—옮긴이 하나님의 복을 얻으려고 교활한 속임수를 썼던

사람이 '온전하고 정직한 사람'으로 기술되는 것은 조상들의 전통에 담긴 난제다. 형용사 '탐'*tam*은 성서 내 다른 곳에서는 도덕적으로 '흠이 없거나' 또는 '결백하다'고 여겨지는 사람들을 가리키는 표준적인 용어이므로<sub>예를 들어 시 64:4; 욥 8:20; 잠 29:10</sub> 야곱에게는 어울리지 않아 보인다. 번역자들은 이런 경우 이 단어가 무엇을 의미할 수 있는지를 고민하게 되는데 '탐'이라는 단어의 정상적인 의미 범위를 벗어난 '평범한', '조용한', '만족하는' 등의 다양한 선택지를 제시하게 된다.[5]

성서 전통 안에 존재하는 이런 언어적 난제가 후대의 주석을 낳고 그 주석 가운데 어떤 것이 성서의 일부가 될 수도 있다. 실제로 정확히 그런 방식으로 욥기가 생겨났을 수도 있다. 유배 시대에 살았던 이스라엘의 한 시인은 최악의 상황 속에서도 하나님을 포기하지 않았던 '온전하고 정직한 사람'*ish tam* 욥의 옛이야기를 발견했거나 기억하고 있었을 것이다. 그 기억은 아마도 이스라엘의 가장 중요한 조상 야곱-이스라엘을 떠올리게 했을 것이다. 비록 수수께끼처럼 보이나 야곱 역시 한때 '이쉬 탐'으로 묘사되었고, 오랜 고난을 겪으면서도 하나님께 붙어 있었으며, 결국 이스라엘 민족을 위한 하나님의 축복을 받기에 합당하다고 인정받았다. 그렇다면 시인이 욥이 등장하는 단순한 민담을 취하여 하나님 앞에서 '탐',*tam* 곧 온전함의 의미에 대한 특별한 탐구로 변형시켰다고 상상해 보라. 이러한 간접적인 방식으로 욥은 야곱처럼 가장 큰 고난의 시기에 있는 이스라엘 민족 전체를 나타내는 인물이 된다. 따라서 욥기는 상상력을 발휘하여 성서의 초기 전통을 확장한 거대한 분량의 미드라쉬이며 다음과 같은 유배 시기의 가장 시급한 신학적 질문을 다루기 위해 창작된 것이다. 이스라엘 민족은 같은 이름의 조상을 하나님의 축복을 받기에 합당하게 만들었던 그 본질적 특성을 아직도 지니고 있는가? 이스라엘 민족은 야곱-이스라엘처럼 그리고 우스 출신의 그 전설적인 인물처럼 하나님이 주신 듯 보이는 고난에도 불구하고 하나님께 붙어 있을 것인가? 욥의 긴 간증은 온전한 사람이 어떻게 가장 쓰라린 경험을 정직하게 말하면서도 동시에 하나님에 대해 '정확하게' 말할 수 있는지를 보여준다.참조. 42:8

욥의 정확한 신학적 담론은 정의를 전혀 모르는 세상에서 과분한 칭찬을 받은 자신의 온전성을 거부하며 시작된다.

> 진실로 내가 이 일이 그런 줄을 알거니와
> 인생이 어찌 하나님 앞에 의로우랴.
> 사람이 하나님께 변론하기를 좋아할지라도
> 천 마디에 한 마디도 대답하지 못하리라.
> ......
> 나를 숨 쉬지 못하게 하시며
> 괴로움을 내게 채우시는구나.
> 힘으로 말하면 그가 강하시고
> 심판으로 말하면 누가 그를 소환하겠느냐.
> 가령 내가 의로울지라도 내 입이 나를 정죄하리니
> 가령 내가 온전할지라도 나를 정죄하시리라.
> 나는 온전하다마는*tam* 내가 나를
> 돌아보지 아니하고 "온전하다고? 내가? 나는 나 자신조차도 알지 못한다!", 저자 사역—옮긴이
> 내 생명을 천히 여기는구나.
> 일이 다 같은 것이라. 그러므로 나는 말하기를
> 하나님이 온전한 자나 악한 자나 멸망시키신다 하나니.9:2-3, 18-22

욥은 정의의 심판 앞에서 자신감을 가질 수 없었지만 하나님의 답변을 요구한다. 그 이유는 간단하다. 자신에게 닥친 재앙에 하나님이 전적으로 연루되어 있음을 알기 때문이다. 욥은 "내 콩팥들을 꿰뚫고" 불쌍히 여기지 않으시는16:13 하나님과의 공개적인 대결을 각오하고 있다. 그는 언젠가 자신의 영혼을 폐허로, 자신의 삶을 "무덤"17:1으로 만든 하나님을 직접 보게 되리라는 확신을 가지고 있다.

내가 그를 보리니
내 눈으로 그를 보기를 낯선 사람처럼 하지 않을 것이라……19:27

욥이 직접 하나님을 대면하리라는 희망을 폐허의 한가운데서 반복적으로 단언한다면,14:13-15; 16:18-21; 31:6, 35-37 그것은 그가 지금은 적이요 박해자로 느끼는 그분과 과거에 누렸던 친밀함을 고통스럽지만 기억하고 있기 때문이다.예를 들어 10:8, 16-17 욥은 "지난 세월과", 자신이 직접 돌보았던 이들에게 행했던 것처럼 "하나님이 [그를] 보호하시던 때"29:2를 기억한다.

내가 원기 왕성하던 날과 같이 지내기를 원하노라.
그때에는 하나님이 내 장막에 기름을 발라 주셨도다.
그때에는 전능자가 아직도 나와 함께 계셨으며
나의 젊은이들이 나를 둘러 있었으며.29:4-5

욥은 산산조각이 났음에도 영적 가치에 대한 감각을 간직하고 있었고, 그것이 지금 하나님을 대면하고자 하는 의욕과 태도를 보존한다. 하나님은 그로부터 사회적 영예의 관을 벗기셨지만,19:9 욥은 아직도 관을 쓰고 **샤다이**Shaddai, '전능자?' 앞에 서는 자신의 모습을 상상한다. 그는 "왕족처럼" 가까이 나오며 자신에게 제기된 (거짓) 고소장을 관처럼 쓰고 있다!31:35-37

작가 츠비 콜리츠Zvi Kolitz는 바르샤바 게토의 저항 투사인 요슬 라코버Yosl Rakover라는 소설 속 인물을 통해 욥의 존엄과 끈기를 상기시킨다. 1943년 4월, 라코버는 그의 마지막 증언을 기록하면서 증언 없이 죽어 간 한 세대의 신자들을 대변해 말한다. 마지막 순간에 그는 자신을 욥과 동일시한다.

> 이제 나의 때가 왔다. 욥처럼 나도 나에 대해 말한다. 내가 태어난 날 벌거벗고 왔으니 벌거벗고 땅으로 돌아갈 것이다.……
>
> 나는 내가 사는 동안 이 모든 일을 겪은 후에도 하나님과의 관계는 변하지 않았다고 말할 수 없다. 그러나 절대적으로 확실한 것은 그분에 대한 나의 믿음은 털끝만큼도 변하지 않았다는 것이다.……
>
> 나는 평화롭게 죽지만 평안하지는 않으며, 정복당하고 매를 맞았지만 노예가 되지는 않았고, 쓰라리지만 낙심하지 않고, 신자이지만 비굴한 애원을 하지는 않으며, 하나님을 사랑하지만 맹목적으로 아멘을 외치지 않는다.
>
> 나는 그분이 나를 밀쳐 내셨을 때에도 그분을 따랐다. 그분이 나를 채찍질하실 때에도 나는 그분의 계명에 순종했다. 그분이 나를 티끌보다 못하게 하시고, 죽도록 고문하시고, 수치와 조롱을 당하도록 내버려 두셨을 때에도 나는 그분을 사랑했고, 사랑의 관계 안에 있었으며, 그 자리에 남아 있었다.

마지막 부분에서 라코버는 하나님을 향해 직접 말한다.

나의 분노하시는 하나님, 여기 제가 마지막으로 드리는 말씀이 있습니다. 이 모든 것은 당신께 조금도 유익하지 않습니다! 당신은 제가 당신에 대한 믿음을 잃고 당신을 그만 믿게 하시려고 모든 일을 다 하셨습니다. 그러나 저는 흔들리지 않고 당신을 믿었고, 이제 살아온 모습 그대로 죽습니다.……

"쉐마 이스라엘!*Sh'ma Yisroel!* 이스라엘아, 들으라! 주님은 우리의 하나님이시며 주님은 한 분이시다. 주님, 주님의 손에 제 영혼을 맡깁니다."[6]

그는 쉐마로 말을 마친다. 그것은 언약의 확언이며, 전통적으로 유대인이 죽음의 순간에 마지막으로 남기는 말이다.

## 욥의 변화

욥기가 하나님의 성품과 신적 정의의 본질에 대해서 (직접적으로) 말해 주는 것은 별로 없다. 오히려 이 책은 인간의 성품에 대해 많은 것을 알려 준다. 인간의 성품은 가장 극심한 고통의 압박 아래서 그리고 하나님과의 관계(심지어 괴로움을 당하는 관계라도) 안에서 드러나며 때로는 변화된다. 욥은 이 책의 이야기가 진행되는 과정에서 유일하게 배우고 변화되는 인물이다. 욥과 대화하는 인물들은 자신의 주장을 길게 반복하고 점점 더 날을 세우지만 그들의 입장은 고정되어 있다. 이와는 대조적으로 욥은 하나님이 폭풍우 속에서 말씀하신 후 심오한 변화를 겪는다. 그의 변화는 그가 무지를 인정한 데서 잘 드러난다. 하나님이 보시는 시선으로 세상을 잠시 바라본 그는 수치를 두려워하지 않고 진심으로 말할 수 있게 된다.

나는 깨닫지도 못한 일을 말하였고

스스로 알 수도 없고 헤아리기도 어려운 일을 말하였나이다.42:3

이 책을 읽는 가장 유익한 방법은 욥의 곁에 서서 배우는 사람이 되는 것이다. 욥기에는 고통과 기쁨 가운데 모든 인간의 삶에 영향을 미치는 세 가지 경험 요소가 있다. 그것은 인간 지식의 한계, 창조 질서 안에서 인간의 위치, 하나님과 진정으로 대면함을 통해 일어나는 변화다. 다시 말해 이 책은 지혜 신학, 창조 신학, 신비 신학을 말하고 있다.

## 인간 지식의 한계

인간 지식에 한계가 있다는 점은 첫 장면, 하나님과 '사탄'(문자적 의미는 '대적하는 자'이며, 여기서는 명백히 천상의 공판 검사로 등장함) 사이에서 이루어지는 내기 장면에서 즉각 선명히 드러난다. 전지적 화자로부터 듣는 혜택을 누리는 우리는 욥과 그의 아내가 모르는 것, 곧 하나님의 회의에서 이루어진 거래가 그들 삶을 송두리째 바꾸어 놓았음을 알고 있다. 내기라는 아이디어는 신학적 제안으로서는 설득력이 없을 수도 있지만 이것은 첫 번째 실마리이며 장차 욥에게 야훼가 대답하는 중심 주제가 된다. 즉 우주에는 사람이 알 수 있는 것보다 더 많은 일이 일어난다는 것이다.[7] 이 장면은 또한 욥과 엘리바스, 빌닷, 소발 사이에 일어난 논쟁의 핵심과 이어지는 인간 이해의 두 번째 한계를 드러낸다. 즉 죄와 고통의 인과관계를 직선으로 그리기란 불가능하다는 것이다. 욥은 다음과 같은 완벽하게 모호한 외침을 통해 논쟁하는 그들 양편이 모두 무지 속에 있음을 인정한다.

지혜 없는 자를(또는 지혜도 없는 자가) 참 잘도 가르치는구나.

큰 지식을 참 잘도 자랑하는구나. 26:3

어떤 세대건 예외 없이 열심 있는 신자들은 고난과 죄를 꼭 연결시키고 싶어 한다. "이 사람이 맹인으로 난 것이 누구의 죄로 인함이니이까? 자기니이까, 그의 부모니이까?" 요 9:2 욥은 자신이나 다른 인간을 위해 그런 깔끔한 합리화를 거부하며 따라서 하나님을 위해 그것을 거부한다. 칼 바르트가 욥기를 하나님의 자유에 대한 "참된 증언"이라고 그의 빛나는 연구에서 보여주었듯이 욥은 처음부터 자유로운 주인의 "자유로운 종"이다. 그는 "주는 것과 빼앗는 것에서 모두 자유롭지 않다면 하나님은 하나님이 아닐 것"임을 알고 있다. [8]참조. 1:21 따라서 욥기의 마지막 부분에서 야훼가 말씀하실 때 신적 자유의 희생은 전혀 일어나지 않는다. 폭풍우 속에서 나오는 말씀은 욥의 모든 친구들이 하는 말처럼 "하나님의 길을 인간 앞에서 정당화하려고"[9] 애쓰지 않는다. 야훼는 욥에게 비난에 대한 답변이 아니라 대답할 수 없는 질문을 던진다.

무지한 말로
생각을 어둡게 하는 자가 누구냐.
너는 대장부처럼 허리를 묶고
내가 네게 묻는 것을 대답할지니라.
내가 땅의 기초를 놓을 때에 네가 어디 있었느냐.
네가 깨달아 알았거든 말할지니라.
누가 그것의 도량법을 정하였는지
누가 그 줄을 그것의 위에 띄웠는지 네가 아느냐.

그것의 주추는 무엇 위에 세웠으며

그 모퉁잇돌을 누가 놓았느냐.

그때에 새벽 별들이 기뻐 노래하며

하나님의 아들들이 다 기뻐 소리를 질렀느니라.38:2-7


욥기 28장에 나오는 지혜에 관한 시 역시 인간의 허세를 무너뜨
리는 질문을 제기한다.

지혜는 어디서 얻으며

명철이 있는 곳은 어디인고.

그 길을 사람이 알지 못하나니

사람 사는 땅에서는 찾을 수 없구나.28:12-13; 참조. 28:20-21


지혜의 추구를 보여주는 이 시의 대표적 은유는 위험한 일을 하
는 광부다. 고대 광부는 작은 바구니에 등불과 도구를 넣고, 좁은 통
로를 통해 멀고 종종 황량한 장소까지 내려졌다.참조. 28:3-4 살아서 끌
어 올려진다면 운이 좋은 것이다. 이 은유는 명철을 찾는 것이 단지
어려운 일이 아니라 위험한 일임을 암시한다. 이 은유에 비추어 볼
때, 이 시의 마지막 구절은 종교적 미사여구가 아니다.

보라. 주를 경외함이 지혜요

악을 떠남이 명철이니라.28:28


이 문맥에서 "주를 경외함"참조. 잠 1:7; 전 12:13이라는 익숙한 표현은
단순히 특정 신 숭배를 넘어서는 더 깊은 의미를 지닌다. 이 구절에

는 욥은 "온전하고 정직하여 하나님을 경외하며 악에서 떠난 자"1:8. 2:3라고 야훼가 사탄에게 한 말이 메아리쳐 울린다. 이제 우리는 욥을 잘 알게 되었으므로 그가 하나님을 경외한다는 뜻은 이야기의 첫 부분에서 그가 보여준 전통적인 경건, 곧 자녀들이 혹시 잘못을 했을까 하여 조심스럽게 제물을 바치는 모습1:5을 훨씬 뛰어넘는다고 말할 수 있다. 이 장에 나오는 시는 그가 가장 두려운 상황에서도 적극적으로 하나님을 찾는 용기가 있었음을 보여준다. 이것이 야고보서가 욥의 '휘포모네',hupomone 곧 강인한 인내라고 부르는 것이다.약 5:11 이런 자질은 욥이 언젠가 지혜를 얻게 만들어 줄 것이다. 비록 책의 이 부분에서는 아직 그 자리에 도달하지 못했지만.

그러나 야훼께서 폭풍우 가운데 말씀을 마치셨을 때 욥은 자신의 죄가 아니라 자신의 무지를 솔직하게 고백한다.

나는 깨닫지도 못한 일을 말하였고
스스로 알 수도 없고 헤아리기도 어려운 일을 말하였나이다.42:3

자유로우신 하나님 대면을 추구하는 것이 욥이 가진 지혜의 시작이라면, 마지막으로는 자신이 무지한 모든 면을 인정하는 것은 그 다음 단계인 더 넓은 진리 이해로 나아가는 큰 발걸음이다. 하나님의 진리는 지적, 정서적, 영적인 모든 면에서 씨름하지 않고는 결코 파악할 수 없으며 자유롭고 성숙한 방식으로 포용할 수 없다. 욥기의 마지막 부분에서 욥은 '이쉬 탐',1:8. 2:3 곧 온전하고 정직한 사람이자 하나님이 자랑스러워하시는 모습으로 성장했다. 첫 번째 '온전하고 정직한 사람' 야곱이 이스라엘이라는 이름을 쟁취해 낸 것처럼 욥은 자신이 "하나님과 및 사람들과 겨루어 이[긴]" 사람창 32:28임을 스스로 증명했다.

## 창조 질서 내 인간의 위치

폭풍우 속에서 들려오는 야훼의 말씀은 욥의 이해에 한계가 있음을 드러냈을 뿐 아니라 그의 생각의 방향 전체에 도전한다. 욥은 늦게 나타난 엘리후[10]가 말하듯이 "악인을 단죄하는 데 집착해" 왔다. 36:17. 저자 사역—옮긴이 동시에 욥은 자신의 윤리적 행실이 모범적이었음을 주장하는 데 몰두했고 그것이 그의 마지막 발언의 초점이었다. 29-31장 그 발언이 끝나자마자 젊지만 거침없이 말하는 엘리후가 등장한다. 그도 다른 사람들이 늘어놓은 전통적인 보복적 정의 관념, 곧 덕과 악이 모두 필연적으로 합당한 보상을 받는다는 생각을 어느 정도 갖고 있다. 36:6-14 그러나 그는 또한 하나님의 말씀이 취할 새로운 방향을 예견한다. 엘리후는 욥에게 정의의 전체 모습을 파악하려면 인간 사회의 영역 너머를 보아야 한다고 거듭 도전한다.

그대는 하늘을 우러러보라.
그대보다 높이 뜬 구름을 바라보라.
그대가 범죄한들 하나님께 무슨 영향이 있겠으며
그대의 악행이 가득한들
하나님께 무슨 상관이 있[겠는가]. 35:5-6

겹겹이 쌓인 구름과
그의 장막의 우렛소리를 누가 능히 깨달으랴.
......

이런 것들로 만민을 심판하시며

음식을 풍성하게 주시느니라.36:29, 31


그대는 그를 도와 구름장들을 두들겨 넓게 만들어

녹여 부어 만든 거울 같이 단단하게 할 수 있겠느냐.37:18


엘리후는 하나님의 행위를 더 폭넓은 관점에서 제시한다. 하나님의 행위는 욥이 좁은 시각으로 집착하는 도덕적 문제를 넘어서 비나 일상적인 다른 창조 질서의 작용으로도 나타나며 그런 것들 없이는 어떤 피조물도 살 수 없다.

이 시점에서 하나님은 더 풍부한 시적 표현과 더 답하기 어려운 세상의 물리적, 기상학적 질서에 관한 질문을 가지고 욥에게 나아오신다.38:4-38 이어서 야생 동물의 왕국을 상상 속에서 둘러보는 여행이 시작되는데 특히 큰 동물인 베헤못과 리워야단을 집중적으로 살펴본다. 이 세계의 기본적 특징은 생명력, 힘, 인간의 간섭에서의 자유다. 아무도 산양이 새끼 낳는 것을 감시하거나39:1 야생 나귀를 방목할 필요가 없다.39:5 하나님은 어떤 위험의 경우는 그것을 무릅쓰는 태도를 칭찬하신다. 타조는 '두려움 없이' 알이 짓밟힐 것을 생각하지 않고 땅에 내버려 둔다.39:14-16 이 동물학적 조사에서 유일하게 '길들여진' 동물은 전쟁터의 말인데, 말들 역시 두려움을 모른다.39:21-25 야훼는 거의 조롱하는 듯이, 가까이 갈 수도 없는 '거대한 짐승' 베헤못이야말로 당신이 만든 것 중 최고라고 말씀하시고,40:19 반은 악어요 반은 불 뿜는 용이자 갑옷으로 무장한 리워야단을 욥에게 설명하신다.41:14-21 야훼는 욥은 물론 그들 역시 소중히 여기고 기뻐하시는 것이 분명하다. 이 급진적으로 인간 중심적이지 않은 관점은 하나님이 욥에게 최대한의 안락함을 제공했다는 사탄의 생각과는 정면으로 대립된다.1:10 마찬가지로 욥이 틀렸음을 인정하기만 하면 그가 사는 세상의 안전한 질서가 회복되리라는 친구들의 확신과도 충돌한다.

하나님의 발언에 나타난 이러한 비인간 중심적 신학은 성서에서 거의 유일무이하다.비슷한 사례는 시 104편을 보라 캐스린 쉬퍼데커Kathryn Schifferdecker는 사탄, 친구들, 욥, 야훼의 창조에 대한 서로 다른 관점을 세밀히 연구했는데 하나님의 말씀이 우리 문화를 지배하는 자연 소비주의적 관점뿐만 아니라 창조 세계의 청지기로서 인간이 호의를 베푼다는 관념에도 도전한다고 주장한다. 그녀는 자연 세계를 향한 더 적절한 염원은 정의이며 그 정의는 광대하고 다양한 형태의 생명을 단순히 보는 것에서 시작된다고 말한다. 그 세계는 우리의 통제력을 훨씬 뛰어넘으며 아마도 우리의 감상과 사랑의 대상일 것이다.[11]

작가 애니 딜라드Annie Dillard는 창조 세계에 대한 아름다운 묵상집 『팅커 크릭의 순례자』Pilgrim at Tinker Creek에서 우리가 욥기에서 보는 것과 놀라울 정도로 유사한 세계를 이야기한다. 그 이야기는 버지니아 블루리지에 있는 개울 옆 자택 근처에서 비인간 생물들 사이의 폭력, 고통, 죽음의 신비를 관찰하면서 시작된다. 그 관찰에 출발점을 둔 작가는 자신의 중심 주제인 더 큰 신비를 마주하게 된다. "여기에는 아름다움이 존재할 가능성이 있다. 그것은 그 복잡함 속에서도 소멸하지 않는 아름다움이며, 나의 노크 소리에 열리고, 내 안에서 내가 불렀는지 기억하지도 못하는 부름에 응답하며, 내가 추구하는 정신의 야생적이고 화려한 본성을 향해 나를 훈련시킨다."[12] 딜라드는 당혹스러울 정도로 풍부한 생명의 형태들과 함께 머물면서 다음과 같은 신학적인 결론을 내린다.

창조주는 하나를 다루고 나면 갑자기 완전히 다른 것으로 관심을 돌리신다. 아니, 동시에 수백만 가지를 다루는지도 모른다. 지나치리 만큼 풍부한 열정, 가늠할 수 없는 깊은 샘에서 솟아나와 낭비되어 버리는 에너지, 도대체 여기서 무슨 일이 벌어지고 있는 것일까? 잠자리의 끔찍한 턱, 거대한 물벌레, 새소리, 햇빛을 반사하는 작은 물고기들의 아름다운 반짝임이 가리키는 바는 이 모든 것이 시계 부품처럼 꼭 맞아떨어진다는 것이 아니다. 실제로도 그렇지 않으며, 금붕어 어항 안에서조차 그렇지 않다. 오히려 이 모든 것이 시냇물처럼 거칠고 자유롭게 흐른다는 것, 이 모든 것이 자유롭게, 복잡하게, 서로 얽혀서 솟구친다는 것이다. 자유는 세상의 물이며 날씨다. 공짜로 주어지는 자양분이며, 흙이자 수액이다. 그리고 창조주는 이런 생동감pizzazz을 사랑하신다.[13]

## 하나님과의 진정한 대면이 가져온 변화

야훼를 향한 욥의 마지막 말은 심오한 변화가 일어났음을 보여준다.

내가 주께 대하여 귀로 듣기만 하였사오나,
이제는 눈으로 주를 뵈옵나이다.
그러므로 내가 스스로 철회하며,*ma'as*
티끌과 재에 관해 다시 생각합니다.42:5-6, 저자 사역—옮긴이

나는 아래와 같은 전통적 번역과는 다르게 번역했다.

그러므로 나는 자신을 멸시하고
그리고 티끌과 재 가운데에서 회개하나이다.42:6 NRSV

이 책의 마지막 시 구절을 번역할 때 나는 세 가지 주목할 만한 특징을 고려했다. 첫째로, 히브리어 동사 '마아스'*m-'-s*, '거부하다', '철회하다', '거절하다'; 참조. 9:21의 직접 목적어가 명시되어 있지 않으므로 여기서 욥이 자신을 거부한다고 생각할 이유는 없다. 둘째로, "티끌과 재"라는 구절은 성서에서 두 번 더 나오는데 두 번 다 하나님 앞에서 인간의 상태를 연상시키는 수사법으로 사용된다. "티끌과 재"는 아브라함이 소돔의 운명을 놓고 야훼와 조심스럽게 거래할 때 은유적으로 자신을 묘사한 말이다.창 18:27 그와 유사하게 욥이 하나님에 의해 진흙 속에 던져진 후 "나를 티끌과 재 같게 하셨구나"30:19라고 말한 것도 그의 상태를 문자적으로 표현한 것이 아니다. 여기서는 "진흙"까지도 은유일 수 있다. 셋째로, 동사 '니함'*niham*, 니팔형은 '회개하다'를 의미할 수 있지만 여기처럼 전치사 '알'*al*과 함께 나오는 구문에서는 주로 '어떤 것에 대해 달리 생각하다'를 의미한다.예를 들어 렘 18:10; 암 7:3, 6; 욘 3:10; 4:2 이 세 가지 관찰을 보았을 때 이 구절에서 욥이 자기혐오에 빠져 있지 않은 것이 분명하다. 오히려 욥은 야훼를 만나고 폭풍우로부터 나오는 말씀을 들음으로써 인간의 조건에 대한 관점이 바뀌었으며 따라서 "티끌과 재"에 관한 자신의 이전 진술을 철회하고 있다.

욥이 마지막 장면에서 보여주는 모습은 기록된 그의 마지막 말에 대한 이러한 해석을 뒷받침한다. 이른바 욥의 회복은 화자나 심지어 하나님이 손쉽게 만들 수 있는 마지막 설정으로 여겨지곤 한다. 마치 화자나 하나님은 양과 낙타, 당나귀와 자녀들을 더 많이 만들어서 잃어버린 것을 간단히 대체할 수 있는 양 생각하는 것이다. 하지만 그것은 요점을 놓친다. 결국 자신이 태어난 날을 저주하고3:3 자신의 생명을 거부했던9:21 욥은 이제 자녀를 돌보는 기쁨과 책임이 있는 새로운 삶을 받아들인다. 그가 자녀들의 삶을 기뻐하는 마음은 유난히 사랑스러운 세 딸에게 지어 준 이름에서 가장 잘 드러난다.42:14-15 '여미마', '비둘기' '굿시아','향신료 소녀'[14] '게렌합북'눈썹의 뿔'이라는 이름은 성서 안에서도 매우 독특하며 그 감각적인 특성은 욥이 부모로서 겪은 무언가 구체적인 변화를 암시한다. 책의 첫 부분에서 욥은 지나치게 염려하며 자녀들이 죄를 지었을 가능성조차 두려워하는 모습을 보이지만,1:5 마지막에 가서는 자녀들의 아름다움에 눈과 마음을 활짝 열고 자유를 만끽한다. 욥은 창조주로부터 생기를 사랑하라고 배웠는지도 모른다.

# 친밀함의 환희

· 아가 ·

첫머리에 나오는 저자 표기 "솔로몬의 아가"1:1는 이 책에서 단 한 번
나오는 관습적 진술이며 많은 시편에 붙어 있는 다윗 저자 표기와
유사하다. 그러나 이 책의 나머지 거의 모든 측면은 성서 안에서도
독특하다. 열정적인 갈망의 폭발로 시작하는 첫 부분은 책의 전체 분
위기를 설정한다.

> 내게 입맞추기를 원하니
> 네 사랑이 포도주보다 나음이로구나.
> 네 기름이 향기로워 아름답고……1:2-3

아가the Song of Songs는 "가장 뛰어난 노래"로서 처음부터 끝까지 사
랑의 환희를 찬양한다. 이 노래는 욕망의 즐거움과 더불어 상상 속
연인들이 일상적으로 겪게 되는 의심, 방해, 심지어 신체적 위협들까
지를 포착한다.

이 책이 성서에 포함되어 있기 때문에 반드시 물어야 할 중요한
질문은 '이 책이 하나님과 관련이 있다면 그것은 무엇인가?'다. 이
책은 욥기처럼, 아니 그보다 더 일관되게 열정적인 대화의 책이다.

아가는 저자를 표시하는 첫 구절을 제외하고는 해석을 안내하는 최소한의 내러티브 틀조차 없는 순수한 시다. 게다가 욥과 그의 친구들은 끊임없이 하나님에 대해 이야기하지만 이 연인들은 "여호와의 불" 또는 "강력한 불꽃"*shalhevetyah,* 8:6이라는 매우 모호한 단 한 번의 표현 외에는 하나님의 이름을 전혀 언급하지 않는다. 따라서 왜 그들의 에로틱한 감정을 담은 대화가 성서로 간주되어야 하는지 분명하지 않다. 오랜 세월에 걸쳐 유대인과 그리스도인 모두가 내놓은 답은 이 노래가 알레고리('다른 것을 가리키는 말')이며 그 주제는 문자적인 말들이 가리키는 의미와는 다르다는 것이다. 진정한 주제는 하나님과 이스라엘(또는 한 유대인 개인의 영혼), 또는 그리스도와 교회(또는 한 그리스도인 개인의 영혼) 사이의 사랑이다. 한때 아가의 해석을 지배했던 알레고리적 접근 방식은 19세기에 역사 비평이 부상하면서 근거를 잃었고, 결국 아가에 대한 관심도 그와 함께 사그라들었다. 수십 년 전부터 아가의 해석과 신학적 의미에 관한 건실한 논의가 새롭게 전개되었다. 지금은 1세기 이후 그 어느 때보다도 많은 선택지가 생겨났고 더 많은 논쟁이 벌어지고 있는 듯 보인다.

아가서는 현대 독자들에게 흥미를 유발하는 여러 측면을 지니며 그런 면에서 독특하다. 이 책은 성서에서 전반적으로 여성의 목소리가 지배적인 몇 안 되는 책이다. 이른바 술람미 여자6:13는 아가를 열고 닫는 사람이며 가장 많은 대사를 담당한다. 아가는 또한 사람의 몸에 일관되게 초점을 맞추는데, 비록 그 안에 나오는 여성과 남성의 모습을 실제 인물로 시각화하기는 어려우나 그런 점에서 매우 드문 작품이다. 이것은 문학적 스타일의 한 측면으로서 시적 언어가 어떻게 작동하는지 질문을 일으키는데 특히 성서의 다른 어떤 부분보다도 이 책에서 더욱 심층적 질문을 일으키기 때문에 대답하기가 어렵다. 예를 들어 주어진 구절을 문자 그대로 읽어야 하는지 비유적으로 읽어야 하는지 어떻게 분별할 수 있는가? 연결하는 내러티브도 없는 직유, 은유, 모호한 단어와 이름으로 이루어진 만화경 같은 시를 '문자적'으로 읽는다는 것은 무슨 뜻인가? 에로틱한 언어를 종교적으로 읽어야 하는가 성적으로 읽어야 하는가? 아니면 둘 다인가? 아가의 시는 더 큰 성서 정경과 상충하는가 잘 어울리는가? 노골적으로 감정을 드러내며 에로틱한 책이 성서에 있다는 사실은 독자들에게 어떤 방식으로 영향을 미치는가?

앞으로 살펴보겠지만, 오랫동안 전문 해석자들과 일반 해석자들은 아가가 지닌 성적인 의미가 무엇이든 그것을 종교적, 신학적 해석과 항상 구분하지는 않았는데 그것은 틀린 것이 아닐 수도 있다. 비록 대부분의 현대 학자들이 신학적 의미가 부차적이라고 보았고 때론 명백히 잘못되었다고 판단하기도 했지만 내 견해는 아가가 의도적으로 두 가지 음계를 동시에 연주하도록 만들어졌다는 것이다. 은유로 가득한 이 시는 성적 사랑과 신과 인간 사이의 사랑 두 가지 모두를 상기시킨다.

## 종교적인 것과 에로틱한 것

아가서를 '문자적으로' 읽는 것, 곧 성적인 사랑 노래 또는 그런 노래 모음집으로 읽는 것은 일찍이 2세기 초에 팔레스타인에서 시작되었음이 틀림없다. 1세대 랍비 지혜자 가운데 한 명인 랍비 아키바Akiva 는 다음과 같이 선언했다. "아가를 잔치 자리에서 노래로 부르거나 단순한 노래 가사처럼 취급하는 사람은 다가올 세상에서 아무런 몫이 없다!"[1] Tosefta Sanhedrin 12:10 더 나아가 그는 유대인 성서의 마지막에 아가서가 놓여 있다는 사실과 관련하여 다음과 같이 선언했다. "모든 성서가 거룩하지만 아가서는 거룩한 것 가운데 거룩한 것이다!또는 지극히 거룩하다"Mishnah Yadayim 3:5 그러나 아가서의 정경적 지위에 더해진 아키바의 권위조차도 아가가 성과 관련이 있다는 대중의 인식을 억누르지는 못했고, 그런 관점은 적어도 일부 종교적 권위들에게서 모호하게 지지를 받았다. 미쉬나3세기 초는 심지어 '욤 키푸르',Yom Kippur 곧 대속죄일 금식 기간도 포함하여 매년 두 번 예루살렘의 처녀들이 축제 옷을 입고 근처 포도원으로 나가 춤추고 잠언잠 31:30-31과 아가서 3:11 구절로 노래를 부르면서 남자들에게 자기들 중에서 아내를 골라 달라고 외쳤다는 것을 별 비난 없이 언급한다.Mishnah Ta'anit 4:8 1년 중 가장 중요한 날을 기념하는 종교 행사였는가 아니면 금식의 불편함을 잊을 수 있도록 허용된 행위였는가? 어느 경우든 이런 관습은 이 책의 에로틱한 성격과 종교적 함의를 분리하는 것이 언제나 어려운 일이었음을 시사한다.

미쉬나가 편찬될 무렵에는 그리스도인과 유대인 사이에서 아가서에 대한 신학적 해석이 활발히 진행되고 있었다. 특히 기독교 최초로 성서의 한 책을 장기간에 걸쳐 주석한 작품은 로마의 히폴리투스235년 사망가 아가서 본문으로 한 부활절 설교 시리즈였다(현재 전해지지 않음). 히폴리투스 직후 이집트-팔레스타인 학자 오리게네스는 아가서에 대한 주석과 일련의 설교를 내놓았다.2주전 약 239-247년 또한 여러 세기에 걸쳐 라틴어권 서방과 헬라어권 동방 신학자들이 강해 주석서들을 발표했다.3 기독교의 오랜 알레고리적 묵상 전통의 화려한 정점이 된 작품은 시토회 수사 클레르보의 베르나르가 쓴 일련의 문학적 "설교"였는데 주로 연구와 영적인 교훈을 위한 것이었다.약 1136년 그의 『아가서에 관하여』On the Song of Songs 는 느릿한 독서를 통해 문학적,

신학적 연결망의 촘촘한 그물을 펼쳐 나간다. (동료 수사들을 위한 문학적 묵상인 그의 86개 "설교"는 겨우 아가서 3:1까지만 진행되었다!) 베르나르는 아가서의 단어들을 기독교 성서 전체 구절 및 신학 주제와 엮는다. 그의 천재성은 아가서의 독특한 어법과 문체에서 드러나는 '성령의 예술성'을 진지하게 받아들인 데 있다. 그는 신체적인 언어를 피하지 않으며 "육체적인 것과 영적인 것 모두를 만드신" 하나님이 어떻게 우리 자신의 존재만큼이나 "우리에게 친밀하게 현존하시는지를" 탐구한다.[4]

아가서는 또한 주후 첫 수 세기 이후로 유대 종교 문학에 영감을 주었는데, 먼저 잘 알려진 장르인 미드라쉬에서 그리고 나중에는 고대 후기late-ancient, 약 3-7세기—옮긴이 팔레스타인의 예전liturgical 시 '피유트'piyyut에 영향을 끼쳤다. 아가서는 유월절을 위해 작성된 '피유팀'piyyutim에서 두드러지게 등장하는데 이 시기에는 아가서가 회당에서 통째로 낭독되었다.[5] 아가로부터 자극을 받은 시적 전통은 점차 이탈리아와 남부 유럽, 특히 스페인까지 중세 유대 세계 전반에 퍼졌고 솔로몬 이븐 가비롤,Solomon ibn Gabirol 아브라함 이븐 에즈라,Abraham ibn Ezra 유다 할레비Judah HaLevi 같은 위대한 안달루시아스페인 남부 지역—옮긴이 시인들이 아가의 언어와 이미지를 예전 시와 낭만적인 사랑 시에 차용하기도 했다. 11세기와 12세기에 라시,Rashi 이븐 에즈라,ibn Ezra 라쉬밤Rashbam은 모두 '페샤트'peshat, '평범한 의미', 문자적 주석를 썼는데 그들은 아가서를 아랍과 프랑스의 사랑 시에 비추어 읽었다. 그럼에도 그들이 발견한 본문 배후에 놓인 낭만적인 드라마는 이스라엘의 거룩한 역사에 대한 알레고리였으며 소원해진 '남편'(하나님)을 그리워하는 '여인'(이스라엘)의 이야기였다.[6]

2세기부터 12세기까지 아가서의 가장 뛰어난 해석자들은 아가

| 욥기와 아가 |

의 풍부한 에로틱한 특성을 절대 놓치지 않았다. 그들은 이러한 지배적인 문학적 특성으로 자신들의 해석과 시적 표현들을 형성했으며 이는 클레르보의 베르나르가 구체화한 해석학적 방법에 따른 것이었다. "사랑은 모든 곳에서 말한다. 누구든지 이 글을 파악하고자 한다면 그가 사랑하게 하라. 사랑하지 않는 사람은 이 사랑의 노래를 듣거나 읽는 것이 헛된 일이다. 차가운 마음은 이 노래의 유려함에서 불을 옮길 수 없기 때문이다."[7] 그 이후로 알레고리적 해석은 점차 설득력을 잃었는데 자의적이고도 노골적으로 반에로틱한 읽기가 확산된 탓이 적지 않다. 예를 들면 여인의 두 가슴을 모세와 아론, 왕과 대제사장, 토라의 두 돌판, 또는 신구약성서를 의미하는 것으로 보는 읽기다.[8] 현대에 이르러 고고학과 문화인류학에서 얻은 새로운 통찰이 아가서 읽기에 적용되고 있다. 그에 따라 시리아의 전통 결혼식에서 지금도 낭송되는 것과 유사한 결혼 시 또는 다른 고대 근동 종교의 신성한 결혼 의식의 대본과 아가를 비교하는 등 다양한 관점들이 등장했다.[9]

아가서와 가장 유사한 고대 문학의 사례는 이집트 람세스 시대 주전 13-12세기의 시다. 그 시기에는 생생하고 에로틱한 시들이 많았고 히브리어로 번역할 수 있는 이미지, 행, 전체 연이 포함되어 있어 약간의 수정만 하면 아가 안에서도 그럴듯하게 활용될 수 있었다. 예를 들어 다음 구절은 고대 이집트와 에티오피아에서 매우 귀하게 여겨진 상록수인 페르세아 나무가 '말하는' 내용이다. 이 나무는 배 크기의 탐스러운 열매를 맺는다.

내 씨앗은 그녀의 이를 닮았고,
내 열매는 그녀의 가슴을 닮았다.

[나는] 과수원의 [나무들 중 으뜸이다].

나는 모든 계절을 견뎌낸다.

자매가 형제와 함께 보내는 모든 시간을[,]

......

포도주와 석류주에 취하고,

모링가 오일과 향유로 목욕을 한다.[10]

이 전형적인 몇몇 구절은 몇 가지 점에서 아가서와 분명하게 닮았다.

- 여인의 몸에 대해 감탄하며 과일에 비유하는 점이 아가서에 나오는 다음 구절들과 유사하다. "네 뺨은 석류 한 쪽 같구나",6:7 "네 유방은 포도송이 같고……."7:8

- 연인들 사이의 친밀함과 자연스러움을 '자매'와 '형제'라는 용어로 표현한다. 아가에서 남성의 목소리는 그 여인을 "내 누이, 내 신부"4:9, 5:1라고 부르고, 여인은 "네가……오라비 같았더라면" 밖에서 만날 때에도 입 맞출 수 있었을 것이라고 말한다.8:1

- 시인은 사랑과 술 취함을 연결하는데, 아가서에서 연인은 한 발 더 나아간다. "네 사랑이 포도주보다 나음이로구나."1:2 취하기 위해 다른 것이 필요하지 않다.

- 모링가 오일과 향유와 같은 후각적 상상력을 불러일으키는 표현이 나타난다. "네 기름이 향기로워 아름답고……."1:3 성서의 다른 곳에서는 청각과 시각이 지배적이며 사람 냄새가 언급되면 대개 고약한 냄새다!

람세스 시대에는 가나안에서도 이집트 시들이 낭송되었을 가능성이 높다. 그 시기에는 가나안 땅이 이집트 신왕국 시대 제국의 통치 아래 있었고 이집트 군대가 많이 주둔했으며, 두 지역 간의 무역과 왕래가 활발했다. 위에 인용된 유사성은 재화 교역뿐만 아니라 문화적 교류도 활발했음을 나타낸다.[11] 이집트의 사랑시는 이스라엘에서 천 년 동안이나 지속된 영향력 있는 문화적 선례가 되었다. (아가서에는 페르시아 단어들이 포함되어 있는데 이는 아가서가 첫 번째 천년기의 마지막 몇 세기에 저작되었음을 시사한다.) 따라서 아가에 제기한 질문을 이집트의 사랑시에도 적용할 수 있다. 그것은 거룩한 노래였는가 세속적인 노래였는가? 이집트인들은 그런 구분을 실제로 했는가? 성서학자이자 이집트학자인 마이클 폭스Michael Fox는 이집트와 이스라엘의 시들이 모두 사적인 연회에서 오락으로 시작되었으리라 추측한다. 이러한 연회는 대부분 일상의 노동이 중단되는 종교 절기에 열렸을 것이므로 그 시들에는 처음의 "세속적" 의도와는 달리 "어떤 성스러운 분위기"가 부여되었을 것이다.[12] 그러나 적어도 근대 이전에 종교와 완전히 분리된 진정한 세속성이 존재했는지는 의심스러우며 이집트의 노래에는 신들에 대한 언급과 신들의 상징을 암시하는 내용이 포함되어 있다. 이집트학 전문가인 필리페 데르쉐인Philippe Derchain은 이 노래들이 인간의 사랑을 신적인 것에 대한 경험과 분리할 수 없는 것으로 다룬다고 주장했다. "사랑은 단순한 심리적 상태가 아니라 세계를 보고 상상하며 세상의 창조성에 참여하는 한 방식이다."[13]

## 관계의 시학: 오리게네스

모든 시대와 주석 방식들을 통틀어 볼 때 아가서를 가장 잘 해석했던 사람들은 문학적 세부 사항을 볼 수 있는 안목, 정서적 어조에 대한 감각, 따라서 본문이 독자의 상상력을 어떻게 끌어들이고 이끌고 있는지 파악할 수 있는 이들이었다. 그중에서도 가장 중요한 위치를 차지하는 인물은 오리게네스다. 그는 그리스도인들이 이스라엘의 성서를 그들의 것으로 읽도록 누구보다도 앞장서서 가르쳤다. 오리게네스가 세부 사항에 확고히 주목했다는 것은 아가서에서 발언으로는 첫 번째 구절인 "그의 입맞춤들로 내게 입맞춤만 해준다면……"1:2, 저자 사역—옮긴이의 해석에서 잘 드러난다. 그는 이 구절을 "집단적 인격으로서의 교회"가 그리스도 안에서 하나님 앞에 쏟아 놓는 기도로 이해한다.

나는 이제 그가 더 이상 그의 종들인 천사들과 예언자들을 통해 나에게 말씀하시지 않고 직접 오셔서 자신의 입맞춤으로 내게 입 맞추어 주시기를, 그 입의 말씀을 내 입에 부어 주셔서 그가 직접 말씀하시는 것을 들으며 그가 직접 가르치시는 것을 보게 해주시기를 바란다. 그 입맞춤은 그리스도의 입맞춤이며, 그가 오셔서 육신으로 계셨을 때 그의 교회에 주신 것이다. 그는 자신의 인격 안에서 교회를 향해 믿음과 사랑과 평화의 말씀을 하셨다. 이것은 이사야의 약속에 따른 것이다.……**전령이나 천사가 아니라 주님이 친히 우리를 구원하실 것이다.**참조. 사 63:9

또한, "입맞춤들"이라는 복수형이 사용된 것은 우리로 하여금 모든 모호한 의미가 환히 밝혀지는 경험은 하나님의 말씀the Word of God의 입맞춤이 완전하게 된 영혼에 주어지는 것임을 이해하게 하려는 것이다. 그리고 예언자의 완전한 영혼이 "내가 입을 열고 숨을 들이마셨습니다"시 119:131, 오리게네스의 번역라고 말한 것은 아마도 이것과 관련이 있을 것이다.[14]

성실한 주석가들이 그러하듯 오리게네스는 본문의 단어를 취하

| 욥기와 아가 |

여 그의 청중이 알고 있고 받아들일 것이라 예상하는 특정한 해석학적 원칙에 따라 자신의 해석을 구축한다. 여기서는 특별히 두 가지 원칙이 작용한다. 첫째, **성서는 하나님 중심적이다.** 성서의 주요 주제는 하나님이고 그다음으로 파생되는 주제는 인간의 경험이다. 이 경우 고려하는 경험은 하나님 사랑의 실재를 체험한 것이다. 둘째, **이스라엘의 성서는 하나의 통일체이며 전체가 예수 그리스도를 가리킨다.** 오리게네스는 이 두 가지 원칙에 비추어 이 구절의 주된 은유에 질문을 던진다. 왜 "신부"는 하나님의 입에서 나오는 말씀 대신 "입맞춤"을 말하는가? 그것은 그리스도 안에서 하나님은 과거에 천사와 예언자를 통해 말씀하실 때보다 훨씬 더 친밀하게 말씀하심을 드러내기 위해서다.참조. 히 1:1-2 두 번째 질문은 문법에 관한 것이다. "입맞춤들"이 복수형인 이유는 무엇인가? 그리스도께서 우리에게 오심은 일회적 사건이 아니기 때문이다. 영혼이 비추임을 받아 전에 모호했던 것을 이해하게 될 때마다 그 입맞춤이 일어난 것이다. 따라서 시간이 지남에 따라 영적인 지식으로 친밀감도 커진다.

오리게네스의 접근법에서 가장 설득력 있는 부분은 하나님이나 인간의 행동을 언급할 때 도덕주의가 전혀 비치지 않는다는 점일 것이다. 도덕주의적 성향은 그리스도인 독자와 세속 독자 모두에게 영향을 끼치며 이스라엘의 성서에 대한 그들의 반응을 크게 왜곡한다. 오리게네스의 유일한 초점은 아가를 관계성의 표현, 곧 그리스도 안에서 영혼과 하나님 사이의 강렬한(교회와 그리스도 사이보다도 더한) 상호 작용의 표현으로 보는 것이다. 그는 이 은유적 시로부터 문자적인 의미를 찾지 않기 때문에, 많은 현대 독자들은 관심은 가지나 아가 자체는 관심을 보이지 않는 질문에는 시간을 들이지 않는다. 예를 들면 '그 연인들은 결혼을 했는가? 했다면 어느 시점에서 했는가?

그들의 사랑은 완성되었는가?' 같은 질문이다. 오히려 오리게네스는 아가 자체의 초점에 맞추어 완전히 상호적인 관계와 그 안에서 누리는 기쁨과 성취의 경험에 집중한다. 그러한 성취, 곧 영혼의 "완전함"은 영혼이 "신랑" 앞에 당당하게 설 수 있을 만큼 "그녀" 자신의 아름다움과 가치를 점점 더 확신하며 하나님을 바라볼 때 이루어진다(또는 확실히 기대할 수 있다). "그러면 당당하신 그분도 나를 바라보실 것이며, 내 안에는 굽은 것이 없을 것이며, 그분이 의심의 눈으로 나를 바라보실 이유도 없을 것이다."[15]

오리게네스는 성서 주석을 지성과 경건의 과업으로 발전시켰는데 이러한 이해는 주요한 초기 유대 주석가들과도 공유했던 바다. 오리게네스는 그들을 어느 정도 존중하면서도 경쟁 관계로 의식하며 글을 썼다.[16] 그리하여 오리게네스는 기독교 수도원 문화의 기초를 마련하는 데 중요한 역할을 했으며 그 문화는 곧 동부 지중해 세계에서 발전하기 시작했다. 그의 작품을 보면 수도원 전통에서 몇백 년 동안 아가서가 성서의 책들 중 가장 많이 주석된 이유를 쉽게 알 수 있다. 그들은 이스라엘의 성서로부터 하나님의 직접적인 임재에 대한 갈망이 가득한 어조를 느꼈다. 중세 수도사들이 "진노하시는 구약 성서의 하나님"이라는 현대의 고정관념을 접했다면 깜짝 놀랄 것이다. 그들은 아가가 독특한 강렬함으로 하나님을 향한 인간의 뜨거운 갈망을 표현하고 또 하나님도 동일하게 뜨거운 반응을 나타내시는 것을 들었다.

### 꿈 텍스트 해석하기

초기 그리스도인들과 유대인들은 아가서를 가장 비극적인 사랑 이야기의 가장 행복한 장으로 이해했다. 그 사랑 이야기는 바로 이스라엘의 성서이며 하나님이 반복해서 버림받는 이야기다. 그런데 단 한 번 여기서만큼은 그 사랑이 온전히 상호적이다. "내 사랑하는 자는 내게 속하였고, 나는 그에게 속하였도다."2:16; 참조. 6:3; 7:10 오리게네스 이후 거의 2천 년이 지난 지금, 새로운 세대의 포스트모던 독자들을 매료시킨 것은 아가의 이러한 관계의 시학이다. 유대인 페미니스트 시인이자 상상력이 풍부한 성서 비평가인 앨리시아 오스트라이커 Alicia Ostriker는 아가서가 경계를 모호하게 만드는 텍스트이며 "가장 대담한 꿈", 곧 "연인으로서의 하나님,……아무런 조건 없이 우리를 갈망하며 우리도 그를 갈망하게 되는 존재에 대한" 꿈으로 우리를 초대한다고 말한다.17 오스트라이커의 설명이 시사하듯 아가는 일관된 이야기가 아니라 꿈 텍스트이며 이것은 이 텍스트의 해석이 활짝 열려 있음을 의미한다. 성서의 다른 곳처럼 아가서의 저자는 독자들을 직접 안내해 주지 않는다. 꿈이 그러하듯 각각의 생생한 이미지는 설명할 수 없이 다음 이미지로 녹아든다. 아가서는 서술되지 않은 이야기의 중간에서 시작하고 마지막에는 결론을 맺지 않고 그대로 끝나버린다. 평범한 사랑 이야기와 달리 행복한 결말이나 비극적 결말도 없으며, 마지막 말은 사랑하는 여인의 외침이다. "내 사랑하는 자야, 너는 빨리 달리라. 향기로운 산 위에 있는 노루와도 같[이]……!"8:14 '그'가 어떻게 반응하는지는 우리가 알 수 없다.

이야기는 아니지만 자세히 읽어 보면 아가서의 배후에 이야기가 있음을 알 수 있다. 꿈이 꿈꾸는 사람의 삶에서 나온 의식적, 무의식적 이미지들을 가지고 놀이를 하듯이 아가서도 일관된 내러티브, 곧 토라와 예언서를 통해 전해지는 성서의 큰 이야기로부터 많은 단어와 이미지를 가져온다. 아가서는 히브리 성서 중에서 인용문이 가장 많은 책이며 이러한 문학적 특징은 히브리어로 낭독할 때 가장 잘 드러난다. 상호텍스트성은 아가서가 욕구의 언어를 사용하여 성적 욕망을 포함하면서도 그것을 초월하는 갈망을 가리키는 주된 방식이다. 다른 성서 구절을 강하게 연상시키는 암시적 언어, 은유, 문구 등의 반복적 사용은 성서에 대한 독자의 심층적 기억, 상상력, 그리고 하나님과 사랑, 사랑이신 하나님에 대한 자신의 경험을 이끌어내며 아가서를 성서의 더 큰 이야기 안에 포함시킨다.[18]

하나님과 인간의 관계가 상호성으로 나아가야 한다는 것이 아가서가 암시하려는 주제임을 보여주는 초기의(그리고 아마도 가장 강력한) 신호는 여인이 "마음으로 사랑하는 자"3:1, 2, 3, 4; 참조. 1:7를 찾고 발견한다는 말의 반복이다. "마음으로 사랑하는 자"the-whom-my-nefesh(전 존재)-loves라는 표현은 영어는 물론 성서 히브리어에서도 기이한 구문이다. 의도적으로 여러 번 반복되는 이 어색한 표현을 놓치기는 어렵다. 그 어색함은 토라의 가장 중요한 부분인 쉐마, 곧 "너는 마음을 다하고 뜻nefesh을 다하고 힘을 다하여 네 하나님 여호와를 사랑하라"신 6:5라는 명령을 강조한다. 그 명령은 또한 사랑하는 자를 찾으라는 다음 부름에 의해 증폭된다. "그러나 네가 거기서(유배지에서) 네 하나님 여호와를 찾게 되리니, 만일 마음을 다하고 뜻nefesh을 다하여 그를 찾으면 만나리라."신 4:29 아가에서 여인은 상당한 위험을 감수하고 참조. 5:7 밤중에 예루살렘으로 들어가 연인을 찾는다.3:5 그녀는 성을 순찰하는 자들을 만나 "내 마음으로 사랑하는 자를 너희가 보았느냐?"고 묻지만 답을 얻지 못한다.3:3 마침내 그를 발견한 그녀는 "그를 붙잡고……놓지 아니하였노라"3:4고 말한다.

신약성서의 복음서 저자 요한도 아가의 여인이 연인을 찾는 장면과 토라의 '주'(야훼)를 사랑하라는 계명 사이에서 울리는 메아리를 들었던 것 같다. 그의 복음서를 보면 막달라 마리아는 그녀가 "내 주님"요 20:2, 13이라고 부르는 남자의 시신을 찾기 위해 예루살렘의 밤 길을 나선다. 그녀의 목적지는 동산인데요 19:41 아가에서 동산의 이 미지는 연인들이 방해받지 않고 함께함을 즐길 기회를 일관되게 연 상시킨다.예를 들어 아 2:3; 4:16; 5:1; 6:2 아가의 동산은 연인의 몸과 마찬가지 로 향기로 가득 차 있는데,6:2 마리아가 찾는 십자가에 못 박히신 몸 도 엄청난 양의 "몰약과 침향"요 19:39; 참조. 아 4:14에 싸여 향기를 발한다. 마리아의 탐색은 부활하신 예수를 직접 만남으로 이어지고 그녀는 그를 성서의 전통 언어인 '히브리어'로 부른다.요 20:16 (비록 인용된 단 어 "랍오니"가 아람어이긴 하지만, 헬라어로 글을 쓰던 요한은 이를 잘 포착 한다.) 신적 임재에 대한 새로운 인식을 일으키는("내가 주를 보았다" 요 20:18) 이 만남 이야기는 하나님을 잃고, 찾고, 발견하는 이스라엘의 긴 이야기에 깊이 영향을 받고 있다.[19]

상호텍스트성은 또한 사랑에 사로잡힌 연인의 입에서 나온다는 사실을 감안하더라도 묘하게 은유적인 다음 구절을 이해하는 열쇠 가 될 수 있다. 즉 발끝부터 머리끝까지 감탄의 대상이 되는 춤추는 술람미 여인의 몸에 대한 시적 묘사다.

> 귀한 자의 딸아,
>
> 신을 신은 네 발이 어찌 그리 아름다운가.
>
> 네 넓적다리는 둥글어서
>
> 숙련공의 손이 만든 구슬 꿰미 같구나.
>
> 배꼽은 섞은 포도주를 가득히 부은
>
> 둥근 잔 같고
>
> 허리는 백합화로 두른

밀단 같구나.

두 유방은 암사슴의

쌍태 새끼 같고

목은 상아 망대 같구나.

눈은 헤스본 바드랍빔 문 곁에 있는

연못 같고

코는 다메섹을 향한

레바논 망대 같구나.

머리는 갈멜 산 같고

드리운 머리털은 자주 빛이 있으니

왕이 그 머리카락에 매이었구나. 7:1-5 [20]

이것은 '극단적인 은유'이며 초기 몇 세기 동안 극단적인 알레고리적 해석에 영감을 제공했다는 사실이 그리 놀랍지 않다. (오리게네스의 주석과 설교 중 남아 있는 것은 아가서 2장 대부분까지만 다루므로 우리는 그가 이 구절을 어떻게 해설했을지 그저 상상할 뿐이다.) 11세기 주석가 라시Rashi는 신을 신은 술람미 여인의 발이 예루살렘을 순례하는 모습을 상상했고, 그의 나머지 알레고리는 그 맥락에서 이어진다. 그녀의 넓적다리는 관제를 위한 제단 밑의 배수로, 그녀의 목은 성전, 그녀의 머리카락은 제사장 띠를 고정하는 끈 또는 왕이신 야훼와 이스라엘을 묶어 주는 사랑의 상징이다. 14세기에 인기가 많았던 프란체스코회의 성서 주석가 루라의 니콜라스Nicholas of Lyra는 두 가지 수준, 곧 문자적 수준과 알레고리적 수준의 주석을 제시했다. 그의 문자적 주석은 신을 신은 발을 (맨발과 대조하여) 겸손의 표시로 설명한다. 이는 아마도 아가서를 문자적으로 해석하면 흥미로운 점이 거

| 욥기와 아가 |

의 없다는 증거일 것이다. 니콜라스의 상상력은 알레고리적 수준에서만 불타오른다. "신발은 죽은 동물의 가죽으로 만들어졌으므로 그리스도와 순교자들의 죽음을 상기시킨다. 그것은 복음의 조언을 받는 길을 꾸준히 걸어가는 신부the Bride, 교회의 발을 보호해 준다."[21]

현대 페미니스트 학자들은 이 시에서 여성의 몸이 어떻게 표현되는지 다른 견해들을 제시하지만 그들의 비평에는 대체로 강한 윤리적 관심이 나타난다. 캐럴 마이어스Carol Meyers는 아가서 이곳저곳에 등장하는 건축과 군사 관련 이미지를 긍정적으로 평가하며 이런 것들은 흔히 남성의 것으로 여겨지는 '권력과 통제'를 암시한다고 말한다.[22] 이와 대조적으로 피오나 블랙Fiona Black은 이 이미지를 기술적 용어의 의미로 "그로테스크"grotesque하다고 해석한다. 이것은 희극과 공포를 나란히 놓아 "특정 주제나 사건,……예를 들면 에로틱한 맥락에 있는 여성 인물과 같은 것에 대한 불안을 표현하고 조정하는 기법이다." 그로테스크한 이미지는 "아가서가 우리가 생각했던 것만큼 여성 중심적이지 않을 가능성을 제기하며 그렇게 되면 히브리 성서에서 페미니스트들에게 마지막 남은 긍정적인 텍스트(?)를 포기하게 만들 위험을 초래한다."[23]

아가서가 단순히 여성 중심적이지 않다는 블랙의 말은 아마도 옳겠지만, 그 아이디어는 긍정적인 가치를 제시하는 방향으로 발전될 수도 있다. 아가서 전체, 특히 이 구절을 주의 깊게 읽으면 읽을수록 그 여인이 어떻게 생겼는지 상상하기는 어렵다. 심지어 여기 묘사된 모습을 '여인'의 범주로 생각해야 하는지조차 의심스럽다. 이 "귀한 자의 딸"bat-nadiv, 7:1의 묘사는 이스라엘 땅과 매우 닮았다. 아마도 이 묘사가 매우 현실성이 없다는 점이 다른 해석을 유도하는 장치일지도 모른다. 새로운 방향으로 나아가는 첫 단계는 이 노래에서만 여성 인물이 "술람미 여인"으로 불리는 사실에 주목하는 것이다. 많은 유사한 명칭에 비추어 볼 때 그것은 아마도 술람이라는 장소의 주민을 의미할 것이다. 성서에는 그러한 지명이 나타나지 않지만 술람은 살렘 또는 예루살렘과 동일한 어근 자음을 가지고 있으며 고대부터 그 지역과 동일시되어 왔다.[24]

에드미 킹스밀Edmee Kingsmill은 이전의 책들과 전통의 계보를 아가와 연결해 주는 조밀한 언어 연결망에 대한 놀라운 연구를 했는데 상호텍스트성이 아가서를 정경의 맥락 안에서 해석하는 열쇠임을 보여준다. 그녀는 이 구절을 의인화된 예루살렘을 향한 예언자의 연설과 연관 지어 읽어야 한다고 주장한다. 그 해석의 첫 번째 단서는 첫 부분에 나오는 "돌아오라, 우리가 너를 보게 하라h-z-h"에서 술람미 여자를 향해 네 번 반복하는 돌아오라는 요청과 그에 이어서 불특정 청중에게 던지는 "너희가 술람미 여자에게서 무엇을 보려느냐 h-z-h?"6:13, 저자 사역—옮긴이라는 질문이다.[25] 일부 비평가들은 이 질문이 관음증적이고 착취적인 남성의 시선을 암시한다고 본다.[26] 그러나 예언서와 성서의 다른 곳에서 동사 어근 '하자'h-z-h와 관련 명사는 거의 언제나 환상을 보는 것과 관련이 있다.[27]

두 번째 관찰은 이 부분의 언어와 예루살렘을 향한 예언들에 연결된 좀 더 구체적인 공명을 드러낸다. 이 시는 10개의 2인칭 여성 단수 접미사가 붙은 명사를 사용하는데 이 문법적 조합은 예언서에서 항상 도시를, 주로는 예루살렘을 직접 언급할 때 나타난다. 10개의 명사 중 몇 가지는 의인화(또는 은유화)된 예루살렘을 직접 가리킬 때만 여성 접미사가 붙는 것들이다. "네 배꼽", "네 가슴", "네 코", "네 목", "네 머리" 등이다. 마찬가지로 아가 외에서도 "네 눈"은 대부분 예루살렘을 명시적으로 지칭할 때 나타난다. 예언서에서 예루살렘을 언급하는 사례들은 유배, 귀환(이 구절의 서두에 "돌아오라"가 네 번 나오는 것을 상기하라), 그리고 종말론적 성취 등과 관련하여 다양하게 나온다.[28] 그런 일련의 관련성은 아가서가 예루살렘의 종말론적 영광에 관한 예언적 환상의 반향을 담고 있다는 의미인데 예를 들어 이사야는 "사로잡힌 딸 시온이여, 네 목의 줄을 스스로 풀지어다"[사 52:2]라고 말한다. 그러한 예언서의 (그리고 토라와 시편 다른 곳들의) 반향들은 성서의 지배적인 이야기인 예루살렘과 '그녀의' 하나님 사이의 비극적으로 실패한 관계 이야기를 뒤집는다.[29] 그러나 아가서의 은유적 범위와 토라 및 예언서에서 자주 나타나는 용어 사이에는 근본적인 차이가 있다. 토라와 예언서는 주로 계명과 순종, 언약과 그 위반을 주로 이야기하는 반면, 아가서는 하나님을 찾고 발견한다는 작은 주제를 선택하여 두드러지게 만든다. 따라서 이 책은 사랑에 불붙은 마음의 관점에서 본 성서 이야기에 대한 새로운 통찰을 제공하고 있다.

## 동산을 꿈꾸다

일반적으로 꿈은 이미지들의 연속이며, 더 크고 응집력 있는 내러티브인 삶의 이야기라는 맥락 안에서만 의미를 지닌다. 마찬가지로 이 꿈 텍스트도 이스라엘의 성서라는 거대한 배경 이야기 위에서 읽어야 한다. 그 이야기는 하나님과 다른 피조물과의 관계 속에서 살아가는 연약함과 복잡함을 지닌 인간 존재의 가능성들에 대한 일관된 설명이다. 킹스밀이 보여준 것처럼, 깊은 인상을 준 춤추는 술람미 여자 이미지는 "온전히 아름다운"[시 50:2; 애 2:15] 모습으로 회복된 예루살렘의 비유로 볼 수 있다. 그러나 아가에는 서로 연결된 수많은 다른 공명하는 이미지들이 있으며 그중에 가장 눈에 띄는 것은 동산 이미지다. 이 꿈에는 자라나고 피어나는 것들이 가득하다. 여인은 동산이며 과수원이다.4:12-15: 5:1; 6:2 남자의 뺨은 향신료의 밭이고 그의 입술은 백합이다.5:13 연인들은 꽃이 피기 시작하는 풍경 속 포도원2:10-13; 6:11; 7:11-12 안에서 안식처와 행복을 찾는데 이것은 그들의 사랑이 공개적으로 인정받지 못하고 평화도 없는 장소인 도시5:7; 8:1와 대조된다.

이스라엘 성서의 맥락에서 아가의 고유한 목소리를 들으면 인간이 처음 살았던 상상의 장소, 히브리어로 '기쁨'에덴이라는 이름을 지녔던 동산으로 돌아가는 것 같다. 말하는 뱀의 유혹을 통해 불신과 비난이 인간 사회에 들어오기 전, 동산은 인간과 비인간, 모든 피조물과 그들의 창조주 사이의 상호 보완과 동반자 관계가 특징이었던 장소였다. 여자와 남자는 하나님의 형상을 따라 동등하게 창조되어, 창 1:27 서로의 강점으로 도우며 서로 잘 어울렸다.창 2:18 인간은 흙으로부터, 그리고 흙과의 관계 속에서 그 생산성을 더욱 향상하려는 하나님의 목적으로 창조되었다.창 2:5, 15 동물들의 이름을 짓는 인간의 행위창 2:19는 의식 있는 다른 피조물과 인간 사이에 지속적이고 심지어는 친밀한 관계가 있었음을 암시한다. 무엇보다도 인간은 날마다 "바람이 불 때"창 3:8 그들과 함께 산책하시는 하나님과 교제를 누렸다. 모든 것을 아우르는 이러한 조화는 인간의 첫 번째 불순종 행위로 인해 산산조각이 났다. 그것이 창조 질서에 대한 하나님의 계획에 발생한 '최초의 단절'the original rupture이다. 그리고 그것이 바로 아가가 치유하고자 하는 오래된 상처다. 연인들의 목소리는 화해의 목소리다. 그들은 서로에게, 그리고 모든 독자에게 회복된 세상에 대한 꿈을 나눈다. 그것은 온전한 세상이며 여성과 남성, 인간과 비인간 피조물, 인간과 하나님의 관계라는 세 가지 수준에서 호혜와 친밀함이 있는 세상이다.

　세 가지 중 첫 번째 수준을 보면 아가서는 예외적이라고 할 만큼 연인들의 서로에 대한 욕구와 소속감을 강하게 긍정한다.2:16 에덴에서 여자는 특별한 경고를 받았다. 남자를 향한 그녀 자신의 욕구 teshuqah가 자신의 개인적 자유뿐 아니라("남편은 너를 다스릴 것이니라"창 3:16) 목숨까지도 위협할 것이라는 경고다. 고대 세계에서 임신과 출산은 간절한 소원이면서도 모든 여자에게 고통을 의미했고 많은 여자에게는 죽음을 의미했다. 그러나 이제 이 여인은 "나는 내 사랑하는 자에게 속하였도다. 그가 나를 사모하는구나!"7:10라고 자랑스럽게 말한다. 더욱이 아가는 후손이 등장하지 않는 꿈이다. 여기서 여인의 매력과 풍성함, 종려나무 같은 키와 열매송이 같은 가슴7:6-7은 친밀함이 주는 쾌락 그 자체를 상징한다. 따라서 아가서는 성적 관계의 비실용주의에 대한 궁극적인 성서적 표현이다. 이 책은 성서의 다른 곳에서는 전제되어 있는 견해인 성적 동맹이 정치적, 경제적 이익을 가져다줄 수 있는 가족적이고 공적인 문제라는 견해를 거부한다. 이러한 거부는 아가서 전반에서 암시되고 있으며 여인의 성을 관리해야 할 소유물로 여기는 듯한 형제들을 향한 여인의 반응에서 분명하게 드러난다. 형제들은 여인의 매력을 극대화하고 순결을 보호하려는 의도를 표출한다.

　그[녀]가 성벽이라면 우리는 은 망대를 그 위에 세울 것이요
　그[녀]가 문이라면 우리는 백향목 판자로 두르리라.8:9

　그러자 그녀는 자신의 무르익은 성sexuality을 스스로 관리할 권리를 당당하게 주장한다.

나는 성벽이요 내 유방은 망대 같으니

그러므로 나는 그가 보기에

화평을 얻은 "인정을 받은", 저자 사역—옮긴이 자 같구나. 8:10

마찬가지로 두 번째 친밀함의 수준인 인간과 비인간 피조물 사이의 관계에서도 온전함이 회복된다. 비옥한 땅에 대한 원초적 저주나 인간과 동물 사이의 적대감 창 3:15-19을 암시하는 표현은 전혀 없으며 더 나아가 그 관계도 전혀 실용주의적이지 않다. 실제로 술람미 여자가 예루살렘을 나타내는 이미지라면, 아가는 헬레니즘 시대에 예루살렘과 유다의 농촌 지역을 양극화시켰던 수탈적 농업 경제로부터의 치유를 가리키는 농경적 꿈일 수도 있다. 포도원 8:11-12과 향신료 농장 5:13은 경제 체제 꼭대기에 있는 사람들에게는 부를 가져다주었지만 농촌 인구 대부분은 가난해지고 노예로 전락했다. 아가서의 이미지를 보면 여인은 도시, 동산, 들판에 번갈아 나타난다. 현대적인 용어로 말하면 그녀는 인간 공동체와 그들의 삶이 의존하는 땅과의 건강한 연합이라는 농업적 가치를 상징한다. 마지막에서 두 번째 이미지는 솔로몬의 이름으로 대표되는 제국 경제에 대한 반항을 표현한다. 솔로몬은 바알하몬에 포도원을 소유하고 있는데 그곳은 알려지지 않은 지역이며 그 지명은 "엄청나게 많은 것의 주인"이라는 뜻이다. 대조적으로 연인(남성 또는 여성?)은 "내게 속한 내 포도원은 내 앞에 있구나"라고 말하고, 8:12 그 포도원은 '그것을' 소중히 여길 줄 아는 사람을 위해 번성한다.[30]

세 번째 친밀함의 수준은 인간과 하나님 사이의 친밀함이며 하나님에 대한 명백한 언급이 없는 이 시에서는 단지 간접적으로만 연상된다. 그러나 히브리어 독자라면 하나님을 언급하는 다른 성서 구

| 욥기와 아가 |

절과 강하게 공명하는 구절들을 많이 발견할 수 있다. 그중 "마음으로 사랑하는 자"는 이미 다루었는데 시인의 신학적 상상력이 얼마나 대담한지를 보여주는 또 다른 예가 있다. 밤중에 여자의 침실 문 밖에 남자가 서 있고 여자는 옷을 입고 문으로 갈까 말까 고민하는 장면은 달아올랐지만 결국은 좌절된 성적인 만남의 직설적 묘사처럼 보인다. 문 앞에 서 있는 연인 주제는 이집트의 사랑시에도 나타난다.[31] 그러나 여기에 나오는 놀라운 표현은 상황이 그렇게 간단하지 않음을 암시한다.

> 내 사랑하는 자가 문틈으로 손을 들이밀매
>
> 내 마음이 움직여서, "내 내장이 그를 위해 꿈틀댔다", 저자 사역—옮긴이 5:4

너무 늦게 문빗장을 잡은 여인의 손에서 "몰약"이 떨어진다.5:5 남자의 손에 묻어 있던 것인가? 몰약은 왕족들이 사용하던 귀한 향수였으며,시 45:8; 스 2:12 성막이나 성전, 제단과 성전 그릇, 대제사장에게 기름을 바르는 데 사용된 성유의 원료 가운데 하나였다.출 30:23-33 따라서 몰약은 신적인 것과 연관된다. 아가서 5:4의 마지막 직설적인 문구인 "내 내장이 그를 위해 꿈틀댔다"는 예레미야의 예언렘 31:20에 나오는 하나님의 말씀과 거의 동일한 표현이며 놓칠 수 없는 메아리다. 예레미야에서 꿈틀대는 내장은 하나님의 것이다. 그 구절은 헌신적인 부모인 하나님을 떠난 잃어버린 "자식" 에브라임, 곧 북이스라엘 왕국을 향한 안타까운 감정을 표현한다. 이 애절한 장면을 상호텍스트적으로 읽으면 하나님의 열정이 마침내 그 대상인 이스라엘의 응답을 받는 것 같다. 비록 '그녀'의 망설임이 너무 길어져 친밀한 만남의 기회를 놓치고 말았지만 솔직한 욕망의 표현은 그녀가 이제 자신을 온전히 내어 줄 준비가 되었음을 보여준다. 아가의 문맥에서 그 응답하는 열정은 다시 흔들리지 않는다.

시인 앨리시아 오스트라이커는 이 "최고의 노래"와 훌륭하게 어울리는 통찰로서, 은유란 "융합된 듯하면서도 분리된" 현상을 보여주는 "사랑의 수사법"이라고 설명한다.[32] 아가는 순수한 은유들의 폭포로서 "무한한 의미의 파문"을 일으킨다. 아가서의 독자들은 그 의미들의 호수에서 놀면서 사랑의 경험과 화해의 관점으로 읽는 성서 이야기에 동시에 몸을 담그고 거의 태초부터 인간 존재를 괴롭혀 온 깊은 상처가 치유될 수 있음을 상상해 보라는 초대를 받는다.

# 17

# 에스더와 다니엘

# 이방인의 세계와 유대적 상상력

· 서문 ·

에스더서와 다니엘서는 이스라엘 성서의 후기 책에 속한다. 에스더서는 전통적으로 유대인들에게 '그 두루마리'the scroll로 알려진 책이며 아마도 페르시아 시대 말기인 주전 4세기에 쓰였을 것이다. 다니엘서는 헬레니즘 시대의 어느 식별 가능한 사건주전 약 169-164년을 간접적으로 반영하고 있으나 이야기의 배경은 바벨론 시대다. 이 짧은 이야기들은 문학 장르로서는 '디아스포라 이야기'Diasporanovelle에 속한다. 이 이야기들은 이스라엘의 고대 성서들에 깊이 뿌리를 두면서 새로운 상황, 곧 위협적이지만 이후로는 대다수 유대인에게 표준이 될 디아스포라 생활 속에서 유대인의 믿음과 경험에 대한 신선한 해석을 제공한다. 창세기의 요셉 이야기와 마찬가지로 이 두 책은 이스라엘 땅에서 멀리 떨어져 사는 이스라엘 사람들(페르시아 시대부터는 유대인이라 불리는 사람들)의 이야기다. 이 책은 이방인이 독점적으로 지배하는 세계에서 권력 역학 관계를 다루는 유대인의 모습을 보여주며, 유대인의 삶의 방식이 싸구려로 여겨지던 상황에서 생존을 위해 고군분투하는 모습을 보여준다. 디아스포라 이야기라는 장르는[1] 흔히 알려진 사실을 가지고 사실적인 추정을 시도하는 현대 역사 소설과는 상당히 다르다. 이 책들은 역사가가 검증하고자 하는 사실을 무시

| 에스더와 다니엘 |

하거나 왜곡하면서 고의적으로, 심지어는 과시적으로 역사의 사건과 인물을 가지고 놀이를 한다. 이 책들은 마치 비유와 같은 방식으로 역사를 다룬다. 깊은 아이러니와 냉소적인 유머 감각을 가지고, 여러 세기에 걸친 세계의 큰 흐름 속에서 유대인으로 존재하는 의미를 성찰해 보도록 자극한다. 우리 시대의 유대인과 그리스도인 모두에게 이 책들은 진지한 신학적 고찰의 대상이 될 만하다.

# 대량 학살과 해학

· 에스더 ·

성서에서 에스더서는 유대인의 뼈 있는 해학을 보여준다. 한 랍비는 이방인 청중에게 에스더서를 가르치면서 다음 이야기를 들려주었다.

아돌프 히틀러가 자신의 운명에 대해 점을 보고 있었습니다. 점술가가 수정 구슬을 바라보며 말합니다. "당신은 유대인의 명절에 죽을 것입니다."

"그게 언제요?" 총통이 놀라서 물었습니다.

"그건 중요하지 않아요." 그녀가 대답했습니다. "당신이 죽는 날이 유대인의 명절이니까요."

이야기를 들려준 랍비는 이렇게 덧붙인다. "이 농담을 이해했다면 왜 에스더 두루마리가 성서에 있는지 알 수 있을 겁니다." 어떤 의미에서 에스더서의 신랄한 유머가 유대인과 이방인을 막론하고 박해받는 사람들의 생존을 위해 필요했다는 것은 수백, 수천 년에 걸쳐 이미 증명된 것이 아닌가?

| 에스더와 다니엘 |

## 성서에서 에스더서의 위치

에스더서는 정경에서 그 자리를 쉽게 확보하지 못했다. 주후 3세기까지 유대인들은 성서 중에서 유일하게 하나님을 전혀 언급하지 않는 이 책의 지위를 확신할 수 없었다. 그 여주인공은 유대인 음식 규정을 지키지 않고 있으며, 심지어 동족을 멸망에서 구하기 위해 국가 문제에 개입하는 것도 (잠시지만) 주저했다. 서방 그리스도인들 사이에서 이 책은 4세기에 정경으로 받아들여졌지만 동방 교회는 400년 동안 그 조치를 반대했고, 결국 받아들여진 고대 버전에는 (히브리어가 아닌 헬라어로 쓰인) 모르드개와 에스더의 열렬한 기도를 포함하여 6개의 신학적 의미를 부여하는 내용이 추가되어 있다.[1]

정경에 포함되었다는 사실마저도 이 책에 대한 반대를 종식시키지 못했다. 수많은 유럽 그리스도인은 이 책의 민족적 성격에 초점을 맞추었다. 마르틴 루터는 이처럼 "지나치게 유대적이고", "이교도의 부패가 너무도 많이" 담긴 책이 성서에 포함된 것을 유감스럽게 여겼다.[2] 교황에 맞서자는 대의에 라인란트 지역의 유대인들이 함께하지 않아 분개했던 루터는 유대인들이 폭력적으로 돌변해 이방인들을 전멸시키려고 한 이 이야기가 성서에 기록된 것에 더욱 불쾌감을 느꼈다. 그가 말년에 회당과 유대인 학교를 불태우고 유대인 설교와 종교 서적을 금지하자고 주장한 길고 악의적인 논문인 「유대인과 그들의 거짓말에 관하여」*On the Jews and Their Lies*, 1543를 쓴 것은 그저 우연이 아니다.[3] 4세기 후 성서학자 아르투어 바이저Artur Weiser는 루터가 에스더서를 정죄한 방식을 "기독교적 판결의 공정성과 명료함을 보여준 사례"라며 옹호했다.[4] 이러한 공정성 주장은 바이저가 제3제국 기간 내내 나치 친위대원으로 활동하며 동시에 튀빙겐 대학의 교수직과 신학부 학장직을 유지한 인물이었다는 사실에 비추어 평가해야 한다. 그는 나치에 속한 독일 교회 분파인 독일 그리스도인Deutsche Christen에 속해 있었다. 대조적으로 그와 동시대 사람인 빌헬름 비셔Wilhelm Vischer는 그의 1937년 에스더서 주석에서 "유대인 문제"를 다루었는데 비유대 성서학자들 중에서 거의 유일한 사례였다. 그는 히틀러를 강력하게 반대했다는 이유로 독일 내 활동이 금지되었다. 비셔는 유대인 박해에 대해 그리스도인들이 그리스도의 증인다운 행동을 하도록 성서 자체가 강요하고 있으며 그 결단에 그들의 구원이 달렸다고 에스더서에 근거해 주장했다.[5]

루터는 몇백 년 동안 이 책이 너무 유대적이라고 생각한 많은 그리스도인 해석자들을 대표하는 인물이지만 비교적 최근 캐럴린 샤프Carolyn Sharp는 이 책이 충분히 유대적이지 않을 수도 있다고 제안했다.

> 페르시아인 학살은 하나님이 명령한 거룩한 전쟁이 전혀 아니다. 요셉이 모세가 아니었듯 에스더도 다니엘이 아니다. 오히려 그녀는 완전히 동화되고 성적으로 타협한 여성 통치자로 간주될 수 있다. 그녀의 타국인 됨은 그것을 덮어쓴 이 책의 행간에 나타나는 강력한 침묵 속에 집요하게 새겨져 있다. 유대인들이 구원받은 후에도……에스더는 여전히 어리석고 위험한 비유대인과 정상적으로 성관계를 갖는 타국의 여왕으로 남아 있다. 에스더는 동족을 구하면서 동시에 자신의 정치 권력을 공고히 했고 돌이킬 수 없는 수준의 디아스포라로 들어갔다. 그녀는 페르시아의 왕비이자 역설의 여왕으로서 완전한 지위를 갖게 되었다.[6]

샤프는 성, 젠더, 권력 관계가 얽혀 있는 문제를 제기한다. 고대부터 현재까지 해석자들은 여러 다른 관점에서, 때로는 대립하는 관점에서 이러한 문제들에 주의를 기울여 왔다. 고대와 중세의 랍비 주석가들은 왕의 호화로운 연회에 나오라는(이는 과도한 술잔치가 시작된 지 약 7일이 지난 후였다) 명령을 거부한 아름다운 왕후 와스디에 강한 혐오감을 나타냈다. 아마도 랍비들은 아하수에로 왕의 조언자들과 마찬가지로 "왕후의 행실이 소문나 모든 여인들에게 전파되면 그들도 그들의 남편을 멸시할 것"1:17이라고 우려했을 것이다. 랍비들에 따르면 "사악한 와스디"는 악한 이방인 여성의 원형이었다. 자신은 예루살렘에서 훔쳐 온 대제사장의 옷을 몸에 두르고 있으면서 이스라엘 여인들의 옷을 벗기고 안식일에도 일하도록 강요했다.7 랍비들은 와스디를 깎아내린 그만큼 에스더를 이상적인 여성으로, 심지어 예언자로 높였다. 성서에 나오는 에스더의 행동이 결코 종교적이지 않음에도 그들은 에스더가 자기 민족을 위해 간청하려 "왕좌에 앉[은]" 왕에게 나아갔을 때,5:1 실제로 하나님 앞에 나아간 것이라고 추론한다. 화자는 그녀가 "왕후의 예복을" 입었다고 말하지만 랍비들에 따르면 하나님의 영이 그녀를 옷처럼 감쌌다.참조, 대상 12:18[8]

랍비들은 에스더를 유대인을 위한 예언자적 중보자로 보았으나 남아프리카의 해방신학자 이투멜렝 모살라Itumeleng Mosala는 가부장적 목적을 위해 선택된 여성으로 보았다. "에스더는 투쟁하지만 모르드개는 그 투쟁의 열매를 거둔다."[9] 모살라의 관점에서는 젠더와 계급 투쟁이 유대인의 생존 투쟁에 종속되어 있다. 화자는 유대인들이 페르시아인 원수들을 죽였지만 "그들의 재산에는 손을 대지 아니하였[다]"9:10, 15, 16고 지적하는데 모살라는 이렇게 말한다. "사람의 생명보다 재산의 신성함을 더 중시하는 이 원칙은 지배 계급 이데올로기의 잘 알려진 한 부분이다."[10] 그러나 지배 계급에 속하지 않은 많은 아프리카 여성들은 에스더의 모습에서 영감을 얻는다. 남수단에서는 많은 그리스도인이 아기에게 에스더라는 이름을 지어 주고 있으며, 에스더는 함께 기도와 금식을 통해 행동함으로써 스스로를 지켜낸 공동체에 속한 인물로 여겨진다. 남아프리카공화국의 음마디포아네 마세냐Mmadipoane Masenya는 에스더 이야기를 북부 소토족의 토착 설화와 접목하여 들려줌으로써 "압제와 탄압, 죽음 가운데서도 아프리카 여성에게 생명과 복지를 제공하려고" 한다. 마세냐는 이러한 "보다 포괄적인 내레이션"을 통해 에스더 이야기로부터 성서에 나타난 비유대인, 여성, 가난한 사람들에 대한 편향된 인식에 반하는 측면을 발견한다.[11] 친숙한 민담 속 인물처럼 에스더는 어려움을 견디고 지혜로운 장로(모르드개)의 조언에 귀를 기울인다. 동물들이 등장하는 그 민담에서 그녀는 재치로 '사자'(아하수에로)를 움직여 자신의 뜻을 이루게 만드는 꾀 많은 '토끼'다. 결국 그 이야기는 남에게 악한 일을 꾸미는 자에게 악이 돌아감을 보여준다.

이러한 다양한 관점에서 도출되는 첫 번째 결론은 에스더서는 조심스레 다루어야 하는 책이지만 간단히 무시해 버리면 안 된다는 점이다. 이 책은 박해와 대량 학살의 위협 속 현실을 경험하고 있는 사람들을 향해 직접 말하고 있으며 그런 비극적인 이유 때문에 정경에 속하게 되었다. 동시에 이 이야기는 권력의 역학 관계가 뒤바뀌는 통에 얼마 전까지 피해자였던 사람이 잠재적 박해자가 되는 경우를 포함하여 증오를 승인하는 데 사용될 수도 있다.

### 저항의 비유

사회적 위치는 우리가 성서 본문을 읽는 방식에 영향을 끼치며 여기서 그 사실은 더욱 분명해진다. 많은 독자, 특히 서구의 비유대인들은 에스더 이야기가 어떻게 우리와는 매우 다른 사회적 상황, 곧 우리가 쉽게 동일시할 수 없는 상황을 반영하는지 생각해야 하는 도전에 직면한다. 따라서 이야기의 해석은 이 질문에서 시작된다. '이 이야기는 어떤 문학 장르에 속하며 작품이 구성된 상황과 내용은 어떤 관련이 있는가?' 제임스 윌리엄스James Williams는 에스더서를 "많은 희극적 요소를 지닌 민족주의적 풍자 소설"이라고 본다.[12] 이 책은 실제로 심각한 역설과 진지한 유머를 머금고 있지만 이 이야기에 소설이라는 현대적 이름을 붙이면 본문을 생성한 사회적 상황과 독자가 연결되는 것을 방해한다는 한계가 생긴다. 그러므로 '디아스포라 이야기'로 에스더서를 이해하면 유익할 것이다. 이 이야기는 다니엘과 느헤미야, 그리고 그 이전의 요셉처럼 외국 궁정에서 이방인 국가의 권력 구조를 다루는 유대인을 묘사하고 있다. 에스더 이야기는 페르시아 제국이 정치적, 경제적, 민족적으로 유대인들을 지배했던 역사적 사실에 토대를 둔다. 당시 유대인들은 예후드 지방(과거의 유다)과 페르시아 제국 전역에 흩어져 살았으며, 제국은 서쪽의 리비아와 그리스로부터 중앙아시아를 거쳐 인도 국경에 이르는 지역까지 두 세기 이상주전 538-333년 뻗어 있었다. 이러한 배경에 비추어 앙드레 라코크Andre LaCocque는 에스더서를 제국과 기성 유대교 안에서의 여성 지위에 대한 주장을 전복하려 만들어진 "저항 문학"이라고 설명한다.[13] 위에서 언급했듯 에스더서는 역사적 비유 형식으로 된 저항 문학이다. 그것은 더 깊은 통찰을 얻거나 새로운 가능성을 보기 위해 실제 경험이나 일반적인 경험의 어떤 측면들을 변경한 "현실성이 적은"unlikely 이야기다. 비유는 현실을 확장하거나 반전시켜 잘 보이지 않던 측면들을 드러낸다.

이 이야기는 처음부터 페르시아의 역사와 문화를 비정상적 방식으로 표현하는 모습을 보인다. 아하수에로 왕은 일반적으로 크세르크세스 1세<sup>주전 485-465년</sup>와 동일시되지만, 크세르크세스의 왕후는 와스디가 아닌 아메스트리스였다. 또 제국이 거대했던 것은 사실이지만 고대 자료에 따르면 그 제국은 본문에서 상상하는 127개가 아니라 약 20-30개의 사트라피,<sub>satrapies</sub> 곧 지방으로 나뉘어 있었다.<sup>1:1</sup> 이것은 이야기에서 과장된 요소 가운데 첫 번째에 불과하다. 왕은 가장 가까운 친구 수백 명에게 자랑하기 위해 반년 동안이나 계속되는 거대한 술잔치를 열었다.<sup>1:1-4</sup> 와스디를 대신할 왕후 후보는(에스더 앞에 1,460명 정도가 있었다)<sup>14</sup> 아하수에로와 하룻밤을 보내기 전에 열두 달 동안 귀한 기름과 향수에 절여진다.<sup>2:12</sup> 하만은 자신이 모르드개를 위해 직접 세운 50규빗(약 20미터) 높이의 '말뚝'에 (매달리는 것이 아니라) 몸이 꿰뚫려 죽는다.<sup>5:14</sup><sup>15</sup> 크레인으로 들어서 떨어뜨린 것인가? 유대인에게 페르시아인을 학살할 자유가 주어졌음을 우리가 믿음의 도약을 통해 받아들인다고 해도 하루에 7만 5천 명의 페르시아인을 몰살할 수 있다는 것은 믿기 어려우며,<sup>9:16</sup> 고대의 어떤 자료도 이 사건을 보고하지 않는다.

주목할 만한 부분은, 이 책에 등장하는 중요한 인물들의 이름에 현실을 넘어서는 의미가 있다는 점이다. 에스더의 히브리어 이름인 하닷사는 단 한 번만 나오며,<sup>2:7</sup> 그녀는 주로 페르시아 이름인 에스더로 불리는데 그 이름은 사랑과 전쟁의 여신이자 빛나는 아침과 저녁의 별인 이쉬타르와 유사하다. 모르드개의 이름은 바벨론의 위대한 신 마르둑을 연상시키는 이름일 수도 있다. 이처럼 유대인의 이름 자체가 디아스포라로 사는 유대인들의 사회적 실재를 가리킨다. 유대인의 정체성은 혼란스럽고 때로는 갈등을 야기하는 방식으로 다양한 민족적, 문화적 정체성과 혼합되기 시작했다. 정체성의 경계가 모호해지는 현실은 이 책이 지키도록 명령하는 부림절 풍습에도 반영되어 있다.9:26-28 회당에서 에스더 두루마리가 낭독될 때 아이들은 특별한 복장을 갖추어 참여하고, 사람들은 소음을 만드는 기구로 시끄러운 소리를 낸다. 이 절기는 과도한 음주가 종교적 규범, 심지어 명령이 되는 유일한 기간이다. 탈무드는 "하만에게 저주를"과 "모르드개에게 축복을"이라는 말을 구별할 수 없을 때까지 자신에게 "양념을 쳐야 한다"고 규정한다.[16]

에밀리 디킨슨Emily Dickinson은 "진실을 모두 말하라. 그러나 비스듬히 말하라"고 했다.[17] 대안적 사실들, 과장, 신화적 이름들, 모호해진 정체성 등 이 모든 것이 이 책의 문학적 코드의 일부이며 역사를 비스듬히 말하는 방식이다. 우리에게 일반적으로 드러나 보이는 세상이 요술 거울처럼 왜곡되어 비친다. 이 기이한 풍자는 이방인 제국 안에서 역사와 왕실의 권력 행사가 얼마나 터무니없는지를 보여준다. 성서의 다른 어떤 내러티브도 이처럼 일관되게 터무니없지는 않으며 이러한 점에서 에스더 두루마리는 전도서와 연결될 수도 있을 것이다. 전도서 또한 이방인이 지배하는 세계(이 경우에는 헬라 제국 시대의 예루살렘)의 권력 구조가 품은 어리석음을 폭로한다.

가장 터무니없는 인물은 아하수에로인데 그는 아무런 생각이 없는 통치자다. 그의 조언자 므무간이 순종적이지 않은 와스디를 교체하라고 하자 그는 그 말에 따른다.1:19-21 그리고 곧 왕은 분노 없이, 어쩌면 애틋한 후회의 감정으로 "와스디와 그가 행한 일과 그에 대하여 [내려진] 조서를"2:1 다시 생각해 본다. 이것은 관료적 언어인 수동태 표현이다. "내려진 조서"의 결정에 대해 누구도 책임은 없으나 왕후와 왕 모두 '결코 변개할 수 없는 페르시아와 메대의 법'1:19; 참조. 8:8에 사로잡혀 있다. 융통성 없고 궁극적으로 파괴적인 법은 그 자체로 터무니없다. 이스라엘의 성서를 읽는 독자들은 그런 법이 생명을 목표로 삼는 야훼의 법과 얼마나 다른지를 인식하지 않을 수 없다참조. 레 18:5; 신 30:19-20

무엇보다도 아하수에로는 자신의 수석 고문인 하만의 꼭두각시다. 에스더의 양아버지 모르드개가 자기 앞에 무릎 꿇기를 거부하자 하만은 반항하는 한 사람이 아닌 유대 민족 전체를 제거해 버리기로 결심한다.

> 하만이 아하수에로 왕에게 아뢰되 "한 민족이 왕의 나라 각 지방 백성 중에 흩어져 거하는데 그 법률이 만민의 것과 달라서 왕의 법률을 지키지 아니하오니 용납하는 것이 왕에게 무익하니이다. 왕이 옳게 여기시거든 조서를 내려 **그들을 진멸하소서**. 내가 은 일만 달란트를 왕의 일을 맡은 자의 손에 맡겨 왕의 금고에 드리리이다.3:8-9

1만 달란트는 엄청난 금액이며 "페르시아 전체 연간 수입의 3분의 2에 해당한다."[18] 이 수치의 불합리함이 바로 요점이다. 하만은 유대 민족을 멸망시키는 일에 정신없이 집착하고 있으며, 파라오로부터 히틀러에 이르는 자기 이전과 이후의 다른 사람들처럼 그는 결국 자신과 수만 명의 자기 동족을 멸망시킬 목표를 끝까지 추구할 것이다. 생각도 목적도 없는 왕은 이전에는 존재조차 알지 못했던 이 이름 없는 민족에 대해 아무런 적개심도 없었지만 하만에게 순응한다. 독자들은 아하수에로가 그들을 죽이기보다는 추방하거나 노예화를 승인하고자 한 것은 아닌지 궁금할 것이다. 본문 내러티브가 제시하는 세계에서 아하수에로 왕은 히브리어로 말하는데 여기서 '진멸하다'로 번역된 히브리어 동사는 추방이나 살해를 모두 의미할 수 있으며, '노예화하다'를 의미하는 다른 동사 어근과 거의 동일하다.[19] 그러나 하만은 모든 모호성을 제거하고 제국의 모든 기구를 동원하여 대량 학살의 과업을 수행한다.

> 첫째 달 십삼일에 왕의 서기관이 소집되어 하만의 명령을 따라 왕의 대신과 각 지방의 관리와 각 민족의 관원에게 아하수에로 왕의 이름으로 조서를 쓰되 곧 각 지방의 문자와 각 민족의 언어로 쓰고 왕의 반지로 인치니라. 이에 그 조서를 역졸에게 맡겨 왕의 각 지방에 보내니……모든 유다인을 젊은이 늙은이 어린이 여인들을 막론하고 죽이고 도륙하고 진멸하고 또 그 재산을 탈취하라 하였고……역졸이 왕의 명령을 받들어 급히 나가매 그 조서가 도성 수산에도 반포되니 왕은 하만과 함께 앉아 마시되 수산 성은 어지럽더라.3:12-13. 15

한 사람이 유대인들의 죽음을 원하고 누구도 그 이유를 모른다. 그리고 갑자기 그것은 제국의 정책이 된다.

나머지 이야기는 그 조서의 역사다. 일련의 반전들이 일어나는데 모든 것이 갑작스럽기만 한 것은 아니다. 모르드개가 시킨 대로 왕궁에서 유대인이라는 사실을 숨기고 있던 에스더는2:10. 20 행동하기를 주저한다. 그러다가 모르드개가 행동을 재촉하자 그녀는 첫 번째 공적 명령을 내린다. 자신이 목숨을 걸고 왕 앞에 명령 없이 나가는 동안 모든 유대인은 금식하라는 명령이다.4:16 그 시점부터 이야기는 "**왕후 에스더**"(점점 자주 이렇게 불린다)의 주도와 명령을 중심으로 전개된다. 이 모든 것은 어리석은 남편의 조서와 페르시아 제국법의 비극적인 융통성 없음 때문에 필요해진 일이다. 그러나 어느 정도의 정의(또는 복수)가 실현되는 것처럼 보여도 이방인이 지배하는 이 세상은 여전히 본질적으로 혼돈이다. 의미심장한 부분은 왕이 하만으로부터 등을 돌린 이유가 정의감이 아니라 오해로 인한 질투심 때문이라는 점이다. 그는 하만이 에스더에게 성적으로 접근한다고 생각했다.7:8 다시 한번 아하수에로는, 유대인을 진멸하라는 왕의 명령을 아무도 "철회할 수 없[었기]"8:8 때문에 유대인들에게 동등한 폭력으로 보복할 수 있도록 허락한다.8:11 에스더와 같은 디아스포라 유대인들은 종종 자신의 민족적 정체성을 숨겼지만 이제 많은 페르시아인들이 "유다인을 두려워하여"8:17 유대인처럼 행동했다. "유다인의 대적들이 그들을 제거하기를 바랐더니, 유다인이 도리어 자기들을 미워하는 자들을 제거하게" 되었다.9:1 이것이 바로 뒤집혀진 페르시아인-유대인 역사 이야기가 주는 메시지이다. 독자들은 단 한 번, 하루만이라도 유대인의 대적들이 자신들이 계획했던 폭력의 희생자가 되었다고 상상해 보도록 초대된다.

## 숨겨진 기록 읽기

에스더서는 정치 이론가 제임스 C. 스콧James C. Scott이 "숨겨진 기록"이라고 명명한 장르의 핵심적인 성서적 사례다. 이것은 권력층이 절대 들어서는 안 되는 말이다. 그런 말은 노예 거주 구역, 감옥, 빈민가, 마을 등 지배 구조의 하층, 곧 눈에 띄지 않는 곳에서 생겨난다. 숨겨진 기록은 흔히 권력자들이 일반적으로 사용하지 않는, 아마도 경멸의 시선으로 보는 언어(당시의 히브리어 같은)로 작성된다. 그럼에도 그런 기록들은 예술적이다. "지배가 특별히 혹독할 경우 그에 상응하는 만큼 풍부한 숨겨진 기록이 만들어질 가능성이 높다. 이러한 환상의 창의성과 독창성은 특정 지배 체제를 뒤집고 부정하는 예술성에 있다."[20] 풍부한 상상력이 담긴 에스더 두루마리는 다른 숨겨진 기록들, 곧 예언서 나훔이나 대예언서에 나오는 이방 나라들에 대한 신탁 등 하나님이 이스라엘 민족의 대적들에게 정당한 보복을 내리시는 모습을 상상하는 글들과 친화성을 지닌다. 에스더 이야기는 그 비전의 실현을 기술하고 있으며 아마도 그래서 초기 랍비들은 에스더를 예언자로 보았는지도 모른다.

에스더 두루마리는 억압에서의 구원을 기원하는 탄식 시편과도 어느 정도 닮았다. 초기 랍비 전통에서는 이 이야기에다가 가장 절실한 탄식시 가운데 하나인 시편 22편을 에스더가 왕궁에서 직접 기도한 내용으로 보충함으로써 이야기를 더욱 풍성하게 한다. 다음은 랍비들이 그 시편을 '확장한 버전'에 나오는 일부 내용이다.

**어찌하여 나를 버리셨나이까?**시 22:1 왜 모든 일이, 심지어 조상 어머니들의 이야기조차도 나에게는 다르게 흘러가야 합니까? 우리 어머니 사라는 단 하룻밤 동안만 파라오에게 끌려갔고, 그와 그 집의 모든 백성은 큰 재앙을 맞았습니다.……그러나 이토록 오랜 세월 동안 악한 자의 품에 안기도록 강요당한 나에게는 왜 기적을 행하지 않으십니까?[21]

시편의 이 한 구절은 그리스도인 독자들로 하여금 에스더의 탄식과 예수께서 십자가에서 외치신 외침을 비교해 보도록 만들 것이다. 랍비들은 에스더의 항의를 더 발전시켜 이제 자신뿐만 아니라 민족 전체를 위한 항의로 만든다.

**이스라엘의 찬송 중에 계시는 주여 주는 거룩하시니이다.**시 22:3 그리고 에스더는 이렇게 간구했다. 주께서 우리의 말을 듣지 않으시고 그들이 우리를 멸한다면, 어떻게……[이 말]이 참되다고 말할 수 있습니까? 그러나 주께서 우리를 구원하시면, 그 진리가 우리를 통해 유지될 것입니다.

『개정공동성서정과』제21주. 나해 또한 에스더와 시편을 연결하여 에스더의 한 구절과 구원시인 시편 124편을 나란히 둔다.

사람들이 우리를 치러 일어날 때에
여호와께서 우리 편에 계시지 아니하셨더라면
그때에 그들의 노여움이 우리에게 맹렬하여
우리를 산 채로 삼켰을 것이며.시 124:2-3

중세 미드라쉬와 현대 성서정과 모두 에스더서에서 억압받는 자들의 목소리를 들으며, 풀려나기를 탄원하며, 가까스로 탈출한 것을 감사하고 있다.

이 박해자들의 기록은 평소에는 잘 보이지 않게 정경 속에 숨겨져 있으며 다양한 사회적 혼란 상황이 되면 구원적 혹은 파괴적인 방식으로 그 힘을 다시 발휘할 수 있다. 지난 세기에 우리는 에스더 이야기가 이타적인 희생을 지지하는 데에도, 그리고 끔찍한 폭력을 지지하는 데에도 똑같이 소환되는 것을 볼 수 있었다. 에스더의 모습은 히틀러가 집권하던 1933년에 가르멜회의 수녀가 된 20세기 폴란드계 독일 유대인 철학자 에디트 슈타인Edith Stein의 모델이 되었다. 불과 몇 년 후, 슈타인(지금은 십자가의 테레사 베네딕타 수녀로 알려짐)은 가장 위험한 시기에 동족과 분리된 유대인 여성인 자신을 에스더와 동일시하게 된다. 슈타인은 자신의 글에서 에스더를 유대인 성녀이자 순교자로 표현했는데 이는 당시 비유대 가톨릭 신자들에게는

| 에스더와 다니엘 |

도전적인 생각이었다. 1938년 11월, "수정의 밤"*Kristallnacht*으로 알려진 유대인에 대한 광범위한 공격은 나치의 의도가 유대인 멸절임을 분명히 드러냈다. 그때부터 슈타인은 왕후 에스더의 자기희생을 전적으로 본받으려 했고 하나님이 자신의 희생을 받아 주셨다고 믿었다. 그녀는 자신이 죽어 자기 민족이 일부라도 구원받을 수 있다면 기꺼이 죽으리라 결심했다. 슈타인은 1942년 8월 네덜란드의 한 수녀원에서 체포되었는데 이것은 네덜란드의 가톨릭 주교들이 나치의 인종차별을 공개적으로 비난한 데 대한 보복으로 유대인 가톨릭 신자들이 체포되면서다. 일주일 후 그녀는 아우슈비츠에서 사망했다.

비극적이게도, 에스더서에서 폭력의 승인을 본 사람들의 반응은 완전히 달랐다. 이 이야기 속 유대인의 구원을 기념하는 부림절이 현대 이스라엘-팔레스타인에서는 최근 수십 년 동안 유대인과 무슬림 모두에게 학살의 계기가 되었다.[23] 가장 잘 알려진 사건은 1994년 헤브론의 이슬람 사원에서 우파 유대교에 속한 바루흐 골드스타인이 무슬림 29명을 살해한 사건으로 부림절 첫날에 발생했다. 1996년 부림절 전날에는 텔아비브에서 자살 폭탄 테러범에 의해 이스라엘인이 13명 사망했는데 당시 많은 축하 인파가 부림절 의상을 입고 있었다. 이러한 사건은 유대인의 원수에게 보복한 두 날을 대대로 기념하라는 에스더와 모르드개의 명령이 비극적으로 성취되고 있는 사례다.9:28 유대 문학을 연구하는 데이비드 로스키스David Roskies 는 "기억은 공격적인 행위"라고 말하는데,[24] 고대와 현대의 역사는 성서에 의해 생성된 기억과 관련해 그 말이 얼마나 참인지를 증언해 준다. 거룩한 문헌의 해석은 삶과 죽음의 문제일 수 있으며 시대와 상황에 따라 누구의 생명이 위험해지는지가 달라지므로 종교 공동체는 그런 위험을 결코 순진하게 받아들일 여유가 없다.

# 역사의 풀무에서 살아남기

· 다니엘 ·

다니엘서는 에스더서와 마찬가지로 성서 속의 "숨겨진 기록"[1]이며, 가혹한 정치적, 군사적, 문화적 지배 아래에 놓인 사람들의 시각으로 발언하는 진지하면서도 유쾌한 문학 작품이다. 다니엘서는 파라오에서 시작하여 왕후 에스더와 유대인의 적 하만에서 절정에 이르는 성서 역사의 패턴을 따르는데 제국이 이 특정 민족을 복속시키는 과정이 어쩌면 그렇게 놀라울 정도로 간단히, 명확한 논리도 없이, 그들을 쓸어버리려는 결의로 바뀌는지를 보여준다. 이 책은 에스더서에는 나타나지 않는 명백한 신학적 차원을 보여준다. 그러나 자신들을 죽이려는 자들에 맞서 유대인들이 일어나는 모습을 보여주기보다는 "지극히 높으신 하나님"[5:18, 21; 참조. 4:24, 25, 32 등]과 하늘의 힘이 위협받는 백성들을 위해 특정되지 않은 미래의 시기에 어떻게 개입할지 상상력을 동원하고 있다.

구조적 측면에서 이 책은 거의 명확히 두 부분으로 나뉘며 둘은 문학적 장르가 다르다. 첫 번째 부분은 외국 궁정에 있는 유대인들의 디아스포라 이야기로 구체적으로는 바벨론 군주를 섬기다가 가까스로 순교를 피하는 다니엘과 그의 동료들 이야기다.[1-6장] 두 번째 부분은 묵시적 환상 보고로 천상의 영역에서 전해지는 내용들에 대한 다니엘의 증언7-12장이다. 다니엘의 이름은 **우가리트**의 서사시 '아크하트'*Aqhat, 주전 14세기*에 등장하는 전설적 인물에서 왔는데 우가리트의 다니엘은 에스겔도 언급하는 인물로서겔 14:14, 20, 28:3 의와 지혜의 모범이 되는 사람이었다.² 성서 속 다니엘도 마찬가지로 "비상한 지혜"5:14를 지닌 신실하고도 아무런 허물이 없는 사람으로6:3-4 명성이 높았다. 게다가 다니엘은 에스겔과 마찬가지로 하늘의 환상을 보고 하늘의 중보자들과 교류한다.9:20-12:13 따라서 기독교 성서는 다니엘서를 예언서 안에 두며 에스겔 뒤, 열두 **소예언서** 앞에 배치한다. 유대교 정경에서 이 책은 **성문서** 안에 자리하며, 외국 궁정에 있는 또 다른 유대인 이야기인 에스더서 다음에 온다.³

다니엘서 전체는 아마도 여러 세대, 심지어는 몇백 년에 걸쳐 새로운 이야기꾼들과 환상가들이 이전의 전통 위에 여러 단계로 건축해 나아가면서 완성되었을 것이다. 다니엘과 그의 동료들에 대한 다양한 궁정 이야기는 페르시아 정부와 궁정에서 일하던 유대인 관료, 고문, 교육자, 서기관 사이에서 회자되면서주전 4세기에서 3세기 점차 느슨한 형태로 모아졌을 것이다. 주전 6세기 바벨론의 예루살렘 파괴 이후 맞이한 유다의 최대 위기를 배경으로 여러 환상가들이 작성한 환상 이야기들이 마침내 여기에 보강되었다. 이 환상 보고들은 궁중 이야기들보다 훨씬 더 직접적으로 셀류코스(헬라 제국) 통치자 안티오쿠스 4세 에피파네스주전 175-164년의 야만적인 유대인 말살 시도를 상세히 반영한다.⁴ 다니엘서는 이스라엘 성서 중에서 가장 최근에 작성된 책이며 기록 시기를 가장 정확히 지목할 수 있는 책이다.⁵

궁정 이야기들과 환상 보고들은 모두 단 하나의 주제인 인간 왕들과 그들 왕국의 부상 및 몰락을 다루고 있으며 영원한 하나님의 나라는 그 모든 나라들 위에 서 있다. 그 주제는 다니엘의 첫 번째 기도인 "하늘에 계신 하나님"²¹⁹ 찬송에서 잘 드러난다. 이 젊은 유대인 관원은 이렇게 선언한다.

> 지혜와 능력이 그에게 있음이로다.
> 그는……왕들을 폐하시고 왕들을 세우시며
> ……
> 그는 깊고 은밀한 일을 나타내시고……²²⁰⁻²²

## 뜨거운 불 옆에 서다: 궁정의 다니엘

궁정 이야기들¹⁻⁶ᵃ은 우주를 다스리는 진짜 권력에 대해 야만적으로 무지한 세상에서 신실한 삶이 얼마나 위험한지 생생하게 보여준다. 특히 다니엘처럼 정치권력의 중심부라는 뜨거운 불에 가까이 서는 것은 겉보기에는 특권이겠지만 위험성은 더욱 클 것이다. 이 이야기들은 주로 이방인의 권력 구조 안에서 유대인이 어떻게 살아남을 수 있는가라는 실질적인 질문을 다룬다. 그런 권력 구조는 의도적이든 우발적이든 자주 유대인의 정체성과 삶을 위협하기 때문이다. 이 책의 첫 번째 이야기가 (적어도 내러티브의 세계에서는) 갈대아 왕 느부갓네살이 시작한 고위층 또는 왕족 출신 아이들을 위한 재문화화 프로그램을 기술한다는 점은 주목할 만하다. 다니엘과 그의 친구들은 궁정에서 살면서 "갈대아 사람의 학문과 언어를"¹⁴ 익히도록 선택된 아이들이었다. 가장 의미심장한 부분이 이 부분이다.

> 환관장이 그들의 이름을 고쳐 다니엘은 벨드사살이라 하고 하나냐는 사드락이라 하고 미사엘은 메삭이라 하고 아사랴는 아벳느고라 하였더라.¹⁷

새로운 비히브리어 이름에서는 그들의 유대적 정체성이 전혀 드러나지 않는다. 게다가 마지막 이름 아벳느고는 바벨론의 지혜의 신 네보의 종이라는 의미로 조롱하듯 변형한 것이다.

언어 및 문화 교육 프로그램은 모든 식민지와 제국의 표준 관행이며, 지역 주민과 동화되어 (이상적으로는) 제국의 공식 가치에 봉사할 관리자를 양성하는 데 필수적이다. 실제로 개인이나 모든 세대는 이러한 교육의 혜택을 환영할 것이며 그것은 그들에게 더 넓은 세계로 나아가는 문을 열어 줄 것이다. 그러나 또한 개인의 문화적 혼란, 혹은 가혹한 강요라는 어두운 측면도 존재한다. 특별히 끔찍한 현대적 사례로 독일의 게르만/노르딕 인구 감소를 막기 위해 고안된 나치의 레벤스보른*생명의 샘* 프로그램을 들 수 있다. 나치는 1939년 이후 폴란드와 다른 점령국에서 약 25만 명의 "인종적으로 가치 있는" 어린이들을 대부분 부모로부터 빼앗아 와서 "독일화" 과정에 집어넣었다. 12세 미만의 금발에 파란 눈 또는 녹색 눈을 가진 아이들은 특수한 집단 가정에 수용되어 독일식 이름을 부여받았으며 모국어를 사용하면 가혹한 처벌을 받았다. 아주 어린 아이들은 독일인 전쟁 고아를 입양한다고 믿었던 독일인 가정에 배치되었다. 6세 이상의 아이들은 나치 친위대가 운영하는 기숙학교로 옮겨져 이념 교육을 받았다. 협조를 거부하거나 "신체 62개 부위를 측정한 결과" 부적합하다고 판정된 아이들은 결국 강제 수용소로 이송되어 처형당했다.[6]

다니엘이 언어 수업이나 새로운 바벨론식 이름을 거부했다는 표시는 사실상 없다. 그가 선을 긋는 것은 유대인의 율법을 따르지 않은 음식을 먹는 부분인데 그는 "왕의 음식과 그가 마시는 포도주로 자기를 더럽히지 아니하리라"1:8 하며 뜻을 정했다. 이 이야기는 고대부터 현재까지 코셔 규정kashrut을 지키는 것이 종종 유대인의 정체성을 지키는 타협할 수 없는 표지였다는 역사적 사실을 반영한다.

안티오쿠스 에피파네스부터 히틀러에 이르기까지 유대인과 유대교를 파괴하려는 자들이 가장 먼저 취한 조치 중 하나는 코셔식 도축을 불법화하여 각 가정이 육식을 포기하거나 동화되는 것 중 하나를 선택하도록 강요하는 것이었다.[7]

뒤에 나오는 궁정 이야기는 훨씬 큰 긴장감을 불러일으킨다. 느부갓네살은 상상하기 어려운 크기(높이 30미터, 폭 3미터)의 금 신상을 세우고(구체적 설명은 없지만 바벨론 권력의 상징물이었을 것이다) '애국심의 날'이라고 부를 만한 날을 선포한다.[8] "모든 백성과 나라들과 각 언어를 말하는 자들"은 그 거대한 빛나는 신상 앞에 엎드려 절해야 하고,3:7 거부하는 경우 불타는 풀무에 던져지는 벌을 받게 된다. 얼마 지나지 않아 젊은 유대인 관리들이 명령을 거부한 것이 보고되고 그들은 복종을 요구하는 격노한 왕을 직접 대면한다.3:13 "너희가 **만일 절하지 아니하면, 즉시 너희를 맹렬히 타는 풀무 불 가운데에 던져 넣을 것이니, 능히 너희를 내 손에서 건져낼 신이 누구이겠느냐?"**3:15 세 청년은 완전히 평온한 태도로 왕의 최후통첩을 신중하게 그대로 인용하며 대답한다.

왕이여, 우리가 섬기는 하나님이 계시다면 우리를 맹렬히 타는 풀무 불 가운데에서 능히 건져내시겠고 **왕의 손에서도 건져내시리이다. 그렇게 하지 아니하실지라도** 왕이여, 우리가 왕의 신들을 섬기지도 아니하고 왕이 세우신 금 신상에게 절하지도 아니할 줄을 아옵소서.3:17-18

이어지는 풀무 장면은 언어로 그린 만화이며 분노로 일그러진 왕의 얼굴 이미지를 그린다.3:19 이 외에도 생생하지만 믿기 어려운 세부 사항들이 있다. 아주 뜨거워진 풀무에 사형 집행인들이 죽는 장면,3:22 왕이 어떤 식으로든 풀무 **안에서** 일어나는 일을 보았고, "신의 아들과 같[은]"3:25 한 사람이 더 있는 것을 보고 별 탈 없이 풀무에 다가가는 장면 등이다. 느부갓네살은 하나님이 "천사를 보내사⋯⋯ 종들을 구원하셨도다"3:28라고 결론을 내리는데 충분히 타당한 설명이며, 이 이야기를 둘러싼 성서의 내용을 아는 독자들에게는 더욱 깊이 있는 설명이 된다. 그 배경에 있는 이미지는 애굽이라는 "쇠 풀무불"신 4:20에서 이스라엘을 이끌어 내는 토라 속 야훼의 이미지와 포로기 예언자 이사야가 제시하는 "고난의 풀무"사 48:10에서 이스라엘을 시험하는 야훼의 이미지이다. 무엇보다도 이 이야기는 예언적 약속을 내러티브로 확장한 미드라쉬로 볼 수 있다.

> 네가 불 가운데로 지날 때에 타지도 아니할 것이요
> 불꽃이 너를 사르지도 못하리니
> 대저 나는 여호와 네 하나님이요 이스라엘의 거룩한 이요
> 네 구원자임이라.
> ⋯⋯
> 두려워하지 말라. 내가 너와 함께 하여⋯⋯사 43:2-3, 5

이사야 전통과의 연결은 그리스도인들이 어떻게 이 구절을 해석할 수 있는가와 관련해서도 중요하다. 그리스도인들은 임마누엘, 곧 '우리와 함께 계신 하나님'사 7:14; 8:10이라는 수수께끼 같은 예언을 예수 안에 성육신하신 하나님의 임재를 가리키는 것으로 이해하는데 이 생생한 이야기는 그것이 어떤 의미인지를 밝혀 줄 수 있다. 이 특별한 이야기꾼에게는 네 번째 인물은 풀무 속에서만, 곧 가장 극심

한 고통의 장소 안에서만 가시화된다는 점이 분명 중요하다.

이 궁정 이야기들의 문학적 특징 가운데 하나는 번역문에 잘 드러나지 않는다. 이 이야기들 대부분은 신앗수르 제국<sup>주전 911-605년</sup>부터 시작해 성서 시대 전체 기간에 이르는 여러 세기 동안 이스라엘을 지배했던 대제국들의 행정 언어인 아람어로 쓰였다. 아람어는 점차 이스라엘 땅을 포함한 지중해 동부 지역과 중앙아시아의 모든 사회 계층에서 유대인의(그리고 다른 많은 사람들의) 일상 언어가 되었다. 아래의 개요가 보여주듯이 다니엘을 구성하는 두 부분은 모두 히브리어 본문과 아람어 본문을 서로 다른 비율로 포함하고 있다.

**다니엘 1장**: 귀족 출신의 이스라엘 사람들이 불려와 왕을 섬기게 되다 (히브리어)

**다니엘 2-6장**: 궁정에서 지내는 다니엘과 친구들 (아람어)

**다니엘 7장**: 다니엘이 본 옛적부터 항상 계신 이의 환상 (아람어)

**다니엘 8-12:4**: 제국들의 역사에 관한 환상 (히브리어)

**다니엘 12:5-13**: 에필로그, 종말까지 얼마의 기간이 남았는가? (히브리어)

이른바 히브리어 성서에 아람어가 존재한다는 것은(다니엘서와 에스라서에서만 발견되는 문학적 특징이다) 이방인이 지배하는 권력 구조 속에서 오랜 기간 디아스포라로 살아가는 유대인의 현실을 반영한다. 그럼에도 책의 절반은 히브리어로 쓰였다. 첫 장과 마지막 장은 어디에 살든지 자신의 정체성의 닻을 조상의 땅에서 사용하던 언어에 내리고 있는 한 민족의 모습을 묘사하고 언급한다. 따라서 다니엘서에서 히브리어로 된 장들이 가지는 효과 가운데 하나는 다가올 모든 시대의 유대인 독자들을 대신하여 이렇게 말하는 것이다. "우리가 가진 어떤 문화적 정체성도 우리에게 결정적이지는 않다. 우리는 우수한 세계 시민일 수도 있지만 여전히 독특함을 선택할 수 있다. 하나님 앞에 선 민족, 특히 기도의 민족으로서 우리는 히브리어를 말한다." 히브리어 교육은 오늘날까지도 전 세계 거의 모든 유대인 공동체에서 종교 교육의 핵심 요소다. 19세기와 20세기에 유대 민족이 존속하려면 히브리어가 중요하다는 확신이 그들에게 있었고 마카베오 왕국 시대<sup>주전 163-63년</sup> 이후 최초의 유대인 독립 국가인 현대 이스라엘이 건국되기에 앞서 현대 히브리어를 재창조하게 만들었다.

사자 굴에서 끝나는 마지막 이야기는 주전 539년 페르시아의 고레스가 바벨론을 정복하기 직전이 배경이다.<sup>참조, 6:28</sup> 이스라엘을 지배한 적이 없는 제국의 왕이며 역사에는 알려지지 않은 통치자인 "메대 사람 다리오"라는 인물<sup>9</sup>의 궁정에서 다니엘은 저명인사가 되어 있다. 역사에 없는 사실을 언급하는 것은 이것이 역사에 대한 상상적 반추임을 알려 주는 몇 가지 신호 가운데 하나다. 이런 반추들은 세계가 실제로 어떻게 돌아가는지를 더욱 명확하게 보여주려는 목적에 맞추어 사실들을 느슨하게 다룬다. 시기심 많은 정치인들이 다니엘을 끌어내리고자 혈안이 되었으나 그들이 유일하게 제기할 수 있는 그럴듯한 혐의는 민족성과 관련된 종교적 차이뿐이다. 반세기 이상(내러티브의 시간을 그대로 받아들인다면) "특별한 영"<sup>extraordinary spirit, 6:3, 저자 사역—옮긴이</sup>으로 제국을 섬겨 온 이 사람에게는 "사로잡혀 온 유다 자손 중" 하나<sup>6:13</sup>라는 꼬리표가 붙어 있다. 왕에게 기도하지 않고, 바벨론 사람들이 폐허로 만들고 방치해 둔 도시 예루살렘을 향하여 앉아 하루에 세 번씩 "그의 하나님께"<sup>6:10-11</sup> 기도하는 다니엘을 처벌하고자 제국의 새로운 법이 만들어진다.

이 오래된 이야기는 안티오코스 4세 에피파네스 통치 기간 예루살렘의 전통적 유대인들의 상황을 직접적으로 말한다. 에피파네스'신의 현현'라는 존칭을 스스로 부여한 안티오코스는 자신의 신성한 위엄을 손상하는 종교적 관습을 범죄로 몰기 시작했다. 예루살렘을 제국에 협력하고 수익을 가져다 줄 단위인 헬라식 폴리스로 바꾸려는 그의 프로젝트는 헬레니즘을 문화적 진보로, 종교적 전통주의를 낡은 과거에 대한 집착으로 여기는 유력한 유대인들의 지지를 받았다. 이들 가운데 한 명은 헬라식 이름 야손Jason으로 개명한, 예루살렘 대제사장의 동생이었다. 그는 뇌물을 주고 제사장직에 올랐으며 시민들 중에서 '안티오코스의 사람들'Antiochenes을 모아 헬라의 언어와 종교를 장려하는 활동을 이끌었다. 주전 167년에는 유대교를 완전히 뿌리 뽑는 것이 제국 정책의 목표가 되었다. 할례, 안식일 및 절기 준수, 성전 제사 등 유대인의 독특한 관습과 의식이 모두 금지되었다. 안티오코스는 "[절기의] 때와 법을" 고쳤고참조. 7:25 위반하는 자는 사형에 처했다. 토라 두루마리는 불에 탔고 희생 제단은 더럽혀졌으며, 올림포스의 제우스 신상이 세워진 새로운 중앙 제단이 봉헌되었다.[10] "멸망하게 할 가증한 것"참조. 12:11인 그 제단에서 돼지가 희생 제물로 바쳐졌는데, 이 책은 이것을 이스라엘의 하나님이 용납할 수 없는 것들이 종말을 맞기 시작하는 순간으로 본다. 예루살렘은 전쟁터가 되었으며 수만 명의 유대인이 학살당하고 또 비슷한 수의 유대인이 노예로 팔렸다.참조. 11:33-35 박해가 최고조에 달했던 이 시기에 다니엘서는 최종적인 형태를 갖추었을 것이다.

이 궁정 이야기는 다리우스 왕이 "[다니엘의] 하나님의 율법"6:5과 "메대와 바사의 고치지 아니하는 규례"6:8, 15 사이에 거짓된 치명적 대립을 만들어 낸 관리들에게 사로잡힌 모습을 보여준다. 에스더 두루마리에 나오는 아하수에로 왕처럼 다리우스는 자신의 법령 때문에 무력하게 되었고,참조. 예 1:19; 예 8:8 오직 하나님만이 자유롭고 단호하게 행동하여 사자들의 입을 막으셨다. 그러나 다리우스는 안티오코스와는 달리 자신이 대면한 진정한 주권자를 인정하는 왕이다. 책의 전반부는 모든 왕국이 "다니엘의 하나님 앞에서" 떨어야 한다는 왕의 마지막 칙령으로 끝난다.

> 그는 살아 계시는 하나님이시요 영원히 변하지 않으실 이시며
> 그의 나라는 멸망하지 아니할 것이요 그의 권세는 무궁할 것이며,6:26

그다음 장에 나오는 환상은 하나님의 멸망하지 않을 왕국이 지상에서 실현되는 것을 묘사한다.

## 왕좌의 게임을 종결짓다: 환상 보고들

성서의 시와 산문 해석에 능숙한 독자라도 다니엘서 후반부에 나오는 네 가지 묵시적 환상이 보여주는 고도의 상징에 당황할 것이다. 이전의 성서 본문들과 연결되는 점도 많지만 이 문학 양식은 분명 혁신적이다. 묵시문학은 예언서, 그중에서도 특히 에스겔 안에서 전조가 나타나지만 헬레니즘 시대에 와서야 유대인들 사이에서 완전한 독립 장르로 나타났다. 묵시문학의 중심 목적은 천상의 영역이 지상에 완전히 나타나는 것을 보여주는 것이다. 주전 2세기의 상황에서 그것은 자신이 에피파네스, 곧 "신의 현현"이라고 주장한 안티오코스 4세를 암묵적으로 반박한다는 의미였다. 이 책의 환상들, 곧 바다에서 나오는 초현실적인 짐승,7:3 미가엘과 같은 전사 천사,10:13, 21 "얼굴은 번갯빛 같고 그의 눈은 횃불" 같은 사람,10:6 "옛적부터 항상

계신 이"7:9, 13, 22가 주도하는 나라들의 심판 등은 하나님의 관점에서 본 세상과 그것의 "운명"12:13, 저자 사역, 개역개정 "몫"—옮긴이을 보여준다. 에스겔과 마찬가지로 다니엘도 천상에서 보고 듣는 것을 이해할 수 없어 두려움을 느낀다.8:27: 참조. 겔 3:15 또한 에스겔이 그러했듯 사람처럼 생긴 빛나는 존재10:4-6: 참조. 겔 40:3가 방문하며, 그 존재는 다니엘로 하여금 그가 보는 것을 해석하도록 돕고 신적인 힘이 이미 그의 백성을 대신하여 싸우고 있다는 확신을 불어넣는다.

환상들은 안티오코스 치하에 살던 유대인들에게는 오래전 먼 과거인 "바벨론 벨사살 왕" 시대를 배경으로 삼는다.7:1[11] 지혜자이며 꿈 해석자인 다니엘은 이제 환상가로서 그의 전설적인 권위를 바탕으로 이 책의 독자들에게 널리 알려져 있던 역사, 곧 예루살렘 멸망 후 유다인(유대인)들에게 자주 억압적이고 위험한 조건이 되었던 제국의 계승사를 추적해 간다. 환상들은 이 책 전체의 에필로그에 나타나는 질문에 대한 간접적이자 결정적이지 않은 답변이다. "이 놀라운 일의 끝이 어느 때까지냐?"12:6 후대의 묵시주의자들은 현재의 지구 물리학적 질서의 종말을 상상하겠지만,예를 들어 계 8:7-12; 21:1 여기서 "마지막 때"12:9는 가장 오래 지속된 정치 질서의 신적 소멸에 국한된다. 하나님이 모든 억압적인 권력자들, 현재 상황에서는 안티오코스, 곧 "큰 말을 하[는]" 입을 가진 "작은 뿔"7:8에게 주권을 행사하실 때까지 얼마나 기간이 남아 있는가?

일련의 보고 가운데 가장 선명하고도 인상적인 시각적 장면이 맨 앞에 배치되어 있다.7:1-17 보좌들이 세워지고 예언서들과 시편들이 예전부터 예견했던 나라들에 대한 심판이 시작된다. 천사가 설명하는 것처럼 네 짐승은 사자, 곰, 표범과 같이 힘과 야만성으로 주위를 무서운 속도로 정복하는 네 왕국이다. 그리고 네 번째 짐승은 무엇과도 비교할 수 없는 뿔 달린 괴물이다.7:7 "무섭고 놀라우며 또 매우 강[한]"7:7 이 짐승은 환상가가 살던 당시에도 여전히 맹위를 떨치고 있던 헬라 제국을 상징한다. 그는 그 제국이 "타오르는 불에 던져[지는]"7:11 것을 본다. 네 짐승에 대한 다니엘의 꿈 환상은 느부갓네살의 꿈, 즉 네 왕국을 상징하는 네 가지 재료로 만들어진 신상의 꿈을 떠올리게 만든다.2:31-43 둘 다 "영원히" 지속될 하나님이 세우실 나라를 전망하고 있다.2:44; 7:27

앞에서는 다니엘이 메소포타미아의 왕들과 교류하는 모습을 보였는데, 여기서 독자의 시선은 높이 들려 옛적부터 항상 계신 이의 궁정으로 옮겨진다. 그분의 머리와 옷은 신성을 표시하는 밝은 흰색을 띠며,마 17:2; 28:3; 막 9:3; 계 1:14; 참조. 시 104:1-2 그의 불타는 병거 보좌는 하나님에 대한 에스겔의 첫 번째 위대한 환상겔 1장을 명백히 떠올리게 한다. 네 번째 무서운 짐승이 완전히 파괴된 후 "인자 같은 이"가 옛적부터 항상 계신 이를 만나게 된다."그 앞으로 인도되매", 7:13 그리스도인의 상상력은 마태가 예수를 묘사한 모습으로 빠르게 이동한다. 그는 '구름을 타고 오는 인자'마 24:30이시며, "자기 영광의 보좌에" 앉아마 25:31 민족들을 심판하신다. 그러나 후자의 장면은 다니엘이 상상하는 것과는 중요한 차이가 있다. 인자와 같은 존재는 "하늘 구름과 함께"7:13, 저자 사역, 개역개정 '하늘 구름을 타고'—옮긴이 나타나지만 그 구름 위에 나타나는 것은 아니다. 이 장면에는 천상의 영역에서 내려온다는 암시는 전혀 없다. 오히려 지상으로부터 올라오는 것처럼 보인다. 게다가 네 짐승이 각각 왕국을 상징하는 것처럼, 사람 같은 존재는 집단적 몸, 곧 "지극히 높으신 이의 거룩한 백성"7:27을 나타낸다. 이 백성의 인간적 특성은 제국들의 짐승 같은 특성과 대조되며 따라서 그들은 다른 통치자들이 섬기게 될 영원한 왕국을 받기에 합당하다.[12] 이스라엘 안에서 메시아에 대한 기대가 더욱 발전하면서 그 기대는 점점 특정 개인으로 좁혀지게 되었다. 예수께서는 자신을 인자와 동일시 하면서 다니엘의 환상이 실현되었음을 암시했고, 그를 따르던 자들은 "집단적 상징이던 '인자'가 마치 그분 안에서 그 초점을 찾기라도 하는 것처럼 안쪽으로 소용돌이쳐 들어가는 것을 보았다."[13]

이어지는 장에서는 다니엘을 예언적 환상가이자 기도의 사람으로 묘사한다. 다니엘서 8장은 페르시아 제국과 헬라 제국 간의 대결을 짐승들의 싸움 '환상'으로 그린다. 마지막 확장된 환상10:1-12:4에서는 상징을 배제하고 그 "큰 전쟁"10:1으로 돌아가 페르시아의 고레스부터 안티오코스까지의 사건을 자세히 묘사한다. 기억된 역사와 최근과 현재의 사건들이 먼 과거의 신적 계시의 형태로 제시되는데, 이는 궁극적으로 하나님의 목적에 따라 나라가 부상하고 몰락한다는 것을 보여주려는 것이다. 두 환상 사이에는 회개 기도의 형태로 역사에 대한 묵상이 나온다.9:4-19; 참조. 느 9장; 시 105-107편 이 기도는 시편, 예언서, "모세의 율법"9:13; 참조. 9:11의 전통적인 언어에 대한 암시와 반향이 가득하다.[14] 이런 문학 양식들(미래 역사로 제시된 제국에 관한 환상과 성서에 근거한 기도)의 결합은 바벨론에 있었던 것으로 추정되는 다니엘과 예언자 하박국 사이의 상호 텍스트적 대화를 만들어 낸다. 하박국은 주전 7세기 후반에 '환상들을 보았다.'합 1:1; 참조. 합 2:2, 3 그는 신바벨론 제국의 부상을 예견하거나 목격했고합 1:6 유다의 구원을 위해 기도했다. 하나님이 자신의 기도에 응답해 주시기를 기다리며 "어느 때까지리이까?"합 1:2라고 물은 하박국은 다음과 같은 응답을 받았다.

이 묵시는 정한 때 *lamo'ed*가 있나니
그 종말*qets*이 속히 이르겠고 결코 거짓되지 아니하리라.

비록 더딜지라도 기다리라……,합 2:3

수세기가 지난 지금, 다니엘의 환상의 저자들은 오랫동안 비밀로 간직되어 왔던 환상8:26을 제시하는데, 그것이 "정한 때 끝에 관한 것"*lamo'ed qets*, 8:19; 참조. 8:17이기 때문이다.

'그 시기'7:25; 8:14; 12:7, 11-12를 말해 주는 듯한 몇 가지 숫자를 해석하기 위해 여러 세대에 걸쳐 많은 에너지가 투입되었다. 그러나 다니엘서는 숫자를 좋아하는 책임에도 "봉인된" 상태로 남아 있으며, "마지막 때"를 계산하려는 사람들에게 진짜 지침은 제공하지 않는다.12:4 문학적으로나 신학적으로 가장 중요한 것은 이 책이 간절한 기대의 말로 끝맺는다는 점으로 보인다. 환난의 기간이 끝날 때를 "기다려서……[그때에] 이르는 그 사람은 복이 있으리라."12:12 안티오코스 4세 에피파네스 통치 말기의 사건에 대한 자세한 언급이 포함되어 있지만, 주전 164년 페르시아에서 그가 죽었다는 사실이나 11:45과는 달리 주전 163년 유다 마카베오가 예루살렘을 되찾고 성전을 재봉헌한 유대인의 승리를 언급하지는 않는다. 마지막 환상의 저자는 끝까지 살아남을 수 있는 '특권'을 누리지 못했을지라도 편집자라면 승리를 축하하는 최신 소식의 추가가 어렵지 않았을 것이다. 이러한 추가가 없었다는 사실은 다니엘이 성취되지 못한 갈망에 대한 강력한 진술로서 정경 안에 존재한다는 의미다. 이 책의 목적은 여전히 제국이라는 장치에 사로잡힌 사람들에게 **기다림의 기간 동안** 어느 정도의 위로를 제공하고 믿음을 견지하도록 격려하는 것이다. 따라서 그것은 또한 조지 섬너George Sumner가 관찰하듯 예언적 말씀의 성격에 관한 최종적인 성찰을 제공한다. 즉 예언의 말씀은 "단순한 정보도 추측도 아닌, 듣는 사람에게 살아서 작용하는 말씀이다.……역사는 자기 길을 갈 것이고 해석도 마찬가지로 진실과 오류 안에서 그 길을 갈 것이다."[15] 다니엘의 증언은 정치적 동기든 경건의 동기든 또는 둘 모두에 의한 것이든 역사의 전체 진실을 안다고 말하는 전체주의적 주장에 저항한다. 이 책은 "너는 가서 마지막을 기다리라"[12:13]는 말로써 독자들을 깨우고 능동적으로 바꾸며, 소멸이 아닌 쉼이라는 잠정적이고도 개인적인 종말을 향해 나아가게 한다. 마지막 약속은 하나님만이 아시는 그때에 우리가 다니엘과 함께 "일어나 [우리의] 운명을 맞이하리라"는 것이다.[참조 마 24:36]

# 18

# 에스라–느헤미야와 역대상하

# 정체성 협상

· 서문 ·

성서의 결말은 어디서든 중요하다. 구절, 이야기, 각 책에서 그러하며 성서 전체의 결말은 더욱 그러하다. 유대인의(히브리) 성서는 서로 밀접하게 관련된 두 권의 책으로 끝난다. 에스라-느헤미야서와 역대기다. 에스라서와 느헤미야서는 한 책의 두 부분이며, 역대상과 역대하도 마찬가지다. 두 경우 모두 일반적으로 하듯 둘로 나누는 것은 다소 인위적이다. 그래서 나는 여기서 에스라-느헤미야서와 역대기를 각각 하나의 온전한 책으로 다룰 것이다. 신약이 포함된 성서를 읽는 독자라면 이 두 책을 마지막 부분이 아니라 중간쯤인 사무엘서와 열왕기 다음에서 발견할 것이다.[1] 그 위치에 놓인 역대기는 사울, 다윗, 솔로몬의 왕권에 대한 '깔끔하게 정리된', 따라서 설득력이 떨어지는 이야기로 읽히기 쉽고(만일 읽게 된다면), 마찬가지로 에스라-느헤미야서도 쉽게 지나쳐 버리는 페르시아 시대 역사로 간주될 것이다.

에스라-느헤미야서와 역대기는 사무엘서와 열왕기로부터 약간 거리를 두고 이스라엘 성서의 마지막에서 읽는 것이 좋다. 그 자리에 놓였을 때 이 책들의 정경에 대한 독특한 신학적 기여, 곧 정체성을 형성하는 내러티브 역할이 분명하게 드러난다. 더 초기의 책인 사

| 에스라-느헤미야와 역대상하 |

무엘서와 열왕기는 (아마도 유배민의 관점에서) 독립 국가 이스라엘과 유다에 주어진 최초의 약속과 궁극적인 실패를 반영한다. 에스라-느헤미야서와 역대기는 후기주전 5세기와 4세기?에 쓰인 책이며, 이 시기는 이스라엘의 정치적 정체성이 페르시아의 예후드 지방으로 삼켜진 시기다. 직간접적으로 이 책들은 다음과 같이 구성해 볼 수 있는 일련의 문제들을 다루고 있다. **국가의 주권이 없는 상황에서 이스라엘 민족이 특정한 정치적, 문화적, 종교적 관습을 통해 정체성을 찾는다는 것은 무엇을 의미하는가? 더 나아가 '공인된 버전'이 되어 가는 과정에 있는 공통 이야기인 정경적 텍스트, 곧 아직 태어나지 않은 세대에 의해 해석되고 재해석될 문서를 바탕으로 미래를 설계한다는 것은 무엇을 의미하는가?** 그런 관점에서 보면 에스라-느헤미야서와 역대기는 이스라엘 성서의 적절한 결론으로 볼 수 있다. 이것은 아담으로부터대상 1:1 페르시아 시대까지 이어지는, 성서에서 가장 길고 자세한 회고록이다.[2] 이스라엘의 이야기를 읽는 독자들에게 이 책들이 가지는 지속적인 가치는 공동체 안에서 이루어지는 정체성 형성에 꼭 필요한 두 가지를 제공한다는 점이다. 하나는 **내러티브적 유산**으로서 태초부터 (그 당시) 현재까지의 인류 역사를 다시 읽어 낸 것이며, 다른 하나는 **제도적 유산**으로서 가장 핵심적인 두 종교 관습인 토라 읽기와 성전 예배를 뒷받침하는 것이다. 그 관습들은 이 책이 쓰인 후 거의 500년 동안 이스라엘-예후드-팔레스타인 땅에서 주후 1세기까지 유대인의 삶을 형성하는 주요한 요소로 작용하게 될 운명이었다. 오늘날까지도 이스라엘의 성서를 읽고 해석하는 일과 예전은(그중 일부는 지금도 역대기의 기도문을 반영한다) 유대인과 그리스도인 모두가 종교적 일관성을 유지하는 중요한 자원이 되고 있다.

# 두 번째 정착

· 에스라-느헤미야 ·

어떤 면에서 에스라-느헤미야서는 에스더서와 나란히 놓여야 할 작품이다. 이 이야기들은 모두 페르시아 제국의 신민으로 살았던 유대인 이야기지만 에스더서에 나타나는 터무니없는 요소가 에스라-느헤미야서에는 없다. 느헤미야의 이야기는 에스더서와 마찬가지로 페르시아 궁정에서 시작되지만 편집된 이야기의 대부분은 예루살렘에서 벌어진다. 주전 539년 신바벨론 제국을 정복한 첫해에 아케메네스 왕조의 첫 통치자였던 고레스 '대왕'은 유대인들에게 성전 재건을 허용하는 칙령을 포고했다.스 1:1-4 이 법령은 제국의 경제적, 정치적 목표에 협력하는 대가로 지방 정부에 더 많은 땅과 광역 자치권을 부여하는 정책이었다. 이 책은 책의 제목이 된 에스라-느헤미야 두 사람의 생애보다 더 긴 기간을 다루고 있다. 고레스, 다리우스, 아하수에로/크세르크세스, 아닥사스다 1세, 그리고 아마도 아닥사스다 2세스 4:5-7; 6:14 등 네다섯 명의 페르시아 왕이 언급되는데 그들의 통치 기간은 한 세기 이상주전 약 538-400년에 걸친다. 이 책에는 시간 순서를 명확히 하려는 일관된 시도가 없다. 어떤 이들은 이른바 느헤미야의 자전적 회고, 곧 고위직 황실 관리 경험 부분을 이 책에서 가장 오래되고 가장 역사적으로 정확한 부분으로 간주한다. 그것은 아닥사스다 1세<sup>주전 445년</sup>의 통치로부터 약 20년이 지났을 때, 예루살렘에는 2-3세대 전에 예언자 학개의 촉구로 성전이 재건되었지만<sup>주전 약 515년</sup> 여전히 대부분은 폐허 상태에 있었음을 암시한다.<sup>느 2:3</sup>

에스라-느헤미야서의 초점은 공동체 복원의 세 가지 요소다. 이 요소들은 물질적, 종교적, 사회적 성격을 동시에 지니는데 예루살렘 성문과 성벽 재건, 토라 읽기와 해석을 중심으로 공동체를 결집하는 것, 계명이 요구하는 바에 대한 새로운 이해에 따라 공동체의 삶, 특히 꼬이고 꼬인 결혼 문제를 재정립하는 것 등이다. 학자들은 역사적 인물로서 에스라와 느헤미야의 상대적인 활동 연대에 대해 논쟁하고 있다. 정경에서는 에스라가 먼저 등장하지만 아마도 느헤미야의 성문과 성벽 보수를 통해 토라 중심의 공동체가 모일 수 있는 공적 공간 마련이 먼저 이루어졌을 것이다.<sup>참조. 느 8장</sup> 그러나 제사장이자 학자인 에스라가 황제가 임명한 총독 느헤미야보다 우선한다는 사실은 신학적 의미를 담고 있다. 느헤미야는 에스라가 토라로부터 영감을 받은 갱신 프로그램의 충실한 추종자이며 실행자로 제시된다.

에스라는 교사이자 공적 영향력이 있는 지식인이었다. 그는 종종 '서기관'으로 번역되는 단어인 '소페르'<sup>sofer, 스 7:11-12</sup>로 기술되는데, 이 용어는 별 생각 없이 받아쓰기만 하는 필사자를 의미하는 것이 아니다. 그는 신학적 해석자였다.

> 에스라가 여호와의 율법을 연구하여<sup>d-r-sh</sup> 준행하며 율례와 규례를 이스라엘에게 가르치기로 결심하였었더라.<sup>스 7:10</sup>

이것은 아마도 성서에서 처음으로, 중요한 히브리어 어근인 '다라쉬'<sup>d-r-sh</sup>가 성서 이후 시대 유대교에서의 표준적인 의미, 곧 신앙 공동체의 새로운 도전에 비추어 성서와 전통을 창조적으로 해석하는 실천적 주석 행위(명사형 '미드라쉬'*midrash*로도 표현되는)라는 의미로 사용된 사례로 보인다. 에스라는 학자이자 동시에 활동가요 개혁가였다. 그는 이스라엘 성서의 또 다른 창조적 해석자인 마르틴 루터와 비견된다. 마르틴 루터는 2천 년 후에 에스라와 유사하게 근본적으로 새로운 신앙과 실천의 공동체를 세우게 된다. (후기의 루터는 유대인에 대해 독하고 광기 어린 증오를 품었기에 이런 비교에 분개했을 것이다). 두 경우 모두 개혁의 과정과 결과는 때로 폭력적이었으며 오늘날까지도 그들의 종교적, 신학적 계승자인 우리들에게 깊은 불안감을 준다.

에스라서에서 공동체의 정체성을 재형성하는 가장 중요한 행위는 에스라가 공적인 광장에 선 채 군중 앞에서 7일 동안 매일 새벽부터 정오까지 계속한 토라 낭독이었다. 그는 일단의 레위인들의 도움을 받았는데 그들은 "부분 부분"*meforash*, 느 8:8, 저자 사역—옮긴이 본문을 설명해 주었다. 아마도 원문을 어려워하는 사람들을 위해 의역을 했을 것이다.[1] 그것은 토라를 두 번째로 수여하는 사건이었고, 특별히 세워진 나무 강단tower, 느 8:4에서 전달되었다. 시내산이 예루살렘으로 옮겨 온 것이다. 이 장면에서 에스라는 새로운 모세로 제시된다. 그리고 에스라는 이후로 수천 년 동안 그를 따라 매일 매주 성서 "책을 펴[서]"느 8:5 신앙 공동체를 지탱하고 인도할 유대인과 그리스도인 교사, 성악가, 설교자의 선구자가 된다.

첫 번째로 토라를 전해 준 모세가 금송아지를 보고 분노를 폭발시켰듯, 두 번째로 토라를 전해 준 에스라도 현지의 "가증한 일"스 9:1에 대한 보고를 듣고 분노한다. 구체적 사안은 유배에서 돌아온 사람들이 친족 집단 밖의 여인들과 결혼한 것이었다. 시간 순서는 불확실하다. 내러티브는 지역 관리들의 보고를 앞에 놓음으로써 에스라와 유배민 일행이 예루살렘에 도착한 지 며칠 후에 이런 일이 발생했음을 암시한다. 그러나 다른 민족과의 통혼 관습에 대한 재평가는 공동체의 토대를 다시 놓은 순간, 곧 토라를 공개적으로 읽고 해석한 사건느8장 이후에 이루어졌을 가능성이 높다. 지역 관리들이 사용하는 언어는 분명 토라의 언어를 반영하고 있다.

이 일 후에 방백들이 내게 나아와 이르되 이스라엘 백성과 제사장들과 레위 사람들이 이 땅 백성들에게서 떠나지 아니하고 가나안 사람들과 헷 사람들과 브리스 사람들과 여부스 사람들과 암몬 사람들과 모압 사람들과 애굽 사람들과 아모리 사람들의 가증한 일을 행하여 그들의 딸을 맞이하여 아내와 며느리로 삼아 거룩한 자손이 그 지방 사람들과 서로 섞이게 하는데 방백들과 고관들이 이 죄에 더욱 으뜸이 되었다 하는지라. 스 9:1-2

대다수 독자들은 에스라와 느헤미야가 타민족과의 통혼을 정죄한 사실만 기억한다.참조. 느 13:23-27 그리고 그것은 다원주의 시대에는 이 책의 관점이 가치가 없다는 결론으로 이끌기에 충분하다. 에스라-느헤미야서는 타민족과의 결혼이 유대인 남성에게 합법적인 관습이 아니라는 강력한 판결을 내리고 있지만, 유대인이 아닌 아내와 그 자손을 추방하는 행위 자체는 분명한 기록이 없다. 인종적으로 혼합된 가정은 에스라와 방백들에게 그들의 사례를 검토받아야 했고, 스 10:12-19 제사장 혈통의 다섯 남자가 그들의 아내를 추방하겠다고 서약했다.스 10:19 그러나 그들이 그것을 정말 실행했는가?[2] 느헤미야는 자신이 대제사장의 아들을 포함하여 현지 여성과 결혼한 남자들을 물리적으로 공격했다고 자랑하지만느 13:23-28 그러고 나서 이야기는 멈춘다. 본문이 보여주는 바로는, 타민족 아내의 추방은 실제로 일어난 역사적 사건이라기보다는 사고 실험에 가깝다.

그러한 사고 실험은 유배 기간과 그 이후에 생겨난 통혼에 대한 광범위한 우려의 일부로 보아야 한다. 외부인과의 결혼 기회가(어떤 이의 눈에는 위험이) 점점 증가했기 때문이다. 에스라-느헤미야서와는 다른 접근 방식을 취하지만 저작 시기를 판단하기 어려운 룻기도 그런 우려와 관련된 한 가지 가능한 표현으로 보인다. 언약에 대한 신실함의 모델인 모압 여인 룻은 상당한 위험을 무릅쓰고 이스라엘 백성, 하나님, 땅과 온전히 동일시하겠다는 선택을 한다.룻 1:16-17 특히 창세기의 조상 이야기가(이것도 저작 시기는 알 수 없다) 가나안 땅 내부와 외부에서의 결혼이라는 주제에 많은 관심을 기울인다는 점도 흥미롭다. 아브라함의 이집트인 첩 하갈과 그녀의 아들 이스마엘이 추방되고 살아남는 가슴 아픈 이야기와창 16장과 21장 그녀가 하나님께 호소하는 모습은 성서 전체에서 가장 기억에 남는 여성의 초상화 가운데 하나다. 이삭은 가문 내에서 결혼하지만 아내를 구하기 위해 가나안을 떠나는 것은 허락되지 않는다. 리브가는 이삭을 보지도 않고 결혼하기 위해 여행을 해야 한다.창 24장 그들의 아들 에서와 야곱은 극명하게 다른 선택을 한다. 에서는 어머니의 반대를 무릅쓰고 가나안 여인 두 명과 결혼하지만창 26:34; 27:46 가나안에 머무른다. 대조적으로 야곱은 어머니의 친족과 결혼하기 위해 떠나고 아브라함에게 주어진 땅의 상속자로 지정되었음에도 그의 모든 자녀는 메소포타미아에서 태어난다. 아마도 이 모든 이야기는 유배와 페르시아 시대에 문학적, 신학적으로 재구성되었을 것이다. 중요한 조상들의 이야기는 유대인의 종교와 문화(이러한 것들의 존속은 여성에게 달려 있었

다) 그리고 친족 범위 안팎에서 점점 논란이 되고 있던 결혼 문제를 다루는 배경이 되었다.[3]

에스라-느헤미야서는 종족 내 결혼에 대한 강경 노선을 대표하지만 페르시아 예후드 지방 유대인의 복잡한 사회적 상황을 고려하지 않고 느헤미야의 공격적인 정책을 단순한 편견으로 치부하는 것은 오해를 낳을 수 있다. 현대 평론가 레스터 그래브Lester Grabbe는 느헤미야를 왜곡되고 독단적인 성격의 소유자로 묘사하면서 "스스로 부과한 게토의 덫에 사로잡힌 내향적인 공동체를 만들려는 느헤미야의 의도"를 비난한다.[4] 그래브는 느헤미야의 실천에서 파생된 '보수적' 관점 때문에 오랜 세월 후 유럽의 유대인 마을shtetl과 게토ghetto 안에서 유대교가 살아남을 수 있었음을 인정한다. 그러나 그래브의 언어와 역사적 판단은 각각 나름의 복잡한 사회적 역학 관계를 지닌, 유대인의 경험에서 광범위하게 떨어진 두 시기의 차이를 간과한다. 페르시아 예후드 지방이나 중세 및 근대 유럽의 유대인들은 스스로를 '덫'에 사로잡히게 했는가? 에스라-느헤미야서에서 우리가 보는 것은 종족 내 결혼에 대한 유대인 **내부의** 압력과 그에 대한 신학적 근거이며, 역사에는 유대인을 소외시키거나 그보다 훨씬 더 심한 짓을 한 외부 세력들의 다양한 사례가 나타난다.

포로기 이후 유대 사회에서 내부혼과 외부혼을 둘러싼 논란의 이면에는 민족성, 경제, 사회 구조, 종교 문화, 신학 등 복잡하게 얽혀 있는 다양한 요소들이 있었다. 다음 네 가지 요인은 경쟁하는 모든 역사적 평가들에 영향을 끼친다.

- **결혼과 토지 소유권의 관련성.** 전근대 세계에서 결혼은 사적이고 낭만적인 것이 아니라 공동체적이고 경제적인 사안이었다. 이는 대부분 결혼

이 거의 모든 공동체에서 주요 경제 자원인 경작지의 소유, 관리, 이전을 수반하기 때문이다. 종족 내 결혼과 토지의 본질적인 연관성은 에스라의 다소 당혹스러워 보이는 훈계에서도 암시된다.

> 그런즉 너희 여자들을 그들의 아들들에게 주지 말고 그들의 딸들을 너희 아들들을 위하여 데려오지 말며 그들을 위하여 평화와 행복을 영원히 구하지 말라. 그리하면 너희가 왕성하여 그 땅의 아름다운 것을 먹으며 그 땅을 자손에게 물려주어 영원한 유산으로 물려주게 되리라……스 9:12

다시 한번 스가냐가 귀환자들을 대표하여 고백한 평범하지 않은 표현에도 그런 연관성이 들어 있다.

> 우리가 우리 하나님께 범죄하여 이 땅 이방 여자를 맞이하여 아내로 삼았으나……스 10:2

자주 등장하는 동사인 '야샤브'y-sh-b 히필형의 이러한 용법은 에스라-느헤미야서에서만 반복적으로 나타나는 독특한 용법이다.참조. 스 10:10, 14, 17, 18: 느 13:23, 27 이 단어는 때로 '결혼하다'로 잘못 번역되기도 하는데 정확히는 결혼의 경제적 차원을 가리키는 말이며, 조상의 땅인 "이스라엘"스 10:1 안에 개인과 가족을 정착시키는 것과 관련이 있다.[5]

- **토지 관리에서 여성의 역할.** 페르시아 예후드 지방에서는 여성이 경제적으로 어려운 농가의 기둥 역할을 하는 경우가 많았다. 남성들은 도로, 요새, 지방 수도로서의 예루살렘 재건 등 제국의 건설 프로젝트에 한번에 몇 달씩 징집되었고, 농가는 생산물의 상당 부분을 세금으로 바쳐

제국의 창고를 채워야 했다.[6] 잠언 마지막 부분에 나오는 "현숙한 여인" 잠 31:10-31의 그림은 이런 점에서 시사하는 바가 크다. 이는 단지 진취적인 한 개인을 나타내는 것이 아니라 토지 관리와 더불어 가정의 물질적인 생계와 도덕적, 종교적 문화 모두를 유지해야 하는 여성의 역할을 표현한 것이다.[7]

- **땅 없는 여성들을 위한 결혼 기회.** 유배민이던 사람들이 '돌아오고' 있었지만(개인으로서는 처음 오는 곳이다), 그 땅의 대부분은 그들의 친족 집단이 아닌 다른 가족들이 소유하고 있었음이 분명하다. 남자들은 상황이 더 나은 가족이나 친족 외부와의 결혼을 통해 자신과 자녀들의 토지 권리를 확보할 수 있었으며, 그런 기회를 만나면 그렇게 하고자 하는 유혹이나 압력을 받았을 것이다. 타마라 에스케나지Tamara Eskenazi는 유배지에서 태어난 여성들은 경쟁에서 불리한 위치에 놓여 있었으며 동족 내 결혼의 적극적인 장려는 새로 형성된 공동체에서 "단순히 여성 혐오적인 제한이 아니라 오히려 여성의 권리에 대한 옹호"이며 "공동체의 결속력과 지속성을 위한 수단"으로 간주되어야 한다고 주장한다.[8]

- **신학적 주장: '가나안 민족'의 위협.** 에스라에게 통혼에 관해 보고하러 온 관리들은 고대로부터 이스라엘의 적이었던 이집트인과 모압인, 그리고 몇몇 가나안 민족들을 언급했다. 이것은 동족 외부와의 결혼을 반대하는 신학적인 논거를 분명히 보여준다. 헷 족속, 브리스 족속, 아모리 족속, 여부스 족속은 페르시아 시대 유대인들에게는 고대 역사 속에서 존재했던 민족들이다. 실제로 그들이 구별되는 민족 집단으로 존재했었는지 의문이지만 그럼에도 이들의 신화적 지위는 토라와 신명기 전통에서 확립되어 있었으므로 이들을 언급하는 것은 유배로부터의 귀환이 약속의 땅에 두 번째로 정착하는 것이라는 간접적 주장이었다. 그 땅으로부터 분리되는 수모와 고통을 겪은 후 백성들은 잠시 구제를 받았다.

이제 우리 하나님 여호와께서 우리에게 잠시 동안 은혜를 베푸사 얼마를 남겨 두어 피하게 하신 우리를 그 거룩한 처소에 박힌 못과 같게 하시고 우리 하나님이 우리 눈을 밝히사 우리가 종노릇 하는 중에서 조금 소생하게 하셨나이다.스 9:8

그러나 구제에도 불구하고, 여호수아의 영도 아래 그 땅에 들어왔던 이스라엘 백성들에게 하지 말라고 경고했던 일들을 백성들은 또다시 그대로 행하고 있었다. 즉 그들에게 "올무가 되며 덫이 [될]" 가나안 사람들을 "가까이 하[는]" 일이다.수 23:12-13 여기서 상기되는 성서적 전통의 관점에서 볼 때 통혼은 우상숭배로 나아가는 관문이며, 따라서 에스라의 메시지는 돌아온 유배민들이 구속의 은혜를 하나님의 앞에 다시 던져 버리고 있다는 것이다. 그 결과는 더 큰 재앙이 될 수밖에 없었다.

우리의 악한 행실과 큰 죄로 말미암아 이 모든 일을 당하였사오나 우리 하나님이 우리 죄악보다 형벌을 가볍게 하시고 이만큼 백성을 남겨 주셨사오니 우리가 어찌 다시 주의 계명을 거역하고 이 가증한 백성들과 통혼하오리이까. 그리하면 주께서 어찌 우리를 멸하시고 남아 피할 자가 없도록 진노하시지 아니하시리이까.스 9:13-14

요약하자면, 에스라와 느헤미야는 실천적이고도 신학적인 주장을 펼쳤고, 그들이 판단하기에 민족의 종교적 정체성, 사회적 결속력, 경제적 힘을 구축할 수 있는 관행들을 세우고자 했다. 그들은 거대한 세계 제국 내에서 대부분 토지 없는 신민으로 살면서 물리적, 문화적 생존을 위해 분투하는 에워싸인 사람들이었기 때문이다. 그들은 히브리어를 사용하면서 토라에 확고한 정체성을 두는 분리주의 공동체를 구상했다. 그것은 귀환자들에게 위협이 될 수 있는 이웃 민족들로부터 문자 그대로 벽으로 분리된 공동체였다. 그런 관점이 현대 신학에서도 적절한 자리를 가질 수 있는가? 2017년 대통령 취임일, 전통적인 취임일 아침 예배에서 로버트 제프리스Robert Jeffress 목사가 트럼프 대통령 당선인에게 느헤미야서를 설교했다는 소식은 많은 미국인들을 놀라게 했다. 아마도 참석자들은 처음 들어 보았을 내용의 느헤미야서 설교였다. 멕시코 국경을 따라 장벽을 건설하겠다는 트럼프의 잘 알려진 뜻을 따라 이 댈러스 출신의 목사는 이러한 유비를 말했다.

대통령 당선인 트럼프 씨, 당신을 생각하면 나는 또 다른 위대한 지도자를 떠올리게 됩니다. 그는 수천 년 전 이스라엘에서 하나님이 선택하셨던 지도자입니다. 나라가 수십 년간 포로로 잡혀 있었고, 국가의 기반 시설은 무너져 있었을 때, 하나님은 강력한 지도자를 세워 그 나라를 회복시키셨습니다. 하나님이 선택하셨던 사람은 정치가도 성직자도 아니었습니다. 대신 하나님은 느헤미야라는 이름의 건축자를 선택하셨습니다.

그리고 국가 재건의 첫 번째 단계는 큰 성벽을 쌓는 것이었습니다. 하나님은 느헤미야에게 적의 공격으로부터 예루살렘 시민들을 보호하기 위해 성벽을 쌓으라고 지시하셨습니다. 보십시오, 하나님은 벽을 쌓는 것을 반대하는 분이 **아닙니다!**[9]

21세기의 첫 4분기에 필요한 미국 시민 보호를 바벨론 유배에서 돌아온 귀환자들의 상황과 동일시한다면 개연성이 있는지 의문이다. 보다 비평적인 비교는 일부 현대 아프리카 학자들의 접근 방식에 적용되었다. 이들은 식민지 시기 이후 아프리카에서 재건과 갱신의 신학을 계발하려는 성서적 기반을 찾는 신학자들에게 에스라-느헤미야서가 가장 인기 있는 성서적 패러다임이 되었다는 점에 주목한다(이것은 20세기 식민지 시대 말기에 일반적이었던 출애굽기에 근거한 해방 패러다임의 뒤를 이었다). 그러나 엘엘와니 파리사니Elelwani Farisani 와 로버트 와파와나카Robert Wafawanaka는 에스라-느헤미야 패러다임을 본래의 역사적 맥락을 고려하지 않는 데서 나아가 본문의 배타주의적 이념이 현대 아프리카 사회에서 필요한 화해의 작업을 어떻게 방해할 수 있는지 고려하지 않은 채 무비판적으로 전용하는 사람들에게 문제를 제기한다.[10] 와파와나카는 세계교회협의회WCC 총무2004-2009 사무엘 코비아Samuel Kobia의 말을 인용하여 21세기는 "정체성의 정치가 지배할 것"이라고 말한다. 종교와 정치권력의 폭발적인 결합과 자기 집단에 대한 배타적인 헌신을 경계하는 코비아는 포용성, 문화적 혼합, 교회의 일치, 정치 과정에 대한 폭넓은 참여, "그리고 무엇보다도, 희망할 수 있는 용기"에 초점을 맞춘 사회 변혁을 촉구한다.[11] 그는 이러한 목표들과 조화를 이룰 수 있도록 "종종 불안정하게 되는 우리의 세상과 현대의 신앙 공동체에서 에스라-느헤미야서를 조심스러운 경고의 내러티브로 읽겠다고" 선택한다. "정체성과 차별성을 강조하기보다는 우리의 공통된 인간성을 강조함으로써 아프리카는 지속적인 통합, 평화, 안정, 성공, 희망을 성취할 더 나은 기회를 얻게 된다."[12]

에스라-느헤미야서는 우리가 어떻게 공동체를 재건할 수 있는지 진지한 질문을 제기한다. 그것은 문화적, 종교적 다양성을 고려하고 문화의 변화를 수용하는 동시에 과거의 전통과 중요한 가치를 긍정할 수 있는 공동체여야 한다. 에스라-느헤미야서에 나타난 배타주의적 접근은 다른 민족들 안에서 그들과 더불어 살아가는 이스라엘이 겪는 도전에 대해 유대교 또는 히브리 성서가 제시하는 최종적 입장이 아니다. 마지막 책인 역대기는 예루살렘과 이스라엘 땅에 대한 확고한 애착을 유지하면서도 지상의 여러 나라들 사이에서 살아가는 이스라엘의 삶에 대해 더 폭넓은 관점을 취한다.

# 다시 읽는 이야기

· 역대상하 ·

내러티브 관점에서 보면 역대기는 에스라-느헤미야서보다 훨씬 이전, 곧 성서적 시간의 시작인 아담까지 거슬러 올라간다. 아담의 이름은 이 책의 첫 단어다. 반대편 끝부분에서 역대기는 에스라-느헤미야서의 시작과 똑같은 사건, 심지어 똑같은 단어로 끝을 맺는다. 곧 야훼께서 자신에게 예루살렘 성전을 재건하도록 하셨다는 고레스의 칙령이다.대하 36:22-23; 참조. 스 1:1-3 그래서 탈무드는 역대기의 대부분을 에스라가 썼고 느헤미야가 마무리했다고 주장한다.Bava Batra 15a 1832년, 근대 학문으로서 유대교를 연구한 최초의 학자인 레오폴트 준즈Leopold Zunz는 에스라-느헤미야서와 역대기가 한 작품의 두 부분이라고 주장했다. 이러한 견해는 한 세기 이상 지배적이었으나 지난 50년간 강력한 도전에 직면했다. 두 책의 서로 다른 언어적 용례들과 신학적 관점들이 근거가 되어 이제는 두 책을 별개의 작품으로 보는 이들이 다수다. 에스라-느헤미야서는 역대기의 저자가 사용한 문헌 자료 가운데 하나이며 이후 아담부터 예루살렘의 회복 공동체에 이르는 인물과 사건에 대한 최종 기록으로 통합되면서 둘 다 재편집되었을 것이다.[1]

그러나 역대기 자체는 역사서가 아니며 성서의 역사를 말하기보다 그것을 전제하는 경우가 많다. 또한 역대기는 독자들이 성서 이야기를 잘 알고 있다고 전제한다. 그런 점은 이 책의 놀라운 도입부를 보면 분명해진다. 처음 아홉 장에는 이름들만 나오는데 900개가 넘는 이름들이 계보에 관한 최소한의 언급과 함께 이어져 있다. 나는 그 부분을 운동 기구 위에서 처음부터 끝까지 읽어 본 적이 있다. 천천히, 리듬에 맞추어, 큰 소리로, 팔과 다리를 최대한 움직이면서. 그렇게 몸이 온전히 참여한 상태로 읽으면서 깨달았다. 이 부분을 읽을 때 이스라엘 세계의 많은 부분과 독특한 이야기 속을 거닐게 된다는 사실이다.

> 아담, 셋, 에노스, 에녹, 므두셀라, 라멕, 노아, 셈, 함과 야벳……
> 야벳의 자손은 고멜과 마곡과 마대(메대)와 야완(헬라)과…….
> 함의 자손은 구스(수단/에티오피아)와 미스라임(이집트)과
> 붓과 가나안이요.
> 가나안은 맏아들 시돈과 헷을 낳고
> 또 여부스 종족과 아모리 종족과 기르가스 종족과. 대상 1:1, 3-5, 8, 13-14

이 이름들은 공통 기억을 불러일으킨다. 정도의 차이는 있겠지만 성서를 공부하는 사람이라면 누구나 여기서 펼쳐지는 내용을 어느 정도 이해할 만큼 역사를 알고 있다. 현대 조각가이자 디자이너인 마야 린Maya Lin은 워싱턴의 베트남 참전 용사 기념관과 앨라배마 주 몽고메리의 시민권 운동 기념관에서 동일한 전략, 곧 이름만 보여주는 전시 방식을 사용했다. 이러한 문학적 양식은 마셜 맥루한Marshall McLuhan의 용어로 말하면 "차가운 매체"다. 데이터의 간결한 나열이 듣는 이의 적극적인 참여를 유도하고, 듣는 이는 도전을 받고 충분히

흥미를 느껴 세부 사항을 채우기 시작한다. 아마도 바로 이런 이유 때문에 미쉬나는 역대기를 욥기, 에스라서, 다니엘서와 함께 대속죄일 밤에 대제사장에게 낭독시켰고 대제사장을 깨어 있게 할 만큼 충분히 자극적인 성서로 분류했을 것이다!Mishnah Yoma 1:6

이 초대형 계보는 역사를 넘어서며, 가장 압축된 문학 양식을 지닌 신학이기도 하다. 이 계보가 이스라엘의 정체성 문제를 어떻게 말하는지에 대해 두 가지가 관찰된다. 첫째, 이 계보는 추적이 가능한 가장 오래된 인류 역사의 어느 시점부터 이스라엘의 현재 상황과 과거 사이에 높은 수준의 연속성을 확립한다. 이름 목록은 아브라함이 아닌 아담부터 시작하며 처음부터 이스라엘을 다른 나라들 사이에 배치하고 있다. 게다가 아브라함의 아들과 손자 명단은 사라의 아들이삭을 통한 후손에만 국한되지 않는다. 주의 깊게 이 목록을 살피는 사람들은 이삭과 그의 아들들의 이름이 언급되기도 전에 아브라함의 "소실" 그두라의 후손 목록이 나온다는 사실에 충격을 받을 것이다.대상 1:32-33² 스바와 미디안(이삭의 후손들에게는 멀리 떨어진 곳, 아마도 아라비아 반도를 가리키는 이름) 같은 이름이 눈에 띄는데 포로기 이후 독자들이 볼 때는 조상 시대부터 자신들의 시대까지 여러 나라들 사이에 있는 이스라엘의 상황이 크게 달라지지 않았음을 시사했을 것이다. 오래전에도 "이스라엘"은(야곱은 여기서 일관되게 이렇게 불린다. 예를 들어 대상 1:34; 2:1을 보라) 많은 후손들 가운데 하나였지만 그럼에도 하나님은 언제나 이 백성을 택하셨고 대대로 추적할 수 있는 분이었다. 따라서 족보는 오랫동안 대제국의 신민으로 살아온 사람들에게 "위안의 말"을 들려준다.

초대형 계보가 전달하는 두 번째 요점은 이스라엘 민족이 아브라함 시대부터 현재 페르시아 시대까지 가나안 땅과 계속 연결된 상태로 존재해 왔다는 것이다. 계보는 이집트로 내려간 일, 곧 이스라엘을 가나안 땅에서 분리시킨 첫 번째 큰 단절이나 여러 세대에 걸친 노예 생활을 언급하지 않는다. 신명기 역사가 오랫동안 이어진 이스라엘의 신실하지 않음과 그 논리적 결과인 유배를 자세히 보여주는 반면, 역대기는 유배에 대해 거의 말하지 않고 지나가듯 짧게만 언급한다.대상 6:15; 9:1 역대기는 유다가 하나님의 규례를 무시했기 범죄, ma'al, 대상 9:1 때문에 추방되었음을 인정하면서도 그 강조점을 정당한 추방 부분이 아니라 그 후 예루살렘과 주변 마을에 재정착한 것, 특히 "하나님의 집"에서 봉사한 제사장들과 레위인들의 정착 부분에 둔다 대상 9:10-34; 참조. 느 11장 [3]

초대형 계보는 사울의 계보를 제시하는 앞부분을 반복하면서 마무리된다.대상 9:35-44; 참조. 대상 8:29-38 이 부분은 이 책의 나머지 부분을 구성하는 왕들 내러티브의 직접적 서문인데 그 내러티브는 놀랍게도 사울에 대해서 그가 어떻게 죽었다는 것 외에는 아무것도 알려주지 않는다. 신명기 역사가와 달리 역대기 저자는 처음에는 유망했지만 결국 비극적인 결말을 맞는 인물로 사울을 다루지 않는다. 사울은 단순히 도덕적으로 실패한 사람이며 그는 하나님의 규례를 무시한 그의 범죄ma'al로, 곧 유다가 유배를 가게 된 바로 그 이유대상 9:1로 죽었다. 이렇게 합리화된 사울의 죽음은 이 내러티브의 초점이 되는 다윗과 (이후의) 솔로몬의 인물과 업적을 제시하는 길을 열어 준다. 역대기의 다윗은 사무엘서와 달리 모호함이 많은 성품이나 파괴적인 자기 몰두의 모습을 전혀 보여주지 않는다. 여기서는 밧세바와 있었던 불미스러운 이야기나 그녀의 남편을 살해한 이야기도 나오지 않으며, 지저분한 후계자 계승 이야기와 파국을 맞은 자녀들, 다윗과 함께 솔로몬도 연루된 임종 시의 추가 살인에 대한 지시도 없다. 여기에 나오는 솔로몬은 이방 여인들에 정신을 빼앗기지도 않는다. 그는 파라오의 딸과 결혼했지만 그녀를 그녀의 장소(문자 그대로) 안에만 두며, 다윗이 세운 궁전-성전 구역에서 어느 정도 떨어진 곳에 머물게 하여 신성함이 훼손되지 않게 했다.대하 8:11

기독교 성서의 순서를 따라 사무엘서와 열왕기 직후에 역대기를 접하는 독자들은 역대기의 기록이 검열된 것처럼 보여 실망하지 않을 수 없다. 그러나 역대기를 이스라엘 성서의 결말로 본다면 이 책은 검열이 아닌 창조적인 변주이며 새로운 상황에 맞게 왕실 이야기를 다르게 읽은 것으로 볼 수 있다. 왕국이 사라지고 이스라엘인이 아닌 황제들이 왕좌에 있는 지금, 더 이상 이스라엘 군주의 실패를 되새길 필요는 없다. 이전 기록에서 인간과 하나님이 얽힌 이야기가 빠진 대신 새로운 부분으로 솔로몬의 성전 건축을 위한 다윗의 준비를 자세히 설명하는 여덟 장대상 22-29장이 추가되었다. 아버지는 귀금속과 목재와 석재를 마련했고, 아들을 지원하는 책임을 관리들에게 맡겼으며, 성직자, 음악가, 성전 예언자, 문지기를 조직하고 교대로 일할 수 있도록 했다. 이것은 열왕기에 나오는 솔로몬의 성전 건축에 관한 전통적 그림을 보완해 주는 내용이다. 이것은 성전이 건축이나 구조물 이상의 의미가 있으며 성전의 운영은 돌과 대들보보다 사람들과 더 관련이 있음을 상기시켜 준다. 이 메시지는 솔로몬 시대의 영광스러운 모습은 아니었지만 성전이 재건되었을 때 예루살렘과 그 주변에 재정착한 세대들에게 특별히 중요한 의미를 지닐 수 있다.스 3:12; 참조, 학 2:3; 슥 4:10 성전 운영에 관한 이러한 모든 세부 사항은 사람들의 집단 기억 속에 복원되어 영구 기록으로 보존되고 있다. 두 번째 성전이 파괴되고 이후 오랜 세월 동안 그 기억은 유대인 정체성의 살아 있는 요소로 계속 이어져 왔다. 오늘날까지도 유대인은 성전의 관습을 연구하고, 매일 기도에서 성전 파괴를 회상하며, 예전 liturgical 달력에서 그 사건을 애도하고 있다.

역대기는 성전 건축과 운영의 근간이 되는 마음의 일을 강조함으로써 성전에 얽힌 집단 기억에 기여한다. 다윗의 마지막 봉헌 기도는 이렇게 마무리된다.

> 우리 하나님 여호와여, 우리가 주의 거룩한 이름을 위하여 성전을 건축하려고 미리 저축한 이 모든 물건이 다 주의 손에서 왔사오니 다 주의 것이니이다. 나의 하나님이여, 주께서 마음을 감찰하시고 정직을 기뻐하시는 줄을 내가 아나이다. 내가 정직한 마음으로 이 모든 것을 **즐거이 드렸사오며** 이제 내가 또 여기 있는 주의 백성이 주께 **자원하여 드리는 것**을 보오니 심히 기쁘도소이다. 우리 조상들 아브라함과 이삭과 이스라엘의 하나님 여호와여, 주께서 이것을 주의 백성의 **심중**("마음의 생각을 움직이는 충동", 저자 사역—옮긴이)에 영원히 두어 생각하게 하시고 그 마음을 준비하여 주께로 돌아오게 하시오며 또 내 아들 솔로몬에게 정성된 마음을 주사 주의 계명과 권면과 율례를 지켜 이 모든 일을 행하게 하시고 내가 위하여 준비한 것으로 성전을 건축하게 하옵소서.대상 29:16-19

이 기도의 언어는 두 가지 깊은 성서적 기억과 공명한다. '즐거이 드리다/기꺼이 제물을 드리다'로 번역된 동사 어근 *n-d-b*은 에스라-느헤미야서와 역대기에 열두 번 나오는데 주로 성전을 위해 바친 예물을 언급할 때 사용된다.스 1:4; 2:68; 3:5; 대상 29:5, 6, 9(2회), 14, 17(2회); 참조. 느 11:2; 대하 17:16 성서의 다른 부분에서 이 동사는 다섯 번만 나오는데 그중 세 번은 이곳의 용법과 밀접한 관련이 있는 문맥에서 나온다. 이 동사는 광야 성막의 계획, 특히 금송아지 사건 이후 성막 건축과 기구 마련 설명에서 ('자원하여 드리는 제물'을 나타내는 관련 명사와 함께) 두드러지게 나타난다.출 25:2: 35:21, 29 따라서 다윗의 기도는 이스라엘의 기억을 시내산에서의 큰 죄와 그 이후의 화해 행위로 되돌리고, 두 번째 성전에서의 봉사와 예배 역시 끔찍한 단절 이후에 하나님과 화해하는 행위임을 포로기 이후의 청중에게 제시한다. 두 번째 기억은 "마음의 생각을 움직이는 충동"이라는 문구에서 연상되는데, 이는 하나님께서 "[인간의] 마음으로 생각하는 모든 계획(충동)이 항상 악할 뿐"임을 인식하고 인간을 만든 실험 전체를 후회하셨던 창세기의 독특한 문구를 연상시킨다.창 6:5-6

다윗의 기도가 지닌 이 두 가지 공명에서 성서적 공간은 안쪽으로 접히고 두 위대한 산인 시내산과 시온산이 하나의 성스러운 공간이 된다.[4] 언약의 시간도 마찬가지로 통합된다. 노아를 통해 맺어진 첫 언약, 모세를 통한 시내산 언약, 다윗과 그의 후손과 맺은 언약은 모두 역대기의 청중이 들어오는 순간으로 수렴되며, 기도는 백성들의 마음이 하나님을 향해 분명히 고정되기를 간구한다. 이 기도는 이스라엘의 마음을 확고하게 만드는 두 가지 수단인 성전 예배와 이스라엘의 역사에 관한 집단 기억을 가리키며 그 기억은 "다시 기록된 성서"인 역대기 안에 다시 새겨져 있다.[5]

성전 건축 준비와 실행을 자세히 서술한 이 역사는 성전이 약탈되고 불에 탄 것을 간략히 보고하며 끝을 맺는다. 그 끔찍한 사건은 히브리어 단어 스무 개도 되지 않는 짧은 문장으로 전해진다.

또 하나님의 전의 대소 그릇들과 여호와의 전의 보물과 왕과 방백들의 보물을 다 바벨론으로 가져가고 또 하나님의 전을 불사르며 예루살렘 성벽을 헐며 그들의 모든 궁실을 불사르며 그들의 모든 귀한 그릇들을

몇 마디를 추가하여 유배의 세월을 요약하고 나서 이스라엘 성
서의 놀라운 결말 부분이 나온다. 그 마지막 말은 하나님이나 예언자
나 이스라엘의 신뢰할 수 있는 지도자가 아니라 바벨론을 정복한 이
교도에 관한 것이다.

바사의 고레스 왕 원년에 여호와께서 예레미야의 입으로 하신 말씀을
이루시려고 여호와께서 바사의 고레스 왕의 마음을 감동시키시매 그가
온 나라에 공포도 하고 조서도 내려 이르되 바사 왕 고레스가 이같이
말하노니 하늘의 신 여호와께서 세상 만국을 내게 주셨고 나에게 **명령**
**하여**_p-q-d, '호의로 방문하다'_ 유다 예루살렘에 성전을 건축하라 하셨나니 너희
중에 그의 백성된 자는 다 **올라갈지어다.**_'-l-h_ 너희 하나님 여호와께서 함
께 하시기를 원하노라 하였더라._대하 36:22-23_

이렇게 성서를 끝맺는 의미는 무엇인가? 두 가지 정경적 맥락,
곧 한편으로는 이스라엘의 성서와 다른 한편으로는 아케메네스 제
국의 공식 이데올로기를 의식적으로 고려한 끝맺음이라는 것이 대
답의 출발이다. 이러한 이중적인 고려는 각 맥락에서 나온 두 개의
다른 문서와 비교해 보면 분명하게 드러난다.

고레스가 유다인들의 귀환을 허용한 칙령은 고고학적으로 확인
되지 않았지만 그의 일반적인 정책은 바벨론 정복 이후 그의 행동을
보고하는 비문에 기록되어 있다.

나는 고레스, 세상의 왕, 위대한 왕, 합법적 왕, 바벨론의 왕, 수메르와

아카드의 왕, 사방 땅 끝까지를 다스리는 왕이다.······벨과 느보는 나의 통치를 사랑하신다.······

······(지역에 관해서는) [······]으로부터 아슈르와 수사, 아가데, 에쉬눈나, 잠반의 마을들, 메-투르누, 데르,······까지, 나는 티그리스 강 건너편에 있는 (이) 신성한 도시들로 돌아왔다. 그 성소들과 과거에 그 안에 살았던 신상들은 오랫동안 폐허로 남아 있었다. 나는 그들을 위해 영구한 성소들을 세웠다. 나는 (또한) 그들의 (이전) 주민들을 모두 모아 (그 주민에게) 그들의 거주지를 돌려주었다.······

모든 신들, 곧 내가 그들의 신성한 도시에 다시 정착하게 해준 신들이 날마다 나를 위해 벨과 느보에게 내가 장수하기를 구하고, (마르둑 앞에서) 나를 칭찬하기를 바라노라. 나의 주 마르둑에게 이렇게 말하기를 바라노라. "당신을 경배하는 왕 고레스와 그의 아들 캄비세스는······."[6]

역대기 저자는 이와 같은 포고문을 알고 있었을 것이다. 이교도 통치자들을 조롱하기 위해 인용하는 성서의 관행예를 들어 출 1:10; 겔 28:2; 29:3과는 달리 역대기 저자는 신적 승인을 받았다고 하는 고레스의 주장을 전반적으로 인정하되 신학적으로 일부 수정한다. 역사적 비문이 제시하는 고레스는 '하늘의 하나님 야훼'가 아니라 잘못된 신들, 곧 바벨론의 수호신들에게 호소한다는 점은 명백하다. 또한 비문을 보면 고레스는 자신이 성소 복원을 주도했다고 말하지만 역대기의 선포는 그것이 야훼가 베푼 호의p-q-d에 대한 응답이라고 구체적으로 명시한다. 따라서 고레스는 기초를 닦는 일과 집을 짓는 일을 하나님께 허락받은 통치자로서 다윗, 특히 솔로몬의 뒤를 잇는 자리를 차지한다.참조. 대상 28:5-6, 10; 29:1 등 마지막으로 역대기에서 놀라운 부분은 바로 최종 단어인 '베야 알'*veya'al, '그리고 그를 올라가게 하라!'*이다. 역대기는 국경 밖 어느 곳에서 이스라엘 땅을 바라보며 열망을 토로하면서 끝맺는다. 성서의 주요 부분이 그 땅 밖에서 끝나는 것은 여기뿐만이 아니다. 토라는 모세가 죽기 직전에 요단강 건너편 느보산에서 그 땅을 바라보는 장면으로 마무리된다. 창세기는 이집트에서 임종을 맞는 요셉이 육체가 아닌 뼈만이라도 조상의 땅으로 돌아가기를 열망하는 내용으로 끝맺는다. 역대기 저자가 인용한 페르시아 황제 고레스의 말에는 하나님의 은혜의 방문과 그 땅으로 올라가는 것을 언급하는 요셉의 유언에 대한 이중 삼중의 반향이 포함되어 있다.

> 요셉이 그의 형제들에게 이르되 나는 죽을 것이나 하나님이 당신들을 돌보시고 *p-q-d* 당신들을 이 땅에서 인도하여 내사 아브라함과 이삭과 야곱에게 맹세하신 땅에 이르게 하시리라 *'-l-h* 하고 요셉이 또 이스라엘 자손에게 맹세시켜 이르기를 하나님이 반드시 당신들을 돌보시리니 당신들은 여기서 내 해골을 메고 올라가겠다 *'-l-h* 하라 하였더라. 요셉이⋯⋯죽으매⋯⋯.창 50:24-26

이스라엘 땅 밖에서 품는 열망으로 끝나는 이 반복되는 패턴을 어떻게 이해해야 하는가? 더 나아가 이스라엘 성서의 마지막 책과 첫 번째 책이 자발적이든(요셉) 비자발적이든 모두 유배지를 떠나 그 땅으로 올라가고자 하는 의향으로 마치는 것은 서로 무슨 관련이 있는 것인가? 두 질문에 대한 답은 이스라엘의 정체성 문제에서 찾을 수 있다. 끝에서부터 되돌아보면 이 문제는 창세기의 조상 내러티브 때부터 줄곧 협상 테이블에 올라 있던 것임을 알 수 있다.[7] 더 나아가 창세기가 그저 실마리만 제시했던 것을 이제 우리는 분명히 볼 수 있다. 즉 하나님 백성으로서 이스라엘의 정체성은 그 땅 안에 사는 것, 또는 그곳에서 주권을 행사하는 것과 연결되어 있지만 어느 정도 분리될 수도 있다는 것이다. 이집트에서 나그네로 살거나 페르시아 예후드 지방의 신민으로 살더라도 그들은 여전히 하나님의 백성이다. 요셉부터 모세에 이르기까지, 고레스의 명령을 듣는 바벨론의 유다인들, 그리고 역대기 저자의 말로 종결되는 성서를 대대로 읽는 사람들에 이르기까지 그 땅으로 '올라가려는' 의도와 운명은 이스라엘의 정체성에서 한 요소로 남아 있다. 따라서 이스라엘의 성서는 기대를 품은 채로 마친다. 그리고 그것은 "주 예수여, 오시옵소서!"계 22:20를 끝에서 두 번째 말씀으로 품은 기독교 성서도 마찬가지다. 둘 모두 활동하시는 하나님을 가리킨다. 그분의 백성을 향한 뜻은 아직 완전히 드러나거나 성취되지 않았다. 성서적 관점에서 모든 인류는 잠재적으로 그 성취에 참여할 수 있다. 역사 속 고레스가 자신이 궁극적으로 야훼로부터 비롯된 나라들의 계획에 참여하고 있음을 인식하지 못했다면, 역대기 저자는 이 한 백성과 관련하여 왕의 칙령을 다시 쓰면서 그것을 바로잡는다. 역대기의 이 수정은 역대기 저자와 이스라엘 성서 전체의 더 큰 목표를 가리킨다. 그것은 의미 있는 정체성을 발견하고 "하늘의 하나님"의 뜻에 따라 삶을 질서 있게 꾸려 나아가야 한다는 소명을 망각하지 말라는 것이다.

## 서론

**공평하게 다루기: 실제적이고 비평적인 성서 해석**

1  Ellen F. Davis, *Imagination Shaped: Old Testament Preaching in the Anglican Tradition* (Valley Forge, PA: Trinity Press International, 1995), 1-8.

2  Ellen F. Davis, *Wondrous Depth: Preaching the Old Testament* (Louisville: Westminster John Knox, 2005), 63-84.

3  L. William Countryman, *Interpreting the Truth: Changing the Paradigm of Biblical Studies* (Harrisburg, PA: Trinity Press International, 2003), 55.

4  케빈 밴후저(Kevin Vanhoozer)의 성서적 메타내러티브, 또는 '신적 드라마'(theodrama)를 찾으려는 시도에 대한 비판은 다음을 보라. Mark G. Brett, *Political Trauma and Healing: Biblical Ethics for a Postcolonial World* (Grand Rapids: Eerdmans, 2016), 56-72.

5  *The Book of Common Prayer* of the Episcopal Church (1979), 513, 526, 538.

6  Francis Brown, *The Brown-Driver-Briggs Hebrew and English Lexicon* (Peabody, MA: Hendrickson, 1999; original, 1906), 446.

7  Karl Barth, "The New World in the Bible" (1917), in *The Word of God and Theology*, trans. Amy Marga (London: T&T Clark, 2011), 15-29.

## OI
## 창세기

**"우리의 형상을 따라" · 창세기 1:1-2:3**

1  "우리의 형상으로"(as our image)라는 표현은 전통적인 "우리의 형상 안에서"(in our image) 보다 히브리어 전치사 '브'를 좀 더 명확하게 번역한 것으로 여기서 이 전치사는 본질을 나

타낸다. Bill T. Arnold and John H. Choi, *A Guide to Biblical Hebrew Syntax* (New York: Cambridge University Press, 2003), 106을 보라.

2  클라우스 베스터만(Claus Westermann)이 간결하게 정리한 창세기 1:26-27 주석의 역사를 보라. *Genesis 1-11: A Commentary* (Minneapolis: Augsburg, 1984; 독일어 원서, 1974), 147-155.

3  인간이 하나님의 형상으로 창조되었다는 기술은 창세기 9장 이후로 구약성서에서는 찾아볼 수 없는데 여러 중간기 문헌(지혜서 2:23; 집회서 17:3; 에스드라 2서 8:44)과 신약성서(고린도전서 11:7; 야고보서 3:9)에서는 그런 표현이 발견되며, 예수 그리스도가 하나님의 완전한 형상이라고 언급하거나 암시하는 몇몇 본문이 있다(고후 4:4; 골 1:15; 참조 히 1:3; 요 14:9).

4  Westermann, *Genesis 1-11*, 158을 보라. 창세기 1장의 신적 형상으로 창조함에 관한 더 자세한 논의는 Ellen F. Davis, *Scripture, Culture, and Agriculture: An Agrarian Reading of the Bible* (New York: Cambridge University Press, 2009), 53-59을 보라.

5  J. Richard Middleton, *The Liberating Image: The Imago Dei in Genesis 1* (Grand Rapids: Brazos, 2005), 104-145; 그리고 Mark S. Smith, *The Priestly Vision of Genesis 1* (Minneapolis: Fortress, 2010), 99-100을 보라.

6  이 논의를 다룬 많이 인용되는 초기 논문은 Lynn White Jr., "The Historical Roots of Our Ecologic Crisis", *Science*, n.s., 155, no. 3767 (March 10, 1967): 1203-1207이다. 그러나 중세 교회의 성서 해석이 생태 위기의 근본 원인이라는 그의 논제에는 강력한 근거가 존재하지 않는다. 제러미 코언(Jeremy Cohen)이 결정적으로 밝힌 바와 같이, "근대 이전의 유대인들이나 그리스도인들이 [창 1:28을] 환경을 이기적으로 착취할 수 있다는 허락으로 해석한 경우는 거의 없다." Cohen, *"Be Fertile and Increase, Fill the Earth and Master It": The Ancient and Medieval Career of a Biblical Text* (Ithaca, NY: Cornell University Press, 1989), 5를 보라.

7  17세기 영국에서의 과학적, 경제적, 철학적 전환과, 특히 자연에 대한 지배 개념에 관해서는 Carolyn Merchant, *The Death of Nature: Women, Ecology and the Scientific Revolution* (San Francisco: Harper & Row, 1990), 164-190을 보라.

8  Rosemary Radford Ruether, *Sexism and God-Talk* (Boston: Beacon, 1993), 88.

9  Ruether, *Sexism and God-Talk*, 89.

## 보완과 단절 · 창세기 2:4-11:32

1  Robert Alter, *The Art of Biblical Narrative* (New York: Basic Books, 1981), 154.

2  Nahum Glatzer, ed., *Hammer on the Rock: A Short Midrash Reader* (New York: Schocken Books, 1962), 10 (조정됨). 이 미드라쉬는 S. Buber(Wilna, 1885)가 출간한 Tanhuma A 모음집 11페이지에서 가져왔다.

3  Avigdor Shinan and Yair Zakovitch, *From Gods to God: How the Bible Debunked, Suppressed, or Changed Ancient Myths and Legends* (Philadelphia: Jewish Publication Society,

2012), 19-26.

4 Rashi, *Chumash with Targum Onkelos, Haphtaroth and Rashi's Commentary, Bereshit* (Jerusalem: Silbermann Family, 1934), 13. 번역은 저자.

5 이 번역에 관해서는 다음을 보라. Patrick W. Skehan and Alexander A. Di Lella, *The Wisdom of Ben Sira*, Anchor Bible 39 (New York: Doubleday, 1987), 343.

6 이 서사시의 발췌 번역은 다음을 보라. William W. Hallo ed. *The Context of Scripture* (Leiden: Brill, 2003), 1:450-452.

## 복과 함께 시작된 여정 · 창세기 12-50장

1 Jon D. Levenson, *Creation and the Persistence of Evil: The Jewish Drama of Divine Omnipotence* (New York: HarperCollins, 1988), 152을 보라.

2 T. S. Eliot, "Little Gidding", in *The Complete Poems and Plays, 1909-1950* (New York: Harcourt, Brace, 1958), 145.

3 Ellen F. Davis, "Job and Jacob: The Integrity of Faith", in *The Whirlwind*, ed. S. L. Cook, C. L. Patton, and J.W. Watts (New York: Sheffield Academic, 2001), 100-120을 보라.

4 토마스 만(Thomas Mann)에 의하면, 요셉의 형제들은 그를 *ein unausstehlicher Bengel*(참을 수 없는 녀석)으로 보았다. 여기서는 브레바드 차일즈(Brevard Childs)가 제안한 번역(insufferable pipsqueak)을 인용했다. 이 표현은 성서 이야기에 근거한 만의 소설 *Joseph und seine Bruder*, 4 vols. (Frankfurt: Fischer Taschenbuch, 1991), 2:9에 나온다. 영역본은 다음을 보라. *Joseph and His Brothers*, trans. John E. Woods (New York: Knopf, 2005).

5 요한복음을 보면 예수께서 날 때부터 맹인인 사람의 눈을 뜨게 해주시자 그 사람은 "그는 예언자다"라고 말했다(요 9:17).

6 가인 이야기와 요셉 이야기의 관계에 관해서는 Matthew R. Schlimm, *From Fratricide to Forgiveness: The Language and Ethics of Anger in Genesis*, Siphrut 7 (Winona Lake, IN: Eisenbrauns, 2011), 169-179을 보라.

7 Joel S. Kaminsky, *Yet I Loved Jacob: Reclaiming the Biblical Concept of Election* (Nashville: Abingdon, 2007), 72.

8 Jon D. Levenson, *Resurrection and the Restoration of Israel: The Ultimate Victory of the God of Life* (New Haven: Yale University Press, 2006), 122.

## 02
## 출애굽기

### 이집트 탈출 · 출애굽기 1-15장

1 출애굽기를 주된 내러티브로 간주하는 연구는 다음을 보라. Michael Goldberg, *Jews and*

*Christians: Getting Our Stories Straight; The Exodus and the Passion-Resurrection* (Eugene, OR: Wipf & Stock, 2001).

2   Jacob Z. Lauterbach, trans., *Mekilta de-Rabbi Ishmael* (Philadelphia: Jewish Publication Society, 1961), 2:229-230.

3   중세의 유대인 주석가들은 70이라는 숫자를 명명하는 효과에 대해 언급했다. 그것은 다음 세대 이스라엘의 놀라운 성장을 강조하는 것이었다. 다음을 보라. Michael Carasik, *The Commentators' Bible: Exodus* (Philadelphia: Jewish Publication Society, 2005), 3.

4   여성 복수형 동사의 해석은 다음을 보라. Jacqueline Lapsley, *Whispering the Word: Hearing Women's Stories in the Old Testament* (Louisville: Westminster John Knox, 2005), 71.

5   Exodus Rabbah 2:6, in *The Book of Legends / Sefer Ha-Aggadah*, ed. Hayim Bialik and Yehoshua Ravnitzky (New York: Schocken Books, 1991), 63.

6   Goldberg, *Jews and Christians*, 83.

7   Gregory of Nyssa, *The Life of Moses*, Classics of Western Spirituality (New York: Paulist, 1978), 71.

8   John D. Sinclair, trans., *The Divine Comedy of Dante Alighieri: Inferno* (New York: Oxford University Press, 1939), 428.

## 하나님의 백성됨 · 출애굽기 16-40장

1   Gregory of Nyssa, *The Life of Moses*, Classics of Western Spirituality (New York: Paulist, 1978), 88.

2   성서에 제시된 시내산 언약이 종주-봉신 조약을 모델 혹은 은유로 삼고 있다는 주장은 다음을 보라. Jon D. Levenson, *Sinai and Zion* (New York: HarperCollins, 1985), 26 이하.

3   Everett Fox, *The Five Books of Moses*, vol. 1 of *The Schocken Bible* (New York: Schocken Books, 1995), 369.

## 03
## 레위기

## 거룩함을 구현하다 · 레위기 1-15장

1   레위기 전통이 이스라엘의 '대중 종교'를 대표했다고 보기는 어렵다. 왜냐하면 그것은 때로 보편적 관습으로 보이는 것에서 벗어나기 때문이다. 예를 들어 "가축을 다른 종류와 교미시키지 말라"(레 19:19)는 지시를 따르면 노새를 키울 수 없다.

2   이런 방향으로 첫걸음을 뗀 작업으로서 유용한 단권 주석이 있다. *Africa Bible Commentary*, ed. Tokunboh Adeyemo (Grand Rapids: Zondervan, 2010).

3   Vandana Shiva, "Gift of Food", *Resurgence Magazine*, January 11, 2004, http://www.

countercurrents.org/en-shiva110105.htm.

4 다음을 보라. Jacob Milgrom, *Leviticus: A Book of Ritual and Ethics*, Continental Commentaries (Minneapolis: Fortress, 2004), 12-13과 그 외 여러 곳.

5 Susan Handelman, "Leket Israel and Parashat Pinhas: Hungry for Love?" *The Leket Israel Parashat HaShavua Project*, July 12, 2014, http://www.susanhandelman.com/uploads/2/4/8/0/24803043/parashat_pinhas leket_israel.pdf

6 Mary Douglas, *Purity and Danger: An Analysis of the Concepts of Pollution and Taboo* (London: Routledge, 1966), 11.

7 Douglas, *Purity and Danger*, 53.

8 Gary Wayne Barkley, introduction to *Origen: Homilies on Leviticus 1-16* (Washington, DC: Catholic University of America Press, 1990), 12.

9 Origen, Homily 7, in *Homilies on Leviticus 1-16*, 145, 147.

## 야훼와의 하나됨 그리고 땅 · 레위기 16-27장

1 Jacob Milgrom, *Leviticus: A Book of Ritual and Ethics*, Continental Commentaries (Minneapolis: Fortress, 2004), 32.

2 Jacob Milgrom, *Leviticus 1-16*, Anchor Bible 3 (New York: Doubleday, 1991), 1031.

3 Milgrom, *Leviticus*, 31.

4 마태의 제자도 이해가 그의 이스라엘 성서 읽기에 반영된다는 논점은 다음을 보라. Ellen F. Davis, *Biblical Prophecy: Perspectives for Christian Theology, Discipleship, and Ministry* (Louisville: Westminster John Knox, 2014), 207-240.

5 19:27의 "edge-growth"라는 번역은 다음을 보라. Everett Fox, *The Five Books of Moses*, vol. 1 of *The Schocken Bible* (New York: Schocken Books, 1995), 605.

6 Robert Alter, *The Five Books of Moses* (New York: Norton, 2004), 629.

7 Wendell Berry, "Prayers and Sayings of the Mad Farmer", in *Collected Poems, 1957-1982* (San Francisco: North Point, 1985), 130. Copyright © 2013 by Wendell Berry, from *The Mad Farmer Poems*. Reprinted by permission of Counterpoint.

8 최근 농촌을 포함하여 미국 내 성 착취 인신매매에 관해서는 광범위한 자료를 제시하는 다음 보고서를 보라. The Institute of Medicine and National Research Council, *Confronting Commercial Sexual Exploitation and Sex Trafficking of Minors in the United States* (Washington, DC: National Academies Press, 2013), 361-362.

9 Shaindy Rudoff, *Scripturally Enslaved: Bible Politics, Slavery, and the American Renaissance* (Ramat Gan, Israel: Bar-Ilan University Press, 2009), 24-33.

10 땅이 확장된 성소라는 주장은 다음을 보라. Norman Habel, *The Land Is Mine* (Minneapolis: Fortress, 1995), 100-101.

## 04
## 민수기

**복의 표지, 죄가 부른 재앙 · 민수기 11-24장**

1 단락들이 번갈아 나오는 것과 민수기의 구조에 관해서는 다음을 보라. Mary Douglas, *Thinking in Circles: An Essay on Ring Composition* (New Haven: Yale University Press, 2007), 43-57.

2 민수기에 나오는 패턴들은 제이콥 밀그롬(Jacob Milgrom)의 권위 있는 작품인 *Numbers*, JPS Torah Commentary (Philadelphia: Jewish Publication Society, 1990)와 Mary Douglas, *In the Wilderness: The Doctrine of Defilement in the Book of Numbers* (Sheffield: JSOT Press, 1993)에서 자세히 논의한 내용을 보라. 너무 전문적이지 않은 책으로는 Dennis T. Olson, *Numbers*, Interpretation (Louisville: John Knox, 1996)을 보라.

3 Daniel Greyber, *Faith Unravels: A Rabbi's Struggle with Grief and God* (Eugene, OR: Resource Publications, 2012), 101.

4 Karl Barth, *Church Dogmatics* IV/2, trans. G.W. Bromiley (Edinburgh: T&T Clark, 1958), 405.

5 Barth, *Church Dogmatics* IV/2, 405.

6 Barth, *Church Dogmatics* IV/2, 470.

7 Stephen L. Cook, *Reading Deuteronomy: A Literary and Theological Commentary* (Macon, GA: Smyth & Helwys, 2015), 165.

8 Robert Alter, *The Five Books of Moses* (New York: Norton, 2004), 761.

9 네 개의 다른 반역 이야기를 하나로 융합한 가설에 관해서는 Milgrom, *Numbers*, 129를 보라.

10 Rabbi Joseph ben Isaac Bekhor Shor of Orleans, cited by Milgrom, *Numbers*, 451. 밀그롬(Milgrom)은 랍비적 주석뿐 아니라 다른 관점들도 논의한 후에 이 해석을 신중하게 지지한다.

11 Milgrom, *Numbers*, 456.

12 데이르 알라 비문에 관한 자세한 내용은 Milgrom, *Numbers*, 473-476를 보라.

13 Olson, *Numbers*, 140.

14 David L. Stubbs, *Numbers*, Brazos Theological Commentary on the Bible (Grand Rapids: Brazos, 2009), 192.

15 발람과 나귀의 이야기를 다룬 최근의 저술 가운데 R. W. L. 모벌리(R. W. L. Moberly)의 글은 특히 많은 통찰을 준다. *Prophecy and Discernment* (Cambridge: Cambridge University Press, 2006), 138-49, 그리고 *Old Testament Theology: Reading the Hebrew Bible as Christian Scripture* (Grand Rapids: Baker Academic, 2013), 132-34을 보라.

1  Robert Alter, *The Five Books of Moses* (New York: Norton, 2004), 707.

2  Dennis T. Olson, *Numbers*, Interpretation (Louisville: John Knox, 1996), 38.

3  Tikva Frymer-Kensky, "The Strange Case of the Suspected Sotah (Numbers V 11-31)", in *Women in the Hebrew Bible*, ed. Alice Bach (New York: Routledge, 1999), 469.

4  Jack Sasson, "Numbers 5 and the 'Waters of Judgment'", in Bach, *Women in the Hebrew Bible*, 485.

5  초기 랍비 전통은 여기서 그려지는 장면이 거짓 맹세라고 제안한다. 다음을 보라. Jacob Milgrom, *Numbers*, JPS Torah Commentary (Philadelphia: Jewish Publication Society, 1990), 35, 302.

6  Nathan MacDonald, "'Gone Astray': Dealing with the Sotah (Num 5:11-31)", in *Go Figure! Figuration in Biblical Interpretation*, ed. Stanley D. Walters (Eugene, OR: Pickwick Publications, 2008), 55.

7  대상 6:1-15은 야곱의 아들 레위로부터 예루살렘 성전이 파괴된 바벨론 포로기까지 제사장 계보를 추적한다.

8  Milgrom, *Numbers*, 479.

9  HALOT(*Hebrew and Aramaic Lexicon of the Old Testament*) 2:468.

10  이 문맥에서 '의'(*tsedaqah*)라는 단어는 야훼로부터 영원한 제사장 직분의 언약을 받은 비느하스의 후손 사독파의 이름을 상기시키는 말장난이다(민 25:13).

11  John J. Collins, "The Zeal of Phinehas: The Bible and the Legitimation of Violence", *Journal of Biblical Literature* 122, no. 1 (2003): 12-13.

## 05
## 신명기

### 사랑과 경외를 배움 · 신명기 1-11장

1  Rowan Williams, *Open to Judgement: Sermons and Addresses* (London: Darton, Longman & Todd, 1994), 39-40.

2  Jack R. Lundbom, *Deuteronomy: A Commentary* (Grand Rapids: Eerdmans, 2013), 21.

3  이 책의 출애굽기 장 두 번째 글 "하나님의 백성 되기"의 "시내산 언약" 단락을 보라.

4  Victor Hurowitz, "Solomon's Temple in Context", *Biblical Archaeology Review* 37, no. 2 (March/April 2011): 56.

5  W. Gunther Plaut, *The Torah: A Modern Commentary* (New York: Union of American Hebrew Congregations, 1981), 1369.

6  하나님의 왕 되심을 수용하는 행위로서 쉐마 암송의 개념은 스가랴에 나오는 쉐마를 반영하

고 있다. "여호와께서 천하의 왕이 되시리니,……그의 이름이 홀로 하나이실 것이라"(슥 14:9).

7   Plaut, *Torah*, 1372.

8   Moshe Greenberg, "On the Political Use of the Bible in Modern Israel: An Engaged
    Critique", in *Pomegranates and Golden Bells: Studies in Biblical, Jewish, and Near Eastern
    Ritual, Law, and Literature in Honor of Jacob Milgrom*, ed. David P. Wright, David N.
    Freedman, and Avi Hurvitz (Winona Lake, IN: Eisenbrauns, 1995), 471.

9   Stephen L. Cook, *Reading Deuteronomy: A Literary and Theological Commentary* (Macon,
    GA: Smyth & Helwys, 2015), 129-136.

10  성서와 성서 이후의 전통에서, 야훼가 "그의 이름을 두는" 또는 "그의 이름이 거하도록 선택
    한"(주권을 주장하는 셈어적 표현) 익명의 장소는 항상 예루살렘과 동일시된다. 그러나 신명기
    적 전통의 초기 단계에서는 북쪽의 실로나 세겜 등 다른 성소를 가리킬 수도 있다.

11  Cook, *Reading Deuteronomy*, 129.

12  John Donne, *The Sermons of John Donne*, ed. Evelyn M. Simpson and George R. Potter
    (Berkeley: University of California Press, 1953), 6:109, 112-113.

13  신명기에 언급된 다양한 가나안 민족들과 관련된 역사적 증거는 Lundbom, *Deuteronomy*,
    328-32을 보라.

14  "The Inscription of King Mesha", in *The Context of Scripture*, ed. William W. Hallo (Leiden:
    Brill, 2003), 2:138.

15  신명기의 구성에 관해 가능하면서도 서로 조금 다른 역사적 재구성 두 가지는 다음 두 곳에서
    제시되었다. Cook, *Reading Deuteronomy*, 6-9; and Richard Elliott Friedman, *Who Wrote
    the Bible?* (San Francisco: HarperSanFrancisco, 1989), 117-123.

16  스티븐 쿡(Stephen Cook)은 요시야가 왕에게 부과되는 제약, 특히 예배와 유월절 지키기 부분
    에서 신명기 전통에 어느 정도나 저항했는지를 언급한다. Cook, *Reading Deuteronomy*, 141
    을 보라.

## 토라와 약속의 땅에서의 삶 · 신명기 12-34장

1   Jeffrey H. Tigay, *Deuteronomy*, JPS Torah Commentary (Philadelphia: Jewish Publication
    Society, 1996), 459.

2   "The Laws of Hammurabi", trans. Martha Roth, in *The Context of Scripture*, ed. William W.
    Hallo (Leiden: Brill, 2003), 2:336.

3   Stephen B. Chapman, "Ban, The", in *Dictionary of Scripture and Ethics*, ed. Joel B. Green
    (Grand Rapids: Baker Academic, 2011), 89; also, his "Martial Memory, Peaceable Vision:
    Divine War in the Old Testament", in *Holy War in the Bible: Christian Morality and an
    Old Testament Problem*, ed. Heath A. Thomas, Jeremy A. Evans, and Paul Copan (Downers
    Grove, IL: InterVarsity Press, 2013), 47-67. 또한 다음을 보라. Jerome F. D. Creach, *Violence*

*in Scripture* (Louisville: Westminster John Knox, 2013), 97-112: and Philip D. Stern, *The Biblical Herem: A Window on Israel's Religious Experience*, Brown Judaic Studies (Atlanta: Scholars Press, 1991). 스턴(Stern)은 바침(*herem*)이 하나님과 땅과의 관계에서 인간이 살 수 있는 환경을 만들어 가라는 도전에 대한 구체적 응답임을 알고 있다.

4 제프리 티게이(Jeffrey Tigay)는 그러한 징집 면제의 몇 가지 선례가 우가리트 서사시 문헌에 나타난다는 점을 언급한다. Tigay, *Deuteronomy*, 187을 보라.

5 Jack R. Lundbom, *Deuteronomy: A Commentary* (Grand Rapids: Eerdmans, 2013), 584-585.

6 Moshe Greenberg, "On the Political Use of the Bible in Modern Israel: An Engaged Critique", in *Pomegranates and Golden Bells: Studies in Biblical, Jewish, and Near Eastern Ritual, Law, and Literature in Honor of Jacob Milgrom*, ed. David P. Wright, David N. Freedman, and Avi Hurvitz (Winona Lake, IN: Eisenbrauns, 1995), 469-470. 그린버그(Greenberg)의 논증에 대한 논의는 또한 Eric A. Seibert, *Disturbing Divine Behavior: Troubling Old Testament Images of God* (Minneapolis: Fortress, 2009), 47-48을 보라.

7 Tigay, *Deuteronomy*, 472.

8 Terence E. Fretheim, *What Kind of God? Collected Essays of Terence E. Fretheim*, ed. Michael J. Chan and Brent A. Strawn, Siphrut 14 (Winona Lake, IN: Eisenbrauns, 2015), 255-256, 262.

9 Tigay, *Deuteronomy*, 190-191.

10 Samson Raphael Hirsch, *Horeb: A Philosophy of Jewish Laws and Observances*, trans. I. Grunfeld (London: Soncino, 1962), #56, 2:279-280.

11 Moshe Greenberg, *Understanding Exodus: A Holistic Commentary on Exodus* 1-11, 2nd ed. (Eugene, OR: Cascade, 2013), 12-13.

## o6
## 여호수아

### 비정복 내러티브 · 여호수아

1 Robert G. Boling, *Joshua*, Anchor Bible 6 (Garden City, NY: Doubleday, 1982), 211.

2 Hans Koning, *The Conquest of America: How the Indian Nations Lost Their Continent* (New York: Monthly Review Press, 1993), 26-27.

3 1622년에 뉴잉글랜드에 도착했던 토마스 모튼(Thomas Morton)은 *New English Canaan...... Containing an Abstract of New England* (1637)를 썼다.

4 John Higginson, "An Attestation to the Church-History of New-England" (1697), cited by Roderick Nash, *Wilderness and the American Mind* (New Haven: Yale University Press, 1982), 37.

5 Ezra Stiles, "The United States Elevated to Glory and Honor" (1783), found at http://www.belcherfoundation.org/united_states_elevated.htm (2015.05.27 접속).

6 목사 J. D. 뒤 투아(The Reverend J. D. du Toit)의 1909년 서사시 *Potgieter's Trek*, cited by Donald Harman Akenson, *God's Peoples: Covenant and Land in South Africa, Israel, and Ulster* (Ithaca, NY: Cornell University Press, 1992), 74.

7 Mitri Raheb, *I Am a Palestinian Christian* (Minneapolis: Fortress, 1995), 56.

8 Akenson, *God's Peoples*, 9.

9 Douglas S. Earl, *Reading Joshua as Christian Scripture*, Journal of Theological Interpretation Supplement 2 (Winona Lake, IN: Eisenbrauns, 2010), 92에서 재인용.

10 이 글 다음에 나오는 보충 논의인 "거대한 혼란"을 보라.

11 Reuven Drucker, *Yehoshua: A New Translation with a Commentary Anthologized from Talmudic, Midrashic, and Rabbinic Sources* (Brooklyn: Mesorah, 1982), 216.

12 종교적 '타자'를 향한 좀 더 관대한 정치적, 신학적 태도에 대해 성서가 제시하는 자료들이 무엇인지는 다음을 보라. Ellen F. Davis, "The Poetics of Generosity", in *The Word Leaps the Gap: Essays on Scripture and Theology in Honor of Richard B. Hays*, ed. J. Ross Wagner, C. Kavin Rowe, and A. Katherine Grieb (Grand Rapids: Eerdmans, 2008), 626-645.

13 성서에서 내부자와 외부자 주제는 다음을 보라. Frank Anthony Spina, *The Faith of the Outsider: Exclusion and Inclusion in the Biblical Story* (Grand Rapids: Eerdmans, 2005).

14 Israel Finkelstein and Neil Asher Silberman, *The Bible Unearthed: Archaeology's New Vision of Ancient Israel and the Origin of Its Sacred Texts* (New York: Simon & Schuster, 2001), 95. 프랭크 무어 크로스(Frank Moore Cross)의 작업을 기반으로 삼은 리처드 엘리어트 프리드먼(Richard Elliott Friedman)은 신명기적 역사가들이 요시야 통치 시대에 살았으며, 요시야 왕을 한쪽에, 모세와 여호수아를 다른 쪽에 두는 평행 구도를 그린다고 주장한다. 다음을 보라. Friedman, *Who Wrote the Bible?* (San Francisco: HarperSanFrancisco, 1989), 101-116.

15 John W. Rogerson, "Towards a Communicative Theology of the Old Testament", in *Reading the Law: Studies in Honour of Gordon J. Wenham*, ed. J. G. McConville and K. Moller (London: T&T Clark, 2007), 294. 집단적 또는 문화적 기억에 관해서는 또한 다음을 보라. Philip R. Davies, *Memories of Ancient Israel: An Introduction to Biblical History-Ancient and Modern* (Louisville: Westminster John Knox, 2008); 그리고 Earl, *Reading Joshua as Christian Scripture*, 4-7.

16 Rowan Williams, *On Christian Theology* (Oxford: Blackwell, 2000), 134.

17 Walter Bauer, William F. Arndt, F. Wilbur Gingrich, and Frederick W. Danker, *A Greek-English Lexicon of the New Testament and Other Early Christian Literature*, 2nd ed. (Chicago: University of Chicago Press, 1979), 446-447.

18 Origen, *Homilies on Joshua*, trans. Barbara J. Bruce, Fathers of the Church 105 (Washington,

DC: Catholic University of America Press, 2002), 127.

## 거대한 혼란: 주전 13세기 가나안 · 보충 논의

1   이스라엘에 대한 성서 바깥의 최초의 언급은 파라오 메르넵타(Merneptah, 주전 1212-1202
    년)의 기념비에서 발견된다. 이집트 군대가 정복한 지역과 민족의 이름 가운데 이스라엘이
    언급되어 있다. "이스라엘"이라는 상형문자와 관련된 결정적인 기호는 이 이름을 지명이 아
    닌 민족으로 분류하고 있는데 이는 이집트가 이스라엘을 가나안 땅에 사는 별개의 민족으
    로 인식했음을 암시한다. 다음을 보라. Victor H. Matthews, *A Brief History of Ancient Israel*
    (Louisville: Westminster John Knox, 2002), 28.

2   Israel Finkelstein and Neil Asher Silberman, *The Bible Unearthed: Archaeology's New Vision
    of Ancient Israel and the Origin of Its Sacred Texts* (New York: Simon & Schuster, 2001), 60.

3   이스라엘과 가나안 사람들의 물질 문화의 연속성은 다음을 보라. Mark S. Smith, *The Early
    History of God: Yahweh and the Other Deities in Ancient Israel* (Grand Rapids: Eerdmans,
    2002), 19-31.

4   Finkelstein and Silberman, *Bible Unearthed*, 111-113.

5   Matthews, *Brief History of Ancient Israel*, 32.

6   나는 "거대 민족"(supertribe)이라는 용어를 아주 유용한 다음 논문에서 빌려 왔다. Lawrence
    E. Stager, "Forging an Identity: The Emergence of Ancient Israel", in *The Oxford History of
    the Biblical World*, ed. Michael D. Coogan (New York: Oxford University Press, 1998), 105.

## 07
## 사사기

## 지도력과 불만 · 사사기

1   *The Book of Common Prayer* of the Episcopal Church (1979), 820; 강조는 추가됨. 이 기도
    문은 1882년 조지 라이먼 로크(George Lyman Locke) 목사가 the *American Episcopal Prayer
    Book*의 개정판 가운데 하나에 넣으려고 작성한 것으로 1928년 출간된 기도서에 처음 등장했
    다. 다음을 보라. Marion J. Hatchett, *Commentary on the American Prayer Book* (New York:
    Seabury, 1981), 560.

2   "공포의 텍스트"라는 말은 필리스 트리블(Phyllis Trible)의 표현으로서 그는 자신의 책 *Texts
    of Terror: Literary-Feminist Readings of Biblical Narratives* (Philadelphia: Fortress, 1984), 64-
    116에서 사사기 11장과 19장에 대해 길게 다룬다.

3   트리블(Trible)은 여성들에게 저지른 잔학 행위를 강조하지만 그러한 사건을 내레이터가 부정
    적으로 판단한다는 점은 인정하지 않는다. 예를 들어 사사기 19장에 대한 그녀의 언급을 보
    라. "이야기를 들려주는 자가 포르노그래피나 선정주의를 옹호하는 것까지는 아니라 할지라

도 그는 또한 여성의 운명에 거의 관심이 없다. 진정으로 이 여인을 대변하는 사람은 화자, 줄거리, 다른 등장인물, 성서 전통에 반하는 해석을 하는 것이다. 왜냐하면 그들은 그녀에게 연민도 관심도 보여주지 않기 때문이다." Trible, *Texts of Terror*, 76, 86을 보라. 트리블은 편집자와 화자를 구분한다. 그의 판단에 따르면 편집자는 "이 이야기뿐만 아니라 사사기 전체를 고소로" 마무리함으로써 "독자들이 왕권을 호의적으로 바라볼 수 있도록 준비시킨다"(84). 재클린 랩슬리(Jacqueline E. Lapsley)는 사사기 19-21장에서 화자가 독자들의 비평적인 관점을 형성하는 좀 더 긍정적인 역할을 한다고 본다. *Whispering the Word: Hearing Women's Stories in the Old Testament* (Louisville: Westminster John Knox, 2005), 35-67을 보라.

4 민 21:4; 삿 16:16; 욥 21:4.

5 가정과 지역사회 내 여성의 역할과 여성과 남성의 상호 보완성은 다음을 보라. Carol Meyers, *Rediscovering Eve: Ancient Israelite Women in Context* (New York: Oxford University Press, 2013), 103-170.

6 로버트 카와시마(Robert S. Kawashima)는 문학적 산문과는 대조적으로 "전형적 구두 전통의 이야기에서 일반적으로 불투명성의 감각이" 있다고 말한다. 그의 책 *Biblical Narrative and the Death of the Rhapsode* (Bloomington: Indiana University Press, 2004), 18-21을 보라.

7 구리(Gouri)의 시 영역은 내가 한 것이다. 이 시의 히브리어와 영어 버전은 David C. Jacobson, *Does David Still Play Before You? Israeli Poetry and the Bible* (Detroit: Wayne State University Press, 1997), 99-100을 보라.

8 폭력적인 신진 세력이었던 아비멜렉은 3년간 집권했다(삿 9:22).

9 Uriel Simon, "Minor Characters in Biblical Narrative", *Journal for the Study of the Old Testament* 15, no. 46 (1990): 11-19.

10 Marc Brettler, "The Book of Judges: Literature as Politics", *Journal of Biblical Literature* 108, no. 3 (1989): 412-413.

11 브레틀러(Brettler)는 사사기의 저자가 학식 있는 사람으로서 청중들이 이 이야기를 더 큰 문학적 맥락에서 들으리라 예상하며 말하고 있다고 주장한다. "Book of Judges", 412을 보라.

12 Tikva Frymer-Kensky, *Reading the Women of the Bible: A New Interpretation of Their Stories* (New York: Schocken Books, 2002), xvi-xvii.

13 Frymer-Kensky, *Reading the Women of the Bible*, xvii.

14 Frymer-Kensky, *Reading the Women of the Bible*, 128.

15 본문 번역에서 내가 제안한 미래형 동사는 다른 부분에서 유사한 NJPS(New Jewish Publication Society) Tanakh와 Lapsley, *Whispering the Word*, 50의 번역과 구별된다. NRSV와는 좀 더 큰 차이가 있다. NRSV는 이야기의 그리스어 버전을 따라서 과거형 내레이션으로 계속 진행하며, 인용된 말을 레위 사람이 시신과 함께 이스라엘 사람들에게 보낸 말로 보고 번역한다.

16 전기 예언서의 내러티브가 명시적으로 예언적 발언이 되는 또 다른 예로는 왕상 22:28을 보라(참조 미 1:2).

## o8
## 룻기

**취약한 보호자 · 룻기**

1 나는 주를 추가한 룻기 번역에서 헤세드를 "좋은 믿음" 또는 "좋은 믿음의 행위"로 번역했다. 그 번역은 마거릿 애덤스 파커(Margaret Adams Parker)의 목판화들과 함께 *Who Are You, My Daughter? Reading Ruth through Image and Text* (Louisville: Westminster John Knox, 2003)로 출간되었다.

2 *Midrash Rabbah: Ruth*, trans. L. Rabinowitz (London: Soncino, 1939), 35을 보라. 번역은 조금 수정했다.

3 이 표현은 존 키츠(John Keats)의 시 「Ode to a Nightingale」에서 인용했다.

4 티크바 프라이머켄스키(Tikva Frymer-Kensky)는 "내레이터가 장면을 아주 명확하게 보이지 않게 만듦으로써 독자들과 장난을 치고 있다"고 주장한다. 다음을 보라. *Reading the Women of the Bible: A New Interpretation of Their Stories* (New York: Schocken Books, 2002), 248.

5 히브리어로 발들(*raglayim*)이 성기에 대한 완곡한 표현이라는 것은 잘 알려져 있지만 여기서 관련이 있는 단어(*margelot*)는 보아스의 몸의 특정 부분이 아니라 발 주위를 가리키는 것으로 보인다. Frymer-Kensky, *Reading the Women of the Bible*, 247-248을 보라.

6 Avivah Zornberg, "The Concealed Alternative", in *Reading Ruth: Contemporary Women Reclaim a Sacred Story*, ed. Judith A. Kates and Gail Twersky Reimer (New York: Ballantine Books, 1994), 77.

7 Zornberg, "Concealed Alternative", 79.

8 Karl Barth, *The Word of God and the Word of Man*, trans. Douglas Horton (New York: Harper & Brothers, 1957), 92.

## o9
## 사무엘상하와 열왕기상

**선택받은 자들의 비극: 사울의 왕권 · 사무엘상**

1 하나님의 위험성(divine dangerousness) 주제는 하나님의 법궤와 관련된 두 이야기에서 다시 나타난다. 벧세메스의 죽음 이야기(삼상 6:19-20)와 나곤의 타작마당 이야기(삼하 6:6)를 보라.

2 마소라 본문은 사울의 통치와 관련된 연대기를 불확실하게 남겨 둔다(삼상 13:1, 사십이라는 숫자가 없음—옮긴이)

3 공격의 대상이 (일반적으로 이해되듯이) 수비대가 아니라 총독이나 지역 관원과 같은 주요 인사였다는 의견은 다음을 보라. David Toshio Tsumura, *The First Book of Samuel, New International Commentary on the Old Testament* (Grand Rapids: Eerdmans, 2007), 336.

4  여기에 제시된 관점에 대해 내 스승인 예일대학교의 로버트 윌슨(Robert R. Wilson)에게 빚을 졌다.

5  사무엘의 회개 요청이 사울의 버림받음을 이해하는 열쇠가 된다는 점은 다음을 보라. Bryna Jocheved Levy, *Waiting for Rain: Reflections at the Turning of the Year* (Philadelphia: Jewish Publication Society, 2008), 186-190.

6  엔돌의 신접한 여인이 사울을 동정적으로 대한 내용은 다음을 보라. Uriel Simon, *Reading Prophetic Narratives*, trans. Lenn J. Schramm (Bloomington: Indiana University Press, 1997), 73-92.

7  Gerhard von Rad, *Old Testament Theology* (New York: Harper & Row, 1962), 1:325.

8  신명기 역사 편성에 대한 개연성 있는 재구성은 간략하고도 잘 읽히는 다음 책을 보라. Richard Elliott Friedman, *Who Wrote the Bible?* (New York: HarperCollins, 1997), 136-149.


**다윗을 어떻게 볼 것인가 · 사무엘하**

1  텔 단에서 발견된 비문에 관해서는 다음 책에 실린 캐럴 마이어스(Carol Meyers)와 에드워드 캠벨(Edward Campbell)의 글들을 보라. *The Oxford History of the Biblical World*, ed. Michael D. Coogan (Oxford: Oxford University Press, 1998), 175, 225. 마이어스(Meyers)는 다윗 통치의 시작을 주전 약 1005년으로 본다(169).

2  캐럴 마이어스(Carol Meyers)는 동부 지중해 세계의 권력의 진공 상태를 주전 1069년부터 945년으로 본다. 다음을 보라. Coogan, *Oxford History of the Biblical World*, 175. 다윗이 왕이 아니라 한 부족의 장수였다고 보는 관점에 대해서는 (많은 저술이 있지만) 다음을 보라. Israel Finkelstein and Neil Asher Silberman, *David and Solomon: In Search of the Bible's Sacred Kings and the Roots of the Western Tradition* (New York: Free Press, 2006). 이집트학자 케네스 키친(Kenneth Kitchen)은 자세하고도 엄밀하게 반박하면서 다윗이 고향을 중심으로 주변 지역과 동맹들을 복속시키고 "소 제국"을 통치했다고 주장한다. 다음을 보라. K. A. Kitchen, *On the Reliability of the Old Testament* (Grand Rapids: Eerdmans, 2003), 100-137.

3  "Breaking News-Evidence of Cultic Activity in Judah Discovered at Khirbet Qeiyafa", Bible History Daily (Biblical Archaeology Society), May 8, 2012, http:// www. biblicalarchaeology.org/daily/biblical-artifacts/artifacts-and-the-bible/ breaking-news%E2%80%94evidence-of-cultic-activity-in-judah-discovered-atkhirbet-qeiyafa/. 연대 추정에 대한 다른 논의로는 다음을 보라. *Israel Finkelstein and Eli Piasetzky, "Khirbet Qeiyafa: Absolute Chronology"*, Journal of the Institute of Archaeology of Tel Aviv University 37, no. 1 (June 2010): 84-88.

4  The Israel Antiquities Authority의 보도 자료(July 18, 2013). 다음에 인용됨. Noah Wiener, "King David's Palace at Khirbet Qeiyafa?" Bible History Daily (Biblical Archaeology

Society), July 18, 2013, http://www.biblicalarchaeology.org/daily/ biblical-sites-places/
biblical-archaeology-sites/king-davids-palace-at-khirbet- qeiyafa/.

5  Baruch Halpern, *David's Secret Demons: Messiah, Murderer, Traitor, King* (Grand Rapids:
   Eerdmans, 2001), 6.

6  슬루터(Sluter)의 다윗상은 그의 걸작 「모세의 우물」(1395-1403)의 일부이며 프랑스 디종의
   카르투시안 수도원이었던 장소에 있다.

7  *The Context of Scripture*, ed. William W. Hallo (Leiden: Brill, 2003), 2:286-287.

8  J. Gordon McConville, *Being Human in God's World: An Old Testament Theology of
   Humanity* (Grand Rapids: Baker Academic, 2016), 190.

9  히브리어 본문은 "사자들"로 나오는데 오랫동안 필사 오류 또는 모순이 있는 주석으로 이해되
   었다!

10  삼하 11:1, 3, 4, 5, 6 (3x), 12, 14, 18, 22, 27; 12:1, 25.

11  티크바 프라이머켄스키(Tikva Frymer-Kensky)는 월경으로 인한 부정을 씻어 제거하라는 랍
    비적 요구를 성서적 이해와 구분한다. "월경으로 인한 부정은 정기적이고 시간과 연결되어 있
    으며, 물이 아닌 시간 자체가 그것을 종결시킨다." 다음을 보라. Frymer-Kensky, *Reading the
    Women of the Bible: A New Interpretation of Their Stories* (New York: Schocken Books, 2002),
    147. 이 이야기 속 제의적 정화를 바라보는 그의 관점은 나와 조금 다르다.

12  다윗 이후로 유다의 왕들 중 회개했다고 언급되는 왕은 요시야(왕하 22장), (그리고 역대기에만
    기록되어 있는) 히스기야(대하 32:24-26)와 므낫세(대하 33:12-13)뿐이다.

13  "후궁들과 더불어 동침하다"("후궁들 속으로 들어가다", 저자 사역—옮긴이)에서 생생한 동사
    구 "속으로 들어가다"(*b-o-'el*)는 이곳에서 처음으로 남성의 성교 행위를 나타내는 데 사용된
    다. 다음을 보라. Robert Alter, *The David Story: A Translation with Commentary of 1 and 2
    Samuel* (New York: Norton, 1999), 209.

14  Alter, *David Story*, 345.

15  Alter, *David Story*, 348.

16  이 번역("ranted-like-prophets", 예언자처럼 지껄였다)은 에버렛 폭스(Everett Fox)에게 빚진 것
    이다. Everett Fox, *The Early Prophets*, vol. 2 of The Schocken Bible (New York: Schocken
    Books, 2014), 373.

17  스티븐 채프먼(Stephen Chapman)은 고대 이스라엘이 군주제하의 '시민 종교'를 발전시키는
    데 기여한 측면에서 다윗과 사울을 구별하는 가장 중요한 요소는 개인적 경건이라고 사무엘
    상 주석에서 주장한다. 다음을 보라. Stephen B. Chapman, *1 Samuel as Christian Scripture:
    A Theological Commentary* (Grand Rapids: Eerdmans, 2016). 사무엘서의 마지막 장은 제사,
    시, 기도를 강조하는데 이것은 다윗의 유산이 이스라엘에 개인적인 경건을 심어 주려는 것이
    라는 견해를 뒷받침한다.

## 지혜, 능력, 예배: 솔로몬의 통치 · 열왕기상 1-12장

1 Nathan MacDonald, *Not Bread Alone: The Uses of Food in the Old Testament* (Oxford: Oxford University Press, 2008), 134-165.

2 고대 텍스트 Vision of the Underworld에서 나온 것으로 다음에 인용되어 있다. Raymond C. Van Leeuwen, "Cosmos, Temple, House: Building and Wisdom in Ancient Mesopotamia and Israel", in *From the Foundations to the Crenellations: Essays on Temple Building in the Ancient Near East and Hebrew Bible*, ed. Mark J. Boda and Jamie Novotny (Munster: Ugarit-Verlag, 2010), 414.

3 스바는 아라비아 반도 남쪽에 위치했던 것으로 추정된다. 다음을 보라. Israel Finkelstein and Neil Asher Silberman, *David and Solomon: In Search of the Bible's Sacred Kings and the Roots of the Western Tradition* (New York: Free Press, 2006), 171.

4 솔로몬이 들었다고 주장하는 위안의 말과 부분적으로 유사한 것은 민수기 14:20이다. 모세가 간구하자 야훼는 가나안 정탐꾼의 말에 절망하는 반응을 보였던 백성을 용서하겠다고 하며 "내가 네 말대로 사하노라"라고 답한다. 그러나 이 경우에 모세는 자신의 최선에 반하는 간구를 하고 있다. 야훼는 방금 이 문제 많고 반항적인 백성을 쓸어버리고 모세를 위해 "그들보다 크고 강한"(민 14:12) 한 백성을 만들겠다고 제안했다.

5 MacDonald, *Not Bread Alone*, 156.

6 여성들은 음식과 음료, 향, 약으로 쓰기 위해 허브와 향신료 혼합물을 마련했는데 이 모든 것은 솔로몬이 주재하는 성전과 같은 궁전- 신전 복합체 운영에 중요했을 것이다. 다음을 보라. Carol Meyers, *Rediscovering Eve: Ancient Israelite Women in Context* (New York: Oxford University Press, 2013), 152; and MacDonald, *Not Bread Alone*, 164.

7 Carol Meyers, "Kinship and Kingship: The Early Monarchy", in *The Oxford History of the Biblical World*, ed. Michael D. Coogan (New York: Oxford University Press, 1998), 189-190.

8 Philip J. King and Lawrence E. Stager, *Life in Biblical Israel* (Louisville: Westminster John Knox, 2001), 330-338을 보라. 예루살렘이 실제로 주전 10세기와 9세기에 기념비적인 건축물이 있는 주요 도시였는지는 학계에서 활발한 논점 중이다. (성전 산과 주변 지역에 대한 광범위한 발굴 작업은 불가능하다.) 이스라엘 핀켈스타인(Israel Finkelstein)과 닐 애셔 실버먼(Neil Asher Silberman)은 주전 10세기의 예루살렘은 "압도적으로 전원적인" 땅에 있는 "전형적인 고지대 마을"이었으며, 솔로몬의 건축에 대한 묘사는 주전 7세기의 문학적 창작이거나 추정 기록이라고 주장한다. Finkelstein and Silberman, *The Bible Unearthed: Archaeology's New Vision of Ancient Israel and the Origin of Its Sacred Texts* (New York: Simon & Schuster, 2001), 142-43을 보라. 대조적으로 캐럴 마이어스(Carol Meyers)는 주전 10세기 유대 동부 구릉 지대의 정착 밀도가 크게 증가했다는 분명한 증거를 인용하고 인근에 국가 도시 중심지가 존재했다는 점을 지적하면서, 예루살렘에 대한 성서의 묘사가 "현실에 뿌리를 두고 있다"

는 견해를 취한다. Meyers, "Kinship and Kingship", 192을 보라. 예루살렘의 중요성을 보여주는 최근에 나타난 증거 가운데 하나는 키르벳 케이야파 발굴지인데, 이 도시는 블레셋과 이스라엘 영토 사이의 주요 경로에 위치해 있으며 주전 10세기 초에 세워진 것으로 추정되는 대규모 요새 도시로 예루살렘에서 남서쪽으로 약 32킬로미터 떨어진 곳에 있다. http://qeiyafa.huji.ac.il/ 참조.

9  내러티브의 한 줄기는 강제 노동이 그 땅의 비이스라엘 민족에게만 부과되었다고 주장하지만(왕상 9:20-22), 이는 현대 독자에게 더 복잡한 문제를 안긴다.

10 북부 지파들은 솔로몬이 죽은 직후에 다윗 가문과 동맹을 끝냈다(왕상 12:16).

11 Van Leeuwen, "Cosmos, Temple, House", 421.

12 자폰(Zaphon) 산은 북서부 가나안 신화에 나오는 높은 신 엘의 거주지다. 전통적으로 이스라엘 북쪽에 자리한 산들 중 하나로 추정하며, 어떤 이는 시리아와 터키 국경 근처의 자발 알아크라(Jebel al-Aqra)와 동일시하기도 한다. 성서 히브리어로 이 이름은 일반적으로 '북쪽'을 뜻한다. Amos Hakham, *The Bible: Psalms with the Jerusalem Commentary* (Jerusalem: Mosad Harav Kook, 2003), 1:373-374을 보라.

13 이것은 *The Hymnal 1982* of the Episcopal Church (New York: Church Hymnal Corp., 1985)의 623번 찬송이다.

14 이것은 *The Hymnal 1982* of the Episcopal Church의 522/523번 찬송이다.

15 Ellen F. Davis, "Singing for the Peace of Jerusalem: Songs of Zion in the Twenty-First Century", in *The Bible and Spirituality: Exploratory Essays in Reading Scripture Spiritually*, ed. Andrew T. Lincoln, J. Gordon McConville, and Lloyd K. Pietersen (Eugene, OR: Wipf & Stock/Cascade, 2013), 75-94.

## 예언적 말씀의 통치 · 열왕기상 13-21장

1  후자의 명칭에 관해서는 에버렛 폭스(Everett Fox)의 탁월한 번역과 주석이 담긴 *The Early Prophets*, vol. 2 of *The Schocken Bible* (New York: Schocken Books, 2014)을 보라.

2  창세기 5:24은 모호한 구절인데 어떤 이들은 "하나님이 [에녹을] 데려가[셨다]"를 에녹을 산 채로 데려가셨다고 받아들인다.

3  Uriel Simon, *Reading Prophetic Narratives*, trans. Lenn J. Schramm (Bloomington: Indiana University Press, 1997), 154.

4  Karl Barth, *Church Dogmatics* II/2, trans. G.W. Bromiley (Edinburgh: T&T Clark, 1957), 402.

5  Barth, *Church Dogmatics* II/2, 399.

6  Fox, *Early Prophets*, 817.

7  Mordechai Cogan, "Into Exile", in *The Oxford History of the Biblical World*, ed. Michael D. Coogan (New York: Oxford University Press, 1998), 261.

8 Barth, *Church Dogmatics* II/2, 399.

9 에드워드 캠벨(Edward F. Campbell)은 솔로몬의 죽음을 주전 928년으로 추정한다. 아합은 주전 853년에 절정의 권력을 발휘했고, 그때 카르카르 전투에서 대규모 병력을 동원했는데 그것은 앗수르의 문헌에 기록되어 있다. 다음을 보라. Campbell, "A Land Divided", in Coogan, *Oxford History of the Biblical World*, 206, 220.

10 이 구절은 두 나무 기둥 위에서 비틀거리며 걷는 장면을 연상시킨다. 또 다른 가능한 번역은 "두 목발로 걷다"이다. 다음을 보라. Fox, *Early Prophets*, 670.

11 Bernhard Lang, *Monotheism and the Prophetic Minority* (Sheffield: Almond Press, 1983), 30.

12 Mark S. Smith, *The Early History of God: Yahweh and the Other Deities in Ancient Israel* (Grand Rapids: Eerdmans, 2002), 91-101.

13 Ellen F. Davis, *Scripture, Culture, and Agriculture: An Agrarian Reading of the Bible* (New York: Cambridge University Press, 2009), 111-114: 그리고 *Biblical Prophecy: Perspectives for Christian Theology, Discipleship, and Ministry* (Louisville: Westminster John Knox, 2014), 55-81.

14 Marc R. Nikkel, "'Look Back upon Us': The Dynamism of Faith among the Jieng", in *"But God Is Not Defeated!" Celebrating the Centenary of the Episcopal Church of the Sudan*, 1899-1999, ed. Samuel E. Kayanga and Andrew C. Wheeler (Nairobi: Paulines Publications Africa, 1999), 151.

15 Nikkel, "Look Back upon Us", 152.

16 Nikkel, "Look Back upon Us", 153.

17 Nikkel, "Look Back upon Us", 153.

18 Brevard S. Childs, "On Reading the Elijah Narratives", *Interpretation* 34 (1980): 137.

19 이 (괄호 안의 영어) 번역은 다음을 따랐다. Fox, *Early Prophets*, 676-677.

20 나의 설교 "The View from Mount Elijah", in Ellen F. Davis, *Preaching the Luminous Word: Biblical Sermons and Homiletical Essays* (Grand Rapids: Eerdmans, 2016), 72-73을 보라. 이와 유사하게 브레바드 차일즈(Brevard Childs)는 하나님의 응답을 "엄한 꾸짖음"으로 본다. Childs, "On Reading the Elijah Narratives", 135을 보라.

IO

# 소예언서

## 주전 8세기의 즉흥시 발표회: 예언자들의 공연 · 서문

1 다음을 보라. https://obamawhitehouse.archives.gov/video/President-and-Mrs-Obama-Open-White-House-Poetry-Jam#transcript

2 Robert Alter, *The Art of Biblical Poetry* (New York: Basic Books, 1985), 141.

3 Murray H. Lichtenstein, "Biblical Poetry", in *Back to the Sources: Reading the Classic Jewish*

*Texts*, ed. Barry W. Holtz (New York: Jewish Publication Society, 1989), 120-121.

4   Harold Fisch, *Poetry with a Purpose: Biblical Poetics and Interpretation* (Indianapolis: Indiana University Press, 1988), 5

## 번영에 제기된 의문·아모스

1   이 구절은 킹의 글과 연설 곳곳에 나타난다. 예를 들면 "Letter from Birmingham Jail" (1963.04.16), 그의 연설 "I Have a Dream" (1963.08.28), *The Nation*에 기고한 글 "Let Justice Roll Down" (1965.03.15, http:// www.drmartinlutherkingjr.com/letjusticerolldown. htm), 그의 마지막 연설 "I've Been to the Mountaintop" (1968.04.03) 등이다.

2   "The Story of King's 'Beyond Vietnam' Speech", 타비스 스마일리(Tavis Smiley)와 가진 인터뷰, https://www.npr.org/templates/story/story.php?storyId=125355148.

3   Matthew R. Schlimm, "Teaching the Hebrew Bible amid the Current Human Rights Crisis: The Opportunities Presented by Amos 1:3-2:3", *SBL Forum* 4, no. 1 (2006), https://www.sbl-site.org/publications/article.aspx?articleId=478.

4   드고아와 지혜 전통의 관련성은 다음을 보라. Hans Walter Wolff, *Joel and Amos*, Hermeneia (Philadelphia: Fortress, 1977), 123.

5   주전 8세기 땅의 예언자들에 관해서는 다음을 보라. Ellen F. Davis, *Scripture, Culture, and Agriculture: An Agrarian Reading of the Bible* (New York: Cambridge University Press, 2009), 120-138.

6   시인의 공적 책임이 책임 있는 행위의 가능성을 가리킨다는 점은 다음을 보라. Wendell Berry, *Standing by Words* (Washington, DC: Shoemaker & Hoard, 2005), 19-22.

7   신명기 역사가들의 기록에서 여로보암 1세는 벧엘의 위상을 높이기 위해 그곳에 수송아지 형상을 세우는데 북왕국의 주민들이 예루살렘에 가서 예배를 드리며 "그들의 주인들"(왕상 12:27, 개역개정은 "그들의 주"—옮긴이), 곧 그곳의 종교적, 정치적 지도자들에게로 돌아갈 것을 두려워했기 때문이다.

8   James L. Mays, *Amos*, Old Testament Library (Philadelphia: Westminster, 1969), 161-162.

## 정의와 친밀함·미가와 호세아

1   James L. Mays, *Hosea*, Old Testament Library (Philadelphia: Westminster, 1969), 3.

2   스티븐 쿡(Stephen Cook)은 '게베르'(*gever*, "시민")라는 용어는 땅을 소유하고 있으며 군대에 지원할 수 있는 법적 지위를 가진 사람을 가리킨다고 지적한다. 다음을 보라. Stephen L. Cook, *The Social Roots of Biblical Yahwism* (Atlanta: Society of Biblical Literature, 2004), 203.

3   Ellen F. Davis, *Scripture, Culture, and Agriculture: An Agrarian Reading of the Bible* (New York: Cambridge University Press, 2009), 123-24.

4   Wendell Berry, *What Are People For?* (New York: North Point, 1990), 91.

5  미가 3:12은 절을 세어 보면 열두 예언서의 정중앙에 오는 구절이다.

6  두 번째 신탁은 이사야의 신탁과 유사한 형태로 나타난다(사 2:2-4). 두 전통을 동일한 전통 계승자들이 다루었기 때문으로 보인다.

7  동일한 약속이 솔로몬 통치에 대한 자랑스러운 기록에서 등장한다(왕상 4:25). 솔로몬의 통치 시기에 이스라엘에서 처음으로 계획 경제 체제가 시작되었을 것이다.

8  Walter Brueggemann, "'Vine and Fig Tree': A Case Study in Imagination and Criticism", *Catholic Biblical Quarterly* 43 (1981): 193.

9  Abraham J. Heschel, *The Prophets* (New York: Jewish Publication Society, 1962); 특히 "The Philosophy of Pathos", 247-267을 보라.

10  Cook, *Social Roots of Biblical Yahwism*, 231-236.

11  Davis, *Scripture, Culture, and Agriculture*, 131.

12  Hans Walter Wolff, *Hosea*, Hermeneia (Philadelphia: Fortress, 1974), 82.

13  신실하지 않은 결혼 관계를 말한 호세아의 은유에 대한 비평으로는 다음을 보라. Gale A. Yee, "Hosea", in *The Women's Bible Commentary*, ed. Carol A. Newsom and Sharon H. Ringe (Louisville: Westminster John Knox, 1992), 200; 그리고 Renita J. Weems, *Battered Love: Marriage, Sex, and Violence in the Hebrew Prophets* (Minneapolis: Fortress, 1995), 12-52.

14  개리 렌즈버그(Gary Rendsburg)는 현대 남아라비아 언어의 동족어에 근거하여 일반적으로 '긍휼'로 번역되는 히브리어 어근 *r-ḥ-m*이 그가 호세아에서 발견하는 '비'라는 희귀한 동음이의어를 가지고 있다고 주장한다. 다음을 보라. Gary A. Rendsburg, "Hebrew RḤM = 'Rain'", *Vetus Testamentum* 33 (1983): 357-362; 그리고 "From the Desert to the Sown: Israel's Encounter with the Land of Canaan", in *The Mountains Shall Drip Wine: Jews and the Environment*, ed. Leonard J. Greenspoon, Studies in Jewish Civilization 20 (Omaha: Creighton University Press, 2009), 117-118.

15  나봇과 왕가 사이의 땅에 대한 다른 관점 때문에 일어난 갈등은 다음을 보라. Davis, *Scripture, Culture, and Agriculture*, 111-114.

16  호세아는 두 가지 동사 어근을 가지고 말놀이를 하는 것 같다. *hovishah*(호 2:5)는 "마르다"라는 뜻의 *y-b-sh* 어근에서 유래했으며, 예상치 못한 의미이긴 하지만 나는 이것을 주된 의미로 받아들인다. 그러나 이 문맥에서 독자들은 어근의 문자 두 개를 공유하는 히브리어 동사 *b-o-sh*, "부끄러워하다"도 떠올릴 수 있다. 다음을 보라. Rendsburg, "From the Desert to the Sown", 117.

17  Wolff, *Hosea*, 53.

## 대적을 미워함 · 열왕기하, 나훔, 요나

1  Philip J. King and Lawrence E. Stager, *Life in Biblical Israel* (Louisville: Westminster John Knox, 2001), 97-98.

2  Mordechai Cogan, "Into Exile", in *The Oxford History of the Biblical World*, ed. Michael D. Coogan (New York: Oxford University Press, 1998), 245-246.

3  Cogan, "Into Exile", 252-256.

4  다음에서 재인용. Walter A. Maier, *The Book of Nahum* (St. Louis: Concordia, 1959), 86.

5  Jacob Onyumbe Wenyi, "'Slain Bodies without Number': Reading Nahum amid War Trauma" (ThD diss., Duke University Divinity School, 2017).

6  강의실에서 나눈 대화다. The Great Lakes Initiative Leadership Institute, Kampala, Uganda, January 2017.

7  *Mekhilta de-Rabbi Ishmael*, Tractate Pisḥa, section 1 (Bo), lines 87-88.

8  *Mekhilta de-Rabbi Ishmael*, Tractate Pisḥa, section 1 (Bo), lines 100-101.

9  강의실에서 나눈 대화다. The Great Lakes Initiative Leadership Institute, Kampala, Uganda, January 2017.

10 Ellen F. Davis, *Biblical Prophecy: Perspectives for Christian Theology, Discipleship, and Ministry* (Louisville: Westminster John Knox, 2014), 23-54.

## II
## 이사야

### 왕을 보라 · 이사야 1-39장

1  Bernhard Duhm, *Das Buch Jesaia* (Gottingen: Vandenhoeck & Ruprecht, 1914).

2  세 단락이 서로 독립적이라는 학문적 대화에서 벗어난 기념비적 저술은 Brevard S. Childs, *Introduction to the Old Testament as Scripture* (Philadelphia: Fortress, 1979)이다. 통합적인 편집 비평에 대한 완전한 설명은 차일즈(Childs)의 *Isaiah: A Commentary*, Old Testament Library (Louisville: Westminster John Knox, 2001)을 보라.

3  웃시야의 긴 통치 기간 가운데 마지막 부분은 공동 통치 기간이었다. 웃시야가 죽은 해가 주전 742년인지 736년인지는 다소 불확실하다. Childs, *Isaiah*, 54를 보라.

4  시편에 나타난 신적 왕권에 대한 근본 은유는 다음을 보라. James L. Mays, *The Lord Reigns: A Theological Handbook to the Psalms* (Louisville: Westminster John Knox, 1994), 3-22.

5  예루살렘 언덕에서 나온 밝은 빛깔의 석회암은 솔로몬 성전의 주된 건축 재료였으며(왕상 5:17; 6:7), 아람어로 *meleki*, 곧 "왕의 돌"로 불렸다. F. Stinespring, "Temple, Jerusalem", in *The Interpreter's Dictionary of the Bible*, ed. George A. Buttrick (Nashville: Abingdon, 1962), 4:542을 보라.

6  Daniel Berrigan, *Isaiah: Spirit of Courage, Gift of Tears* (Minneapolis: Fortress, 1996), 28.

7  James L. Mays, *Psalms*, Interpretation (Louisville: Westminster John Knox, 1994), 45-46.

8  Childs, *Isaiah*, 67.

9  Carl R. Holladay, Kenneth W. Clark의 강의에서. Duke Divinity School, 2015. 2. 19.

10  "Sennacherib's Siege of Jerusalem", in *The Context of Scripture*, ed. William W. Hallo (Leiden: Brill, 2003), 2:303.

11  Eliezer Berkovits, *With God in Hell: Judaism in the Ghettos and Deathcamps* (New York: Sanhedrin, 1979), 116.

## 확장되는 비전 · 이사야 40-66장

1  Jacob Stromberg, *Isaiah after Exile: The Author of Third Isaiah as Reader and Redactor of the Book* (Oxford: Oxford University Press, 2011); and Daniel J. Stulac, *History and Hope: The Agrarian Wisdom of Isaiah 28-35*, Siphrut 24 (Winona Lake, IN: Eisenbrauns, 2018).

2  Mordechai Cogan, "Into Exile", in *The Oxford History of the Biblical World*, ed. Michael D. Coogan (Oxford: Oxford University Press, 1998), 269-274; Laurie E. Pearce, "New Evidence for Judeans in Babylonia", in *Judah and the Judeans in the Persian Period*, ed. Oded Lipschits and Manfred Oeming (Winona Lake, IN: Eisenbrauns, 2006), 399-412; 그리고 David S. Vanderhooft, "Babylonia and the Babylonians", in *The World around the Old Testament*, ed. Bill T. Arnold and Brent A. Strawn (Grand Rapids: Baker, 2016), 132-134.

3  예레미야애가의 본문이 이사야서 안에서 '살아남은' 방식은 다음을 보라. Tod Linafelt, *Surviving Lamentations: Catastrophe, Lament, and Protest in the Afterlife of a Biblical Book* (Chicago: University of Chicago Press, 2000), 62-79.

4  히브리어 단어 *tsava'*가 고난을 언급할 때 사용되는 경우(욥 7:1; 14:14; 단 10:1)는 훨씬 드물다.

5  다음으로부터 재인용. Claus Westermann, *Isaiah 40-66*, Old Testament Library (Philadelphia: Westminster, 1969), 38.

6  이 부분의 히브리어 본문은 순서가 흐트러진 것 같다.

7  다음으로부터 재인용. Richard Lischer, *The Preacher King: Martin Luther King Jr. and the Word That Moved America* (New York: Oxford University Press, 1995), 183.

8  Ellen F. Davis, "'Here I Am': Preaching Isaiah as a Book of Vocation", in *Preaching the Luminous Word: Biblical Sermons and Homiletical Essays* (Grand Rapids: Eerdmans, 2016), 172-189.

9  9장 "예언적 말씀의 통치" 부분을 보라.

# 12
# 예레미야와 예레미야애가

## 슬픔을 아는 이 · 서문

1  Abraham J. Heschel, *The Prophets* (New York: Jewish Publication Society, 1962), xvi.

2 애가를 예레미야가 썼다는 개념은 주전 3세기 히브리 성서의 그리스어 번역본인 70인역(여러 가지 변형본이 있음)에서 유래한 것으로 70인역은 이 책에 예레미야의 애가(*Threnoi Ieremiou*)라는 제목을 붙였다.

3 한 군데(사 22:4) 예외를 제하면 바트-암미(*Bat-ammi*)는 예레미야서와 예레미야애가에만 나온다.

4 이 책 14장 시편의 "탄식의 지혜" 글을 보라.

## 하나님께 진실을 말하다 · 예레미야

1 Stephen L. Cook, *Reading Deuteronomy: A Literary and Theological Commentary* (Macon, GA: Smyth & Helwys, 2014), 9.

2 예레미야서의 내러티브에서 서기관들과 글쓰기가 특히 부각되는 점은 다음을 보라. Chad L. Eggleston, *"See and Read All These Words": The Concept of the Written in the Book of Jeremiah*, Siphrut 18 (Winona Lake, IN: Eisenbrauns, 2016), 53-80.

3 Kathleen M. O'Connor, *Jeremiah: Pain and Promise* (Minneapolis: Fortress, 2011), 126.

4 Lawrence L. Langer, *Holocaust Testimonies: The Ruins of Memory* (New Haven: Yale University Press, 1991), 34. O'Connor, *Jeremiah*, 128에서 재인용.

5 예를 들어 Michael Fishbane, *Text and Texture: Close Readings of Selected Biblical Texts* (New York: Schocken Books, 1979), 92, 148에서는 쉘던 블랭크(Sheldon Blank)를 인용한다.

6 Walter Brueggemann, *The Land* (Philadelphia: Fortress, 1977), 107.

7 Abraham J. Heschel, *The Prophets* (New York: Jewish Publication Society, 1962), 224.

8 이 책 9장에 실린 글, "지혜, 능력, 예배: 솔로몬의 통치"에서 시온 신학을 다룬 부분을 보라.

9 Walter Brueggemann, *Theology of the Old Testament: Testimony, Dispute, Advocacy* (Minneapolis: Fortress, 1997), 362.

10 Dietrich Bonhoeffer, Eberhard Bethge, *Dietrich Bonhoeffer: Man of Vision, Man of Courage* (New York: Harper & Row, 1970), 273-274에서 재인용.

## 재앙과 사랑시 · 예레미야애가

1 "Lamentation over the Destruction of Sumer and Ur", lines 254-256, trans. Jacob Stein, in *The Context of Scripture*, ed. William W. Hallo (Leiden: Brill, 2003), 1:537.

2 "Lamentation over Ur", line 164, in *Context of Scripture*, 1:536.

3 "Lamentation over Ur", lines 210-214, in *Context of Scripture*, 1:536.

4 Mahmoud Darwish, "Silence for Gaza", trans. Sinan Antoon, in *Hayrat al-'A'id* [The Returnee's Perplexity] (Beirut: Riyad al-Rayyis, 2007). 다음 주소에서 찾을 수 있다. http://mondoweiss.net/2012/11/mahmoud-darwish-silence-for-gaza/.

5 Harvey Cox and Stephanie Paulsell, *Lamentations and the Song of Songs* (Louisville: Westminster John Knox, 2012), 161에서 재인용.

6 Czeslaw Milosz, *The Witness of Poetry* (Cambridge: Harvard University Press, 1983), 67-68.

7 Heinrich Boll, "Hymn to a New Homeland", *Saturday Review*, May 3, 1975, 14에서 재인용.

8 William F. Lynch, *Images of Hope: Imagination as Healer of the Hopeless* (Notre Dame: University of Notre Dame Press, 1974), 191, 196.

9 Talmud, b. Berakhot 3a; *The Babylonian Talmud* (London: Soncino, 1948), 1:7.

10 예레미야애가의 이 본문으로 내가 한 설교를 보라. Ellen F. Davis, "Building Hope", in *Preaching the Luminous Word: Biblical Sermons and Homiletical Essays* (Grand Rapids: Eerdmans, 2016), 221-226. 이 설교는 랜슬롯 앤드루스(Lancelot Andrewes)가 1604년에 동일한 본문으로 행한 성 금요일 설교에서 영감을 받았다.

# 13
# 에스겔

## 세상 끝을 예언하다 · 에스겔과 학개

1 기록된 예언의 혁신에 관한 더 완전한 설명은 다음을 보라. Ellen F. Davis, *Swallowing the Scroll: Textuality and the Dynamics of Discourse in Ezekiel's Prophecy*, Library of Hebrew Bible/Old Testament Studies 78 (Sheffield: Sheffield Academic, 1989; reprint, London: Bloomsbury, 2009).

2 Talmud, b. Hagigah 13b.

3 우베 베커(Uwe Becker)는 에스겔의 소명 환상은 부분적으로 이사야 6장에서 영감을 받았다고 말한다. 다음을 보라. Becker, *Jesaja, von der Botschaft zum Buch* (Gottingen: Vandenhoeck & Ruprecht, 1997), 98.

4 게마라(탈무드)에 나타나는 후기의 의견은 에스겔서 16장이 낭독되고 번역되어야 한다는 것이다(b. Megillah 25b).

5 여기서 요한나 슈티버트(Johanna Stiebert)는 동의를 표하지 않은 채 D. J. 핼퍼린(D. J. Halperin)의 논증을 인용하고 있다. 다음을 보라. Stiebert, *The Construction of Shame in the Hebrew Bible: The Prophetic Contribution* (London: Sheffield Academic, 2002), 137.

6 예를 들어 다음을 보라. Fokkelien van Dijk-Hemmes, "The Metaphorization of Woman in Prophetic Speech: An Analysis of Ezekiel 23", in *A Feminist Companion to the Latter Prophets*, ed. Athalya Brenner (Sheffield: Sheffield Academic, 1995), 244-255.

7 Renita J. Weems, *Battered Love: Marriage, Sex, and Violence in the Hebrew Prophets* (Minneapolis: Fortress, 1995).

8 Daniel L. Smith-Christopher, "Ezekiel in Abu Ghraib: Rereading Ezekiel 16:37-39 in the Context of Imperial Conquest", in *Ezekiel's Hierarchical World*, ed. Stephen L. Cook and Corrine L. Patton (Atlanta: Society of Biblical Literature, 2004), 141-157.

9 Smith-Christopher, "Ezekiel in Abu Ghraib", 157.

10 Stiebert, *Construction of Shame*, 151-152.

11 Stiebert, *Construction of Shame*, 162.

12 Keith Carley, "From Harshness to Hope: The Implications for Earth of Hierarchy in Ezekiel", in *Cook and Patton, Ezekiel's Hierarchical World*, 122.

13 에스겔서 37장은 유월절 중에 오는 안식일에 회당에서 낭독된다. 교회에서는 종종 부활절 전야 예배의 봉독 본문에 포함된다.

14 Susan Niditch, "Ezekiel 40-48 in a Visionary Context", *Catholic Biblical Quarterly* 48 (1986): 208-224.

15) Raymond E. Brown, *The Gospel according to John I-XII*, Anchor Bible 29 (New York: Doubleday, 1966), 323.

## 14
## 시편

### 실재와 찬양 · 시편

1 John Calvin, *Commentary on the Book of Psalms* (Grand Rapids: Eerdmans, 1949), 1:xxxvii.

2 George Steiner, *After Babel: Aspects of Language and Translation* (New York: Oxford University Press, 1975), 233.

3 마크 니켈(Marc R. Nikkel)의 두 논문을 보라. "Songs of Hope and Lamentation from Sudan's Unaccompanied Minors", *Sewanee Theological Review* 40, no. 4 (1997): 486-498; 그리고 "Jieng 'Songs of Suffering' and the Nature of God", *Anglican and Episcopal History* 71, no. 2 (2002): 223-240.

4 사적인 대화, 2016. 12. 16.

5 *Midrash Otiyyot Derabbi Akiba*, 다음에 인용됨. Harold Fisch, *Poetry with a Purpose: Biblical Poetics and Interpretation* (Indianapolis: Indiana University Press, 1988), 119. 문장 부호는 수정했다.

6 성서 시의 미학적 가치와 기교에 관한 간략하면서도 통찰력 있는 논의로는 다음을 보라. Robert Alter, "The Characteristics of Ancient Hebrew Poetry", in *The Literary Guide to the Bible*, ed. Robert Alter and Frank Kermode (Cambridge: Harvard University Press, 1987), 611-624. 다른 뛰어난 소논문으로는 Murray H. Lichtenstein, "Biblical Poetry", in *Back to the Sources: Reading the Classic Jewish Texts*, ed. Barry W. Holtz (New York: Jewish Publication Society and Summit Books, 1984), 105-127이 있다. 더 최근의 작품으로는 다음을 보라. William P. Brown, "The Psalms and Hebrew Poetry", in *The Cambridge Companion to the Hebrew Bible*, ed. Stephen B. Chapman and Marvin A. Sweeney (New

York: Cambridge University Press, 2016), 253-273.

7   J. Ross Wagner, "From the Heavens to the Heart: The Dynamics of Psalm 19 as Prayer", *Catholic Biblical Quarterly* 61 (1999): 258.

8   Lichtenstein, "Biblical Poetry", 123.

9   시편 1편에 관한 이런 관점은 다음을 보라. Ellen T. Charry, *Psalms 1-50: Sighs and Songs of Israel*, Brazos Theological Commentary on the Bible (Grand Rapids: Brazos, 2015), 3-4. *ashrei*를 "privileged"로 번역한 것은 채리(Charry)와 나눈 개인적 대화에 근거한 것이다.

10  Robert Alter, *The Book of Psalms* (New York: Norton, 2007), 4.

11  Lichtenstein, "Biblical Poetry", 121.

12  "Praisings"라는 말은 성서 번역 이론과 관련해 중요한 작품인 Martin Buber and Franz Rosenzweig, *Scripture and Translation*의 영역에서 취한 것이다. "Praisings"는 부버(Buber)의 글 "On Translating the Praisings"에 나오는 *Preisungen*을 번역한 것이다. 다음을 보라. *Scripture and Translation*, trans. L. Rosenwald and E. Fox (Bloomington: Indiana University Press, 1994), 90-98.

13  유대인들은 '샤하리트'(Shaharit), 곧 아침 기도회에서 날마다 시편 100편을 암송한다. 마찬가지로 기독교 수도 공동체들은 새벽 예배에서 시편 100편을 몇백 년 동안 암송해 왔다. 종교개혁 이후에도 그런 전통은 지속되었다. 칼뱅의 제네바에서 작곡가 루이 부르주아(Louis Bourgeois)는 운율 있는 가사에 맞추어 곡을 썼다. 그의 곡 「Old Hundredth」는 아직까지도 잘 알려져 있다. 공동기도서(*the Book of Common Prayer*)와 다른 성공회 기도서에서도 시편 100편은 아침 기도회를 여는 초청의 시로 계속 사용되고 있다. 시편 100편의 사용에 관해서는 다음을 보라. William L. Holladay, *The Psalms through Three Thousand Years* (Minneapolis: Fortress, 1993), 141, 199, 223.

14  Ellen F. Davis, "Exploding the Limits: Form and Function in Psalm 22", in *The Poetical Books: A Sheffield Reader*, ed. David J. A. Clines (Sheffield: Sheffield Academic, 1997), 135-146.

15  Amos Hakham, *The Bible: Psalms with the Jerusalem Commentary* (Jerusalem: Mosad Harav Kook, 2003), 3:450.

16  Hakham, *Psalms*, 3:462.

## 탄식의 지혜 · 시편

1   John Calvin, *Commentary on the Book of Psalms* (Grand Rapids, Eerdmans, 1949), 1:xxxvii.

2   Eugene H. Peterson, *Answering God: The Psalms as Tools for Prayer* (San Francisco: Harper & Row, 1989), 108.

3   학습된 행위로서의 탄식은 다음을 보라. Emmanuel Katongole and Chris Rice, *Reconciling All Things: A Christian Vision for Justice, Peace and Healing* (Downers Grove, IL: InterVarsity

Press, 2008), 75-94.

4   마지막 구절("주의 복을 주의 백성에게 내리소서", 3:8b)은 모든 백성을 언급하면서 이 시의 다
    른 부분과 용어 선택과 리듬에서 완전한 차이를 보인다. 아마도 이 구절이나 전체 절은 편집
    자의 추가처럼 보인다. 다음을 보라. Robert Alter, *The Book of Psalms* (New York: Norton,
    2007), 9.

5   Andre Chouraqui, "The Psalms", *Liturgy O.C.S.O.* 29, no. 1 (1995): 14-15.

6   Chouraqui, "Psalms", 11.

7   표제어와 다윗의 이야기가 불일치하는 사례는 시편 51편이다. 그 시는 예루살렘 성벽의 재건
    을 언급하는데 이는 성벽 파괴 이후의 상황이므로 다윗 이야기와는 시기가 맞지 않는다.

8   *Midrash Tehillim*, Amos Hakham, *The Bible: Psalms with the Jerusalem Commentary*
    (Jerusalem: Mosad Harav Kook, 2003), 1:15에 인용됨.

9   Ellen T. Charry, *Psalms 1-50: Sighs and Songs of Israel*, Brazos Theological Commentary on
    the Bible (Grand Rapids: Brazos, 2015), 14.

10  "임재를 경험할까?"라는 번역은 전수된 본문("하나님의 얼굴이 보일까")이 '하나님의 얼굴을 본
    다'(능동태—옮긴이)라는 주장을 피하기 위한 경건한 완곡 표현이라고 가정하는데 이는 다른
    주석가들이 모두 동의하는 번역이다.

11  Sister Christine, SLG, "Aridity in Prayer", *Fairacres Chronicle* 45, no. 1 (2012): 16.

12  데브러 밴드와 아널드 밴드(Debra Band and Arnold Band)의 번역을 따랐다. 그들의 책, *I Will
    Wake the Dawn: Illuminated Psalms* (Philadelphia: Jewish Publication Society, 2007), 74을 보라.

13  Rashi and Mezudath David, Debra Band, *I Will Wake the Dawn*, 73에 인용됨.

14  Kevin Culligan, "The Dark Night and Depression", in *Carmelite Prayer: A Tradition for the
    21st Century*, ed. Keith J. Egan (New York: Mahwah, NJ: Paulist, 2003), 124.

15  이스라엘 국가 건국 20주년을 기념하기 위해 의뢰된 "알리야" 시리즈(The *Aliyah* suite)는 다
    음 웹사이트에서 볼 수 있다. http://daliartweb.com/salvadordali-aliyah-suite/.

16  *The Book of Common Prayer* of the Episcopal Church (1979), 133.

**15**
**잠언과 전도서**

**평범한 사람들의 시 · 잠언과 전도서**

1   Joel S. Baden, "Marco Rubio Is Tweeting the Most Republican Part of the Bible", *Politico
    Magazine*, July 9, 2017, http://www.politico.com/magazine/story/2017/ 07/09/marco-
    rubio-bible-tweets-proverbs-republican-215355.

2   이것은 내가 한 번역이다. 유사한 번역으로는 다음을 보라. Robert Alter, *The Wisdom Books:
    Job, Proverbs, and Ecclesiastes* (New York: Norton, 2010), 237.

3 Bruce K. Waltke, *The Book of Proverbs, Chapters 15-31* (Grand Rapids: Eerdmans, 2005), 205.

4 Mitsuye Yamada, 다음에 인용됨. Susie Allen, "Free Verse", *University of Chicago Magazine*, Spring 2017, 32-33.

5 다음을 보라. Ellen F. Davis, "Surprised by Wisdom: Preaching Proverbs", in *Preaching the Luminous Word: Biblical Sermons and Homiletical Essays* (Grand Rapids: Eerdmans, 2016), 138-152. 앨리스 매켄지(Alyce M. McKenzie)는 잠언에 특별한 관심을 기울이는 설교학자다. 특히 다음을 보라. *Preaching Proverbs: Wisdom for the Pulpit* (Louisville: Westminster John Knox, 1996).

6 Ellen F. Davis, "Face to Face", in *Preaching the Luminous Word*, 158-160.

7 C. L. 소(C. L. Seow)는 페르시아어에서 빌려온 단어들과 다른 언어학적 증거에 기초하여 저작 연대를 추정한다. 다음을 보라. *Ecclesiastes*, Anchor Bible 18C (New York: Doubleday, 1997), 11-21.

8 Martin Luther, *Notes on Ecclesiastes*, in Luther's Works, vol. 15, ed. Jaroslav Pelikan (St. Louis: Concordia, 1972), 7.

9 Luther, *Notes on Ecclesiastes*, 11.

10 Seow, *Ecclesiastes*, 342로부터 재인용.

11 소(Seow)의 논의를 보라. *Ecclesiastes*, 341-344.

## 16
## 욥기와 아가

### 하나님과의 갈등 배우기 · 욥기

1 욥이 살았던 우스가 어디인지는 알려지지 않았지만 많은 이들이 요단강 동편의 에돔 지역으로 추정하고 있다. 세 친구의 고향 중에서는 에돔 지역의 '데만'만이 성서 독자들에게 친숙한 곳이다(참조. 암 1:12; 욥 9장). 로버트 알터(Robert Alter)는 그들의 고향이 요단강 동편의 마을들로서 수백 킬로미터 이내에 흩어져 있었을 것이라고 추정한다. 다음을 보라. Alter, *The Wisdom Books: Job, Proverbs, and Ecclesiastes* (New York: Norton, 2010), 17.

2 "Dialogue between a Man and His God", in *The Context of Scripture*, ed. William W. Hallo (Leiden: Brill, 2003), 1:485.

3 "The Poem of the Righteous Sufferer", in *Context of Scripture*, 1:488.

4 에스겔은 욥이라는 이름을 가진 경건하고 의로운 사람을 알고 있다. 하지만 자세한 이야기를 들려주지는 않는다. 겔 14:14을 보라.

5 예를 들어 "온화한 사람"(NJPS), "조용한 사람"(NRSV), "만족하는"(NIV) 등이 있다. 이 문제에 관한, 그리고 야곱과 욥 전통의 관계에 관한 더 온전한 논의는 내가 쓴 다음 글을 보라. "Job and Jacob: The Integrity of Faith", in *The Whirlwind*, ed. S. L. Cook, C. L. Patton, and J.

W. Watts (New York: Sheffield Academic, 2001), 100-120.

6   Zvi Kolitz, *Yosl Rakover Talks to God*, trans. Carol Janeway (New York: Pantheon, 1999), 8, 9, 24, 25.

7   캐럴 베크텔(Carol Bechtel)은 그의 통찰력 있는 글에서 욥기의 중심 주제가 인간적 지혜의 한 계임을 논증한다. Bechtel, "Knowing Our Limits: Job's Wisdom on Worship", in *Touching the Altar: The Old Testament for Christian Worship*, ed. Carol M. Bechtel (Grand Rapids: Eerdmans, 2008), 179-211.

8   Karl Barth, "The True Witness", in *Church Dogmatics* IV/3.1, trans. G.W. Bromiley (Edinburgh: T&T Clark, 1961), 387-388.

9   John Milton, *Paradise Lost*, bk. 1, line 26.

10  엘리후의 연설(욥 32-37장)은 문체와 어법의 차이, 결론 부분의 이야기 틀(욥 42:7-9)에서 그가 다른 세 친구들과 함께 언급되지 않는다는 사실을 근거로 후대의 추가라고 많은 현대학자들이 판단해 왔다. 로버트 알터(Robert Alter)는 엘리후 연설의 분리된 저작성에 대한 이러한 "합의된" 견해를 채택한다. Alter, *Wisdom Books*, 133을 보라. 이와는 반대로 노먼 하벨(Norman Habel)은 이 연설들이 이 책의 원래 기획에 속한다고 주장한다. 엘리후의 중심 메시지인 "하나님은 직접적으로 닿을 수 없는 곳에 계시며, 그분이 나타나시도록 소환하는 것은 주제넘은 일이다"라는 내용은 "[야훼]의 폭풍우 속 깜짝 출현을 위한 무대를 설정하는 고의적인 안티클라이맥스"이다. Habel, *The Book of Job*, Old Testament Library (Philadelphia: Westminster, 1985), 37을 보라. 유사한 내용으로는 욥기 안에서 연설들의 통합성을 주장하는 예로 J. Gerald Janzen, *Job*, Interpretation (Atlanta: John Knox, 1985), 217-218을 보라.

11  다음을 보라. Kathryn Schifferdecker, *Out of the Whirlwind: Creation Theology in the Book of Job* (Cambridge: Harvard University Press, 2008).

12  Annie Dillard, *Pilgrim at Tinker Creek* (New York: Harper & Row, 1974), 139.

13  Dillard, *Pilgrim at Tinker Creek*, 137.

14  향신료 '굿시아'(*qetsiʿah*)는 계피와 비슷한 향이 나는 나무껍질이다.

## 친밀함의 환희·아가

1   이 번역은 다음을 따른다. Michael Fishbane, *Song of Songs*, JPS Bible Commentary (Philadelphia: Jewish Publication Society; Lincoln: University of Nebraska Press, 2015), 3-4.

2   Origen, *The Song of Songs*, Commentary and Homilies, trans. R.P. Lawson, Ancient Christian Writers 26 (New York: Newman, 1956).

3   데니스 터너(Denys Turner)의 귀중한 연구 *Eros and Allegory: Medieval Exegesis of the Song of Songs* (Kalamazoo, MI: Cistercian, 1995)에서 서방 교회의 선별된 알레고리적 주석들과 그에 대한 번역을 다룬 글을 보라.

4   Bernard of Clairvaux, *On the Song of Songs I*, trans. Kilian Walsh (Kalamazoo, MI: Cistercian,

1971), 4, 24.

5  아가서 주석의 미드라쉬 전통에 대한 읽기 쉬운 개관서 중 하나는 Jacob Neusner, *Israel's Love Affair with God: Song of Songs*, Bible of Judaism Library (Valley Forge, PA: Trinity Press International, 1993)이다. 비교 연구로서는 Marc Hirshman, *A Rivalry of Genius: Jewish and Christian Biblical Interpretation in Late Antiquity* (Albany: SUNY Press, 1996)를 보라. 아가서의 피유트(*piyyut*) 전통에 대한 주요 연구서로는 Laura S. Lieber, *A Vocabulary of Desire: The Song of Songs in the Early Synagogue* (Leiden: Brill, 2014)가 있다.

6  Fishbane, *Song of Songs*, 288-293.

7  Bernard of Clairvaux, *On the Song of Songs IV*, trans. Irene Edmonds (Kalamazoo, MI: Cistercian, 1980), 138.

8  유대인과 그리스도인이 아가서 7:3을 어떻게 읽었는지에 대한 몇 가지 사례는 다음을 보라. Turner, *Eros and Allegory*, 405; Fishbane, *Song of Songs*, 225; 그리고 Fiona C. Black, "Unlikely Bedfellows: Allegorical and Feminist Readings of Song of Songs 7.1-8", in *A Feminist Companion to the Song of Songs*, ed. Athalya Brenner and Carole R. Fontaine, A Feminist Companion to the Bible, 2nd ser. (Sheffield: Sheffield Academic, 2000), 109.

9  마빈 포프(Marvin Pope)는 유대교와 기독교 전통 및 현대 학계에서 아가서를 해석해 온 역사를 상세히 정리했다. 다음을 보라. Marvin H. Pope, *Song of Songs*, Anchor Bible 7C (New York: Doubleday, 1977), 89-229.

10  이 번역은 다음에서 발췌했다. Michael V. Fox, *The Song of Songs and the Ancient Egyptian Love Songs* (Madison: University of Wisconsin Press, 1985), 44.

11  또한 또 다른 람세스 시대의 작품인 『아메네모페의 교훈』(*the Instructions of Amenemope*)과 잠언 22:17-24:22 사이의 많은 병행 구절들을 보라.

12  Fox, *Song of Songs*, 247, 236, 252.

13  따라서 프랜시스 랜디(Francis Landy)는 데르쉐인(Derchain)의 주장을 긍정적으로 평가하며 요약하고 있다. Francis Landy, *Paradoxes of Paradise: Identity and Difference in the Song of Songs* (Sheffield: Almond Press, 1983), 22; cf. Philippe Derchain, "Le lotus, la mandragore, et le persea", *Chronique d'Egypte* 50 (1975): 65-86.

14  Origen, *Song of Songs*, 59, 60, 61.

15  Origen, *Song of Songs*, 109.

16  Hirshman, *Rivalry of Genius*, 67-94.

17  Alicia Ostriker, "A Holy of Holies: The Song of Songs as Countertext", in Brenner and Fontaine, *Feminist Companion to the Song*, 50.

18  나는 주석에서 아가서 전반에 걸쳐 상호텍스트적 암시의 패턴들을 추적했다. Ellen F. Davis, *Proverbs, Ecclesiastes, and the Song of Songs* (Louisville: Westminster John Knox, 2000).

19  미출간 논문에서 이 장면과 아가의 관련성을 지적해 준 사샤 태터쇼어(Sasha Tatasciore)에게

히브리 성서를 열다

감사한다.

20 번역은 내가 한 것이다. 또한 나의 아가서 전체 본문 번역으로는 CEB(the Common English Bible, 2011)를 보라.

21 Turner, *Eros and Allegory*, 405.

22 Carol Meyers, *Discovering Eve: Ancient Israelite Women in Context* (New York: Oxford University Press, 1988), 179; cf. Meyers, "Gender Imagery in the Song of Songs", *Hebrew Annual Review* 10 (1986): 214.

23 Black, "Unlikely Bedfellows", 107, 128.

24 1세기 로마-유대인 역사가 요세푸스(Josephus)는 멜기세덱 왕의 도시 살렘(창 14:18)을 예루살렘으로 특정하며 동일시한다. 다음을 보라. Josephus, *Jewish Antiquities* 1.10.2 and 7.3.2. "술람미 여자"라는 칭호가 상기시키는 여러 의미에 대한 좀 더 복잡한 논의는 다음을 보라. Davis, *Proverbs, Ecclesiastes, and Song of Songs*, 289-291.

25 Edmee Kingsmill, *The Song of Songs and the Eros of God: A Study in Biblical Intertextuality* (Oxford: Oxford University Press, 2009), 131.

26 J. Cheryl Exum, "Ten Things Every Feminist Should Know about the Song of Songs", in Brenner and Fontaine, *Feminist Companion to the Song*, 32-33.

27 동사 *hazah*는 잠언 22:29과 29:20에서만 일반적인 의미에서 보는 것을 의미한다. 적대적이거나 착취적인 보기를 암시하는 경우는 없다.

28 Kingsmill, *Song of Songs*, 146-147.

29 대조적으로 앙드레 라코크(Andre LaCocque)는 아가서와 예언 전통과의 관계를 패러디로 본다. 아가서는 전통적인 종교적 담화를 세속화하여 "거의 신성모독에 가까운 화려한 문체의 풍자"로 만들었다. 다음을 보라. LaCocque, Romance, *She Wrote: A Hermeneutical Essay on Song of Songs* (Harrisburg, PA: Trinity Press International, 1998), 30.

30 나의 농경적 아가서 읽기에 대한 더 자세한 설명은 다음을 보라. Ellen F. Davis, *Scripture, Culture, and Agriculture: An Agrarian Reading of the Bible* (New York: Cambridge University Press, 2009), 169-175.

31 Fishbane, *Song of Songs*, 178.

32 Ostriker, "Holy of Holies", 48.

## 17
## 에스더와 다니엘

### 이방인의 세계와 유대적 상상력 · 서문

1 *Diasporanovelle*라는 장르에 관해서는 다음을 보라. Andre LaCocque, *The Feminine Unconventional: Four Subversive Figures in Israel's Tradition* (Minneapolis: Fortress, 1990), 57.

1 서로 구별되지만 관련이 있는 세 가지(둘은 헬라어로, 하나는 히브리어로 되어 있는) 고대 에스더서 판본에 관해서는 다음을 보라. Timothy K. Beal, *Esther*, Berit Olam (Collegeville, MN: Liturgical Press, 1999), xvii-xix.

2 Elliott Horowitz, *Reckless Rites: Purim and the Legacy of Jewish Violence* (Princeton: Princeton University Press, 2008), 12에서 재인용.

3 Martin Luther, *On the Jews and Their Lies*, in *Luther's Works*, vol. 47, ed. Franklin Sherman (Philadelphia: Fortress, 1971), 123-306.

4 Artur Weiser, *The Old Testament: Its Formation and Development* (New York: Association Press, 1961; German original, 1948/1957), 313.

5 Wilhelm Vischer, "Esther", *Theologische Existenz heute* 48 (Munchen 1937) [29 pages] = *Theologische Existenz heute* 48 (Zollikon/Zurich 19381, 19472). English translation: "The Book of Esther", *Evangelical Quarterly* 11 (1939): 3-21.

6 Carolyn Sharp, *Irony and Meaning in the Hebrew Bible* (Bloomington: Indiana University Press, 2009), 81.

7 Talmud, b. Megillah 12b; Louis Ginzberg, *The Legends of the Jews* (Philadelphia: Jewish Publication Society, 1968), 4:372.

8 Talmud, b. Megillah 14b.

9 Itumeleng Mosala, "The Implications of the Text of Esther for African Women's Struggle for Liberation in South Africa", *Semeia* 59 (1992): 136.

10 Mosala, "Implications of the Text of Esther", 136.

11 Mmadipoane Masenya, "Esther and Northern Sotho Stories: An African-South African Woman's Commentary", in *Other Ways of Reading: African Women and the Bible*, ed. Musa W. Dube (Atlanta: Society of Biblical Literature, 2001), 28, 47.

12 James G. Williams, *Women Recounted: Narrative Thinking and the God of Israel* (Sheffield: Almond Press, 1982), 81.

13 Andre LaCocque, *The Feminine Unconventional: Four Subversive Figures in Israel's Tradition* (Minneapolis: Fortress, 1990), 16.

14 Beal, *Esther*, xvi.

15 헤로도토스에 따르면 말뚝으로 꿰뚫어 죽이는 처형 방식은 크세르크세스의 표준적 관행이었다. 고대 세계에서는 다른 방식으로 처형된 시신도 공공연히 전시하기 위해 매달아 두거나 말뚝에 꿰어 두기도 했다. Beal, *Esther*, 41-42n를 보라.

16 Talmud, b. Megillah 7b.

17 Emily Dickinson, Poem #1263, viewed at https://www.poetryfoundation.org/ poems-and-poets/poems/detail/56824.

18  Beal, *Esther*, 53.

19  Carol M. Bechtel, *Esther*, Interpretation (Louisville: John Knox, 2002), 42.

20  James C. Scott, *Domination and the Arts of Resistance: Hidden Transcripts* (New Haven: Yale University Press, 1990), 27, 44.

21  William G. Braude, trans., *The Midrash on Psalms* (New Haven: Yale University Press, 1959), 311.

22  Braude, *Midrash on Psalms*, 313.

23  Horowitz, *Reckless Rites*는 후기 고대부터 20세기 말까지 부림절과 관련된 그리고 이방인과 기독교 상징물에 대한 유대인의 폭력을 기술하고 있다.

24  David Roskies, *Against the Apocalypse: Responses to Catastrophe in Modern Jewish Culture* (Cambridge: Harvard University Press, 1984), 10: Horowitz, *Reckless Rites*, 107에서 재인용.

## 역사의 풀무에서 살아남기 · 다니엘

1   에스더에 관해 앞서 쓴 글, "대량 학살에 관한 해학"에서 "숨겨진 기록 읽기" 단락을 보라.

2   "Aqhat", in *Stories from Ancient Canaan*, ed. and trans. Michael D. Coogan (Louisville: Westminster, 1978), 33-47.

3   유대교와 개신교 정경에 수록된 다니엘서는 열두 장으로 되어 있다. 이 글에서는 이 판본을 따랐다. 로마 가톨릭과 동방 정교회의 정경에는 수산나와 벨과 뱀에 관한 두 개의 장이 추가되어 있다.

4   Stephen L. Cook, *The Apocalyptic Literature* (Nashville: Abingdon, 2003), 125.

5   다니엘서의 저자 문제는 다음을 보라. Louis Hartman and Alexander di Lella, *The Book of Daniel*, Anchor Bible 23 (Garden City, NY: Doubleday, 1978), 11-18.

6   https://www.jewishvirtuallibrary.org/stolen-children. 레벤스보른 프로그램에 관해서는 다음을 보라. http://www.jewishvirtuallibrary.org/the-quot-lebensborn-quot-program and https://www.ushmm.org/learn/students/learning-materials-and-resources/ poles-victims-of-the-nazi-era/expulsions-and-the-kidnapping-of-children.

7   독일 출생의 마리안네 콘 로베르츠(Marianne Cohn Roberts)가 듀크 대학교 신학대학원(Duke Divinity School)에서 행한 대중 강연(2009. 3. 15.)에서 증언한 내용. 제3제국 아래에서 경험한 일들에 대한 로베르츠의 자전적 진술은 다음을 보라. https://collections.ushmm.org/ search/catalog/irn46682.

8   도널드 트럼프(Donald J. Trump)는 직접 서명한 첫 대통령 포고문에서 자신의 취임일(2017. 1. 20.)을 애국심의 날로 선포했다(Proclamation No. 9570, 82 Fed. Reg. 8349, signed Jan. 20, 2017).

9   다리우스는 아케메네스 왕조의 페르시아 왕들 사이에서 널리 알려진 이름이며, 제국이 존재한 주전 522년에서 330년 사이 2세기 동안 그 이름을 지닌 통치자는 세 명이 있었다.

10 Leonard J. Greenspoon, "Between Alexandria and Antioch: Jews and Judaism in the Hellenistic Period", in *The Oxford History of the Biblical World*, ed. Michael D. Coogan (Oxford: Oxford University Press, 1998), 326-330.

11 바벨론 제국의 마지막 왕은 나보니두스(Nabonidus, 주전 556-539년)였지만, 그는 재위 기간의 절반 이상(약 10년)을 아라비아에서 보냈고 바벨론은 그의 아들 벨사살의 손에 맡겼다.

12 다니엘의 "사람 같은 존재"(one like a human being)라는 번역에 관해서는 다음을 보라. Hartman and di Lella, *Book of Daniel*, 85-102.

13 D. S. Russell, *Daniel* (Edinburgh: Saint Andrew; Philadelphia: Westminster, 1981), 128.

14 Hartman and di Lella, *Book of Daniel*, 248.

15 George Sumner, in Samuel Wells and George Sumner, *Esther and Daniel* (Grand Rapids: Brazos, 2013), 220-221.

## 18
## 에스라-느헤미야와 역대상하

### 정체성 협상 · 서문

1 기독교의 전통적인 구약성서 순서에서 후기 예언서가 마지막에 오는 것은 나름의 신학적 논리가 있다. 후기 예언서들이 예수 그리스도의 복음을 가리키기 때문이다.

2 성서에서 더 긴 범위를 다루는 유일한 회고록은 누가복음(3:23-38)에 나오는 짧은 족보로 예수와 요셉으로부터 시작해 아담과 하나님까지 거슬러 올라간다.

### 두 번째 정착 · 에스라-느헤미야

1 *meforash*(흔히 '통역했다'로 번역된다)에 대한 이런 해석에 관해서는 다음을 보라. Gregory Goswell, *Ezra-Nehemiah*, EP Study Commentary (Darlington, England: Evangelical Press, 2013), 286.

2 이방 여인과 결혼한 많은 사람들의 이름이 열거된다(스 10:20-44). 하지만 그들 가족의 결말이 어떠했는지는 기술되지는 않는다. 10:44의 히브리어 본문은 의미가 명료하지 않지만 아내와 아이들을 내보냈다는 언급은 나타나지 않는다. NRSV의 번역("그리고 그들은 그들을 그들의 자녀들과 함께 내보냈다")은 에스드라스1서 9:36을 따르고 있다.

3 이것들을 포함해 다른 주제들과 본문들을 섬세하게 다룬 작품으로는 다음을 보라. David Frankel, *The Land of Canaan and the Destiny of Israel: Theologies of Territory in the Hebrew Bible* (Winona Lake, IN: Eisenbrauns, 2011).

4 Lester L. Grabbe, *Ezra-Nehemiah* (London: Routledge, 1998), 182.

5 이 동사를 이렇게 해석하는 것에 관해서는 다음을 보라. Tamara Cohn Eskenazi, "The Missions of Ezra and Nehemiah", in *Judah and the Judeans in the Persian Period*, ed. Oded

Lipschitz and Manfred Oeming (Winona Lake, IN: Eisenbrauns, 2006), 521-522.

6   Charles E. Carter, *The Emergence of Yehud in the Persian Period: A Social and Demographic Study* (Sheffield: Sheffield Academic, 1999), 259-273.

7   Ellen F. Davis, *Scripture, Culture, and Agriculture: An Agrarian Reading of the Bible* (New York: Cambridge University Press, 2009), 147-154.

8   Eskenazi, "Missions of Ezra and Nehemiah", 512-513n. 윌러 존슨(Willa M. Johnson)도 토지 획득과 통혼 그리고 결과적으로 "지정된 희생자들"(20)이 되는 예후드 여인들의 지위에 관해 유사하면서 좀 더 상세한 논증을 펼친다. Willa M. Johnson, *The Holy Seed Has Been Defiled: The Interethnic Marriage Dilemma in Ezra 9-10* (Sheffield: Sheffield Phoenix, 2011).

9   설교에 대한 기록은 다음 주소를 보라. http://time.com/4641208/donald-trump-robertjeffress-st-john-episcopal-inauguration/.

10  Elelwani B. Farisani, "The Ideologically Biased Use of Ezra-Nehemiah in a Quest for an African Theology of Reconstruction", in *Postcolonial Perspectives in African Biblical Interpretations*, ed. Musa Dube, Andrew Mbuvi, and Dora Mbuwayesango (Atlanta: Society of Biblical Literature, 2012), 331-347.

11  Samuel Kobia in *For a New Africa: With Hope and Dignity*, ed. Nicholas Otieno (Geneva: WCC Publications, 2004), Robert Wafawanaka, "In Quest of Survival: The Implications of the Reconstruction Theology of Ezra-Nehemiah", in Dube, Mbuvi, and Mbuwayesango, *Postcolonial Perspectives*, 356-357에서 재인용.

12  Wafawanaka, "In Quest of Survival", 357-358.

## 다시 읽는 이야기 · 역대상하

1   에스라-느헤미야서와 역대기가 같은 저자의 작품이라는 가설에 처음으로 강력하게 도전한 작품은 Sara Japhet, "The Supposed Common Authorship of Chronicles and Ezra-Nehemia Investigated Anew", *Vetus Testamentum* 18 (1968): 330-371이다. 또한 다음을 보라. Sara Japhet, *I & II Chronicles*, Old Testament Library (Louisville: Westminster John Knox, 1993). H. G. M. 윌리엄슨(H. G. M. Williamson)의 작품도 또한 이 견해의 발전에 영향을 끼쳤다. 다음을 보라. Williamson, *Israel in the Books of Chronicles* (Cambridge: Cambridge University Press, 1977); 그리고 *1 and 2 Chronicles*, New Century Bible Commentary (Grand Rapids: Eerdmans, 1982).

2   창 25:1은 그두라를 아브라함의 '후처'라고 말한다.

3   느헤미야서와 역대기에 나오는 두 목록은 유사해 보이지만 세부 사항에서 많이 다르다. 학자들은 역대기 저자가 자료로서 느헤미야서를 얼마나 활용하고 있는지 논쟁하고 있다. 다음을 보라. Louis C. Jonker, *1 & 2 Chronicles* (Grand Rapids: Baker Books, 2013), 81.

4   "시내산과 시온산의 다중적 관계" 다음을 보라. Jon D. Levenson, *Sinai and Zion: An Entry*

*into the Jewish Bible* (New York: HarperCollins, 1985), 187-217.

5  스티븐 투엘(Steven Tuell)은 역대기의 장르를 규정하면서 게자 베머스(Geza Vermes)의 "다시
   쓰인 성서"라는 용어를 채용한다. 다음을 보라. Steven S. Tuell, *First and Second Chronicles*,
   Interpretation (Louisville: John Knox, 2001), 7.

6  *Ancient Near Eastern Texts*, ed. James Pritchard (Princeton: Princeton University Press, 1969),
   316.

7  어맨더 음부비(Amanda Mbuvi)는 통찰력 있는 연구에서 창세기가 하나님과의 지속적인 관
   계로부터 파생되는, 근본적으로 유동적인 인간 정체성 개념을 제시한다고 주장한다. 다음을
   보라. Amanda Beckenstein Mbuvi, *Belonging in Genesis: Biblical Israel and the Politics of
   Identity Formation* (Waco: Baylor University Press, 2016).

# 용어 해설

- **열두 예언서**(Book of the Twelve). 히브리 정경은 열두 예언자의 짧은 책들을 소
  예언서라고 부르는데 때로 하나의 단위 또는 '책'으로 취급하기도 한다.
- **D**(Deuteronomic, 신명기 자료). 율리우스 벨하우젠(1844-1918)이 창안한 문서
  가설이 말하는 네 가지 자료 가운데 하나인 D는 신명기와 여호수아서, 사사
  기, 사무엘서, 열왕기 안의 많은 내용을 가리킨다. D는 야훼와 이스라엘 사이
  의 언약, 예배의 중앙 집중화, 종, 가난한 자, 과부, 고아 등 소외된 자에 대한
  관심을 강조하는 특징을 지닌다.
- **십계명**(Decalogue). 십계명은 토라에서 "열 개의 말씀들"(출 34:28; 신 4:13;
  10:4)로 불리며 가장 일반적인 헬라어 번역은 '데카 로구스'(*deka logous*)이다.
- **신명기 역사서**(Deuteronomistic History). 이른바 신명기 역사서(여호수아부터 열
  왕기까지로 구성)는 이스라엘이 가나안 땅에 들어올 때부터 유배에 이르기까지
  이야기를 담고 있다.
- **문서 가설**(Documentary Hypothesis). 20세기 내내 이 가설은 서구와 북미에서
  오경(창세기, 출애굽기, 레위기, 민수기, 신명기)의 형성에 대한 역사적 모델로 널
  리 받아들여졌다. J, E, D, P로 불리는 네 개의 별개 문서가 오랜 세월에 걸쳐
  작성되고 편집되었을("redacted") 것이라고 가정하며, 이 자료들을 활용하는 과
  정을 통해 최종 형태의 본문이 탄생했다고 본다. 21세기 성서학자 대다수가
  그러한 복합된 본문 모델을 받아들이고 있지만, 문서설의 근간을 이루는 합의
  는 점차 약화되고 있다. 가장 쉽게 식별할 수 있는 전통은 신명기 자료(D)와
  제사장 자료(P)인데 독특한 어휘와 관심사를 보여준다.

- E(Elohistic, 엘로힘 자료). 문서 가설에서 추정하는 네 가지 자료 중 하나로 E라고 불리는 이 자료는 엘로힘이라는 하나님 이름을 사용하고 북왕국 이스라엘에 특별한 관심을 보이는 특징을 지닌다.
- 에브라임(Ephraim). 요셉의 작은 아들(창 48:1-20)인 에브라임은 이스라엘 주요 지파의 시조이다. 에브라임 지파의 영역에는 실로, 벧엘, 세겜 같은 몇 개의 중요한 종교 중심지와 수도인 디르사와 사마리아가 자리 잡고 있었다. 따라서 에브라임은 특히 시적 본문에서 북왕국(이스라엘) 전체를 가리키는 명칭으로 자주 사용된다.
- 기원론(etiology). 신화, 종교 또는 문학 분야에서 기원론이라는 용어는 이름, 가족, 관습, 자연 현상의 기원에 대한 상상력이 더해진 설명을 가리킨다.
- 전기 예언서(Former Prophets). 전기 예언서는 여호수아서, 사사기, 사무엘서, 열왕기를 가리키는 전통적 명칭이다. 이 책들은 하나의 전체 내러티브를 구성하며 현대 학자들은 이를 신명기 역사서라고 부른다.
- J(Jahwistic/Yahwistic, 야훼 자료). 문서 가설의 네 가지 자료 중 하나인 J는 야훼라는 하나님 이름을 선호하고, 하나님에 대한 신인동형론적 묘사가 많으며, 다윗 왕가를 낳은 유다 지파에 특히 관심을 기울이는 특징을 지닌다.
- 후기 예언서(Latter Prophets). 후기 예언서는 대예언서와 소예언서를 통틀어 부르는 전통적 명칭이다. 주로 내러티브 본문으로 된 전기 예언서와는 달리 후기 예언서는 시적 양식의 예언적 신탁이 주를 이룬다.
- 대예언서(Major Prophets). 이사야서, 예레미야서, 에스겔서는 대예언서에 속하는데 내용이 길기 때문에 이런 명칭을 얻었다. 길이 면에서 이들은 소예언서와 대조된다.
- 미드라쉬(midrash, 복수형 midrashim). 이 용어는 1차적으로는 유대 전통에서 성경을 해석하는 과정을 의미하며, 거기서 파생된 의미로서 주후 1세기부터 현재까지 수집된 랍비 미드라쉬 기록들의 대규모 모음집을 의미하기도 한다. 크게 나누어 '할라카'(halakhah)와 '아가다'(aggadah)로 구분되는데 할라카는 민사적, 종교적 율법에 대한 논의이며, 아가다는 상상력 넘치는 이야기, 비유, 강론, 윤리적 성찰 등 다양한 형태를 포함하는 비율법적 문헌이다.
- 소예언서(Minor Prophets). 호세아서부터 말라기서까지 열두 권의 짧은 책은

그 길이 때문에 소예언서로 분류된다. 길이 면에서 이들은 대예언서들과 대조된다.

- **미쉬나(Mishnah).** 주후 3세기에 편찬된 미쉬나는 성서 이후 시대 랍비들의 가르침("구전 토라")을 최초로 권위 있게 집대성한 책이다. 농사 기술부터 기도에 이르기까지 유대인 생활의 중심이 되는 광범위한 주제를 다루는 이 책은 탈무드 전통의 핵심 문서이다.

- **P(Priestly, 제사장 자료).** 문서 가설의 네 가지 자료 중 하나인 P는 주로 레위기와 민수기에서 발견된다. 아론의 제사장직과 제사 제도에 관심을 가지는 것이 특징이다.

- **원시 역사(Primeval History).** 창세기 1-11장을 이른바 원시 역사라고 하는데 내러티브와 계보라는 문학 양식을 사용하여 창조부터 아브라함의 부름에 이르기까지 세상에 대한 설명을 제공한다.

- **라시(Rashi).** 랍비 슬로모 이츠하키(Rabbi Shlomo (Y)Itzhaki, 1040-1105, 프랑스 북부). 가장 위대한 유대인 성서 주석가로 인정받는 라시는 종종 현대 학자들이 제기할 만한 질문들을 앞서서 다루었으며, 성서의 히브리어 단어와 대응하는 아람어 단어를 비교하며 성서 전반의 단어와 구절의 의미를 탐구했다. 이런 면들은 몇 세기 후 종교개혁 시기에 기독교 학자들의 비평적 해석에서 나타난다.

- **편집자(redactor).** 성서를 구성하는 책들은 전부 또는 대부분 한 명의 저자가 생산한 것이 아니라 무명의 편집자들이 여러 세대에 걸쳐 상당한 내용을 작업한 결과이다. 편집자들은 그 자체로 창조적 저자였으며 전수받고 보존한 문서 및 구전 전통을 형성하는 데 기여했다.

- **샤다이(Shaddai).** (엘) 샤다이는 이스라엘의 가장 초기 조상들과 관련되어 자주 나타나는 신명(神名)이다(창 17:1; 28:3). 일반적으로 "전능하신 하나님"으로 번역되지만 그 어원은 확실하지 않다('산 또는 광야의 하나님'? '파괴자 하나님'? '가슴을 가진 하나님'?).

- **쉐마(Shema).** "이스라엘아, 들으라(shema'). 우리 하나님 여호와는 오직 유일한 여호와이시니……"(신 6:4). 쉐마는 유대인의 핵심적인 신앙 고백으로, 날마다 드리는 기도 예배에서 암송하며 또한 전통적으로 유대인이 죽음을 맞이할 때

암송한다.

- **쉐펠라**(Shephelah). 문자적으로 '저지대'를 의미하는 쉐펠라는 이스라엘 중남부의 폭이 좁은(약 15킬로미터) 농업 지대로, 해안 평야와 유다 구릉지 사이의 주요 통로가 되는 다섯 개의 계곡이 가로지르는 곳이다. 유다에서 두 번째로 중요한 도시인 라기스를 비롯하여 가나안과 이스라엘의 많은 도시들이 이곳에 위치해 있었다.
- **토라**(Torah). 토라(문자적으로는 '가르침, 교훈'을 의미함)는 좁게는 성문 토라(the Written Torah)로 알려진 모세 오경(창세기부터 신명기까지)을 가리키는 말이다. 더 넓은 의미에서는 하나님의 가르침을 의미하며, 유대인의 종교 생활을 구성하는 문헌(미드라쉬 문학, 탈무드, 주석, 신비주의 및 철학적 전통)과 생활 관습 전체인 구전 토라(the Oral Torah)를 나타낸다.
- **전승자**(tradent). 문자적으로는 '전해 주는 사람'을 뜻하는 말로서 구전 또는 문서로 전통을 보존하고 전승하는 사람이나 집단(대부분 익명)을 말한다.
- **우가리트**(Ugarit). 오늘날의 시리아 북부에 위치했던 작은 해안 왕국 우가리트는 주전 두 번째 천 년기의 수 세기 동안 이집트, 메소포타미아, 소아시아, 키프로스 사이에서 무역 중심지로 번영을 누렸다. 우가리트의 왕실 기록 보관소, 도서관, 경전 보관소를 20세기에 발굴한 결과 초기 성서 히브리어와 밀접한 관련이 있는 언어로 새겨진 점토판이 발견되었다. 이 문헌에는 서로 연결된 수많은 서사시들이 포함되어 있어 이스라엘의 이웃인 가나안의 문학적 관습과 종교적 사상과 관련하여 많은 통찰을 제공한다.
- **기록 예언자**(writing prophets). 이 현대적 명칭은 대예언서와 소예언서, 곧 주전 8세기 아모스, 호세아, 이사야, 미가부터 시작하여 개별 예언자들의 말들을 모아 놓은 책들과 그 책이 소개하는 예언자들을 가리킨다. 기록 예언자들은 대부분 저자라기보다는 수사적 연설가였으며 그들의 말은 다른 사람들에 의해 기억되고 기록되었을 것이다.
- **성문서**(Writings). 유대교 정경의 세 번째 주요 부분은 히브리어로 '케투빔'(*Ketuvim*, writings, 성문서)이라 부른다. 여기 속한 책들은 정경 내의 순서나 연대적 순서로 대부분 토라와 예언서 뒤에 온다. 성문서에는 시편, 아가서, 다니엘서가 포함되며 히브리 성서 중 가장 최근에 최종 형태를 갖추었다고 보인다.

- **야훼**(YHWH). 테트라그람마톤(Tetragrammaton, 헬, '네 글자')이라고도 알려진 야훼라는 이름은 히브리 성서에서 가장 두드러진 하나님 이름으로, 불타는 떨기나무에서 모세에게 계시된 것으로 전해진다(출 3:1-15). 내러티브는 그 이름의 의미를 "나는 나다"(I am who I am), 또는 "나는 내가 될 자가 될 것이다"(I will be who I will be, 출 3:14)로 설명한다. 유대교 전통에서 이것은 "발음할 수 없는 이름"이며 발음해서는 안 되는 지극히 거룩한 이름으로 간주된다. 본문을 소리 내어 읽을 때도 다른 용어로 교체하여 읽는데, 주로 '아도나이'(Adonai, 주님) 또는 '하셈'(HaShem, '그 이름')이라는 용어를 대신 사용한다.

# 인명 및 지명 색인

히브리 성서를 열다

## 성구 색인

히브리 성서를 열다

히브리 성서를 열다

히브리 성서를 열다

성구 색인

히브리 성서를 열다

히브리 성서를 열다

히브리 성서를 열다

6:8 186
7:19 231

나훔
1:2 389
2:9-10 (2:10-11 히.) 390
3:1 390
3:5-6 390
3:13 390
3:19 391

하박국
1:1 614
1:2 614
1:6 614
2:1 435
2:2, 3 614
2:3 615

학개
1:2 484
1:8 484
2:3 636
2:22-23 484

스가랴
4:10 636
9:11 132
14:9 650
14:17 56

말라기
1:6 35
3:17 98
4:5 332

신약

마태복음
1:1 414
1:8-9 414
1:20 414
1:21 414
1:22 414
1:22-23 414
2:16-18 202
4:4, 7, 10 202
4:6 202
5:4 509
6:9 160
7:16 264
10:28 189
10:31 189
11:13-14 332
12:6 328
17:1-12 332
17:2 613
20:18 472
21:1 472
21:13 441
22:21 187
22:37-40 186
23:37 472
24:30 613
24:36 616
25:31 613
26:28 132
27:25 132
27:50 479
27:51-52 479
28:3 613

마가복음
2:27 33
5:11-13 123
6:14-15 332
9:3 613
11:1 472
11:17 441
12:17 187

누가복음
1:30-38 255
3:23-38 676
6:35 537
6:45 126
7:36-50 166
11:2 160
13:33 472
13:34-35 472
22:20 441

요한복음
2:21 484
4:14 328
7:38 484
8:58 142
9:2 553
9:17 645
14:9 644
15:4-13 275
15:15 275
16:33 232
19:34 328, 484
19:39 575
20:2, 13 575
20:16 575
20:18 575

히브리 성서를 열다